18 45
D R

Architekturführer Stuttgart

von
Martin Wörner, Gilbert Lupfer und Ute Schulz

Mit einer Einleitung
von Frank R. Werner

3., überarbeitete und erweiterte Auflage

Reimer

Bibliografische Information Der Deutschen Nationalbibliothek
Die Deutsche Nationalbibliothek verzeichnet diese Publikation in der
Deutschen Nationalbibliografie; detaillierte bibliografische Daten
sind im Internet über http://dnb.d-nb.de abrufbar.

Kartengrundlagen:
© Stadtvermessungsamt Stuttgart, 2005

Umschlaggestaltung: Bayerl & Ost, Frankfurt am Main
unter Verwendung von Fotografien von Ute Schulz, Stuttgart

Redaktionsschluss: April 2006

1. Auflage 1991
2. überarbeitete und erweiterte Auflage 1997
3. überarbeitete und erweiterte Auflage 2006

Dietrich Reimer Verlag, Berlin
www.reimer-verlag.de

Printed in Germany

ISBN 3-496-01290-0 / ISBN 978-3-496-01290-0

Inhaltsverzeichnis

Geleitwort VII

Vorbemerkung der Autoren IX

Stuttgart – Eine Stadt für das 21. Jahrhundert? XI

1 Stuttgart-Mitte (Nr. 1–94)
Bezirkskarte 2
Objekte 4

2 Stuttgart-West (Nr. 95–117)
Bezirkskarte 62
Objekte 64

3 Stuttgart-Süd (Nr. 118–142)
Bezirkskarte 76
Objekte 78

4 Stuttgart-Ost (Nr. 143–172)
Bezirkskarte 92
Objekte 94

5 Stuttgart-Nord (Nr. 173–216)
Bezirkskarte 110
Objekte 112

6 Feuerbach, Weilimdorf, Stammheim und Zuffenhausen (Nr. 217–239)
Bezirkskarte 136
Objekte 138

7 Mühlhausen und Cannstatt (Nr. 240–272)
Bezirkskarte 151
Objekte 152

8 Untertürkheim, Obertürkheim, Hedelfingen und Wangen (Nr. 273–287)
Bezirkskarte 170
Objekte 172

9 Degerloch, Sillenbuch, Birkach, Plieningen und Leinfelden-Echterdingen (Nr. 288–309)
Bezirkskarte 180
Objekte 182

10 Möhringen und Vaihingen (Nr. 310–340)
Bezirkskarte 196
Objekte 198

Glossar 215

Architektenregister 218

Baugattungsregister 228

Straßenregister 232

Fotografenregister 235

Weiterführende Literatur 236

Geleitwort

Ein Verkehrstunnel wird Teil eines Kunstmuseums, Generationenhäuser bringen täglich Alte und Junge zusammen, eine Industriehalle wird zum Kulturzentrum, die Brache einer Brauerei zum differenzierten Kern eines Stadtteils. Dieses Buch will Sie verführen, sich in Stuttgart aufmerksam umzusehen und die architektonischen Reize der Stadt neu oder wieder zu entdecken.

Über 30 neue Werke vom Wohnhaus bis zur Quartiersentwicklung sind gegenüber der letzten Auflage aus dem Jahr 1997 hinzugekommen. Sie sind zumeist Ausdruck des gesellschaftlichen Wandels und dem daraus folgenden Wandel des Städtebaus am Übergang in ein neues Jahrtausend.

Stuttgart lebt mit einer reichen Bautradition. Die Weissenhofsiedlung, der Tagblattturm, das Gebäude des Instituts für leichte Flächentragwerke oder der Fernsehturm haben Architekturgeschichte geschrieben.

Drei neue Museen – jedes für sich ein Anlass zu einem Besuch in Stuttgart - entstehen in dichter Folge. Das Kunstmuseum am Schlossplatz verbindet intelligente Architektur mit einem gelungenen Stück Stadtreparatur. Ein Verkehrsknoten aus den sechziger Jahren wird zu einem der kulturellen Mittelpunkte der Stadt. Von seinen oberen Stockwerken ein unvergesslicher Blick auf das Amphitheater des Stuttgarter Tals und seine grünen Hänge. Aber sehen Sie selbst.

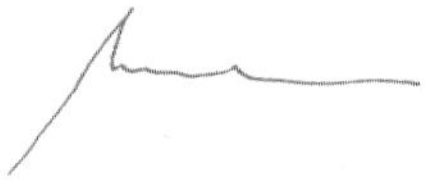

Matthias Hahn
Bürgermeister
Beigeordneter für Städtebau und Umwelt

Vorbemerkung der Autoren

In Stuttgart, der Landeshauptstadt Baden-Württembergs, die zugleich Zentrum einer der wichtigsten europäischen Industrieregionen ist, sind nahezu alle wesentlichen architektonischen Strömungen und Stile des 19., 20. und beginnenden 21. Jahrhunderts mit zum Teil weltbekannten Beispielen vertreten. Diese Bauwerke, wie z. B. der Hauptbahnhof, die Weißenhofsiedlung, die Liederhalle, der Fernsehturm und die Neue Staatsgalerie, werden in diesem Architekturführer, der hier in der dritten, erweiterten Auflage vorliegt, ausführlich gewürdigt. Aber auch zahlreiche weniger bekannte, gleichwohl architekturhistorisch bedeutsame Gebäude in allen Stadtteilen und aus allen Epochen finden angemessene Berücksichtigung.

In den letzten Jahren hat die Stuttgarter Innenstadt durch zahlreiche Neubauten, wie beispielsweise das Kunstmuseum oder das Zeppelin Carré, ihr Gesicht markant verändert. Diese wurden ebenso in die neue Auflage aufgenommen wie bemerkenswerte neue Bauwerke außerhalb des Zentrums.

Bei der Auswahl der Objekte wurde ein möglichst breites Spektrum aus den verschiedenen Bauepochen und Architekturgattungen angestrebt. Trotzdem musste die Auswahl zwangsläufig subjektiv bleiben; die Leserschaft wird hierfür um Verständnis gebeten.
Der Architekturführer umfasst 340 Bauten. Jeder wird mit Foto, Grund- oder Aufriss und ausführlichem Informationstext vorgestellt. Eine Einführung vermittelt die historischen und städtebaulichen Zusammenhänge.

Der Aufbau des Handbuchs nach Stadtrundgängen erlaubt das Kennenlernen Stuttgarter Architekturgeschichte Schritt für Schritt. Mehrere Register ermöglichen das rasche Auffinden gewünschter Informationen zu den vorgestellten Bauwerken.
Aus Platz- und Organisationsgründen musste auf die Nennung der Mitarbeiter und Mitarbeiterinnen in den Architekturbüros verzichtet werden. Die Autoren möchten aber darauf hinweisen, dass ein Gebäude nur in den seltensten Fällen das Werk eines Einzelnen ist.

Allen, die mit Informationen, Vorschlägen, Abbildungen und anderer Hilfe zum Entstehen dieses Architekturführers beigetragen haben, sei an dieser Stelle herzlich gedankt.

Martin Wörner Gilbert Lupfer Ute Schulz

Stuttgart – Eine Stadt für das 21. Jahrhundert?

Frank R. Werner

Die Architekturgeschichte differenziert zwischen bauhistorisch bedeutenden Städten, die eine hohe Anzahl herausragender Bauten im Stadtgefüge beherbergen, und solchen Städten, in denen die großen bauschöpferischen Leistungen eher „provinziell" aufgearbeitet werden, deren Bestand aber als „Regelfall" gleichwohl unabdingbar ist für das soziokulturelle Alltagsleben der jeweiligen Zeit.

Wollte man die Stadt Stuttgart einer solchen Rangordnung unterwerfen, so wäre sie sicherlich der letzteren Gruppe zuzuordnen. So erläutert uns Otto Borst in seiner 1973 veröffentlichten „Geschichte der Stadt Stuttgart" aufs anschaulichste, dass Stuttgart, von seinen geisteswissenschaftlichen, wirtschaftlichen und topographischen Voraussetzungen her, nicht Stadt, Residenzstadt, hätte werden dürfen. Bereits 1669 empfiehlt der Mathematiker-Philosoph Leibnitz in einer Denkschrift für Herzog Eberhard III. die Anlage einer Residenzstadt in Cannstatt, da ihm die Lage des mittelalterlichen Stuttgart inmitten eines sumpfigen Talkessels für diesen Zweck völlig ungeeignet erscheint.Noch zu Anfang des 18. Jahrhunderts besucht der preußische „Lebemann" Baron von Pöllnitz die Stadt Stuttgart und notiert in seinem 1738 veröffentlichten Tagebuch geringschätzig: „Die Häuser in Stuttgart sind gemeinhin ziemlich schlecht gebaut; da die Straßen jedoch breit und geräumig sind, erscheint die Stadt ganz annehmbar." Erwähnenswert ist ihm eigentlich nur der Bau des Alten Schlosses als kuriose Antiquität.

Doch allen negativen Begleiterscheinungen zum Trotz entwickelt sich die „Un-Stadt" zäh aber kontinuierlich weiter. Der tagtägliche Kampf, sich als Residenzstadt gegenüber der prachtvollen „Idealstadt" Ludwigsburg behaupten zu müssen, kostet viel Kraft und beschert den Stuttgartern manche wirtschaftliche Misere. Im Großen und Ganzen gehen historische Entwicklungen dabei relativ lautlos an Stuttgart vorüber, man könnte fast meinen, sie erreichten den Talkessel immer erst mit einer gewissen zeitlichen Phasenverschiebung.

Auch bauhistorisch macht die Stadt nicht viel von sich reden. Es fehlen die sogenannten „Sternstunden-Bauten", wobei das Alte Schloß, vor allem aber das Neue Lusthaus die große Ausnahme, sozusagen den Glücksfall darstellen. Monumentale Sakralbauten, geräumige adlige Stadtpalais und Gärten, repräsentative Bürgerbauten oder barocke Boulevards sucht man vergebens, selbst das Neue Schloß wirkt im Vergleich zu den Ludwigsburger Anlagen eher wie eine „trockene" akademische Pflichtübung.

Auch der Klassizismus erschöpft sich wenig später in eher bescheidenen Stuttgarter Varianten. Immerhin: Namen wie Schickhardt, Retti, Guêpière, Thouret, Salucci, Barth, Knapp, Leins, Zanth, Morlok, Beisbarth und andere sind nicht vergessen und bilden solide Posten auf der Guthaben-Seite schwäbischer Baugeschichte. Das Defizitäre eben dieser Baugeschichte wird recht unaufdringlich, eher statistisch spürbar: In dem um 1900 begründeten „Handbuch der deutschen Kunstdenkmäler" von Georg Dehio werden der Beschreibung aller bemerkenswerter Bauten der Landeshauptstadt Stuttgart ganze vier Textseiten eingeräumt, viel weniger als jeweils den Städten Esslingen, Heidelberg, Konstanz, Schwäbisch Gmünd, Schwetzingen, Ulm oder Biberach.

Der offensichtliche Mangel an herausragender Bausubstanz hat aber paradoxerweise auch Vorzüge für die Stadt. Denn spektakuläre, das Alte zerstörende Planungsmaßnahmen unterbleiben. Im „Plan oder Wegweiser der Königlich Württembergischen Residenzstadt Stuttgart nach der neuen Eintheilung mit Bezeichnungen der Viertel, Straßen und Hausnummern vom Jahr 1811" stellt sich die Stadt noch als homogenes Gebilde geringerer Ausmaße dar: der mittelalterliche Kern, im Süden die schon straffer angelegte Leonhardsvorstadt, im Norden die rasterartige Erweiterung der „reichen Vorstadt" um die Hospitalkirche, im Osten die königlichen Anlagen, alles noch straff umgürtet von Mauern und „Thoren". Nur die im Plan angedeutete Erweiterung von Kronen- und Friedrichstraße läßt beginnende Ausdenhnungstendenzen erkennen. Den Bereich der großzügigen königlichen Neuplanungen einmal ausgenommen, ist die Stadt von 1811 also kaum über jene Grenzen hinausgewachsen, die uns Merian schon 1643 in einer Stadtvedute dokumentiert hat.

Sogar noch um 1900 präsentiert sich Stuttgart in seiner Substanz nur mäßig verändert. Weder explosionsartige periphere Wucherungen noch Industrieansiedlungen im engeren Stadtbereich sind wahrzunehmen. Und dennoch verläßt die Stadt jetzt allmählich ihren angestammten Platz im Tal, wächst im Norden und Süden an den Rebhängen des Kessels empor, beginnt sich drunten im Tal entlang des Nesenbachs in Richtung Karlsvorstadt beziehungsweise Berg auszustrecken. Der Etzelsche oder auch Morloksche Bahnhof hat längst seinen Platz in entfernter Nachbarschaft von Königsbau und Königlichem Marstall gefunden, die Schloßgartenanlagen erstrecken sich nunmehr bis zum Cannstatter Neckarknie. Und im Westen, mit seiner traumhaft schönen Achse Johannesstraße-Feuersee (nebst der romantischen „Insel-Kirche"), entstehen nun die neuen bürgerlichen Miethausquartiere. Im Osten schließlich werden die für Stuttgart so typischen „Berglehne-Straßen" (den Hang kreuzweise schräg anschneidende Straßentrassen) wie Wera-, Kerner-, Urban, Landhausstraße und andere mit ihren intimen Kreuzungsplätzen und prächtiger Randbebauung angelegt. Weit über die Landesgrenzen hinaus wirkend finden sie sogar lobende Erwähnung in dem Anfang des Jahrhunderts Aufsehen erregenden Standardwerk „Der Städtebau", verfaßt von keinem Geringeren als dem Geheimen Oberbaurat Dr. J. Stübben. Zur Infanterie-Kaserne am Rotebühlplatz gesellen sich die spätere Moltke-Kaserne am nordwestlichen und die Reiterkaserne am nordöstlichen Stadtrand. Berg, Gaisburg, Degerloch, Vaihingen, Botnang sind damals noch autarke dörfliche Gebilde, durch Wald, Wiesen und ertragreiche Weinberge von der Stadt getrennt.

Während im Südwesten noch immer die spätklassizistischen Stadterweiterungsmaßnahmen Thourets ablesbar sind, offenbart sich an anderer Stelle erst jetzt ein Stück Industriezeitalter: Fast wie idyllische Enklaven erscheinen in Stadtplänen um 1900 die Arbeitersiedlung „Postdörfle" (für Eisenbahnangestellte erbaut) an der heutigen Heilbronner Straße und die seinerzeit schon hochgerühmte Kolonie Ostheim – angelegt mitten auf der grünen Wiese zwischen heutiger Landhaus-, Ostend- und Rotenbergstraße – so als wolle Stuttgart, das im Gegensatz zu anderen deutschen Städten im 19. Jahrhundert kein ausgeprägtes Stadtproletariat besitzt, ein Kapitel Sozialgeschichte nachholen.

In den Jahren 1900 bis 1938 erfolgt dann der endgültige Wandel zur Großstadt im heutigen Sinne. Die Stadt schwappt nun definitiv über die Ränder des Talkessels und breitet sich in mehreren Eingemeindungsschüben strahlenförmig aus. 1901 wird Gaisburg dem Stadtgebiet einverleibt, und 1942 bildet die Eingemeindung von Birkach, Möhringen, Plieningen, Stammheim, Vaihingen, Büsnau und anderer Dörfer den vorläufigen Abschluß dieser enormen Expansion. Wie andere deutsche Städte wird auch Stuttgart während dieser Zeit Schauplatz heftiger politischer, wirtschaftlicher und kulturgeschichtlicher Prozesse und Konflikte, die zwangsläufig auch im Bauwesen ihren Niederschlag finden.

Hatte schon in der zweiten Hälfte des 19. Jahrhunderts ein regelrechter Bauboom im öffentlichen und privaten Bereich eingesetzt, so hält dieser bis zum Ausbruch des Zweiten Weltkrieges fast unverändert an. Allerdings vollzieht sich diese Bautätigkeit weiterhin ohne schwerwiegende Eingriffe in den nun schon mit Großstadt-Zentrumsfunktion belasteten Stadtorganismus. Schon um 1900 ist von der Sanierungsbedürftigkeit der gesamten Altstadt die Rede. Infolgedessen werden im Gemeinderat – noch aus heutiger Sicht – höchst fortschrittliche und brisante Vorschläge zur Überführung des privaten altstädtischen Immobilienbesitzes in die Hände der Stadt diskutiert; man beabsichtigt, damit die Spekulation einzudämmen, um später in den kommunalisierten und restaurierten Altstadtgebäuden Musterwohnungen für sozial schwache Bevölkerungsschichten einrichten zu können. Im ersten Jahrzehnt des 20. Jahrhunderts werden sogar von prominenter Hand Sanierungsversuche für die Altstadt begonnen. Von diesen Bemühungen zeugt noch heute der Bereich um den Hans-im-Glück-Brunnen.

Die im Gefolge des politischen Umbruchs von 1918 eintretenden, epochalen Wandlungen ziehen alsbald auch die Stuttgarter Baugeschichte in ihren Bann. Nach dem Spätklassizismus mit seinen hervorragend vertretenen Bauten (besonders im Süden und Osten Stuttgarts), dem Historismus mit einer wahren Flut öffentlicher Bauten (darunter das neugotische Rathaus, die Landesbibliothek, das königliche Landesgewerbeamt, die alte Liederhalle, die Theater und die prächtigen, großen Villenanlagen in und auf den Höhen der Stadt, wie etwa die Villa Bohnenberger, Villa Hauff, Villa Bosch, Villa Reitzenstein) entfaltet sich eine im ganzen Stadtgebiet anzutreffende bescheidene schwäbische Variante des Jugendstils. Nach heftig umstrittenen Bauvorhaben der „Prämoderne" (wie etwa dem Bonatzschen neuen Bahnhof am Königstor, der Elsaesserschen Markthalle beim Alten Schloß oder dem Fischerschen Kunstgebäude am Schloßplatz) setzt auch in Stuttgart vehement die alles andere als besonnen geführte Diskussion um die „Neue Sachlichkeit" als Zeichen einer neuen Zeit ein.

Als bauliche Resultate dieser Diskussion seien genannt: der Tagblatt-Turm, der Mittnachtbau, das Hahn & Kolb-Haus, das Heslacher Bad, Erich Mendelsohns Schocken-Bau und viele andere mehr. Namen wie Egle, Hengerer, Eisenlohr, Weigle, Elsaesser, Fischer, Bonatz, Schmitthenner, Döcker, Schneck u.a. stehen für die bauliche Entwicklung dieser Zeit. Bald ist in der Architekturkritik sogar von einer „Stuttgarter Schule" die Rede, deren regionalistisch geprägter Formenkanon sich deutlich von dem Purismus des „Neuen Bauens" abhebe. Mit den weitreichenden Eingemeindungen, dem Aufbau und Zuzug großer Industriezweige und dem dadurch verursachten sprunghaften Anwachsen städtischer und kommunaler Dienstleistungsbetriebe entsteht ein hoher Bedarf an „sozialen Wohnungen". Folglich wachsen überall gemäßigt moderne Siedlungsanlagen des sozialen Wohnungsbaus aus dem Boden. Schwerpunktmäßig liegen sie im Osten, weniger im Süden und Westen der Stadt.

Im Jahre 1927 gibt sich die Welt-Avantgarde der Architekten in Stuttgart ein kurzes Stelldichein, denn es entsteht die heiß umstrittene Weißenhofsiedlung anläßlich einer Werkbundausstellung in Stuttgart. Gemeinhin als endgültiger Durchbruch des „Neuen Bauens" in Deutschland betrachtet, wird diese Mustersiedlung jedoch unversehens zum Gesinnungs-Prüfstein einer grundsätzlichen Auseinandersetzung zwischen avantgardistischen und traditionsbewußten Architekten. Letztere errichten wenige Jahre später gleichsam als „Gegenmodell" die Kochenhof-Siedlung in unmittelbarer Nachbarschaft zum vermeintlichen „Schandfleck" der Weißenhofsiedlung. Nach der Machtergreifung haben die Nationalsozialisten Großes vor mit Stuttgart als „Stadt der Auslandsdeutschen". Dank eines gewissen schwäbischen Starrsinns, der in diesen Jahren durchaus subversive Züge trägt, kann von alledem so gut wie nichts realisiert werden.Im Gegenteil festigt sich Stuttgarts Ruf, eine der schönsten Städte Deutschlands zu sein; ein Ruf, an den sich die Stadt heute nur zu gern erinnert.

Mit den großen Fliegerangriffen des Jahres 1944 gerät nicht nur die gesamte Dehio-Klassifikation Deutschlands ins Wanken. Von 73 000 erfaßten Gebäuden in Stuttgart werden 23 000 total vernichtet, 20 000 Gebäude erleiden mittelschwere und 28 000 leichtere Schäden, nur etwa 2 000 Bauten bleiben unbeschädigt. Angesichts dieses Trümmerhaufens, vor allem aber eines fast vollständig ausgelöschten Stadtzentrums hält der erste Baureferent Stuttgarts nach dem Kriege, der Architekt Eugen Mertz, am 25. Oktober 1945 eine denkwürdige Rede, in der er den Wiederauf- und Umbau Stutt-garts zu einer Kur- und Badestadt fordert. Er beendete seine Ansprache mit den Worten: „Den Weg gezeigt, den Willen zum Wiederaufbau, zur Ausgestaltung und zur Verschönerung der Stadt geweckt zu haben, war mir Verpflichtung; weiterzuführen, anzuregen, auszugleichen und zu fördern, alle Hemmungen zu beseitigen ist mein Wunsch."

„Planungshemmungen" werden in der Tat alsbald beseitigt. Als die erste Nachkriegs-Planergeneration (Mertz, Döcker, Hoß) den innerstädtischen Bereich durch ein damals noch relativ bescheiden dimensioniertes Rechteck-Tangentensystem für den Verkehr entlasten will, ist ihr angesichts der unbewohnbaren Trümmerlandschaft durchaus redliche Absicht zuzubilligen. Die gravierenden Folgen dieser Umwandlung Stuttgarts in eine verkehrsgerechte Stadt sind indes bis heute spürbar geblieben. In den nun folgenden Jahrzehnten werden durch den autobahnähnlichen Ausbau diverser Tallängs- und Quertrassen lebenswichtige Sicht- und Wegbeziehungen zwischen historischen Stadtviertel durchtrennt, die nunmehr isolierten Quartiere „ausgehungert".Eingesessene Sozialstrukturen „kippen um"; die anschließende Kahlschlagsanierung ganzer Stadtteile schafft Raum für maßstabsprengende, fremdartige Gebilde, die, nur den Gesetzmäßigkeiten der Expansion und der Rendite gehorchend, meist geschwürartig in neue historische Nachbarschaften eindringen, um durch die Beschneidung der dortigen Lebensqualitäten die Bewohner zu vertreiben und deren Behausungen an sich zu ziehen. Wie die meisten deutschen Großstädte erhält also auch Stuttgart in den ersten drei Jahrzehnten nach Kriegsende ein völlig verändertes Gesicht, wird der historische Stadtkörper bis zur Unendlichkeit fragmentiert, sein „Herz" im wahrsten Sinne des Wortes „entvölkert", sprich von hinderlichen Wohnnutzungen weitgehend befreit.

Kurzum: Von Cannstatt bis zum Marienplatz reicht innerhalb weniger Jahre ein kaum mehr zu überbrückender Graben, der bislang funktionsfähige Wohngebiete anschneidet, auseinanderreißt, wichtige Talquerlinien unpassierbar macht, platzähnliche Gebilde schafft für gar nicht mehr vorhandene Platzbewohner und der eine wachsende Trennungslinie schafft zwischen Bewohnbarem und Unbewohnbarem, zwischen Erlebbarem und Verödetem. Einen weiteren schweren Eingriff in das Stadtgefüge stellt auch der Planiedurchbruch dar, als dessen sichtbarste Folge anstelle des abgebrochenen Gaabschen Kronprinzenpalais der sogenannte Kleine Schloßplatz entstand.

Freilich entstehen schon in den fünfziger Jahren Bauten, deren Wert wir erst heute wirklich zu schätzen beginnen. Es handelt sich dabei weniger um spektakuläre Einzelprojekte, geschaffen von der zweiten Generation der „Stuttgarter Schule" (wie etwa die Liederhalle und andere Gutbrod-Bauten), als vielmehr um schmalbrüstige Bauten wie jene am West- bzw. beziehungsweise Nordrand des Marktplatzes oder entlang der Schulstraße, deren zerbrechlich flach aufgesetzte Dächer den Hauch des Provisorischen nicht leugnen können, die aber gleichwohl mit neuer Bausubstanz Maßstäblichkeit zu bewahren und Historizität nicht zu verleugnen suchen. Bald kann sich auch der Schillerplatz, was die Differenziertheit der Gestaltqualitäten anbelangt, wieder als schönster Platzraum Stuttgarts neu entfalten. Und an der Nordwestseite der Stiftskirche entsteht an denkmalpflegerisch höchst brisanter Stelle die vielleicht noch immer gelungenste Symbiose zwischen historischer und „vergegenwärtigender" Architektur: ein kleiner Ruheplatz, der die Erlebnisfähigkeit mittels maßstäblicher Massenmodulation, Spiegelungen und sparsamster Materialkontraste stimuliert.

All das kann jedoch kaum über das architektonische Mittelmaß hinwegtäuschen, das in jenen Jahren vor allem die Königstraße und die neu geschaffene Theodor-Heuss-Straße okkupiert. Überdies fassen Banken, Versicherungen und andere Dienstleistungseinrichtungen, bestärkt durch den allmählich einsetzenden Bau eines U- und S-Bahn-Netzes, zunehmend Fuß in citynahen innerstädtischen Wohnquartieren, wohingegen unattraktive Altstadtbereiche still vor sich hin verrotten. Lebensnotwendige Versorgungs-Kleinbetriebe werden aus den Wohnquartieren verdrängt. Mit genehmigter oder verschleierter Wohnraumnutzung setzt auch in Stuttgarts Westen und Süden ein Prozeß ein, wie er sich etwa zeitgleich noch drastischer im Frankfurter Westend oder der gerade noch verhinderten Ausbreitung eines Versicherungskonzerns in der Bonner Südstadt manifestiert. Gleichsam als Kompensation für die erlittene Unbill in der Innenstadt werden nunmehr reine „Schlafstädte" wie Asemwald, Fasanenhof, Freiberg oder Neugereut am Stadtrand aus dem Boden gestampft. Das Gestaltungsspektrum reicht hierbei von der lieblosen Großtafelbauweise über brauchbare „Wohnmaschinen" im Sinne Le Corbusiers bis hin zu höchst anspruchsvollen Experimentalbauten kollektiven Zusammenlebens. Gänzlich unkontrolliertem Wildwuchs sind aber vor allem die ehemals autarken Dorfkerne an der Peripherie Stuttgarts ausgesetzt. In diesen planerischen Grauzonen verlieren binnen weniger Jahre ländliche Idyllen restlos ihre Identität; eine bis dato weitgehend intakte Identität, die man heute, also Jahrzehnte später, mit hohem finanziellen Einsatz unter dem Stichwort „Stadtteilkultur" mühselig wiederherzustellen versucht. Mitte der siebziger Jahre gerät Stuttgart, wiederum erheblich später als andere deutsche Städte, in eine tiefgreifende Identitätskrise. Alexander Mitscherlichs Warnung von der „zunehmenden Unwirtlichkeit unserer Städte" scheint in Stuttgart betonierte Realität geworden zu sein. Was einen wohlbekannten Spötter dazu anregt, Stuttgarts Werbeslogan „Großstadt zwischen Wald und Reben" in „Großstadt zwischen Hängen und Würgen" zu verballhornen.

Seit dieser Zeit hat sich vieles zum Besseren gewandelt. Sichtbarstes Zeichen für eine gänzlich veränderte Einstellung zu der Qualität des Städtischen sind vielleicht die Bundesgartenschau von 1977 sowie die Internationale Gartenschau des Jahres 1993. Anknüpfend an die Reichsgartenschau von 1939 und die Bundesgartenschau von 1961 verkörpern die Stuttgarter Grünräume den erklärten Willen der Stadtplaner, die „grüne Lunge" der Stadt nicht nur zu erhalten, sondern sogar ganz erheblich auszuweiten. So reicht das „grüne U", mit dessen Hilfe man die *übelsten* Verkehrsbrachen in Berg oder am Pragsattel geschickt zu „reparieren" vermochte, heute ohne Unterbrechung vom Hauptbahnhof bis zum Killesberg. Die Stadt entzieht somit wertvollsten Baugrund der pekuniären Verwertung, um einen innerstädtischen Erholungsraum zu schaffen, in dessen Umfeld längst aufgegeben Wohnquartiere gleichsam in letzter Minute die rettende Aufwertung und Bestandssicherung erfahren. Der Grünraum als „Denk-Raum" für einen neuen Modus städtischer „Vergegenwärtigung", welche vergleichbare Stadt hat sich in jüngerer Zeit einen solchen Luxus leisten wollen?

Aber auch hinsichtlich kontextueller stadtgestalterischer Probleme manifestiert sich allenthalben eine Bereitschaft zum Umdenken, der erklärte Wille, Sünden der Vergangenheit so weit wie möglich zu korrigieren. Zum Auslöser wird hier die inzwischen etwas ins Abseits geratene Calwer-Straßen-Passage, der es gelingt, Konzernarchitektur, neues Wohnen und Erhaltung historischer Bausubstanz zu einer stadtbildprägenden und nicht etwa zerstörenden Symbiose zu verschmelzen. Gleichsam als flankierende Maßnahme hierzu ist auch jenes Netz von Fußgängerzonen zu interpretieren, das sich bei aller Skepsis vor derartigen Einrichtungen inzwischen von Calwer-, Kronprinz-, König- und Schulstraße über den Marktplatz bis tief in die ehemalige Altstadt hinein erstreckt.

Jahrzehnte brachliegende historische Immobilien wie das Wilhelma-Theater in Cannstatt oder das Alte Schauspielhaus sind revitalisiert, und mit Hilfe der Allerweltsarchitektur des neuen Schwabenzentrums ist es immerhin gelungen, den ausgefransten ehemaligen Altstadtrand gegen die tangierende Verkehrsschneise zu festigen. Weitaus bedeutender erscheint indes, dass es trotz überhöhten Aufwands und entgegen den kühnsten Erwartungen möglich gewesen ist, Bohnen- und Gerberviertel doch noch als innerstädtische Wohnquartiere mit Altstadtcharme zu erhalten bzw. zu rekonstruieren. Wo vor Jahren schon die Abbruchbagger zur Flächensanierung bereitstanden, tummeln sich inzwischen renommierte Architekten, um den subventionierten Wohnungsbau gestalterisch mit mehr oder weniger Erfolg zu rehabilitieren.

Den größten Impuls des letzten Quartals im 20. Jahrhundert verdankt die Stuttgarter Architekturszene einem Bauwerk, das die Gemüter ähnlich erhitzt hat wie seinerzeit die Debatte um die Weißenhofsiedlung: die Neue Staatsgalerie von James Stirling. Unter dem Stichwort „Stuttgarter Streit" bereits in die Baugeschichte eingegangen,entzündete sich dieser Disput an dem Für und Wider postmoderner Zitate und ironischer Anspielungen. Gleichwohl ist der Bau als perfekt inszenierte „Freizeitmaschine" längst zu einem Publikumsmagneten geworden. Und dies obwohl die von ihm inspirierte Kulturmeile samt der sinnfälligen Überdeckelung der Konrad-Adenauer-Straße erst in Zukunft realisiert werden dürfte. Gleichsam als dreidimensionale Antithese zu Stirlings Staatsgalerie findet man über die ganze Stadt verstreut eindrucksvolle Bauten jenes Mannes, der sich damals als schärfster Antipode des Briten gebärdete. Günter Behnischs vielfach ausgezeichnete Projekte verkörpern allesamt gestalterische Offerten einer offenen, also formal nicht vorbestimmten Inbesitznahme, die selbst Brüche, Widersprüche beziehungsweise das „wohltemperierte Chaos" nicht ausschließen. Das vieldiskutierte gestalterische Spektrum reicht dabei von der eher introvertierten filigranen Diakonie an der Heilbronner Straße über das grell implodierende Hysolar-Forschungsinstitut der Stuttgarter Universität im Vaihinger Pfaffenwald, das schräg versinkende „Kindergarten-Schiff" inmitten der beschaulichen Wohnsiedlung Stuttgart-Luginsland bis hin zum markant gestapelten Bankgebäude an der Fritz-Elsas-Straße.

Im letzten Viertel des 20. Jahrhunderts ist zudem das unternehmerische Interesse an dem architektonisch nicht ganz unproblematischen Begriff der „Corporate Identity" in das Blickfeld einer Öffentlichkeit gerückt, die in erster Linie von dem Industrie- und erst in zweiter von dem Kultur-Standort Stuttgart geprägt zu sein scheint. So ließ sich beispielsweise die Züblin AG von Gottfried Böhm in Stuttgart-Möhringen ein Verwaltungszentrum errichten, das wie eine eigenartige Mischung aus Godins „Familistère" in Guise (ein Kommunehaus für Arbeiter aus dem 19. Jahrhundert) und einem spät-expressionistischen „Kristallpalast" anmutet. Die kleine Stadt hingegen, die sich die Daimler-Chrysler-AG als neue Verwaltungszentrale in Stuttgart-Möhringen maßschneidern ließ und inzwischen schon wieder aufgegeben hat, gilt ohnehin kaum mehr als Konfektionsware provinziellen Zuschnitts. Daimler-Chrysler kehrt nunmehr zurück an den angestammten Standort in Untertürkheim, wo die neue Doppelhelix für das Museum des Autokonzerns, erschaffen von Ben van Berkels UN-Studio, wie das Missing Link eines High-Tech-Konzerns für den Übergang vom 20. in das 21. Jahrhundert wirkt.

Nicht weniger spektakulär hat sich auch das übrige Bild Stuttgarts schon Jahre vor dieser Jahrhundertwende verändert. Unter dem Label des Jahrhundertprojekts „Stuttgart 21" warten inter dem Bahnhof die Brachflächen der längst nahezu leer geräumten Gleisareale genauso wie das Baudenkmal „Stuttgarter Hauptbahnhof" selbst auf substantielle Stadterweiterungs- bzw. Neu- und Umbaumaßnahmen. Erste Pilotprojekte hinterlassen dort allerdings eher zwiespältige Eindrücke. Vor dem Bahnhof hat sich das neue „Zeppelin-Karee" hingegen längst als qualitätvolles Stadt-Entree etabliert. Weiter stadteinwärts, genauer gesagt am Königsplatz, ist der umstrittene Kleine Schlossplatz endgültig verschwunden. An seiner Stelle erhebt sich jetzt ganz markant der gläserne Kubus jenes städtischen Kunstmuseums, das zuvor in Theodor Fischers Kunstgebäude ein eher unauffälliger Untermieter war. Ob die neue Büro und Passagenarchitektur hinter dem benachbarten Königsbau freilich von gleicher Qualität ist, darf angezweifelt werden. Gleiches gilt für die Königstraße, die ihre Geschäftsbauten seit den späten achtziger Jahren des 20. Jahrhunderts nahezu vollständig ausgetauscht hat. Neben wenigen beachtenswerten Bauten, wie etwa dem Umbau der ehemaligen Landesgirokasse, findet sich hier fast nur Durchschnittliches, weil beliebig Austauschbares.

Eine positive Aufwertung hat hingegen das Areal des ehemaligen Landesbehördenzentrums an der Breitscheid- und Seidenstraße erfahren. Hier sind im Anschluß an die alte, denkmalgeschützte Reithalle glasüberdachte Gassen entstanden, während die vorhandenen Altbauten für kulturelle Zwecke innovativ genutzt werden. Ein Hotel, Gaststätten und Läden ergänzen das atmosphärisch dichte Ensemble. Stadträumlich erheblich aufgewertet ist auch der Marienplatz im Südwesten der Stadt. Nach Fertigstellung des Heslacher Tunnels ist der zuvor verkehrsumtoste Platz fast zu einer ruhigen Oase geworden. Und das anschließende, eigentlich längst aufgegebene „Bermuda-Dreieck" zwischen Böheim-, Böblinger- und Möhringerstraße hat nach der Verbannung des Verkehrs enorm an Wohnqualität gewonnen, wobei architektonische Qualitäten allerdings weitgehend auf der Strecke geblieben sind.

Im Norden der Stadt wartet das nicht mehr erweiterungsfähige alte Messegelände am Killesberg nach Fertigstellung einer neuen Messestadt auf den Fildern mit eigenem Autobahn- und Flughafenanschluß auf weitere Nutzungen. Ein in der Nachbarschaft geplanter Skyscraper wird aufgrund lokaler Hochhausphobien nicht realisiert, während sich das alte Industrieareal zwischen Pragsattel und Zuffenhausen längst zu einem Park zweit- bis drittklassiger, modisch exaltierter Gewerbebauten verwandelt hat. Was man vom Vaihinger Universitätscampus im Südwesten Stuttgarts nicht behaupten kann, wo in den vergangenen Jahren einige außerordentlich schöne, qualitätvolle und deshalb auch bundesweit beachtete Bauten der öffentlichen Hand für Forschung und Lehre realisiert wurden.

Herausragende Ingenieurbauten oder Einfamilienhäuser der letzten Jahre auch nur annähernd repräsentativ auflisten zu wollen, wäre eingedenk der regen Bautätigkeit in der schwäbischen Metropole verlorene Liebesmüh. Drei Bauwerke haben jedoch weit über die Stadtgrenzen hinaus Schlagzeilen gemacht: Das erste ist eine Inkunabel der klassischen Moderne, nämlich das Doppelhaus Le Corbusiers in der legendären Weißenhofsiedlung. Die Stadt hat es erworben und eine Haushälfte in Kooperation mit der Wüstenrotstiftung weitestgehend in den Originalzustand zurückgebaut, während die andere künftig als Dokumentationszentrum für die Weißenhofsiedlung dient. Beim zweiten Bau, der über Stuttgart hinaus Schlagzeilen gemacht hat, handelt es sich um den fast schwerelos schwebenden, spiralartigen Aussichtsturm auf dem Killesberg, realisiert nach Planen von Jörg Schlaich.

Das dritte Bauwerk gilt als Prototyp des intelligenten, energetisch ausgerichteten Hauses von Morgen. Mit ihm, dem Haus R 128, hat der Architekt und Ingenieur Werner Sobek gleichsam das Stuttgarter Hanghaus neu erfunden. Ein noch radikaleres Haus in Blasenform befindet sich derzeit noch im experimentellen Stadium.

Stuttgarts Stadtplaner und Architekten könnten sich also einigermaßen zufrieden zurücklehnen angesichts dessen, was in den letzten Jahrzehnten und Jahren an baulichen Veränderungen in ihrer guten Stube bzw. vor ihrer Haustür entstanden ist. Sie könnten, wären da nicht die gewaltigen Herausforderungen, die noch auf die Stadt zukommen. Denn das Konzept Stuttgart 21, welches das innerste Kerngebiet auf einen Schlag nahezu verdoppeln wird, hat bislang noch nicht einmal ansatzweise bauliche Gestalt angenommen. Wird es gelingen, dieser neuen synthetischen Innenstadterweiterung wirklich urbanes Leben einzuhauchen? Oder wird man dieses wertvolle Areal mehr oder weniger kampflos gesichtslosen internationalen Gestaltungs- und Renditevorstellungen opfern? Und was geschieht mit der Gesamtstadt? Wird man auch künftig das ganz Spezifische dieses zerklüfteten, über Höhen und Täler verteilten Archipels sympathischer eigenbrödlerischer Stadtpartikel zwischen Wald und Reben bewahren und dennoch internationale Architekturtendenzen nutzbringend adaptieren können?

Zugegeben: Stuttgart ist keine schöne Stadt (mehr), zumindest nicht im Sinne zuckersüßer, historisch intakter Ensembles. Aber auch als „bescheidene Stadt" wird die Schwabenmetropole zweifelsfrei im 21. Jahrhundert Bestand haben. Denn schließlich verkörpert das moderne Stuttgart doch eine ambivalente Gemengelage, die sich etwa alle zwanzig Jahre neu erfindet. Aus diesem Grund gilt Stuttgart als vitale Stadt, allerdings als eine, die sich dem Besucher erst auf den zweiten Blick erschließt. Sie ist spröde, man muß sie sich regelrecht erobern, und nicht umgekehrt. Und sie hat vermutlich die höchste Architektendichte in ganz Deutschland. Schon allein deshalb sollte uns um ihre Zukunft wahrhaftig nicht bange sein, oder? Honi soit qui mal y pense.

Führer durch die Stadt

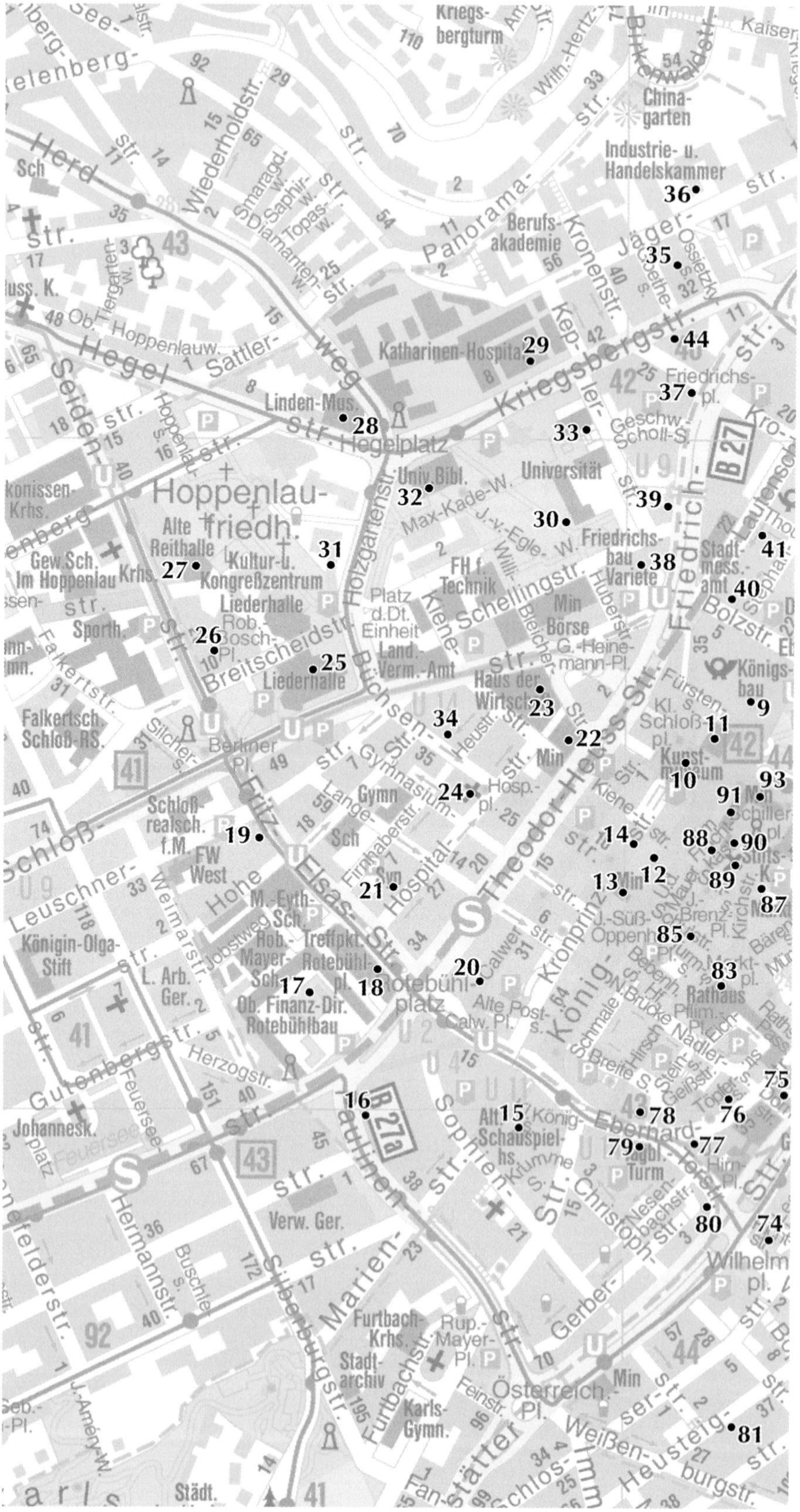
Kriegsbergturm
China-garten
Industrie- u. Handelskammer
36
Berufs-akademie
Panorama-str.
Jäger-str.
35
Kronenstr.
Kepler-str.
Katharinen-Hospital
29
44
Kriegsbergstr.
Friedrichs-pl.
37
Linden-Mus.
28
Hegelplatz
Hegelstr.
33
Geschw.-Scholl-S.
Wiederholdstr.
Herdweg
Hoppenlau-friedh.
Univ.Bibl.
32
Universität
39
30
Max-Kade-W.
Friedrichs-bau Varieté
38
Friedrichstr.
Stadt-mess.-amt
41
40
Alte Reithalle
27
31
Kultur- u. Kongreßzentrum Liederhalle
FH f. Technik
Schellingstr.
Min Börse
Bolzstr.
Gew.Sch. Im Hoppenlau
Sporth.
Rob.-Bosch-Pl.
26
Breitscheidstr.
25
Liederhalle
Platz d.Dt. Einheit
Land.-Verm.-Amt
Haus der Wirtsch.
23
G.-Heine-mann-Pl.
Königsbau
9
Falkertsch. Schloß-RS.
Falkertstr.
Seidenstr.
Holzgartenstr.
Büchsenstr.
34
22
Kl. Schloß-pl.
11
Kunst-museum
10
93
Berliner Pl.
Theodor-Heuss-Str.
Schloß-realsch. f.M.
19
FW West
Schloßstr.
Gymn
24
Hosp.-pl.
91
Schiller-pl.
Stifts-K.
14
88
90
13
12
89
87
Leuschnerstr.
Königin-Olga-Stift
Weimarstr.
Hohe Str.
M.-Eyth-Sch.
Syn
21
Hospitalstr.
J.-Süß-Oppenh.-Pl.
85
Rob.-Mayer-Sch.
17
Treffpkt. Rotebühl-pl.
18
Rotebühl-platz
20
Calwer Str.
Kronprinzstr.
Königstr.
83
Rathaus
Ob. Finanz-Dir. Rotebühlbau
L. Arb. Ger.
Alte Post-s.
Calw. Pl.
Gutenbergstr.
Herzogstr.
Johannesk.
Feuersee
16
B 27a
Paulinenstr.
15
Alt. Schauspiel-hs.
78
76
75
Eberhardstr.
79
Tagbl. Turm
77
Hirsch-Pl.
Sophienstr.
Christophstr.
80
74
Wilhelm-pl.
Hermannstr.
Verw. Ger.
Silberburgstr.
Marienstr.
Furtbach-Krhs.
Stadt-archiv
Rup.-Mayer-Pl.
Gerberstr.
Österreich.-Pl.
Karls-Gymn.
Furtbachstr.
Tübinger Str.
Hauptstätter Str.
Weißenburgstr.
Heusteigstr.
81
Städt.

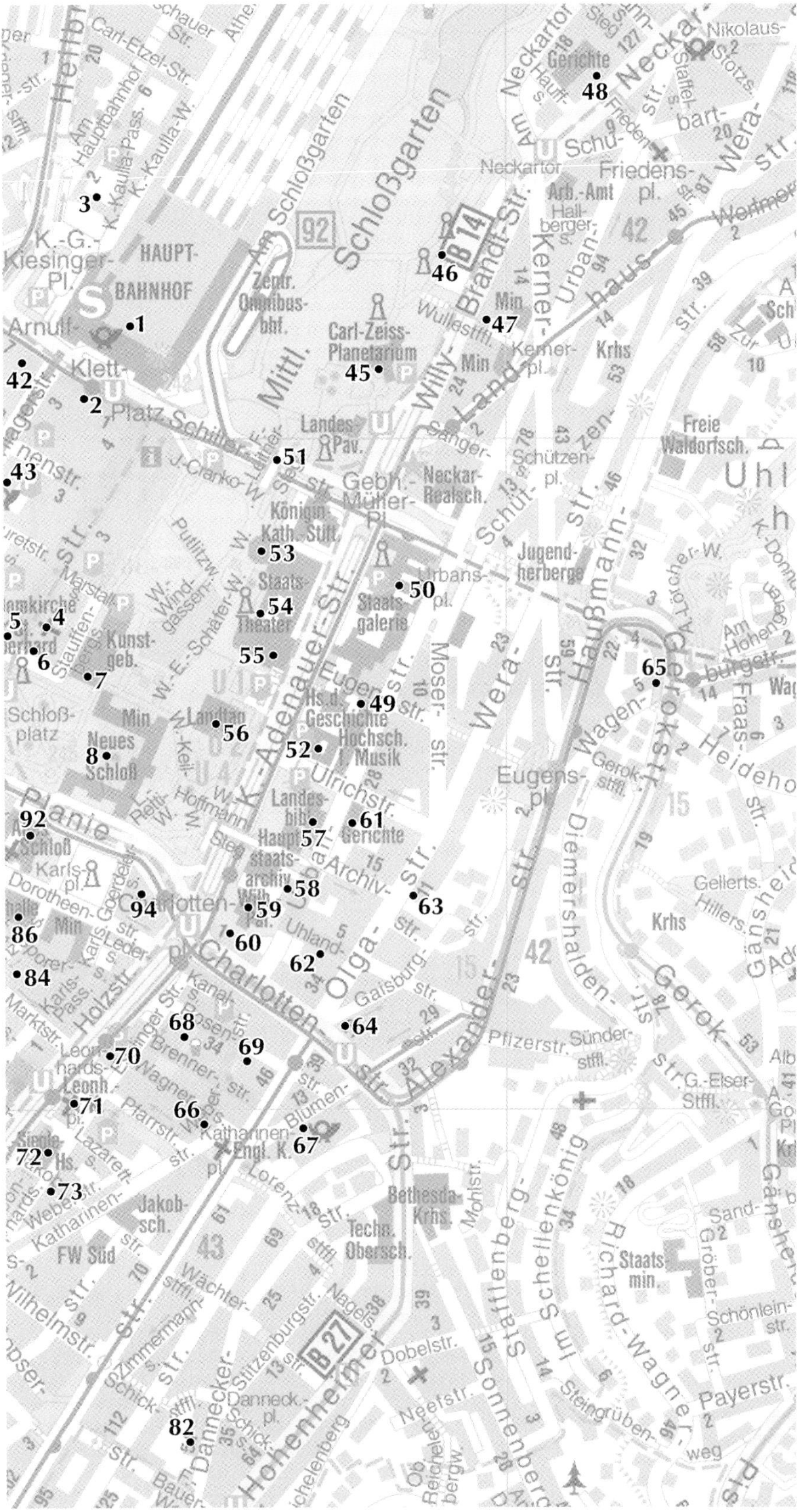
Carl-Etzel-Str.
Am Hauptbahnhof
K.-Kaulla-Pass.
K.-Kaulla-W.
K.-G.-Kiesinger-Pl.
HAUPT-BAHNHOF
Arnulf-Klett-Platz
Schillerstr.
J.-Cranko-W.
Am Schloßgarten
Schloßgarten
Zentr. Omnibus-bhf.
Carl-Zeiss-Planetarium
Mittl.
Landes-Pav.
Gebh.-Müller-Pl.
Königin-Kath.-Stift.
Staats-Theater
Staats-galerie
Urbans-pl.
Neckar-Realsch.
Willy-Brandt-Str.
Wullesteffl.
Kerner-pl.
Krhs
Am Neckartor
Gerichte
Neckartor
Friedens-pl.
Arb.-Amt
Hallberger-s.
Urban-
Neckarstr.
Werastr.
Nikolaus-
Stotzs.
Werfmer
Freie Waldorfsch.
Schützen-pl.
Schützenstr.
Jugend-herberge
Haußmannstr.
Gerokstr.
Am Hohengeren
Heidehof
Fraas-
Wagenburgstr.
Eugens-pl.
Gerok-stffl.
Diemershaldenstr.
Gellerts.
Hillers.
Gänsheide
Krhs
Gerokstr.
G.-Elser-Stffl.
Pfizerstr.
Sünder-stffl.
Alexanderstr.
Olgastr.
Gaisburgstr.
Uhlandstr.
Archivstr.
Ulrichstr.
Hs.d. Geschichte
Hochsch. f. Musik
Landes-bibl.
Haupt-staats-archiv
Wilh.-Pal.
Gerichte
Mosterstr.
Eugenstr.
K.-Adenauer-Str.
Landtag
Neues Schloß
Kunst-geb.
Stauffenbergstr.
Schloß-platz
Planie
Alt. Schloß
Karls-pl.
Dorotheen-str.
Karlstr.
Holzstr.
Marktstr.
Charlottenpl.
Charlottenstr.
Kanal-str.
Brennerstr.
Wagnerstr.
Pfarrstr.
Leonhards-pl.
Leonh.-pl.
Katharinen-pl.
Engl. K.
Blumenstr.
Lorenzstffl.
Bethesda-Krhs.
Techn. Obersch.
Mohlstr.
Staffelnbergstr.
Im Schellenkönig
Richard-Wagner-Str.
Staats-min.
Sand-
Gröberstr.
Schönleinstr.
Payerstr.
Steingrüben-weg
Sonnenbergstr.
Neefstr.
Dobelstr.
Ob. Reichelen-bergw.
Reichelenberg
Hohenheimer Str.
Danneck.-pl.
Dannecker-str.
Schickstr.
Stitzenburgstr.
Nagelsstffl.
Wächter-stffl.
Zimmermann-stffl.
Jakob-sch.
FW Süd
Wilhelmstr.
Katharinenstr.
Weberstr.
Hauptstätter Str.
Bauer-
B 14
B 27
92
1 2 3 4 5 6 7 8 42 43 45 46 47 48 49 50 51 52 53 54 55 56 57 58 59 60 61 62 63 64 65 66 67 68 69 70 71 72 73 82 84 86 92 94

1

Hauptbahnhof

Arnulf-Klett-Platz 2
1914–28
Paul Bonatz, Friedrich Scholer

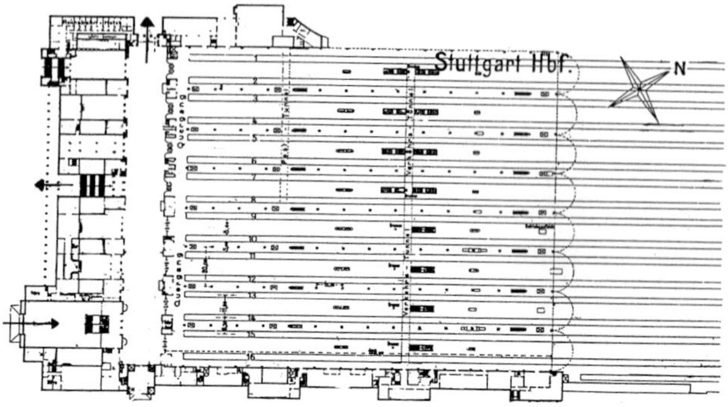

Grundriss Bahnsteighöhe (oben),
Hauptfassade um 1990 (unten)

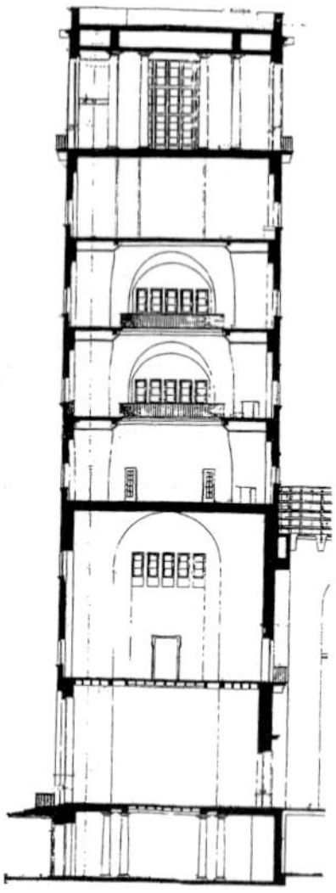

Schnitt durch den Turm

Der Bau eines neuen Hauptbahnhofs war notwendig geworden, nachdem der alte Bahnhof (Nr. 36) dem zunehmenden Eisenbahnverkehr nicht mehr gewachsen war. Der Entwurf, mit dem Paul Bonatz und Friedrich Scholer 1911 den Wettbewerb gewannen, weicht deutlich vom später realisierten Gebäude ab. Erst im jahrelangen Planungs- und Bauprozess kristallisierte sich die endgültige Form heraus. Der Bau musste in zwei Abschnitten erfolgen. Bis 1922 der Ostteil in Betrieb genommen werden konnte, wurde der Verkehr zum alten Bahnhof über das Gelände des erst 1928 fertig gestellten Westteils abgewickelt. Der Bau in zwei Etappen verbot eine weite, alle Bahnsteige überspannende Halle, wie sie bei den Bahnhöfen des 19. Jhs. üblich gewesen war. Bonatz und Scholer wählten stattdessen eine getrennte Überdachung der einzelnen Bahnsteige mit offenen Zwischenräumen, was den Vorteil hatte, dass Ruß und Rauch der Dampflokomotiven direkt ins Freie entwichen. Ohne eine dominierende Gleishalle konnte der Bahnhof als komplexes, differenziertes Raumgefüge aus monumental wirkenden Kuben aufgebaut werden. Die große und die kleine Schalterhalle münden in die hohe, quer zu den Gleisen liegende Kopfbahnsteighalle. Die Stirnwände der Schalterhallen ragen aus der Fassadenflucht und fungieren als Blickpunkte für die Achsen der König- und der Lautenschlagerstraße. Die imposanten Rundbogenrahmungen ihrer Eingänge erinnern an die Rolle der Bahnhöfe als Stadttore des Eisenbahnzeitalters. Zum Schlossgarten hin flankiert der massige Bahnhofsturm die große Schalterhalle. Er wächst über quadratischem Grundriss zu einer Höhe von 56 m empor. Lang gestreckte Verwaltungs- und Betriebsbauten komplettieren die Anlage auf der Ost- und Westseite. Die Verkleidung mit rauen, bossierten Kalksteinquadern unterstreicht den kraftvollen, wuchtigen Charakter. Im Inneren erhielten die Bahnhofshallen, die in ihrer feierlichen Strenge an frühchristliche Sakralbauten denken lassen, eine sorgfältige Verkleidung aus Naturstein: Backstein in der Bahnsteighalle, Sandstein in der großen und Tuff, Muschelkalk sowie Backstein in der kleinen Schalterhalle. – Der Hauptbahnhof ist ein bahnbrechendes Werk der modernen Architektur. In einer Zeit, die versuchte, sich vom Eklektizismus und vom formalen Überschwang des Historismus zu lösen, wirkte er ästhetisch revolutionär. Er steht jedoch nicht vorbildlos in der Architekturgeschichte: Bonatz und Scholer holten sich wichtige Anregungen beim Bahnhof Helsinki, der von Eliel Saarinen 1910–14 errichtet worden war. – Während das Äußere des Hauptbahnhofs noch den ursprünglichen Eindruck vermittelt, erfuhren die Innenräume z. T. starke Veränderungen. Bei Wiederherstellungsarbeiten nach Kriegsende wurden Backsteinwände verputzt und eine neue Decke in der Bahnsteighalle eingezogen. Ladeneinbauten sorgten für weitere optische Störungen.

1
(Fortsetzung)

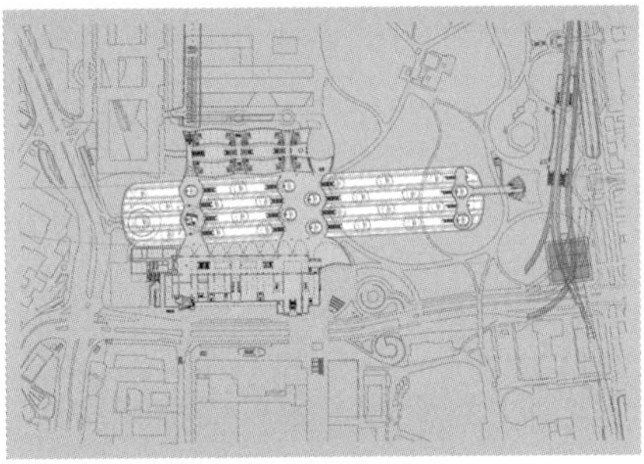

„Stuttgart 21": Animation Bahnsteighalle (oben), Grundriss Ebene 0 (unten)

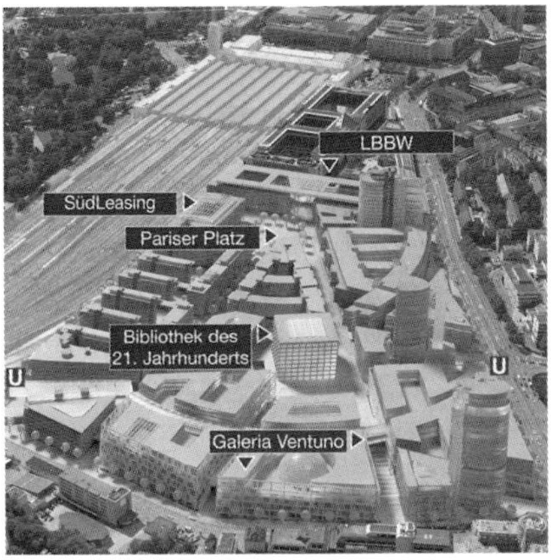

Ansicht des Städtebauprojektes

Da der alte Kopfbahnhof an seine Kapazitätsgrenze gelangt ist, wurde bereits seit Mitte der 1980er Jahre eine grundlegende Neuordnung des Bahnknotenpunkts Stuttgart diskutiert. In den frühen 90er Jahren reiften die Pläne für das Projekt „Stuttgart 21". Mitte 2001 haben sich die Beteiligten – Bahn, Bund, Land, Region und die Landeshauptstadt Stuttgart – auf die Verwirklichung dieses Vorhabens grundsätzlich verständigt. Das Konzept sieht u. a. eine 90-Grad-Drehung der Gleise und den damit verbundenen spektakulären Neubau eines unterirdischen Durchgangsbahnhofs nach den Plänen des Architekturbüros Ingenhoven, Overdiek und Partner sowie von Frei Otto vor. Pilzförmige Stützen, geschwungene Decken und Oberlichter in Form von „Lichtaugen" teilen die 450 m lange Halle in einzelne Segmente und bilden ein Gesamtsystem von hoher ästhetischer Qualität. Der Zugang zum Bahnhof erfolgt über mehrere transparente konkave Gitterkonstruktionen. Über der Bahnhofshalle entsteht ein großer Platz, der durch tropfenförmige Lichtöffnungen strukturiert wird. Die beiden Seitenflügel des denkmalgeschützten Bahnhofgebäudes von Bonatz sollen diesen Planungen zum Opfer fallen. Mit dem Projekt verbunden ist der Bau unterirdischer Bahn-Zufahrtsstrecken. Ein rund zehn Kilometer langer Tunnel soll den künftigen Hauptbahnhof mit einem ICE-Halt am Flughafen (Nr. 308) verbinden, durch den Neubau einer ICE-Trasse nach Ulm würde Stuttgart an das europäische Hochgeschwindigkeitsnetz angeschlossen werden. Die geplante Verlegung der Bahntrassen unter die Erde bietet zudem die Chance, das nördlich des bestehenden Kopfbahnhofs liegende, weitläufige Gleisgelände für neue Nutzungen zu erschließen. Die ca. 100 ha umfassende Fläche ist deshalb für Grünzonen und eine großflächige Bebauung mit Wohn- und Geschäftsbauten sowie der städtischen „Bibliothek des 21. Jahrhunderts" vorgesehen. Der erste Bauabschnitt mit dem Neubau des Verwaltungssitzes der Baden-Württembergischen Bank (Nr. 173) und dem Gebäude der "Südleasing" wurde bereits fertig gestellt. Ein Architektenwettbewerb für das "Rosensteinviertel", ein geplantes Wohngebiet beim Nordbahnhof, ist bereits ausgeschrieben. Für das restliche Areal läuft das Planfeststellungsverfahren. Eine endgültige Entscheidung über die Verwirklichung von "Stuttgart 21" steht noch aus. Das Vorhaben ist v. a. wegen der finanziellen Risiken – veranschlagt sind 2,6 Milliarden Euro, weitere 1,5 Milliarden Euro für die ICE-Strecke zwischen Wendlingen und Ulm müsste der Bund aufbringen – höchst umstritten.

2

Hindenburgbau
Arnulf-Klett-Platz 1–3
1926–28
Paul Schmohl, Georg Staehelin, Albert Eitel, Richard Bielenberg

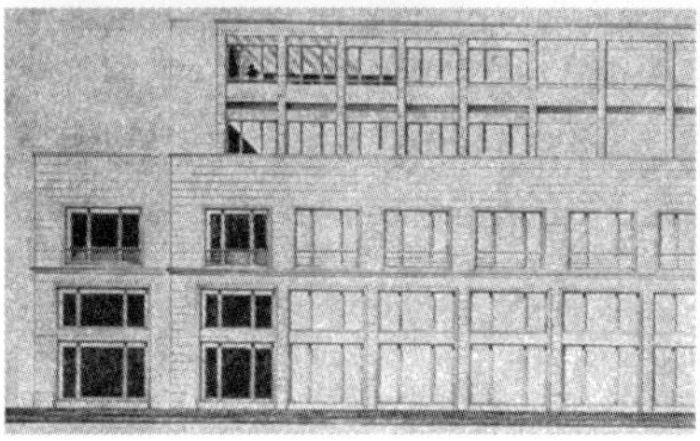

Wiederaufbau-Entwurf, Fassadendetail (unten)

Der erste Neubau am Bahnhofsvorplatz war, etwa zeitgleich mit der endgültigen Fertigstellung des Hauptbahnhofs (Nr. 1), der nach dem damaligen Reichspräsidenten benannte Hindenburgbau. Aus einem Gestaltungsen¡twurf für die Randbebauung des Platzes, den Paul Bonatz 1922 angefertigt hatte, übernahmen die Architekten des Hindenburgbaus u. a. die monumentalen, neun Meter hohen Arkaden im Mittelteil. Zusammen mit der Verkleidung aus Muschelkalkplatten geben sie dem lang gestreckten Gebäude eine repräsentative Note. Eine vertikale Rückstaffelung des Baus sorgt für eine effektvolle Eingangssituation zur Königstraße. Die formale Beschränkung, die großen, scharf eingeschnittenen Fenster und der Verzicht auf dekorative Elemente bewirken eine kompromisslose Strenge. Trotz seiner Nüchternheit steht der Hindenburgbau nicht dem Neuen Bauen nahe. Er ist Ausdruck einer neoklassizistischen Architekturströmung, deren sich nach 1933 auch die Staatsarchitekten des Dritten Reiches bedienten. Der Hindenburgbau brachte mit seinen Einrichtungen einen Hauch von Weltstadt in das Stuttgart der späten 20er Jahre. Mit dem eleganten „Konzert-Café Hindenburgbau“ wurde hier eines der größten Tanzcafés Deutschlands eröffnet. Das Planetarium, das sich hinter den Arkaden befand, stellte eine technische Sensation und Fremdenverkehrsattraktion dar. Im Zweiten Weltkrieg wurde der Hindenburgbau beschädigt. Pläne für einen Wiederaufbau als Landtagsgebäude kamen nicht zur Ausführung. In den ehemaligen Planetariumssaal zog ein Kino ein. Die einschneidendste Veränderung des Äußeren, die im Rahmen der Wiederherstellung ab 1948 erfolgte, war die Integrierung der zurückgesetzten, verputzten DG in den Baukörper, indem ihnen eine Naturstein-Gitterstruktur vorgeblendet wurde. 2005–2006 wurde der Hindenburgbau mit einer gläsernen Etage aufgestockt, in der der Deutsche Städtetag Quartier bezieht (Sorg und Frosch).

3

Verwaltungszentrum der Südwest LB
Heilbronner Straße, Versandstraße
1989–94
AP Plan (Brunnert, Mory, Osterwalder, Vielmo)

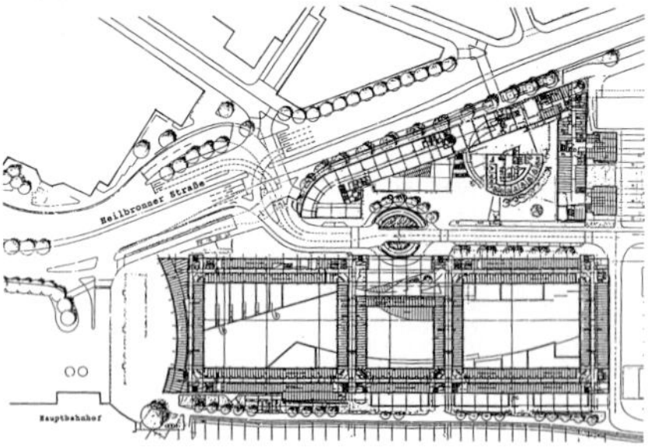

Lageplan (unten)

Auf diesem Areal hatte sich einst das logistische Herz Stuttgarts befunden: der Güterbahnhof. Doch die Verlagerung der Warenströme von der Schiene auf die Straße ließ die Gleise und Lagerhäuser veröden. Nach einigen Schwierigkeiten fand sich schließlich die Südwestdeutsche Landesbank als Investor. Den offenen Wettbewerb gewann 1989 das Stuttgarter Architekturbüro AP-Plan mit einem Entwurf, der eine um drei Innenhöfe angelegte, aufgeständerte Anlage als Kernstück und, zur Heilbronner Straße vorgeschoben, ein niedrigeres, aufgebrochenes Dreieck vorsah. Doch im Laufe des Planungs- und Entstehungsprozesses veränderte sich manches; bald wurde offenkundig, dass hier ein Komplex von gewaltigen Dimensionen entstand, der den Hauptbahnhof optisch erdrückt und den Blick von der Heilbronner Straße über die Stadt abriegelt. Die Architekten taten ihr Bestes, diesen „Riesen“ zu gliedern; sie schufen Innenhöfe, Passagen, Fußgängerwege, angereichert durch „Kunst am Bau“ und versuchten im Kopfbau neben dem Nordeingang des Hauptbahnhofs mit einer konvexen Fassade eine einladende Geste. Die schiere Größe und auch die Ästhetik der Architektur lassen jedoch nur wenig einladende, urbane Atmosphäre aufkommen. Die Fassaden mit ihrer Verkleidung aus kühlen, grauen Gneisplatten, lamellenartige Steingitter vor den Fenstern, die Verwendung edler Materialien – das passt zur Gediegenheit einer Bank, zur Gestaltung eines ganzen Quartiers fehlt Lebendigkeit, Wärme und Vielfalt. Es ist fatal, dass das größte Projekt Stuttgarts in den 90er Jahren keine zukunftsweisende, die Innenstadt bereichernde Architektur erbrachte.

4
Eberhardskirche
Königstraße 7
1953–55
Hugo Schlösser

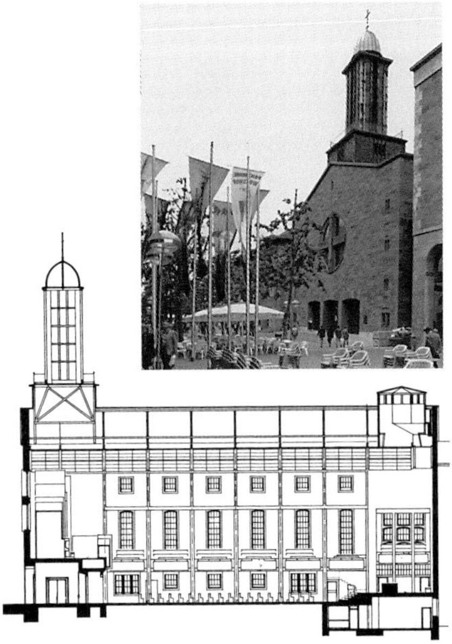
Längsschnitt, Umbau 1990–91 (unten)

Die Domkirche St. Eberhard weist eine bemerkenswerte Geschichte auf, die ihre schlichte 50er Jahre-Fassade kaum vermuten lässt. Sie geht auf eine evangelische Hofkirche zurück, die Reinhard Ferdinand Heinrich Fischer um 1770 in der Nachbarschaft von Schloss Solitude (Nr.117) errichtet hatte. Nachdem der württembergische Hof das Interesse an Schloss Solitude verloren hatte, ließ König Friedrich I. 1808 den Fachwerkbau der Kirche abtragen und wies ihm einen neuen Standort an der Königstraße zu. Hofbaumeister Nikolaus Thouret leitete den Wiederaufbau. Er gab der Kirche eine klassizistische Straßenfassade mit korinthischer Kolossalordnung und einem Dachreiter. Die Eberhardskirche wurde, als erster katholischer Sakralbau nach der Reformation, der kleinen katholischen Gemeinde übergeben. Zwei Luftangriffe im Jahr 1944 zerstörten sie vollständig. Hugo Schlösser entwarf den Neubau. Die Westfassade des in die Straßenflucht eingepassten, zurückhaltenden Gebäudes ist eine abstrahierte, moderne Version der alten Fassade. Dominierendes Gliederungselement ist ein großes Radfenster mit einem eingelassenen, figürlich geschmückten Steinkreuz. Ein Dachreiter in filigraner Metallkonstruktion erinnert an den alten Turm. Ein breites Mittelschiff und zwei schmale, mit Emporen ausgestattete Seitenschiffe bilden den nüchternen, hellen Innenraum. 1990–91 erfolgte ein Umbau unter Leitung des Architekturbüros Perlia, Schliebitz, Schwarz. Neben einer Veränderung des Eingangsbereichs und einer neuen Bestuhlung wurde eine Kassettendecke eingezogen, die den Umriss des Fassadengiebels aufnimmt.

5
Marquardtbau
Bolzstraße 4–6, Königstraße 22
1896; um 1950
Eisenlohr und Weigle; Eugen Mertz

Zustand vor 1944 (oben), 1991 (unten)

Die Hoteliersfamilie Marquardt ließ 1858 das vormalige „Café Gauger" am Schlossplatz zum Hotel umbauen. 1896 gaben die Söhne Wilhelm Marquardts einen repräsentativen Neubau in Auftrag. Der Entwurf für das Gebäude aus rötlichem und gelbbraunem Schilfsandstein stammte vom renommierten Stuttgarter Architekturbüro Eisenlohr und Weigle. Der pompöse Bau war typisch für die formal überladene Architektur der 1890er Jahre; das ganze damals beliebte Repertoire von Renaissance- und Barockformen kam zur Anwendung: Rustikaquaderung für die unteren Geschosse, Fensterrahmungen aus Halbsäulen und Ädikulen, friesverzierte Gesimse, in Nischen gestellte Skulpturen. Besonders aufwändig gestaltet war die Gebäudeecke zum Schlossplatz. Zwei turmartig überhöhte, figurengeschmückte Risalite wurden durch ein segmentbogenförmiges Bauteil verbunden. Ein weiterer überhöhter Risalit schloss die Fassade in der Königstraße ab. 1944 wurde der Marquardtbau durch Bombeneinwirkung stark beschädigt. Im Gegensatz zum gegenüberliegenden Olga-Bau (Nr. 6), der abgerissen wurde, baute der Hauseigentümer und Architekt Eugen Mertz den Marquardtbau – wenn auch in stark vereinfachten Formen – wieder auf. Mertz errichtete 1952–55 auch das in der Königstraße anschließende Geschäftshaus. Der Marquardtbau beherbergt heute u. a. ein Theater, ein Café, ein Kino und Ladengeschäfte.

6

Königin-Olga-Bau (Dresdner Bank)
Königstraße 9
1950–54
Paul Schmitthenner, Erich Hengerer, Otto Linder

Detail der Fassade, Entwurfszeichnung

Der Vorgängerbau, ein nach der württembergischen Königin Olga benanntes Geschäftshaus im neobarocken Stil von 1893–95, war im Zweiten Weltkrieg schwer beschädigt, die Ruine abgerissen worden. Dem neuen Olga-Bau wurde zur Königstraße eine travertinverkleidete, zweigeschossige Arkadenzone vorgestellt, über der sich eine dreigeschossige Sandsteinfassade erhebt. Zum Schlossplatz hin bleiben die unteren Geschosse geschlossen; schmiedeeiserne Gitter schützen die EG-Fenster. Im Gegensatz zur Monumentalität der Königstraßen-Fassade entsteht hier der Eindruck massiger Behäbigkeit, die durch Sprossenfenster mit Klappläden verstärkt wird. Nach oben schließt die Fassade mit einem Kranzgesims, hinter dem die Dachaufbauten zurücktreten. Der Haupteingang, gerahmt von wuchtigen Muschelkalkquadern und bekrönt von einem überdimensionalen bronzenen Pinienzapfen, führt zur Schalterhalle. Diese wurde 1984 durch das Büro Kammerer + Belz, Kucher und Partner umgestaltet und modernisiert. Nach außen drückt der Bau das Selbstbewusstsein einer Bank aus, er demonstriert Solidität und Sicherheit. Doch hinter den historisierenden Fassaden, die z. T. Formen des süddeutschen Manierismus und des Klassizismus interpretieren, verbirgt sich eine Stahlbetonskelettkonstruktion. Der Olga-Bau war bereits bei seiner Einweihung in formaler Hinsicht „altmodisch". Als Beispiel einer konservativen Architekturströmung in der Tradition der Stuttgarter Schule kommt ihm dennoch architekturgeschichtliche Bedeutung zu.

7

Kunstgebäude
Schlossplatz 2
1909–13; 1956–61
Theodor Fischer; Paul Bonatz, Günter Wilhelm

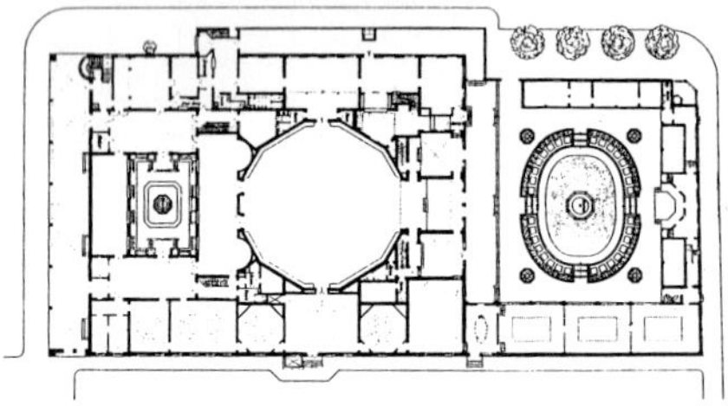

Grundriss EG, ursprünglicher Zustand

Das Versammlungs- und Ausstellungsgebäude wurde an der Stelle des 1902 abgebrannten Hoftheaters errichtet. Eine breit gelagerte Arkadenvorhalle bildet die Eingangsfront zum Schlossplatz. Ihre Eleganz erinnert an offene Arkadenhallen der italienischen Renaissance; durch die Anlehnung an diese Stilrichtung wird ein gestalterisches Gegengewicht zum benachbarten Neuen Schloss (Nr. 8) mit seiner barocken und frühklassizistischen Formensprache geschaffen. Auch werden hier die für Theodor Fischers Architekturverständnis typischen regionalen Bezüge deutlich: So erinnert er z. B. mit der Arkadenform an das Neue Lusthaus (Nr. 46), eines der bedeutendsten Zeugnisse der Renaissance in Württemberg, dessen Reste im Hoftheater verbaut worden waren. Zentraler Bauteil des Kunstgebäudes ist die weithin sichtbare kupfergedeckte Kuppel aus Eisenbeton, die den zwölfeckigen Ausstellungs- und Repräsentationssaal überwölbt. Sie wird durch eine Bronzeplastik des Wappentiers von Württemberg, einen von Ludwig Habich geschaffenen goldenen Hirsch bekrönt. Das Gebäude wurde im Zweiten Weltkrieg bis auf die Kuppel fast völlig zerstört. Beim Wiederaufbau nahm der Fischer-Schüler Paul Bonatz einschneidende Veränderungen und Vereinfachungen vor, die eine massigere, monumentalere Wirkung zur Folge haben. Die von Fischer entworfene plastische und malerische Ausstattung wurde nicht rekonstruiert. Ebenso verzichtete man auf die Wiederherstellung der dem Schlossplatz abgewandten Bauteile. Der ehemalige Skulpturenhof wurde durch Günter Wilhelm überbaut. Nach dem Auszug der Galerie der Stadt Stuttgart wird das Ausstellungsgebäude umgebaut; der Württembergische Kunstverein bleibt Hauptnutzer.

8

Neues Schloss

Schlossplatz
1746–1807
Leopoldo Retti, Philippe de la Guêpière, Reinhard Ferdinand Heinrich Fischer, Nikolaus Thouret

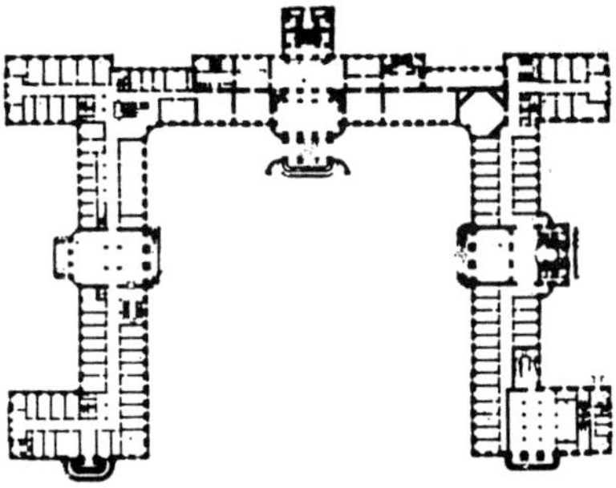

Zustand 1991: Westseite (oben), Grundriss EG (unten)

Zustand vor 1944: Ostseite (oben), Marmorsaal (unten)

Bauherr des Neuen Schlosses war Herzog Carl Eugen von Württemberg, der nach Verlagerung seiner Residenz von Ludwigsburg nach Stuttgart eine repräsentative Schlossanlage wünschte. Nachdem Pläne des berühmten Würzburger Architekten Balthasar Neumann wegen zu großer Dimensionen abgelehnt worden waren, beauftragte der Herzog Leopoldo Retti mit der Planung des Schlossbaus. Die Anlage besteht aus drei zweigeschossigen, durch Mansarddächer gedeckten Gebäudeflügeln, die nach französischem Vorbild einen tiefen Ehrenhof umfassen. Dieser öffnet sich zum Schlossplatz, der 1775–78 durch Reinhard Ferdinand Heinrich Fischer angelegt und 1850–65 historistisch umgestaltet wurde; 1976–77 führte man den Platz in seinen ursprünglichen Zustand zurück. Zentraler Teil des Schlosses ist der zum Ehrenhof gewandte, reich geschmückte Mittelbau (Corps de Logis), der durch ein Mezzaningeschoss überhöht wird. Die Portikusvorhalle flankieren Statuen von Herkules und Minerva, die von François Lejeune geschaffen wurden; die Skulpturen der Balustradenbrüstung stammen von Domenico Ferretti. Die geschweifte Kuppel des Mittelpavillons war ursprünglich mit einer mächtigen Krone versehen. Die Sandsteinfassaden der lang gestreckten Flügel sind flächig und zurückhaltend gestaltet. Gegliedert werden sie durch erhöhte Risalite, die mit Figurenbalustraden versehen sind. Die Bauzeit des weitläufigen Komplexes, eines der letzten großen Stadtschlösser Süddeutschlands, erstreckte sich über eine Zeitspanne von 40 Jahren.

Retti erstellte das Corps de Logis und den Gartenflügel im Rohbau. Nach seinem Tod 1751 übernahm der aus Paris geholte Philippe de la Guêpière die Bauleitung und gestaltete den Stadtflügel sowie die Repräsentationsräume in frühklassizistischer Formensprache; die Wohnräume hingegen wurden, wie schon in Rettis Entwurf vorgesehen, in reinem Rokoko ausgestattet. 1762 zerstörte ein Brand weite Teile des Gartentraktes. Da der sprunghafte Herzog das Interesse am Neuen Schloss verlor und sich anderen Bauprojekten wie dem Lustschloss Monrepos bei Ludwigsburg und der Solitude (Nr. 117) zuwandte, geriet die Bautätigkeit ins Stocken; erst 1782 nahm man die Arbeiten an der Brandruine wieder auf. 1788 stellte Fischer den Gartenflügel fertig. Hofbaumeister Nikolaus Thouret schloss schließlich den Innenausbau ab. Im Verlauf des 19. Jhs. wurde der Wohntrakt im Gartenflügel vielfach umgestaltet. 1944 zerstörten Bombenangriffe das Neue Schloss bis auf seine Umfassungsmauern. Lange Jahre vom Abriss bedroht, wurde der Bau schließlich 1958–65 durch Rudolf Lempp, H. D. Rosiger und Walther-Gerd Fleck wiederhergestellt. Das Innere konzipierte Herta-Maria Witzemann in modernen Formen, nur die Paraderäume Guêpières im Corps de Logis (u. a. Vestibül, Treppenhaus, Marmorsaal und Aeneas-Galerie, deren von Matthias Günther entworfene Deckengemälde rekonstruiert werden konnten) sowie der Weiße Saal im Stadtflügel sind teilweise erhalten. Der Mittelbau nimmt nun Repräsentations- und Empfangsräume auf, in den Flügeln sind das baden-württembergische Finanzministerium und das Ministerium für Kultus und Sport untergebracht.

9

Königsbau
Königstraße 28
1855–59; 1958–59
Johann Michael Knapp, Christian Friedrich Leins; Karl Schwaderer

Zustand um 1900 (unten)

Der Königsbau wurde im Auftrag König Wilhelms I. von Württemberg an der nordwestlichen Seite des Schlossplatzes als Pendant zum Neuen Schloss (Nr. 8) errichtet. Die Planung geht im Wesentlichen auf Johann Michael Knapp zurück, der 1842–46 die Jubiläumssäule zum 25-jährigen Regierungsjubiläum des Königs auf dem Schlossplatz errichtet hatte; Planvollendung und Ausführung lagen bei Christian Friedrich Leins. Der Königsbau erfüllte eine Doppelfunktion: Er bildete zum einen den repräsentativen Rahmen für Hoffeste; zum andern war er ein Basarbau (Kaufhaus) mit der ersten Ladenpassage Stuttgarts. Die eindrucksvolle Kolonnadenfront ist eine freie Interpretation einer antiken Marktstoa (Säulenhalle). 26 ionische Kolossalsäulen gliedern die lang gestreckte Fassade. Unterbrochen wird diese Säulenreihe durch zwei leicht vorspringende korinthische Säulenportiken. An beiden Schmalseiten sind dem Königsbau Portiken mit Säulen ionischer Ordnung vorgestellt. Hinter der Kolossalordnung verbirgt sich ein dreigeschossiger Gebäudekern mit einem kastenförmigen Dachaufbau. Nachdem der Königsbau 1944 ausgebrannt war, erfolgte 1958–59 der Wiederaufbau durch Karl Schwaderer (Bauabteilung der Oberfinanzdirektion). Er stellte das klassizistische Äußere leicht vereinfacht wieder her, gab dem Königsbau jedoch eine neue Innenkonzeption. Unter Verzicht auf die Festsäle wurde der Bau zum reinen Büro- und Geschäftshaus. Zwei kurze Querpassagen, die hinter den Säulenportiken nach Innen führen, erschließen die Hauptpassage nun auch vom Schlossplatz aus. Bei der Neugestaltung des Karrees 2004–06 entsteht hinter dem Königsbau eine von einem riesigen Glasdach überspannte „Einkaufslandschaft" (Architekten Hascher und Jehle).

10

Ehem. Geschäftshaus Speiser
Königstraße 34
1950–51
Rolf Gutbier

Zustand 1950er Jahre (oben)

Während an der Einmündung der Königstraße in den Schlossplatz der konservativ anmutende Olga-Bau Schmitthenners (Nr. 6) entstand, errichtete dessen ehemaliger Schüler Rolf Gutbier an der gegenüberliegenden Seite des Schlossplatzes ein betont modernes Geschäftshaus. Der Speiserbau beherbergte im UG, EG und 1. OG die Ladenräume des Kaufhauses Speiser, in den übrigen Geschossen Verlag, Redaktion und Druckerei der „Stuttgarter Nachrichten". Die Ladenzone wurde bis heute mehrfach umgestaltet; auch die Gesamtnutzung hat sich geändert. Das Gebäude ist – von der Straße aus nicht erkennbar – eine unregelmäßige, um einen kleinen Innenhof angeordnete Dreiflügelanlage. Konstruktion und Fassadengestaltung waren für die damaligen Verhältnisse bemerkenswert fortschrittlich, ja fast revolutionär. Eine Stahlskelettkonstruktion erhielt eine vorgehängte Metall-Glas-Fassade. Schwarz gestrichene Doppel-T-Träger setzen horizontale Akzente. Die Zwischenschichten bestehen aus aluminiumgerahmten einflügeligen Fenstern und Brüstungsfeldern aus geriffeltem Aluminium. Das zurückgesetzte DG wird von einer vorspringenden Dachplatte gedeckt. Der Speiserbau ist geprägt von einer kompromisslos funktionalistischen Ästhetik. Als Vorbilder dürften Ludwig Mies van der Rohes frühe Stahl- und Glasbauten in den USA, z. B. für das Illinois Institute of Technology in Chicago (ab 1940), Pate gestanden haben.

11

Galerie der Stadt Stuttgart

Schlossplatz
2002–05
Hascher + Jehle Architekten

Zustand Ende 1990er Jahre (oben); BW-Bank (unten)

Kaum ein anderer Ort zeigt so deutlich den Wechsel städtebaulicher und architektonischer Leitvorstellungen wie der Kleine Schlossplatz. An dieser Stelle hatte das klassizistische Kronprin-zenpalais (Ludwig Gaab, 1844–59) gestanden. 1944 brannte es aus, 1963 wurde die Ruine dem Verkehr geopfert. 1966–69 gestalteten Max Bächer, Walter Belz und Hans Kammerer das Areal vollständig um. Über einen mehrgeschossigen unterirdischen Straßenknotenpunkt wurde eine Betonplatte gelegt, auf dieser Plattform befanden sich eingeschossige Ladenpavillons. Der massige Sichtbetonbau der Buchhandlung Wittwer (Kam-merer und Belz, 1969) diente als zur Königstraße vorgeschobener Eckpfeiler. Den nordwestlichen Abschluss bildete das elegante Gebäude der Baden-Württembergischen Bank (Rolf Gutbrod, Hermann Kiess, Wolfgang Fiedler, 1964–68). Der Kleine Schlossplatz, ein typisches Beispiel des Betonbrutalismus der 60er Jahre, wurde nie richtig ins städtische Leben integriert. 1985 gewann Lee J. Cobb einen Neugestaltungswettbewerb: Anstelle der Plattform sollte ein postmoderner Gebäudekomplex u. a. für die Galerie der Stadt Stuttgart errichtet werden. Doch Differenzen über Finanzierung und Nutzung verhinderten eine Realisierung. 1993 wurde nach einer Idee von Walter Belz vor dem Kleinen Schlossplatz eine breite Freitreppe errichtet, die sich zum beliebten Treffpunkt entwickelte, während der Bereich dahinter verödete. Als kurz vor dem Jahrtausendwechsel dann die Hindernisse für die Neugestaltung beseitigt waren, konnte nicht mehr auf den aus der Mode gekommenen Siegerentwurf von 1985 zurückgegriffen werden. Stattdessen wurde 1999 ein neuer Wettbewerb ausgeschrieben, den das Berliner Büro von Rainer Hascher und Sebastian Jehle gewann. Ihr preisgekrönter Entwurf nimmt Abschied von den vielgliedrigen „Museumslandschaften“ der Postmoderne, für die Staatsgalerie (Nr. 50) der Prototyp war, und spiegelt eine aktuelle Tendenz im Museumsbau wider, die monolithische und hermetische Baukörper bevorzugt. Hascher + Jehle entwarfen einen hoch aufragenden Kubus mit einer Verkleidung aus rohen Kalksteinplatten, der auf drei Etagen Wechselausstellungsräume aufnimmt. Darüber ist eine gläserne Hülle gestülpt. Erst in der Dunkelheit, wenn diese von innen beleuchtet wird, entfaltet der bei Tag eher spröde Bau seine eigentliche Faszination. Doch der Kubus nimmt den geringeren Teil des Raumprogramms der nun als Kunstmuseum firmierenden städtischen Galerie auf. Die Räume für die ständige Ausstellung liegen ebenerdig und z. T. unterirdisch in ehemaligen Straßentunneln. So konnte das umfangreiche Raumprogramm untergebracht werden. Den Architekten ist es mit diesen Schauräumen unter der Erde gelungen, eine bestehende Struktur optimal neu zu nutzen. Im Kunstmuseum kann nun die zuvor im Gebäude des Kunstvereins (Nr. 7) beengt untergebrachte kommunale Kunstsammlung, angemessen präsentiert werden. Stuttgart hat damit einen Kontrapunkt zur Staatsgalerie bekommen und einen neuen Anziehungspunkt in der City. Zusammen mit dem Neubau wurde nicht nur das gesamte Areal des Kleinen Schlossplatzes neu gestaltet, sondern auch, nach dem Abriss der wenig attraktiven Nachkriegsbebauung, das ehemalige Postgelände hinter dem Königsbau (Nr. 9). Auch dieses „Post-Carré“, das unter einem geschwungenen Glasdach u. a. ein Design-Kaufhaus aufnimmt und außerdem für eine bessere Fußgängerverbindung zwischen Königstraße, Friedrichstraße und Kleinem Schloss-platz sorgt, wurde von Hascher + Jehle entworfen. Lediglich Rolf Gutbrods Bau überlebte diese Operation am Herzen der Stadt – deutlich modernisiert (Architekt Joachim Friedrich von Berg).

12

„Stockgebäude“
Königstraße 44
1833–38
Gottlob Georg Barth, Adam Friedrich Groß

Zustand 1991 (oben), Stich um 1845 (unten)

Das „Stockgebäude“ wurde unter König Wilhelm I. von Württemberg als Sitz der Königlichen Verwaltung erbaut. Das zur Unterscheidung von der Alten Kanzlei am Schillerplatz (Nr. 93) als Neue Kanzlei bezeichnete Gebäude ist das älteste zumindest in Teilen erhaltene Bauwerk in der Königstraße. In das rechte Gebäudedrittel wurde ein 1576–78 unter Herzog Ludwig errichteter Kornspeicher integriert; dessen Mauerwerk sowie der Keller sind noch vorhanden. Der Name „Stockgebäude“ stammt von einem 1551 an dieser Stelle unter dem württembergischen Kanzler Ambrosius Volland begonnenen Bau, der unfertig im ersten Stockwerk eingestellt und erst Jahre später vollendet wurde; der Name übertrug sich jeweils auf die an dieser Stelle errichteten Häuser. Die Fassade des viergeschossigen Gebäudekubus ist betont schlicht in sparsamen klassizistischen Formen gestaltet. Die lang gestreckte Front zur Königstraße wird durch 15 Fensterachsen untergliedert. Einzig die Mittelachse mit dem Haupteingang ist hervorgehoben; ihr ist im EG ein Portikus vorgelagert, den vier dorische Säulen tragen. Das „Stockgebäude“ brannte im Zweiten Weltkrieg aus. 1947–50 wurde es als Geschäfts- und Verwaltungshaus wiederaufgebaut. Das Kellergewölbe mit seinen imponierenden Maßen von 40 x 12 m wurde renoviert und ist seit 1985 als Verkaufsraum der Öffentlichkeit zugänglich.

13

Mittnachtbau
Königstraße 46
1926–28
Eisenlohr und Pfennig

Zustand um 1930 (oben), Eingangsbereich 1991 (unten)

Das Geschäfts- und Bürohaus prägt durch seine imposanten Dimensionen und die zeitlose Gestaltung das Bild der oberen Königstraße. Benannt ist das Gebäude nach dem langjährigen württembergischen Ministerpräsidenten Hermann Freiherr von Mittnacht (1825–1909). Der Stahlbetonskelettbau wird durch wohlproportionierte, abgestufte Kuben gegliedert; bestimmend ist der vorspringende, zehngeschossige Baukörper an der Büchsenstraße. Die Front zur Königstraße besitzt sieben Geschosse, wobei das oberste zurückgesetzt ist. Der rückwärtige Block entlang der Kronprinzstraße nahm in den überhöhten Gebäudeecken und der Betonung der Mittelachse Bezug auf die inzwischen kriegszerstörte Nachbarbebauung. Das Gebäude ist mit Travertinplatten verkleidet. Expressiv wirkende, dunkle Eckgesimse akzentuieren die Eckpartie des Turmbaus. Die Fenster der Königstraßenfront werden durch durchlaufende Sohlbänke optisch zu Bändern zusammengefasst und betonen so die horizontale Ausrichtung dieses Gebäudeteils. Mit dem Mittnachtbau schufen die zuvor als konservativ eingestuften Architekten ein vom Neuen Bauen beeinflusstes Gebäude, das Auswirkungen auf das Stuttgarter Bauschaffen nach dem Zweiten Weltkrieg, etwa den Neubau des Rathauses (Nr. 83), hatte. Das Gebäude wurde im Krieg beschädigt und ab 1953 wiederhergestellt. Die beiden verglasten Eckerker an der Königstraße stammen ebenfalls aus dieser Zeit.

14

Baden-Württembergische Bank, Filiale Kronprinzbau
Kronprinzstraße 6–8
1994–95
Maximilian Otto, Ursula Hüfftlein-Otto; Bernd Krüger, Hubert Möhrle

Zweck dieses Umbaus war es, den zwischen Kronprinz- und Calwer Straße gelegenen wuchtigen Büroblock, ein typisches Beispiel für die Betonarchitektur der 70er Jahre, durchlässiger zu gestalten und dem Standort durch Nutzungsänderun-gen zu mehr Attraktivität zu verhelfen. Dazu wurden die beiden unteren Geschosse geöffnet und durchgehend verglast. Indem EG und 1. OG 3,50 Meter in den Straßenbereich vorgezogen wurden, konnte das Gebäudevolumen vergrößert und der Altbau sozusagen in den Hintergrund gerückt werden. Auch das halbtransparente, oberhalb des 1. OG auf beiden Gebäudeseiten hervorkragende Vordach mildert die Dominanz des ursprünglichen Gebäudes, dem im oberen Teil seine massiven, vom abweisenden Charakter noch zeugenden Betonelemente belassen wurden. Die großzügige und helle zweigeschossige Bankfiliale ist von beiden Straßen aus über eine Art Passage zugänglich, die optisch von einer Wand aus Sichtbeton akzentuiert wird. Kojenartig liegen daran Kundenschalter, ihr gegenüber befinden sich eine ins OG zum Beratungsbereich führende einläufige Treppe sowie Aufzüge. Im außerhalb der Geschäftszeiten von der Schalterhalle separierten Entrée an der Kronprinzstraße stehen Geld- und Kontoauszugsautomaten zur Verfügung. Ebenerdig wurde die Bankfiliale von Läden und einem Café umgeben, welche wesentlich dazu beitragen, dass das etwas ins Abseits geratene Quartier städtebaulich aufgewertet und belebt wird.

15

Altes Schauspielhaus
Kleine Königstraße 7–9
1909; 1982–83
Albert Eitel, Eugen Steigleder; Roland Ostertag und Partner

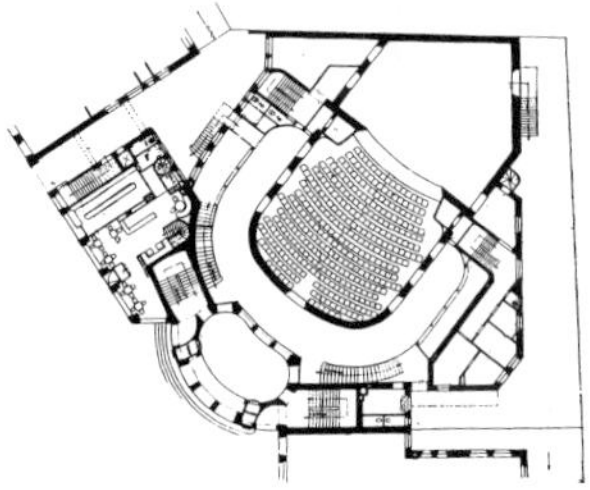

Grundriss EG, ursprünglicher Zustand

Als Bauplatz für das Theater stand nur ein ungünstig geschnittenes Grundstück inmitten eines Häuserblocks zur Verfügung. Die Architekten lösten diese schwierige Situation, indem sie in den Versatz der Häuserfront einen gewölbten Turmbau platzierten. Dieser Bauteil, dessen Vorbild im Mittelbau von Schloss Solitude (Nr. 117) zu sehen ist, setzt ein städtebauliches Zeichen und verhilft dem Theater trotz der beengten Verhältnisse zu einem repräsentativen Eingangsbereich. Durch eine einheitliche Gestaltung mit dem links angrenzenden Geschäftshaus erweckten die Architekten den Eindruck eines größeren Gebäudeensembles. Die Sandsteinfassade des Theaters und des Geschäftshauses wurde durch Alfred von Bredow mit figürlichen Reliefs und einem Dekor in sparsamen Jugendstilformen gestaltet. Im Innern des Gebäudes befindet sich ein konventionelles Rangtheater. Zur Konstruktion wurden die damals modernen Baustoffe Stahl und Stahlbeton verwandt. Im Gegensatz zu dem zeitgleich erbauten Großen Haus (Nr. 55) ist die Innenraumgestaltung schlicht gehalten. 1962 wurde der Spielbetrieb des Theaters, das bei seiner Eröffnung als architektonisches und städtebauliches Meisterwerk gefeiert wurde, eingestellt. 1982 begann man mit der Sanierung und dem Umbau, bei dem u.a. ein viergeschossiger Anlieferungsbau an der Rückfront angefügt wurde. Das Theater, dessen ursprüngliche Raumkonzeption beibehalten wurde, hat nun 539 Sitzplätze.

16

Haus der Zürich-Vita-Versicherung
Paulinenstraße 50
1964–66
Wilfried Beck-Erlang

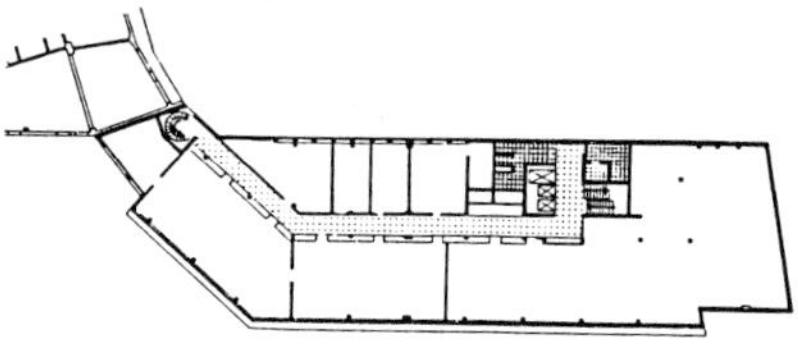

Grundriss Normalgeschoss

Bürogebäude mit vorgehängten, verspiegelten oder eloxierten Glasfassaden entstanden in den 60er- und 70er Jahren in großer Zahl, aber nur selten in bemerkenswerter ästhetischer Qualität. Eine positive Ausnahme und noch dazu eine Pionierleistung bildet das Haus der Zürich-Vita-Versicherung an der Paulinenstraße. Es schloss eine Baulücke an einer Straßenbiegung, die es durch einen 45°-Knick in der Fassade beantwortete. Die schon in den 60er Jahren hohe Verkehrsdichte auf der Paulinenstraße, die die beiden innerstädtischen Hauptverkehrsadern verbindet, stellte hohe Anforderungen an den Schallschutz. Der Stuttgarter Architekt Wilfried Beck-Erlang löste dieses damals noch nicht allgemein beachtete Problem mit der Konstruktion einer zweischaligen Fassade. Vor die innere Fensterfront wurde als Außenschicht eine Ganzglasfassade gehängt. Sie besteht aus geneigten, mittels eines speziellen Halterungssystems rahmenlos angebrachten Glasscheiben. Auch die „Brüstungszonen" setzen sich aus Glasflächen zusammen. Die zwischen innerer und äußerer Fassade entstandene Pufferzone dient sowohl der Schall- als auch der Wärmeisolierung – ein Konzept, das Jahre später bei Energiespar- oder Ökohäusern mit vorgestellten Wintergärten wieder Anwendung finden sollte. Die Vollglasfassade unter Verzicht auf Brüstungsbänder aus Metall oder Beton bietet nicht nur funktionale Vorteile; sie verleiht dem Bau auch eine gewisse Leichtigkeit und Transparenz. Im EG nimmt das Zürich-Vita-Haus Läden und Restaurants auf, in den OG Büroräume unterschiedlicher Größe.

17

Rotebühlbau
Rotebühlplatz 30
1827–43
Johann Kaspar Vogel, Ludwig Gaab

Luftaufnahme vor 1945 (oben), Zustand 1991 (unten)

Der noch heute stadtbildprägende Block des Rotebühlbaus wurde als Infanteriekaserne angelegt. Die riesige Dreiflügelanlage mit einer Seitenlänge von 150 m war zurzeit ihrer Vollendung eine der größten Kasernen Deutschlands. Sie beherbergte drei Regimenter mit insgesamt 1800 Soldaten. Kein anderes Gebäude in Stuttgart besaß diese Grundfläche, die durch die exponierte Lage auf einem Plateau noch zusätzlich betont wird. Der Gebäudekomplex wurde aus massivem Werkstein errichtet, der den fortifikatorischen Charakter der Kaserne unterstreicht. Auf ein Sockelgeschoß mit rundbogigen Öffnungen, die ursprünglich als offene Arkaden ausgebildet waren, folgen drei gleichartig gestaltete Geschosse mit regelmäßig angeordneten Rechteckfenstern, die auf durchgezogenen Sohlbänken aufsetzen. Ein Kranzgesims leitet zum flachen Satteldach über. Die Fassaden der Seitenflügel werden durch flache Mittel- und Eckrisalite sowie Lisenen sparsam untergliedert, was eine Rhythmisierung der langgestreckten Fronten bewirkt. Die schmucklose Anlage von monumentaler Geschlossenheit und Strenge sollte eine disziplinierende Wirkung auf die Soldaten ausüben. Seit 1918 sind im Rotebühlbau Behörden und Ämter untergebracht. Im Zweiten Weltkrieg wurde der Mittelrisalit des siebengeschossigen Kopfbaus, der ursprünglich durch einen Giebel zusätzlich betont war, stark beschädigt und in den 60er Jahren selbstbewusst im Stil der Zeit neu errichtet. Den weitläufigen Exerzierplatz im Zentrum der Anlage funktionierte man zum Parkplatz um.

18

„Treffpunkt Rotebühlplatz"
Rotebühlplatz
1988–91
Horst Haag

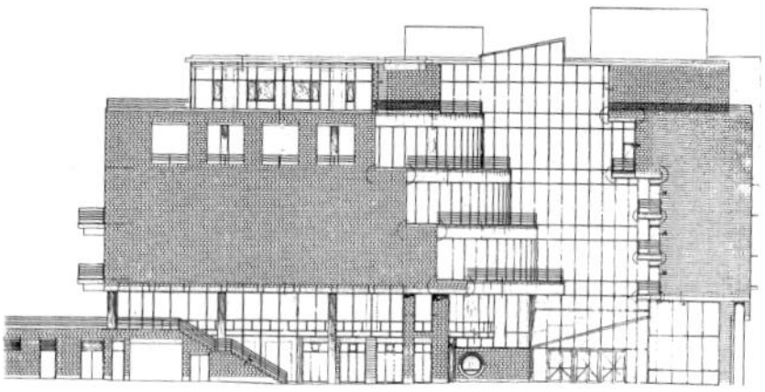

Zustand Anfang 1991 (oben), Aufriss der Front zum Rotebühlplatz (unten)

Der „Treffpunkt Rotebühlplatz" ging aus einem 1979 ausgeschriebenen Wettbewerb hervor. Der Baukomplex wurde mittels einer Bohrpfahlgründung auf einer vorhandenen Tiefgarage erstellt. In dem fünfgeschossigen, langgestreckten Gebäude werden auf knapp 9000 m^2 Nutzfläche verschiedene zuvor im Stadtgebiet verstreute kulturelle Einrichtungen zusammengefasst. Kommunikativer Mittelpunkt des Kulturzentrums ist die 80 m lange und 24 m hohe glasgedeckte Halle. Diese durch Galerien, Treppen, Sitzecken und Ausstellungsflächen gegliederte „kulturelle Fußgängerzone" durchzieht das Gebäude in seiner Längsrichtung. In dem zum Rotebühlplatz gewandten Bauteil liegen Ateliers, Übungsräume der Stuttgarter Musikschule und eine Mediothek. Rückwärtig zum Rotebühlbau gliedert sich der Baukörper in vier Querriegel, zwischen denen drei kleine begrünte Innenhöfe angelegt wurden. Hier sind Kursräume für die Volkshochschule und eine Cafeteria untergebracht. Außerdem nimmt der Komplex den „Treffpunkt Senior" für offene Altenarbeit sowie auf ca. 4000 m^2 Räumlichkeiten für zwei Berufsschulen auf. Die Fassade erhält ihre Akzente vom Wechsel zwischen schalldämmendem Betonstein-Sichtmauerwerk, Glas und Metall; die Flachdächer wurden begrünt. Betonstein bestimmt auch das Innere des Kulturhauses. Die Offenlegung der Technik in Form verzinkter Stahlrohre betont den Werkstatt-Charakter des „Treffpunkts Rotebühlplatz": Das Haus soll die unterschiedlichen Einrichtungen zu gemeinsamen kulturellen Aktivitäten anregen. Die Licht- und Glaselemente in der Halle entwarf Nikolaus Koliousis, die Stahlplastik vor dem Haupteingang stammt von Mark di Suvero.

19

„Haus der Dienstleistungen" der BW-Bank
Fritz-Elsas-, Leuschnerstraße
1993–96
Günter Behnisch & Partner

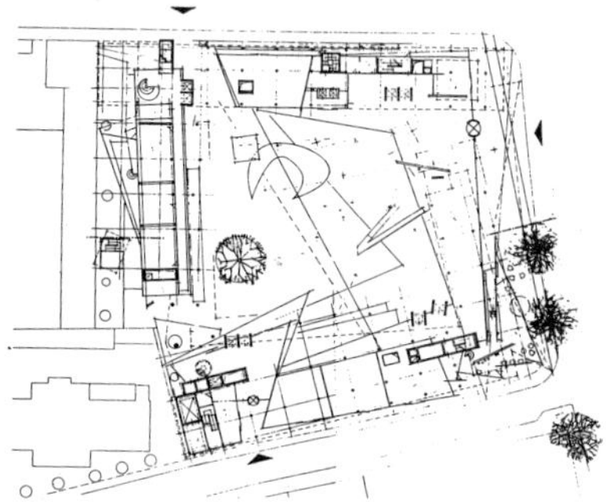

Eigentlich wollte die Landesgirokasse in den 80er Jahren neben der Alten Reithalle (Nr. 27) ein Hochhaus nach einem Entwurf des Büros Behnisch errichten lassen, das jedoch nicht zur Ausführung kam. Die Landesgirokasse bekam schließlich im Grundstückstausch dieses seit dem Krieg brachliegende Areal. Ein Hochhaus stand hier zwar nicht zur Debatte, aber ein imposanter Bürokomplex für rund 1000 Beschäftigte, bei weitem größer als alles, was Behnisch bisher in und um Stuttgart gebaut hat. Das Gebäude ist eine mächtige, zur Fritz-Elsas-Straße aufgebrochene Vierflügelanlage, die, teilweise gestaffelt, eine Höhe von bis zu neun Geschossen erreicht. Die vier unregelmäßigen, verschieden großen Flügel umfassen einen Innenhof, der u.a. durch einen kleinen See belebt wird; eine zweigeschossige gläserne Kegelschale, die die Cafeteria überdacht, schiebt sich in den Hof. Das Bauwerk gewinnt durch die Staffelungen und Drehungen der Bürogeschosse; besonders markant ist ein in den Luftraum der Fritz-Elsas-Straße vorstoßender, verglaster Gebäudeteil. Viele Charakteristika, die die Bauten des Büros in den letzten Jahrzehnten auszeichneten, finden sich hier wieder: Vielgliedrigkeit und Kleinteiligkeit, Brechungen und Verschiebungen, Transparenz und Offenheit. Die Glasfassaden mit blau oder grün eingefärbten, opaken Brüstungselementen zeigen relative Gediegenheit – für ein Bankgebäude allerdings immer noch unorthodox und lebendig.

20

Calwer-Passage und Bürogebäude der Allgemeinen Rentenanstalt

Calwer Straße, Rotebühlplatz
1974–78
Hans Kammerer, Walter Belz und Partner

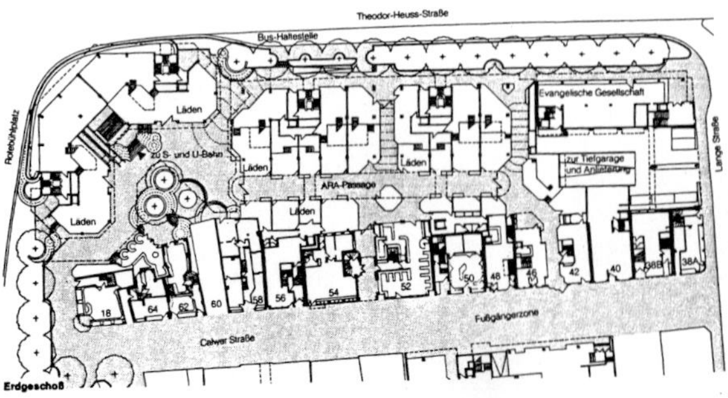

Ausgangspunkt des Projekts war der Wunsch des Bauherrn, der Allgemeinen Rentenanstalt, nach einem Büro- und Geschäftshaus am Rotebühlplatz und damit verbunden eine Neugestaltung der oberen Calwer Straße. Diese präsentierte sich als Mischung von Wohnbauten des 17. bis frühen 20. Jhs., durchsetzt mit Hinterhof- und Trümmergrundstücken. Die erhaltenen Häuser waren als erste Bautengruppe Nordwürttembergs 1976 unter Ensemble-Denkmalschutz gestellt worden. Das beachtliche Ergebnis der Quartiersanierung wäre undenkbar ohne das (zumindest damals noch ungewöhnliche) Engagement und städtebauliche Verantwortungsbewusstsein des Bauherrn. Der Neubau entlang der Theodor-Heuss-Straße ist ein typischer Vertreter der Architektur der 70er Jahre: langgestreckt, mit horizontalen Vor- und Rücksprüngen, verkleidet mit Kupferplatten, die Betonstützen z.T. sichtbar vor die Fassade gezogen. Zu massig geraten ist der Kopfbau zum Rotebühlplatz. Auf seiner Rückseite befindet sich ein baumbestandener Innenhof mit direktem Zugang zur unterirdischen S-Bahn-Station. Die Verbindung zwischen dem Neubau entlang der Theodor-Heuss-Straße und den Altbauten an der Calwer Straße bildet eine Passage, die zum Wahrzeichen des ganzen Quartiers und zu einer Attraktion der Stuttgarter City geworden ist. Eine gläserne Tonne überwölbt die Passage, die bis zu den Fußboden-Intarsien und den Ladenschildern einheitlich gediegen-prätentiös „gestylt" wurde. Obwohl Stuttgart keine ausgesprochene Passagen-Tradition besitzt, wurde hier ein Grundstein für die Renaissance dieses im 19. Jh. beliebten Typus der überdachten Einkaufsstraße gelegt. Der Blick von der Passage auf die Rückseite der Häuserzeile an der Calwer Straße zeigt, dass dort im Wesentlichen nur die Fassaden erhalten werden konnten; die dazugehörigen Baukörper wurden wegen des schlechten Erhaltungszustands größtenteils neu aufgebaut. Daran waren, neben Kammerer + Belz, noch weitere Architekturbüros beteiligt. Die z.T. stark erneuerten Fassaden bieten einen Querschnitt der Entwicklung des Wohn- und Geschäftshauses vom Barock bis zum Jugendstil. Besonders interessant sind ein Fachwerkhaus aus dem 17. Jh. (Calwer Straße 40), ein spätbarockes Bürgerhaus (Haus Nr. 50) und ein Jugendstil-Doppelhaus des Architekten Karl Hengerer von 1904 (Haus Nr. 62–64). Mitten in die historische Häuserzeile setzten Kammerer + Belz einen kupferverkleideten, giebelständigen Neubau (Haus Nr. 42–44), der trotz formaler Einpassung ein eigenwilliges Gesicht zeigt und anfangs heftig umstritten war. Ein Durchgang im EG führt hier in die Calwer-Passage. Ein Neubau, wenn auch in biedermeierlichem Stil, ist das Haus Nr. 38 a. Auch auf der gegenüberliegenden Seite der Calwer Straße finden sich bemerkenswerte Altbauten, in erster Linie das ehemalige Stadtpalais der Herren von Gütlingen (Haus Nr. 45). Dieser zierliche Rokokobau mit einem Mansarddach und drei Zwerchgiebeln aus der ersten Hälfte des 18. Jhs. wird seit 1879 als Gaststätte genutzt. In Anlehnung an Pariser Neorenaissance-Wohnbauten wurde 1886 das Haus Nr. 41 errichtet. Die Calwer Straße zeigt, wie schwierig die Gratwanderung zwischen der Erhaltung historischer Bausubstanz und sachgerechter Baudenkmalpflege einerseits, kommerziellen Interessen und der ihnen dienenden Schaffung einer synthetischen Altstadtidylle andererseits ist.

21

Synagoge
Hospitalstraße 36
1951–52
Ernst Guggenheimer

Synagoge vor dem 9. November 1938 (oben), Neubau (unten)

Die Synagoge gehört zu den schlichtesten Stuttgarter Sakralbauten der Nachkriegszeit. Unauffällig fügt sich der Komplex aus Gebetsraum, jüdischem Gemeindezentrum und Sitz des Landesrabbinats in das Geviert zwischen Hospital- und Firnhaberstraße ein. Der flach gedeckte Kubus der Synagoge zeichnet sich durch eine strenge Linienführung aus. Zwei schmale, hohe Fensterschlitze, ein mit dem Davidstern geschmücktes größeres Fenster und eine rechteckige Apsis gliedern die Ostfassade zur Hospitalstraße. Der Haupteingang führte ursprünglich über einen kleinen, heute nicht mehr zugänglichen Brunnenhof von der Firnhaberstraße in einen Vorraum. Von hier aus betritt man den kubischen Sakralraum mit seiner dem jüdischen Ritus gemäßen Frauenempore. Die Stuttgarter Synagoge ist die einzige, die in Württemberg nach 1945 neu entstand. Sie wurde 1951–52 auf den Grundmauern des Vorgängerbaus errichtet. Dieses reich geschmückte, kuppelbekrönte Gebäude in maurischem Stil von Breymann war 1861 eingeweiht worden. In der Reichspogromnacht vom 9. auf den 10. November 1938 wurde die Synagoge geplündert und in Brand gesteckt. Die Ruine wurde niedergerissen, die Steine dienten zum Bau von Weinbergmauern. Einziges Relikt ist das Relief der Gesetzestafeln vom Giebel des Altbaus, das in der neuen Synagoge einen Platz fand. Auch die zweite Stuttgarter Synagoge in der Cannstatter König-Karl-Straße 51 fiel 1938 dem nationalsozialistischen Terror zum Opfer.

22

Ministerium für Wirtschaft, Mittelstand und Technologie
Theodor-Heuss-Straße 4
1954–57
Bauabteilung der Oberfinanzdirektion, Leitung: Karl Schwaderer

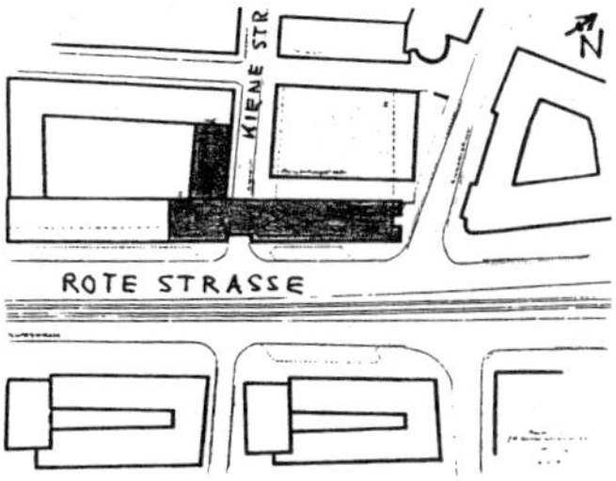

Das Wirtschaftsministerium war der erste Ministeriumsneubau des 1952 gegründeten Bundeslandes Baden-Württemberg. Gleichzeitig war es der erste Neubau an der Theodor-Heuss-Straße (damals Rote Straße), die nach Planung der Zentralstelle für den Aufbau Stuttgarts (ZAS) von einer schmalen Straße zur Hauptverkehrsader ausgebaut wurde. Das Ministerium ist ein 80 m langer, straßenparalleler, siebengeschossiger Riegel. An der Einmündung der Kienestraße öffnet sich eine Durchfahrt. Rückseitig schließt sich ein niedrigerer Querflügel an. Als dritter Bauteil war eine Ausstellungshalle vorgesehen, die die Verbindung mit dem Landesgewerbeamt (Nr. 23) herstellen sollte; er kam jedoch nicht zur Ausführung. Der Hauptbau des Wirtschaftsministeriums ist eine Stahlskelettkonstruktion mit zurücktretendem EG und zwei zurückgesetzten OG. Den horizontalen Gebäudeabschluss bildet eine überkragende Dachplatte. Die Tragstützen sind – an gotisches Strebewerk erinnernd – als Gliederungselement vor die Fassade gezogen. Der zweischichtige Fassadenaufbau verleiht dem Gebäude eine starke Plastizität. Die Stützen sind mit Spaltklinkerplatten überzogen, die übrigen Fassadenteile mit Glasmosaik. Beim Wirtschaftsministerium handelt es sich um das erste Gebäude Stuttgarts, das ganz mit diesen Materialien verkleidet war, die in den 50er Jahren wegen ihrer Pflegeleichtigkeit und Dauerhaftigkeit, aber auch scheinbaren Leichtigkeit so beliebt waren. Die EG-Zone ist zur Straße hin völlig verglast. In den Schaufenstern und vorgestellten Vitrinen werden Produkte der heimischen Wirtschaft ausgestellt. Fußgänger verirren sich allerdings kaum in die Passage; dafür sorgt die unmittelbare Nachbarschaft der Stadtautobahn.

23

Haus der Wirtschaft, ehem. Württembergisches Landesgewerbemuseum
Willi-Bleicher-Straße 19
1889–96; 1986–90
August Hertel, Skjold Neckelmann; Fahr – Henning – Röper

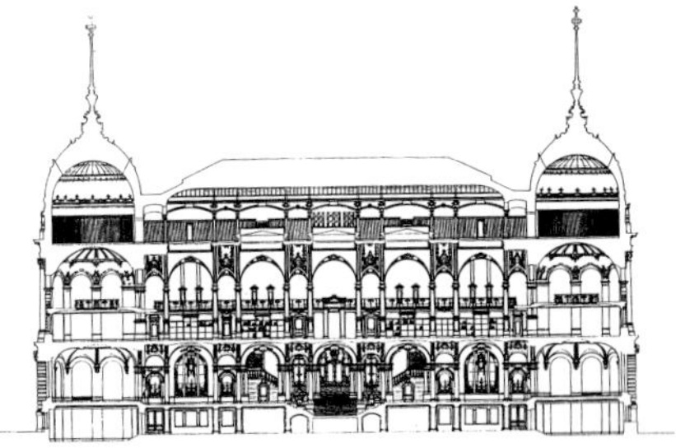

Schnitt durch den Flügel an der Willi-Bleicher-Straße

Das ehemalige Württembergische Landesgewerbemuseum galt als einer der bedeutendsten Museumsbauten seiner Zeit. Neben dem Museum nahm das Gebäude die „Königliche Centralstelle für Handel und Gewerbe" auf, aus der 1921 das Landesgewerbeamt hervorging. Das Bauwerk ist eines der prachtvollsten Vertreter des Historismus in Stuttgart. Der im Wesentlichen in Eisenbeton erstellte, mit einem eisernen Dachstuhl versehene Komplex ist auf dem Grundriss eines verzogenen Rechtecks um fünf Lichthöfe angelegt. Der drei- bis viergeschossige Block wird an drei Seiten durch eingestellte, mit Kuppeln überwölbte Rundbauten gerahmt. Die Sandsteinfassade ist im pompösen Neobarock gestaltet. Über einem hohen Rustikasockel folgt ein aufwändig gestaltetes OG, das durch rundbogige Fenster wirkungsvoll gegliedert wird. Die Fenster werden an der Hauptfassade durch gekuppelte, vorgestellte Säulen gerahmt. Ein ausladendes Kranzgesims schließt das Gebäude nach oben ab. Der bauplastische Schmuck versinnbildlicht Themen aus Gewerbe, Wirtschaft und Industrie. Die ehemals prunkvoll ausgestatteten Publikumsräume des Museums waren im Hochparterre und 1. OG untergebracht. Zentraler Bauteil ist der von Kolonnaden umstandene Lichthof, die König-Karl-Halle. Das Gebäude wurde nach Kriegszerstörungen vereinfacht wiederaufgebaut. 1986–90 wurde der Komplex gründlich saniert, restauriert und umgebaut. Das ehemalige Museum dient heute als Veranstaltungs- und Ausstellungsforum, als Technologiezentrum und als Sitz des Landesgewerbeamts sowie von Stiftungen zur Wirtschaftsförderung.

24

Hospitalkirche
Hospitalstraße 20
1471–93; 1950–60
Aberlin Jörg; Rudolf Lempp, Gerhard Schneeweiß

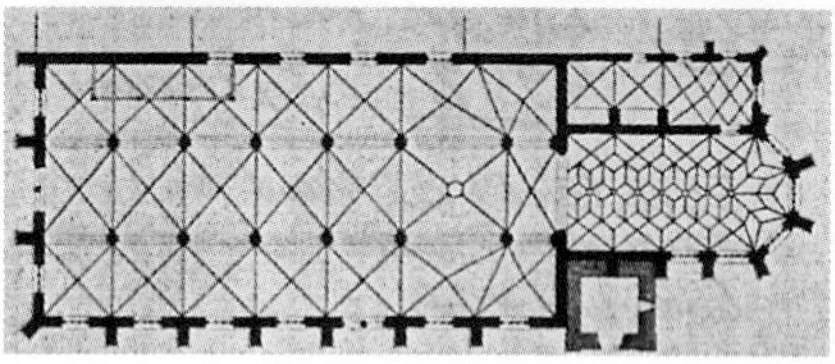

Grundriss vor 1944

Nach der Stifts- und der Leonhardskirche (Nr. 89 bzw. 71) war die Hospitalkirche in der sog. Reichen Vorstadt der dritte große Sakralbau des Spätmittelalters, Die dreischiffige Hallenkirche mit netzgewölbtem Polygonalchor wurde, wie für eine Bettelordenskirche üblich, von einem Dachreiter bekrönt. Die Dreiflügelanlage des zur Kirche gehörenden Dominikanerklosters wurde 1504 vollendet. Nach Durchsetzung der Reformation in Württemberg zog in das ehemalige Kloster das städtische Bürgerspital ein, von dem sich der Name der Kirche ableitet. Erst 1730–38 wurde der schlichte Barockturm angefügt. 1944 brannte die Kirche bis auf den Turmunterbau und einige Mauern aus, die ehemalige Klosteranlage wurde fast völlig zerstört. Die Architekten Rudolf Lempp und Gerhard Schneeweiß besorgten die teilweise Wiederherstellung der Hospitalkirche. Der barocke Kirchturm wurde, in den oberen Geschossen verändert, wiedererrichtet. Während die Südwand in ruinenhaftem Zustand als Einfriedung eines neu geschaffenen Hofes erhalten blieb, mussten die Reste der Westwand abgebrochen werden. Der Chor wurde rekonstruiert und mit dem ersten Langhausjoch zu einer gegenüber dem alten Bau deutlich verkleinerten Saalkirche zusammengefasst. Das bedeutendste Ausstattungsstück ist die seit 1889 hier befindliche spätgotische Kreuzigungsgruppe, die Hans Seyffer 1501 für den Friedhof der Leonhardskirche geschaffen hatte. Auf dem früheren Klostergelände entstand 1960 nach Plänen von Wolf Irion ein evangelisches Gemeindezentrum. Dieser sog. Hospitalhof besteht aus einem Büro- und einem Saalbau in nüchtern-funktionalen Formen. Das Ensemble von Hospitalkirche und -hof bietet heute eine spannungsreiche Kombination von ruinöser, rekonstruierter und moderner Architektur.

25

Kultur- und Kongresszentrum Liederhalle
Berliner Platz 1
1955–56; 1988–91
Adolf Abel, Rolf Gutbrod; Wolfgang Henning

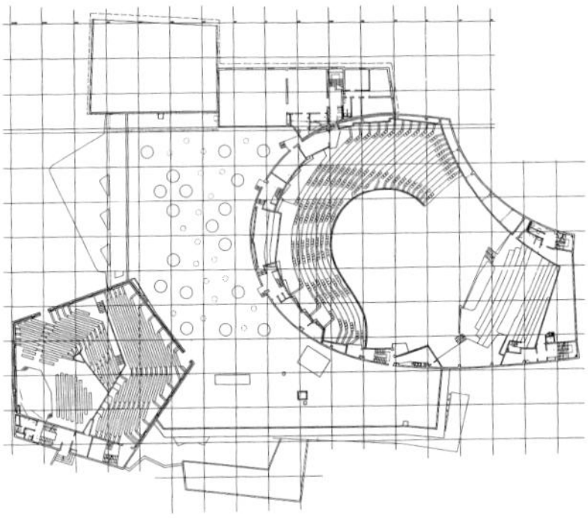

Haupteingang (oben) und Grundriss (unten) der Liederhalle

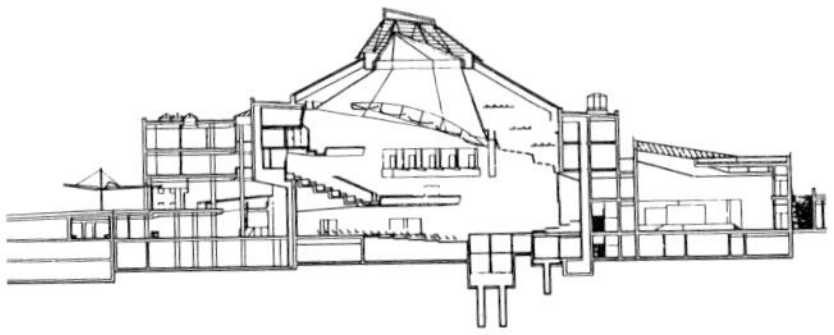

Erweiterungsbau (oben) mit Schnitt (unten)

Die Stadt Stuttgart schrieb 1949 einen beschränkten Wettbewerb für den Neubau des im Krieg zerstörten alten Konzerthauses (1863 durch Christian Friedrich Leins erbaut) aus, den Adolf Abel und Rolf Gutbrod gewannen. Die künstlerische Ausstattung stammt von dem Maler und Bildhauer Blasius Spreng. Entstanden ist einer der bedeutendsten und richtungweisenden Konzertbauten der Nachkriegszeit. Die Liederhalle besteht aus drei unterschiedlich großen, asymmetrisch angelegten Saalbauten, die sich organisch um ein gemeinsames Foyer mit Restaurant gruppieren. Der Haupteingang liegt an einem Vorplatz im Südwesten. Unter einer weit vorkragenden Betonüberdachung gelangt man in das zweigeschossige, weitläufige Foyer, das durch schlanke Stützen und eine filigrane Brüstung wirkungsvoll gegliedert wird. Der Beethovensaal, der über eine ausgezeichnete Akustik verfügt, ist mit seinen 2000 Sitzplätzen der größte Veranstaltungsraum. Er hat den Grundriss eines Flügels. Die dynamische Raumsituation wird durch die Empore gesteigert, die an der rechten Saalseite vom Parkett aufsteigt und in einem eleganten Bogen zur gegenüberliegenden Wand geführt wird. Damit korrespondiert die expressiv geschwungene Linienführung der indirekten Deckenbeleuchtung. Abstrakte Kompositionen aus unterschiedlichen Materialien wie Sichtbeton, Holz, Mosaik und Textilien schmücken den Innenraum aus. Der Mozartsaal, als Kammermusiksaal mit 750 Plätzen konzipiert, zeigt einen intimeren und nüchterneren Charakter. Die Sitzreihen sind fächerartig in verschiedenen Terrassen angelegt und greifen damit der Raumkonzeption der Berliner Philharmonie von Hans Scharoun (1960–63) vor. Der kleine, schlichte Silchersaal mit seinen 350 Plätzen wurde als Proben- und Vortragssaal konzipiert. Von außen erscheint die Liederhalle als lebendiger Baukörper mit stetig wechselnden räumlichen Situationen. Die Volumina der Säle sind hierbei ablesbar; neben dem Eingang springt der fünfeckige Block des Mozartsaals vor. Er ist mit einem abstrakten Mosaik aus Quarzitplättchen unterschiedlicher Farbe und Größe verkleidet. Der Kubus des annähernd rechteckigen Silchersaals besitzt eine Fassade aus Keramikplättchen, während der erhöhte, geschwungene Baukörper des Beethovensaals in Sichtbeton belassen wurde. Seine plane Rückseite wird durch zahlreiche rechteckige Lichtöffnungen aufgelockert. 1991–93 führte man eine Totalsanierung der Liederhalle durch. – Die Erweiterung zum „Kultur- und Kongresszentrum Liederhalle" geht im Wesentlichen auf Überlegungen Gutbrods von 1978 zurück und wurde von seinem ehemaligen Partner Wolfgang Henning realisiert. Der Neubau ist als polygonaler Baukörper angelegt, dessen charakteristisches Zeichen die spitze verglaste Haube darstellt. Eine markante Schwingung an der Südostseite des Baukörpers stellt den Bezug zur Liederhalle her, mit welcher der Neubau durch eine unterirdische Passage verbunden ist. Kernstück des Gebäudes ist der 1900 Personen fassende Hegelsaal. Er besitzt einen siebeneckigen Grundriss mit zwei Emporen. Nordöstlich an den Baukörper angefügt ist der Schillersaal mit bis zu 450 Plätzen. Zahlreiche variabel gestaltbare Konferenz- und Seminarräume runden das Raumprogramm ab.

26

Ehem. Bosch-Areal

Breitscheidstraße, Seidenstraße, Forststraße, Robert-Bosch-Platz
1906–14; Umbau 1998–01
Carl Heim, Jacob Früh u.a.; Prof. Roland Ostertag, Johannes Vornholt und Heinle, Wischer und Partner

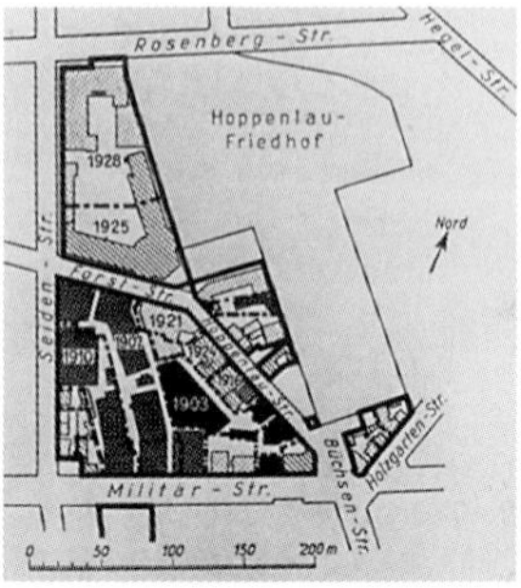

1886 gründete Robert Bosch als Keimzelle des Weltunternehmens in der Rotebühlstraße 75 b eine „Werkstätte für Feinmechanik und Elektrotechnik". 1901 zog der Betrieb auf das Gelände zwischen Seiden-, Rosenberg- und Breitscheidstraße um. Dieses Areal weist, obgleich im Zweiten Weltkrieg stark zerstört, immer noch eine Anzahl bemerkenswerter Bauten auf. Bereits das erste Fabrikgebäude von 1901 verfügte über ein damals äußerst moderne Eisenbeton-Traggerüst. Zwischen 1906 und 1914 entstanden weitere Eisenbetonbauten, die dekorativ mit glasierten Klinkern verkleidet wurden. Von besonderem architekturhistorischen Interesse sind die Häuser Breitscheidstraße 4–8, welche Carl Heim und Jacob Früh 1910–12 errichteten: Sie sind die ersten Sichtbetonbauten in Württemberg. Die fünf- bis sechsgeschossigen Gebäude sind schlicht funktional gestaltet. Ihre in reliefierten Schalungen gegossenen Betonfassaden wurden noch von Steinmetzen an den Brüstungsfeldern und Eckzonen mit dekorativen Elementen verziert. Sie wirken so trotz der damals revolutionären Offenlegung des modernen Baustoffes wie verputzt. Zum einstigen Werksgelände der Firma Bosch gehört auch das Gebäude an der Kreuzung Seiden-/Rosenbergstraße, das 1932 mit seiner dynamischen, abgerundeten Ecke im Stil der Neuen Sachlichkeit errichtet wurde.

Nachdem das Bosch-Unternehmen seinen Stammsitz aufgegeben hatte, wurden die zwischen Robert-Bosch-Platz, Breitscheid-, Seiden- und Forststraße liegenden Gebäude 1964 vom Land Baden-Württemberg erworben und von der benachbarten Universität sowie von Landesbehörden genutzt. Den nach dem Auszug dieser Institutionen Anfang der 90er Jahre drohenden Abriss verhinderten eine private Initiative, die Stadt Stuttgart und das Denkmalamt, welches das Ensemble unter Schutz stellte. Die bislang für die Öffentlichkeit unzugängliche Struktur aus Gassen und Innenhöfen, die durch die sukzessive, räumlich unzusammenhängende Bebauung im Laufe der Jahrzehnte entstanden war und die Stadtmitte vom Stuttgarter Westen trennte, sollte sodann weitgehend bewahrt, umgenutzt und revitalisiert werden. Entstanden ist eine attraktive Mischung aus Literaturhaus, Geschäften, Gastronomiebetrieben, Büros, einem Fitnessclub und Wohnungen. Dezent kontrastierend ergänzt wird das Ensemble der ehemaligen Fabrikationsgebäude durch den Neubau am Robert-Bosch-Platz, in dem sich ein Großkino und Gastronomiebetriebe befinden, und das neue zehngeschossige Gebäude an der Seiden-/Breitscheidstraße, dessen geschwungene Eckausformung mit augenfälligem Leuchtschriftzug am Dachrand das Pendant zum Eckgebäude an der Rosenbergstraße bildet. Auch die teilweise Überdachung der Innenhöfe mit tonnenförmig gewölbten, transparenten Dächern, die eine Nutzung der Höfe auch über den Sommer hinaus erlaubt, fügt sich rücksichtsvoll in den Bestand ein. Seine Anziehungskraft bezieht das Quartier aus dem Wechsel von Offenheit und Geschlossenheit seiner Wege und Räume, den durch das filigrane Dach oszillierenden Lichtern und Schatten sowie aus der Vielfalt seiner Nutzungen. Bedauerlich ist nur, dass an diesem Ort mit idealer Schnittstellenlage zwischen Innenstadt und Westen nur so wenig von dem in Stuttgart so dringend benötigten Wohnraum geschaffen wurde.

27

Alte Reithalle
Forststraße 2 a
1887–88
Robert Reinhardt

Zustand 1996 (oben), um 1900 (unten)

Die Alte Reithalle ist eines der bedeutendsten Denkmäler der Stahlarchitektur des 19. Jhs. in Baden-Württemberg. Sie wurde aufgrund der Initiative einer privaten Interessensgruppe zur Förderung des städtischen Pferdemarktes erbaut. Die Halle war jedoch nicht nur für Reitzwecke vorgesehen, sondern als Mehrzweckhalle konzipiert; Pferdevorführungen, Ausstellungen, Zirkus- und Operettendarbietungen sollten darin stattfinden. Man kann sie somit als einen Vorläufer der Hanns-Martin-Schleyer-Halle (Nr. 271) ansehen. Das Gebäude wurde in Backstein mit Sandsteinfassung ausgeführt. Sein Architekt war Robert Reinhardt, Schüler des bekannten Stuttgarter Baumeisters Christian Friedrich Leins und Professor an der Technischen Hochschule. Von besonderem architekturhistorischen Interesse ist die ovale Manege mit ihrer weit gespannten Dachkonstruktion aus eisernen Fachwerkträgern. Die demonstrativ sichtbar belassenen filigranen Stützen und Streben sowie die umlaufende Galerie verleihen dem Raum einen leichten und lichten Charakter. Die Alte Reithalle wurde 1944 stark beschädigt und anschließend vereinfacht wiederaufgebaut. Das Gebäude stand nach jahrelanger Verwendung als Lagerhalle leer. 1989 kaufte die Landesgirokasse den denkmalgeschützten Bau. 1990 wurde die Reithalle nach einer grundlegenden Renovierung wiedereröffnet und dient dem benachbarten Hotel als Bankettsaal. Neben dieser sog. Alten Reithalle existierte bis zu dessen Abriss 1958 ein ausschließlich dem Reitsport vorbehaltenes Gebäude, die Königliche Reithalle. Sie wurde 1839 nach Plänen von Giovanni Salucci auf dem Gelände des heutigen Landtags (Nr. 56) errichtet.

28

Linden-Museum, Staatliches Museum für Völkerkunde
Hegelplatz 1
1909–11; 1980–85
Georg Eser; Staatliches Hochbauamt I

Aufriss (unten)

Das traditionsreiche Museum entstand dank der Initiative des „Württembergischen Vereins für Handelsgeographie“ und seines Vorsitzenden Graf Karl von Linden, dessen Ziel die Information über außereuropäische Kulturen und das Aufzeigen neuer Exportmärkte war. Der Baukörper setzt sich aus verschiedenen gestaffelten Kuben zusammen. Zentraler Bauteil ist der mächtige Turm mit Walmdach und Laterne, der als städtebaulicher Bezugspunkt fungiert. Die Fassade des verputzten Mauerwerksbaus ist in sparsamen barocken und klassizistischen Stilformen gestaltet. Das repräsentative, von einem Korbbogen überwölbte Eingangsportal wird von zwei eingestellten Säulen ionischer Ordnung flankiert. Den Bogen tragen die von Alfred von Bredow geschaffenen Figuren eines Samoa-Insulaners und eines Schwarzen, die so auf die Funktion des Gebäudes als Völkerkunde-Museum verweisen. Im Zweiten Weltkrieg schwer beschädigt, wurde das Museum 1945–49 in vereinfachter Form wiederaufgebaut. Seit 1973 wird das Linden-Museum als Staatliches Museum für Völkerkunde von Stadt und Land getragen. In den 70er Jahren zeigten sich beträchtliche Baumängel, die eine grundlegende Sanierung des Hauses notwendig machten. Das Gebäude wurde bis auf die Fassade umgestaltet und durch das Hinzufügen eines Auditoriums im früher offenen Lichthof erweitert. Die Neugestaltung der Ausstellungsräume lag bei dem Stuttgarter Architekturbüro Lohrer. Das EG nimmt nun den neu gestalteten Eingangsbereich sowie die Abteilungen Ozeanien und Amerika auf, im 1. OG wurden die Sammlungsgebiete Orient und Afrika eingerichtet. Das 2. OG umfasst die Bereiche Süd- und Ostasien.

29

Katharinenhospital
Kriegsbergstraße 60
1956–67; 1988–92
Architektengemeinschaft Richard Döcker, Otto Karl Müller, Ludwig Eisenlohr, Jürgen Brenner; Heinle, Wischer und Partner

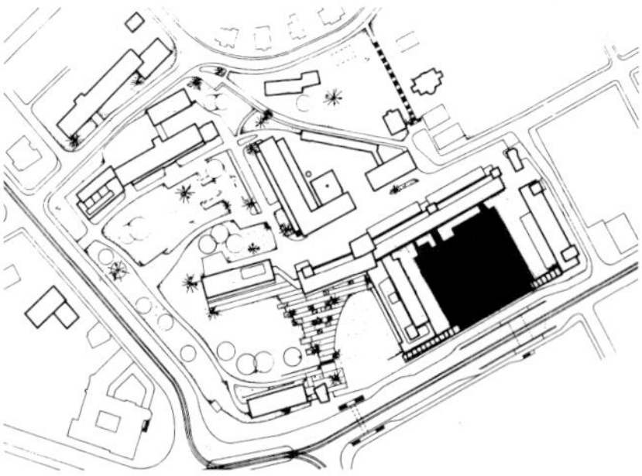

Eingangshalle Funktionsneubau, Lageplan mit Funktionsneubau (schwarz, unten)

Das Katharinenhospital wurde 1820–28 errichtet, benannt nach der Gemahlin König Wilhelms I. von Württemberg. Es musste im Laufe der Zeit mehrfach erweitert werden. Der Komplex wurde 1944 fast völlig zerstört. 1956 beschloss der Gemeinderat die Errichtung eines „Hauptschwerpunktkrankenhauses" unter der Leitung des Hochbauamtes der Stadt Stuttgart. Das Katharinenhospital umfasste seit seiner Fertigstellung 1967 30 schlicht gestaltete Gebäude, die in aufgelockerter, durchgrünter Bebauung angelegt wurden. Diese nahmen 14 klinische Fachbereiche sowie sechs zentrale Institute auf. Schon bald zeigte sich, dass Erweiterungen notwendig waren. Deshalb wurde 1984 ein Wettbewerb für einen sog. Funktionsneubau ausgeschrieben, den das Stuttgarter Archi-tekturbüro Heinle, Wischer und Partner gewann. Der Kubus des Neubaus ist zwischen die Flügel der urologischen Klinik und der Klinik für Hals-Nasen-Ohren-Krankheiten eingeschoben. Mit dem rückwärtigen Querriegel, der das Zentrum für Radiologie und die chirurgische Klinik aufnimmt, wird er durch Gänge verbunden. Der Funktionsneubau besteht aus einer Stahlskelettkonstruktion, der eine schlichte Metallfassade vormontiert wurde. Das Gebäude enthält vor allem Räume für diagnostische und operative Fachrichtungen. Zentraler Bauteil ist die helle, glasgedeckte Eingangshalle, die den neuen Haupteingang des Komplexes markiert.

30

Hochschulgelände am Stadtgarten
Keplerstraße, Holzgartenstraße
ab 1860; 1956–65

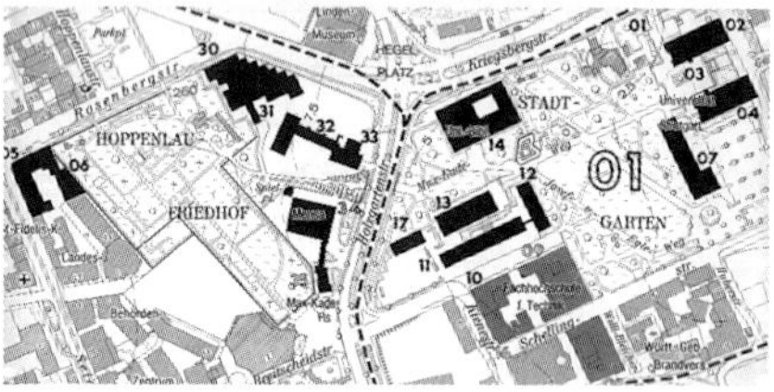

„Polytechnische Schule", Lithographie 1879 (oben), Lageplan 1991 (unten)

Die 1967 gegründete Universität Stuttgart ging letztendlich aus der „Vereinigten Real- und Gewerbeschule" hervor, die 1829 von König Wilhelm I. von Württemberg ins Leben gerufen wurde. Ihr Zentrum bildete ab 1864 die „Polytechnische Schule" (1860–64; Keplerstraße 7). Das aufwändig gestaltete, reich gegliederte Gebäude wurde, wie auch die nahe gelegene ehemalige Baugewerkschule (1867–70; Willi-Bleicher-Straße 29) von Josef Egle in den Stilformen der italienischen Hochrenaissance erstellt. Der im Laufe der Zeit mehrfach erweiterte Komplex wurde im Zweiten Weltkrieg stark beschädigt. 1890 wurde die Technische Hochschule gegründet. Im Verlauf des 20. Jhs. erforderte der Anstieg der Studentenzahlen den Neubau von Gebäuden in der Umgebung des Stadtgartens. Im Zweiten Weltkrieg wurde ca. 70 % der Bausubstanz der TH zerstört. Der Wiederaufbau geschah im Wesentlichen nach einem städtebaulichen Gutachten von Rolf Gutbier, welches auf die bauliche Neugestaltung des Stadtgartenviertels reduziert wurde. Entlang eines als interne Erschließungszone geplanten Grünstreifens zwischen Stadtgarten und Hoppenlaufriedhof entstanden ab 1956 Hörsaalbauten, Institutsgebäude für Wasserkraftmaschinen und Pumpen (Holzgartenstraße 15; 1951–53 von Richard Döcker), Elektrotechnik und Feinmechanik, die Mensa, ein Studentenwohnheim (Nr. 31), die Hochschulbibliothek (Nr. 32) sowie die Kollegiengebäude I und II (Nr. 33). Ab 1956 erfolgte parallel dazu eine Ausgliederung von Universitätsbereichen in das neu erschlossene Gelände am Pfaffenwald (Nr. 332).

31

Max-Kade-Studentenwohnheim
Holzgartenstraße 9 a
1952–53
Wilhelm Tiedje, Ludwig H. Kresse

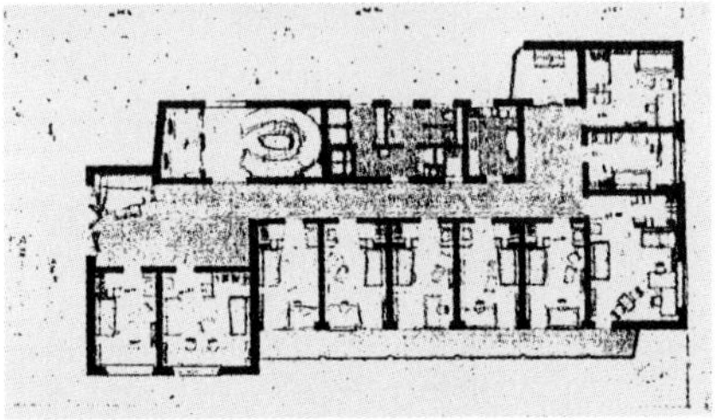

Foto nach Fertigstellung (oben),
Grundriss Normalgeschoss (unten)

Die Ausführung dieses ersten Stuttgarter Wohnhochhauses oblag Wilhelm Tiedje, einem früheren Mitarbeiter Paul Schmitthenners, und Ludwig H. Kresse. Eine Spende des deutsch-amerikanischen Fabrikanten Max Kade ermöglichte den Bau des Wohnheims für rund 160 Studenten. Auf einem scheibenförmigen Grundriss erhebt sich das 16-geschossige Gebäude. Jedes Normalgeschoss verfügt über acht Einzel- und zwei Doppelzimmer. Der Flur ist zum Gemeinschaftsbereich erweitert. Durch die großen geschlossenen Wandflächen entsteht ein ehe schwerer Gesamteindruck. Nur die Westseite mit ihren zahlreichen Fenstern und dem filigranen Balkongerüst wirkt freundlicher. Nach Osten bricht das offene Nottreppenhaus die Fassade auf. Die Geschoss-decken sind durch helle Putzstreifen markiert, wodurch die Vertikaltendenz gemildert wird. Auch die Gestaltung der oberen Gebäudezone trägt zur Belebung bei. Das OG tritt stark aus der Fassadenflucht zurück; es ist mit einer überkragenden Dachplatte gedeckt. Das Max-Kade-Heim wurde als eines der ersten Hochhäuser der Bundesrepublik in der sog. Leonhardt-Bossertschen Schüttbetonbauweise erstellt, die im Gegensatz zum Skelettbau keine großzügige Öffnung der Wände erlaubte. Dabei diente der aus der Kriegstrümmerverwertung gewonnene Ziegelsplitt als Betonzuschlagstoff. – Von denselben Architekten stammt die benachbarte Mensa (1954–56). Deren flach gelagerter Kubus steht in spannungsvollem Kontrast zum Hochhaus.

32

Bibliothek der Universität Stuttgart
Holzgartenstraße 16
1958–61
Hans Volkart, Klaus-Jürgen Zabel, Ulrich Klauss

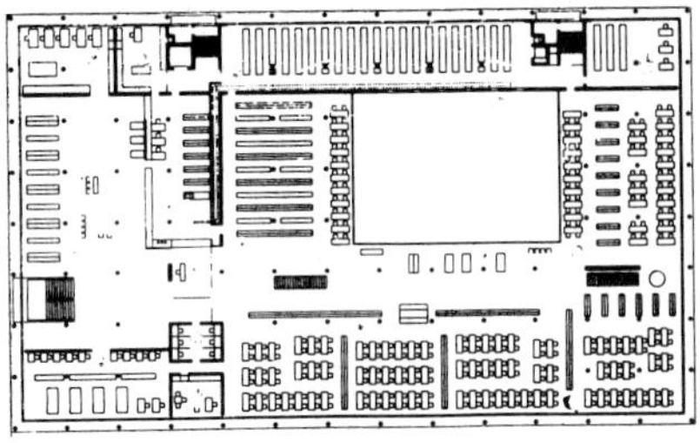

Grundriss 1. OG

Die zentrale Bibliothek der ehemaligen Technischen Hochschule liegt inmitten des schmalen Grünstreifens, an dem die innerstädtischen Bereiche der Stuttgarter Universität aufgereiht sind. Aufgrund der lärmreichen Straßen im Norden und Nordwesten orientiert sich der flach gelagerte Baukörper nach Süden und Südosten. Das Stahlbetongebäude wird durch vor die Fassade gestellte, runde Sichtbetonstützen gegliedert. 1. und 2. OG öffnen sich über große Glasflächen den umliegenden Grünflächen. Ein aluminiumverkleideter Fassadenstreifen an der Dachzone betont die horizontale Ausrichtung des Baus. Auch die innere Organisation der Bibliothek ist horizontal angelegt. Wegen der gewünschten weitgehenden Flexibilität wurden große zusammenhängende Flächen für die Leseräume und Bücherregale geschaffen. Die Bücherei ist als eine Mischung aus Magazinbibliothek und Freihandbeständen konzipiert. Das UG enthält die Büchermagazine, das EG nimmt das Foyer sowie u.a. einen Zeitschriftenlesebereich auf. Über die Treppe gelangt man in den Katalograum mit Leihstelle im 1. OG. An sie schließt sich die Freihandbibliothek an. Zentraler Bereich ist der durch zwei Geschosse reichende große Lesesaal. Zwei Treppen führen auf eine Galerie, die über dem 1. OG „schwebt". In der kubischen Form und ihren klaren Proportionen orientiert sich die Bibliothek an Pavillon-Bauten des deutsch-amerikanischen Architekten Ludwig Mies an der Rohe (1886–1969).

33

Kollegiengebäude I und II der Universität Stuttgart
Keplerstraße 11–17
1956–60, 1960–63
Rolf Gutbier, Curt Siegel, Günter Wilhelm

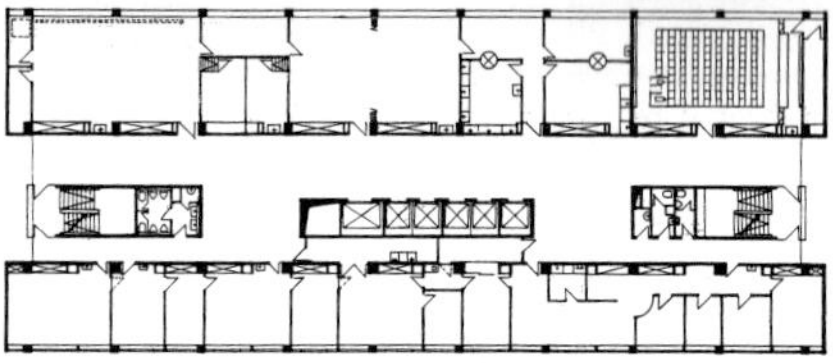

Grundriss 1. OG

Die beiden je 55 m emporragenden Hochhausscheiben markieren das „Eingangstor" zum 1956–65 neu entstandenen Universitätsviertel am Stadtgarten. Ihr Grundriss ist dreibündig angelegt; je zwei 3,80 m hohen Übungs- und Hörsaalgeschossen der Nordseite entsprechen drei niedrigere Geschosse mit Lehrstuhl- und Institutsräumen auf der Südseite. Die beiden Gebäude weisen so jeweils 10 und 15 OG auf. Die unterschiedlichen Funktionen lassen sich an den Längsfassaden der Hochbauten nachvollziehen: Auf der Südseite wechseln die niedrigen Fensterbänder der Arbeitsräume mit den massiven Brüstungen aus Kunststeintafeln ab, die Nordfront erscheint als große, lebhaft unterteilte Glaswand. Das EG ist als transparente, auf Stützen gestellte Halle angelegt. Der Aufzugskern steht frei in ihrer Mitte, die massiven Blöcke der Treppenhäuser wurden an die Enden der Schmalseiten gerückt. Zwei Erschließungsflure laufen parallel durch das ganze Haus und stoßen bis zu den Schmalseiten vor, die hier verglast sind. Kurze, frei geführte Treppen vermitteln zwischen den versetzten Stockwerksebenen. Die architektonische Struktur der Gebäude wurde durch die innen sichtbar belassene tragende Stahlbetonskelettkonstruktion transparent gemacht. Ursprünglich war nur ein Hochbau vorgesehen; infolge gewachsenen Raumbedarfs wurde aber noch ein Zwillingsbau errichtet. Das Hochhaus K I nimmt die Fakultät für Bauwesen, das Kollegiengebäude II die Fakultät für Maschinenbauwesen auf. 1965–68 legte Rolf Gutbier zwei unterirdische Hörsäle an, die mit dem Bau K II verbunden sind.

34

Haus der Diakonie
Büchsenstraße 34
1978–82
Werkgemeinschaft Nürtingen (Weinbrenner, Kuby, Rehm, Maier), Bertsch – Friedrich – Kalcher

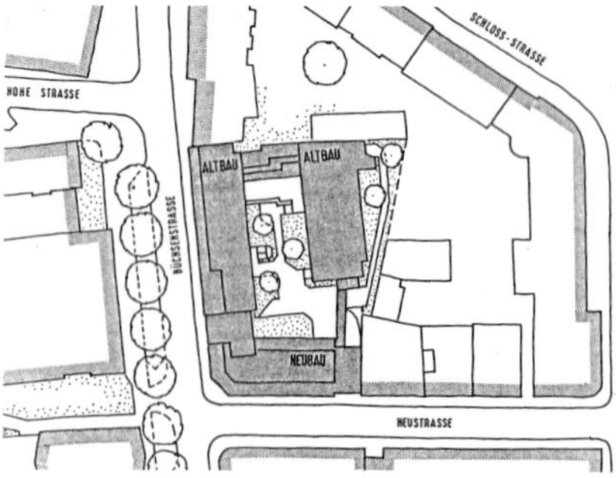

Die Evangelische Gesellschaft ließ das Gebäude als Beratungs- und Organisationszentrum für ihre vielfältigen sozialen Aufgaben errichten. Zu den hier untergebrachten Einrichtungen gehören eine Altenbegegnungsstätte, die Diakonische Bezirksstelle, eine Suchtberatungsstelle und die Zentrale des Essenszubringerdienstes. Neben dem Neubau umfasst der Komplex ein 1953 erbautes ehemaliges Wohnheim und ein Gebäude aus dem Jahr 1905 im hinteren Grundstücksbereich. Zusammen bilden sie eine Vierflügelanlage, die einen kleinen Innenhof umschließt. Aus dem Kontrast der unterschiedlichen Bauteile erhält der begrünte Innenbereich seinen Reiz. Die Altbauten wurden modernisiert, die kargen Lochfassaden aus den 50er Jahren mit Markisenhalterungen aus Metall aufgelockert. Vier Materialien bestimmen ihr Gesicht: Kupfer für die Verkleidung des Treppenhauses und des Dachbereiches, grün lackiertes Metall als Rahmen für die geschosshohen Fensterelemente, Backstein für strukturierende Vertikalstreifen und die geschlossenen Wandflächen und schließlich Beton für die an der Fassade ablesbaren Geschossdecken. An der abgeschrägten Hausecke sind vor den drei OG Pflanzentröge aus Beton installiert. Die Kombination der unterschiedlichen Materialien verleiht dem Gebäude eine dominierende Position in seiner Umgebung. Interessant und geglückt ist die spannungsreiche Integration von Bauteilen aus drei Epochen.

35

Hauptverwaltung der EnBW Energie Baden-Württemberg AG

Kriegsbergstraße 32, Ossitzkystraße 8

Hans Kammerer, Walter Belz und Partner, Arno Lederer, Jórunn Ragnasdóttir, Marc Oei

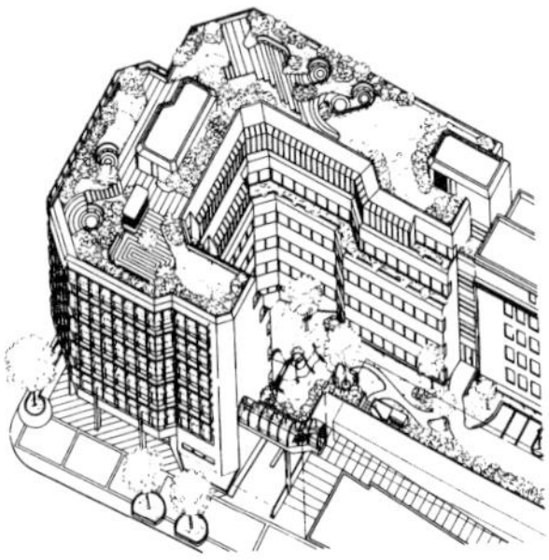

Im Büroviertel westlich des Hauptbahnhofs setzt das Verwaltungsgebäude der Energieversorgung Schwaben einen außergewöhnlichen Akzent. Die straßenseitigen Vorhangsfassaden sind mit dunklem Aluminium und Glas verkleidet. Letzteres übernimmt die Hauptrolle: vor jedes Geschoss sind umlaufende Bänder aus verspiegeltem Glas montiert, die einerseits Wartungsgänge kaschieren, andererseits als Sonnenschutz diesen. Mit dieser Kombination von Fenster- und Brüstungsebene entstand ein zweischichtiger, durch vielfache Brechungen kleinteilig wirkender Fassadenaufbau. Bereits beim GENO-Haus (Nr. 175) und beim Erweiterungsbau der Commerzbank (Nr. 88) hatte das Architekturbüro Kammerer + Belz mit Fassaden aus verspiegeltem Glas bemerkenswerte städtebauliche Wirkungen erzielt. Das EVS-Haus schließt dreiseitig einen Baublock ab und umfasst U-förmig einen Innenhof, der als Erholungsraum gärtnerisch aufwändig gestaltet ist. Die beiden oberen Geschosse des Gebäudes sind hofseitig zurückgesetzt, so dass sich der Raum nach oben hin erweitert. Das EVS-Gebäude ist für die dort Arbeitenden zum Innenhof orientiert, ohne deshalb nach außen hin unattraktiv oder abweisend zu wirken. Eine weitere begrünte Erholungszone für die Beschäftigten bildet der große Dachgarten. Die Bürogeschosse sind in Einzelräume aufgeteilt; verschiedene Sitzungszimmer und ein großzügiges Foyer ergänzen das Raumprogramm.

Der Erweiterungsbau der EnBW AG ist im Grundriss wie das Verwaltungsgebäude an der Kriegsbergstraße ebenfalls U-förmig angelegt. Er ergänzt den zur Stadtseite gewandten bestehenden Trakt im Südwesten des Carrés zur umfassenden Blockrandbebauung im Wortsinn und beginnt in der Jägerstraße, zu der stellenweise noch Reb- und Grünflächen den gegenüberliegenden Hang hinunterreichen, klar eine Stadtkante zu definieren. Wehrturmartige Treppenhäuser mit schießschartenähnlichen Fenstern und schmale Fensterbänder mit horizontalen Lamellenscheiben gliedern den Baukörper. Zusammen mit dunkelgrauen Vormauerziegeln, die mit weiß hervorgehobenen Lagerfugen schon aus geringem Abstand kaum als kontrastierend oder gar als Aufhellung wahrgenommen werden, verleihen sie ihm darüberhinaus einen dem älteren Gebäudeteil ähnlichen, hermetischen Charakter. So finden auch die nunmehr rund 700 Mitarbeiter des Energieunternehmens sowie Besucher nicht durch ein imposantes Entree Zutritt zum Gebäude, sondern durch drei schlichte, dicht nebeneinander angeordnete Türen in der Ossietzkystraße. Diese sind, wie die Kompaktheit und Geschlossenheit des gesamten Gebäudes überhaupt, nicht nur Funktion und Gestaltung geschuldet, sie sind vielmehr Teil des innovativen, ökologischen Energiekonzepts, das dem Entwurf zugrunde liegt. Dadurch nämlich, dass das Gebäude als sogenannte träge Masse konstruiert ist, die durch innere Wärmelasten erwärmt wird, konnte auf Heizkörper verzichtet werden. Nur an wenigen Tagen im Jahr soll eine Temperierung durch Zufuhr sekundärer Energie (via Deckenradiatoren) erforderlich sein. Im westlichen Teil des Innenhofs befindet sich das Kasino für beide Häuser, das – aus Platzgründen unter die Erde gelegt – durch Oberlichter Tageslicht erhält und sich zu einer mit Grasdach als Garten gestalteten Fläche hin öffnet.

36

Ehem. Bürogebäude der Schwäbischen Treuhand AG (SCHITAG)
Jägerstraße 26
1953–56
Hans Volkart

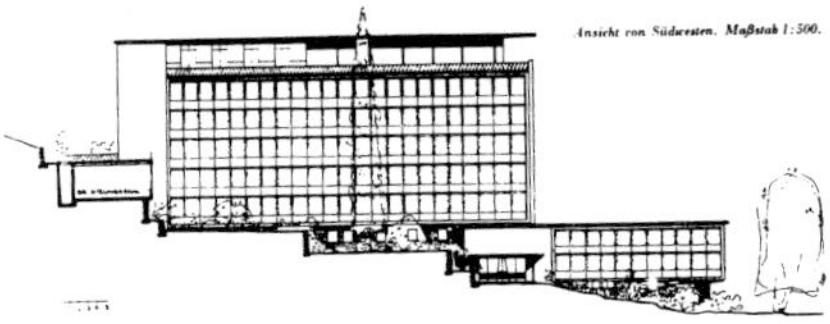

Am Südhang des Kriegsberges hatte sich vor der Zerstörung ein gründerzeitliches Villenviertel erstreckt. Nach dem Zweiten Weltkrieg entstanden hier zahlreiche Bürobauten. Während die Nachbarbauten – so die Industrie- und Handelskammer von Rolf Gutbier und Rolf Gutbrod (Jägerstraße 30; 1952–54) – heute verändert sind, zeigt sich der ehem. Sitz der Wirtschaftsprüfungsgesellschaft SCHITAG teilweise noch im Originalzustand. Der Raumbedarf wurde auf drei miteinander verzahnte Baukörper verteilt. Im sechsgeschossigen, scheibenförmigen Hauptbau befinden sich die Büros, im vorgelagerten Flachbau die Räume für den Publikumsverkehr; der rückwärtige Sitzungssaal ist z.T. in den Hang hineingebaut. Eine Stahlbetonskelettkonstruktion ermöglichte die Auflösung der Längsseiten in Fensterraster. Der farbliche Vierklang von dunkelgrauen Stützen, mit hellgrauen Kacheln verkleideten Brüstungsfeldern, weiß gestrichenen Deckenplatten und gelb geklinkerten Wandflächen verhindert eine Monotonie der Rasterfassaden. Typisch für die 50er Jahre sind Details wie das an der Stirnseite des Hauptbaus sichtbar werdende vollverglaste Treppenhaus und ein kastenförmiges Blumenfenster. Besonders markant ist ein sog. Flugdach als Abschluss des zurückgesetzten DG. Dieses Dach besteht aus einer asymmetrisch geknickten, im Profil an Flügel erinnernden Betonplatte, die z. T. auf dünnen Rundstützen ruht. Die Leichtigkeit und der Schwung eines Flugdachs verkörperten besonders gut Nachholbedarf, Optimismus und Mobilität der sog. Wirtschaftswunderzeit. Der Eingangsbereich des heute von der IHK genutzten Gebäudes wurde neu gestaltet (Kauffmann, Theilig & Partner).

37

Ehem. Hahn-Hochhaus
Friedrichstraße 10
1962–63
Rolf Gutbrod, Hermann Kiess, Werner Jung

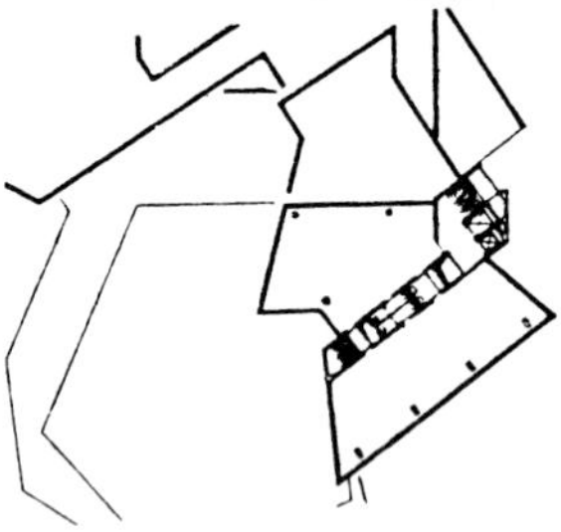

Rolf Gutbrod, der schon wenige Jahre zuvor für den Autohändler Hahn in Fellbach bei Stuttgart ein bemerkenswertes Fabrik- und Verwaltungsgebäude (Ring-/Röntgenstraße) errichtet hatte, bekam von demselben Bauherrn den Auftrag zum Bau einer Generalvertretung für VW und Porsche in Stuttgart. Zu planen war ein Verwaltungsgebäude mit Verkaufs- und Ausstellungsräumen, Werkstatt, Parkhaus und Tankstelle. Gutbrod platzierte auf einem spitzwinkligen Grundstück einen schlanken, 14-geschossigen Baukörper; mit Mühe hatte man die Ausnahmeerlaubnis erlangt, von der im damaligen Bebauungsplan vorgesehenen fünfgeschossigen Bauweise abzuweichen. Ein scheibenförmiger Kernbereich, der außen sichtbar gemacht wurde, übernimmt die Längsaussteifung des Hochhauses. An ihn schließen sich beidseitig expressiv gezackte Fassadenflächen an. Die geneigten Sichtbeton-Brüstungsfelder unterstreichen den lebendigen, plastischen Gesamteindruck und sorgen für einen horizontalen Akzent. EG und 1. OG sind hinter Stützen zurückgesetzt; der Glaserker über dem Eingang nahm die Hausbar der Firma Hahn auf, die ursprünglich die ersten drei Geschosse des Gebäudes nutzte. Von dem geplanten Bauprogramm kamen nur das Bürohaus und der niedrige Ausstellungspavillon zur Ausführung. Hieran schließt sich an der Kronenstraße ein Verwaltungsgebäude der Landesbausparkasse Württemberg (1973–75 durch M. Werwigk), die auch Besitzerin des Hochhauses ist, an; der Ausstellungspavillon wurde in das Ensemble gestalterisch integriert. Das ehemalige Hahn-Hochhaus bildet noch heute einen markanten städtebaulichen Bezugspunkt.

38
Landeskreditbank
Schelling-/Friedrichstraße
1990–93
Siegfried Müller, Maja Djordjevic-Müller

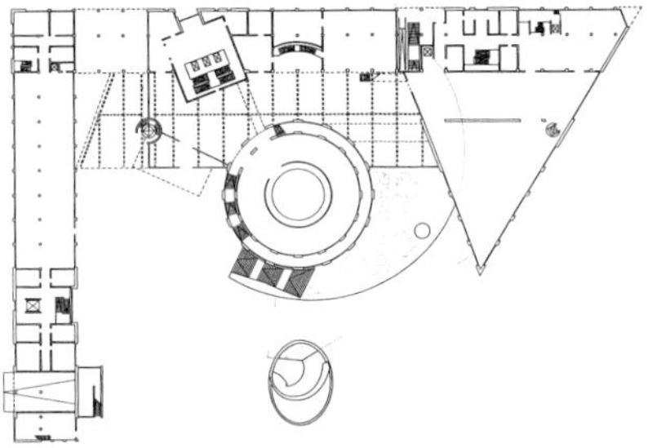

Der Bereich Schelling- und Friedrichstraße gehörte zu den empfindlichsten Wunden, die Krieg und Wiederaufbau geschlagen haben. Anfang der 80er Jahre sollte in diesem Bereich die neue Oberpostdirektion errichtet werden. Der unorthodoxe Entwurf der Stuttgarter Architekten Siegfried Müller und Maja Djordjevic-Müller schien die Chance der überfälligen städtebaulichen Neuordnung zu bieten. Doch dann zog die Post nach Bad Cannstatt (Nr. 269), und die Chance schien auf unabsehbare Zeit vertan. Der neue Eigner des Areals, die Landeskreditbank, besann sich jedoch auf den vorliegenden Entwurf. Der Komplex besteht aus vier Teilen, die in ihrer streng geometrischen, präzisen Ausformulierung Anregungen durch den italienischen Neorationalisten Aldo Rossi erkennen lassen. Zwei siebengeschossige Riegel bilden zusammen ein „L“. Dem längeren Hauptbau vorgelagert sind ein zweigeschossiger Baukörper in Form eines spitzwinklig vorstoßenden Dreiecks, der die Kantine aufnimmt, und ein Zylinder, in dem ein Varietétheater seine Bleibe fand. Die Lochfassaden der Büroflügel wurden dem repräsentativen Anspruch der Bank zuliebe mit Gauinger Travertin verkleidet, die Fensterformate variieren in den einzelnen Geschossen und lassen einen Sinn für differenzierte Gliederung erkennen. Manche modischen Details, wie überdimensionale Rundfenster oder der Lichtkegel auf dem Rundbau, wirken überflüssig. Überzeugender ist der aus der Front des Hauptbaus geschwungene und auf die Achse der Bolzstraße ausgerichtete gläserne Treppenturm. Dass der Blick vom Schlossplatz sich nicht mehr im Nirgendwo verliert, ist erfreulich, und überhaupt ist der Mut zu einer großen städtebaulichen Geste hervorzuheben.

39
Technisches Zentrum der Dresdner Bank
Friedrichstraße 22
1990–93
Kammerer + Belz, Kucher und Partner

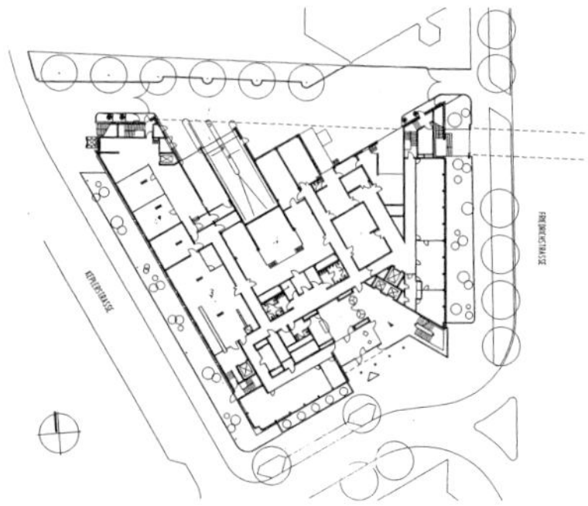

Gläserne Fassaden haben bei den Entwürfen von Kammerer + Belz, Kucher und Partner eine lange Tradition (Nr. 35, 88, 175). Bei diesem Glasbau des Stuttgarter Großbüros sind offensichtlich Anregungen durch die angelsächsische Hightech-Architektur z. B. Norman Fosters verarbeitet worden. Rund 500 Bankangestellte, die Großrechenanlage sowie Kasino und Schulungsräume waren in dem Gebäude unterzubringen. Der Sockel, der eine unregelmäßige Trapezform nachzeichnet, wurde mit schwarzen Basaltplatten verkleidet und lässt durch seine betonte Rustikalität die ganz anders wirkenden Hauptgeschosse gut zur Geltung kommen. Auf drei Seiten erheben sich fünfgeschossige Büroflügel mit zweibündig angeordneten Arbeitsräumen. Sie sind mit einer feingliedrigen Glas-Edelstahl-Fassade versehen. Die Brüstungsbänder bestehen aus dunkel getöntem Glas, Sonnenschutz-Halterungen bilden ein filigranes Raster vor der Außenhaut. „Hervorstechend“ sind spitzwinklige Treppenhäuser und Fluchtbalkone. Vor dem 1. OG führt eine Fußgängerbrücke am Gebäude entlang über die Friedrichstraße und durch die gegenüberliegende Bebauung (von Kammerer + Belz in den 70er Jahren errichtet) zur Lautenschlagerstraße. Die angenehm zurückhaltend wirkende Transparenz suggeriert Offenheit, doch im Rechenzentrum einer Bank sind Besucher natürlich nicht erwünscht. Der Funktion des Gebäudes angemessen ist dagegen die nüchtern-elegante Hightech-Ästhetik.

40

Palast-Kino, ehem. Alter Hauptbahnhof
Bolzstraße 10
1844–46; 1864–67
Karl Etzel; Georg Morlok, Adolf Wolff u.a.

Palast-Kino 1991 (oben); Alter Hauptbahnhof (Lithographie um 1850, unten)

Mit dem Ausbau zur Residenzstadt sollte Stuttgart auch Eisenbahnknotenpunkt werden. Man entschloss sich für den Bau des neuen Zentralbahnhofs in der Innenstadt. Der Werksteinbau war zwischen Privathäuser eingespannt. Aufgrund der sprunghaften Zunahme des Verkehrs war schon bald eine Erweiterung des Kopfbahnhofs nötig. Hierzu wurden die Nachbarbauten abgerissen und eine monumentale, 100 m breite Schaufassade erstellt. Den zentralen Bauteil des erweiterten Bahnhofs bildete das repräsentative Empfangsgebäude in den Formen der italienischen Hochrenaissance. Es wurde auf der einen Seite vom aufgestockten alten Bahnhof gerahmt. Symmetrisch dazu wurde ein Verwaltungsbau errichtet, der sich stilistisch an das alte Empfangsgebäude Karl Etzels anlehnte. 1907 beschloss man die Verlagerung des Bahnhofs; er wurde im Oktober 1922 stillgelegt. Die Empfangshalle wurde 1926/28 zum „UFA-Palast" umgebaut. In Gestaltung und Einrichtung orientierte sich das damals größte Lichtspielhaus Süddeutschlands an den Broadway-Kinotheatern. Vom Bahnhof blieben nur die drei mittleren Arkaden des Empfangsgebäudes erhalten. Der „UFA-Palast" wurde im Krieg stark beschädigt und 1949 als Kino-Varieté „METROPOL" wieder instand gesetzt. Ende der 90er Jahre wurde das Gebäude für die weitere Nutzung als Kino umgebaut. Knapp 10 Jahre später ist seine Zukunft wieder offen.

41

Ehem. Verwaltungsgebäude der TWS
Lautenschlagerstraße 21
1934–36
Hochbauamt der Stadt Stuttgart

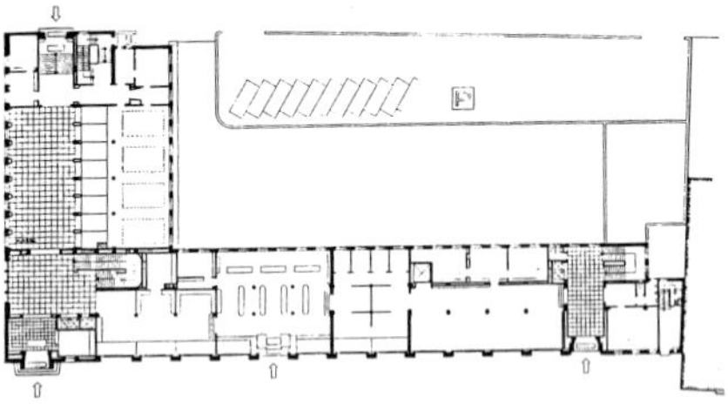

Grundriss EG vor 1944

Das Verwaltungsgebäude der Technischen Werke der Stadt Stuttgart (heute EnBW) erstreckt sich L-förmig entlang der Lautenschlager- und Thouretstraße. Der fünfgeschossige Stahlbetonskelettbau ist mit Sandstein verkleidet. Scheinbar endlose Fensterreihen verleihen ihm einen monumentalen, strengen Charakter. Der Haupteingang wurde an die linke Gebäudeseite gerückt; er war von einer monumentalen Figurengruppe Julius Fricks bekrönt, die freie und gebundene Kraft symbolisierte (heute befindet sich neben dem Eingang ein Relief von Wolfgang Klein, davor eine „Wasser-Plastik" von Gottfried Grüner). Bei den Rückfronten wurde auf Natursteinverkleidung verzichtet. Die Bedeutung des ehem. TWS-Hauses erschließt sich in erster Linie aus seiner Erbauungszeit: „Dem Neubau ... kommt in der Baugeschichte unserer Stadt besondere Bedeutung zu. Es ist das erste große Gemeindebauwerk in Stuttgart seit der nationalsozialistischen Erhebung" vermeldete die Einweihungs-Festschrift. So ist die starr-uniforme, an eine Kaserne erinnernde Gestaltung nicht nur ästhetisch zu werten. Sie ist architektonischer Ausdruck der Gleichschaltung und Militarisierung aller Lebensbereiche unter nationalsozialistischer Herrschaft. Das TWS-Haus ist einer der wenigen Großbauten, der nach 1933 tatsächlich realisiert wurde. Die gigantomanischen NS-Planungen hatten u.a. eine Neugestaltung der Innenstadt mit „Gauforum", die Anlage eines „Reichssenders" auf der Karlshöhe und eines „Wehrbereichskommandos" auf dem Weißenhof vorgesehen. 1944 wurde das TWS-Haus schwer beschädigt und 1945–57 wiederaufgebaut. – Ein weiterer Bau der NS-Zeit ist der gegenüberliegende „Industriehof" von 1937 (Lautenschlagerstraße 22–24).

42

Zeppelin-Bau und -Carré

Arnulf-Klett-Platz, Lautenschlager-, Kronen-, Friedrichstraße

1929–31; 1956–59; 1995–98

Paul Bonatz, Friedrich Scholer, Karl Elsässer, Auer + Weber + Partner, Götz Guggenberger, Michel + Wolf + Partner

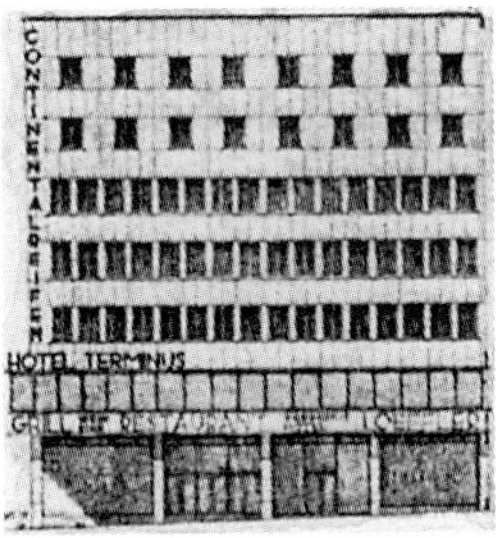

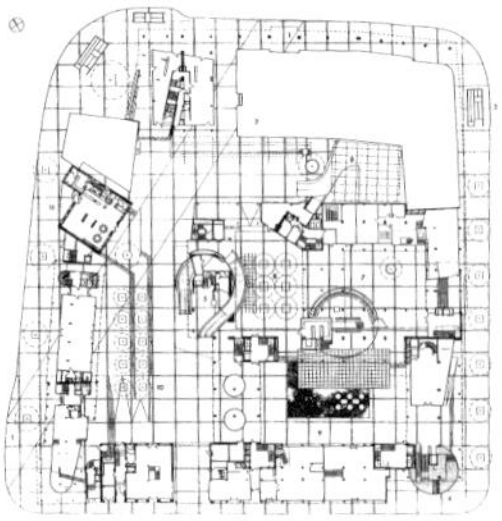

Fassadenentwurf (unten)

Paul Bonatz und Friedrich Scholer hatten 1922 einen Bebauungsvorschlag für den Bahnhofsvorplatz angefertigt, der jedoch nicht realisiert wurde. Ende der 20er Jahre gewannen sie dann einen Wettbewerb für ein Gebäude im nordwestlichen Platzbereich, das u. a. die Girozentrale und ein Hotel aufnehmen sollte. Bonatz und Scholer konzipierten – im Unterschied zu 1922 – einen sachlichen modernen Bau. Er besitzt eine langgezogene, elegant geschwungene Front zur Lautenschlagerstraße und eine kurze zum Bahnhofsvorplatz. beide sind als strenge Rasterfassaden gestaltet. Im 1. OG bildet ein vorkragendes, umlaufendes Fensterband einen markanten Akzent. Die beiden obersten Geschosse zur Lautenschlagerstraße treten geringfügig zurück und zeigen einen größeren Fensterabstand, wodurch die Fassade vier unterschiedliche Horizontalschichten aufweist. Kubische Gebäudeform, Flachdach und Fassadengliederung könnten den Zeppelinbau zum Beispiel der Neuen Sachlichkeit machen; die monumentalisierende Verkleidung mit gelblichen Muschelkalkplatten paßt allerdings nicht in diesen Kontext. Der Zeppelinbau zeigt, dass Bonatz in seinem konservativ geprägten Bauschaffen durchaus auch moderne Einflüsse verarbeitete. Den Erweiterungsbau an der Lautenschlager- und Kronenstraße errichtete Karl Ellsässer 1956–59 nach Plänen von Bonatz.

Das neuerdings Zeppelin Carré genannte Stadtquartier war seit der Nachkriegszeit rundum geschlossen, sein Innenbereich somit lange Zeit unzugänglich. Es wurde deshalb trotz seiner zentralen Lage und der Nähe zum Hauptbahnhof kaum wahrgenommen. Anstatt wie etliche, zum Teil durchaus qualitätvolle innerstädtische Altbauten abgerissen zu werden, wurde der Block mit seinen Gebäuden aus den 20er bis 70er Jahren erhalten, neu strukturiert und saniert. Dazu wurde das EG der Gebäude weitgehend entkernt, so dass neue Wegebeziehungen entstehen konnten. Das von einem durchgängigen Betonbodenbelag mit eingelassenen quadratischen Bodenleuchten optisch vereinheitlichte Blockinnere gliedert sich in vier unterschiedlich gestaltete Hofzonen. Das nordöstlich gelegene Atrium – versehen mit einem neuen Glasdach – und der südlich angrenzende Bereich mit einer über einem Wasserbassin schwebenden Terrasse aus Glas werden gastronomisch genutzt. Zwischen zwei weiteren, mit Platanen zum Flanieren und Verweilen angelegten Höfen verbirgt sich dezent hinter einem vorhangartigen Brunnen die Tiefgaragenabfahrt. Starke Veränderungen erfuhren insbesondere die Häuser an der Friedrichstraße. Das hier schräg stehende Gebäude erhielt zur Straße hin einen wintergartenartigen Vorbau, die dadurch entstandene gerade Front eine durchgehend blaue Putzfassade. Der Zeppelinbau und das Bürogebäude des Architekten Manz (ebenfalls aus den 30er Jahren, Kronenstr. 24) wurden lediglich behutsam restauriert und technisch auf einen zeitgemäßen Stand gebracht. Einzig dem Hotel an der Nordwestecke des Viertels wurde die Sanierung vom Besitzer vorenthalten. Die renovierten Bauten, die überwiegend als Büros und Geschäfte genutzt werden, erscheinen mit ihren filigranen Glasfassaden, ebensolchen Sonnen- und Blendschutzmaßnahmen, der schrägen Wintergartenverglasung (Kronenstraße) und einem Flugdach (Ecke Friedrich- und Kronenstraße) gediegen, jedoch etwas kühl und abweisend.

43

Postamt I, ehem. Oberpostdirektion
Lautenschlagerstraße 27
1925–28;1981–88
Max Luz; Georg Peters

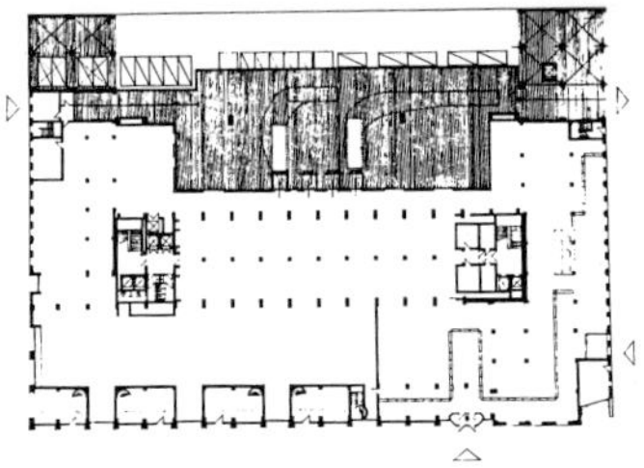

Grundriss EG (1928)

Der massige Gebäudekomplex wurde auf dem Gelände des ersten Stuttgarter Bahnhofs (Nr. 40) erbaut. Im Zweiten Weltkrieg stark beschädigt und anschließend wiederhergestellt, musste er 1977 wegen Baufälligkeit geräumt werden. Nach einer beinahe vollständigen Abtragung wurde die Anlage aus einem fragwürdigen Denkmalverständnis heraus teils als Fast-Kopie, teils als Neubau wiedererrichtet. Das Kernstück ist der zehngeschossige Hochhausteil, ursprünglich eines der ersten Hochhäuser in Stuttgart und zugleich eine der ersten Eisenbetonskelettkonstruktionen. Der mächtige Block wird durch zwei vertikale Einschnitte an der Lautenschlagerstraße und – als Pendant – zwei weitgehend verglaste Erker an der Hofseite untergliedert. Zwei niedrigere Querflügel rahmen diesen zentralen Bauteil ein. Der Haupteingang mit der repräsentativen vorgelagerten Treppenanlage befindet sich an dem bis zur Lautenschlagerstraße geführten sechsgeschossigen Querflügel. Die Kalksteinfassade ist in sparsamen expressionistischen Stilformen gestaltet, wie etwa die durchbrochenen, kreuzverstrebten Gesimse zeigen. Parallel zur Lautenschlagerstraße, dem Hochhaus vorgelagert, erstreckte sich ein mit kleinen Satteldächern gedecktes Sockelgeschoss, hinter dem sich die Großgarage der Post verbarg. Dieser Bauteil musste für die Aufnahme der Briefverteilungsanlage aufgestockt werden. Der lang gestreckte zweigeschossige, etwas farblos wirkende Neubau ist ebenfalls mit Kalkstein verkleidet; das gefaltete, kupfergedeckte Dach lehnt sich an die Sheds des Vorgängerbaus an. Zur Belebung des Straßenraums wurden einige Ladengeschäfte eingepasst.

44

Kronen Carré
Friedrich-, Kronen-, Kriegsbergstraße
1997–2001
Auer + Weber + Partner mit Götz Guggenberger

Das Areal zwischen Hauptbahnhof und Universität hat eine für die Stuttgarter Innenstadt typische Nachkriegsgeschichte. Nach der Zerstörung im Zweiten Weltkrieg entstand hier seit den 50er Jahren eine heterogene Bürobebauung. Von architektonischer Qualität war nur der langgestreckte, durch gelbe Mosaikverkleidung betonte Riegel entlang der Kriegsbergstraße. Er stammte - wie das SCHITAG-Haus (Nr.36) und die Universitätsbibliothek (Nr.32) - von Hans Volkart, TH-Professor und einer der wichtigsten Nachkriegs-Architekten. Die architektonische Aufwertung der City erreichte Ende der 90er Jahre schließlich auch dieses vernachlässigte Areal. Aus Kostengründen entschied sich der Bauherr, die Sparkassen-Versicherung, gegen einen kompletten Abriss der Altbauten. Für die Architekten Auer + Weber, denen kurz zuvor beim benachbarten Zeppelin Carré (Nr.42) bereits eine ästhetisch eindrucksvolle Quartierssanierung gelungen war, stellte dies eine willkommene Herausforderung dar. Sie integrierten Teile des Altbestandes in ein überzeugendes Gesamtkonzept, das die Unterschiedlichkeit der einzelnen Baukörper herausarbeitete und die Qualitäten des Volkart-Baus bewahrte. Die Anlage zeigt Reminiszenzen sowohl an das Neue Bauen wie auch an die Wirtschaftswunder-Architektur, beides integriert in eine zeitgemäß kühle, aber stärker als beim Zeppelin Carré aufgelockerte und bewegte Formensprache. Einen Kontrast zu den gründlich sanierten Altbauten bilden neue Teile mit vollverglasten Fassaden. Um einen begrünten, ruhigen Innenhof wurden vier unterschiedliche Flügel angeordnet, in denen sich nun Büros sowie Läden für den gehobenen Einrichtungsbedarf befinden.

45
Planetarium
Neckarstraße 47
1975–77
Wilfried Beck-Erlang

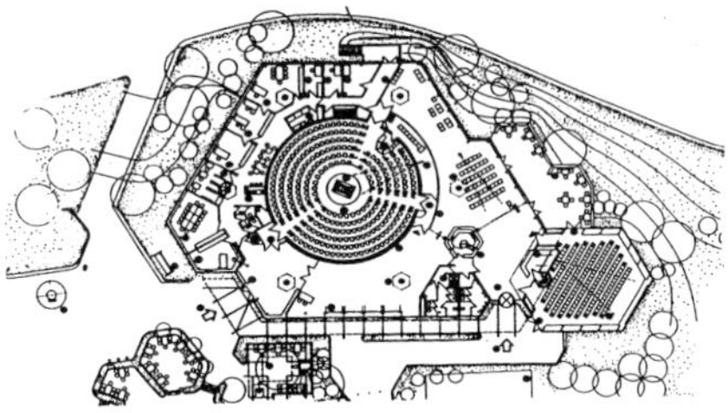

Der am Mittleren Schlossgarten gelegene Bau bildet den vorläufigen städtebaulichen Abschluss der Stuttgarter „Kulturmeile" entlang der Konrad-Adenauer- und Neckarstraße. Er dient als Ersatz für das 1928 im Hindenburgbau (Nr. 2) eingerichtete Planetarium, eines der ersten der Welt, das im Zweiten Weltkrieg zerstört wurde. Das Planetarium an der Neckarstraße besitzt durch das Sichtbarmachen der Konstruktionsprinzipien eine betont technische Ästhetik. Das Bauwerk hat die Form einer sechseckigen abgestumpften Stufenpyramide, deren Kuppelkonstruktion aus Stahlbetonfertigteilen an einem Stahlgitterwerk aufgehängt ist. Als Widerlager dieser einer Spinne ähnlichen Metallkonstruktion dienen sechs frei im Foyer stehende Betonpfeiler. Die Pyramide ist mit getöntem, schalldämmendem Glas verkleidet, in dem sich die umliegende Parklandschaft spiegelt. Der kreisrunde, zentrale Planetariumssaal fasst 277 Besucher. Er wird durch eine 13 m hohe Kuppel mit einem Durchmesser von 20 m überwölbt. Der Sternenprojektor ist versenkbar, wodurch der Saal vielseitig nutzbar ist. In dem flachen, eingeschossigen Sockelbau, der die Sechseckform der „Spinne" aufnimmt, sind eine Eingangshalle, das um den Zentralsaal geführte Foyer, eine Cafeteria sowie Verwaltungsräume untergebracht. Angefügt ist der ebenfalls sechseckige Keplersaal mit ca. 200 Plätzen. In seiner unverwechselbaren Gestalt ist das Planetarium einer der bemerkenswertesten Bauten der 70er Jahre in Stuttgart.

46
Ruine des Neuen Lusthauses
Mittlerer Schlossgarten
1580–93
Georg Beer

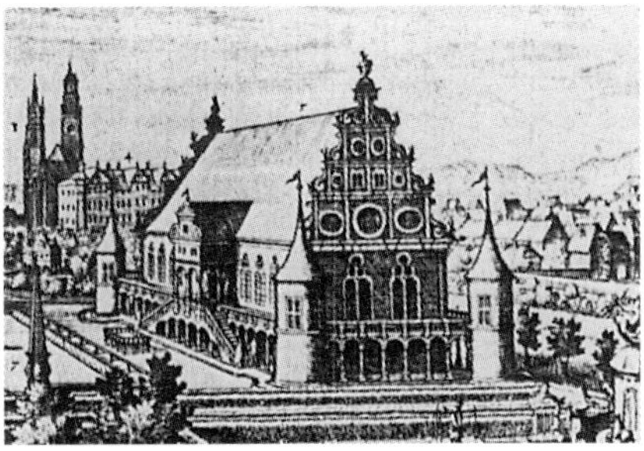

Ausschnitt aus einem Stich von Merian um 1650 (oben)

Nur wenige Architekturfragmente haben die wechselvolle, 400-jährige Geschichte des Neuen Lusthauses überdauert, das zu den bedeutendsten Profanbauten seiner Zeit zählte. Das Bauwerk, das als Ort höfischer Freizeitvergnügungen diente, wurde unter Herzog Ludwig von Württemberg im königlichen Lustgarten, an der Stelle des heutigen Kunstgebäudes (Nr. 7), errichtet. Mitarbeiter Georg Beers war Heinrich Schickhardt, einer der herausragenden Architekten der deutschen Renaissance. Der außerordentlich prunkvoll gestaltete Baukörper wurde an seinen Ecken durch vier freistehende Rundtürme mit spitzen Kegeldächern flankiert, die mit dem Gebäude durch eine umlaufende Arkadenloggia verbunden waren. Die mächtigen Giebel schmückten Voluten sowie aufwändige plastische Verzierungen. Der im OG gelegene Festsaal war mit seiner Länge von 58 m und der Breite von 20 m einer der größten seiner Zeit. Das Neue Lusthaus wurde unter Herzog Carl Eugen von Württemberg 1750 zum Opernhaus umgebaut, 1845 teilweise abgerissen und zum Königlichen Hoftheater umgestaltet. Diese Maßnahmen ließen von der Substanz des Renaissancebaus nur wenig übrig. 1902 wurde das Hoftheater durch einen Brand zerstört. In den Trümmern kam der Teil des Arkadenganges mit den zwei Treppenläufen zum Vorschein, der dann 1904 im Mittleren Schlossgarten aufgestellt wurde. Weitere Architekturfragmente befinden sich im Park.

47

Ministeriumskomplex und Hotel Meridien
Kernerplatz 9–10, Neckarstraße 60
1986–88
Kammerer + Belz, Kucher und Partner

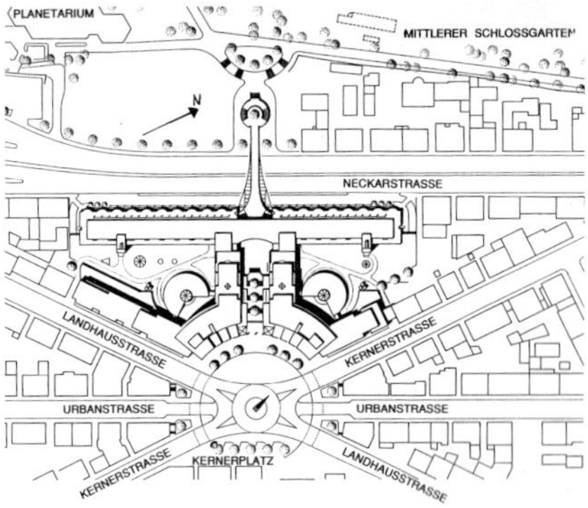

Ansicht der Ministeriumsbauten (oben), Lageplan (unten)

Der Komplex geht auf einen Wettbewerb im Jahr 1978 zurück. Es sollte noch lange dauern, bis eine Versicherungsgruppe als Bauherr gefunden war, die nun als Vermieter des Hotels und der Bürogebäude (für das Landwirtschafts- und das Umweltministerium) auftritt. Der Bau erfolgte unter der Regie eines sog. Generalübernehmers bei eingeschränktem Handlungsspielraum der Architekten. Entlang der Neckarstraße erstreckt sich der sechsgeschossige Riegel des ehem. Hotels Interconti, heute Hotel Meridien. Gerundete Erker, hinter denen die Hotelzimmer liegen, gliedern die Fassade, die trotz ihrer Länge eine gewisse Spannung bewahrt. An den Hoteltrakt schließen sich rückwärtig, den Hang hochsteigend, die beiden Ministeriumsbauten an, die zusammen ein „Y" bilden; sie geben dem Kernerplatz wieder eine städtebaulich überzeugende, geschlossene Form. Von diesem Platz abwärts führt eine Fußgängertreppe mitten durch den Komplex, unterquert den Hotelbau und wird schließlich über einen eleganten, unter Beteiligung des Ingenieurbüros Schlaich, Bergermann und Partner entworfenen Steg zum Mittleren Schlossgarten geleitet. Sämtliche Fassaden der Stahlbetonskelettbauten sind mit gelbbraunem Backstein verkleidet. Einen Kontrast bilden die grünen Stahlprofile der Bürofenster. Der aus Kostengründen eher schlichte Innenausbau der Ministeriumsgebäude wurde vom Büro Kammerer + Belz, Kucher und Partner entworfen. Die Ausgestaltung des Hotels hingegen lag in den Händen eines amerikanischen Innenarchitekten.

48

Deutsche Verlags-Anstalt
Neckarstraße 121
1951–58
Hans Brüllmann

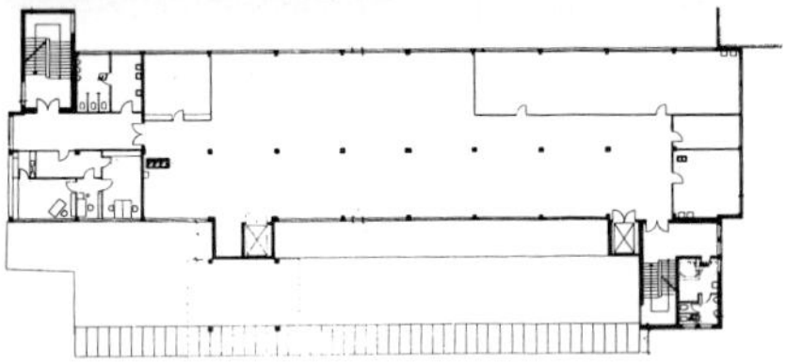

Grundriss Normalgeschoss Druckereigebäude 1952

Der Gebäudekomplex des Verlagsunternehmens wurde 1944 völlig zerstört. Der Wiederaufbau erfolgte an der Neckarstraße. 1951–52 errichtete Hans Brüllmann ein fünfgeschossiges Druckereigebäude, einen mit Hartbrandsteinen ausgemauerten Stahlbetonskelettbau. Es weist größtenteils durchgängige Betriebsräume auf; die Treppenhäuser und Aufzüge sind deshalb außen angelegt. Kernstück des Areals ist das 1956–58 erstellte Verlags- und Verwaltungsgebäude an der Neckarstraße. Der lang gestreckte, fünfgeschossige Stahlbetonskelettbau mit zurückgesetztem DG wird durch eine Front mit gleichförmigen Fensterreihen bestimmt. Das leicht zurückgesetzte EG, das durch Lisenen sparsam vertikal gegliedert ist, wird durch dunkelviolette Klinker optisch hervorgehoben; die OG sind mit gelblichen Klinkern verkleidet. Die Eingänge wurden an die Ecken der Straßenfront platziert. Der durch drei Rundsäulen zurückgesetzte Haupteingang weist mit einem abstrakten Mosaik eine in den 50er Jahren beliebte Verzierung auf. Dieser Bereich wurde Anfang der 90er Jahre umgestaltet. Auch die übrigen Bauten des Areals wurden im Laufe der Jahre verändert. Das Verlagsgebäude repräsentiert, im Unterschied zum in den 50er Jahren verbreiteten sog. Nierentisch-Stil, die sachlich-zurückhaltende Architekturauffassung jener Zeit. Diese steht in der Tradition von Industriebauten Egon Eiermanns, etwa dessen Gebäude der Auergesellschaft in Berlin (1937–38). – Auf demselben Areal, an der Hauffstraße, wurde 1990–92 nach Plänen von Rutschmann + Partner ein Gerichtsgebäude errichtet, das der architektonischen Qualität des DVA-Hauses nicht nachsteht.

49

Kammertheater, Staatliche Hochschule für Musik und Darstellende Kunst und Haus der Geschichte Baden-Württemberg

Konrad-Adenauer-Straße, Eugenstraße, Urbanstraße
1979–84, 1992–96; 1999–2002
James Stirling, Michael Wilford and Associates; Wilford Schupp Architekten

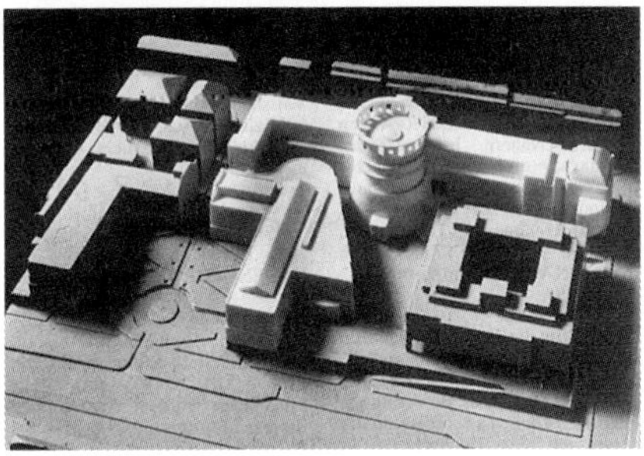

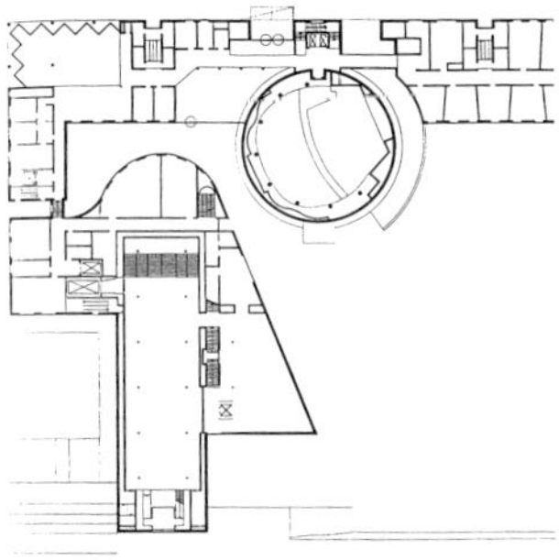

Ansicht Musikhochschule (oben); Modell der ursprünglichen Planung (unten): Haus der Geschichte (vorne links) ; Haus der Abgeordneten (rechts; Nr. 52)

Ansicht Haus der Geschichte Baden-Württemberg (oben); Grundriss 1. OG, Haus der Geschichte Baden-Württemberg und Musikhochschule

Der Komplex ist Bestandteil einer städtebaulichen Planung Stirlings aus der Mitte der 80er Jahre, welche die Schaffung eines kulturellen Zentrums mit Museen und Akademien entlang der Konrad-Adenauer-Straße vorsah. Das Ensemble grenzt unmittelbar an den Neubau der Staatsgalerie, der ebenfalls von Stirling entworfen wurde. An diesen schließt im Süden der vorgezogene Trakt des 1984 eingeweihten Kammertheaters an der Eugenstraße an. Der Bau beinhaltet einen Theatersaal mit bis zu 400 Plätzen, eine Probebühne sowie Magazine. Als Klammer zwischen Neuer Staatsgalerie und Theater ist ein von beiden Seiten zugängliches Café eingerichtet. Die 1996 eröffnete Hochschule für Musik und Darstellende Kunst auf der gegenüberliegenden Seite der Eugenstraße besteht aus einem langgestreckten Baukörper, der im Norden den Blockrand schließt und zum Haus der Abgeordneten (Nr. 52) hin einen Platz schafft. Wahrzeichen der „Kulturmeile" ist der 50 m hohe, wehrhaft anmutende Rundturm in der Mitte des Riegels. Er nimmt im unteren Teil einen Konzertsaal mit 500 Plätzen auf, darüber befindet sich die Bibliothek, in den oberen Geschossen liegen Räumlichkeiten für die Verwaltung. Der Turm bildet, quasi als „Flaschenstöpsel" (Stirling), das positive Gegenstück zur offenen Rotunde der Neuen Staatsgalerie. Sein oberstes Geschoss mit Aussichtsplattform wird durch alternierend hochrechteckige und runde Fensteröffnungen und eine weit überkragende „Krempe" bestimmt. Der 2002 fertig gestellte zweite Bauabschnitt beherbergt u. a. einen Kammermusiksaal mit 180 Plätzen, eine Probebühne und Unterrichtsräume. Er schließt an das ebenfalls 2002 eröffnete Haus der Geschichte Baden-Württemberg an. Das Museum, errichtet anstelle der ursprünglich hier geplanten Theaterakademie, präsentiert auf 2100 m² Fläche die historische Entwicklung des heutigen Bundeslandes Baden-Württemberg seit dem 18. Jh. Darüber hinaus befindet sich in dem Gebäude ein Saal für Wechselausstellungen und eine Cafeteria. Das Museum umfasst mit dem ebenfalls L-förmig angelegten Block des Kammertheaters einen offenen, mit Wasserspielen akzentuierten Platz, der von beiden Seiten durch Freitreppen erschlossen wird. Das Theater-, Museums- und Hochschulensemble demonstriert eindrucksvoll die virtuose und spannungsvolle Architektursprache Stirlings, wenngleich weniger verspielt und zitatenfreudig wie bei der benachbarten Neuen Staatsgalerie (Nr. 50). Dennoch ist die gestalterische Verwandtschaft mit dem Kunstmuseum offensichtlich. Deutlich wird dies etwa in der Verkleidung aus Cannstatter Travertin und Weiler Sandstein, dem sandfarbigen Verputz, den farblichen Akzentuierungen sowie den an Stahl-Triangeln hängenden Glasvordächern. Zehn Jahre nach dem Tod Stirlings wurde die von ihm konzipierte „Kulturmeile" komplettiert. Die ebenfalls von Stirling vorgeschlagene Überdachung der Konrad-Adenauer-Straße harrt jedoch weiterhin ihrer Realisierung.

50

Staatsgalerie Stuttgart

Konrad-Adenauer-Straße 30–32, Urbanstraße
1838–43; 1979–84; 2000–02
Gottlob Georg Barth; James Stirling, Michael Wilford and Associates; Wilfrid und Katharina Steib

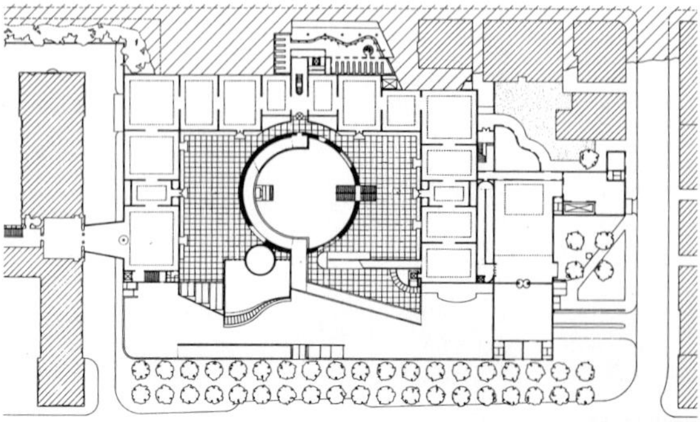

Grundriß Neubau OG (oben): links Übergang zum Altbau; Altbau um 1898 (unten)

Neubau: Vordach (oben), Eingangsbreich Neubau (unten)

Der Altbau der Staatsgalerie wurde 1838–43 als „Museum der Bildenden Künste" errichtet. Das Gebäude nahm eine Sonderstellung unter den deutschen Museen ein: es war der einzige Museumsneubau der ersten Hälfte des 19.Jhs., bei dem die von Frankreich ausgehende Idee einer umfassenden Kunstbildung in der Zusammenlegung von Sammlungen und einer Kunstschule verwirklicht wurde. Oberbaurat Gottlob Georg Barth entwarf unter Verwendung von Grundrißentwürfen Nikolaus Thourets eine dreiflügelige Anlage in klassizistischen Stilformen, die sich einem Ehrenhof öffnet. Der Mittelbau wird durch einen fünfachsigen, erhöhten Risalit betont. Eckpavillons mit Pilastergliederung akzentuieren die Enden der Seitenflügel; über den OG-Fenstern der Schmalseiten angebrachte Reliefs versinnbildlichen die Entwicklung der Bildhauerei und Malerei. Die schlichte, flächige Fassade des Museums zeigt stilistische Übereinstimmungen mit Giovanni Saluccis Wilhelmpalais (Nr. 59). 1874–75 und 1886–88 wurde der Komplex durch Flügelbauten rückwärtig verlängert, so dass die Form eines H entstand. Das Gebäude wurde im Zweiten Weltkrieg schwer beschädigt und anschließend im Inneren verändert wieder aufgebaut.

1977 schrieb die baden-württembergische Landesregierung einen internationalen Architektenwettbewerb für einen Erweiterungsbau sowie den Neubau eines Kammertheaters aus, den der englische Architekt James Stirling gewann. Dieses Bauwerk verursachte als Hauptwerk der Postmoderne eine breite, kontroverse Diskussion, wie sie Stuttgart seit der Planung der Weißenhofsiedlung (Nr. 197) nicht mehr erlebt hatte. Der Komplex ist als Dreiflügelanlage angelegt, deren Zentrum eine Rotunde bildet. Die Hoheitsformen der Dreiflügelanlage und der Rotunde verleihen dem Bau einen monumentalen Charakter, was durch die Verkleidung aus Sandstein und Travertin noch unterstrichen wird. Diese Monumentalität wird jedoch durch vielfache Brechungen, Störungen und historisierende Stilzitate relativiert und ironisiert. So erinnern z. B. die Vordächer an Projekte sowjetischer Konstruktivisten der 20er Jahre, der rückwärtige Verwaltungstrakt an Bauten Le Corbusiers, die mächtigen, bunten Lüftungsrohre sind als Hommage an das Centre Pompidou in Paris zu verstehen. Die Rotunde, die als Skulpturenhof dient, steht in der Tradition von Karl Friedrich Schinkels Altem Museum in Berlin, wird hier jedoch durch das Fehlen eines Daches verfremdet. Durch die Anlage eines Durchgangs

50
(Fortsetzung)

Rotunde (oben); Neubau der Graphischen Sammlung (unten)

Blick in die Rotunde

fungiert sie als Ort der Begegnung zwischen Museum und Öffentlichkeit. Wegen der unmittelbar vor der Staatsgalerie vorbeiführenden Stadtautobahn entwarf Stirling für das Gebäude keine konventionelle Fassade; es ist, durch eine Baumreihe von der Straße abgeschirmt, terassenartig in die Tiefe gestaffelt und passt sich dem ansteigenden Gelände an. Über dem Sockelgeschoss, das eine Tiefgarage und technische Anlagen aufnimmt, führt eine Rampe, durch ein poppig bemaltes Dickrohr-Brüstungsgeländer betont, zur Terrasse auf Eingangsniveau. Charakteristisch ist die geschwungene Glasfläche des Foyerbereichs mit ihrer provokativ giftgrün gestrichenen Rahmung, deren Farbgebung im Noppenbelag des Foyers aufgenommen wird. Der Eingang ist seitlich angebracht und wird durch eine Überdachung aus einer Metallkonstruktion betont. Vom Foyer aus werden ein Ausstellungsraum und ein Vortragsaal erschlossen Die Schaumsammlung liegt im OG. Auffällig ist der Bruch zwischen außen und innen: Im Gegensatz zur schrillen, postmodernen Fassade mit ihrer provokanten Farbigkeit steht die Organisation und Gestaltung der Ausstellungsräume ganz in der Tradition der Museen des 19. Jhs. 15 verschieden große Räume bilden ein U, das den zentralen Skulpturenhof und die beiden oberen Terrassen umschließt. Wie im Berliner Museum oder im British Museum in London sind sie als lange Fluchten ineinandergreifender, klassisch proportionierter Oberlichtsäle ausgeführt. Eine Brücke im OG stellt die Verbindung zum Altbau her.
Auf einem schmalen Grundstück hinter der Alten Staatsgalerie entstand 2000–2002 nach Plänen von Wilfrid und Katharina Steib ein fünfgeschossiger Erweiterungsbau für die Graphische Sammlung. Eingezwängt zwischen Staatsgalerie und der 15 m hoch aufragenden Stützwand zur Urbanstraße konzipierten die Baseler Architekten einen neun Meter breiten und 72 m langen Riegel. Das mit beigefarbenem Kratzputz verkleidete Gebäude nimmt in den unteren drei Geschossen Werkstätten und Depots auf. Darüber liegen zwei jeweils 700 m^2 große Ausstellungsräume, die durch zwei verglaste Stege an den Altbau angebunden sind. Den oberen Abschluss bilden Büros, Studiensaal und Bibliothek. Die etwas monoton wirkende Front zur Urbanstraße wird durch die Oberlichtdecke der Ausstellungssäle und das verglaste obere Stockwerk bestimmt, das von einem langgestreckten, überkragenden Tonnendach überwölbt wird. Sie weckt Assoziationen an einen Eisenbahnwaggon.

51

Fußgängersteg über die Schillerstraße
Schillerstraße
1961
Fritz Leonhardt, Wolfhart Andrae

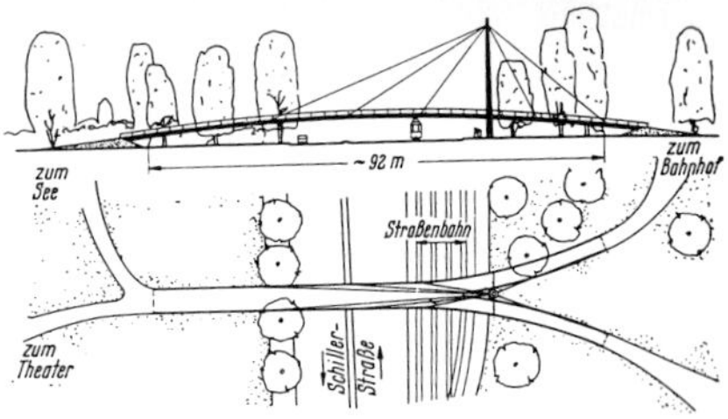

Der Fußgängersteg verbindet einen von der Schillerstraße durchschnittenen ehemals königlichen Park, den 1808 der Hofbaumeister Nikolaus Thouret gestaltet hatte. Dieser Grünbereich wurde für die 1961 in Stuttgart veranstaltete Bundesgartenschau zu einem innerstädtischen Erholungsgebiet umgestaltet. Der Steg mit seiner lichten Weite von 90 m stellt die Gehverbindung zwischen dem Landtag (Nr. 56) und den Staatstheatern (Nr. 53, 55) auf der einen Seite der Straße und dem Hauptbahnhof (Nr. 1) auf der anderen Seite her. Die beiden Bauingenieure Fritz Leonhardt und Wolfhart Andrae konzipierten einen flach geschwungenen Hängesteg, der sich weit über den Straßenraum streckt und ohne Erddämme direkt in das Parkgelände übergeht. An der Bahnhofsseite wurde auf der Brücke eine Gabelung angelegt. Hier erhebt sich, von hohen Bäumen verdeckt, ein Pylon aus achteckigem konischen Stahlrohr, an dessen Spitze je zehn durch Polyäthylen geschützte Drahtkabel angebracht sind. Diese gehen strahlenförmig ab und wurden am Steg, einem aus Stahlblechen zusammengeschweißten Hohlkasten, verankert. Mit dem Fußgängersteg über die Schillerstraße entwarf Leonhardt nach dem Fernsehturm (Nr. 296) ein weiteres technisches Bauwerk, das durch seine Kühnheit und zeitlose Eleganz Maßstäbe gesetzt hat.

52

Haus der Abgeordneten
Konrad-Adenauer-Straße 12
1984–87
Rainer Zinsmeister, Giselher Scheffler

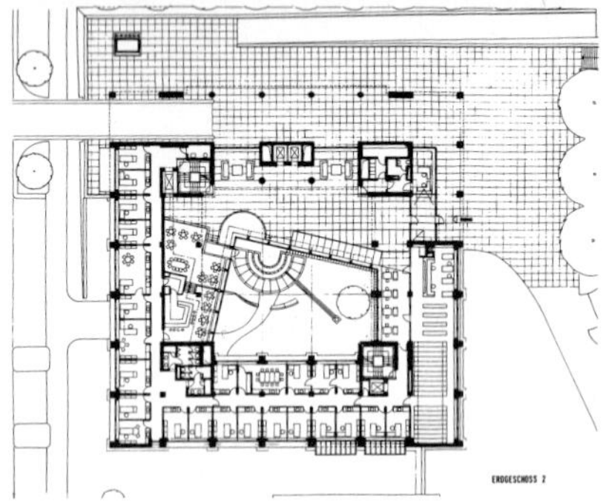

Infolge akuten Platzmangels im alten Landtagsgebäude (Nr. 56) wurde schon seit Anfang der 70er Jahre der Ruf nach einem Erweiterungsbau laut. Diesen errichtete man an einem prominenten Standort, der Stuttgarter „Kulturmeile“. Das Bürogebäude orientiert sich in seiner quadratischen Form und seiner Dimensionierung am gegenüberliegenden Landtagsgebäude, ohne jedoch dessen Eleganz und formale Brillanz zu erreichen. Mit ihm ist es durch einen unter der Stadtautobahn hindurchgeführten, 130 m langen Tunnel verbunden. Der mit einer Sandsteinfassade verkleidete, etwas schwerfällig wirkende Baukörper wird durch eine auf Säulen gestellte Glasfassade zur Konrad-Adenauer-Straße sowie ein zurückspringendes DG mit vier Aufzugs- und Treppentürmen sparsam gegliedert. Der Block umschließt U-förmig einen begrünten Innenhof. Über einen bescheidenen Eingang an der nordöstlichen Seitenfront gelangt man in das lichte Foyer, das durch eine Rampe und eine auf zwei Ebenen untergebrachte Cafeteria bestimmt wird. Eine zur Konrad-Adenauer-Straße vorgelagerte Fußgängerrampe sowie die repräsentative Steinfassade des Gebäudes schaffen einen formalen Bezug zur nahe gelegenen Staatsgalerie (Nr. 50). In den einzelnen Geschossen sind die verschiedenen Fraktions- und Sitzungssäle untergebracht. Die Abgeordnetenzimmer wurden in U-Form um den Innenhof angeordnet. Als „Kunst am Bau“-Beitrag wählte man das Backsteinmonument von Per Kirkeby, das an einen Lüftungsturm erinnert.

53

Staatstheater: Kleines Haus
Oberer Schlossgarten 6
1959–62
Hans Volkart, Bert Perlia, Kurt Pläcking

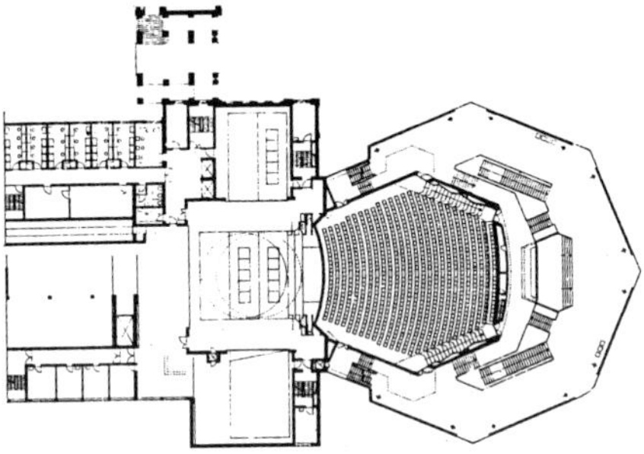

Der Vorgängerbau des Kleinen Hauses, im Nordosten des von Max Littmann 1907–12 errichteten Theaterkomplexes gelegen, wurde bei einem Bombenangriff 1944 stark beschädigt. Man entschloss sich zum Abriss des Schauspielhauses und übertrug nach zwei Wettbewerben 1953 und 1957 den Architekten Hans Volkart, Bert Perlia und Kurt Pläcking die Errichtung eines Neubaus. Das Kleine Haus ist ein typischer Vertreter der sachlich-funktionalen Theaterneubauten der 60er Jahre und stellt so eine Abkehr von den eher verspielten Bauten der 50er-Jahre dar, deren eindrucksvollstes Beispiel das Stadttheater von Münster (1952–55; H. Deilmann, M. v. Hausen, O. Rave, W. Ruhnau) ist. Die Architekten entwarfen einen regelmäßigen, in den Park hineingeschobenen, oktogonalen Baukörper. Die flächige Fassade wird durch das leicht zurückgesetzte EG sowie ein schmales, umlaufendes Fensterband gegliedert. Große Fenster beziehen die umliegende Parklandschaft mit ein. Der ganz mit Holz verkleidete, von der zeltförmigen Decke überspannte Zuschauerraum ist über ein weitläufiges Foyer vom ersten Stock aus zu erreichen; er ist als reines Parkett-Theater mit 840 Plätzen konzipiert. Das Kleine Haus schließt an seiner rückwärtigen Seite an den nüchternen, funktionalen Magazin- und Verwaltungstrakt des Staatstheaters an. Dieser wurde von denselben Architekten zeitgleich mit dem Kleinen Haus entworfen und verbindet, nach dem Konzept des Littmannschen Vorgängerbaus, Großes und Kleines Haus. Vor dem Gebäude wurde eine Aluminiumplastik von W. Bertoni (1960) aufgestellt, die in ihrer bizarren Abstraktheit einen reizvollen Kontrast zur sachlichen Marmorfassade des Theaters bildet.

54

Staatstheater: Theaterpavillon
Oberer Schlossgarten 6
1983–84
Gottfried Böhm

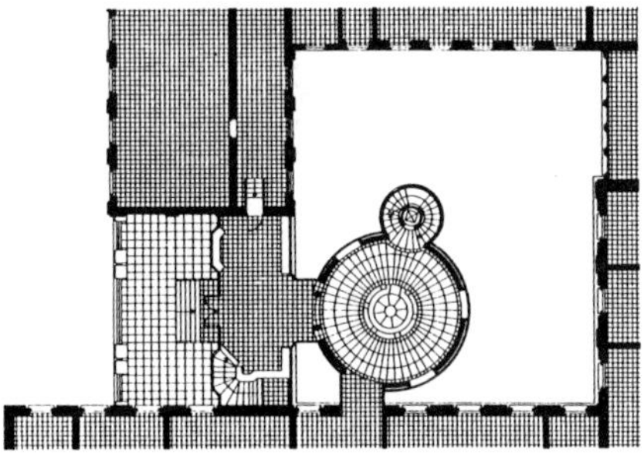

Das Gebäude geht auf einen Wettbewerbsentwurf zur Neugestaltung des Innenraums des Großen Hauses zurück, in dessen Rahmen auch eine Erweiterung des Foyers zu planen war. Der Kölner Architekt Gottfried Böhm entwarf im Hof des Theaterkomplexes einen auf Stützen gestellten, dreigeschossigen Pavillon. Trotz der relativ beengten Verhältnisse schuf er ein qualitätvolles, eigenständiges Bauwerk, das zugleich mit dem Altbau harmoniert. Dem Rundbau vorgelagert ist im 1. OG eine verglaste Halle; diese öffnet sich über eine zwischen Verwaltungsbau und Großem Haus gespannte Terrasse dem Schlossgarten. Der Pavillon ist auf zwei Etagen mit dem Großen Haus verbunden; im 1. OG wurde in der Mitte ein rundes Büffet angeordnet, darüber „schwebt" eingehängt eine kreisrunde Galerie. Ein an die Seite gerückter gläserner Treppenturm stellt die Verbindung zwischen den Ebenen her. Über dem Pausenraum wölbt sich eine Glaskuppel, die von gekrümmten Eisenbahnschienen getragen wird. Die Kuppel ist mit einer Bleiverglasung aus verspiegelten und opalisierenden Gläsern verziert. Die klare, feierliche Form des Pavillons wird durch eine zurückhaltende, noble Ausstattung unterstrichen. Die in Grautönen gehaltenen Wandmalereien mit abstrahierten tanzenden Figuren verleihen dem Raum eine gewisse Leichtigkeit. Malereien und Verglasung der Kuppel gehen auf Entwürfe des Architekten zurück.

55

Staatstheater: Großes Haus
Oberer Schlossgarten 6
1907–12
Max Littmann

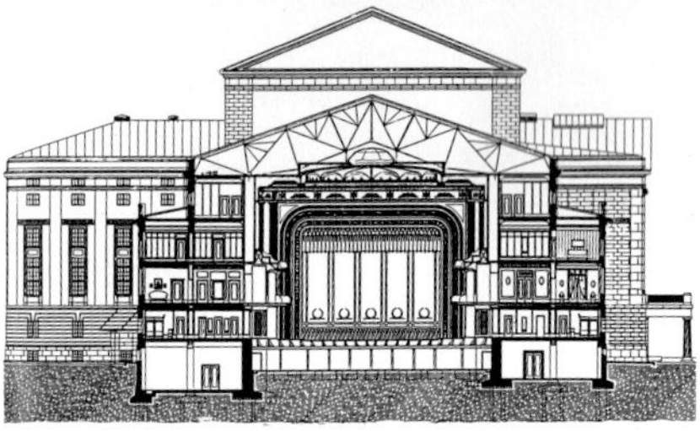

Zustand 1991: Straßenseite (oben), Schnitt (unten)

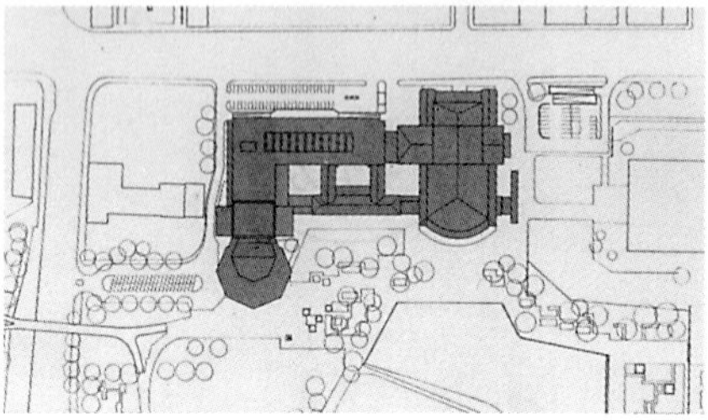

Zeichnung des Gesamtentwurfs 1907 (oben), Lageplan 1962 mit Neubau des Kleinen Hauses (unten)

Als Ersatz für das 1902 abgebrannte Hoftheater am Schlossplatz schrieb König Wilhelm II. von Württemberg einen Wettbewerb für ein neues Opernhaus aus, den der Münchener Architekt Max Littmann, einer der führenden Theaterarchitekten seiner Zeit, gewann. Er entwarf den neuen Typus eines Doppeltheaters mit Opern- und Schauspielhaus; das Große Haus, auf die Querachse des damals noch ovalen Anlagensees bezogen, wurde über einen zurückversetzten Verwaltungs- und Magazintrakt mit dem Schauspielhaus verbunden. Die einzelnen Funktionsbereiche treten im Äußeren des Großen Hauses deutlich zu Tage; beherrschender Teil des mächtigen Baukörpers ist das Bühnenhaus mit dem flachen Satteldach. Wie bei der Dresdener Oper von Gottfried Semper zeichnet sich die Form des Zuschauerraums in der gebogenen Eingangsfront ab. Über die halbrund vorgezogene Doppelsäulenhalle öffnet sich das Gebäude zum Park. Die monumentale Fassade ist in antikisierenden Formen mit sparsamen Jugendstilelementen gestaltet. Die Attika wird durch zehn Monumentalfiguren am Theaterspiel beteiligter Künste bekrönt. Im Gegensatz zum Kleinen Haus blieb das Große Haus als eines der wenigen öffentlichen Gebäude der Innenstadt im Zweiten Weltkrieg unversehrt. 1956 wurde nach Plänen von Paul Stohrer der Innenraum dem damaligen Zeitgeschmack entsprechend stark vereinfacht, was sich u. a. negativ auf die Akustik auswirkte. Hierbei wurden auch die barock geschwungenen Rangbrüstungen begradigt, die in spannungsreichem Kontrast zum klassizistisch-strengen Raumeindruck gestanden hatten. 1970 erfolgte eine weitere Veränderung des Zuschauerraums. 1981 wurde ein beschränkter Wettbewerb zur Neugestaltung des Innenraums ausgeschrieben, den Gottfried Böhm für sich entschied. Die Landesregierung entschloss sich jedoch letztlich zur Rekonstruktion nach erhaltenen Planunterlagen Littmanns. Diese wurde, verbunden mit einer Modernisierung der technischen Anlagen, 1983–84 durchgeführt. Bei der Konzeption des 1450 Plätze fassenden Zuschauerraums war Littmann gezwungen gewesen, dem höfischen Formenkanon Rechnung zu tragen, obwohl die Zeit des Rang- und Logentheaters vorbei war. Als Kompromiss entwarf er eine Synthese aus höfischem Rangtheater und Amphitheater. Er konzipierte ein Parkett mit gleichrangigen, ansteigenden Sitzreihen; mit diesem sog. Reformtheater „soll das demokratische Prinzip durch die Einheit der Plätze versinnbildlicht werden" (Littmann). Zudem milderte er die Wirkung der geforderten Logen im 1. Rang, indem er sie durch zwei davor angeordnete Stuhlreihen etwas in den Hintergrund rückte. Diese wirken gleichzeitig als Brücke zwischen dem Parkett und dem 2. Rang. Der 3. Rang liegt hinter den das Theaterrund stützenden Pfeilern. Durch die moderne Stahlkonstruktion war es möglich, die Ränge in Balkonform über große Spannweiten zu legen. Der in Grau und Gold gehaltene Zuschauerraum ist mit aufwändigen Stuckaturen geschmückt; 14 prunkvolle Deckenlüster sowie die schwer kassettierte Decke verleihen dem Saal eine monumentale Festlichkeit. Hauptblickpunkt ist die rekonstruierte Königsloge im 1. Rang. Über dem hufeisenförmigen Saalgrundriss wölbt sich eine Zentralkuppel, die von Julius Mössel mit Motiven der Tierkreiszeichen ausgemalt wurde. Die streng voneinander separierten Foyer- und Treppenbereiche zeigen in Ausstattung und Farbigkeit die Rangunterschiede eines traditionellen Hoftheaters.

56

Landtag von Baden-Württemberg
Konrad-Adenauer-Straße 3
1959–61
Kurt Viertel, Horst Linde, Erwin Heinle

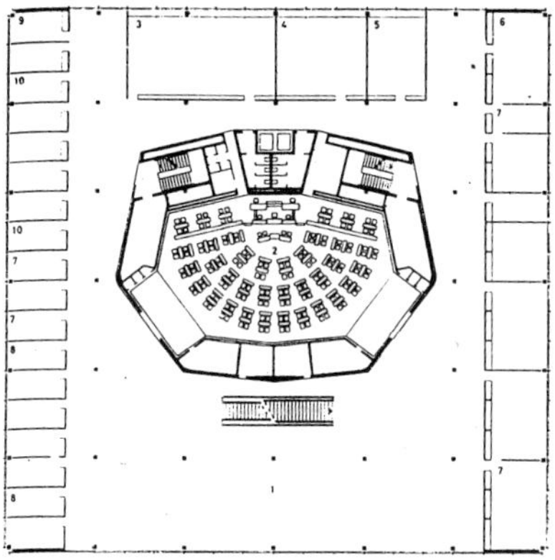

Grundriss 1. OG

Das Landtagsgebäude wurde als Solitär, von der heutigen Konrad-Adenauer-Straße leicht zurückgesetzt, im ehemaligen Akademiegarten errichtet. Das dreigeschossige, auf quadratischem Grundriss errichtete Gebäude ist die Realisierung des überarbeiteten Wettbewerbsentwurfs von Kurt Viertel. Es wurde als Stahlbetonskelettkonstruktion konzipiert, der eine vorgefertigte Fassade aus Bronzeprofilen und graubrauner Verglasung vorgehängt ist. Der schmucklose, sparsam detaillierte Baukörper steht in demonstrativem Kontrast zum benachbarten Neuen Schloss (Nr. 8) und zum Staatstheater (Nr. 55). In seiner klaren, einfachen Gestalt erinnert der Kubus an Entwürfe von Ludwig Mies van der Rohe, einem Wegbereiter der modernen Architektur. Das EG wird durch eine regelmäßige Pfeilerstellung vor einer leicht zurückgesetzten Verglasung gegliedert. Den größten Teil des EG nimmt die großzügige, durch die gesamte Gebäudetiefe geführte Eingangshalle ein, an die sich auf der einen Seite Sprechzimmer und Büroräume, auf der anderen Seite ein Restaurant anschließen. Im Zentrum der OG liegt der polygonale, mit Holz verkleidete Plenarsaal. Die Galerie im 2. OG ist Pressevertretern und Zuschauern vorbehalten. An drei Seiten entlang der Außenwände des Gebäudes wurden Besprechungs- und Arbeitszimmer der Abgeordneten gelegt, die über eine weitläufige Wandelhalle erschlossen werden. Durch die Vollverglasung dieser Zimmer sollte die Transparenz demokratischer Entscheidungsprozesse nach außen hin versinnbildlicht werden. Die Innenraumgestaltung des Landtags stammt von Herta-Maria Witzemann.

57

Württembergische Landesbibliothek
Konrad-Adenauer-Straße 8
1964–70
Staatliches Hochbauamt I

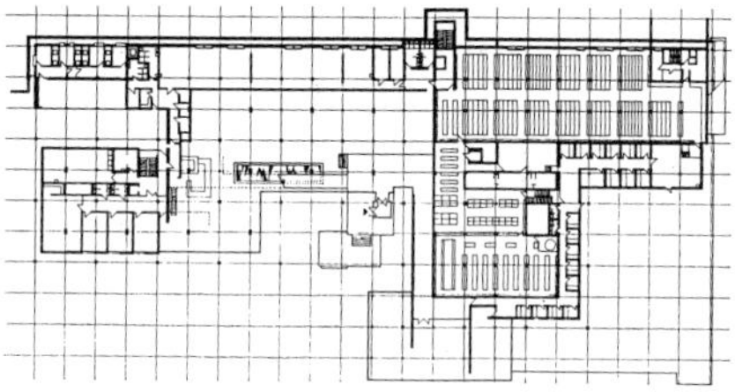

Grundriss untere Halle

Die in Verbindung mit dem benachbarten Hauptstaatsarchiv (Konrad-Adenauer-Straße 4; erbaut 1964–69 durch das Staatliche Hochbauamt I) konzipierte Landesbibliothek bildet einen Baustein des kulturellen Zentrums der Landeshauptstadt entlang der Konrad-Adenauer-Straße. Der kubisch gestaffelte, flach gedeckte Komplex ist von der Stadtautobahn zurückversetzt und im Gegensatz zum Vorgängerbau (1875–85 durch Theodor Landauer in Formen der Neorenaissance errichtet; nach teilweiser Kriegszerstörung abgerissen) an die Urbanstraße gerückt. Er ist im Stil der 60er Jahre nüchtern und sachlich gestaltet und in Sichtbeton ausgeführt; die Fassade wurde teilweise mit Klinkern und Kupfer verkleidet. Beherrschender Bauteil ist der zur Konrad-Adenauer-Straße vorgeschobene hohe Kubus des Hauptlesesaals, dessen strenge, kastenartige Form durch die abgewinkelte Dachzone und eine überkragende, kupfergedeckte Dachplatte aufgelockert wird. Das Innere der Landesbibliothek ist in mehrere Ebenen untergliedert. Der untere Bereich nimmt eine Cafeteria, Labors und Magazine auf. Ein Zwischengeschoss mit Foyer und Garderobe leitet zur Hauptebene über, wo sich u.a. die Kataloge befinden. Von hier gelangt man auch in den Hauptlesesaal, der durch eine pilzförmige Sichtbetondecke sowie Wände aus geschuppten Holzelementen bestimmt wird. In der obersten Ebene liegen die Verwaltung und verschiedene Sonderlesesäle. Die Magazine sind in zwei UG untergebracht. Dem Gebäude ist eine Tiefgarage vorgelagert, deren Oberfläche als optische Weiterführung des jenseits der Konrad-Adenauer-Straße gelegenen Akademiegartens begrünt wurde.

58

Ehem. Generalkonsulat der USA
Urbanstraße 7
1954–55
Otto Apel mit Skidmore, Owings & Merril

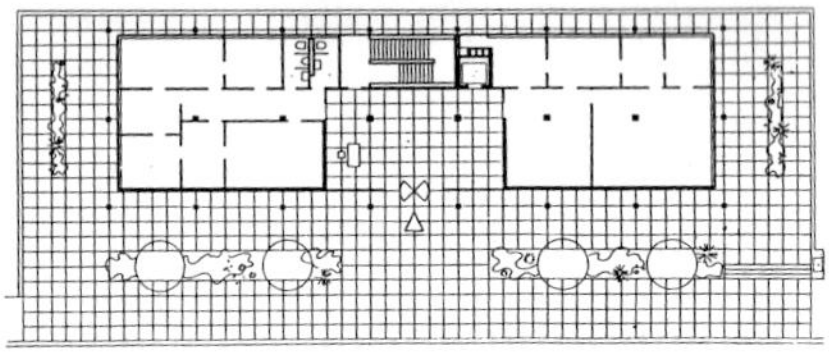

Grundriss EG

Im Auftrag des US State Department entwarf der Frankfurter Architekt Otto Apel in Zusammenarbeit mit dem New Yorker Architekturbüro Skidmore, Owings & Merril in den 50er Jahren Neubauten für drei US-amerikanische Generalkonsulate. Diese Gebäude wurden in Frankfurt/M., Bremen und Stuttgart errichtet. Sie weisen in Form und Fassadengestaltung große Ähnlichkeiten auf und sind in ihrer weitgehenden Uniformität Beispiele glatter amerikanischer Konfektions-Architektur. Das Stuttgarter Gebäude besitzt eine einfache, kubische Form. In seiner Organisation entspricht es dem klassischen Typus eines Konsulats mit einem abgeschlossenen Verwaltungsteil und einem öffentlichen Bereich. Das zurückgesetzte EG des Stahlbetonskelettbaus, das bis auf die verglaste Eingangszone zur Straße hin eine geschlossene Wandfläche aus rotem Granit aufweist, wird durch eine Stützenreihe rhythmisch gegliedert. Es enthält neben dem Eingangsbereich Räume für den Publikumsverkehr. Die beiden OG, die Verwaltungsräume aufnehmen, besitzen eine gerasterte Vorhangfassade aus Aluminium und Glas, wie sie in den 50er Jahren modern war. Im UG sind von dem tiefer gelegenen Hof aus zugängliche Garagen und andere Nebenräume untergebracht. In der klaren, kompromisslosen Form des Konsulatsgebäudes zeigt sich die Handschrift des berühmten Architekturbüros Skidmore, Owings & Merril; dieses war als ein Hauptvertreter des sog. International Style Stil bildend für Verwaltungsbauten in aller Welt. Während das Äußere des Konsulatsgebäudes nahezu unverändert erhalten blieb, wurde sein Inneres mehrfach umgebaut. Die Ergänzung durch formal gut angepasste Neubauten erfolgte jüngst nach Plänen von Stöcker Architekten.

59

Wilhelmspalais
Konrad-Adenauer-Straße 2
1836–40; 1961–65
Giovanni Salucci; Wilhelm Tiedje

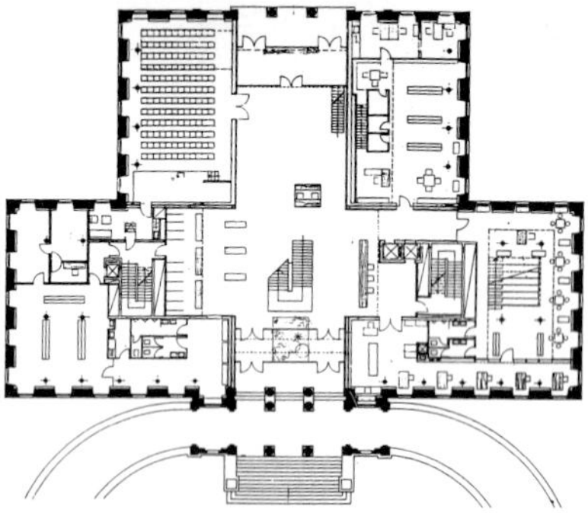

Das stattliche Palais wurde von Hofbaumeister Giovanni Salucci unter König Wilhelm I. von Württemberg für dessen Töchter Marie und Sophie erbaut. Das breit gelagerte, dreigeschossige Gebäude ist in klassizistischen Stilformen gestaltet. Es wird zum Charlottenplatz durch einen Mittelrisalit gegliedert, dem im EG ein Vorbau mit Balustrade angefügt ist. Ein breites Gesims trennt das EG von dem durch ein Zwischengeschoss erhöhten OG, ein Kranzgesims leitet zum Walmdach über. Die repräsentative Innenraumgestaltung stammte von Karl Ludwig Zanth. Das Wilhelmspalais wurde von Prinzessin Marie bis zu ihrem Tode bewohnt. Anschließend diente es König Wilhelm II. bis zu seiner Abdankung 1918 als Wohnsitz. Das Gebäude brannte 1944 aus. Die Fassade wurde annähernd in ihrer ehemaligen Gestalt wiederhergestellt, die ursprüngliche Raumorganisation jedoch durch eine frei tragende Betonkonstruktion ersetzt. Seit dem Wiederaufbau durch Wilhelm Tiedje nimmt das Palais die zentrale Stadtbücherei auf. Im EG wurde eine Halle angelegt, von der alle Räumlichkeiten erschlossen werden. Um die übergroße Geschosshöhe des alten Palais wirtschaftlich zu nutzen, richtete man Galerien und fensterlose Magazin-Zwischengeschosse ein. Im 2. OG wurden Ausstellungsräume für die stadtgeschichtliche Sammlung und ein Raum für Wechselausstellungen eingerichtet. Die ehemals repräsentative Wirkung der Gartenfront des Wilhelmspalais wird durch die Schneise der in den 60er Jahren angelegten Stadtautobahn stark beeinträchtigt. Nach dem geplanten Umzug der Bücherei könnte das ganze Palais museal genutzt werden.

60

Erweiterungsbau der Allianz-Versicherung
Charlottenstraße 1–3
1991–93
Rutschmann + Partner

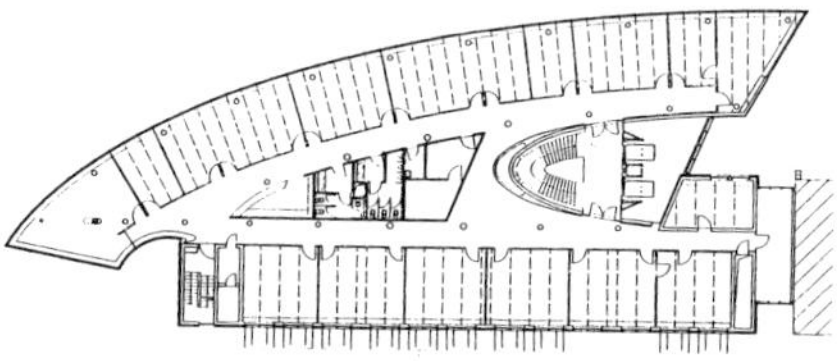

Grundriss 1. OG

Das Bürogebäude in exponierter Lage im Zentrum Stuttgarts hat den Anspruch, dem antiurbanen Verkehrsknotenpunkt des Charlottenplatzes einen ästhetischen und städtebaulichen Akzent zu verleihen. Zugleich wird der Versuch unternommen, zwischen zwei ungleichen Nachbarn, dem Wilhelmspalais (Nr. 59) und dem gegenüberliegenden Schwabenbräu-Hochhaus aus den 60er-Jahren, zu vermitteln. Hierfür wurde eine intakte Bebauung aus dem 19. Jahrhundert abgerissen. Der für 250 Mitarbeiter konzipierte Baukörper bildet den Abschluss der räumlichen Neuordnung der Allianz-Versicherung in der City, die wenige Jahre zuvor in unmittelbarer Umgebung schon einen großräumigen Bürokomplex errichtet hat (Nr. 62). Während die Vorderfront zur Charlottenstraße durch ihre mit Naturstein verkleidete Lochfassade eher konventionell anmutet, offenbart sich an der Rückfront zum Wilhelmspalais der eigentliche Clou des Gebäudes: Eine gerundete Front aus Glas und Stahl stößt über die Flucht des Wilhelmspalais hinaus. Das EG ist hier zurückgesetzt, die OG ruhen auf Rundsäulen. Einen weiteren Akzent setzt das gleichfalls zurückgesetzte DG; es wird von einer überkragenden Platte abgeschlossen – ein in der zeitgenössischen Architektur beliebtes Zitat des Flugdaches der 50er Jahre. Entstanden ist eine eigenwillige Architektur, die durch die Schließung der Blockstruktur und die Übernahme der Traufhöhen der angrenzenden Bauten an der Charlottenstraße dennoch auf die Umgebung Rücksicht nimmt.

61

Justizgebäude
Urbanstraße 18–20
1950–56
Staatliches Hochbauamt I

Im sog. Gerichtsviertel wurde als erster größerer Behördenneubau Stuttgarts nach dem Zweiten Weltkrieg 1950–53 das Hochhaus des Oberlandesgerichts erstellt. Es folgten ein (inzwischen wieder abgerissener) Schwurgerichtssaal und 1954–56 das Landgerichtsgebäude. Die beiden großen Baukörper wurden versetzt angeordnet und durch einen dazwischengespannten Teil verbunden. Das neungeschossige Scheibenhochhaus wurde aus der Straßenflucht zurückgenommen und erhielt dadurch einen wirkungsvollen, Distanz gebietenden Vorplatz. Travertinverkleidung und blockhafte Geschlossenheit tragen zur repräsentativen Wirkung bei. Der Fassadenaufbau erinnert an die klassische Dreiteilung in Sockelzone, Hauptgeschosse und Attikageschoss – ein Eindruck, der nur aus den unterschiedlichen Fensterformen und -formaten resultiert. Gegenüber dem abstrahiert-klassizistisch wirkenden Hochhaus erscheint das langgestreckte Landgerichtsgebäude mit seiner Rasterfassade geradezu modern, ohne aber auf Repräsentativität zu verzichten. Das „Gelenk" zwischen beiden Baukörpern nimmt neben den Etagenübergängen auch den (nicht original erhaltenen) Haupteingang auf. Der Justizkomplex kann sicher nicht als Beispiel des in den 50er Jahren oft geforderten „demokratischen Bauens" bezeichnet werden, in ihm findet vielmehr eine obrigkeitsstaatliche Tradition ihren architektonischen Ausdruck. Der Besucher des Oberlandesgerichts kann nur ehrfürchtig erstarren vor der abweisenden Strenge des Gebäudes.

62

Bürogebäude der Allianz-Versicherung
Charlotten-, Olga-, Uhland-, Urbanstraße
1980–90
Franz Brümmendorf, Otmar Müller, Helmut Murr, Rolf Reichmann

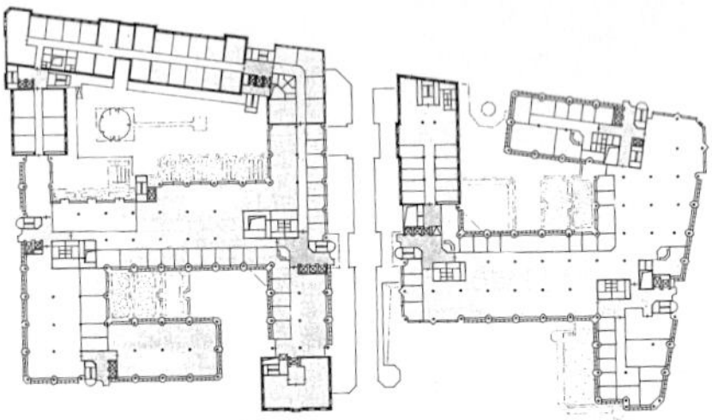

Für das Bürogebäude der Allianz-Versicherung wurden zwei Blöcke im sog. Gerichtsviertel völlig umgestaltet. Im Gegensatz zu vielen maßstablosen Versicherungsgebäuden wie z. B. dem Allianzgebäude von Harald Deilmann an der Karlshöhe (Nr. 112) hielten sich die Architekten hier an die Vorgaben des gründerzeitlichen Stadtquartiers. Die Blockrandbebauung wurde weitgehend rekonstruiert, mehrere historische Häuser – wenn auch nur als ausgebeinte Fassaden – integriert, Traufhöhe, Material und Farbigkeit dieser Altbauten aufgegriffen. So entstand ein zurückhaltender, gut eingepasster Bürokomplex, der kaum an einen „Versicherungspalast" denken lässt. Die Neubauten wurden mit ortstypischen gelbbraunen Sandsteinplatten verkleidet. Rhythmisierendes Element der Fassadengliederung sind achteckige Stützen aus weiß gefärbtem Beton, eine Abstraktion des klassischen Themas „Säule". Vollverglaste polygonale Aufzugs- und Treppentürme sorgen zusammen mit dem Gitterwerk der Markisenhalterungen für eine kleinteilige, fast unruhige Oberfläche. Der Zugang zu beiden Blöcken erfolgt durch eine Eingangshalle, die unter der Uhlandstraße liegt. Von hier aus führt ein Wegesystem zu den vertikalen Verkehrsachsen, die rund 2000 Arbeitsplätze erschließen. Über den fünf Büroebenen befinden sich Maisonette-Wohnungen mit Terrassen, die durch ziegelgedeckte Dachschrägen vom Verkehrslärm abgeschirmt werden. In der Urbanstraße tritt das Gebäude gegenüber dem Wilhelmspalais (Nr. 59) aus der Straßenflucht zurück; der Haupteingang ist über einen kleinen, baumbestandenen Platz zu erreichen. Zur Charlottenstraße nimmt eine Arkadenzone Läden auf, ohne dass sich aber neben der Stadtautobahn urbanes Leben entfalten könnte.

63

Villa Bohnenberger
Olgastraße 9–11 a
1869–71
Carl Friedrich Beisbarth

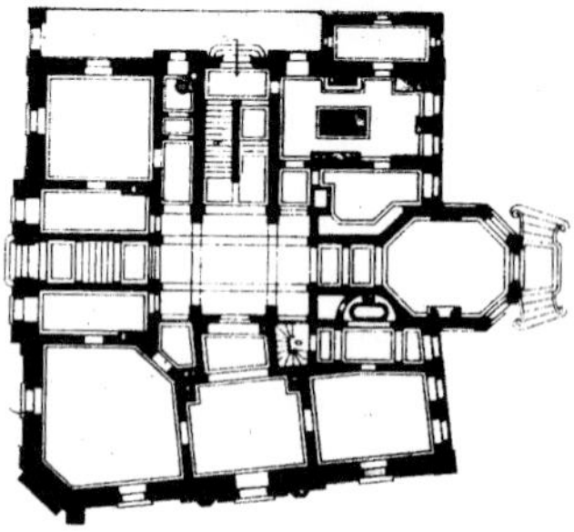

Das für den Gutsbesitzer Arthur Bohnenberger erbaute Stadtpalais ist einer der wenigen gut erhaltenen Villenbauten des 19. Jhs. in Stuttgart. Die Hauptfassade des leicht asymmetrisch angelegten Baukörpers ist zur Olgastraße ausgerichtet. Sie ist in den üppigen Formen der Neorenaissance gestaltet. Wichtigstes Gliederungselement ist der dreiachsige Mittelrisalit mit dem aufwändigen Hauptportal im EG. Das 1. OG ist als „piano nobile" ausgebildet. Den Mittelteil des niedriger gehaltenen 2. OG betont eine Dreiergruppe von Doppelfenstern mit Hermen-Pilastern. Der reiche Schmuck der Sandsteinfassade wird durch einen prunkvollen Erker an der abgestumpften Westecke vervollständigt. Ein figurales Kranzgesims schließt das Gebäude ab. Gedeckt wird es von einem flachen Zeltdach. Den Charakter einer Herrschaftsvilla unterstreichen die aufwändig gestalteten Nebenbauten: Ein Wirtschaftsgebäude nordöstlich der Villa und eine an der Straße gelegene Gartenloggia, welche den „Lustgarten" mit dem Palazzo verband. Das Ensemble wurde ursprünglich durch eine Reithalle komplettiert. Die Innenausstattung in historistischen Formen ist nur teilweise erhalten. Eine besonders prächtige Gestaltung wies das EG mit der Eingangshalle und den Repräsentationsräumen auf. In dem zentralen Vestibül zeigt sich ein Grundmotiv der italienischen Hochrenaissance-Villen des Andrea Palladio (1508–80). Das 1. OG nahm den privaten Wohnbereich auf, das 2. OG Kinder- und Gästezimmer.

64

Ehem. Büro- und Geschäftshaus der Süddeutschen Holzberufsgenossenschaft
Charlottenstraße 29–31
1949–50
Rolf Gutbrod, Gero Karrer, Ottmar Besenfelder

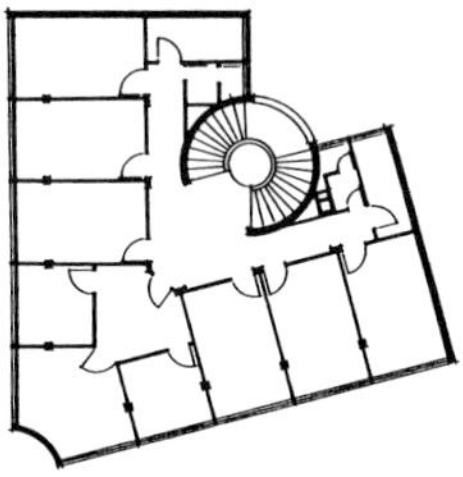

Grundriss OG

Dieses Gebäude, das mit am Anfang von Rolf Gutbrods Architekturschaffen stand, war eines der ersten neuen Büro- und Geschäftshäuser nach 1945 in Süddeutschland. Der Grundriss ist V-förmig. Er besteht aus zwei spitzwinklig aufeinander zulaufenden Flügeln, in deren Schnittpunkt im Innenhof ein rundes Treppenhaus steht. Über dem EG, das als transparenter Sockel erscheint, kragen die OG vor und bilden eine wettergeschützte Passage entlang der Schaufenster. Die Gebäudeecke ist in Form einer betonierten Hohlkehle gestaltet. Eine auf das 5. OG gesetzte Wohnung tritt zurück und lässt Platz für eine Dachterrasse. Hier kam zum ersten Mal in Stuttgart die für die 50er Jahre typische Dachgestaltung mittels einer flachen, weit überkragenden Platte zur Anwendung. Ebenso neuartig war die sog. Vorhangfassade; ein Stahlrahmen mit aufmontierten Brüstungsbändern aus Welleternit. Dieses plastische Material verleiht dem Gebäude einen bewegten, leichten Eindruck. Wichtig für das Gesamtbild war auch die differenzierte Farbgebung: graugrüne Brüstungsbänder, rotbraune Markisenhalterungen und rotweiß gestreifte Markisen. Mehrere Renovierungen, zuletzt 1989, veränderten die Farbgebung völlig; auch das früher an der Gebäudeecke angebrachte Firmenzeichen der Bohnerwachsfirma LOBA, eine Rabe, wurde entfernt. Trotz der Veränderungen lässt sich immer noch erahnen, dass dieses Gebäude einen bemerkenswert modernen Akzent in der kriegszerstörten Innenstadt setzte und von ihm wichtige Anregungen für die Nachkriegsarchitektur ausgingen. Der konventionellere, schwerer wirkende Erweiterungsbau entstand 1953–54 nach Plänen von Paul Stohrer.

65

Ehem. Selbstbedienungsladen
Gerokstraße 12
1955–56
Eduard W. Hanow

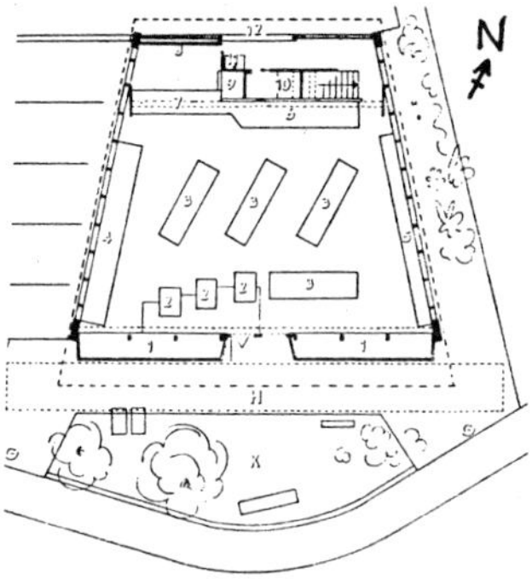

Das eingeschossige Ladengeschäft ist aus zwei Gründen bemerkenswert: Zum einen handelte es sich um den ersten Selbstbedienungsladen Stuttgarts; zum andern erlaubte eine neue Konstruktionsmethode das damals revolutionäre Äußere. Die an den Schanzentisch einer Skisprunganlage erinnernde Großform basiert auf einer Hängedachkonstruktion mit Leichtbetonschale, für die auf ein vorgespanntes Seilträgernetz Beton aufgespritzt wurde. Diese erste derartige Konstruktion in Württemberg wurde nur zwei Jahre nach dem europäischen Prototyp, der Karlsruher Schwarzwaldhalle von Erich Schelling, realisiert. Formale und konstruktive Experimente mit Beton waren in den 50er-Jahren als Zeichen von Modernität und Dynamik überaus beliebt; davon zeugen z. B. die vielen kühn geformten Flug- und Vordächer an Bauten aus jener Zeit. Die Dachkonstruktion des Ladengeschäfts hatte nicht nur eine werbewirksame Signalfunktion, sie ermöglichte auch einen stützenfreien, nicht unterteilten Verkaufsraum – Voraussetzung für einen „supermarket" nach amerikanischem Vorbild mit frei angeordneten Regalen und Selbstbedienung. Auch diese Orientierung an Vorbildern aus den USA, auf die letztlich auch die Konstruktion zurückgeht, ist typisch für die 50er-Jahre. Der Gebäudegrundriss besitzt die Form eines gleichschenkligen Trapezes. Zwei Reihen von Stahlbetonstützen entlang der Trapezschenkel tragen eine konkav geformte überkragende Dachplatte. Das heute als Café genutzte Gebäude wurde stark verändert.

66

Schellenturm
Weberstraße 71
1564; 1978–79
Hans Flach; n. bek.

Aufnahme vor 1900 (unten)

Der Turm ist einer der spärlichen Überreste der Stuttgarter Stadtbefestigung. An die älteste, seit dem frühen 13. Jh. angelegte Ummauerung erinnern heute nur noch der Verlauf der König-, der Eberhard- und der Karlstraße. Gegen Ende des 14. Jhs. ließ Graf Eberhard der Milde eine Vorstadt um die spätere Leonhardskirche (Nr. 71) anlegen. Der Schellenturm ist der letzte erhaltene Turm ihrer Ummauerung. Ursprünglich als Lagerraum genutzt, diente er im 19. Jh. nach dem Anbau eines zweigeschossigen Gebäudes als Wohnung. 1811 erfolgte eine umfangreiche Instandsetzung, bei der auch das Fachwerk im OG freigelegt wurde. Im selben Jahr benannte man den sog. Kastkellereiturm nach dem Abbruch des alten Schellenturms an der Kanalstraße in Schellenturm um. Dieser war die Behausung der „Schellenwerker" gewesen, Personen, die zu öffentlichen Arbeiten verurteilt worden waren und an ihren Kleidern Glöckchen tragen mussten. 1906 renoviert, wurde der Turm 1944 bis auf seinen massiven Stumpf zerstört. Seine Rekonstruktion erfolgte nach dem Zustand von 1906. Das nostalgisch-rustikale Versatzstück aus der Stuttgarter Vergangenheit beherbergt heute eine Weinwirtschaft. Von der Befestigung der Stadterweiterung im Norden, die ab 1456 angelegt wurde, blieb zwischen der Paulinen- und Sophienstraße ein Mauerstück von 1563 erhalten, ebenso ein Fragment an der Rückfront des Alten Schauspielhauses (Nr. 15) und ein rekonstruierter Turmrest am Wilhelmsplatz.

67

Post- und Wohngebäude
Blumenstraße 2–16
1989–94
Wolfgang Stübler

Ausgangspunkt für dieses Ensemble bildeten eine Baulücke sowie ein Fernmeldegebäude aus den 1950er Jahren, das es in das Gesamtkonzept mit einzubeziehen galt. Der neue Komplex besteht aus einem Technikgebäude mit Postamt, einem Wohnhaus und einem Erschließungshof. In der uneinheitlich bebauten Umgebung stellen die Bauten nicht nur einen zusammenhängenden Straßenraum wieder her, sondern komplettieren darüber hinaus den Block. Das Hauptgebäude, das an den bestehenden Bau anschließt, bildet in der Blumenstraße einen weitgehend geschlossenen Baukörper. In den zwei nahezu fensterlosen Geschossen über dem Postamt befindet sich Technik, von der Teile in Form von Lüftungsschächten im OG durch quadratische Fassadendurchbrüche hindurch zum Vorschein kommen. Die Stirnseite dieses Riegels ist mit konvexen Edelstahlplatten verkleidet und schafft zum Katharinenplatz hin einen prägnanten Abschluss. Zwölf Höhenmeter hangaufwärts wird der Block an der Alexanderstraße durch ein fünfgeschossiges Wohnhaus ergänzt. Die Proportionen der Neubauten, eine grau-weiße Farbgebung mit einzelnen dekorativen roten Akzenten sowie eine klare, zurückhaltende Architektursprache mit Elementen wie plan schließende Fenstereinfassungen, zum Teil mit Kragplatten, an Feuerleitern erinnernde Stahltreppen mit Zwischenpodesten und Abluftrohre rekurrieren auf umliegende Gebäude. Sie tragen dadurch zur plausiblen Integration der Anlage in den nachbarschaftlichen Kontext bei. Lediglich das gewölbte Vordach im Eingangsbereich der großflächig verglasten Front des Postamtes will mit seinen Stützen und filigranen Streben nicht zum ansonsten nüchternen Stil des Hauses passen.

68

Bohnenviertel

Esslinger-, Charlotten-, Olga-, Pfarrstraße
17.–19. Jahrhundert; 1979–87
n. bek.; Darbourne and Dark mit Ulfert Weber, Argos mit Horst Haag, Architektengruppe ASPLAN u. a.

Lageplan (oben), Querschnitt (unten)

Rosenstraße (1, oben), Wagnerstraße (9, unten)

Das Gebiet des heutigen Bohnenviertels war Teil der ersten mittelalterlichen Stadterweiterung Stuttgarts. Anfang des 17. Jhs. ließ Herzog Friedrich von Württemberg auf der Stadtmauer Wohnhäuser bauen. Von den Bohnen, die die Bewohner dieser Häuschen in Vorgärten anpflanzten, erhielt das Viertel seinen Namen. Weinbauern, Handwerker, Kleinhändler und Pfandleiher siedelten sich hier an. Die kleinbürgerlich-proletarische Bevölkerungsstruktur und die Durchmischung von Wohnen und Gewerbe blieben über Jahrhunderte typisch für das Bohnenviertel. Daran änderten auch Modernisierungsschübe im 19. Jh. nichts. Schlichte klassizistische Wohnbauten der Jahrhundertmitte entstanden in der Rosenstraße (Nr. 69); sie gehörten zu den ersten Mietshäusern Stuttgarts. Das Gesicht der Wagnerstraße hingegen prägen Gebäude des Historismus. Auch einige Barockbauten des 17. und 18. Jhs. überlebten; ein Beispiel für diesen Baustil ist das auf der Stadtmauer errichtete Eckhaus Rosenstraße 36. Im Zweiten Weltkrieg wurde das Bohnenviertel zwar in Mitleidenschaft gezogen, aber nicht wie die Altstadt dem Erdboden gleichgemacht. Nach Kriegsende fanden keinerlei Sanierungsmaßnahmen statt, das Viertel verfiel. Die Stadtverwaltung kaufte einen Großteil der Grundstücke auf; sie plante bis Anfang der 70er Jahre den Bau eines Verwaltungskomplexes. Dass es nicht realisiert wurde, ist ein Beleg für den städtebaulichen Paradigmenwechsel Mitte der 70er Jahre und hatte über Stuttgart hinaus Modellcharakter. 1975 wurde eine behutsame Quartierssanierung beschlossen. Zu den Vorgaben gehörten u.a. die Beibehaltung der Mischung von Wohnen, Handwerk und Kleinhandel, die Erhaltung der Straßenstruktur und Bausubstanz sowie die formale und maßstäbliche Einpassung der Neubauten. Es wurden rund 300 neue Wohnungen geschaffen, zum größten Teil im Rahmen des sozialen Wohnungsbaus, außerdem Läden und Gaststätten sowie Gemeinschaftseinrichtungen. Zu den größten Neubauvorhaben gehörte die Bebauung zwischen Charlotten- und Rosenstraße, die von 1979 bis 1983 erfolgte. Den nordwestlichen Bauabschnitt zwischen Charlottenplatz und Weberstraße entwarf das englische Architekturbüro Darbourne and Dark zusammen mit Ulfert Weber; den südöstlichen bis zur Olgastraße das Basler Büro Argos zusammen mit Horst Haag. Die Wohnungen wurden nicht zur verkehrsreichen Charlottenstraße, sondern zu den großzügigen Innenhöfen, über die auch die Erschließung erfolgt, ausgerichtet. – Zwischen Wagner- und Brennerstraße wurde für die katholische Gesamtkirchenpflege 1986–87 von der Architektengruppe ASPLAN das „Haus sozialer Dienste" errichtet. Der Komplex mit Altenwohnungen, Altenbegegnungsstätte u.a. fügt sich trotz seines Umfangs gut in die kleinteilige Quartiersstruktur ein.

69

Mietshaus
Rosenstraße 42
1857
Georg Brenner

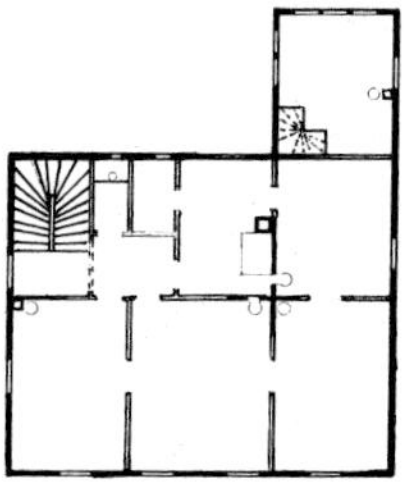

Grundriss Beletage

Etwa seit Ende der 1830er Jahre entstanden in den Stadterweiterungsgebieten am Rande der Stuttgarter Altstadt die ersten mehrgeschossigen Mietshäuser. Beispiele dieses neuen Haustyps finden sich heute u.a. noch in der Rosenstraße (Nr. 29–46), der Sophienstraße (Nr. 1–6) und der Weimarstraße. Für Stuttgart typisch ist, dass jedes Haus für sich steht und es so zu keiner Blockrandbebauung kam, wie man sie z.B. in Berlin findet. Neu an der Grundrissdisposition dieser frühen Mietshäuser war u.a. die Ausbildung eines zentralen Treppenhauses, das erst die Einrichtung abgeschlossener Wohnungen ermöglichte. Ein typisches Mehrfamilienhaus der Jahrhundertmitte ist das viergeschossige Gebäude Rosenstraße 42. Es wurde vom Werkmeister Georg Brenner errichtet, der dort auch selbst eine der vier 4-Zimmer-Wohnungen bezog. Auf ein massives EG des giebelständigen Hauses wurden die OG in Fachwerkbauweise aufgesetzt und anschließend verputzt. Fachwerkbauten waren in der Innenstadt nur noch bis zum Erlass des Ortsbaustatuts von 1874 möglich, das Massivbauweise zwingend vorschrieb. Das Mietshaus im Bohnenviertel (Nr. 68), einem kleinbürgerlichen Wohngebiet, besitzt keine repräsentativen Gestaltungselemente. Schmückende Gliederungsteile sind lediglich die sorgfältig profilierten steinernen Fensterrahmungen und -gesimse. Das Gebäude zeigt in seiner schlichten, klaren Gestaltung klassizistischen Einfluss. Der Ladenanbau im EG wurde erst später angefügt.

70

Parkhaus Breuninger
Esslinger Straße 1
1958–59
Gerd Wiegand, Baubüro der Firma Breuninger

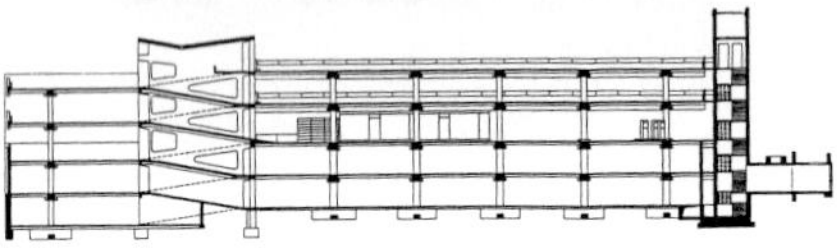

Aufriss, Zustand 1959

Parkhäuser sind in den letzten Jahren unter ästhetischen wie unter stadtplanerischen Gesichtspunkten zunehmend in Verruf geraten. Die meisten Stuttgarter Parkhäuser aus den 60er und 70er Jahren zeichnen sich durch fantasielose Gestaltung und unpassende Platzierung aus. Auch das Parkhaus des Kaufhauses Breuninger beansprucht als Nachbar der gotischen Leonhardskirche (Nr. 71) einen Platz, den man ihm heute kaum noch zubilligen würde. Zudem degradiert es die Esslinger Straße zum Stauraum. Dennoch hebt sich dieses Parkhaus, eines der ältesten Stuttgarts, von den anderen derartigen Zweckbauten ab. Zwei Drittel der Parkplätze befanden sich ursprünglich in den unterirdischen Parketagen, die restlichen auf zwei offenen oberirdischen Parkdecks. Inzwischen erfolgte eine Aufstokkung um eine weitere Etage. Die längsrechteckigen Decks besitzen Brüstungsblenden aus weißgestrichenen Betonfertigteilen, die angeschrägt und über das Deckenniveau herabgezogen sind. So vermitteln sie etwas von der typischen dynamischen Linienführung der 50er Jahre und bieten eine überzeugende Alternative zu den weit verbreiteten Waschbeton-Brüstungen. Einen markanten vertikalen Akzent, im Kontrast zum breit gelagerten, zweiteiligen Hauptbau, setzt der vor dessen Südfassade gerückte Aufzugs- und Treppenturm. Seine Breitseiten sind mit schwarzen Schieferplatten verkleidet, die Schmalseiten verglast. Vom Treppenturm führt eine Unterführung unter der Hauptstätter Straße hindurch zum Kaufhaus (Nr. 84). Eine Tankstelle komplettiert die Anlage. Zwar wurden viele Details im Laufe der Jahre verändert (eine Gesamtsanierung fand 1990–91 statt, ein Jahrzehnt später wurde – zur Aufwertung der Unterführung – der Vorplatz völlig umgestaltet und erhielt einen gläsernen Aufzugsturm), doch lässt dieses Parkhaus immer noch die Motorisierungseuphorie der sog. Wirtschaftswunderjahre nachempfinden.

71

Leonhardskirche
Leonhardsplatz 26
vor 1408; 1463–68; 1945–54
n. bek.; Aberlin Jörg; Rudolf Lempp, Konrad Schneeweiß

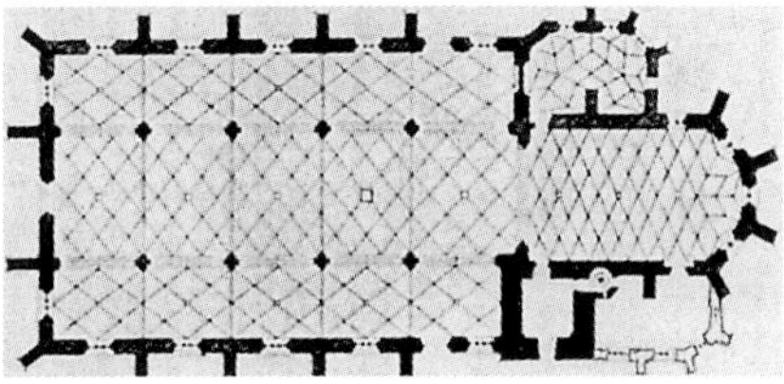

Grundriss vor 1944

St. Leonhard war Pfarrkirche der außerhalb des ältesten Stuttgarter Mauerrings gelegenen Esslinger Vorstadt. Von einem erstmals 1408 nachweisbaren Bau blieben die unteren Geschosse des Chorseitenturms und der Chor erhalten. Das ursprünglich einschiffige Langhaus wurde in der zweiten Hälfte des 15. Jhs. ersetzt. Den Umbau leitete Aberlin Jörg, der bedeutendste Baumeister der schwäbischen Spätgotik; wie bei der Hospitalkirche (Nr. 24) war sein Gehilfe Konrad von Gundelsheim. Die Leonhardskirche besaß als typische spätgotische Hallenkirche drei gleich hohe, netzgewölbte Schiffe, die durch zwei Pfeilerreihen getrennt waren. Strebepfeiler und hohe Maßwerkfenster gliederten das schlichte Äußere; ein mächtiges Satteldach bestimmte das Bild der Kirche. Nach Fertigstellung des Langhauses wurde der Chor neu eingewölbt, eine Sakristei angefügt und dem Turm ein OG mit steilem Helm aufgesetzt. Die zweite, südliche Sakristei passte Theophil Frey 1896 zwischen Turm und Chor ein. Im Juli 1944 brannte die Leonhardskirche nieder. Rudolf Lempp und Gerhard Schneeweiß leiteten den Wiederaufbau, der – vor allem im Innern – keine Rekonstruktion des ursprünglichen Zustands versuchte. So wurde auf die Wiederherstellung der südlichen Arkadenreihe verzichtet, wodurch eine neue, asymmetrische Raumaufteilung entstand. Mittelschiff und südliches Seitenschiff wurden flach gedeckt, das Chorgewölbe hingegen rekonstruiert. Der Turm erhielt 1954 ein weiteres Geschoss.

72

Gustav-Siegle-Haus
Leonhardsplatz 28
1907–12; 1953–54
Theodor Fischer; Martin Elsaesser

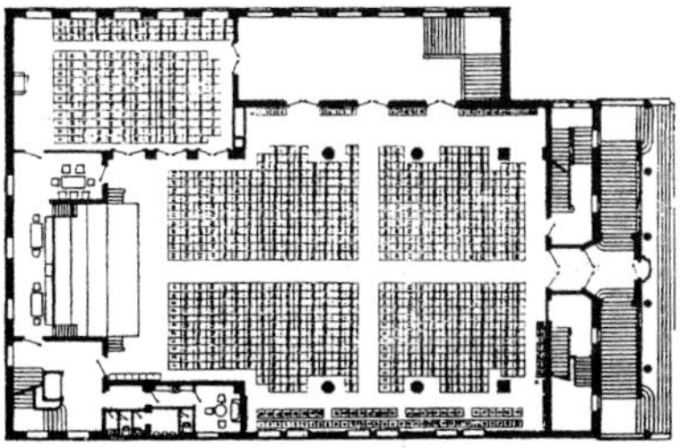

Grundriss EG vor 1944

Der Bau kam durch eine Stiftung der Erben des Stuttgarter Industriellen Gustav Siegle zustande, die das Ziel hatte, die Volksbildung durch den Bau eines Volkshauses zu fördern. Das Gustav-Siegle-Haus war jedoch kein Volkshaus im Sinne der Arbeiter- und Genossenschaftsbewegung, es diente vielmehr der bürgerlichen Kulturpflege. Das Gebäude ähnelt darin den „Pfullinger Hallen", die Theodor Fischer 1904–07 in Pfullingen bei Reutlingen für den dortigen Turn- und Gesangsverein errichtet hatte. Das Gustav-Siegle-Haus ist ein typisches Beispiel für das Schaffen Fischers, das gekennzeichnet ist durch eine spannungsvolle Verbindung klassizistischer und regionaler Formelemente, sparsamen, sorgfältig gestalteten Dekor sowie die Anwendung moderner Baumaterialien. Der blockhafte Baukörper ordnet sich mit seinen hohen, gliedernden Dächern in die Baustruktur der Umgebung ein. Die Hauptfassade des Gebäudes ist zur Leonhardskirche (Nr. 71) ausgerichtet. Unter einer sechssäuligen Vorhalle treffen sich in einem Turmbau zwei Treppenläufe – eine Eingangssituation, die vom Neuen Lusthaus (Nr. 46) übernommen wurde. Die Freitreppe führt in den großen, ehemals reich verzierten Vortrags- und Musiksaal. Das Gebäude wurde 1944 stark beschädigt und durch den Fischer-Schüler Martin Elsaesser verändert und vereinfacht wiederaufgebaut; nur die Eingangsfront blieb in alter Form erhalten. Vier Säle mit insgesamt 1400 Sitzplätzen bieten Raum für kulturelle Veranstaltungen und dienen als Probeort für die Stuttgarter Philharmoniker.

73

Handwerkerhaus
Leonhardstraße 1
1769
n. bek.

Um die Leonhardskirche (Nr. 71) wurde seit dem Ende des 14. Jhs. am Südostrand der Stuttgarter Altstadt eine Vorstadt angelegt. Heute präsentiert sich das Quartier zwischen Leonhards- und Wilhelmsplatz, Katharinen- und Hauptstätter Straße als schwäbisch-beschauliche Version eines Amüsierviertels. Eine Gesamtsanierung und Modernisierung wie im nahe gelegenen Bohnenviertel (Nr. 68) hat hier noch nicht stattgefunden. In diesem Bereich, der von Kriegszerstörungen nicht so stark betroffen war wie der Stadtkern, überlebten bemerkenswerte Beispiele von Wohnhäusern aus fünf Jahrhunderten, vom spätesten Mittelalter bis zum Historismus. An der Ecke Leonhard- und Jakobstraße steht eines der wenigen gut erhaltenen Barockhäuser Stuttgarts. Es wurde 1769 für den Schlosser Carl Friedrich Wölfle erbaut. Über einem massiven, steinernen Sockelgeschoss erheben sich drei verputzte Fachwerkgeschosse: Die Fachwerkbauweise ist an den stockwerksweisen Vorkragungen erkennbar. Eng beieinander stehende Sprossenfenster mit Klappläden gliedern die Fassaden der OG. Ein Mansardgiebeldach mit Gauben zur Jakobstraße deckt das Gebäude. Außergewöhnlich qualitätvoll ist das Sockelgeschoss aus Sandstein. Über den Fenstern sind kunstvoll gearbeitete, zierliche Schlusssteine angebracht. Die Kartusche über der Eingangstür zeigt die Jahreszahl 1769, die Initialen des Bauherrn und das Schlosserzunftzeichen.

74

Geschäftsstelle des Heimatbundes und des Verschönerungsvereins
Weberstraße 2, Richtstraße 3
17./18. Jh.; 1993–96
n. bek.; Robert Thomsen

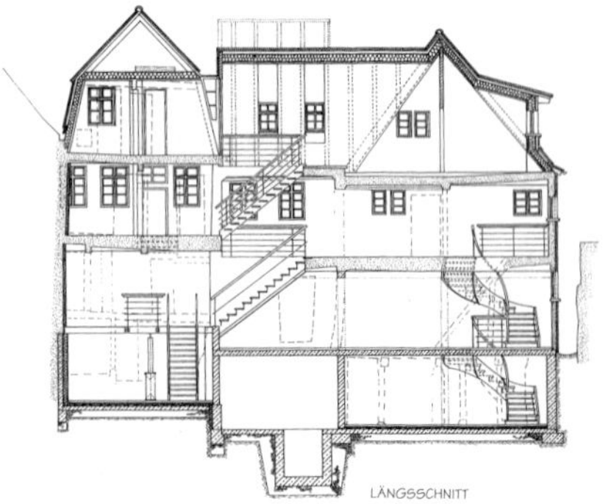

Die Weber- und die Richtstraße im Leonhardsviertel gehören zu den wenigen Straßen der Innenstadt, in denen sich die mittelalterliche Stadtstruktur und die spätmittelalterliche oder barocke Bebauung mit Weingärtner- und Handwerkerhäusern noch weitgehend erhalten hat. Heute liegen die Straßen im „Rotlichtbezirk" und die Bausubstanz ist nach jahrzehntelanger Vernachlässigung zum Teil desolat. Als Beitrag zur Aufwertung des Quartiers wollten der Schwäbische Heimatbund und der Verschönerungsverein der Stadt Stuttgart ihre Geschäftsstellen hierher verlegen. Auf diese Weise konnte ein vom Abriss bedrohtes, aber sanierungsfähiges und -würdiges Ensemble aus dem 17. und 18. Jh. gerettet werden. Das Haus Weberstraße 2 hatte sich nahezu 200 Jahre lang im Besitz einer Weingärt-nerfamilie befunden. Bemerkenswert an ihm ist u.a. der Weinkeller mit einem mittigen Sandsteinpfeiler, der einen Teil der Last des Hauses trägt. Das vom Heimatbund und dem Architekten entwickelte Restaurierungs- und Sanierungskonzept sah vor, sich zum Kontrast zwischen offen liegender alter Bausubstanz einerseits, modernen Materialien und Funktionen andererseits zu bekennen. In den niedrigen, verwinkelten Räumen konnten Geschäftsstellen, Bibliothek, Archiv und ein Versammlungssaal untergebracht werden.

75

Schwabenzentrum
Eberhardstraße, Hauptstätter Straße
1978–85
Kilpper und Partner, Rödl und Kieferle

Bauabschnitte B 1, B 2 und B 3 (oben), B 1 (unten)

Mit dem Schwabenzentrum wurde die letzte große kriegsbedingte Baulücke der Stuttgarter Innenstadt geschlossen. Für das Karree, auf dem nach dem Krieg ein Amüsierviertel in Behelfsbauten entstanden war, plante der Berliner Architekt Hans Scharoun 1970 den Bau eines 16-stöckigen, terrassenförmigen Kaufhauses. 1975 schrieb die Stadt jedoch einen Wettbewerb aus, den das Architektenbüro Kilpper und Partner gewann. Die Wettbewerbssieger entwarfen vier fünf- bis sechsgeschossige, um Innenhöfe angelegte Gebäudekomplexe, die sich in Höhe und Gestalt der umgebenden Bebauung anpassen sollten; vom geplanten Projekt Scharouns blieb nur der Name „Schwabenzentrum". Kilpper und Partner entwarfen die Bauabschnitte B 1 (1983–84; gegenüber Kaufhaus Breuninger), B 2 (1983–85; Eberhardstraße 33) und B 4 (1978–80; Ecke Hauptstätter-/Torstraße). Der Abschnitt B 3 (1982–84; Eberhardstraße 35/37) stammt von Rödl und Kieferle; als Bauherren traten die Allianz AG (B 1, B 2), die Industriehof AG (B 3) sowie die Stadtverwaltung Stuttgart (B 4) auf. In dem Dienstleistungs- und Geschäftszentrum mit einer Nutzfläche von 40000 m^2 sind städtische Ämter sowie Praxen und Büros untergebracht. Mehr als 50 Läden und Restaurants tragen zur Belebung des Komplexes bei. Daneben wurden einige wenige Wohnungen eingerichtet – die Innenstadt ist zum Wohnen zu teuer geworden. Gestalterisch wirkt der mit Naturstein verkleidete Komplex etwas blass; für diese exponierte Lage wäre mehr Fantasie und Eigenständigkeit angebracht gewesen.

76

Graf-Eberhard-Bau
Eberhardstraße 10–16
1907–08; 1980–82
Karl Hengerer, H. Mehlin; Walter Sorg

1. OG

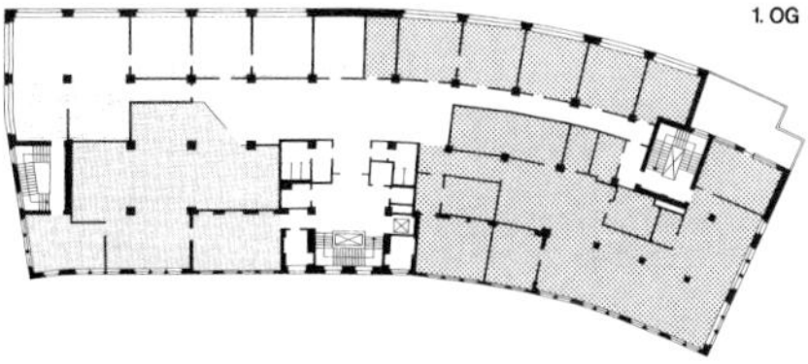

Die mangelhaften hygienischen Verhältnisse im dicht bebauten Altstadtviertel zwischen Eberhard-, Stein- und Nadlerstraße veranlassten den „Verein für das Wohl der arbeitenden Klassen" zur Entwicklung eines umfassenden Sanierungskonzeptes. Dieses wurde 1906–09 durchgeführt; an ihm beteiligten sich so bekannte Architekten wie Ludwig Eisenlohr und Paul Bonatz. Die Gesamtplanung für das Gebiet um den malerischen Geißplatz mit dem Hans-im-Glück-Brunnen lag beim „Hausarchitekten" des Vereins, Karl Hengerer. Dieser errichtete mit dem Graf-Eberhard-Bau, benannt nach Graf Eberhard im Barte (1445–96), das damals größte Geschäftshaus Stuttgarts und zugleich das Wahrzeichen des neu entstandenen Viertels. Beherrschender Bauteil des fünfgeschossigen Komplexes ist der dekorative, an der Rückseite angefügte Paternoster- und Treppenturm. Die EG-Zone des Geschäftshauses durchzog eine Wandelhalle, an der Läden und ein Restaurant angeordnet waren. Die OG nahmen Gesellschafts-, Verwaltungs- und Geschäftsräume auf; für die damalige Zeit ungewöhnlich war der Verzicht auf Wohnungen im Innenstadtbereich. Obwohl in Stahlbetonweise errichtet, versteckt sich das Gebäude hinter einer Natursteinfassade und gibt sich einen historisierend altdeutschen Charakter. Das kriegsbeschädigte Haus wurde vereinfacht wiederaufgebaut; so verzichtete man u.a. auf den hohen Mittelgiebel an der Eberhardstraße. 1977 wurde der Graf-Eberhard-Bau von der Stadt Stuttgart erworben, die ihn 1980–82 grundlegend sanieren und umbauen ließ. Neben Läden und Gaststätten nimmt das Gebäude städtische Dienststellen auf.

77

Hegel-Haus

Eberhardstraße 53
16. Jahrhundert; 1989–91
n. bek.; Hochbauamt der Stadt Stuttgart

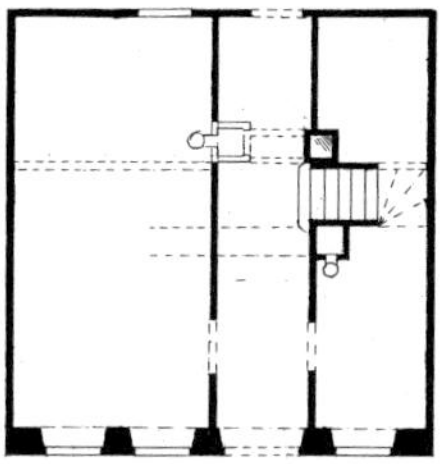

Zustand 1991 (oben), Grundriss EG 1831 (unten)

Das Gebäude war ursprünglich Teil einer Häuserzeile entlang der Eberhardstraße. Erst im Zusammenhang mit dem Bau des Stadtbahntunnels in den 60er und 70er Jahren wurden die Reste der historischen Bebauung abgerissen und das Haus an der Seite zur Torstraße freigestellt. Das heute verloren inmitten seiner modernen Umgebung stehende Bauwerk verdankt sein Überleben wahrscheinlich der Tatsache, dass hier am 27. August 1730 der Philosoph Georg Wilhelm Friedrich Hegel geboren wurde. Das Haus ist in Fachwerkkonstruktion auf massivem Mauerwerksockel errichtet. Die Putzfassade erfuhr 1769 eine Umgestaltung im Zopfstil, wie der französische Louis-seize-Stil in Deutschland genannt wurde. Dieser ist gekennzeichnet durch einfache Formen und schlichte, sparsame Dekoration, wie die Girlanden an der Fassade zur Eberhardstraße zeigen. 1986 beschloss die Stadt Stuttgart eine umfassende Sanierung und den Umbau des Hauses zur Hegel-Gedenkstätte. Die Baumaßnahmen wurden unter der Regie des Hochbauamtes der Stadt Stuttgart durchgeführt. Im Gewölbekeller richtete man einen Veranstaltungsraum ein, das EG nimmt eine Ausstellung des Stadtarchivs auf. Die Hegel-Gedenkstätte liegt in jeweils drei Räumen im 1. und 2. OG. Im DG wurde eine Wohnung eingerichtet. Auffällig ist die neu gestaltete Eingangssituation an der Torstraße, die einen modernen Akzent setzt. Bei der Farbgebung des Gebäudes – einem hellen Weißgelb – orientierte man sich an historischen Vorgaben.

78

Kaufhaus Horten

Eberhardstraße 28
1960–61; 1972; 1982
Egon Eiermann; Herbert Schmitt, Georg Kasimir

Kaufhaus Schocken um 1930

Kaufhaus Horten 1991

In direkter Nachbarschaft zum Tagblatt-Turm (Nr. 79) besaß Stuttgart ein weiteres herausragendes Beispiel für das Neue Bauen der 20er Jahre; das Kaufhaus Schocken, errichtet 1926–28 von Erich Mendelsohn. Der Schocken-Bau mit seinem halbrunden, vollverglasten Treppenturm zeugte von Mendelsohns Meisterschaft, in dynamischer Form und fließender Linienführung das großstädtische Tempo jener Zeit zum Ausdruck zu bringen. Schon bald nach der Wiedereröffnung 1945 plante der neue Eigentümer einen Umbau des Kaufhauses, das, z. B. wegen fehlender Rolltreppen, den Anforderungen der „Wirtschaftswunderzeit“ nicht mehr gewachsen schien. Umbaupläne Egon Eiermanns wurden 1952 und 1957 eingereicht; 1959 sah ein Baugesuch einen vollständigen Neubau vor. Breiter Protest erhob sich gegen diesen „Akt des Vandalismus“. Die Geschäftsinteressen des Eigentümers in Allianz mit den Verkehrsplanungen der Stadt besiegelten schließlich den Abriss des Schocken-Baus. Eiermanns neues Kaufhaus war ein Kubus mit einer Fassadenverkleidung aus plastischen weißen Keramikelementen, die als „Eierkartons“ zum Markenzeichen des Horten-Konzerns werden sollten. 1982 wurde die inzwischen als unattraktiv erachtete Fassade ausgewechselt. Die neue Fassade – nach einem Entwurf der früheren Eiermann-Mitarbeiter Herbert Schmitt und Georg Kasimir – besteht aus Leichtmetall-Elementen, die z. T. an die „Eierkartons“ erinnern, sowie aus Glasflächen. Schon 1972 hatte das Kaufhaus einen die Steinstraße überbrückenden Erweiterungsbau erhalten. Mit seinen deplatziert wirkenden, dem Kubus aufgesetzten Dachgauben ist auch er kein architektonischer Glücksgriff.

79

Tagblatt-Turm
Eberhardstraße 61
1924–28
Ernst Otto Oßwald

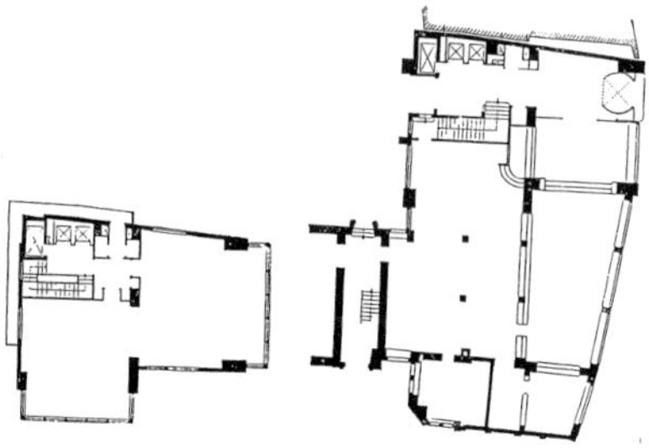

Grundriss 5.-13. OG (links), EG (rechts)

Der bis dahin kaum bekannte junge Stuttgarter Architekt Ernst Otto Oßwald erstellte mit dem 18-geschossigen Tagblatt-Turm eines der wichtigsten Zeugnisse des Neuen Bauens. Das Hochhaus mit seiner das Stadtbild prägenden Höhe von 61 m wurde für die Zeitung „Neues Tagblatt" errichtet. Das kubisch gegliederte Gebäude mit seinem spannungsvoll gestaffelten oberen Abschluss fügt sich kontrastreich in eine alte Häuserzeile ein. Es lag gegenüber einem weiteren herausragenden Beispiel moderner Architektur, dem 1960 abgerissenen Kaufhaus Schocken (Nr. 78) von Erich Mendelsohn. Der Tagblatt-Turm steht in der Tradition der amerikanischen Wolkenkratzer als architektonischem Ausdruck des Maschinenzeitalters. Diese Fortschrittsbegeisterung kam in Deutschland in dem 1921 ausgeschriebenen Wettbewerb um das erste deutsche Turmhaus am Bahnhof Friedrichstraße in Berlin zum Ausdruck, der die Öffentlichkeit erstmals mit den Perspektiven des Hochhausbaus konfrontierte. Der Tagblatt-Turm ist durch seine kompromisslose Form in Verbindung mit seiner Höhe das spektakulärste Zeichen für die gestalterische Aufbruchstimmung im Stuttgart der 20er Jahre. Die überragende architekturhistorische Bedeutung des Turmhauses resultiert aus seiner neuartigen Konstruktion; es war das erste in Sichtbeton errichtete Hochhaus der Welt. Die Ausstrahlung des Tagblatt-Turms reichte bis in das Mutterland der Wolkenkratzer, die USA, wo bis dahin die Hochhäuser als Stahlskelettbauten erstellt worden waren. Die Betonfassaden des Tagblatt-Turms wurden nicht verputzt, sondern lediglich mit dem Stockhammer nachbehandelt. Nach dem Zweiten Weltkrieg wurde das Hochhaus zum Sitz der „Stuttgarter Zeitung", die 1976 ihr Domizil nach Möhringen verlegte. Heute nimmt der Tagblatt-Turm im EG eine Geschäftsstelle der „Stuttgarter Zeitung", darüber Büros auf. 1982 erfolgten durch das Architekturbüro Bühler und Partner Umbaumaßnahmen und eine Erweiterung. Das Erscheinungsbild des Hochhauses blieb im Wesentlichen erhalten. Lediglich die Betonoberfläche wurde saniert und mit einem Spezialputz versehen. Die originalen Schiebefenster der für das Neue Bauen charakteristischen Fensterbänder ersetzte man größtenteils durch einfache Dreh- und Kippfenster. Der Tagblatt-Turm blieb bis heute das höchste Bauwerk in der Stuttgarter Innenstadt; weitere Hochhausplanungen in den 20er Jahren, etwa von Richard Döcker und Erwin Keuerleber, wurden nicht verwirklicht. In letzter Zeit ist die Hochhausdiskussion jedoch, nicht zuletzt wegen der hohen Grundstückspreise und akuter Raumnot in der City, wieder lebhaft aufgeflammt. 2002–04 wurden sieben Altbauten am Fuße des Turmes nach Plänen der Architekten Lamm–Weber–Donath saniert und zum Kulturzentrum „Unterm Turm" zusammengefasst.

80

Büro- und Geschäftshaus der Degussa
Hauptstätter Straße 50
1988–89
AP Plan (Brunnert, Mory, Osterwalder, Vielmo)

Der Wilhelmsplatz, 1808 von Nikolaus Thouret als klassizistische Platzanlage entworfen, wurde in den letzten Jahrzehnten zum Verkehrsknotenpunkt degradiert. An seiner Nordecke steht ein Büro- und Geschäftshaus, das typisch ist für die postmoderne Architektur der später 80er Jahre. Die Fassade zur Torstraße nimmt mit einem leichten Schwung die Straßenführung auf und bildet eine markante, scharfe Kante zum Platz hin aus. An der Gebäuderückseite, zur Gerberstraße, entstand ein kleiner Platz, der über einen Durchgang im EG zu erreichen ist. Diese einem Zeittrend entsprechenden Bemühungen, historischen Platz und Straßenraum zu rekonstruieren oder nachzuempfinden, sind unter städtebaulichen Gesichtspunkten durchaus positiv. Bei der Detailgestaltung zeigt sich der Formen- und Materialkanon einer gemäßigten Postmoderne: eine Fassadenverkleidung aus dünnen Natursteinplatten, für die rötlich-grauer Granit verarbeitet wurde; eine Mischung unterschiedlicher, ohne zwingende Logik kombinierter Fensterformate; tiefe, schachtähnliche Fassadeneinschnitte; das „Design" der Platzkante mit Anklängen an den Schiffsbau; ein zurückgesetztes OG als Reminiszenz an die zu neuem Ansehen gekommene Architektur der 50er Jahre; eine modische Lochblechblende am OG. Die Erstellung des Gebäudes erfolgte unter der Regie eines Generalübernehmers bei eingeschränkten Kompetenzen der Architekten. Vor dem Haus wurden die Reste eines Torturms der mittelalterlichen Stadtbefestigung wieder aufgebaut, die 1968 dem U-Bahn-Bau hatten weichen müssen.

81

Eduard-Pfeiffer-Haus
Heusteigstraße 45
1888–90
Wittmann und Stahl

Das Eduard-Pfeiffer-Haus ist ein typischer Bau des Historismus. Die Architekten nahmen sich italienische Renaissance-Palazzi zum Vorbild der äußeren Gestaltung. Die Fassade des fünfgeschossigen Gebäudes ist symmetrisch angelegt; ein Mittelrisalit, bekrönt von einem Dreiecksgiebel, und zwei Seitenrisalite treten aus der Fassadenflucht hervor. Kolossalpilaster fassen jeweils das 2. und 3. OG der Risalite zusammen; die beiden unteren Geschosse sind durch eine Rustikaquaderung vereinheitlicht. Diese repräsentative Fassade lässt an ein gutbürgerliches Etagenwohnhaus denken. Der Eindruck täuscht: Das Gebäude wurde vom Arbeiterbildungsverein als Wohnheim für 240 ledige Arbeiter errichtet. Seinen Namen erhielt das Heim vom Gründungsmitglied des Vereins, dem sozial engagierten Bankier Eduard Pfeiffer. Bis heute wird das Eduard-Pfeiffer-Haus als Heim genutzt, allerdings nur noch für rund 100 Bewohner unterschiedlicher Berufe in Einzelzimmern. Der rückwärtig angebaute Festsaal diente bis 1933 als Stätte politischer und kultureller Veranstaltungen von Arbeiterorganisationen. Von 1947 bis 1952 tagte hier der Landtag von Württemberg-Baden, anschließend bis 1961 das Parlament des neugegründeten Bundeslandes Baden-Württemberg. Mitte der 80er Jahre erfolgte eine umfassende Restaurierung.

82

Haus der Architekten
Danneckerstraße 54
1989–93
Michael Weindel

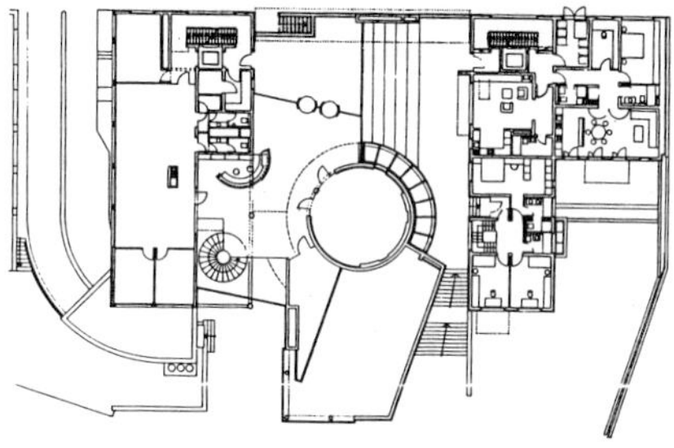

Ansicht Gartenseite (oben), Grundriß EG (unten)

Die epochale Weißenhofsiedlung von 1927 (Nr. 197) hat in der nachfolgenden Stuttgarter Architektur relativ wenige Spuren hinterlassen. Dass die Architektenkammer Baden-Württembergs für ihre neue Geschäftsstelle einen Entwurf auswählte, der sich offensichtlich auf Mies van der Rohe, Le Corbusier u.a. bezog, könnte programmatisch verstanden werden. Sollte hier zum Ausdruck gebracht werden, dass die „Weiße Moderne" auch heute noch das Maß aller Dinge ist? Das „Haus der Architekten" präsentiert sich in nüchtern-sachlicher Gestaltung, mit klarer Gliederung und interessanten räumlichen Effekten – wie die guten Bauten aus der „heroischen" Phase der Moderne. Schon um den städtebaulich sensiblen Bereich – eine Villenstraße an einem Südhang über der Innenstadt – nicht zu beeinträchtigen, wurde das „Haus der Architekten" als dreiteiliger Komplex angelegt. Rechts und links sind in weiß verputzten, kubischen Baukörpern die Büroräume bzw. zwölf Wohnungen untergebracht; in der Mitte befindet sich der Veranstaltungsbereich, der teilweise in den Hang versenkt wurde und mit einem gedrungenen Zylinder zutage tritt. Die drei unterschiedlich geformten Säle wurden, stilistischen und regionalen Proporz wahrend, nach dem Protagonisten Organischen Bauens, Hugo Häring aus Biberach, dem Traditionalisten Paul Bonatz aus Stuttgart und dem Rationalisten der zweiten Generation, Egon Eiermann aus Karlsruhe, benannt. Verbunden werden die drei deutlich unterschiedenen Funktionsbereiche des Komplexes durch eine mehrgeschossige gläserne Halle, die als Foyer dient und einen betont aktuellen Akzent setzt.

83

Rathaus
Marktplatz 1
1953–56
Paul Schmohl, Paul Stohrer

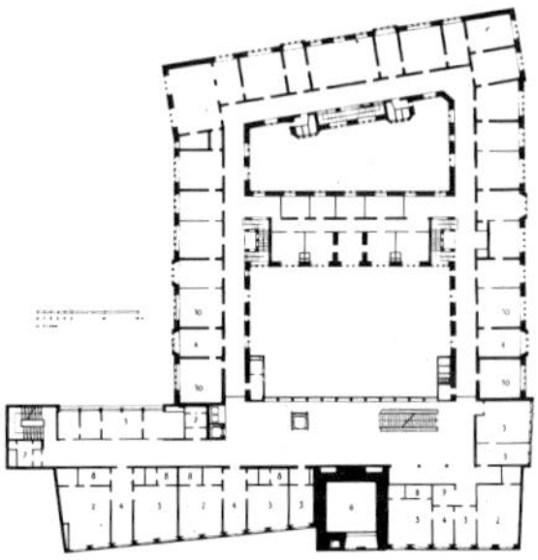

Grundriss 2. OG, Hauptflügel

1899–1905 war nach Plänen der Berliner Architekten Heinrich Jassoy und Johannes Vollmer ein Rathauskomplex errichtet worden, für den das alte Renaissance-Rathaus von 1582 weichen musste. 1944 brannte das im Stil der flämischen Spätgotik gestaltete Gebäude aus. Die Architekten Paul Schmohl und Paul Stohrer nahmen bei ihrem Rathausneubau die Gebäudeorganisation des Vorgängerbaus zum Vorbild. Die um zwei Innenhöfe angelegten rückwärtigen Flügel wurden vereinfacht wiederhergestellt. Den Marktplatzflügel hingegen brach man mit Ausnahme des Turms ab. Dieser wurde bis auf das abgetragene obere Drittel nach außen unsichtbar in den Neubau integriert. Der massige, elfgeschossige neue Rathausturm fungiert wieder als städtebauliche Dominante. Er wird von zwei leicht versetzt angeordneten, vier- bzw. sechsgeschossigen Flügeln flankiert. Der blockhafte Baukörper wirkt monumental, was durch die Verkleidung der Fassade mit Korallenkalkplatten noch unterstrichen wird. In der kubischen Gestaltung nimmt das Rathaus die Tradition der Neuen Sachlichkeit der 20er Jahre auf. Die strenge, nüchterne Rastergliederung ist typisch für Verwaltungsbauten der 50er Jahre. 1983 wurde die Verkleidung des Gebäudes erneuert, beim Flügel entlang der Rathaus-passage ersetzte man die Steinplatten durch Metallelemente. Ein Umbau erfolgte 2002–04 nach Plänen von Belz, Kucher und Partner.

84

Kaufhaus Breuninger mit „Karlspassage"

Marktstraße, Karlstraße
1929–31; 1950–57; 1970–71; 1988–89
Eisenlohr und Pfennig; Baubüro der Firma Breuninger; Rainer R. Czermak; Kammerer + Belz, Kucher und Partner

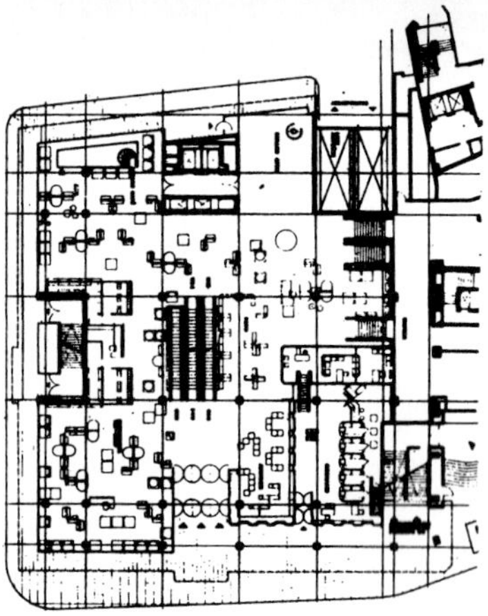

„Breuninger-Markt" (oben), Grundriss (unten)

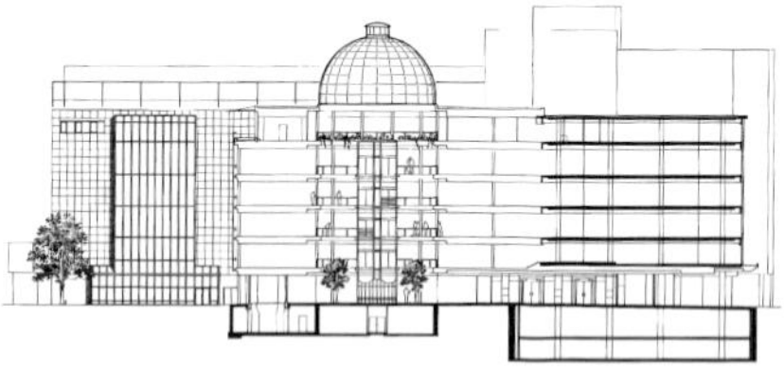

Karlspassage (oben), Aufriss (unten)

Der Komplex des Kaufhauses Breuninger hat sich im Verlauf von mehr als 100 Jahren zwischen Marktplatz und Holzstraße ausgedehnt. Von den Vorkriegsbauten ist heute nur noch wenig erhalten. Ein markantes Hochhaus (Ecke Markt- und Holzstraße) war 1929–31 vom Architekturbüro Eisenlohr und Pfennig errichtet worden. Mit einer dynamisch abgerundeten Ecke und gläsernen Treppentürmen ließ es deutlich das Vorbild von Erich Mendelsohns Schocken-Bau (Nr. 78) erkennen. Nach schweren Kriegsschäden wurde dieser Bauteil verändert wiederaufgebaut und verschwand hinter einer Aluminium-Lamellen-Fassade. Daran anschließend entstand nach Plänen des Firmenbaubüros 1950–57 der langgestreckte sog. Mittelbau an der Marktstraße. Kurz darauf wurde auf der anderen Seite der Hauptstätter Straße ein Kundenparkhaus (Nr. 70) erstellt. Der den Komplex zum Marktplatz hin abschließende „Breuninger-Markt" (von Rainer R. Czermak; 1970–71) ist ein wuchtiger Beton-Koloss mit teilweiser Holzverschalung; in seiner Maßstabslosigkeit erscheint er heute als problematisches Beispiel des Beton-Brutalismus jener Zeit. Mitte der 80er Jahre stand im Rahmen eines Investitionsprogramms des Kaufhauskonzerns eine Neugestaltung des wenig harmonischen Übergangs vom „Hochhaus" zum „Mittelbau" an. Gleichzeitig wünschte das Stadtplanungsamt die Umwandlung der Karlstraße, die hier das Kaufhaus unterquerte, zur Fußgängerzone. Aus einem Ideenwettbewerb ging das Architekturbüro Kammerer + Belz, Kucher und Partner als Sieger hervor, das mit der Calwerpassage (Nr. 20) bereits einen Meilenstein im Entwurf überdachter Einkaufsstraßen gesetzt hatte. Die neu geschaffene Karlspassage führt, dem früheren Verlauf der Karlstraße folgend, durch das Kaufhaus und ist auch außerhalb der Geschäftszeiten geöffnet. Über dem öffentlichen Bereich erhebt sich ein 35 m hoher Rundbau, der von einer Glaskuppel gedeckt wird. Auch die geschwungene Fassade besteht ganz aus Glas, gegliedert durch ein filigranes Metallraster. Zwei Panorama-Aufzüge stellen im Innern die Verbindung zu den fünf Verkaufsebenen her, die zum Kuppelraum hin offen sind. Die Karlspassage erinnert zwar an luxuriöse Foyers, wie sie aus den USA von Hotels und Einkaufszentren bekannt sind, ohne aber die architektonische Gestaltung der Erzielung von Showeffekten gänzlich unterzuordnen. In kurzer Zeit wurde die Passage zur Attraktion des Kaufhauses und zu einer Bereicherung der Stuttgarter Innenstadt.

85

Fußgängerzone Schulstraße
Schulstraße
1950–58
Hochbauamt der Stadt Stuttgart

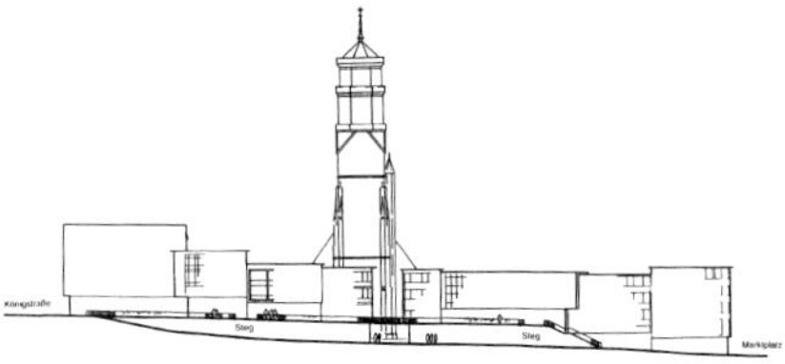

Die Schulstraße gehörte zu einer Kaufmannssiedlung des 12. Jhs., die an die Keimzelle Stuttgarts um das Alte Schloss (Nr. 92) angrenzte. Unterhalb der Stadtmauer, deren Verlauf heute die Königstraße nachzeichnet, dürfte sich die Gasse zu einem Marktplatz erweitert haben. Ihren Namen erhielt die Schulstraße von der im früheren Haus Nr. 14 untergebrachten Lateinschule. Die Schulstraße war von giebelständigen Fachwerkhäusern hauptsächlich des 15. und 16. Jhs. gesäumt, deren Vorkragungen den Straßenraum fast zur Schlucht verengten. Wie weite Teile der Altstadt wurde diese Bebauung 1944 durch Luftangriffe vollständig zerstört. Der Wiederaufbau 1950–58 nach Plänen des städtischen Hochbauamts unter Leitung von Walter Hoss bewahrte das alte Straßenprofil. Die Schulstraße war eine der frühesten Fußgängerzonen Deutschlands und die erste in zweigeschossiger Anlage. In Höhe des 1. OG verläuft an beiden Straßenseiten eine Terrasse. Diese Idee bewährte sich jedoch nur in beschränktem Maße: Während die untere Ebene zu den belebtesten Geschäftsstraßen zählt, ist der Publikumsverkehr auf der zweiten Ebene relativ gering. Die von verschiedenen Architekten entworfene Randbebauung weist, abgesehen von ihrer Kleinteiligkeit, keine Bezüge zu den Vorgängerbauten auf. Sie zeigt das Formenrepertoire der 50er Jahre: Die Geschäftshäuser besitzen z. B. Fassadenverkleidungen aus unterschiedlichen Materialien wie Leichtmetall, Mosaik und Beton. Vereinheitlichend wirken die überkragenden Dachplatten. Gerade die Variationsbreite in den Details bei einheitlicher Gesamtkonzeption trägt mit zur ästhetischen Qualität bei. Die Schulstraße ist Stuttgarts wichtigster Beitrag zum Städtebau der Nachkriegszeit. Sie zeigt, dass ein Wiederaufbau in modernen Formen nicht zwangsweise zum Verlust urbaner Atmosphäre führen muss.

86

Markthalle
Dorotheenstraße 4
1911–14
Martin Elsaesser

Der Bau ging aus einem Wettbewerb im Jahr 1910 hervor, den überraschend der junge Martin Elsaesser gewann. Eine auffallende Diskrepanz besteht zwischen dem Inneren und dem Äußeren der Markthalle. Die Fassaden in gemäßigt historisierenden Formen zeugen vom Versuch einer Einpassung in die damals noch intakte Stuttgarter Altstadt. Arkadengänge, Erker und Türmchen nahmen Bezug zu den benachbarten Gebäuden. Wandmalereien mit volkstümlichen Motiven von Franz Heinrich Gref und Gustav Rümelin verstärken den traditionellen Eindruck. Ganz anders das für die damalige Zeit moderne Gebäudeinnere. Eine weite, 60 m lange und 25 m breite Halle wird von offen liegenden Stahlbetonträgern überspannt, über denen sich ein Glasdach wölbt. Zwei dreigeschossige, im EG durch Arkaden abgetrennte Nebenschiffe flankieren die Halle. Das EG wird von Lebensmittelhändlern genutzt, die oberen Geschosse der Seitenschiffe beherbergten ursprünglich städtische Ämter und dienen heute auch als Verkaufsflächen. Obwohl die Markthalle als eines der wenigen Gebäude der Innenstadt den Zweiten Weltkrieg ohne größere Schäden überstanden hatte, wäre sie Anfang der 70er Jahre als „unrentabel" fast abgerissen und durch ein „multifunktionales Zentrum" ersetzt worden. Der Protest von Denkmalschützern, Händlern und Öffentlichkeit konnte das Bauwerk retten, das zu den bedeutendsten seiner Gattung in Deutschland gehört und das vitale Herz der Stuttgarter Innenstadt ist.

87

Städtisches Bürogebäude „König von England"

Dorotheenstraße 2
1954–56
Karl Gonser

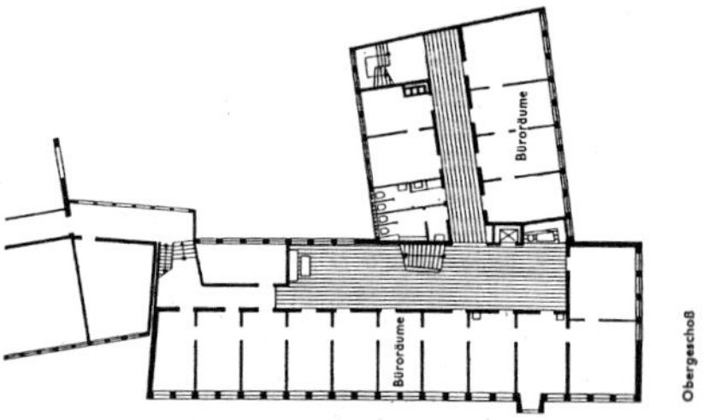

Grundriss OG 1956

In städtebaulich herausragender Lage, zwischen Stiftskirche (Nr. 89), Altem Schloss (Nr. 92) und Markthalle (Nr. 86), stand das im Zweiten Weltkrieg zerstörte Hotel „König von England". Karl Gonser schuf 1954–56 einen unauffälligen, aber eigenständigen Neubau; die Umgebung berücksichtigte er durch Aufsetzen eines Walmdaches und Fortführung des Arkadenganges der Markthalle. In das strenge Fassadenraster des mit Travertin verkleideten Gebäudes sind die geschosshohen Fenster tief eingeschnitten. Das untere Fensterdrittel besteht aus geriffeltem Glas, die türkisfarben gestrichenen Fensterrahmen setzen einen kräftigen Akzent. Die Gleichförmigkeit der Hauptfassade wird durch einen in betonter Asymmetrie aus der Mittelachse gerückten Erker aufgelockert. Dieser verleiht neben der Travertinverkleidung dem Gebäude einen repräsentativen Charakter. Die Kolonnadenzone im EG beherbergt Ladenlokale. Ihre Decke ist mit Mosaiksteinchen belegt – ein beliebtes Schmuckelement in der Architektur der 50er Jahre. In den OG sind von der Stadtverwaltung genutzte Büroräume untergebracht. Der „König von Fngland" war bei seiner Fertigstellung umstritten, war doch unverkennbar, dass der Architekt der konservativ ausgerichteten Stuttgarter Schule entstammte; als modern galten damals z. B. die Randbebauung von Marktplatz oder Schulstraße (Nr. 85). Aus heutiger Sicht erscheint gerade die zeitlose, diskrete Gediegenheit des Hauses an städtebaulich sensibler Stelle bemerkenswert. 1960–61 wurde das Gebäude durch einen viergeschossigen Flügel an der Kirchstraße nach Plänen desselben Architekten erweitert.

88

Erweiterungsbau der Commerzbank

Am Fruchtkasten
1970–72
Hans Kammerer, Walter Belz und Partner

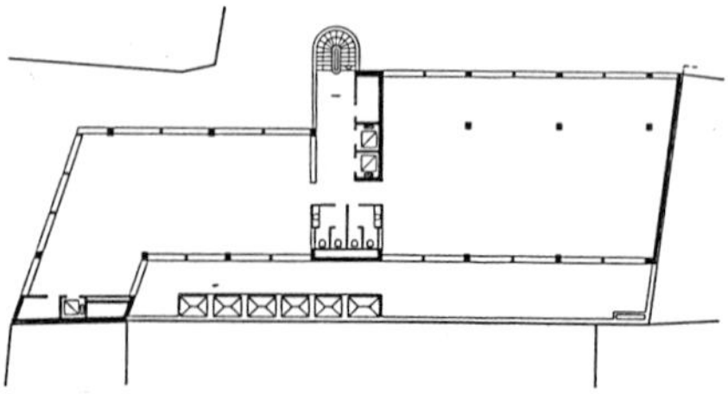

Eher eine Baulücke mit Hinterhofatmosphäre als ein Bauplatz stand für die Erweiterung der Commerzbank zur Verfügung. Büros, das Casino sowie in den beiden unteren Geschossen ein Ladengeschäft waren unterzubringen. Das Ergebnis ist ein Gebäude, das seinen Reiz hauptsächlich aus der Spiegelung seiner historischen Nachbarschaft bezieht, gleichzeitig aber unverkennbar modern und eigenständig ist. Der Neubau zeigte eine für die Architektur der 70er Jahre typische Front, bei der dunkelbraun eloxiertes Aluminium und verspiegeltes Fensterglas vor- und zurückspringend kombiniert sind. Dieser abweisend glatten, horizontal ausgerichteten Fassade steht als vertikaler, transparenter Bauteil ein vollverglaster Treppenturm auf polygonalem Grundriss gegenüber. In den zahlreichen Fensterscheiben spiegelt sich in vielfältiger Brechung und Wiederholung die mittelalterliche Nachbarbebauung: das Langhaus der Stiftskirche (Nr. 89) und der rückwärtige Giebel des Stiftsfruchtkastens (Nr. 90). Auf diese Weise entstand ein Beispiel, wie neue und alte Architektur – ohne lautstarke Übertrumpfung, aber auch ohne Anbiederung – in einen spannungsreichen Dialog treten können. Der kleine, zwischen dem Erweiterungsbau und der Stiftskirche entstandene Platz mit dem etwas klobigen Brunnen aus Betonfertigteilen und dem einsamen Baum strahlt keine urbane Geschäftigkeit aus; er ist eher eine Zone der Stille und Kargheit – durchaus passend in der Nachbarschaft der Stiftskirche.

89
Stiftskirche

Stiftstraße 12
2. Hälfte 12. Jahrhundert; um 1240; 1327–47; 1436–95; 1495–1531; 1945–58; 1999–2003
n. bek.; Meister Walther; Hänslin und Aberlin Jörg; Meister Marx; Hans Seytter; Bernhard Hirche

Westturm (oben) und Südturm (unten)

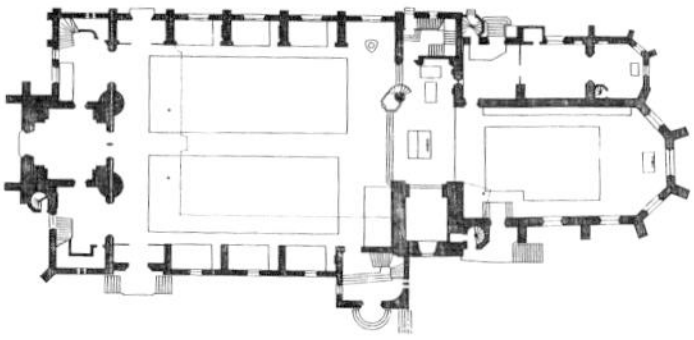

Innenansicht vor 1999 (oben), Grundriss (unten)

Die Stiftskirche ist nicht nur ranghöchstes protestantisches Gotteshaus Württembergs, sondern auch eines der wenigen Relikte des mittelalterlichen Stuttgart. Mit ihren beiden ungleichen Türmen prägt sie die Stadtsilhouette. Von einem romanischen, 1175 bezeugten Vorgängerbau hat sich das UG des Südturmes erhalten – das älteste Baudenkmal der Stuttgarter Innenstadt. Graf Ulrich I. stiftete um 1240 den Bau einer spätromanischen Basilika. Dieser Zeit entstammen die beiden folgenden Turmgeschosse mit ihrer Gliederung durch romanische Rundbogenfriese. Die Übertragung der gräflichen Grablege aus Beutelsbach unter Eberhard I. (1321) war Anlass zum Bau des hoch aufragenden gotischen Polygonalchors durch Meister Walther. Rund 100 Jahre später wurde das Langhaus durch eine breite Staffelhalle mit Kapellen zwischen den Strebepfeilern ersetzt. Hänslin Jörg begann den Langhausneubau 1433, sein Sohn Aberlin führte ihn bis ins letzte Jahrzehnt des 15. Jhs. fort. Meister Marx begann um 1495 mit dem Bau des mächtigen Westturms, dessen Fertigstellung durch die Erschütterungen am Vorabend der Reformation zum Erliegen kam und der sich deshalb mit dem flachen Zeltdach begnügen musste. Am 16. Mai 1534 fand in der Stiftskirche der erste protestantische Gottesdienst statt. Die folgenden vier Jahrhunderte brachten, von neogotischen Innenumgestaltungen abgesehen, keine baulichen Veränderungen. 1944 wurde die Stiftskirche weitgehend zerstört. Nur die Türme, die Nordwand und Teile des Chores blieben erhalten. Der das Stadtbild prägende Umriss wurde zwar bis 1958 wiederhergestellt, doch zahlreiche Details in gravierender Weise verändert. So erhielt die Südfassade statt spitzbogiger rechteckige Fenster; das Apostelor wurde nicht rekonstruiert, sondern die erhaltenen Apostelstatuen vom Ende des 15. Jhs. in einen neuen, schematisch-steifen Kontext gebracht. Das Innere des Langhauses ließ mit der hölzernen Segmenttonnendecke, dem Kanzelpfeiler von Fritz Graevenitz und der Verkleidung der Stützpfeiler des Westturms kaum mehr etwas vom gotischen Raum erahnen; es präsentierte sich vielmehr als typisch nüchterner Predigtsaal der 50er Jahre. Der deutlich abgesetzte Chor hingegen wurde annähernd rekonstruiert und mit den wichtigsten erhaltenen Aus-stattungsteilen bestückt. Dazu gehören die Doppel-tumba Graf Ulrichs I. und seiner Gemahlin Anna aus dem späten 13. Jh. und die elf überlebensgroßen Standfiguren württembergischer Grafen vor einer Rundbogenarkatur. Sem Schlör schuf dieses Meisterwerk schwäbischer Renaissanceplastik als Ahnengalerie von 1576 an. Der zunächst umstrittene, vorerst letzte Umbau bis 2003 beseitigte die Raumfassung der 50er Jahre und versuchte, einen zeitgemäßen Kirchenraum zu schaffen, der an das gotische Vorbild erinnert.

90

Fruchtkasten

Schillerplatz 1
1596; 1953–55; 1989–92
Heinrich Schickhardt; Otto Kull; Staatliches Hochbauamt I

Bacchus-Statue auf dem Giebel (unten)

Im Zuge der unter Herzog Friedrich I. von Württemberg durchgeführten Anlage des Alten Schlossplatzes, des heutigen Schillerplatzes, wurden zwischen Stiftskirche und Alter Kanzlei elf Häuser abgerissen. Im Rahmen dieser Umgestaltungsmaßnahmen baute Heinrich Schickhardt eine 1578 errichtete Kelter um, die fünf Meter in den geplanten neuen Platz hineinragte. Er versetzte deshalb die Giebelwand in die Fluchtlinie des Chores der Stiftskirche und beseitigte die überstehenden Bauteile. Charakteristisches Merkmal des Gebäudes ist der mächtige Renaissance-Ziergiebel mit seiner symmetrischen Fensteranordnung und der Gliederung der einzelnen Geschosse durch Voluten. Bekrönt wird der Giebel durch die Statue eines Bacchus, der auf einem Fass reitet; er verweist so auf die ehemalige Funktion des Gebäudes, an dessen Standort schon 1393 eine „Herrschaftliche Kelter" urkundlich erwähnt worden war. Für die spätere Nutzung als Fruchtkasten (Kornspeicher) sind die Ladeluken typisch. 1944 brannte der Bau aus, der Giebel stürzte 1945 ein. Beim Wiederaufbau stellte man die Fassade weitgehend wieder her, das Innere jedoch wurde in den Formen der 50er Jahre umgestaltet. Mittelpunkt ist die dreigeschossige, sich nach oben verjüngende Halle. Eine geschwungene Galerie verleiht dem Innenraum eine dynamische Wirkung. Bis 1992 wurde der Fruchtkasten für die Aufnahme der Musikinstrumenten-Sammlung des benachbarten Landesmuseums umgebaut; die typischen Architekturelemente der 50er Jahre blieben hierbei erhalten.

91

Prinzenbau

Schillerplatz 4
1604–08; 1663–78; 1708–10
Heinrich Schickhardt; Matthias Weiß; Johann Friedrich Nette

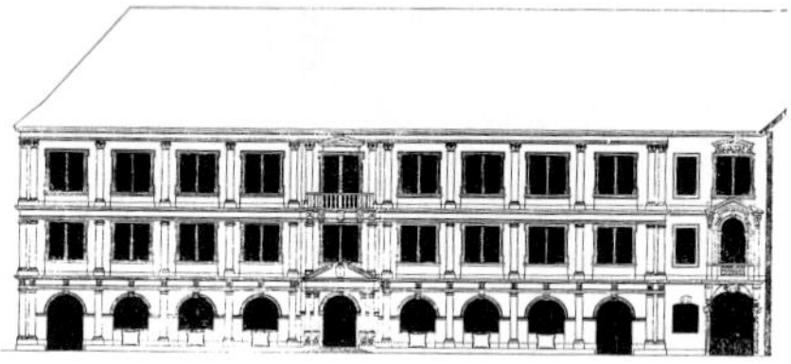

Der Prinzenbau bildet den Abschluss des Schillerplatzes gegen den ehemaligen Stadtgraben, die heutige Königstraße. Der vom bedeutendsten württembergischen Renaissance-Architekten, Heinrich Schickhardt, angelegte repräsentative Schillerplatz mit seinen landesherrlichen Bauwerken ist die einzige nach den Zerstörungen des Zweiten Weltkrieges nahezu originalgetreu wiederhergestellte Platzanlage der Stuttgarter Innenstadt. Schickhardt, seit 1590 Hofarchitekt, erhielt von Herzog Friedrich I. von Württemberg 1601 den Auftrag zum Bau eines Gesandtenhauses an der Nordwestseite des Platzes. Nach dem Tod Friedrichs wurden die Bauarbeiten an dem Gebäude eingestellt, von dem erst der Keller und Teile des EG ausgeführt waren. Erst 1678 wurde der Prinzenbau in Fachwerkkonstruktion durch Matthias Weiß vollendet. Die heutige Steinfassade geht auf Johann Friedrich Nette zurück, der die Platzfront in palladianischen Formen gestaltete. Hierbei gliederte er die flächige, dreigeschossige Front sparsam durch Pilaster. Ab 1805 fungierte das Gebäude als Wohnsitz für den Erbprinzen des jeweils regierenden Königs, daher der Name Prinzenbau. Der Durchlass des Kanzleibogens, der den Schillerplatz mit der Königstraße verbindet, wurde 1776 an Stelle des 1706 abgebrochenen mittelalterlichen Tunzhofer Tores angelegt. Der Prinzenbau brannte im Zweiten Weltkrieg aus. Seit dem Wiederaufbau 1952, bei dem das Innere verändert wurde, beherbergt er das baden-württembergische Justizministerium. Der Keller mit den beachtlichen Maßen von 71 x 20 m wurde zur Registratur des Ministeriums umgebaut.

92

Altes Schloss

Schillerplatz 6

1553–78; 1947–69

Aberlin Tretsch, Blasius Berwart; Paul Schmitthenner u.a.

Innenhof 1939

Altes Schloss 1991 (oben), Grundriss EG 1975 (unten)

Das Alte Schloss geht auf eine im 10. Jh. angelegte Wasserburg zurück, deren Gestalt nicht überliefert ist. Nach der Zerstörung der württembergischen Stammburg bei Rotenberg (Nr. 278) durch die Reichsstadt Esslingen im Jahre 1311 wurde sie von Graf Eberhard I. dem Erlauchten zur neuen Residenz bestimmt und ab 1320 durch den Baumeister Walther ausgebaut. Teile dieser mittelalterlichen Burg lassen sich noch in dem zum Karlsplatz gelegenen Dürnitzflügel nachweisen. Ab 1553 erfolgte unter den Herzögen Christoph und Ludwig ein großzügiger Um- und Ausbau zum fürstlichen Residenzschloss; Erbauer dieser stattlichen Renaissanceanlage war Aberlin Tretsch. Er errichtete über dem Saalbau des Dürnitz zwei Wohngeschosse, an seiner Gartenseite wurde 1558 der Archivbau mit Terrasse vorgelagert. Die mächtigen runden Ecktürme entstanden 1572–73 (Westturm), 1578 (Ostturm) und 1686 (Südturm). Nach außen zeigt sich der burgartige Schlossbau massig und wehrhaft; in Kontrast hierzu steht der elegante Innenhof. Die drei Flügel mit den vorgelagerten, dreigeschossigen Stichbogenarkaden wurden ab 1557 errichtet. Sie umschließen einen rechteckigen Empfangs- und Repräsentationshof, ein frühes Beispiel einer derartigen Hofanlage in Süddeutschland. Die berühmte, dem Dürnitzflügel vorgelagerte Reittreppe errichtete Blasius Berwart 1560 nach dem Vorbild von Schloss Dillingen an der Donau. Richtungweisend war die 1558–62 im Südwestflügel eingerichtete Schlosskapelle. Sie nahm den ersten querrechteckigen protestantischen Predigtsaal Deutschlands auf, der mit den katholisch geprägten Traditionen des Kirchenraumes radikal brach.

Der Chor mit Kanzel und Altar liegt nicht, wie bislang üblich, an der Schmalseite des Saales, sondern in der Mitte einer Längsseite. Das Raumprogramm folgt so ganz den reformatorischen Prinzipien, nach denen die Predigt im Mittelpunkt des Gottesdienstes stehen soll. Der ursprünglich stützenlose Raum weist auf drei Seiten Emporen auf und ist mit einer flachen Tonne überwölbt, die 1573 mit einem noch erhaltenen kunstvollen Rippennetz versehen wurde. Alexander von Tritschler gestaltete 1865 die inzwischen profanisierte Kirche in neogotischen Formen aus und erneuerte Kanzel und Emporen. Von der ursprünglichen Ausstattung sind nur die Reliefs von Kanzel und Altar, beides Arbeiten Sem Schlörs, erhalten. Im Laufe der Jahrhunderte hat das Schloss vor allem in seinem Inneren zahlreiche Veränderungen erlebt. Im Jahr 1931 wurde der Dürnitzbau durch einen Brand schwer beschädigt und anschließend unter der Leitung von Paul Schmitthenner stark verändert wiederaufgebaut. 1944 zerstörten Bomben große Teile des Schlosses. So kam der ebenfalls durch Schmitthenner geleitete Wiederaufbau beinahe einem Neubau gleich. Die Arkadenflügel wurden hierbei in enger Anlehnung an die frühere Gestalt 1947–58 wiederhergestellt, der Dürnitzflügel 1960–69 mit wenig Bezug zum Originalzustand. Trotzdem bietet der Bau heute in seinen Konturen das weitgehend zuverlässige Bild eines Residenzschlosses der Renaissance. In Verbindung mit dem unmittelbar benachbarten Neuen Schloss (Nr. 8) besitzt Stuttgart so zwei herausragende Beispiele aus den großen Epochen der europäischen Schlossbaukunst. Das Alte Schloß nimmt heute einen großen Teil der Sammlungen des Württembergischen Landesmuseums auf. Beachtenswert ist insbesondere die von HG Merz und Ulrich Zickler gestaltete Glassammlung Ernesto Wolf, die in einem weiß gestrichenen Gewölbekeller unter der Dürnitz präsentiert wird. Auf dunklem Steinboden sind an den Wänden rechteckige und inmitten des Raumes L-förmige, von allen Seiten einsehbare Vitrinen mit dunklen Sockeln und Aufbauten sowie fugenlosen Glasflächen angeordnet. Die Exponate (Glaskunst aus der Antike bis in das 19. Jh.) werden darin dezent angestrahlt, ihre Beschaffenheit somit adäquat und einem Kleinod gleich kunstvoll zur Geltung gebracht.

93

Alte Kanzlei
Schillerplatz 5
1542–44; 1566–67
n. bek.; Aberlin Tretsch, Silvester Berwart

Die Alte Kanzlei wurde in zwei Bauabschnitten als Sitz der landesfürstlichen Regierung erbaut. Den Namen erhielt das Gebäude später in Unterscheidung zur Neuen Kanzlei, dem Stockgebäude in der Königstraße (Nr. 12). Herzog Ulrich von Württemberg ließ 1542–44 den östlichen Teil der Alten Kanzlei errichten. Aus der ersten Bauphase stammt auch das rechte, aufwendig gestaltete Portal, das 1879 erneuert wurde; über dem württembergischen Wappen prangt der Wahlspruch des Herzogs „VDMIE" (Verbum Domini Manet In Eternam – Gottes Wort bleibt in Ewigkeit). Silvester Berwart erhöhte das Kanzleigebäude nach einem Entwurf von Aberlin Tretsch, dem Baumeister des benachbarten Alten Schlosses, 1566–67 um ein Geschoss und verlängerte es bis zum Prinzenbau; die beiden Bauphasen sind durch die treppengiebelähnliche Brandmauer am Dach zu unterscheiden. Der massige, verputzte Mauerwerksbau wird durch zwei in den Baukörper eingezogene runde Treppentürme gegliedert. 1683 zerstörte ein Brand die beiden oberen Stockwerke; sie wurden 1684 unter der Leitung von Matthias Weiß wieder instand gesetzt. Hierbei errichtete man auch das linke Portal, dessen verwittertes Oberteil 1879 ersetzt wurde. Das Gebäude brannte 1944 vollständig aus. Die Alte Kanzlei nimmt heute eine Apotheke, eine Gaststätte sowie Teile des baden-württembergischen Justizministeriums auf. An der Ecke zum Schlossplatz erhebt sich die Merkursäule, die 1598 als Wasserturm für die Brunnen des herzoglichen Lustgartens errichtet wurde. Sie wird seit 1862 von einer durch Ludwig Hofer geschaffenen Statue nach dem Vorbild des Merkur von Giovanni Bologna (1564; Bargello, Florenz) bekrönt.

94

Ehem. Waisenhaus
Charlottenplatz 17
1705–12; 1788; 1924–25
Philipp Joseph Jenisch, Johann Ulrich Heim; Reinhard Ferdinand Heinrich Fischer; Paul Schmitthenner

Auf dem Gelände des fürstlichen Holzgartens ließ Herzog Eberhard Ludwig von Württemberg ab 1705 für seine Leibgarde die erste Kaserne in Stuttgart errichten. Anlässlich der Verlegung der Residenz nach Ludwigsburg stiftete der Herzog 1710 die noch nicht vollendete Kaserne einem „Waisen-Zucht- und Arbeitshaus", das 1712 in den vierflügeligen Bau einzog. Die Anlage wurde gegen Ende des 18. Jhs. durch den Hofbaumeister Reinhard Ferdinand Heinrich Fischer umgebaut und vergrößert. 1922 verlegte man das Landeswaisenhaus nach Ellwangen und brach den Komplex zum größten Teil ab. Paul Schmitthenner errichtete den Neubau in für ihn typischen traditionellen, regionalbezogenen Formen. Von Fischers Bau blieben nur die Fassaden der beiden unteren Stockwerke, die trapezförmig einen Innenhof umschließen, erhalten. Der Stadtbild prägende Mauerwerksbau mit seinen langen, gleichförmigen Flügeln ist dreigeschossig angelegt. Charakteristisch ist das flache Walmdach, das durch hohe Dacherker gegliedert wird. Zwei mit plastischem Schmuck verzierte Portale führen in den baumbestandenen Innenhof. Das ehemalige Waisenhaus wurde im Zweiten Weltkrieg beschädigt und anschließend ebenfalls durch Schmitthenner wiederaufgebaut. Heute nimmt das Gebäude u. a. das Institut für Auslandsbeziehungen/ Forum für Kulturaustausch auf.

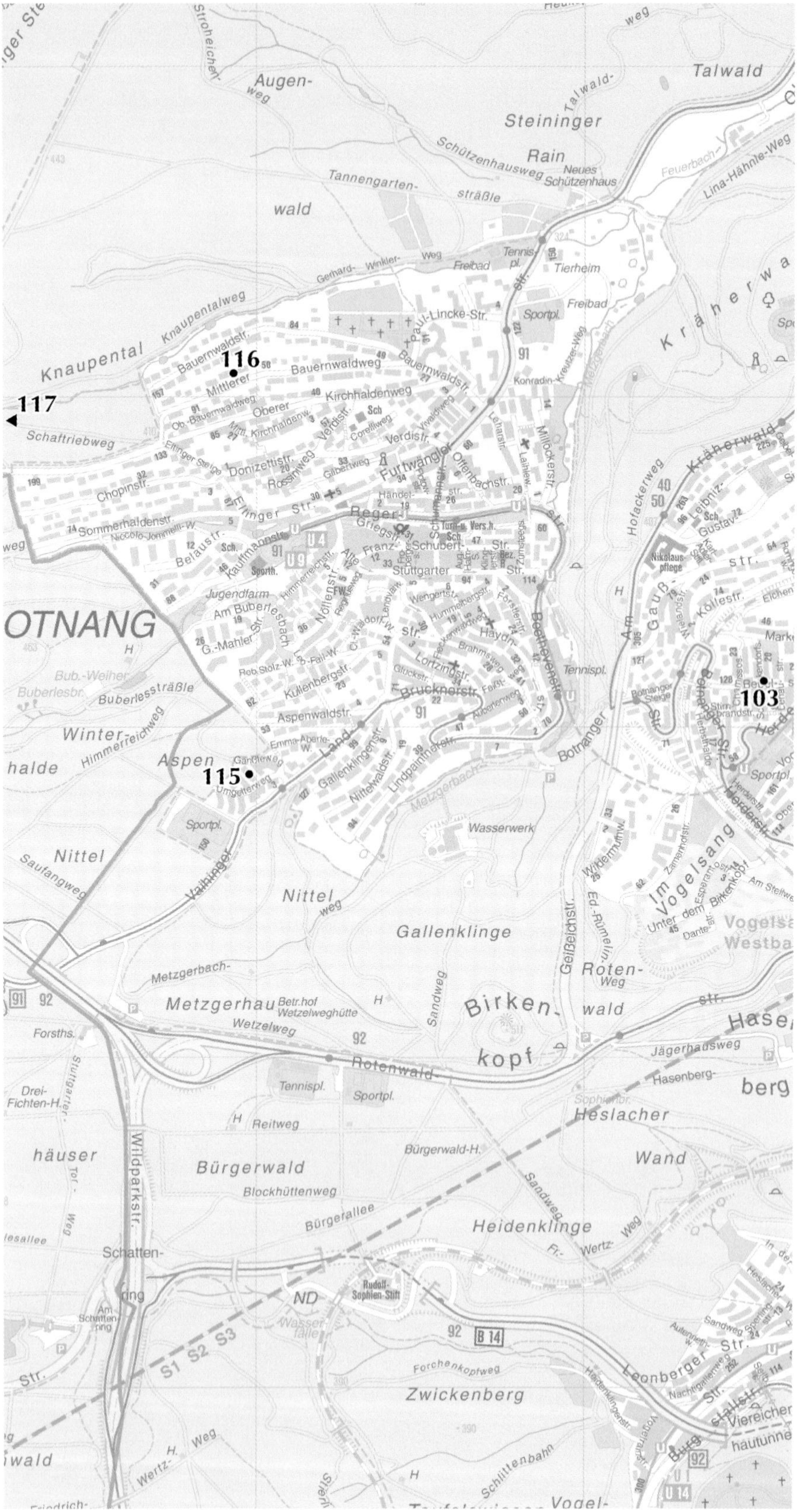

Augen-weg
Talwald
Steininger Rain
Schützenhausweg
Neues Schützenhaus
Tannengarten-wald
sträßle
Tierheim
Freibad
Sportpl.
Kräherwald
Knaupentalweg
Knaupental
116
117
Bauernwaldstr.
Bauernwaldweg
Mittlerer
Kirchhaldenweg
Oberer
Schaftriebweg
Verdistr.
Furtwänglerstr.
Offenbachstr.
Donizettistr.
Rossiniweg
Chopinstr.
Sommerhaldenstr.
Ellinger Str.
Regerstr.
Griegstr.
Franz-Schubert-Str.
Stuttgarter Str.
Kauffmannstr.
Belaustr.
Jugendfarm
Am Buberlesbach
G.-Mahler-Str.
Nöllenstr.
Hummelbergstr.
Haydnstr.
Lortzingstr.
Brucknerstr.
Beethovenstr.
Aspenwaldstr.
Gallenklingenstr.
Nittelwaldstr.
Lindpaintnerstr.
OTNANG
Bub.-Weiher
Buberlessträßle
Winterhalde
Himmerreichweg
Aspen
115
Umgelterweg
Sportpl.
Nittel
Saufangweg
Vaihinger Landstr.
Botnanger
Tennispl.
Wasserwerk
Nittelweg
Gallenklinge
Hofackerweg
Leibnizstr.
Gaußstr.
Kollesstr.
103
Herderstr.
Im Vogelsang
Unter dem Birkenkopf
Vogelsang
Westbahnhof
Geißeichstr.
Ed.-Rümelin-Weg
Rotenwald
Birkenkopf
Rotenwaldstr.
Hasenberg
Jägerhausweg
Heslacher Wand
Metzgerbach-
Metzgerhau
Betr.hof Wetzelweghütte
Wetzelweg
Forsths.
Drei-Fichten-H.
Tennispl.
Sportpl.
Reitweg
Bürgerwald
Bürgerwald-H.
Blockhüttenweg
häuser
Bürgerallee
Sandweg
Heidenklinge
Wildparkstr.
Schattenring
ND
Rudolf-Sophien-Stift
Wasserfälle
S1 S2 S3
Forchenkopfweg
Zwickenberg
Leonberger Str.
Viereicher
Schlittenbahn
Vogel-

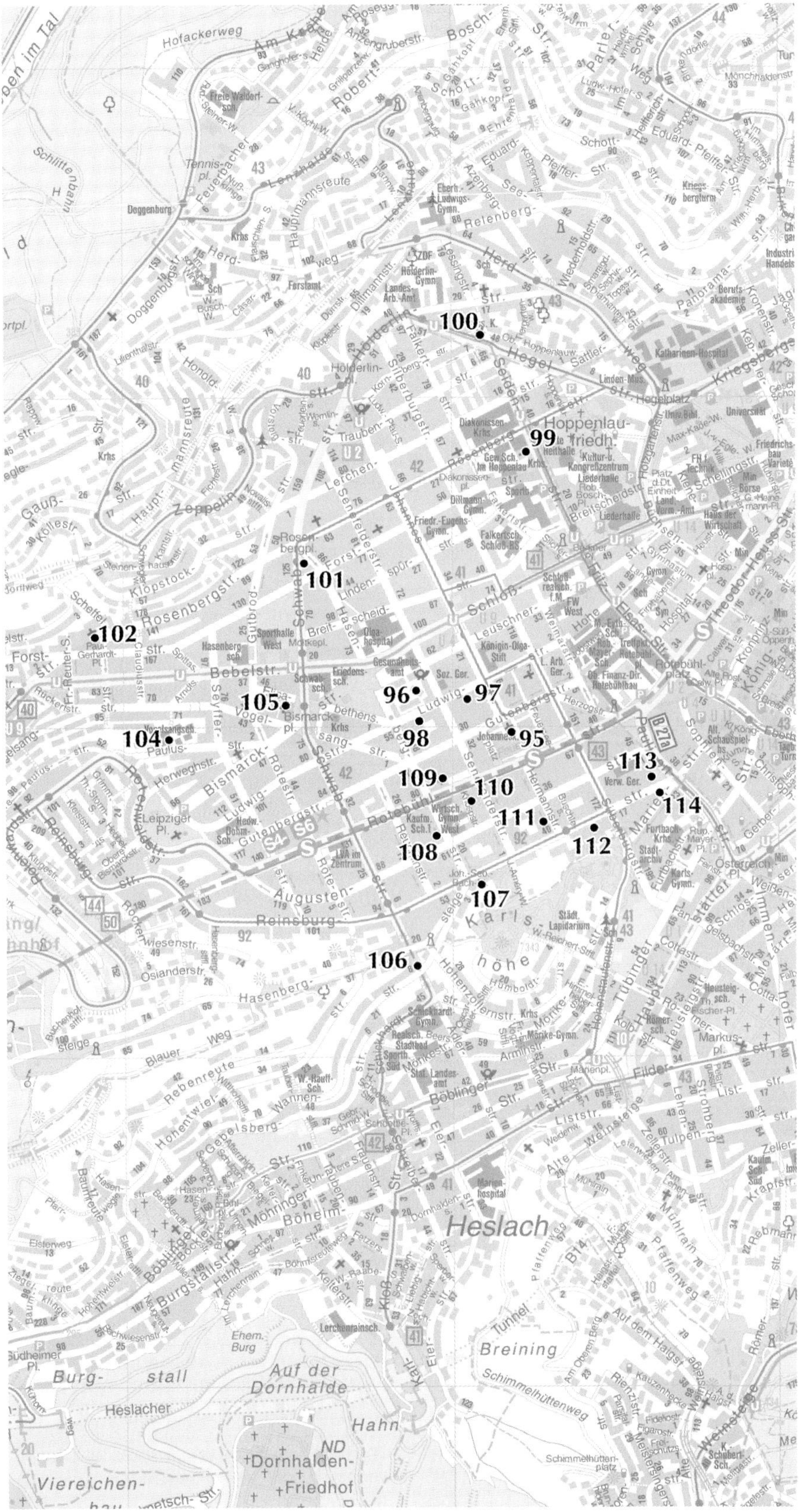
100
99
101
102
105
104
96
97
98
95
109
110
111
112
113
114
108
107
106
Heslach
Hoppenlau-friedh.
Katharinen-Hospital
Rosenbergstr.
Schloß-
Rotebühl-
Augusten-
Reinsburg-
Böblinger
Karlshöhe
Breining
Auf der Dornhalde
Dornhalden-Friedhof
Burg-stall
Viereichen-
Hahn
Tübinger
Hohenheimer Str.
Doggenburg
Hofackerweg
Gauß-
Bebelstr.
Bismarck-pl.
Leipziger Pl.
Hasenberg-
Blauer Weg
Tunnel
Schimmelhüttenweg

95

Johanneskirche
Gutenbergstraße 11
1865–76
Christian Friedrich Leins

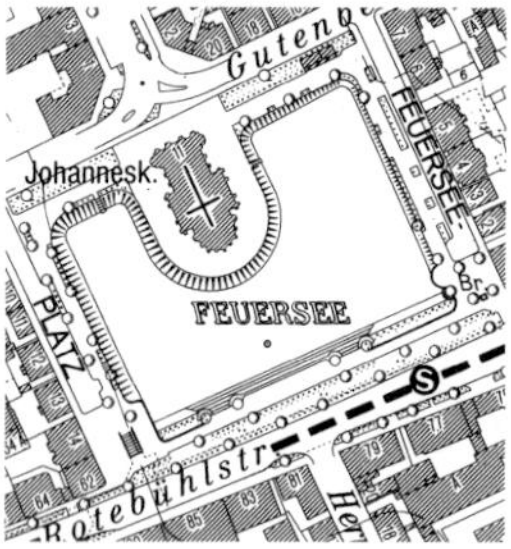

Die Johanneskirche, die evangelische Pfarrkiche für den im 19. Jh. entstehenden Stadtteil West, war der erste nachmittelalterliche Kirchenneubau Stuttgarts. Ihre überlegte Platzierung, ja Inszenierung verdeutlicht, welche Bedeutung im Historismus städtebaulichen Effekten zukam. Der Turm der Johanneskirche steht, als weithin sichtbarer Blickfang, in der Achse der boulevardähnlichen Prachtstraße des Westens, der Johannesstraße. Der Chor liegt auf einer Halbinsel im Feuersee. Blickt man von der Rotebühlstraße über den See auf die Kirche, so fühlt man sich an Gemälde der Romantiker Caspar David Friedrich oder Karl Friedrich Schinkel erinnert. Christian Friedrich Leins, Stuttgarts bedeutendster Architekt des Historismus, bediente sich bei der Johanneskirche des Formenrepertoires der Hochgotik, aus dem er aber eine eigene Synthese schuf. Die im Pariser Raum entstandene Gotik galt damals noch in nationalistischer Fehleinschätzung als originär deutscher Stil und wurde deshalb für repräsentative Bauaufgaben wie Kirchen bevorzugt. Den Grundriss schnitt Leins auf die Bedürfnisse eines protestantischen Predigtraumes zu. Der vierzonige Wandaufbau mit Arkaden, Emporen, Obergaden und Triforium entspricht dem klassischen gotischen Schema, die Proportionen wurden aber zu Gunsten der Emporen verändert. Gewölbe und Turmhelm der Johanneskirche fielen dem Zweiten Weltkrieg zum Opfer. Beim Wiederaufbau, der sich bis 1966 hinzog, wurden den Raumeindruck verfälschende flache Decken eingezogen. Der Turm bekam statt des Helms eine von einer Brüstung umgebene Plattform.

96

Ehem. Pönitentiarhaus
Senefelderstraße 45 a
1846–50
Theodor Wilhelm Landauer

Zustand vor 1900 (unten)

Der heute versteckt in einem Hinterhof liegende fünfgeschossige Backsteinbau wurde als Zuchthaus errichtet; daher stammt auch der Name des Gebäudes, der sich von lateinisch „poena" (Strafe) ableitet. Die für 130 Insassen ausgelegte Strafanstalt wurde im Jahr 1900 aufgelöst, die Häftlinge nach Ludwigsburg verlegt. Den Zellentrakt und den Nordost-Anbau riss man anschließend ab, der Zentralbau blieb jedoch erhalten; er nahm zwischen 1902 und 1913 die Kunstgewerbeschule auf. Bemerkenswert ist die betont schlichte Fassade, die für ein öffentliches Gebäude jener Zeit ungewöhnlich war; in ihrer Strenge sollte sie auf die Funktion als Zuchthaus verweisen und darüber hinaus einen erzieherischen Einfluss auf die Insassen ausüben. Ein weiteres eindrucksvolles Beispiel einer disziplinierenden Architektur ist die ehemalige Infanterie-Kaserne am Rotebühlplatz (Nr. 17) mit ihren schlichten, abweisenden Fronten. Im Unterschied zum schmucklosen Rotebühlbau ist die Fassade des ehemaligen Poenitentiarhauses, insbesondere die des Kopfbaus, in sparsamen klassizistischen Formen mit Renaissance-Anklängen gestaltet. Große, rundbogige Öffnungen gliedern das EG, das durch ein Gesims vom 1. OG abgesetzt ist; dessen Fenster weisen ebenfalls rundbogige Abschlüsse auf. 2. und 3. OG besitzen dagegen einfache Rechteckfenster. Den Abschluss bildet das 4. OG mit seinen schmalen, aneinander gereihten Rundbogenfenstern. Ein kräftiges Kranzgesims leitet zum flachen Satteldach über.

97

Büro- und Wohngebäude der Württembergischen Feuerversicherung
Ludwigstraße 25–27
1981–83
Friedbert Breuninger, Maximilian Otto, Josef Weiss

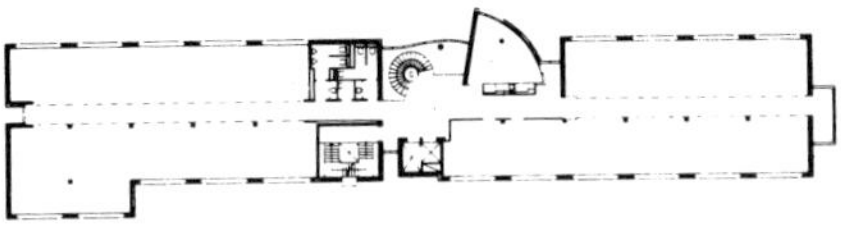

Grundriss Normalgeschoss

Der Stuttgarter Westen zwischen Reinsburg- und Schlossstraße wurde jahrzehntelang durch maßstabsprengende Versicherungspaläste deformiert. Seit Ende der 70er Jahre begann aber bei manchen Bauherren in den Vorstandsetagen der Versicherungen ein Umdenken. Einen positiven Akzent setzte z. B. die Württembergische Feuerversicherung in der Ludwigstraße. Das fünfgeschossige Büro- und Wohnhaus greift formale Elemente der benachbarten gründerzeitlichen Wohnbebauung auf, behauptet sich aber durchaus eigenständig. Das lange, schmale Gebäude bleibt mit seiner östlichen Kopfseite zunächst in der Bauflucht, tritt dann zurück und ermöglichte so – in einer an Grün armen Gegend – die Anpflanzung einer Baumreihe. Während das EG mit Naturstein verkleidet wurde, erhielten die darüber liegenden Geschosse eine rote Backsteinfassade. Eine kupferummantelte Tonne deckt das zurückgesetzte DG. Die vier zweibündigen Bürogeschosse werden über eine zentrale Treppenhalle erschlossen, die zum Hof durch eine Glasfront in Erscheinung tritt. Ein separates Treppenhaus führt zu den zehn Maisonette-Wohnungen in den beiden obersten Geschossen, die horizontal durch einen zur Straße hin vorgelagerten Laubengang verbunden sind. Die Fassadengestaltung mit Elementen wie der EG-Verkleidung, den halbkreisförmigen Thermenfenstern im 4. OG, den tonnenförmigen Dachgauben oder dem die Fassade vertikal aufbrechenden Glaserker macht das Gebäude zu einem Beispiel postmoderner Architektur. Die bei dieser Architekturrichtung nicht seltenen Manieriertheiten wurden hier aber mit wenigen Ausnahmen, wie z. B. der rundbogigen Einfahrt, vermieden.

98

Generationenhaus Stuttgart West
Ludwigstraße 41 + 43
1999–2001
Kohlhoff & Kohlhoff Architekten (Sven Kohlhoff)

Die Fassade des orangeroten Klinkerbaus mit der hohen, großflächig verglasten Loggia ist in der Straßenflucht der Ludwigstraße weithin zu erkennen. Ihre Transparenz im EG gewährt Einblicke bis in den nach Süden ausgerichteten, weitläufigen Garten hinein. Mit seinen großen, Schatten spendenden Bäumen und der ausgedehnten Rasenfläche wird er als das Grüne Zimmer des Generationenhauses und der umliegenden Gebäude bezeichnet. Die gläserne Front des als Blockrandbebauung gestalteten Baukörpers wirkt nicht nur nach außen offen, sondern ist auch als Symbol für eine Begegnungsstätte aufzufassen, die für alle Menschen des Stadtteils zugänglich sein soll. So befinden sich in dem von der Rudolf Schmid und Hermann Schmid Stiftung (vgl. Nr. 132) finanzierten Generationenhaus West auf eine Gesamtfläche von 6000 m^2 und fünf Stockwerke verteilt neben einer Tiefgarage so verschiedene Einrichtungen wie zehn Seniorenwohnungen, Pflegedienste, eine städtische Kindertagesstätte, ein Café, Veranstaltungsräume sowie eine Küche, die neben Hausbewohnern und Gästen auch umliegende Kindertagesstätten versorgt. Das Haus wird gemeinschaftlich von verschiedenen Trägern betrieben. Alle Aufenthaltsräume sind zum Innenhof hin orientiert und haben Zugang zu einer großen Terrasse, von der aus man über eine Rampe zum Spielplatz gelangt. Die offene Galerie über dem Foyer und eine großzügige Verglasung in allen Bereichen schaffen eine lichtdurchlässige, offene und freundliche Atmosphäre, welche durch helle Materialien wie Holz, Backstein, Muschelkalk und Sichtbeton unterstrichen wird. Das Gebäude fügt sich nicht nur äußerlich in das Gründerzeitviertel ein, vielmehr ist es ein gelungenes Beispiel dafür, dass funktionale Architektur und integrative Sozialarbeit sich wechselseitig befruchten können.

99

Fideliskirche
Seidenstraße 41
1924–25
Clemens Hummel

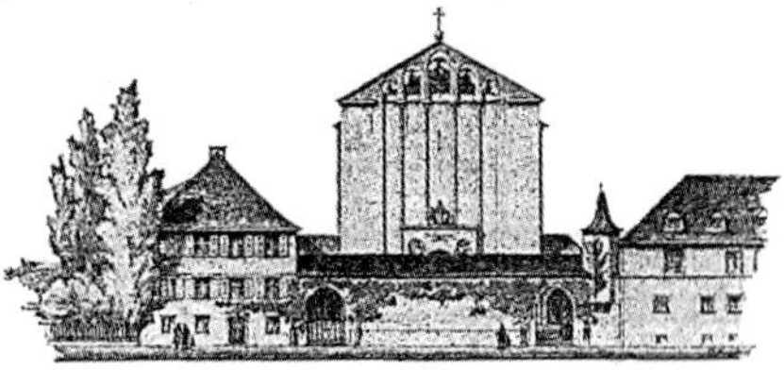

Für die Anlage der katholischen Fideliskirche wählte der Architekt Clemens Hummel eine ungewöhnliche Lösung. Er rückte den Baukörper aus der Straßenflucht zurück und legte davor einen Atrium-Hof an. Derartige, auch „Paradies" genannte, säulenumstandene Vorhöfe sind besonders in der frühchristlichen Architektur anzutreffen, z. B. bei den römischen Kirchen Alt-St. Peter und St. Paul (4. Jh.). Der Rückgriff auf diese Vorbilder findet sich häufig im Sakralbau der 1920er Jahre, so auch bei der ebenfalls von Hummel erbauten Herz-Jesu-Kirche (Nr. 158). Eine hohe Mauer mit zwei rundbogigen Eingängen und einem Türmchen mit spitzem Helm schirmt das „Paradies" von der Straße ab. Hinter dem Vorhof, der auf einer Seite von Arkaden, auf zwei von Blendarkaden umgeben ist, erhebt sich die weitgehend geschlossene Kirchenfassade. Durch Blendbögen wird sie sparsam gegliedert. Im Dreiecksgiebel befinden sich fünf rundbogige Schallöffnungen, hinter denen die Glocken zu sehen sind. Der schlichte, lang gestreckte Innenraum der Fideliskirche ist ganz auf den Altar konzentriert; kein Querschiff unterbricht diese Ausrichtung. Das hohe Mittelschiff wird von zwei niedrigen, schmalen Gängen flankiert, so dass von einem Mischtyp zwischen Basilika und Hallenkirche gesprochen werden kann. Eine kassettierte Holztonne deckt das Mittelschiff. Sie ruht auf spitzbogigen Betonbindern, die zwischen den Mittelschiffarkaden von expressionistisch gestalteten Konsolen aufsteigen. 1944 brannte die Fideliskirche bis auf die Außenmauern und die Betonbinder aus. Der Wiederaufbau erfolgte sofort nach Kriegsende, eine Neugestaltung des Innenraums in den 60er Jahren.

100

Russische Kirche St. Nikolai
Kornbergstraße 20 b
1895
Eisenlohr und Weigle

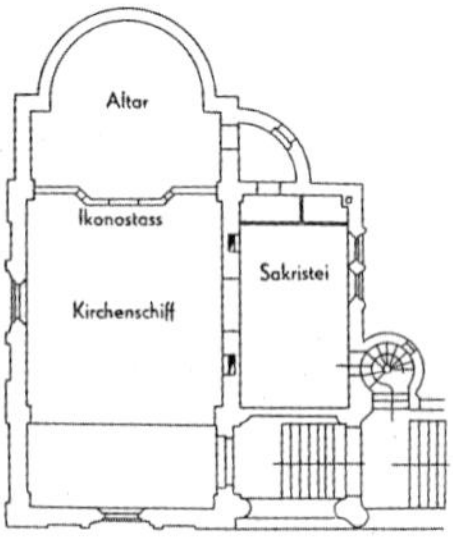

St. Nikolai ist neben der Grabkapelle auf dem Württemberg (Nr. 278) die zweite russisch-orthodoxe Kirche in Stuttgart und damit ebenfalls Zeugnis der engen dynastischen Bindungen zwischen dem württembergischen Königs- und dem Zarenhaus. Die Finanzierung übernahm die russische Regierung. Der Bau wurde jedoch vom Stuttgarter Büro Ludwig Eisenlohr und Carl Weigle entworfen. So zeigt die Kirche eine Mischung historistischer Elemente mit frei variierten Formen russischer Sakralarchitektur des 17. Jhs. Entsprechend der kleinen Gemeinde und des beengten Grundstücks wurden Einschränkungen vorgenommen; so besitzt die Kirche nicht wie in Russland üblich fünf Zwiebelkuppeln, sondern nur eine. Zur malerischen Wirkung der Baugruppe trägt die Kombination von rotem Backstein, weißem Sandstein für Sockel und Gliederungsteile sowie grünen Kupferdächern bei. An den kubischen Gemeindesaal drängen sich ein zweigeschossiger Sakristeianbau, Vorraum, Apsis und Glockenturm. Das offene UG des Turmes dient als Eingangshalle. Vier gedrungene, gebauchte Balustersäulen tragen den viereckigen Turmschaft, der in ein achteckiges, durch Arkaden geöffnetes Glockengeschoss übergeht und in einem spitzen Helm ausläuft. Im Zweiten Weltkrieg wurde die Russische Kirche schwer beschädigt. Die Ikonostase, die in der orthodoxen Kirche den Gemeinde- vom Altarraum trennende Bilderwand, und die Wandmalereien gingen verloren. Der Wiederaufbau begann 1948 und wurde erst 1989 mit der Ausmalung durch russische Künstler vollendet.

101

Mietshausgruppe
Schwabstraße 84, Forststraße 94, 96 a, 96 b
1902–03
Schieber und Schweizer

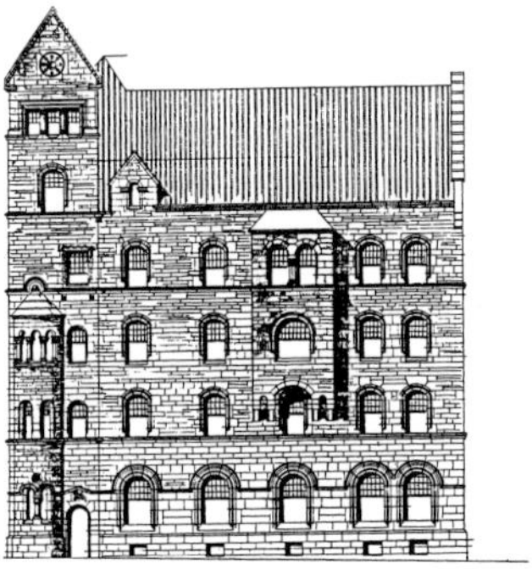

Haus Schwabstraße 84 (unten)

Diese Wohnhausgruppe stellt ein markantes Beispiel späthistoristischer Architektur im Stuttgarter Westen dar. Die fünfgeschossigen Bauten sind durch Torbögen verbunden. Alle drei besitzen aufwändige Sandsteinfassaden zur Straße hin, während die Hoffassaden aus schlichtem Backstein bestehen. Das zuerst erbaute Eckhaus Schwabstraße 84 wurde im neoromanischen Stil ausgeführt. Ein erstes Baugesuch hatte noch eine gotisierende Gestaltung vorgesehen – ein Beleg für die Austauschbarkeit der zum Vorbild genommenen Stile in der historistischen Architektur. Bei den Gebäuden Forststraße 94, 96 a und 96 b wählten die Architekten dann tatsächlich gotische Formen, z. T. mit orientalischem Anklang, ohne dass dadurch das einheitliche Bild der Wohnhausgruppe leiden würde. Die flächige Fassadengestaltung und der Verzicht auf die Hervorhebung eines Geschosses sind gemeinsame Merkmale. Auffallend ist die Betonung der beiden Eckhäuser. Die überhöhte Ecke zur Schwabstraße erinnert an mittelalterliche Burgtürme. Die abgeschrägte Ecke zur Hasenbergstraße hingegen wird durch einen Dreiecksgiebel mit einer Fensterrosette betont. – Ein weiteres Beispiel markanter Eckbetonung findet sich beim nahe gelegenen Haus Forststraße 137–139, das Hermann Jäger 1903–04 mit einer gewaltigen romanisierenden „Schildmauer" versah.

102

Paul-Gerhardt-Hof
Rosenbergstraße 194
1951–53
Paul Heim

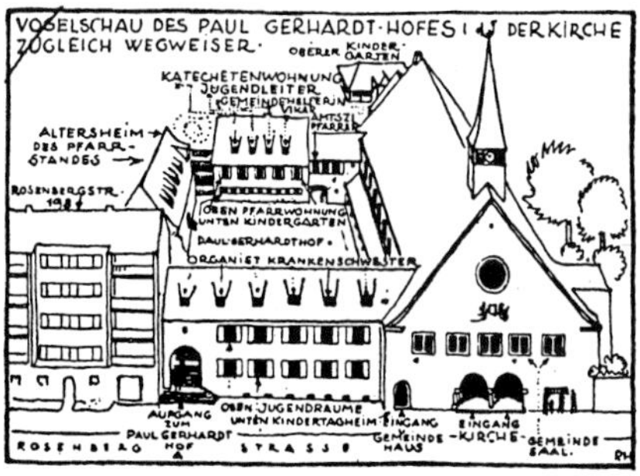

Zacharias Schäffer erbaute 1926 die evangelische Paul-Gerhardt-Kirche, einen kleinen, fast dörflich anmutenden Sakralbau. Nach dessen Zerstörung im Jahr 1944 wurde 1951–53 ein Nachfolgebau errichtet. Auch die neue, größere Kirche ist ein schlichtes Gebäude, gekrönt von einem Dachreiter. Die Eingangsfassade wird durch eine Reihe von fünf Rechteckfenstern und ein großes Rundfenster gegliedert. Durch zwei gekoppelte Rundbögen betritt man einen Vorraum, von dem aus ein Treppenhaus zum Gottesdienstsaal führt. Die Kirche ist Teil einer Vierflügelanlage, die an ein mittelalterliches Kloster erinnert. Der an zwei Seiten von Arkaden umgebene Innenhof strahlt Ruhe und Harmonie aus. Die Gebäude rings um den Hof nehmen Gemeinde- und Jugendräume, einen Kindergarten sowie Wohnungen für Pfarrer und Gemeindemitarbeiter auf. Die Gestaltung mittels einer strengen Fassadengliederung durch Sprossenfenster und Klappläden, hoher Satteldächer und Dachgauben lässt erkennen, dass der Architekt der konservativen Stuttgarter Schule angehörte. Paul Heim war Schüler und Mitarbeiter Paul Schmitthenners. Die Gestaltungsprinzipien, die Schmitthenner für „herrschaftliche" Villen (Nr. 179, 190) entwickelt hatte, wandte Heim auf „kleinbürgerliche" Häuser an. Der Paul-Gerhardt-Hof repräsentiert eine einflussreiche Strömung in der Architektur der 50er Jahre, die fern von modischer Extravaganz oder funktionalistischer Strenge in zeitloser Beschaulichkeit verharrte.

103

Vogelsangsiedlung
Bebel-, Chamisso-, Lenau-, Stirnbrandstraße
1934–39
Richard Döcker, Eisenlohr und Pfennig, Albert und Hans Eitel, Karl Gonser, Paul Heim, Hans Volkart u.a.

Entwurf Eitel, Fassadendetail (unten)

Kurz nach der Holzbau-Mustersiedlung auf dem Kochenhof (Nr. 193) sollte in Stuttgart eine weitere Bauausstellung realisiert werden. Als Gelände für die mehr als 30 Bauten wählte man ein Hanggrundstück im Gewann „Vogelsang". Das Projekt diente der Propagierung nationalsozialistischen Siedlungsbaus, der sich in vielem an der Stuttgarter Schule orientierte. So fungierten denn auch deren Protagonisten, Paul Bonatz und Paul Schmitthenner, als künstlerische Berater. Im Unterschied zur Kochenhof-Siedlung bauten Bonatz und Schmitthenner hier nicht selbst, während die anderen Architekten weitgehend identisch sind. Zu ihnen gehörten u.a. Albert und Hans Eitel (Botnanger Str. 6–14), Eisenlohr und Pfennig (Chamissostr. 6–8), Karl Gonser (Stirnbrandstr. 3–5), Paul Heim (Chamissostr. 1–3) und Hans Volkart (Bebelstr. 117). Auch ein Vertreter des Neuen Bauens, Richard Döcker, konnte hier kurz nach der nationalsozialistischen Machtübernahme noch zwei unauffällige Häuser planen (Stirnbrandstr. 8–10). Die den Kern der Siedlung bildenden Einfamilienhäuser wurden als sog. Kettenhäuser konzipiert: Je zwei Einheiten sind durch einen eingeschossigen Zwischentrakt verbunden. Der Typus des Kettenhauses verkörperte die NS-Volksgemeinschaftsideologie, die die Unterordnung des Einzelnen propagierte. Auch die Gestaltung der Bauten entsprach Grundsätzen nationalsozialistischer Siedlungsarchitektur; schlichten kubischen Baukörpern wurden Satteldächer aufgesetzt, Sprossenfenster mit Klappläden gliederten die schmucklosen Putzfassaden. Heute ist ein Großteil der Siedlung durch Umbauten und Renovierungen stark verändert.

104

Vogelsangschule
Paulusstraße 30
1958–61
Günter Behnisch, Bruno Lambart

Die Vogelsangschule gehört zu den ersten Bauten von Günter Behnisch, der damals in Bürogemeinschaft mit Bruno Lambart tätig war. Deutlich zeigt sich an der Schulanlage noch der Einfluss des Lehrers Günter Wilhelm, eines Pioniers des modernen Schulbaus in Südwestdeutschland. Vor allem zu Wilhelms wegweisender Silcherschule in Zuffenhausen-Rot (Nr. 235) finden sich zahlreiche Parallelen – nicht nur bei der Vogelsangschule, sondern auch bei anderen gleichzeitigen Schulbauten, so z. B. bei Hans Kammerers Steigschule in Bad Cannstatt (Auf der Altenburg 8). Wie die Silcherschule, so ist auch die Vogelsangschule eine Absage an die „Schulkaserne" früherer Jahrzehnte. Sie ist vielmehr Beispiel für eine – zumindest nach damaligen Vorstellungen – kindgerechte, „demokratische" Schule. Die Anlage ist vielfach gegliedert und kleinteilig. Die terrassierte Bebauung passt sich der für Stuttgart typischen Hanglage an. Jede Klasse besitzt ihr eigenes Haus. Die eingeschossigen, pavillonartigen Bauten sind locker auf dem Schulgelände verteilt. Als Zentrum dient ein höheres Gebäude mit Turnhalle und Aula, die sich über eine große Glasfläche zum Schulgelände öffnet. Die aus Beton und Backstein errichteten Klassenbauten besitzen flach geneigte, versetzte Pultdächer, die durch Oberlichtbänder eine optimale Beleuchtung der Klassenräume ermöglichen. Die Vogelsangschule gehört unter ästhetischen, städtebaulichen und funktionalen Gesichtspunkten sicherlich zu den besten Schulanlagen, die in den letzten Jahrzehnten in Stuttgart errichtet wurden.

105

Elisabethenkirche
Elisabethenstraße 21
1900–01
Joseph Cades

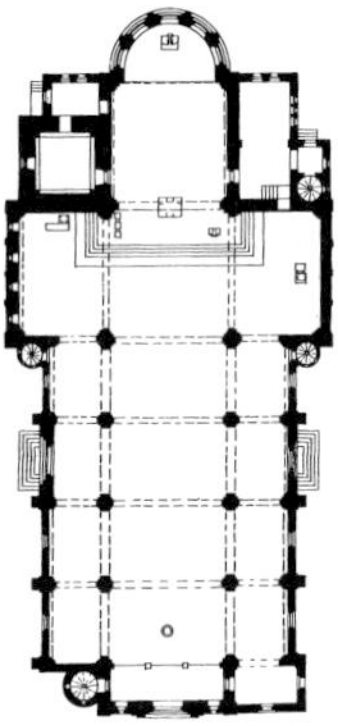

Zustand um 1900 (oben), 1991 (unten)

St. Elisabeth war eine der letzten historistischen Kirchen Stuttgarts, bevor der Sakralbau u.a. mit der Markuskirche (Nr. 137) und der Erlöserkirche (Nr. 176) neue stilistische Wege beschritt. Gleichzeitig war sie die erste katholische Kirche im Stuttgarter Westen. Ohne sich eindeutig festzulegen, griff der Architekt Joseph Cades zu Formen der Romanik und der deutschen Frühgotik; in der Grundrissdisposition orientierte er sich an der Abteikirche Maria Laach in der Eifel (11.–13. Jh.). In der Ecke zwischen Chor und linkem Querhaus steht der mit einem Zeltdach bekrönte quadratische Turm, dessen beide Glockengeschosse sich in Biforien- bzw. Triforienfenstern öffnen. Ein schlanker Rundturm mit Kegeldach flankiert die Nordfront mit ihrer Ädikulavorhalle. Der Materialkontrast von sichtbar belassenem Backstein und weißen Putzspiegeln prägt den malerischen äußeren Eindruck. Der Innenraum zeigt basilikalen Aufbau, überfangen von einem Kreuzgratgewölbe. Eine vierjochige Arkadenreihe leitet zum Chor, der in einer halbrunden Apsis endet. Nach schweren Kriegsschäden wurde die Kirche bis 1949 wiederhergestellt; eine purifizierende Überarbeitung des Inneren folgte 1969. Eine gründliche, Bauschäden und den als kahl empfundenen Raumeindruck behebende Renovierung nahmen 1988–89 die Architekten Matthias und Eva-Maria Kreuz vor. Die neue Farbgebung orientiert sich an der ursprünglichen Ausmalung. Als Lichtquellen dienen 22 filigrane Leuchter in Form von Fünfecksternen, die einen modernen Akzent setzen.

106

Schwabtunnel
Schwabstraße
1896
Karl Kölle

Zustand um 1900 (oben), 1991 (unten)

Der Schwabtunnel ist eines der bedeutendsten Verkehrsbauwerke der Stadt. Er wurde bei seiner Eröffnung im Jahre 1896 als erster Straßentunnel des Deutschen Reiches gefeiert; zugleich war er mit einem Querschnitt von 10,5 m zu der Zeit auch der breiteste Tunnelbau in ganz Europa. Er bot Platz für zwei Fußwege, zwei Fahrspuren für Fuhrwerke sowie für die Straßenbahn, die in der Mitte verkehrte. Der Tunnel wurde nach dem schwäbischen Dichter Gustav Schwab (1792–1850) benannt. Seine Aufgabe war die Schaffung einer schnellen Verbindung zwischen dem Stuttgarter Westen mit seinen zahlreichen Industriebetrieben und dem Arbeiterwohnort Heslach. Stadtbaurat Karl Kölle gestaltete den Tunnel seiner herausragenden Bedeutung entsprechend als städtisches Repräsentationsbauwerk; die Tunnelöffnungen, an die sich beidseitig Treppenaufgänge anschließen, wurden in Sandstein gefasst, die Wandfüllungen mit granitenem Zyklopenmauerwerk verziert. Den Bogenscheitel akzentuiert zu beiden Seiten ein Löwenkopf. Besonders aufwändig gestaltet ist die Tunnelöffnung auf Heslacher Seite. Über ihr thronen zwei allegorische Figuren, die das Stuttgarter Stadtwappen rahmen. Im Zweiten Weltkrieg diente das Bauwerk als Luftschutzraum und wurde vermauert. Der Schwabtunnel erfüllt noch heute eine wichtige Aufgabe im Stuttgarter Straßennetz.

107

Gebäude der Internationalen Bach-Akademie, ehem. Verlagshaus Enke
Johann-Sebastian-Bach-Platz 1
1878–79; 1983–84
L. W. Braunwald; Heinle, Wischer und Partner

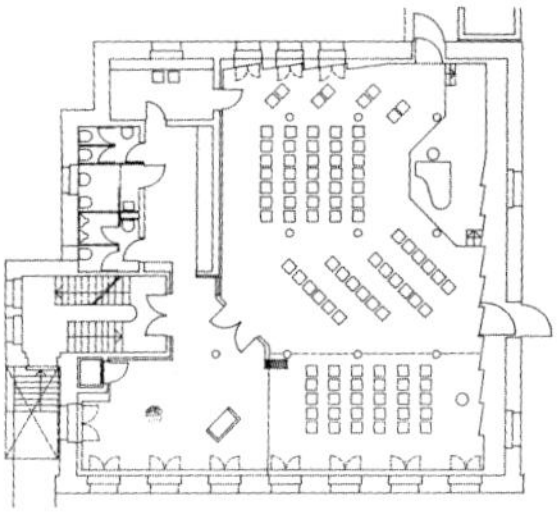

Grundriss 1. OG

Das Gebäude ist eines der prachtvollsten, in seinem Äußeren noch weitgehend erhaltenen großbürgerlichen Wohnhäuser des 19. Jhs. in Stuttgart. Seine Fassade ist ungewöhnlich reich gestaltet; als Stil wählte man, wie z. B. auch beim Mietshaus in der nahe gelegenen Hermannstraße (Nr. 111), Formen der italienischen Renaissance. Als Vorbild dienten hier Florentiner Palazzi des 16. Jhs. Die repräsentative Sandsteinfassade des viergeschossigen Gebäudes ist abwechslungsreich gegliedert. Die beiden unteren Geschosse sind in Quadermauerwerk ausgeführt. Die Rundbogenfenster des EG werden durch die Bogenquaderung akzentuiert; das mezzaninartige 1. OG weist schmale, paarweise zusammengefasste Rechteckfenster auf. Die hohen Fenster des 2. OG werden durch konsolenartige Verdachungen, ein beliebtes Element der Fassadengliederung italienischer Renaissance-Paläste, akzentuiert. Das 3. OG besitzt Rundbogenfenster, die durch paarweise eingestellte Wandsäulen getrennt sind. Ein Kranzgesims leitet zum flachen Walmdach über. 1982 zog die Internationale Bach-Akademie in das ehemalige Verlagshaus ein. In diesem Zusammenhang führte das Architekturbüro Heinle, Wischer und Partner eine grundlegende Sanierung sowie Umbaumaßnahmen durch. Im 1. OG wurde ein Konzertsaal eingerichtet, den Eingangsbereich sowie die Bibliothek und Phonothek im 2. OG gestaltete man neu. Eine Büste des Buchhändlers Alfred Enke über dem Eingang erinnert an die ehemalige Funktion des Gebäudes.

108

Ehem. Brauerei Bartner
Hasenbergstraße 1
1900
n. bek.

Die Durchmischung von Wohnungen und Arbeitsstätten ist seit dem 19. Jh. typisch für den Stuttgarter Westen. Die meisten Fabrikationsgebäude entstanden im Innern der Baublöcke, deren Hinterhöfe im Gegensatz zu anderen Großstädten, wie z. B. Berlin, nur selten überbaut waren. Sollte ein Fabrikgebäude an der Straße errichtet werden, musste der Bauherr die gleichen gestalterischen Anforderungen erfüllen wie bei einem Wohnhaus. Ein eindrucksvolles Beispiel hierfür ist die ehemalige Brauerei Bartner. Das Brauereigebäude mit seiner reichen Verwendung von bauplastischem Schmuck erweckt den Eindruck eines großbürgerlichen Mietspalastes. Der Baukörper ist in Klinkermauerwerk errichtet und aufwändig mit Werkstein verziert. Auffällig ist die Gliederung der hohen – heute durch den Einbau eines Ladens veränderten – EG-Zone mittels großer Rundbogenfenster. Ihre Schlusssteine sind in der Art barockisierender Kartuschen gestaltet. Ein Sohlbankgesims leitet zu den schlichter ausgeführten OG über. Der Baukörper wird durch ein mit Voluten verziertes Kranzgesims zum flachen Satteldach abgeschlossen. Ins Auge springt die große gestalterische Diskrepanz zwischen der prunkvollen Straßenfassade und den einfachen, schmucklosen Seiten- und Rückfronten, die durch den sog. Bauwich sichtbar gemacht wird. Diese ca. drei Meter breite Lücke zwischen den einzelnen Häusern war vorgeschrieben, da bis in die 70er Jahre des 19. Jhs. die brandgefährdete Fachwerkbauweise vorherrschte. Der Bauwich ist in den Straßenzügen des Stuttgarter Westens noch häufig zu beobachten.

109

Villa Knosp
Rotebühlstraße 72
1859–60
Josef Egle

Josef Egle, bekannt als Architekt der Marienkirche (Nr. 118), errichtete für den Fabrikanten und Mitbegründer der Badischen Anilin- und Sodafabrik (BASF), Rudolph Knosp, diese repräsentative Villa. Das „Knosp'sche Schlößle" ist einer der ältesten erhaltenen Villenbauten Stuttgarts. Der zweigeschossige, asymmetrisch angelegte Baukörper wird durch einen turmartigen Anbau mit spitzem Helm akzentuiert. Egle, Direktor der Stuttgarter Baugewerkschule, baute hier eines der ersten Wohngebäude in Massivbauweise, die erst 1874 im Ortsbaustatut der Stadt verbindlich vorgeschrieben wurde; zuvor hatte in Stuttgart bei Privathäusern der Fachwerkbau vorgeherrscht. Die Fassade der Villa Knosp lehnt sich, wie im Historismus üblich, an historische Bauformen an. Im Unterschied zu dem in jener Zeit gebräuchlichen italienischen Renaissance-Stil, zu finden etwa bei der Villa Berg (Nr. 149), wählte Egle hier eine für den Villenbau eher ungewöhnliche Fassadengestaltung: Sie orientiert sich an der niederländischen und norddeutschen Renaissance-Architektur des frühen 16. Jhs. Charakteristisch hierfür sind die Verwendung von roten Backsteinen sowie die mit Fialen verzierten Giebel. Fassungen und gliedernde Elemente sind in Werkstein ausgeführt. Die Villa Knosp, die heute von einem benachbarten Verwaltungsgebäude maßstäblich erdrückt wird, dient als Geschäftshaus.

110

Wohnhausgruppe „Privatstraße Knospstraße"
Knospstraße 1–11, 2–4; Rotebühlstraße 97–99
1902–04
Eisenlohr und Weigle

In der Rotebühlstraße befand sich die Farbenfabrik Knosp, aus der die BASF hervorging. Von dem Areal ist heute nur noch die Villa des Fabrikanten Rudolph Knosp (Nr. 109) erhalten. Dessen Witwe Sophie nutzte ihr großes Vermögen für ein reiches mäzenatisches Wirken. Gegenüber der Villa ließ sie eine kleine Siedlung anlegen. Für die Wohnhausgruppe wurde eine Privatstraße angelegt. Die Planung besorgte das damals führende Stuttgarter Architekturbüro von Ludwig Eisenlohr und Carl Weigle. Die dreigeschossigen Häuser aus gelblichem Sandstein zeigen eine für die Jahrhundertwende typische Vermischung historistischer Elemente mit vom Jugendstil beeinflussten Formen. Die Architekten kopierten hier nicht mehr, wie das im Historismus üblich gewesen wäre, exakt einen Stil; allerdings erkennt man deutlich eine Anlehnung an Profanarchitektur der deutschen Renaissance. Unterschiedlich geformte Dächer, Giebel, Erker, Loggien und Fenster sorgen für ein vielgestaltiges, malerisches Straßenbild. Am aufwändigsten wurden die Eckhäuser zur Rotebühlstraße ausgeführt. Zwei mit reichem Reliefschmuck versehene, auf Arkaden ruhende Vorbauten sorgen für die Betonung des Zugangs zur Knospstraße. Diese Torsituation gibt zusammen mit der einheitlichen Gesamtgestaltung und der überschaubaren Länge der Straße der Wohnanlage einen privaten Charakter. Zum Komplex gehört die von denselben Architekten entworfene frühere Höhere Handelsschule (Knospstraße 8). Nach Kriegsschäden wurden einige Häuser vereinfacht wiederhergestellt und Haus Nr. 5 durch einen schlichten Neubau der 50er Jahre ersetzt.

111

Mehrfamilienhaus
Hermannstraße 5
1872
Gottlieb Hofacker

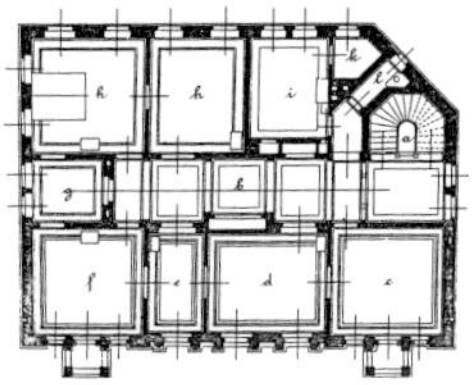

Grundriss "piano nobile"

Wie das nahe gelegene Gebäude Reinsburgstraße 8 (Nr. 113) wurde auch dieses Wohnhaus von einem Werkmeister erbaut. Es diente seinem Besitzer Gottlieb Hofacker nicht nur als Wohnung, sondern auch als „Aushängeschild" für sein Unternehmen. So erklären sich Pracht, Detailreichtum und Vielfalt der in Neorenaissanceformen gehaltenen Straßenfassade. Nach dem Vorbild von Palästen der Florentiner Renaissance erhielt das EG eine Rustikaverkleidung. Die Fenster der fünf Achsen weisen rundbogige Abschlüsse auf; die beiden äußeren Fenster werden, in der Art des nach dem Renaissance-Architekten Andrea Palladio benannten „Palladio-Motivs", von kleineren Rechteckfenstern flankiert. Das 1. OG hob Hofacker als „piano nobile" besonders hervor, u.a. mit zwei Balkonen; Halbsäulen, bekrönt von Kreissegmentgiebeln, rahmen die Balkontüren. Im 2. OG fassen kannelierte Wandpilaster die Fenster ein. Beim 3. OG wurde der plastische Schmuck sparsamer eingesetzt; dafür zeigt die Fassade hier reiche Sgraffitomalerei (d.h. Kratzputz). Ein mächtiges, überkragendes Konsolgesims bildet den horizontalen Abschluss. Wie üblich bei Wohnbauten des Historismus blieb die aufwändige Gestaltung der Straßenfassade vorbehalten. Jedes Geschoss nahm eine großbürgerliche Wohnung auf, deren sechs Zimmer um einen großzügigen Mittelflur angeordnet waren. Der nachträglich in die Fassade eingebrochene Eingang zu den Räumen eines Verlags, der das Gebäude heute nutzt, stört die Symmetrie der Fassade; das Portal befand sich ursprünglich an einer Schmalseite.

112

Bürogebäude der Allianz-Versicherung
Silberburgstraße 174; Reinsburgstraße 19
1899–1900; 1971–74
Eisenlohr und Weigle; Harald Deilmann

Altbau Silberburgstraße (oben), Neubau (unten)

Der neobarocke Versicherungspalast ist ein prägnantes Beispiel pompöser Architektur des Späthistorismus. Ein hoch aufragender Mittelrisalit, der von einer ionischen Kolossalordnung gegliedert und von einem Dreiecksgiebel bekrönt wird, beherrscht die Hauptfassade. Die bereits 1912 erforderliche Erweiterung durch zwei rückwärtig ansetzende Flügel nahmen Paul Heim und Jacob Früh in zurückhaltenderen Formen vor. Trotz ihrer Größe und ihres repräsentativen Pathos fügten sich die Altbauten in die Blockstruktur der Umgebung ein. Das Bürohaus, das in den 70er Jahren an der Reinsburgstraße errichtet wurde, lässt jede städtebauliche Sensibilität vermissen. Der aus höhengestaffelten Blöcken aufgebaute Hochhauskomplex riegelt die Parkanlage Karlshöhe rücksichtslos ab. Die architektonische Gestaltung, entworfen vom Münsteraner Architekten Harald Deilmann, repräsentiert die Bürohausarchitektur dieser Zeit. Vor die Aluminiumfassaden wurden schwarze Metallgerüste gehängt. Auch an der Allianz ging die städtebauliche Umorientierung der letzten Jahre nicht spurlos vorüber. Der Verwaltungskomplex beim Charlottenplatz (Nr. 62) beweist deutlich größeres Einpassungsvermögen.

113

Wohnhaus
Reinsburgstraße 8
um 1864
Eugen Haueisen

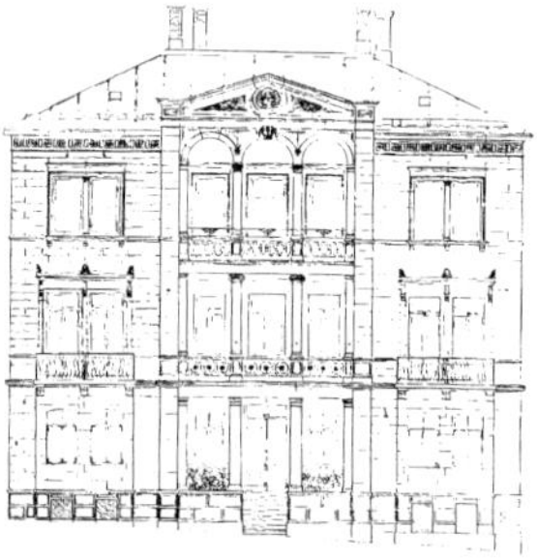

Die Reinsburgstraße war eine Hauptachse, entlang derer sich im 19. Jh. die Stadterweiterung in westlicher Richtung vollzog. Das Gebäude Nr. 8 errichtete sich der Werkmeister Haueisen als Wohnhaus. Werkmeister waren Bauunternehmer und Baumeister in einem; so diente das Wohnhaus auch als Visitenkarte des Unternehmens und besitzt deshalb eine bis ins Detail sorgfältig durchgestaltete Sandsteinfassade. Sie steht in der durch höfische Bauten der ersten Jahrhunderthälfte geprägten klassizistischen Tradition. Ein überhöhter, leicht vorspringender Mittelrisalit wird von einem flachen Dreiecksgiebel bekrönt. In allen drei Geschossen öffnet sich der Mittelrisalit zu Loggien. Jeweils vier eingestellte Säulen enden in Kapitellen, die im 2. OG zu Rundbögen überleiten. Besonders repräsentativ ist das 1. OG gestaltet, wo jede Doppelfenstergruppe über einen Balkon mit zierlicher gusseiserner Brüstung verfügt. Die aufwändige Sandsteinausführung beschränkt sich auf die Straßenfront. Da die Stuttgarter Bauordnung einen rund drei Meter breiten Zwischenraum zu den Nachbarhäusern vorschrieb, ist die Diskrepanz zwischen Schauseite und Nebenseiten unübersehbar. Dieses Beispiel eines repräsentativen, von Adelsvillen beeinflussten Bürgerhauses sollte in den 1970er Jahren abgerissen und konnte erst in letzter Minute gerettet werden. Der neue Besitzer ließ es als Bürohaus aufwändig restaurieren.

114

Bürogebäude der Hamburg-Mannheimer-Versicherung mit ehem. Tankstelle
Marienstraße 42
1952–54
Paul Weber (Bürogebäude), Wilhelm Ritter von Graf (Tankstelle)

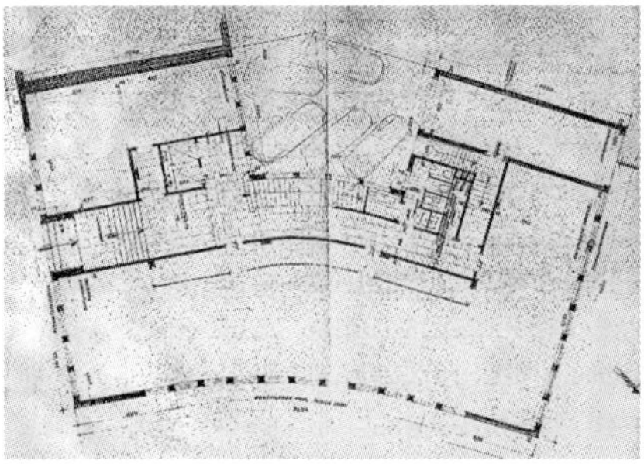

Grundriss Normalgeschoss

Das Versicherungsgebäude zeigt eine interessante Ecklösung. Es tritt von der Grundstücksspitze zurück und hat eine nach innen gewölbte Hauptfassade. Die Nutzung der gewonnenen Freifläche durch Überbauung mit einer Tankstelle überrascht heute, für die motorisierungseuphorischen 50er Jahre war sie nicht ungewöhnlich. Trotz neuer Nutzung präsentiert sich die frühere Tankstelle noch in ihrer schwungvollen Großform. Die Kombination brachte dem Bürogebäude einen Nachteil: Der Eingang musste zur Marienstraße gelegt werden und wirkt wenig repräsentativ. Bis zum 5. OG ist der mit grauen Steinplatten verkleidete Stahlbetonskelettbau von konsequent geschlossener Form. Einziges plastisches Gestaltungselement sind die Steinrahmen der uniformen, als regelmäßiges Raster die Fassaden überziehenden Fenster. Monumentalität und Strenge lockern sich erst in der Dachzone. Das oberste Geschoss ist zurückgesetzt, ganz durchfenstert und hat abgerundete Ecken; auf ihm sitzt eine in den 50er Jahren beliebte überkragende Dachplatte. Der besonders für Versicherungen tätige Stuttgarter Architekt Paul Weber orientierte sich beim „Hamburg-Mannheimer"-Haus sichtlich an einem Berliner Behördengebäude der frühen 30er Jahre, einem Bau Emil Fahrenkamps am Hohenzollerndamm 174–177. Ein wichtiger Unterschied besteht jedoch: In Berlin liegt der Eingang in der Mittelachse der konkaven Hauptfassade. So ist es vor allem die Kombination des repräsentativen Bürogebäudes mit der dynamisch-eleganten Tankstelle, die das Zeittypische des Stuttgarter Gebäudekomplexes ausmacht.

115

Siedlung Aspen

Gänßleweg, Umgelterweg
1963–66
Hans Kammerer, Walter Belz und Partner, Hans-Werner Schliebitz

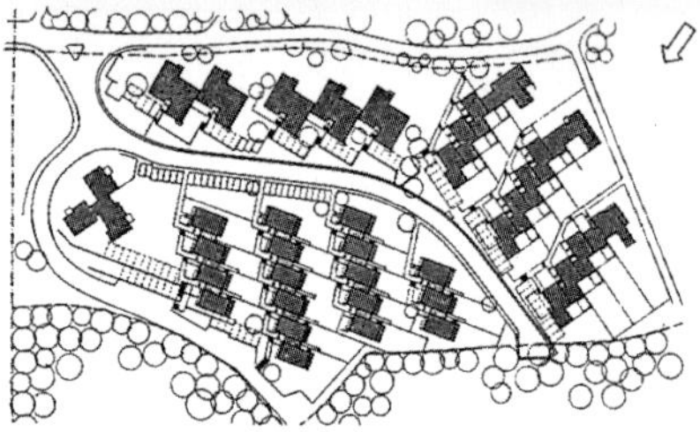

Seit Mitte der 60er Jahre entwickelte sich Botnang zu einer begehrten Wohnlage. Rings um den alten Ortskern entstanden Neubaugebiete wie Laihle (1968–72), Spitalwald (1970–75) oder Belau (1978–84). Das erste größere Neubauvorhaben, am südwestlichen Ortsrand im Gewann „Aspen" gelegen, sollte das städtebaulich gelungenste bleiben. In einer Waldschneise am Hang über dem Botnanger Tal ließ die Württembergische Heimstätten GmbH für Landesbeamte eine Eigentums-Wohnanlage errichten. Zur Aspen-Siedlung gehören 51 Wohnungen mit Wohnflächen ab 90 m^2. Sie verteilen sich auf ein siebengeschossiges Punkthochhaus, das zugleich als Dominante der Siedlung fungiert, und dreigeschossige Mehrfamilienhäuser. Dazu kommen 31 Reihenhäuser, die zu Zeilen von drei bis sechs Einheiten zusammengefasst sind. Alle Wohnungen und Häuser öffnen sich über großzügige Fensterflächen, Loggien, Balkone und Terrassen der Landschaft. Die Einpassung in die Umgebung war eine – Mitte der 60er Jahre noch nicht selbstverständliche – Vorgabe für die architektonische Gestaltung. Dazu zählt die Höhenstaffelung ebenso wie die Fassadenverkleidung mit schieferfarbenen Schindeln aus Eternit. Ob diese Verkleidung, von den Architekten bewusst auf den umgebenden Wald bezogen, glücklich gewählt ist, sei dahingestellt. Der Kontrast der dunklen Schindeln mit weißen Putzflächen und Balkonbrüstungen wirkt zu hart. Die durchweg flach gedeckten Häuser wurden in Mauerwerksbauweise unter Verwendung von Beton-Fertigteilen erstellt. Trotz der Gliederung und der Einpassung in die Landschaft vermittelt die Wohnanlage ein akurat-strenges Gesamtbild, rechte Winkel und kubische Formen dominieren.

116

Wohnhaus

Mittlerer Bauernwaldweg 72
2004–05
Alexander Brenner

Das Äußere des an einem steilen Nordhang errichteten Einfamilienhauses erscheint wie ein Konglomerat rechtwinkliger geometrischer Formen. Hinter einem die Grundstücksbreite einnehmenden Tor mit integrierten Carports und Abstellräumen sind von der Straßenseite aus drei weiß verputzte, kubische Elemente erkennbar, eine graue in den südöstlichen Quader horizontal einschneidende Betonscheibe, die den Eingang markiert, sowie ein hoher weißer Kamin. Dieser durchstößt das rote, als Terrasse nutzbare Ziegeldach und setzt einen vertikalen Akzent. Zwischen die verputzten Wände sind Glasmembranen gespannt, die den Wohnraum visuell ins Freie ausdehnen. Umgekehrt wird durch die teilweise öffenbare Verglasung die Landschaft in den Wohnbereich einbezogen. Im Inneren befinden sich zwei Geschosse, die mit einer halbgewendelten Treppe verbunden sind. Um diese sind – orthogonal, wenngleich nicht streng symmetrisch – die Wohnräume angeordnet. Ein Dachoberlicht versorgt nicht nur den hallenartigen Treppenaufgang mit Tageslicht, sondern auch die auf der Nordseite gelegenen Räume des EG und den zur Treppe hin offenen, talseitigen Raum im UG. Zentral ist der große Wohnraum mit nach Süden orientiertem Koch- und Essbereich im EG. Davon weitgehend separiert sind Schlaf-, Sanitär- und Arbeitsbereich auf der selben Ebene wie auch Gäste- und Kinderzimmer im UG. Klare, sachliche Elemente und Linien dominieren die abwechslungsreich gestaltete Architektur und verweisen auf die Klassische Moderne. Die Formensprache fügt sich gleichermaßen selbstbewußt wie selbstverständlich in die architektonisch banale Nachbarschaft ein. In Botnang befinden sich weitere Bauten Alexander Brenners im Mittleren Kirchhaldenweg 1A und 1B, 3 und 21 sowie in der Kaufmannstraße 7.

117
Schloss Solitude
Solitude 1
1764–67
Johann Friedrich Weyhing, Nicolas Guibal; Philippe de la Guêpière

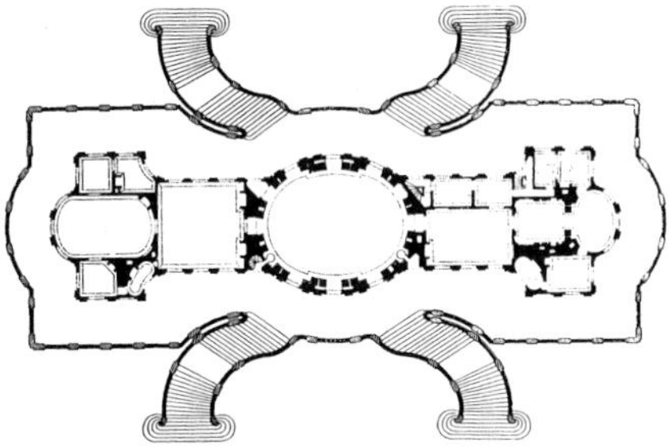

Zustand vor 1944 (oben), Grundriss 1. OG (unten)

Weißer Saal um 1960

Das in beherrschender Lage auf einem Bergrücken thronende Lustschloss gehört zu den wichtigsten Schöpfungen des deutschen Spätbarock. Die ursprünglich weitläufige Anlage wurde für Herzog Carl Eugen von Württemberg (1728–93) errichtet, der auch maßgeblich an den Planungen beteiligt war. Der heute erhaltene Kernbau war ganz im Sinne des barocken Repräsentationsverständnisses von aufwändigen Gartenanlagen mit Festbauten, Lusthäusern, Orangerien und zahlreichen Nebengebäuden umgeben. Durch eine schnurgerade Straße wurde eine Verbindung mit den Garten- und Schlossanlagen im 13 km entfernten Ludwigsburg geschaffen. Nach dem Tod Carl Eugens verfiel die Anlage. Heute sind nur noch das Lustschloss mit den beiden südlichen Nebengebäuden sowie mehrere in einer Halbovalgruppe angelegte Pavillons erhalten. Diese wurden von Baumeister Johann Friedrich Weyhing und Hofmaler Nicolas Guibal ausgeführt, die auch den Fachwerkrohbau des Schlosses erstellten; Oberbaudirektor Philippe de la Guêpière übernahm 1766 die Bauleitung. Solitude ist nach dem Vorbild hochbarocker Lustschlösser erbaut; über einem hohen Sockelgeschoß erhebt sich die Beletage, die von einer breiten, auf Arkaden ruhenden Terrasse umgeben wird. Auf sie führen beidseitig zwei symmetrische, geschwungene Treppenanlagen. Zentraler Baukörper ist der quer ovale, durch Oberlichter überhöhte Pavillon mit Kuppel und Belvedere. An ihn schließen sich symmetrisch eingeschossige Flügel an. Die Fassade wird durch frühklassizistisch zurückhaltende Formen gegliedert. Flache toskanische Pilaster mit hohem Gebälk prägen die Seitenflügel. Die Rechteckfenster werden durch Stuckaturen zu Rundbogeneinheiten zusammengefasst. Das Innere des Schlosses wurde großteils von de la Guêpière prachtvoll ausgestattet und bis 1770 durch Reinhard Ferdinand Heinrich Fischer vollendet. Das Raumprogramm besteht aus einer Flucht von Sälen, um die sich verschiedene Kabinette und Nebenzimmer gruppieren. Zentraler Raum ist der ovale „Weiße Saal", der den ganzen Mittelpavillon einnimmt. Beherrscht wird der Salon durch das monumentale allegorische Deckengemälde von Guibal. Es hat als Thema den Wohlstand und das Wohlergehen des Landes Württemberg, bewirkt durch die Tugenden seines Fürsten. Der „Weiße Saal" und der benachbarte „Marmorsaal" unterscheiden sich durch ihre repräsentative, feierliche Dekoration in klassischem „griechischen Geschmack" von den übrigen, intimer gestalteten Räumen in sparsamen Rokoko-Formen. Die beiden lang gezogenen, kreissegmentförmigen Nebengebäude, der Kavaliersbau im Osten und der Offizienbau im Westen, sind betont einfach gestaltet. Im EG des Kavaliersbauflügels ist die in frühklassizistischen Formen gehaltene Schlosskapelle untergebracht. Infolge der überstürzten Fertigstellung des Schlosses zeigten sich schon früh beträchtliche Bauschäden. Durchgreifende Sanierungsarbeiten erfolgten in den 1970er und 80er Jahren. Die Nebengebäude wurden bis 1991 unter der Regie des Staatlichen Hochbauamtes Ludwigsburg zur „Akademie Schloss Solitude" umgebaut. Neben 47 Ateliers entstanden eine Bibliothek, ein Vortragssaal sowie zwei Restaurants.

Vogelsang/
Westbahnhof
Hasen-
berg
Hasenbergsteige
Blauer Weg
Rebenreute
Hohentwielstr.
Gebelsbergstr.
Böblinger Str.
Burgstallstr.
Möhringer Str.
Böheimstr.
Reinsburgstr.
Augustenstr.
Rotenwaldstr.
Rotenwaldstr.
Herderstr.
Bismarckstr.
Bismarckpl.
Leipziger Pl.
Vogelsangsch.
Paulusstr.
Herweghstr.
Ludwigstr.
Gutenbergstr.
Schwabstr.
Röteestr.
Osianderstr.
Rocken-wiesenstr.
Sportpl.
Am Stellwerk
Bachwiesenstr.
Südheimer Pl.
Burg-stall
Heslacher
Viereichen-
hautunnel
Viereichen-
hau
Auf der
Dornhalde
Ehem.
Burg
Dornhalden-
Friedhof
Dolmetsch-Str.
W.-Hauff-
Sch.
124
126
127
128
129

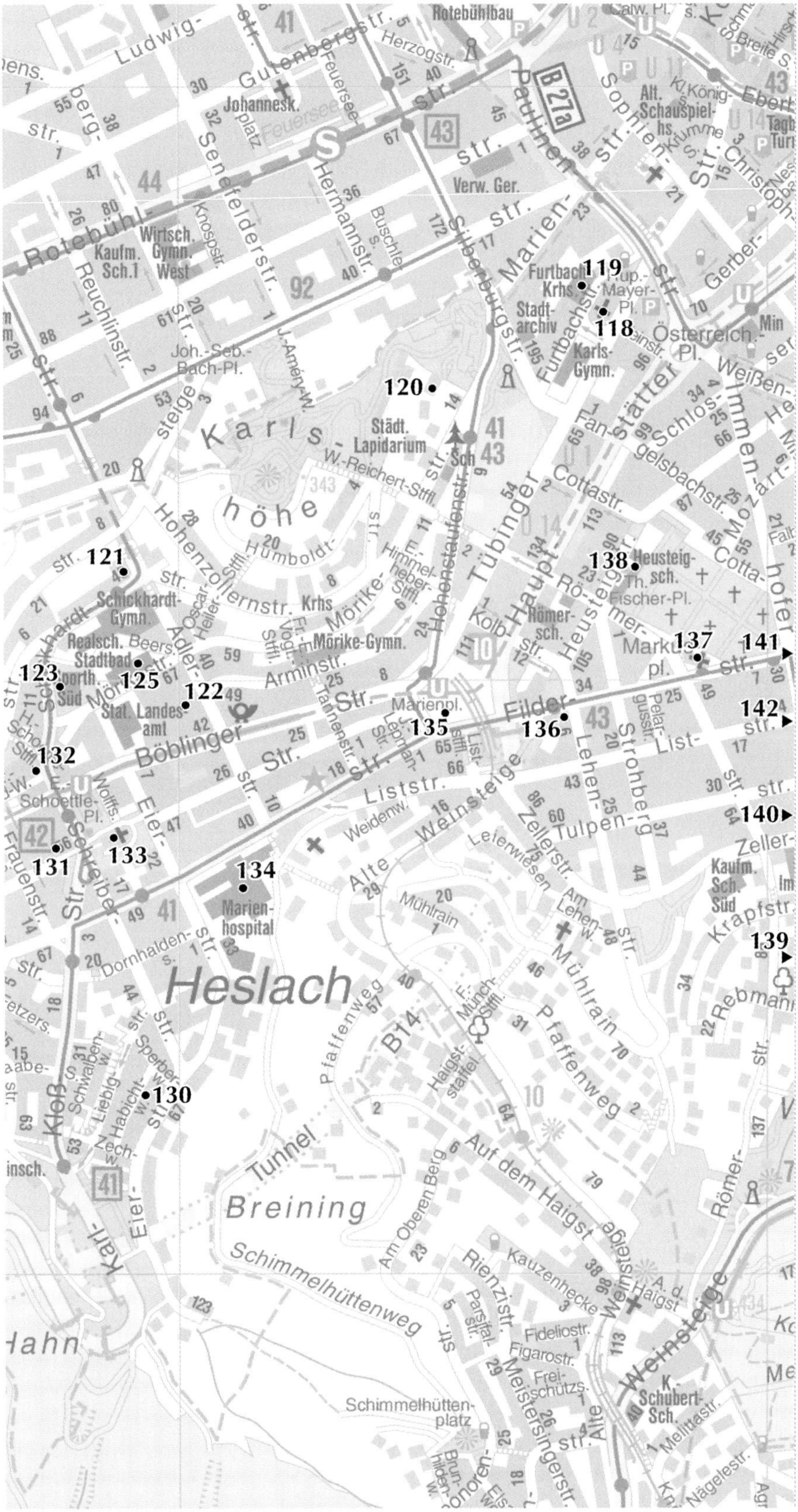
Rotebühlbau
Herzogstr.
Ludwig-
Gutenbergstr.
Johannesk.
Feuersee
Feuersee-platz
Hermannstr.
Senefelderstr.
Paulinenstr.
B 27a
Verw. Ger.
Sophienstr.
Alt. Schauspielhs.
Kl. Königs.
Christophstr.
Gerberstr.
Rotebühlstr.
Wirtsch. Gymn. West
Kaufm. Sch. 1
Reuchlinstr.
Knospstr.
Buschlestr.
Silberburgstr.
Marienstr.
Furtbach Krhs.
Stadtarchiv
Furtbachstr.
Karls-Gymn.
Rup.-Mayer-Pl.
Österreich. Pl.
119
118
120
Joh.-Seb.-Bach-Pl.
J.-Arnim-W.
Städt. Lapidarium
Karlshöhe
W.-Reichert-Stffl.
Hohenstaufenstr.
Tübinger
Hauptstätter
Cottastr.
Fangelsbachstr.
Schlosstr.
Mozartstr.
Immenhofer
Weißenburg-
Hohenzollernstr.
Humboldtstr.
Krhs.
Mörike-
Mörike-Gymn.
E.-Himmelheber-Stffl.
Schickhardt-Gymn.
Realsch.
Stadtbad
Sport. Süd
Stat. Landesamt
Oscar-Heller-
Adlerstr.
Arminstr.
Tannenstr.
Böblinger Str.
Marienpl.
J.-Lepman-Str.
Filderstr.
Heusteig-sch.
Th.-Fischer-Pl.
Römer-sch.
Römerstr.
Heusteigstr.
Markuspl.
Kolbstr.
121
123
125
122
132
135
136
137
138
141
142
140
139
131
133
134
130
Schoettle-Pl.
Wolffstr.
Eierstr.
Frauenstr.
Schreiberstr.
Liststr.
Weidenw.
Alte Weinsteige
Zellerstr.
Lehenstr.
Strohberg
Tulpenstr.
Leierwiesen
Am Lehenw.
Mühlrain
Pelargusstr.
Kaufm. Sch. Süd
Krapfstr.
Rebmann
Marienhospital
Heslach
Dornhaldenstr.
Pfaffenweg
B14
F.-Münch-Stffl.
Haigststaffel
Sperberstr.
Schwalbenw.
Liebigw.
Habichtw.
Zechw.
Kloßstr.
Karl-
Tunnel
Breining
Auf dem Haigst
Römerstr.
Schimmelhüttenweg
Am Oberen Berg
Rienzistr.
Parsifalstr.
Kauzenhecke
Weinsteige
Fideliostr.
Figarostr.
Freischützstr.
Meistersingerstr.
Schimmelhüttenplatz
Brunhildenw.
Alte str.
K. Schubert-Sch.
Melittastr.
Nägelestr.
Hahn

118

Marienkirche

Pater-Rupert-Mayer-Platz, Tübinger Straße 36
1871–79
Josef Egle

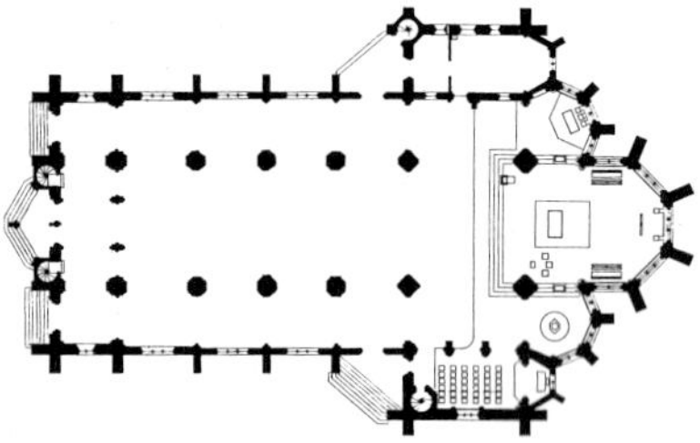

Die Marienkirche war Stuttgarts erster katholischer Kirchenneubau nach der Reformation. Der imposante Sandsteinbau stand ursprünglich frei am südlichen Rand der Innenstadt. Inzwischen ist er von Verwaltungsgebäuden umstellt und durch die in unmittelbarer Nähe vorbeiführende Hochstraße seiner städtebaulichen Wirkung beraubt. Die Marienkirche ist ein typisches Beispiel des Historismus. Josef Egle nahm sich vor allem die frühe deutsche Gotik des 13. Jhs. zum Vorbild. Die Hauptfassade weist mit ihren drei Portalen, der Fensterrose und den beiden schlanken, hoch aufragenden Doppeltürmen die wesentlichen Bestandteile einer gotischen Kathedralfassade auf. Das Langhaus führt zu einem polygonal geschlossenen, reich durchfensterten Chor. Das einschiffige Querhaus nimmt Sakristei und Sakramentskapelle auf. Kräftige Pfeilerreihen teilen das Langhaus in drei gleich hohe Schiffe. In der Ausbildung des Innenraums als Halle, in der Form der Türme und anderen Details zeigt sich die Orientierung an deutschen Vorbildern, so an der 1235–83 erbauten Elisabethenkirche in Marburg. Im Zweiten Weltkrieg erlitt der Sakralbau schwere Schäden. Das eingestürzte Gewölbe des Langhauses wurde bis 1949 durch eine den Raumeindruck verändernde flache Holzdecke ersetzt; die Ansatzstellen der Gewölberippen sind noch deutlich erkennbar. Die historistische Ausstattung und die Fenster gingen verloren. Die Wiederherstellung wurde erst 1971 mit der Neugestaltung des Chorraums abgeschlossen.

119

Furtbachhaus

Furtbachstraße 6
1905
Heinrich Dolmetsch

Zustand 1991 (oben), um 1920 (unten)

Das Gebäude wurde 1905 als Vereinshaus des Christlichen Vereins Junger Männer (CVJM) errichtet. Mit seinen rund 80 Pensionszimmern, einem großen Festsaal und einem Schwimmbad verfügte das Haus über eine beinahe luxuriöse Ausstattung. Der lang gestreckte Baukörper in der Tradition großer Wohn- und Geschäftshäuser der Jahrhundertwende wird durch den beherrschenden Eckturm sowie flache Risalite gegliedert. Die orangefarbene Klinkerverkleidung, die mit hellen Putzflächen wechselt, korrespondiert mit der grünen Kupferhaut des Turmhelmes. Die voluminösen Portalsäulen des mittleren Bauteils mit ihren verzierten Kapitellen stehen in reizvollem Kontrast zu der flächigen Fassadengestaltung in sparsamen Jugendstilornamenten. War schon im Ersten Weltkrieg im CVJM-Heim ein Lazarett untergebracht, so überließ der Verein der Stadt Stuttgart 1939 das Gebäude zur Nutzung als Krankenhaus. Das Furtbachhaus wurde im Zweiten Weltkrieg beschädigt. Beim Wiederaufbau wurde der Mittelteil bis auf das EG neu errichtet. Der schlichte Baukörper orientiert sich durch aufgemalte Vertikalstreifen an den Klinkerbändern des Altbaus. Der Festsaal wurde in den Nachkriegsjahren vielfältig genutzt; so tagte hier von 1946–48 der Landtag von Württemberg-Baden. Später wurde der Komplex erneut als Klinik genutzt.

120

Villa Gemmingen

Mörikestraße 12
1909–11
Albert Eitel

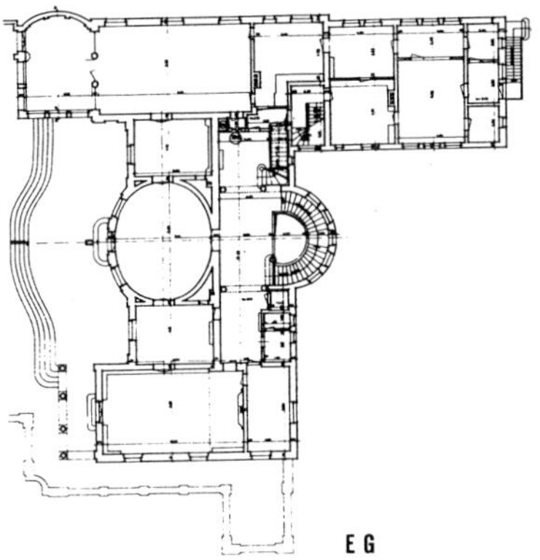

E G

Zustand vor 1933 (oben), Grundriss 1983 (unten)

Die Villa liegt, weit von der Straße zurückgesetzt, in bester Wohnlage am Rand der Karlshöhe. Das Gebäude setzt sich aus einem rechteckigen Mitteltrakt, der von einem Oval durchdrungen wird, und zwei Seitenflügeln zusammen; das Wirtschaftsgebäude liegt am Fuß des Hanges. Das herrschaftliche Anwesen ist noch ganz im Sinne des Historismus gestaltet. Anders jedoch als z.B. bei der fast zeitgleich im Stil der italienischen Frührenaissance errichteten Villa Bosch (Nr. 171) wurde hier die vereinfachte Form eines spätbarocken Lustschlosses gewählt. Neben dem plastischen Schmuck wird dies besonders an dem erhöhten, kuppelüberwölbten Mitteloval der Gartenfront deutlich. Dieser mit einer Balustrade versehene beherrschende Bauteil erinnert an die beiden von Philippe de la Guêpière für Herzog Carl Eugen errichteten Lustschlösser Monrepos in Ludwigsburg und Solitude (Nr. 117). Ein ähnliches Gestaltungselement verwandte Albert Eitel schon wenige Jahre zuvor beim Bau des Alten Schauspielhauses (Nr. 15). Der Rondellsaal öffnet sich über eine geschwungene Freitreppe zum weitläufigen Park. Als eines der wenigen Häuser an der Karlshöhe hat die Villa Gemmingen unbeschadet den Krieg überstanden und verfügt im Wesentlichen noch über die originale Ausstattung. Dennoch lange Jahre vom Abriss bedroht, wurde sie 1982 durch die Architek-tengemeinschaft Perlia, Schliebitz und Schwarz saniert. Sie war zwei Jahrzehnte lang Sitz des Landesdenkmalamtes und wird heute privat genutzt.

121

Mietshausgruppe

Schickhardtstraße 43–47
1903–05
Emil und Paul Kärn

Obwohl in Immobilien-Anzeigen fast jedes Gebäude der Jahrhundertwende als „originales Jugendstilhaus“ angepriesen wird, sind echte Beispiele der Jugendstilarchitektur in Stuttgart selten. Allerdings finden sich an vielen dem Historismus zuzuordnenden Bauten vom Jugendstil inspirierte Dekorationselemente. Eine Wohnhausgruppe am Südportal des Schwabtunnels (Nr. 106) ist eines der wenigen Beispiele für einen homogenen Jugendstilbau. Das Ensemble besitzt durch die Lage an einer Biegung drei Straßenfassaden. Wäre wenige Jahre zuvor, im Historismus, nur eine symmetrische Anlage vorstellbar gewesen, so setzten die Architekten hier gezielt auf asymmetrische Auflockerung. So nimmt z.B. der Erker des Mittelbaus nicht die Fassadenmitte ein; die beiden abgeschwenkten Flügel unterscheiden sich in zahlreichen Details. Die reich verzierten und gegliederten Sandsteinfassaden erhalten durch sparsam eingesetzte Putzflächen zusätzliche Akzente. Zahlreiche fantasievolle, verspielte Details und Ornamente geben der Hausgruppe ihr unverwechselbares Gesicht. Der prachtvolle Erker des Mittelbaus ruht auf dem Hochrelief eines Wassermanns, dessen Bart und Haare mit den Wellen einen wilden Strudel bilden. Die Wandvorlagen, die das 1. und 2. OG zusammenfassen, werden von schwellenden floralen Formen oder von weiblichen Brustbildern bekrönt, über denen der Kopf einer Raubkatze aus der Wand springt.

122

Mörikehof

Böblinger Straße 52, 54, Adlerstraße 31
1863–64, 1897–98, 1911; 1989–91
G. Zimmermann, Albert Schiller, Wittmann und Stahl; Christa und Walter Zimmermann

Böblinger Straße (oben), Haus Nr.52, 1898 (unten)

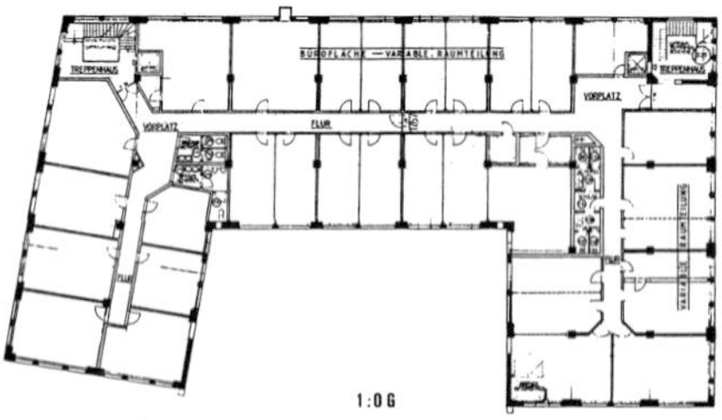

Adlerstraße 31

Der Mörikehof liegt auf dem ca. 6000 m² großen Gelände der ehemaligen Briefumschlag- und Papierfabrik Eugen Lemppenau. Die Verlagerung dieses Betriebs bot die Möglichkeit einer Neustrukturierung des Fabrikareals. Durch den Abriss mehrerer Gebäude wurde eine umfassende Blockentkernung durchgeführt; die Anlage einer ausgedehnten Grünzone stellt eine Verbindung mit vorhandenen Grünflächen in der Umgebung her. Die drei verbliebenen, denkmalgeschützten Gebäude wurden durch Christa und Walter Zimmermann restauriert und durch umfassende Umbaumaßnahmen einer neuen Nutzung zugeführt. Das fünfgeschossige ehemalige Fabrik- und Verwaltungsgebäude Böblinger Straße 52 (1897–98, Architekt: Albert Schiller) weist an seiner schmalen Straßenfront eine reich gegliederte, qualitätvolle Schaufassade in historisierenden Formen auf. EG und 1. OG werden durch eine rustizierte Werksteinfassade sockelartig zusammengefasst. Die übrigen OG sind in ockerfarbenem Backstein ausgeführt, der durch Werksteingliederungen belebt wird. Die Straßenfront beherrscht ein reich gegliederter, dreigeschossiger Mittelerker. Rückwärtig an den Hausteil zur Böblinger Straße, der ursprünglich Verwaltungsräume aufnahm, schließt sich ein schlichter, lang gestreckter Trakt an, in dem Fabrikationssäle eingerichtet waren. Heute nimmt das Gebäude das Statistische Landesamt auf. Das benachbarte, zweigeschossige Haus Böblinger Straße 54 (1863–64, Architekt: G. Zimmermann) wurde für den Weingärtner David Holzwarth errichtet. Der Putzbau mit massivem EG und Fachwerk-OG ist, typisch für die ursprüngliche Vorstadtbebauung, giebelständig ausgeführt. Das weitgehend im Originalzustand erhaltene älteste Gebäude in der Böblinger Straße ist das seltene Beispiel eines Weingärtnerhauses (vergleiche Nr. 263, 275) im heutigen Innenstadtbereich. In ihm sind Büros untergebracht. Das viergeschossige Gebäude Adlerstraße 31 (1911, Architekten: Wittmann und Stahl) ist in einer Stahlkonstruktion erstellt. Hohe Rechteckfenster bestimmen die schlichte Straßenfassade, die durch Lisenen gegliedert wird. Das EG ist mit Kunststein verblendet; die – in den OG verklinkerten – Hauptlisenen sind im Bereich des breiten EG-Architravs mit Medaillons verziert. Die Darstellungen verweisen auf den Bauherrn und die Funktion der Fabrik: Sie zeigen abwechselnd die Initialen „ELS" (Eugen Lemppenau Stuttgart) sowie das Relief eines Brief schreibenden Puttos. Der Südflügel des Gebäudes wurde zur günstigeren Belichtung abgerissen. Unter dem gesamten Areal, das nun neben Gewerbeflächen und Büroräumen 26 Wohnungen aufnimmt, wurde eine Tiefgarage mit 92 Plätzen angelegt. Der Mörikehof ist ein gelungenes Beispiel der Umwandlung eines nicht mehr zeitgemäßen innerstädtischen Fabrikareals in ein modernes Dienstleistungszentrum.

123

Schichardt-Sporthalle
Schickhardtstraße 26
1981–83
AP Plan (Brunnert, Mory, Osterwalder, Vielmo)

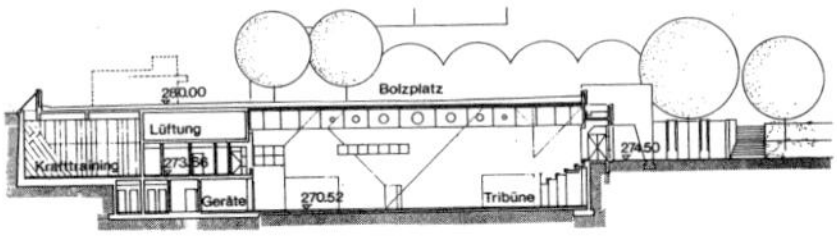

Die zum Schickhardt-Gymnasium gehörende Sporthalle liegt an einem Hanggrundstück. Die Architekten nahmen auf diese Geländesituation Bezug und betteten drei Seiten des Gebäudes in den Hang ein. Die Halle hat die Maße 45 x 27 m und ist dreifach unterteilbar; zusätzlich kann sie bis zu 350 Zuschauer aufnehmen. Das begehbare Dach der in Stahlbeton errichteten Sporthalle wurde bepflanzt, so daß die Grünfläche des Grundstücks weitgehend wiederhergestellt wurde. Eine Ebene tiefer legte man eine weitere Grünzone an; hier befindet sich der Eingang für die Sporttreibenden und die Zuschauer sowie ein Kinderspielplatz. Der Niveausprung zwischen den beiden Grünbereichen stimmt im wesentlichen mit der Längsachse der Sporthalle überein, die sich so zurückhaltend nach außen abzeichnet. Die Fassade dieser Bruchkante ist aus Verblendziegelmauerwerk, das wie eine Stützmauer wirkt. Ihr ist eine filigrane Pergolakonstruktion vorgelagert, die mit Rankwerk bepflanzt wurde; sie läßt die Gebäudemasse noch weiter zurücktreten. Die Schickhardt-Sporthalle ist ein Beispiel für landschaftschonendes, integrierendes Bauen, bei dem die Architektur mit den topographischen Vorgaben eine reizvolle Verbindung eingeht und einer der bemerkenswertesten Stuttgarter Sportbauten der letzten Jahrzehnte.

124

Wasserwerk Hasenberg
Hasenbergsteige 51
1872–74; um 1900–08
Karl von Ehmann, Hermann Zobel

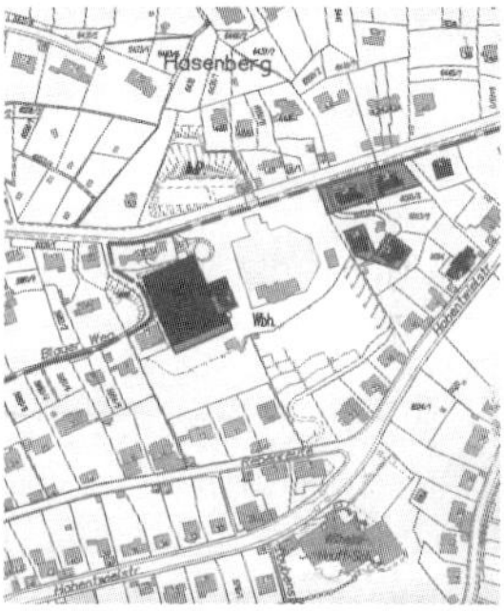

Das vom königlichen Bauamt der Brunnengemeinschaft errichtete Wasserwerk wurde aus den Parkseen, v. a. aus dem Pfaffensee, gespeist und belieferte die Haushalte mit Kochwasser – die Trinkwasseraufbereitung erfolgte erst seit den 1920er Jahren. Neben einer gleichbleibenden Wasserqualität garantierte es zudem eine ausreichende Wassermenge zu Feuerlöschzwecken. Das Ensemble besteht aus einem Wärterhaus, einer Messstation, dem Filterbecken und einer Pumpstation. Das Wärterwohnhaus von 1874, ein zweieinhalbgeschossiges Gebäude mit gekreuztem Krüppelwalmdach, ist im damals beliebten Schweizerhaus-Stil errichtet. Es besitzt einen hohen Werksteinsockel mit Backsteinfassade und teilweiser senkrechter Brettschalung. Ihm benachbart liegt die später leicht veränderte Halle der Pumpstation, ein dreiachsiger Bau mit Bachsteinfassade über einem Werksteinsockel. Im Westen schließt sich die um 1900 erbaute, überwölbte und nach oben begrünte Langsamfilteranlage an. Sie gibt sich dem Betrachter nur durch niedrige, aus rustiziertem Werkstein gemauerte Umfassungswände mit eingeschnittenen Luken zu erkennen. An der Südwestecke der Filteranlage befindet sich die ebenfalls um 1900 errichtete Messstation. Der zweigeschossige Flachbau ist im EG aus Backstein erbaut, das OG mit Holz verkleidet. Die am EG angebrachte Uhr dient zur Messung des Wasserstandes im Filterbecken. Das älteste noch weitgehend im Originalzustand erhaltene Stuttgarter Wasserwerk, zugleich ein technikhistorisches Ensemble von herausragender Bedeutung, dient heute als Vorratsbehälter zur Versorgung der Stadtmitte und des Westens.

125

Stadtbad Heslach
Mörikestraße 62
1927–29
Friedrich Fischle, Franz Cloos

Schwimmhalle um 1930 (unten)

Das Stadtbad Heslach galt bei seiner Eröffnung als größte und modernste Badeanstalt Deutschlands. An einen viergeschossigen kubischen Kopfbau aus Stahlbeton, der mit einer roten Klinkerfassade verkleidet ist, schließt sich der langgestreckte, flachgedeckte Baukörper der Schwimmhalle an. Seine ebenfalls mit Klinkern verkleidete Fassade wird durch Strebepfeiler aus Beton untergliedert, die zugleich auf das Konstruktionsprinzip des Halleninneren verweisen; sie übernehmen die Horizontalkräfte der parabelförmigen, weitgespannten Stahlbetonbinder. Diese wurden sichtbar belassen und sorgen so für einen expressiven, dynamischen Raumeindruck, der in einem spannungsreichen Kontrast zur nüchternen Fassade steht. Belichtet wird die Halle durch Fensterbänder, die zwischen den Parabelbögen in der abgetreppten Dachzone verlaufen. Der Innenraum bot Platz für bis zu 1600 Zuschauer. Die Einrichtung von Brause-, Wannen- und Dampf- sowie Kurbädern unterstreicht die sozialhygienische Aufgabe des in einem Arbeitervorort errichteten Bades. Mit seiner funktionalen Gestalt und dem eindrucksvollen Innenraum gehört das Gebäude zu den herausragenden Beispielen der Neuen Sachlichkeit in Stuttgart. Das Stadtbad musste 1988 wegen Baufälligkeit geschlossen werden. Nach umfangreicher Sanierung und Modernisierung wurde es 1992 wiedereröffnet. Die Baumaßnahmen umfassten vor allem den Umbau des großen Schwimmbeckens in drei kleinere Becken, die Anlage einer großzügigen Eingangshalle und eines neuen Erholungsbereiches.

126

Kolonie Südheim
Böblinger-, Burgstall-, Seilbahnstraße, Südheimer Platz
1902–04
Karl Hengerer

Im Gegensatz zu dem erfolgreichen Siedlungsprojekt Ostheim (Nr. 153), aus dem sich im Lauf der Zeit ein ganzer Stadtteil entwickelte, war dem „Verein für das Wohl der arbeitenden Klassen" mit seinen Wohnkolonien Westheim (Beethovenstraße, Botnang) und Südheim weniger Erfolg beschieden; beide Projekte blieben unvollendet. Am Südwestrand Heslachs, in einer Verengung des Nesenbachtals, wurde gleichzeitig mit Westheim der Bau der Siedlung Südheim begonnen. Langwierige Auseinandersetzungen mit den Behörden über Bebauungsvorschriften und Erschließungskosten führten schließlich dazu, dass nur ein erster Bauabschnitt realisiert und von 5 ha Grundstücksfläche lediglich 0,9 ha überbaut wurden. 22 Gebäude nehmen 136 2- und 3-Zimmer-Wohnungen auf. Die dreigeschossigen Häuser wurden in Form aufgelockerter Blockbebauung um lichte Höfe angeordnet; die meisten erhielten Vorgärten. Im relativ großzügigen Zuschnitt der Wohnungen und in der Konzeption der Gesamtanlage werden die sozialreformerischen Ziele des Vereins und seines Vorsitzenden Eduard Pfeiffer deutlich: Arbeiter sollten nicht länger in engen, dunklen Mietskasernen leben, sondern in luftigen, sonnigen Wohnungen. Typisch für Stuttgarter Siedlungen der Jahrhundertwende zeigt Südheim die Kombination von sichtbar belassenem Backstein und Putzflächen sowie die sparsame Verwendung historisierender Stilelemente. Neben „altdeutschen" Anklängen, z. B. bei den Fachwerk-Versatzstücken oder beim bauplastischen Schmuck, erkennt man vereinzelt auch Jugendstileinfluss. Heute ist die einst im Grünen gelegene Siedlung zwischen Straßen eingezwängt.

127

Haus der Schützengilde
Burgstallstraße 99
1895
Karl Hengerer

Zustand um 1920 (oben), 1991 (unten)

Gegenüber der Arbeitersiedlung Südheim (Nr. 126) liegt das ebenfalls von Karl Hengerer errichtete Haus der Schützengilde. Die Schützentradition geht in Stuttgart bis ins 15. Jh. zurück: Eine Schützenbruderschaft wird 1463 urkundlich erwähnt. Im Jahr 1500 wurde die Stuttgarter Schützengilde gegründet, die damit der älteste Verein Stuttgarts ist. Ehe die Schützengilde in Heslach ihr Domizil bezog, hatte sie in der Stadt fünf Standorte: 1515 am Mittleren See, 1597 am Büchsentor, 1716 Ecke Büchsen- und Schlossstraße, 1844 hinter dem Feuersee beim ehemaligen Militärschießplatz und 1864 am Kanonenweg (heute Haußmannstraße). Das Schützenhaus setzt sich aus mehreren asymmetrisch gruppierten Baukörpern zusammen. Zwei mit Fachwerk verzierte Gebäudeteile bilden die Flügel des Komplexes. Verbunden werden sie durch einen langgestreckten Baukörper, der eine Gaststätte mit großem Festsaal aufnimmt. Auffälligstes Element ist der in die Baugruppe eingeschobene Turm, der dem der Alten Feuerwache in Heslach (Nr. 131) ähnelt. Der mit einem Zeltdach gedeckte Bauteil, dessen oberstes Geschoss in Sichtfachwerk ausgeführt wurde, erinnert an mittelalterliche Stadttürme. Das Schützenhaus wurde im Zweiten Weltkrieg stark beschädigt und bis 1954 wiederhergestellt. Die malerische Wirkung des Gebäudes wird durch die unmittelbar an ihm vorbeiführende Straße, wegen der auch die Schießanlagen verlegt werden mussten, stark beeinträchtigt. Das Haus der Schützengilde dient heute als Ort für Musikveranstaltungen.

128

Josefskirche
Böhmisreuteweg 19
1973–75
Rainer Zinsmeister, Giselher Scheffler

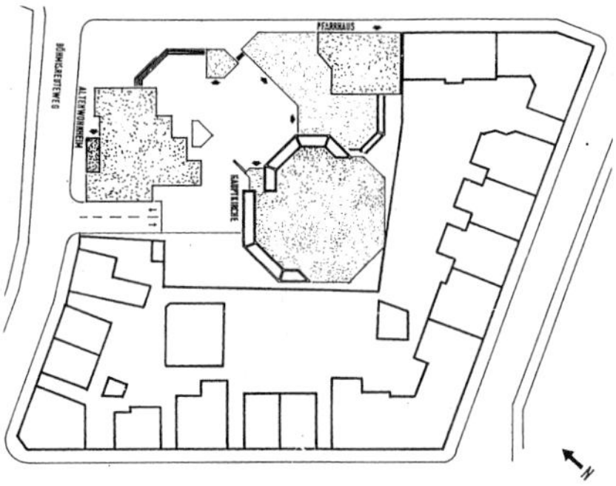

Grauer Sichtbeton und kubische, scharfkantige Baukörper prägen das Bild der katholischen Heslacher Josefskirche und der mit ihr verbundenen Altenwohnhäuser für 23 Bewohner. Auf dem Grundstück hatte sich seit 1909 eine einfache Kirche befunden, die für den Neubau 1973 abgerissen wurde. Die neue Josefskirche wurde vom Stuttgarter Architekturbüro Zinsmeister und Scheffler zweckmäßig und nüchtern gestaltet; sogar auf einen Kirchturm verzichtete man. Zweckmäßigen Erwägungen entspricht auch die Anlage einer Tiefgarage, deren Dach als Kirchenvorplatz dient. Ein kleiner, freistehender Baukörper nimmt gleichzeitig den Tiefgaragenaufgang und zwei vom Vorgängerbau stammende Glocken auf. Trotz des Verzichts auf jede repräsentative oder zeichenhafte Geste steht der Sakralbau in schroffem Gegensatz zur umgebenden Wohnbebauung der Jahrhundertwende. Die Assoziation eines Bunkers drängt sich, wie häufig bei Kirchen aus dieser Zeit, auf. Die Innengestaltung spiegelt liturgische Neuerungen des Zweiten Vatikanischen Konzils, wie die stärkere Einbeziehung der Gläubigen in den Gottesdienst, wider. Der polygonale Hauptkirchenbau mit rund 400 Plätzen wird ergänzt durch eine kleinere „Werktagskirche" für rund 50 Gottesdienstbesucher. Bindeglied zwischen den beiden Räumen ist der Tabernakel auf seinem Podest. Der Hauptraum erhält seine Beleuchtung durch ein indirektes Oberlichtband und eine achteckige Lichtkuppel über dem Altarbereich. Das dominierende Material Sichtbeton ist auch im Inneren nur teilweise verputzt oder durch farbigen Anstrich akzentuiert. Die künstlerische Ausgestaltung lag in den Händen des Bildhauers Franz Bucher und des Malers Hans Schreiner.

129

Lerchenrainschule
Kelterstraße 52
1908–09
Paul Bonatz

1908 wurde Paul Bonatz als Nachfolger seines Lehrers Theodor Fischer auf den Lehrstuhl für Städtebau und Entwerfen an der Technischen Hochschule berufen. Sein erster größerer Bau in Stuttgart war die Lerchenrainschule. Sie ist in ihrer Gesamtkonzeption deutlich von Theodor Fischers Heusteigschule (Nr. 138) beeinflusst. Die Lerchenrainschule ist ein Beispiel für das Bestreben vieler jüngerer Architekten zu Beginn des 20. Jahrhunderts, in Abkehr vom Historismus zu neuem architektonischen Ausdruck zu finden. Regionaltypische Formen, Einflüsse des Jugendstils und sachliche Tendenzen mischen sich. Das Schulgebäude liegt in beherrschender Lage an einem Waldhang oberhalb Heslachs. Ein ausladendes Sockelgeschoss nimmt die Badehalle auf; sein Flachdach dient z. T. als Pausenterrasse. Auf diesem Unterbau erhebt sich der Hauptbaukörper, der sich in zwei vorspringende Kopfbauten und einen dazwischengeschobenen Riegel gliedert, gedeckt von einem mächtigen Walmdach. An den linken Kopfbau ist ein niedrigerer Trakt angefügt, der die Symmetrie der Gesamtanlage auflockert. Ursprünglich nahm das Gebäude drei Schulen mit 34 Klassenräumen auf, eine katholische und eine evangelische Volksschule und eine Mädchenmittelschule; heute beherbergt es eine Grund- und Hauptschule.

130

Siedlung „Eiernest"
Eier-, Liebig-, Schreiberstraße
1926–27
Hochbauamt der Stadt Stuttgart

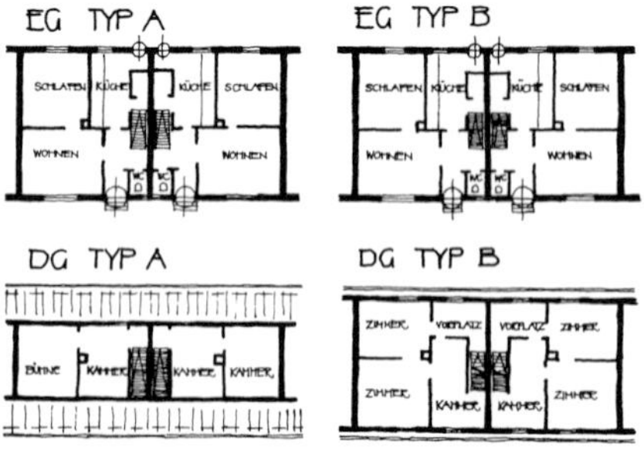

Der ungewöhnliche Name „Eiernest" wurde vom gleichnamigen Gewann am Rande Heslachs, das als Baugrund diente, übernommen. Die Siedlung für städtische Arbeiter und Angestellte entstand im Rahmen eines Wohnungsbau-Notstandsprogramms. Rund 180 Einfamilien-Reihenhäuser wurden zu Zeilen zusammengefasst, die von zwei bis zu 17 Einheiten umfassen. Die architektonische Gestaltung der eingeschossigen Häuser mit hohen Satteldächern ist traditionell und schlicht. Sprossenfenster und Klappläden bestimmen die Putzfassaden. Zu große Einförmigkeit verhindert, der Topografie angepasst, die vertikale und horizontale Staffelung der Zeilen. Die Reihenhäuser haben eine Grundfläche von rund 45 m^2. Das EG umfasste ursprünglich zwei Zimmer, Küche und WC, das DG entweder zwei Zimmer und Kammer oder Kammer und Bühnenraum (jetzt meist ausgebaut). Die Siedlung hat sich als geschlossene Anlage mit reinen Anliegerstraßen, Vorgärten und dorfplatzähnlichen Knotenpunkten erhalten. Das Vorbild der Gartenstadtbewegung, die seit Anfang des Jahrhunderts von England ausgehend auch den Siedlungsbau in Deutschland beeinflusste, ist unverkennbar. Umfangreiche Sanierungsmaßnahmen Ende der 70er Jahre, u. a. der Einbau von Bädern und Gasheizungen, verbesserte den Wohnwert erheblich. So präsentiert sich das „Eiernest" heute wie zur Zeit seiner Erbauung als kleinbürgerliche Idylle im Grünen.

131

Gemeinwesenzentrum „Altes Feuerwehrhaus"
Möhringer Straße 56
1887–88; 1978–80
Emil Mayer; Bert Perlia, Hans-Werner Schliebitz, Jürgen Schwarz

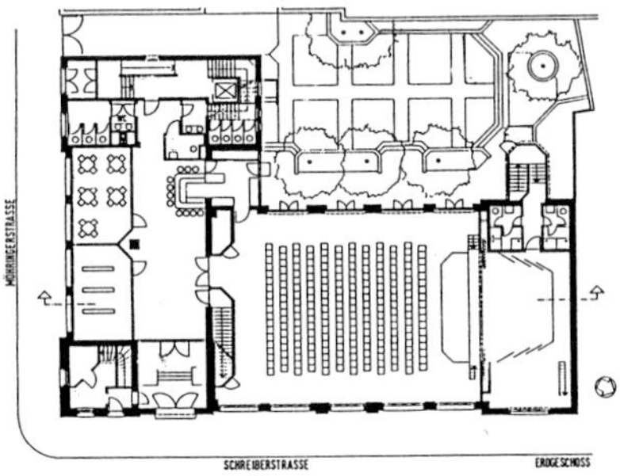

Der Gebäudekomplex wurde als Magazin für die Heslacher Feuerwehr in Verbindung mit einer Turnhalle erbaut. 1913 richtete man eine städtische Speiseanstalt ein, welche im Ersten Weltkrieg die Bevölkerung Heslachs versorgte. Der langgestreckte Ziegelbau wird durch den am Erwin-Schoettle-Platz aufragenden Turm, in dem die Feuerwehrschläuche zum Trocknen aufgehängt wurden, akzentuiert. Das burghafte Gebäude ist dem Zeitgeschmack des Historismus entsprechend im „altdeutschen Stil" gestaltet. Das Sichtfachwerk des Turmes und sein weit überstehendes, spitzes Zeltdach, die Sandsteingewände der Fenster und Türen sowie die beiden Stufengiebel an den Straßenfronten sind typische Elemente dieser romantisierenden Stilauffassung, die durch die exotischen Wasserspeier am Turm noch unterstrichen wird. Das Spritzenhaus wurde nach dem Auszug der Feuerwehr verschiedenartig genutzt; 1978 begann die Architektengemeinschaft Perlia, Schliebitz und Schwarz schließlich mit der Sanierung und dem Umbau des Alten Feuerwehrhauses zu einem Kultur- und Bürgerzentrum. Hierbei wurde u.a. die Turnhalle zu einem Festsaal mit 340 Plätzen umgestaltet; am rückwärtigen Bühnenausgang, zum neugestalteten Hof, entstand ein gläserner Windfang. Das Gemeinwesenzentrum ist zu einer wichtigen kulturellen und sozialen Einrichtung im Stadtbezirk geworden.

132

Generationenhaus Heslach
Gebrüder-Schmid-Weg (ehem. Unterer Wannenweg) 13
1999–2001
Drei Architekten Haag, Haffner, Stroheker

Das Generationenhaus Heslach zählt neben dem Generationenhaus West (Nr. 98) zu insgesamt fünf Bauvorhaben in Stuttgart, die mit Mitteln der Rudolf Schmid und Hermann Schmid Stiftung für soziale Zwecke realisiert wurden. Der zweiteilige Komplex wurde auf einem vormals mit barackenähnlichen eingeschossigen Bauten – Überreste der unmittelbaren Nachkriegszeit – bestandenen Gelände, eingezwängt zwischen dem Südhang des Hasenbergs und der Hauptverkehrsader Böblinger Straße, errichtet. Der nördlich des Gebrüder-Schmid-Wegs gelegene Gebäudeteil umfasst zwei denkmalgeschützte Backsteingebäude einer ehemaligen Brauerei und einen L-förmigen, fünfgeschossigen Neubau. Dieser ist so an die Altbauten gefügt, dass dazwischen ein ruhiger, begrünter Innenhof entstehen konnte. Die drei OG dieses Bauteils sind über einen verglasten Steg mit dem Trakt verbunden, der sich entlang der Böblinger Straße bis hin zur Schickhardtstraße erstreckt. An dessen Stirnseite ist den bewohnten oberen Geschossen als Schallschutzmaßnahme eine von einem Betonrahmen gefasste Glasfassade vorgehängt. Im EG dieses Flügels befinden sich eine Bank und Geschäfte, im Zwischengeschoss Praxen und eine Sozialstation. Der Pflegebereich in den drei OG der Neubauten, die Wohnungen sowie die öffentlichen Bereiche der Anlage (Stadtteiltreff, Veranstaltungsräume, Büros, Restaurant, Cafeteria, Garten mit alten Kastanienbäumen) werden zentral über einen großzügigen Eingangsbereich – eine Halle mit offener Treppe und Aufzügen – erschlossen. Beton, in warmen Farbtönen changierende Torfbrandklinker und Holz bestimmen das Fassadenbild und das Innere des Hauses. Die verwendeten Farben und Materialien wecken Assoziationen an die Backsteinmoderne der 20er Jahre. Die zugleich klare wie abwechslungsreiche Gliederung der Altbaufassaden wird in den Neubauten aufgegriffen und integriert das Generationenhaus wie selbstverständlich an diesem Ort. Es akzentuiert den umgebenden Straßenraum und lässt ihn geordnet erscheinen.

133

Matthäuskirche
Möhringer Straße 52
1876–81
Adolf Wolff

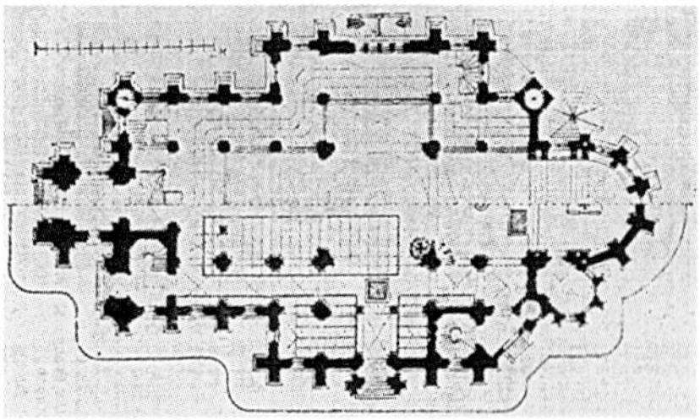

Die Heslacher Matthäuskirche war Stuttgarts erster neoromanischer Sakralbau. Nachdem die Auffassung von der Gotik als originär deutschem Stil sich nicht länger halten ließ, wandte man sich im letzten Viertel des 19. Jhs. der Romanik als vermeintlichem Nationalstil zu. Die Matthäuskirche ist allerdings keine exakte Kopie eines romanischen Baus, sie stellt sich in der Gesamtkonzeption eher als gotischer Sakralbau in romanischen Formen dar. Ähnlich der Johanneskirche (Nr. 95) und der Marienkirche (Nr. 118) ist die Matthäuskirche ausgezeichnet durch eine für den Historismus typische, effektvolle städtebauliche Platzierung. Die eindrucksvolle Chorpartie mit ihrer Bogengalerie und den flankierenden Treppentürmchen steht genau in der Achse der Möhringer Straße; überragt wird sie vom gedrungenen, mit einem Pyramidendach gedeckten Vierungsturm und von dem schlanken Glockenturm mit seinem spitz zulaufenden steinernen Helm. Man erkennt Parallelen zu den großen Kirchen der rheinischen Romanik, findet aber kein direktes Vorbild. Auffallend im Innern der dreischiffigen Pfeilerbasilika sind die tief angesetzten steinernen Emporen. Sie ruhen nicht auf romanisierenden Rundbögen, sondern auf flach gedrückten Segmentbögen: Praktische Erwägungen wie die Schaffung guter Sichtverhältnisse hatten Vorrang vor einer kopierenden Stilreinheit. Der Zweite Weltkrieg verursachte Schäden an Gewölbe und Vierungsturm, die bis 1950 vereinfachend behoben wurden. Eine Erneuerung des Innern fand 1966–67 statt.

134

Marienhospital
Böheimstraße 37
1889–90; 1976–82, 1984–90
Robert Reinhardt; Franz Brümmendorf, Otmar Müller, Helmut Murr, Rolf Reichmann

Entwurf Altbau 1886 (oben), Neubau 1990 (unten)

Das als katholisches Ordenskrankenhaus errichtete Marienhospital gilt in seiner Konzeption als vorbildlich in der Geschichte des Krankenhausbaus. Entgegen der vorher üblichen kasernenartigen Unterbringung der Patienten wurden hier geräumige Pflegezimmer eingerichtet, die ein Höchstmaß an Licht, Luft und Hygiene garantierten. Der dreigeschossige Gebäudekomplex ist in den üppigen Formen der Neorenaissance gestaltet. Er wird durch vor- und zurückspringende Bauteile, Türmchen und Ziererker lebhaft gegliedert; Putzflächen wechseln mit Werksteingewänden und -gesimsen sowie Eckquaderungen aus heimischem Rotsandstein. An der repräsentativen Straßenfront springt der vorgezogene Mittelbauteil mit seinen beiden durch hohe Spitzen akzentuierten Türmchen ins Auge. Die Hofseite rahmen zwei achteckige Baukörper ein, die an Bauten des berühmten Renaissance-Architekten Filippo Brunelleschi (1377–1446) erinnern. Die Kapelle in der Mitte der Hoffront ist nicht mehr vorhanden. Das Gebäude wurde im Laufe der Zeit durch nüchterne Erweiterungsbauten eingerahmt, die viel von seiner malerischen Wirkung nehmen. Durch den Protest engagierter Heslacher Bürger und Denkmalschützer konnte 1984 der schon beschlossene Abriss des Altbaus verhindert werden. Hinter dem Marienbau erhebt sich selbstbewusst ein funktionaler Neubaukomplex mit 13 Vollgeschossen, der in zwei Bauabschnitten errichtet wurde. Die Fassade aus Aluminiumelementen sowie die Putzbalkone und der Sonnenschutz verleihen dem dominanten Baukörper eine gewisse Leichtigkeit und Transparenz.

135

Neugestaltung Marienplatz
Marienplatz
2002–03
Freie Planungsgruppe 7

Der Stuttgarter Süden zwischen Österreichischem Platz und Erwin-Schoettle-Platz war bis vor wenigen Jahren extrem starker Verkehrsbelastung ausgesetzt. Durch den Bau des Heslacher Tunnels, der einen großen Teil des Durchgangsverkehrs umleitet, durch Neubauten und Sanierungen hat sich der Zustand erheblich verbessert. Eine Hauptmaßnahme war die Neugestaltung des Marienplatzes, der den Quartiersmittelpunkt bildet. Vor diesem Eingriff war er geprägt vom Betonviadukt der Zahnradbahn, die nach Degerloch verkehrt, von einer Platzmöblierung im Stil der 70er Jahre und von finsteren Winkeln. Der neue Marienplatz bildet den denkbar größten Gegensatz dazu. Er ist fast leer, weit, licht und bei Sonne schmerzhaft hell, unter Sicherheitsaspekten also optimal. Auch mit seiner kargen, lapidaren Ästhetik kann er überzeugen. Dieser Platz bietet - in einem extrem dicht bebauten Quartier eine Geste der Befreiung - schieren Raum. Er verzichtet auf konfektionierte Freiraummöblierung und hat die funktionalen und gestalterischen Implantationen wie Spielplatz, Basketballcourt, Sitzbänke, Brunnen usw. weitgehend an den Rand gedrängt und auf ein Mindestmaß reduziert. Die minimalistische Zahnradbahnstation fällt genauso wenig auf wie das überzeugend einfache neue Viadukt. Der Gewinn an Großzügigkeit und Übersichtlichkeit wird erkauft durch den Mangel an Elementen, die Gemütlichkeit suggerieren, zum Flanieren oder zum Verweilen einladen. Die Abschirmung der Erholungsflächen gegen den Verkehrslärm an der Einfahrt zum Heslacher Tunnel fehlt noch. So hat der Stuttgarter Süden eine ästhetisch eindrucksvolle zentrale Fläche gewonnen, über deren Funktionieren im Sinne der Nutzer aber erst geurteilt werden kann, wenn die neu gepflanzten 50 Kastanienbäume am Platzrand gewachsen sind.

136

Alter Zahnradbahnhof
Filderstraße 47
1884; 1907
A. Schier; André Lambert, Georg Stahl

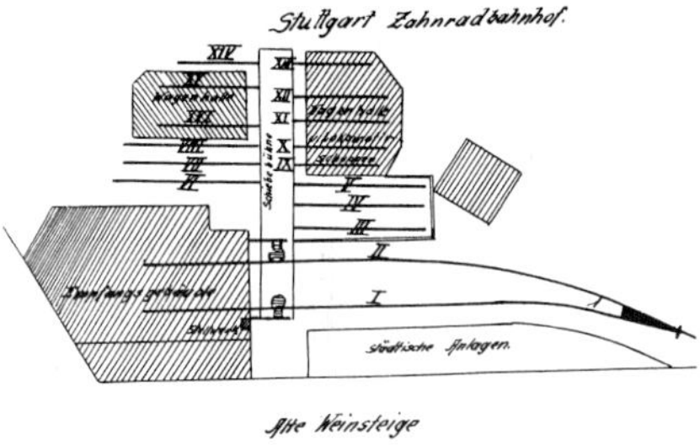

Lageplan 1904 (unten)

Nach der berühmten Drachenfels-Zahnradbahn im Siebengebirge am Mittelrhein (1883) initiierte Emil Kessler, Direktor der Maschinenfabrik Esslingen, gemeinsam mit dem Degerlocher Ziegeleibesitzer Kühner auch in Stuttgart den Bau und Betrieb einer Zahnradbahn. Schon vier Monate nach der Bewilligung konnte das drittälteste Verkehrsmittel dieser Art in Deutschland in Betrieb genommen werden. Die eingleisige Bahn, die teilweise eine Steigung von mehr als 17 % überwindet, verbindet den Stuttgarter Süden mit dem damaligen Höhenluftkurort Degerloch und bietet „Vergnügungsreisenden einen herrlichen Ausblick über den Stuttgarter Talkessel". Hauptaufgabe aber war die verkehrsmäßige Anbindung Degerlochs an Stuttgart sowie die Erschließung der Fildern für den Personen- und Güterverkehr. Eng verknüpft mit dem Bau der Zahnradbahn war der Ausbau der reizvollen Degerlocher Villensiedlung südlich der Jahnstraße. Der ehemalige Talbahnhof der im Volksmund „Zacketse" genannten Zahnradbahn wurde 1907 in repräsentativen neobarocken Formen umgestaltet. Die flächige Steinfassade des Gebäudes ist mit sparsamem Dekor verziert. Charakteristisch ist der durch einen hohen, geschwungenen Giebel akzentuierte Aufgang an der Filderstraße; über eine zweiläufige Loggientreppe gelangte man auf den Bahnsteig. Der Bahnhof, schon damals verkehrsungünstig gelegen, wurde 1937 an den nahe gelegenen Marienplatz verlegt. Der Alte Zahnradbahnhof fungiert als Theaterspielstätte.

137

Markuskirche
Filderstraße 22
1906–08
Heinrich Dolmetsch

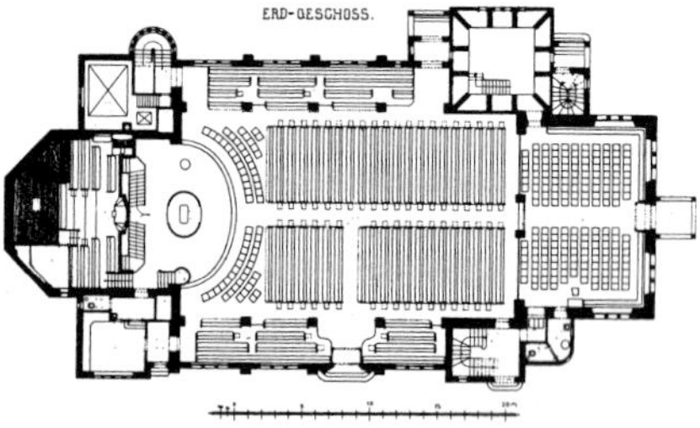

Die evangelische Markuskirche ist von großer Bedeutung für den Kirchenbau des 20. Jhs.: Sie gehörte zu den ersten in Eisenbeton ausgeführten Sakralbauten. In Form und Ausgestaltung ist sie vom Jugendstil beeinflusst. Elemente dieses „Neuen Stils" mischen sich mit frühchristlichen und romanischen Anklängen. Die in Abkehr von städtebaulichen Prinzipien des Historismus scheinbar zufällig am Rande des Fangelsbachfriedhofs platzierte Kirche präsentiert sich als malerisches Ensemble. Hohe Mansarddächer decken Chor und Schiffe; ein goldener Löwe, Symbol des Evangelisten Markus, krönt den First des Langhauses. Der Turm steigt über quadratischem Grundriss empor, wechselt dann von polygonalem zu rundem Querschnitt und läuft in einem geschweiften Helm aus. Die Betonkonstruktion ist unter Putz und Werksteingliederung verborgen. Mit Ausnahme der in den 50er Jahren erneuerten Fenster und Deckenleuchter zeigt das Innere der Kirche nach einer Restaurierung 1977–78 wieder den Originalzustand. Das breite Mittelschiff wird von zwei schmalen, durch Arkaden abgeteilten Seitenschiffen flankiert. Das korbbogenförmige Gewölbe besitzt eine stuckierte Kassettendekke. Zwischen Arkadenzone und Rundfenstern sind Relieffriese mit Szenen des Markusevangeliums eingefügt. Den Chor dominiert ein steinerner Orgelprospekt. Die Platzierung der Orgel „im Angesicht der Gemeinde" entsprach protestantischen Reformbestrebungen der Zeit. Unter dem Chor, mit Zugang hinter dem Altar, befindet sich der Konfirmandenraum.

138

Heusteigschule
Heusteigstraße 97
1905–06
Theodor Fischer

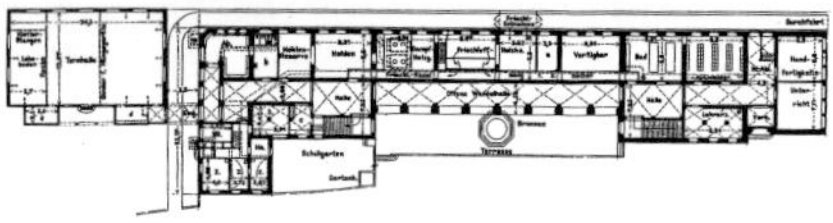

Grundriss EG

Die Heusteigschule (früher Fangelsbachschule) war das erste öffentliche Gebäude, das Theodor Fischer in Stuttgart errichtete. An der Konzeption ist deutlich erkennbar, dass der Architekturreformer Fischer auch ein bedeutender Städtebauer war. In die unstrukturierte Umgebung des Heusteigviertels stellte er den ordnenden, dominierenden Baukörper des Schulgebäudes. Kupferne Laternen auf den Walmdächern der beiden Kopfbauten fungieren als städtebauliche Bezugspunkte. Die monumentale Dreiflügelanlage wird aufgelockert durch malerisch beigeordnete Anbauten. Die Klassenräume sind in dem viergeschossigen Putzbau allesamt nach Südosten, aufgereiht an langen Korridoren, angeordnet. In den Kopfbauten befinden sich die Treppenhäuser. Das EG des Mitteltrakts öffnet sich zur Heusteigstraße in Arkaden, hinter denen eine Pausenhalle liegt. Besondere Sorgfalt verwandte Fischer auf die Gestaltung der Fenster. Neben den hochrechteckigen Sprossenfenstern der Klassenräume findet man in den Fluren – nach Geschossen differenziert – verschiedene fantasievolle Fensterumrisse. Der hier geprägte Typus mit einem lang gestreckten, schlanken Mitteltrakt und zwei pavillonartigen Kopfbauten wurde zum Vorbild zahlreicher Schulbauten weit über Stuttgart hinaus. Deutlich zeigt sich dies z.B. an der Lerchenrainschule (Nr. 129), die Fischers Schüler Paul Bonatz wenig später entwarf. Die Innengestaltung mit zahlreichen von Fischer entworfenen Details wie Türen, Geländern und Gittern hat sich nahezu vollständig erhalten. Eine umfassende Restaurierung erfolgte 1989 bis 1991.

139

Wohnhausgruppe
Altenbergstraße 50–56
1980
Peter Haas, Günter Hermann

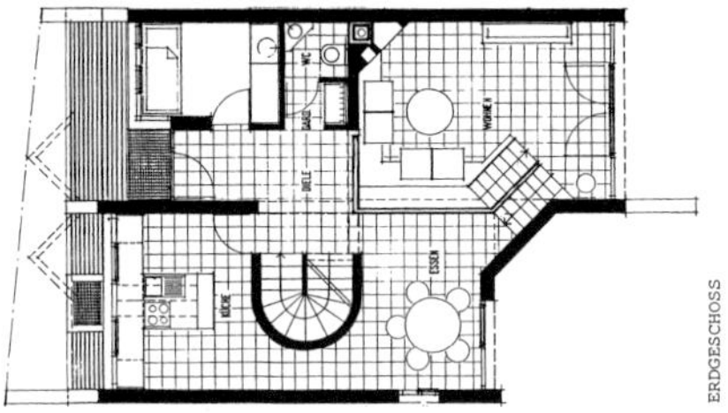

Die vierteilige Wohnhausgruppe liegt am Rand einer Bebauung in aussichtsreicher Halbhöhenlage. Die einzelnen Glieder der Hauskette sind zur Straßenflucht leicht versetzt angeordnet; dadurch erhalten die Hauskörper trotz ihrer Reihung ein gewisses Maß an Individualität. Eine in ihrer Mitte angeordnete zentrale Garage lockert die Anlage zusätzlich auf. Die Fassaden der Reihenhäuser werden zur Straße durch die paarweise angeordneten, spitz vorspringenden Wohnerker bestimmt, welche die Eingangsbereiche überdecken. Die Gartenfront weist, besonders durch ihre unterschiedlichen Fensterformen, eine lebendige horizontale und vertikale Staffelung auf. Auffällig ist die unterschiedliche Ausformung der Dächer; während der Straßenbereich flach gedeckt ist, besitzt die Gartenseite ein nach Süden hoch gestelltes Pultdach, mit dem die traditionelle Dachneigung der Nachbarbebauung aufgenommen wird; die hier angebrachten Sonnenkollektoren dienen der Brauchwasser-Aufbereitung. Das Innere der Häuser weist eine wohnliche, offene Grundrissgestaltung mit verschiedenen Ebenen auf. Mit dieser Hausgruppe wurde der – durchaus geglückte – Versuch unternommen, gestalterische Eigenständigkeit zu demonstrieren und dennoch mit der städtebaulichen Umgebung zu harmonieren.

140

Haus Windstoßer
Neue Weinsteige 80
1959
Max Bächer

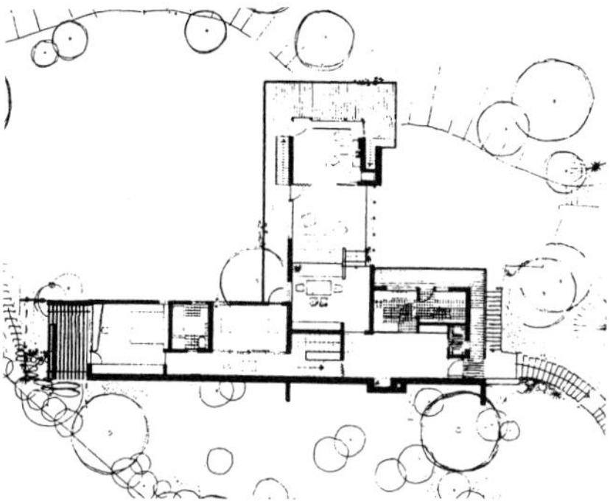

Grundriss Wohngeschoss

Das repräsentative Einfamilienhaus liegt auf einem steil abfallenden Hanggrundstück. Der lebhaft gegliederte, kubische Baukörper ist aus zwei Teilen aufgebaut. Ein parallel zum Hang gestellter Trakt nimmt Eingangsflur, Küche, Essplatz und Schlafräume auf; zur besseren Belichtung wurden auf dem Flachdach Plexiglaskuppeln angebracht. Der Wohnbereich schiebt sich rechtwinklig dazu ins Tal hinaus und endet in einer kühn auskragenden Terrasse, von der Treppen in den Garten sowie auf die Dachterrasse führen. Dieser Hausteil wurde der besseren Aussicht wegen auf zwei Stahlstützen gestellt. Zum lebendigen Eindruck des Gebäudes tragen die unterschiedlichen Baumaterialien bei. Der parallel zum Hang liegende Baukörper besteht aus Backsteinmauerwerk, die Decke über dem UG aus einer massiven Stahlbetonplatte, die im Wohntrakt auf Stahlstützen und auf dem Kaminblock aufliegt. Für die Außenwände des Wohnbereichs wurde eine Fachwerkkonstruktion verwendet, die mit Holz verschalt bzw. verputzt ist. Die Holzbalken der Dachkonstruktion ruhen in 2,5 m über die Terrasse auskragenden Stahlprofilen; so wurde ein überdachter Sitzplatz für die plattformartig über dem Abhang schwebende Wohnterrasse geschaffen. Die Westseite des Hauses öffnet sich fast völlig in Glasflächen. Im Nordosten des Grundstücks errichtete 1960 ebenfalls Max Bächer ein fünfeckiges, zweigeschossiges Ateliergebäude, das in Stahlkonstruktion mit Holzbalken und Verschalung ausgeführt ist. Nach jahrelangem Leerstand wurde das Haus ab 2002 saniert.

141

Teehaus und Marmorsaal der Villa Weißenburg
Weißenburgpark
1912–13;1988–92
Heinrich Henes; Lamm, Weber, Donath u. a.

Die Bauwerke sind Teil einer der schönsten Parkanlagen Stuttgarts, deren Mittelpunkt die klassizistische Villa Weißenburg (1843–44 durch Albert Föhr erbaut; 1964 abgebrochen) bildete. Seit 1898 bewohnte sie der Fabrikant und Antikenforscher Ernst von Sieglin, der den Marmorsaal und das Teehaus errichten ließ. Dieses wird durch eine mit einem Oberlicht versehene Kuppel überwölbt. Den zylindrischen Baukörper umgibt ein überdachter, offener Umgang, der von Säulen dorischer Ordnung getragen wird. Ausgemalt wurde das Teehaus von Julius Mössel, der u.a. maßgeblich an der künstlerischen Ausstattung des Großen Hauses (Nr. 55) beteiligt war. Die Szenen im Rokoko-Stil wurden 1988 restauriert. Dem Teehaus, das heute als Bistro betrieben wird, ist ein Tennisplatz vorgelagert; unter diesem wurde, in den Hang eingeschoben, ein Festsaal angelegt. Seine Außenfront wird durch kannelierte Pilaster gegliedert, welche fünf große, rundbogige Flügeltüren rahmen. Das prunkvolle Innere erinnerte an ein antikes Nymphäum. Die beiden Schmalseiten waren halbrund um je ein in den Boden eingelassenes Wasserbassin geführt. Die marmorne Sockelzone zeigte Atlantengestalten, die den oberen Teil der Marmorverkleidung trugen. Die oberen Wand- und Nischenpartien waren mit Groteskenmalereien Mössels ausgestattet.

142

Haus Herschlein
Am Bopserweg 24
1977–78
Peter Walser

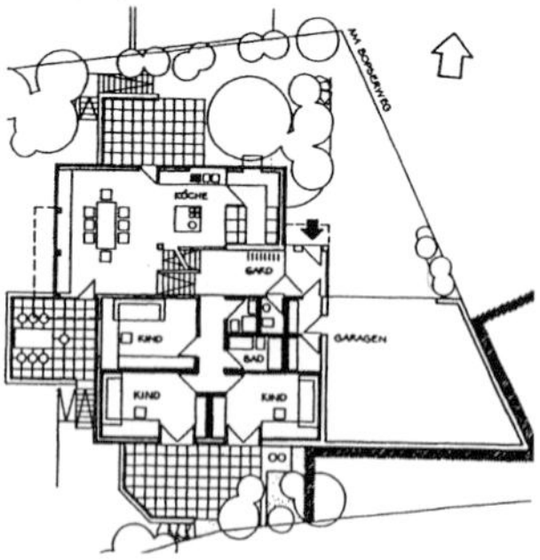

Grundriss EG

Das Einfamilienhaus liegt an einem steilen Nordwesthang mit Blick auf den Stuttgarter Talkessel. Es ist aus mehreren Kuben zusammengesetzt. Während die Front zur oberhalb des Gebäudes verlaufenden Straße eher geschlossen erscheint, öffnet sich das Wohnhaus über Fenster, Balkon und Terrasse dem weiten Ausblick. Charakteristisch ist der zentrale, erhöhte Glaskörper, dem zum Tal hin der ebenfalls verglaste Vorbau des Wohnbereichs angefügt ist. Die Fassade des Hauses wirkt unaufdringlich und bescheiden, das Innere hingegen wurde fantasievoll gestaltet und luxuriös ausgestattet. Durch die Steilhanglage inspiriert, legte Peter Walser den Innenbereich halbgeschossig versetzt an und schuf so drei vertikal geschichtete Funktionsbereiche. In der Mitte wurden die Eingangszone sowie die Kinderzimmer und der Ess- und Hauswirtschaftsbereich angelegt. Darüber liegen der große Wohnraum mit Arbeitsgalerie und Schlafzimmer der Eltern. Der Wohnbereich wird durch die großzügige, energieeinsparende Verglasung trotz seiner Nordlage während des ganzen Tages besonnt. Im OG ist zusätzlich eine Einliegerwohnung untergebracht. Talseitig liegt das Gartengeschoss mit Schwimmbad, Hobbyraum etc. Fast alle Zimmer haben einen direkten Zugang ins Freie. Durch die Verkleidung der Fassade mit Schieferplatten und das Anpflanzen von Rankgewächsen an den Betonstützmauern wird das Gebäude in die umliegende Gartenlandschaft eingebunden.

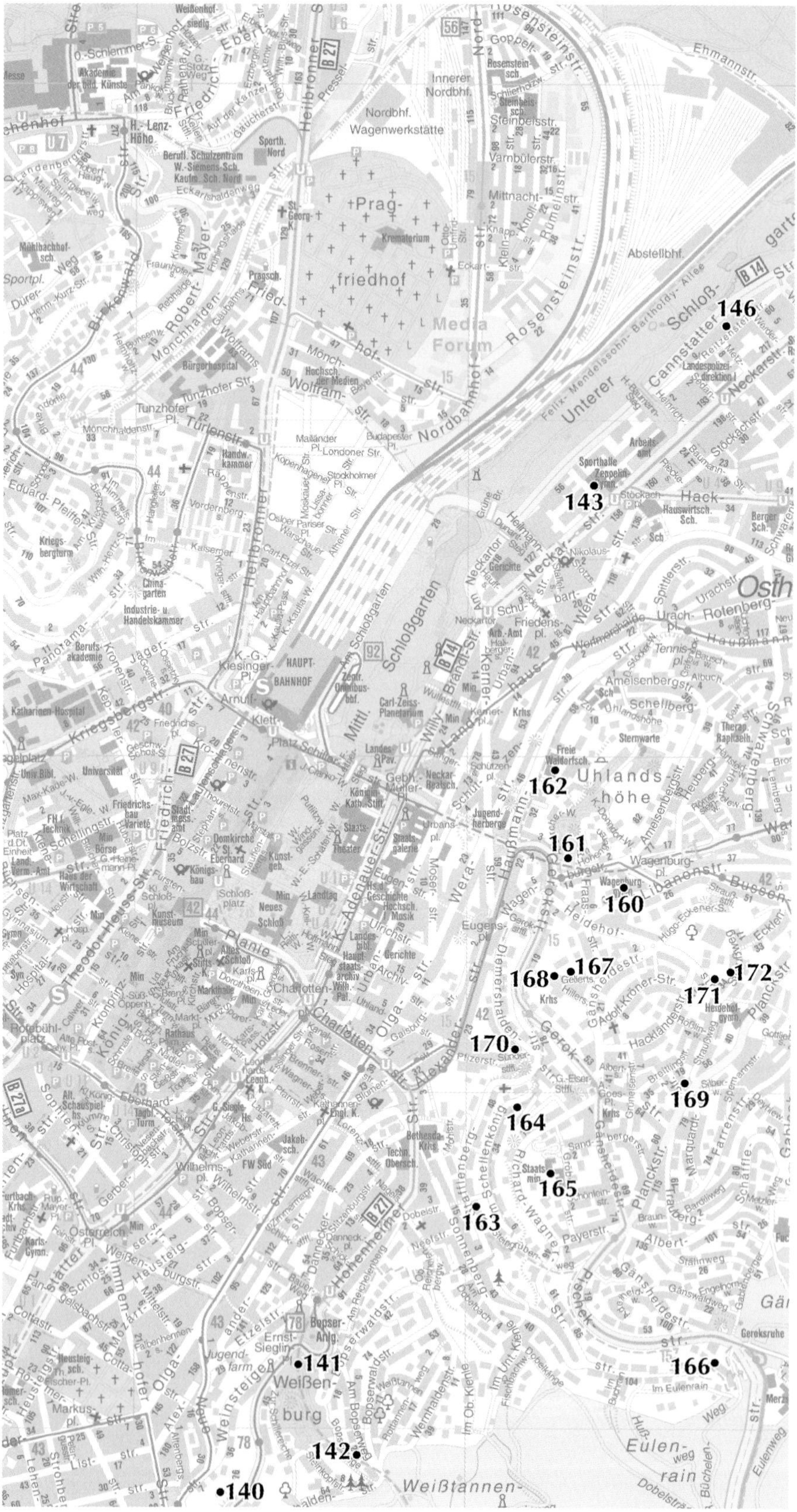

146
143
162
161
160
167
168
172
171
170
169
164
165
163
166
141
142
140
Pragfriedhof
Krematorium
Nordbhf. Wagenwerkstätte
Innerer Nordbhf.
Abstellbhf.
Media Forum
Schloßgarten
HAUPT-BAHNHOF
Carl-Zeiss-Planetarium
Uhlandshöhe
Sternwarte
Weißenburg
Heilbronner Str.
Rosensteinstr.
Nordbahnhofstr.
Friedrichstr.
Theodor-Heuss-Str.
Konrad-Adenauer-Str.
Neckarstr.
Wagenburgstr.
Planie
Charlottenpl.
Schloßplatz
Neues Schloß
Landtag
Staatsgalerie
Hauptstaatsarchiv
Universität
Katharinen-Hospital
Rathaus
Marktplatz
Eugenspl.
Gerokstr.
Richard-Wagner-Str.
Hohenheimer Str.
Olgastr.
Alexanderstr.
Weißtannenweg
Eulenrain
Ehmannstr.
Cannstatter Str.
Unterer Schloßgarten

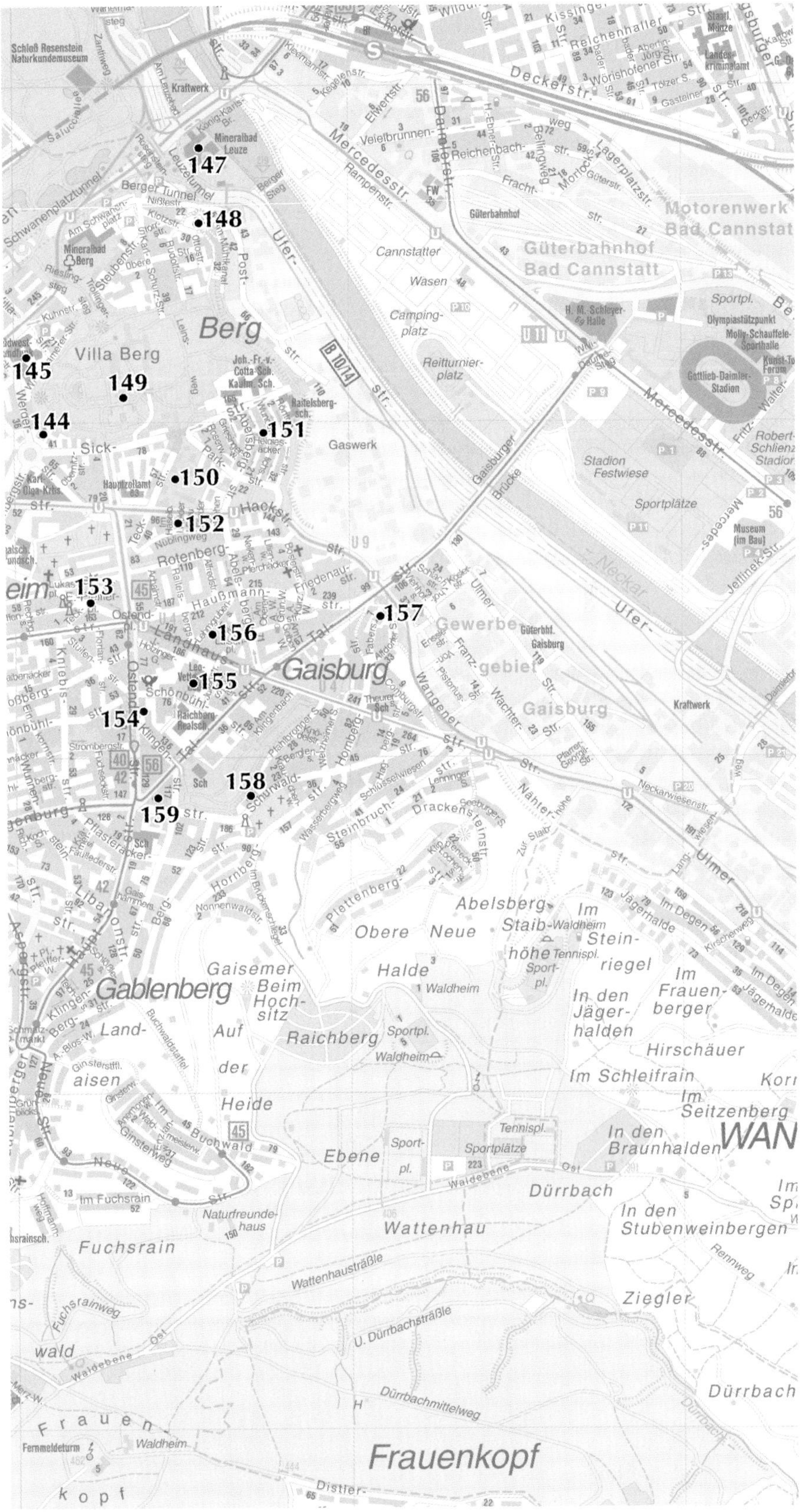
Schloß Rosenstein Naturkundemuseum
Mineralbad Leuze
147
148
Mineralbad Berg
Berg
Villa Berg
145
149
144
151
150
152
153
157
156
Gaisburg
155
154
158
159
Gablenberg
Cannstatter Wasen
Güterbahnhof Bad Cannstatt
Motorenwerk Bad Cannstatt
Gottlieb-Daimler-Stadion
Stadion Festwiese
Mercedesstr.
Neckar
Gaswerk
Gewerbegebiet Gaisburg
Abelsberg
Obere Neue Halde
Raichberg
Gaisemer Beim Hochsitz
Auf der Heide
Land-aisen
Ebene
Dürrbach
Wattenhau
Fuchsrain
Frauenkopf
Ziegler
In den Stubenweinbergen
In den Braunhalden
Im Seitzenberg
Hirschäuer
Im Schleifrain
WAN
Fernmeldeturm

143

Zeppelin-Sporthalle
Neckarstraße 149
1985–87
Hochbauamt der Stadt Stuttgart

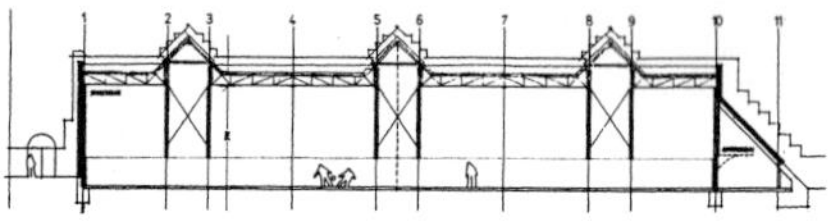

Durch den Abriss einer Turnhalle aus dem Jahr 1985 wurde auf dem Schulgelände des Zeppelin-Gymnasiums der notwendige Platz zum Bau einer Sporthalle mit internationalen Wettkampfmaßen geschaffen. Die Halle liegt, durch einen Parkplatz von der Neckarstraße zurückgesetzt, schräg hinter dem 1912 von Richard Dollinger erbauten Gymnasium. Sie besteht aus einer Stahl-Glaskonstruktion mit drei brückenartigen Fachwerkträgern, abgehängten Nebenträgern und Windverbänden. Konstruktion und technische Ausrüstung werden im Innern der Halle sichtbar gemacht und als gestalterisches Element eingesetzt. Charakteristisch ist die geneigte Eingangsfassade der Sporthalle, hinter der sich im EG Sanitär- und Umkleideräume für die Sporttreibenden und darüber eine Galerie für 150 Zuschauer verbergen. Die weitgehend geschlossene Eingangsfront wird durch drei spitze Satteldachoberlichter, an die sich jeweils ein vertikales Fensterband anschließt, wirkungsvoll akzentuiert. Wand- und Dachaufbau bestehen aus glänzendem, geripptem Alu-Blech, das in Verbindung mit der Farbgebung weiß, gelb und grau die Leichtigkeit der Gesamtkonstruktion unterstreicht. Der für die Erbauungszeit typische technizistisch-futuristische Charakter der Sporthalle steht in reizvollem Kontrast zu der monumentalen Dreiflügelanlage des Zeppelin-Gymnasiums.

144

Heilandskirche
Sickstraße 37
1912–13; 1962–64
Eisenlohr und Pfennig; Eberhard Hübner

Herzogin Wera, die in der Villa Berg (Nr. 149) wohnte, stiftete die Heilandskirche. Bevor sie zum protestantischen Glauben übertrat, hatte die aus Russland stammende Herzogin den Bau der Russischen Kirche (Nr. 100) initiiert. Wie dort erhielt auch bei der Heilandskirche Ludwig Eisenlohr den Bauauftrag, zusammen mit Oscar Pfennig. Auf herzogliche Anregung orientierten sich die Architekten an südfranzösischer Romanik. Neben der historistischen Tradition zeigt der Muschelkalkbau den Einfluss des sog. Monumentalstils. Eine Vorhalle mit einem von zierlichen Säulen flankierten Stufenportal bildet die Eingangsfassade. Das Portal lässt das Vorbild romanischer Sakralbauten der Provence, z. B. St. Gilles und St. Trophimes in Arles, erkennen. Aus der Vorhalle wächst der Turm empor, der aus quadratischer, von Pfeilervorlagen gegliederter Basis in einen runden Schaft übergeführt wird. Das Glockengeschoss besitzt romanisierende Rundbogenöffnungen, darüber erhebt sich ein flaches Kegeldach. Bis auf Vorhalle und Turm wurde die Heilandskirche 1944 zerstört. Der Wiederaufbau erfolgte unter Einbeziehung der erhaltenen Teile. An die Vorhalle wurden flach gedeckte Trakte angefügt, die Gemeinderäume aufnehmen. Sie umschließen einen Innenhof und leiten zum Gottesdienstsaal über. Im nüchternen Stil der 60er Jahre erhebt sich der Sichtbetonbau auf polygonalem Grundriss und wird von einem unregelmäßig geformten Zeltdach überfangen. – Eberhard Hübner besorgte auch den Wiederaufbau der Friedenskirche (Friedensplatz 1).

145
Funkhaus des Südwestrundfunks
Neckarstraße 230
1972–77
Rolf Gutbrod, Hermann Kiess

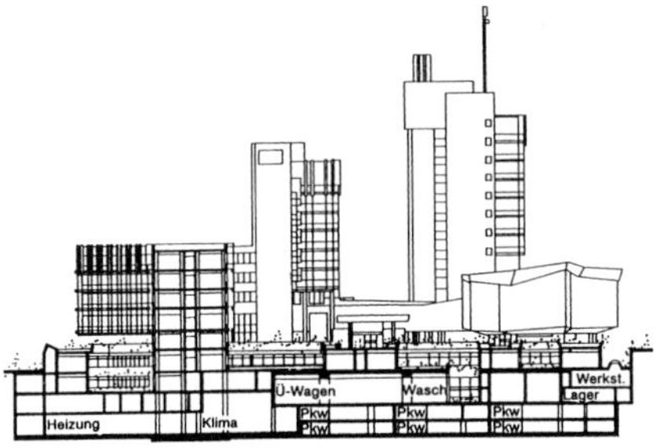

Der das Stadtbild prägende Baukomplex des Südwestrundfunks liegt am Fuße des Parkes der Villa Berg (Nr. 149). Das Funkhaus ist in einer Stahlbetonkonstruktion errichtet. Es nimmt mehrere Studios mit den dazugehörigen technischen Räumen, Redaktions- und Büroeinheiten auf. Die unterschiedlichen Funktionsbereiche zeichnen sich nach außen klar ab. Der Studiosaal mit seiner lebendigen, verschachtelten Fassade aus strukturiertem Sichtbeton beinhaltet die Studiozellen; er weist aus akustischen Gründen keine parallelen Wandflächen auf. Demgegenüber erscheinen die drei fächerförmig angeordneten, vier-, sieben- und elfgeschossigen Redaktions- und Bürotrakte als schlichte Zweckbauten. Ihre Vorhangfassaden aus blauen Alu-Brüstungsplatten mit Wartungsbalkonen aus natureloxierten Aluminiumprofilen verleihen dem Komplex sein charakteristisches Aussehen. Zwischen Studiobereich und Hochhäuser ist eine Eingangs- und Erschließungszone geschoben, in der Sitzungssäle sowie ein Kasino angesiedelt sind. Die Sockelebene des Komplexes ist als begehbare, bizarr geformte Terrassenlandschaft aus Beton gestaltet. Lässt sich bei den flachen Baukörpern noch eine entfernte Verwandtschaft mit der Formensprache der Liederhalle (Nr. 25) oder des Hahn-Hochhauses (Nr. 37) erkennen, so ist der nüchterne Technizismus der Hochbauten neu für das Stuttgarter Bauschaffen Rolf Gutbrods. Mit dem Funkhaus des SWR wurde das geforderte umfangreiche und komplizierte Raumprogramm in eine viel gesichtige und unverwechselbare Architektursprache umgesetzt. Im Park der Villa Berg hatte Gutbrod zusammen mit Hellmut Weber schon 1955–65 ein Funkstudio errichtet.

146
Künstlerateliershäuser
Reitzensteinstraße
1990–93
Fritz und Elisabeth Barth

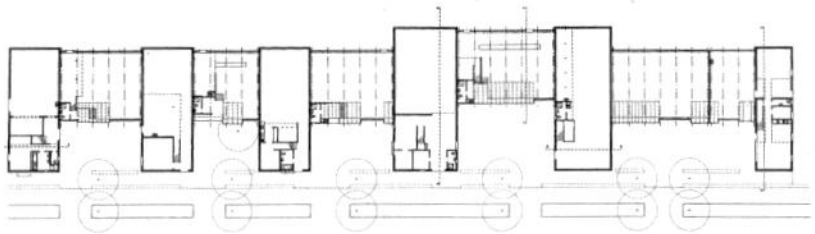

Zwischen der B 14, der Cannstatter Straße, und einem Wohn- und Gewerbegebiet erstreckt sich eine Kette kleiner Bauten, die man auf den ersten Blick für Einfachwohnungen oder Werkstätten halten könnte. Dass hier elf renommierte Maler und Bildhauer, darunter Erdmut Brahmke, Nikolaus Koliusis, Karl Georg Pfahler und Jo Schöpfer, ihre Ateliers haben oder hatten, würde man hingegen kaum vermuten. Die Entstehungsgeschichte und die architektonische Gestaltung der Atelierhäuser ist recht ungewöhnlich. Die Idee zu der Anlage stammte von dem Bildhauer Jo Schöpfer und den Architekten Elisabeth und Fritz Barth: Halbtonnen aus Aluminium sollten von ihren Nutzern in Eigenarbeit ausgebaut werden. Zehn weitere Künstler schlossen sich der Initiative an, und nach längerer Suche fanden sie das Grundstück, das ihnen die Stadt Stuttgart dann in Erbpacht überließ. Aus dem ursprünglichen Entwurf wurde schließlich eine mit einfachen Mitteln gestaltete, aber spannungsreiche Anlage. Sie gewinnt ihren Reiz vor allem durch den Kontrast zwischen sechs weiß verputzten Kuben und fünf dazwischen eingeschobenen Halbtonnen aus wellblechüberwölbten Stahlkonstruktionen; jeder Kubus und jede Halbtonne dient einem Künstler als Atelier. Akzente setzen die unterschiedlich gestalteten Fenster und Oberlichter, die z. B. bei den Tonnen an Gewächshäuser erinnern. Die Innengestaltung wurde schlicht und zurückhaltend ausgeführt, sie soll die künstlerische Tätigkeit möglichst wenig beeinflussen. Da das Konzept der Atelierhäuser auf Selbstbeteiligung beim Ausbau basierte, unterscheidet sich der Grad der Perfektion und „Wohnlichkeit" je nach Vorstellung des Nutzers. Ein unprätentiöser Werkstattcharakter prägt die Anlage, passend zur Funktion und zur Umgebung. Der Betrachter fühlt sich von den weißen Quadern an das Neue Bauen, von den Halbtonnen an die Nissenhütten der Kriegs- und Nachkriegszeit erinnert.

147

Mineralbad Leuze
Am Leuzebad 1–6
1953–54; 1979–83; 2005–06
Hellmut Weber; Geier + Geier

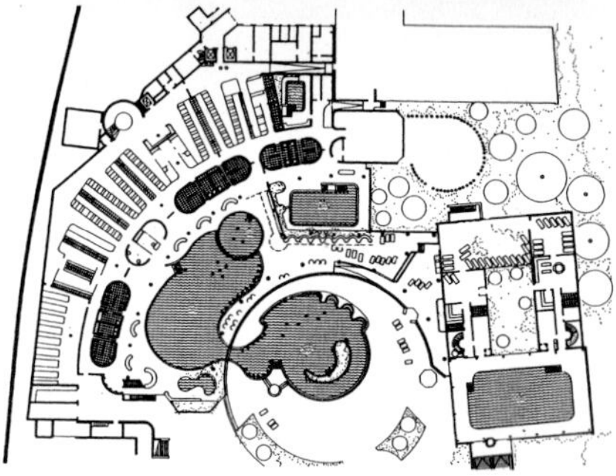

Kernstück des am Neckar gelegenen traditionsreichen Mineralbades ist ein aufwändiger Neubau, der an die bestehenden Anlagen angegliedert wurde. Dieser ist im Nordwesten in den Hang eingeschoben und so vom Verkehrslärm abgeschirmt. Der Eingang wird durch eine markante Großplastik, das „Leuze-Zeichen", akzentuiert, die von dem Stuttgarter Künstler Otto Herbert Hajek geschaffen wurde. Der Baukörper treppt sich terrassenförmig nach Süden zum kreisförmigen Innenhof ab. Die verschiedenen Einrichtungen des Neubaus verteilen sich auf drei Ebenen. Die Eingangshalle fungiert als Verteiler zu den einzelnen Funktionsbereichen; über eine Brücke wird das L-förmige Kurmittelhaus angebunden. Das 1. OG nimmt Umkleideräume, Duschen, Solarien sowie ein Restaurant auf, von dessen Empore man auf den Badebetrieb herabblicken kann. Im EG befinden sich verschiedene Badebereiche. Mittelpunkt ist das große, organisch geformte Hallenschwimmbecken, das durch eine Schleuse mit einem Außenschwimmbecken verbunden ist. Über eine Promenade gelangt man zur Sauna und zum Gebäude des Kaltschwimmbeckens. Dieser bescheidene, im Vergleich zum Neubau spartanisch wirkende Baukörper wurde 1953–54 durch Hellmut Weber errichtet. Dem Altbau sind zwei Freibecken zugeordnet. O. H. Hajek sorgte mit seinen Plastiken, Reliefwänden und farbigen Flächen für eine unverwechselbare künstlerische Gestaltung des Vergnügungs- und Kurbads und schuf so eine Synthese zwischen Kunst und Architektur. 2006 wird das Angebot um einen Familien- und Kinderbereich erweitert. Der eingeschossige Baukörper, der zwei Becken aufnimmt, passt sich der Großform der Warmbadehalle an und schmiegt sich auf EG-Höhe in einen terrassierten Grünbereich ein.

148

Berger Kirche
Klotzstraße 21
1853–55
Ludwig Friedrich Gaab

Zustand 1991 (oben), vor 1943 (unten)

König Wilhelm I. von Württemberg gab 1853 den Anstoß zum Bau der Berger Kirche. Sie wurde in beherrschender Lage, auf einem Bergsporn über dem Neckartal, errichtet. Hier hatte sich eine im 13. Jh. zerstörte Burg erhoben, später eine gotische Dorfkirche. Die effektvolle, malerische Platzierung spiegelt spätromanische Vorstellungen der Landschaftsgestaltung wider: Die Kirche gab eine eindrucksvolle Kulisse für die Aussicht vom nahe gelegenen Schloss Rosenstein (Nr. 257). Die Berger Kirche war der erste neugotische Sakralbau in Württemberg. Ludwig Friedrich Gaab hatte zuvor mit dem Kronprinzenpalais (Nr. 11) bereits ein frühes Beispiel der Neorenaissance geschaffen. An das dreischiffige, fünfjochige Langhaus fügte Gaab einen eingezogenen Polygonalchor und einen Westturm an. Dieser hatte mit seiner offenen Vorhalle und seinem zierlichen, durchbrochenen Maßwerkhelm den Turm des Freiburger Münsters zum Vorbild. In den Wimpergen, die die Portale der Vorhalle krönen, findet sich das württembergische Wappen und die Initiale Wilhelms. Die Langhausseiten werden durch schlanke Maßwerkfenster und Strebepfeiler gegliedert. Jeweils in der Mittelachse liegt ein Seitenportal, darüber ein Rosettenfenster. 1943 brannte die Berger Kirche aus, nur der Turm blieb unversehrt. 1954–55 wurde das Langhaus vereinfacht wiederhergestellt und ein neuer Chor angefügt. In dem schmucklosen Saal wurden Emporen eingebaut, das Gewölbe durch eine Holzdecke ersetzt.

149

Villa Berg
Villa Berg 1
1845–53
Christian Friedrich Leins

Zustand 1853 (unten)

Der einstmals prachtvolle Landsitz wurde von Christian Friedrich Leins für den württembergischen Kronprinzen und späteren König Karl und dessen Ehefrau, die Zarentochter Olga, entworfen. Angeregt durch eine Italienreise, die Karl zusammen mit dem Architekten unternommen hatte, wurde der Sommersitz in den Formen der römischen und toskanischen Spätrenaissance gestaltet. Die Villa ist somit eines der ersten Beispiele historistischer Architektur in Stuttgart. Das zweigeschossige, auf malerische Fernwirkung ausgerichtete Gebäude erhebt sich auf einer Plattform über einem mächtigen Sockel. Reiche Renaissanceornamentik nach italienischen Vorbildern schmückt die symmetrisch aufgebauten Fassaden. Umlaufende Kranzgesimse und Ecklisenen verleihen dem Kubus eine einheitliche Gesamterscheinung. Über Balkone, Loggien und Veranden öffnet sich der kompakte Baukörper zum Park. Rampen und Treppen bilden den Übergang zwischen Bauwerk und Parklandschaft. Das Gebäude enthielt im erhöhten EG die Gesellschaftsräume, das OG nahm die Wohnräume auf. Mit seinen Terrassierungen, zahlreichen Parkbauten wie Pavillons und Pergolen und der Anlage einer Grotte erinnerte das Ensemble an die kunstvoll inszenierten Gartenarchitekturen der „villa suburbana", des luxuriösen Sommerhauses der italienischen Antike und Renaissance. 1944 wurde das Gebäude stark beschädigt. Bei seiner vereinfachten Wiederherstellung baute man die belvedereartigen Ecktürme und die Flügelbauten im Norden nicht wieder auf. Seit 1965 nimmt die Villa Berg Studios des Südwestrundfunks auf. Hierfür wurde die Innenraumgestaltung stark verändert. Von den Parkbauten blieb nur ein kleines Gartenbelvedere erhalten.

150

„Kulturpark Berg", ehem. Militärlazarett
Teckstraße 62–68
1901–04
Julius Holch

Der Gebäudekomplex wurde als Garnisonslazarett gegenüber der Bergkaserne (von diesem 1895 bezogenen Komplex ist nur noch das Gebäude Teckstraße 59 erhalten) errichtet. Das ehemalige Militärlazarett ist malerisch in eine drei Hektar große parkartige Grünanlage eingebettet. Die Organisation des Krankenhauses, das 184 Betten aufnahm, entsprach dem modernsten medizinischen Kenntnisstand der damaligen Zeit. Zwei langgestreckte Hauptflügel, umgeben von kleineren Pavillonbauten für Patienten mit ansteckenden Krankheiten, bilden den Kern der weitläufigen Anlage. Versorgungs- und Personalwohnbauten an der Teck- und Parkstraße vervollständigen den Komplex. Große Teile der Fassaden sind in Backstein ausgeführt; Rundbogenmotive bilden einen sparsamen Schmuck. Fassungen und Sockel aus Sandstein sowie helle Putzflächen sorgen für ein abwechslungsreiches Erscheinungsbild. 1987–90 wurde das ehemalige Militärlazarett, das vorübergehend Abteilungen der Kriminalpolizei sowie des Süddeutschen Rundfunks aufgenommen hatte, zum sog. Kulturpark Berg umgebaut und gilt seither als Musterbeispiel einer gelungenen Umnutzung. Das Ensemble bietet nun Räumlichkeiten für eine bunte Mischung unterschiedlichster kultureller Tätigkeitsbereiche. So sind hier u.a. das Atelier des Malers Ben Willikens, Redaktionsbüros des SWR, Werbeagenturen, eine Filmproduktionsfirma, ein Restaurant sowie die Fachbereiche Visuelle Kommunikation und Kommunikationsdesign der Merz-Akademie untergebracht.

151

Raitelsbergsiedlung
Park-, Röntgen-, Sickstraße
1926–28
Alfred Daiber, Georg Stahl, Hochbauamt der Stadt Stuttgart

Die Raitelsbergsiedlung gehörte zu den großen städtischen Wohnungsbauprojekten der 20er Jahre. Von 1926 bis 1928 wurden hier rund 800 Wohnungen erstellt. Auf einem dreieckigen Gelände sind die dreieinhalbgeschossigen Hauszeilen fischgrätartig angeordnet. Abknickende Fluchten, eine Differenzierung in Haupt- und Nebenstraßen und kleine Grünanlagen verhindern ein monotones Siedlungsbild. Das Zentrum der nach außen geschlossen wirkenden Anlage bildet eine platzartig erweiterte Kreuzung. Hier erhebt sich ein sechsgeschossiges Hochhaus. Zu den Infrastruktureinrichtungen gehört neben Ladengeschäften am „Marktplatz" auch eine Schule, von Alfred Daiber 1928–29 erbaut. Ein Teil der Häuser wurde in Holzfachwerkbauweise mit Bimsbetonausfachung erstellt. Die Raitelsbergsiedlung lässt sich nicht eindeutig einem der Stile der 20er Jahre zuordnen, sie vereinigt vielmehr verschiedene Gestaltungselemente. Sattel- und Walmdächer, Klappläden und plastischer Schmuck (Märchenfiguren) zeugen von regionalistischer Tradition. Aufwändig in Backstein gestaltete Hauseingänge zeigen expressionistische Tendenzen. Das kubische Hochhaus, flach gedeckte Kopfbauten zur Sickstraße und die Horizontalgliederung der Bauten durch Gesimse und farbliche Absetzung verweisen auf das Neue Bauen. Eine derartige Stilmischung war nur denkbar, bevor die heftige Auseinandersetzung um die Weißenhofsiedlung (Nr. 197) die Architektenschaft in ein „progressives" und ein „konservatives" Lager spaltete.

152

Gasarbeitersiedlung
Hackstraße, Nüblingweg
1921–29
Walter Rist

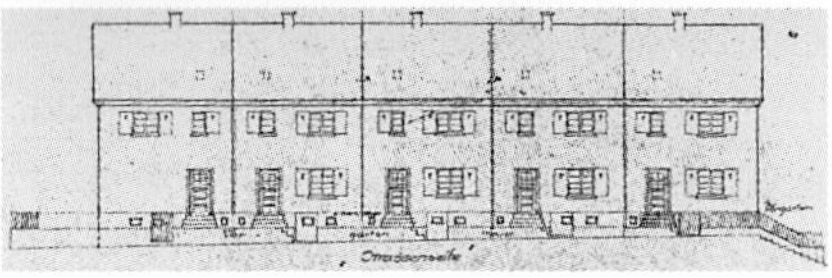

In den Jahrzehnten nach dem Bau der Kolonie Ostheim (Nr. 153) wurde aus dem Stuttgarter Osten zwischen Villa Berg und Gablenberg ein regelrechter „Fleckenteppich" von Arbeitersiedlungen. Links und rechts des Nüblingwegs, zwischen Hack- und Rotenbergstraße, entstand 1921–29 eine Siedlung für die Beschäftigten des nahe gelegenen Gaswerkes. Architekt war Walter Rist, Bauträger der Siedlungsverein Groß-Stuttgart. Die zukünftigen Siedler mussten ihre Wohnungen zum großen Teil in Eigenarbeit erstellen. Sogar die Bausteine wurden mit Unterstützung des Gaswerks selbst produziert. Nach Fertigstellung gingen die Häuser als sog. Reichsheimstätten in das Eigentum der Bewohner über. Die 87 Reihenhäuser sind in 17 Zeilen zusammengefasst, die zwischen zwei und acht Einheiten umfassen. Zu jeder gehört ein Garten. Die meisten Häuser besitzen viereinhalb Zimmer und ein ausbaufähiges DG; bei einigen kommt noch eine Einliegerwohnung hinzu. Die architektonische Gestaltung ist denkbar schlicht und schmucklos: Auf einen eineinhalb- oder zweigeschossigen Baukörper mit einem eingeschossigen Vorbau zum Garten hin wurde ein Satteldach gesetzt. Die Gasarbeitersiedlung verkörpert eine Tendenz im Arbeiterwohnungsbau, die durch Mitarbeit der Siedler, Eigentumsbildung und Schaffung einer kleinbürgerlichen Idylle der Radikalisierung der Arbeiterschaft entgegenwirken wollte. Heute zeigt die Siedlung eindrucksvoll, wie Einfachbauten von ihren Bewohnern veränderten Bedürfnissen angepasst werden. – In östlicher Richtung anschließend, zwischen Abelsberg- und Hackstraße, ließ gleichzeitig die Straßenbahner-Baugenossenschaft „Friedenau" eine Siedlung errichten (Architekt Wilhelm Schuh).

153

Kolonie Ostheim

Alfred-, Haußmann-, Lichtenstein-, Rotenbergstraße
1891–1903
Friedrich Gebhardt, Karl Hengerer

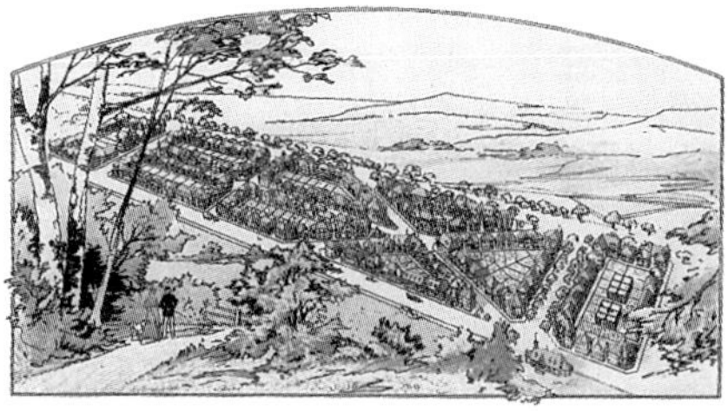

Die 1891–1903 am östlichen Stadtrand errichtete Kolonie Ostheim ist neben dem „Postdörfle" (Nr. 174) das bemerkenswerteste Beispiel einer Stuttgarter Arbeitersiedlung vor dem Ersten Weltkrieg. Bauherr war der 1866 gegründete, von dem sozial engagierten Bankier Eduard Pfeiffer geleitete „Verein für das Wohl der arbeitenden Klassen" (seit 1933 Gemeinnütziger Bau- und Wohlfahrtsverein). Er ließ 1267 Wohnungen, vorwiegend mit zwei und drei Zimmern, in 383 Häusern erstellen. Die geringe Höhe der Mieten bzw. Mietkaufraten, die überdurchschnittliche Wohnungsausstattung und die Anlage von Mietergärten ließen eine Mustersiedlung fernab vom Wohnungselend der Gründerzeit entstehen. Zum malerischen Eindruck der Siedlung trägt die Gestaltung der Bauten bei, die Mischtypen zwischen Mietsetagen- und Einfamilienhäusern sind. Ein reicher Formen- und Materialkanon mit verschiedenfarbigem, ornamental verarbeitetem Back- und Sandstein, Ziergiebeln, Erkern, unterschiedlichen Dach- und Fensterformen sowie Zitate verschiedener historischer Baustile weisen die Kolonie Ostheim als typisches Zeugnis der Architektur der Jahrhundertwende aus. Trotz des geschlossenen Siedlungscharakters bietet sich ein vielfältiges Bild. Den Mittelpunkt der Anlage bildet der Teckplatz mit einem von Karl Donndorf 1913 geschaffenen Brunnen. Läden, eine sog. Volksbücherei, ein Kinderhort (Schwarenbergstraße 64) und eine Poststelle sorgten für eine gute Infrastruktur. Am Rande der Siedlung entstanden 1899 die evangelische Lukaskirche (Landhausstraße 151; Architekten Ludwig Wittmann und Louis Stahl) und 1903 die Ostheimer Volksschule (Landhausstraße 115).

154

Schönbühlsiedlung

Klingen-, Ostend-, Schönbühlstraße
1929–30
Architektenkollektiv des BDA (Richard Döcker, Ernst Wagner u.a.)

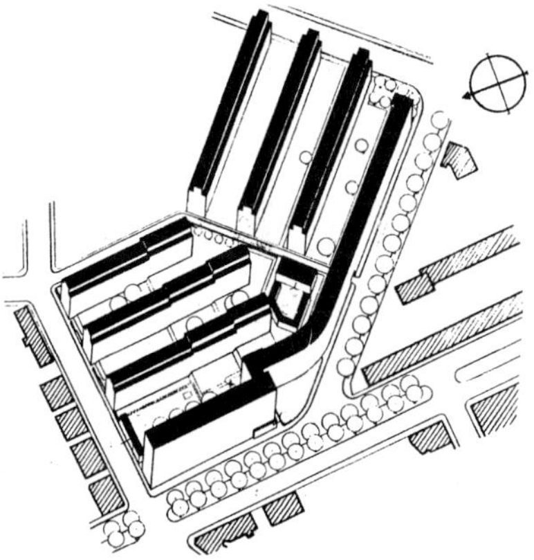

Zu den Siedlungen im Stil des Neuen Bauens, die in der Nachfolge der Weißenhofsiedlung (Nr. 197) entstanden, gehört die Ostheimer Schönbühlsiedlung. Wie bei der Wallmersiedlung (Nr. 276) übergab die Stadt Stuttgart dem Bund Deutscher Architekten (BDA) die kollektive Ausführung; bekanntester der im Kollektiv tätigen Architekten war Richard Döcker. Ein Standard-Grundrisstyp und die Forderung nach dichter Bebauung, um eine große Zahl (rund 270) von 2- und 3-Zimmer-Wohnungen unterzubringen, bildeten die Vorgaben. Zur Kosteneinsparung erfolgte die Erschließung z. T. über Laubengänge. Die unterschiedlich langen Hauszeilen wurden in dreigeschossiger Bauweise mit einem als Wäschetrockenboden nutzbaren, flach gedeckten DG ausgeführt. Um bei der dichten Bebauung den Sonneneinfallswinkel für die EG-Wohnungen genügend groß zu belassen, wurde das DG beiseitig zurückgesetzt. Dekorative Akzente fehlen bei den weißverputzten Häusern. Trotzdem bekam die Siedlung ein unverwechselbares Gesicht. Dafür sorgt der wuchtige, kubische Block an der Ostendstraße, der fünf Vollgeschosse und ein nicht zurückgesetztes, flach gedecktes DG mit Lüftungsöffnungen aufweist. Im Zweiten Weltkrieg wurde die Siedlung beschädigt und dann verändert wiederaufgebaut. Die Flachdächer – Hauptmerkmal des Neuen Bauens – wurden z. T. durch Satteldächer ersetzt und die Laubengänge geschlossen.

155

Leo-Vetter-Bad
Landhausstraße 192
1956–60
Werner Gabriel

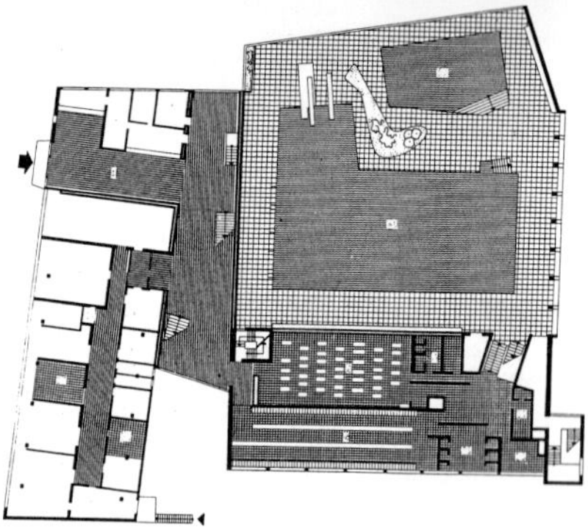

Grundriss EG

Das Leo-Vetter-Bad war der erste Schwimmbadneubau Stuttgarts nach dem Zweiten Weltkrieg. Es nimmt den Platz des 1910 erbauten und nach Kriegsschäden abgerissenen Stadtbads Ostheim ein. Nach außen hin setzt sich der Komplex des Leo-Vetter-Bads aus asymmetrisch angeordneten, kubischen Baukörpern zusammen. Die Front zur Landhausstraße wird durch einen langgezogenen, riegelförmigen Bauteil bestimmt, dessen Fassade zur Belichtung der dahinter liegenden Schwimmhalle weitgehend aus Glasbausteinen besteht. Als Schmuck wurden davor Drahtplastiken von Cuno Fischer angebracht, die Meerestiere darstellen. Auch die Seitenfront wird durch Glasbausteine dominiert. Den einzig bewegten Akzent in der ansonsten streng geometrisch-rechtwinkligen Gebäudekomposition setzt der nierenförmige, z. T. mit Kupferplatten verkleidete Oberlichtaufsatz. Die Schwimmhalle auf fünfeckigem Grundriss nimmt ein L-förmiges Schwimmer- und ein Nichtschwimmerbecken auf. Drei kühn auseinander strebende Metallrohre stützen die Dachkonstruktion. Werner Gabriel fungierte auch als künstlerischer Berater beim Bau des benachbarten Wohnhochhauses für Mitarbeiter der Stuttgarter Straßenbahnen (Hochbauabteilung der SSB, 1957–59). – Ein weiteres typisches Schwimmbad der 50er Jahre ist das Stadtbad Feuerbach (Wiener Straße) von Manfred Lehmbruck (1959–60). Es beeindruckt durch seine kühne Beton-Hängedachkonstruktion.

156

Wohnkolonie Ostenau
Abelsberg-, Landhaus-, Lehmgrubenstraße
1911–14
Paul Bonatz, Karl Hengerer

Ansicht Lehmgrubenstraße 1911 (unten)

Im Gegensatz zur benachbarten Kolonie Ostheim (Nr. 159), die als Arbeitersiedlung konzipiert war, erstellte der „Verein für das Wohl der arbeitenden Klassen" die Ostenau für mittelständische Wohnungssuchende. Beamte, Angestellte und Lehrer mit ihren Familien bezogen die 261 3–5-Zimmer-Wohnungen. Den Bebauungsplan für das Gelände zwischen Ostheim und Gaisburg entwarf Paul Bonatz etwa gleichzeitig mit seinem ersten Wettbewerbsbeitrag für den Hauptbahnhof (Nr. 1). Die Grundriss- und Detailausarbeitung lag bei einer Architektengruppe unter Federführung des „Hausarchitekten" des Vereins, Karl Hengerer. Das dreieckige Grundstück wurde in drei Baublöcke mit Innenhöfen aufgeteilt. Zentrum der Anlage ist der kleine, begrünte Luisenplatz. Die insgesamt 50 weitgehend einheitlich gestalteten Häuser sind typische Beispiele für die Architektur um 1910 mit ihrer Abkehr vom Historismus und der Hinwendung zu sachlichen, klareren Formen. Nur noch einzelne Gliederungselemente wie Ädikulen oder Rustikasockel wurden hier früheren Stilen, speziell der italienischen Renaissance, entlehnt. Erker und Giebelaufbauten rhythmisieren die Fassaden der mit Mansardwalmdächern gedeckten Putzbauten. Im Unterschied zur Kolonie Ostheim mit ihren kleinen, malerischen Einzelhäusern macht die eng bebaute Ostenau-Siedlung einen großstädtischen Eindruck. Die Anlage wurde im Zweiten Weltkrieg stark beschädigt und ab 1950 wiederhergestellt. Den Unterschied zwischen dem Ursprungszustand und dem stark vereinfachten Wiederaufbau verdeutlichen die beiden den Durchgang zum Luisenplatz flankierenden Gebäude an der Landhausstraße.

157

Gaisburger Kirche
Faberstraße 17
1911–13
Martin Elsaesser

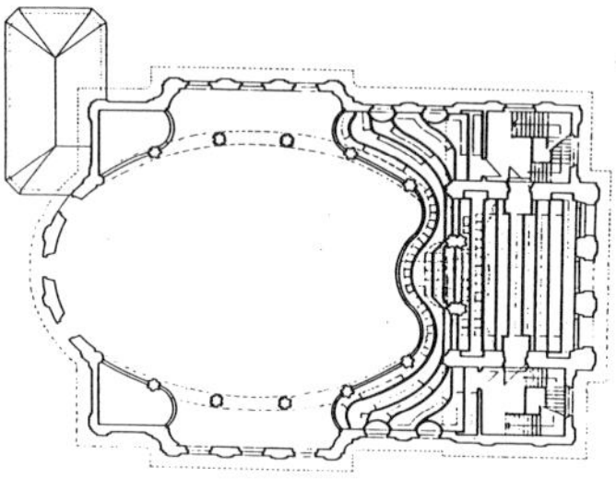

Grundriss EG

Wie die Berger Kirche (Nr. 148) überragt die evangelische Gaisburger Kirche ihren Stadtteil und setzt – an den Rand einer Hügelkuppe geschoben – einen weit sichtbaren Akzent. Die Platzierung war eine Vorgabe des Wettbewerbs, in dem Martin Elsaesser den 1. und 3. Preis davontrug. Mit breit gelagerten Formen und einem untersetzt wirkenden Turm antwortete Elsaesser auf die relativ geringe Höhe des Hügels. Die dem Vorplatz zugewandte Hauptfassade wird beherrscht von einer zweigeschossigen, dreiachsigen Portalanlage mit kannelierten Pilastern, geschmückt mit den Sitzfiguren von Moses, David und Paulus. Der Turm erhebt sich über der Vorhalle auf quadratischem Grundriss; markantes Gestaltungselement ist die Kehlung der Ecken. Auf dem oberen Glockengeschoss sitzt ein stumpf auslaufender, zeltartiger Turmhelm. Der Grundriss weist barocke Züge auf: In einen Rechtecksaal wurden 14 Säulen auf kugelförmigen Basen eingestellt. Eine zweigeschossige Empore folgt in elegantem Schwung der elliptischen Säulenformation. Die Chorausmalung mit biblischen Szenen stammt von Käthe Schaller-Härlin. Mit Ausnahme der Fenster und der Bestuhlung bewahrt der Innenraum den Originaleindruck. Im Gegensatz zum klassizistisch strengen Äußeren zeigt das Innere mit seinen runden, ausschwingenden Formen und seiner Ausstattung eine Mischung von barocken und Jugendstil-Anklängen. Die Gaisburger Kirche war Elsaessers individueller Beitrag zur Suche nach einem neuen Stil im Sakralbau, der die Architekturdiskussion um 1910 beherrschte.

158

Herz-Jesu-Kirche
Schurwaldstraße 1
1921–34
Clemens Hummel

Wo die Stadtteile Gablenberg, Gaisburg und Ostheim zusammentreffen, wurde in zwei Abschnitten Anfang der 20er und der 30er Jahre die katholische Pfarrkirche Herz Jesu errichtet. Erste Pläne stammen aus der Zeit vor dem Ersten Weltkrieg, konnten aber aus finanziellen Gründen nicht realisiert werden. Wie bei St. Fidelis (Nr. 99) orientierte sich Clemens Hummel auch hier an frühchristlichen Formen. Die Grundkonzeption, eine Basilika mit beigestelltem Turm in der Art eines Campanile, weist auf San Apollinare in Classe bei Ravenna (5. Jh.). Die Herz-Jesu-Kirche ist von monumentaler Schlichtheit. An ein hohes, satteldachgedecktes Mittelschiff fügen sich schmale, niedrige Seitenschiffe mit Pultdächern an. Während das Mittelschiff durch hohe Rundbogenfenster im Obergaden belichtet wird, besitzen die Seitenschiffe kleine Rechteck- und jeweils ein Rundfenster. Vor der flächigen, nur durch eine Fensterrose gegliederten Westfassade schützt ein Vordach den Haupteingang. An der Nordseite steht der schlanke Rundturm, bekrönt von einem Kegeldach. Prägend für das Bild der Kirche ist die Verkleidung mit rauen Travertinquadern in gelbbraunem Farbton. So einfach das Äußere, so karg ist der helle Innenraum. Pfeilerarkaden trennen die Seitenschiffe ab. Im EG des Turmes befindet sich eine Kapelle. In den 50er Jahren wurde das Innere verändert und eine flache, Langhaus und Rechteckchor zusammenfassende Balkendecke eingezogen. Der renommierte Bildhauer Otto Herbert Hajek gestaltete 1954–64 den Altarraum neu und entwarf Altar, Tabernakel, Kanzel und Lesepult.

159

Wohnanlage des Bau- und Heimstättenvereins
Wagenburgstraße 149–153, Talstraße 2–4, Klingenstraße 107
1928–30
Karl Beer

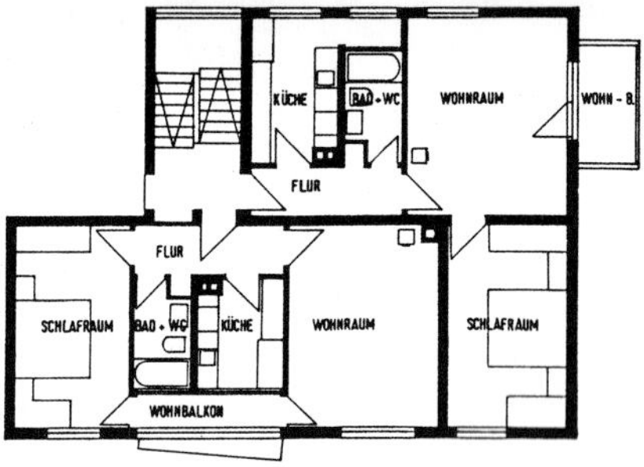

Grundriss 2-Zimmer-Wohnung

Für den Bau- und Heimstättenverein entwarf Karl Beer in den 20er und 30er Jahren mehrere Wohnanlagen. Im Stuttgarter Osten, der „Hochburg" des Arbeitersiedlungsbaus, errichtete Beer 1928–30 einen Gebäudekomplex an der Grenze zwischen Ostheim und Gablenberg. Dort entstanden 100 1- bis 4-Zimmer-Wohnungen. Ein langgestrecktes, fünfgeschossiges Gebäude an der Wagenburgstraße wird von viergeschossigen, schräg ansetzenden Flügelbauten an der Tal- und Klingenstraße zur unregelmäßigen Blockrandbebauung ergänzt; alle Gebäude sind mit flachen Walmdächern gedeckt. An der Ecke Tal- und Wagenburgstraße laufen die beiden Flügel in einen Flachbau für Läden aus. Die Fassade des Haupttrakts wird durch kleine, halbrunde Balkone in der Achse der drei Hauseingänge wirkungsvoll rhythmisiert. An den Außenkanten sind Balkone um die Ecke herumgezogen – ein Motiv, das sich auch an Beers bekanntestem Gebäude, dem Turmhaus des Friedrich-Ebert-Hofs (Nr. 203), findet. Wenige, effektvoll eingesetzte Details wie die sorgfältig gestalteten Balkonbrüstungen oder die schwungvolle Rundung des Ladenanbaus verleihen der Wohnanlage eine expressive Note. Die kriegszerstörten Flügelbauten wurden in den 50er Jahren vereinfacht wiederaufgebaut. – Als der Arbeiterbewegung nahe stehender Architekt baute Beer das Gewerkschaftshaus (Willi-Bleicher-Straße 20; 1930–33). Aufgrund seines politischen Engagements musste er 1935 in die Schweiz emigrieren, wo er weiter im gemeinnützigen Wohnungsbau tätig war.

160

Wagenburg-Gymnasium
Wagenburgstraße 30
1913–14
Martin Elsaesser

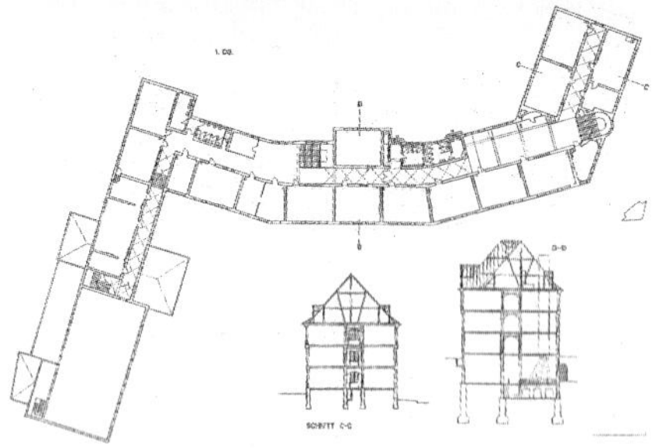

Kurz nach der Markthalle (Nr. 86) und der Gaisburger Kirche (Nr. 157) erbaute der noch junge Professor an der Technischen Hochschule, Martin Elsaesser, das Wagenburg-Gymnasium. Im Gegensatz zu den meisten anderen zwischen Jahrhundertwende und Erstem Weltkrieg errichteten Schulbauten, wie z. B. der Heusteigschule (Nr. 138), weicht die Wagenburgschule vom verbreiteten Schema einer symmetrischen Anlage mit zwei überhöhten Kopfbauten ab. Der massige Baukörper liegt in beherrschender Lage an einem Berghang. Mehrere „Knicke" mildern optisch die Länge des Baus, den ein mächtiges Satteldach deckt. Zur Talseite liegen die Klassenräume, zum Hang hin Flure und Treppenhäuser. Rechtwinklig schließt an den drei- bis viergeschossigen Klassentrakt ein niedrigerer Flügel an, der u. a. Turnhalle und Hausmeisterwohnung aufnimmt. Im EG öffnet sich der Hauptbaukörper mit einem Arkadengang zum Pausenhof. Jedes der darüber liegenden Geschosse kragt leicht vor. Dekorativ eingesetzte, reliefierte „Kragsteine" ohne konstruktive Funktion betonen diese Vorkragungen und gliedern die Fassade. Stärker als bei der Markthalle und der Gaisburger Kirche bediente sich Elsaesser beim Wagenburg-Gymnasium einer schlicht-monumentalen Formensprache. Historische Bezüge, quasi als Zitate sparsam eingesetzt, sind allerdings auch hier noch deutlich erkennbar: Arkaden, Vorkragungen, Fachwerk-Dachgauben und der Torbau mit einem Rundtürmchen erinnern vage an spätmittelalterliche Architektur. Auch Jugendstilanklänge finden sich vereinzelt, so bei den ornamental verzierten Gewänden der Eingangstüren und des Hoftors. Moderne, großflächige Fenster stören heute die Fassadenharmonie empfindlich.

161

Jugendhaus Ost, ehem. Villa Hauff
Gerokstraße 7
1903–04
Karl Hengerer, Richard Katz

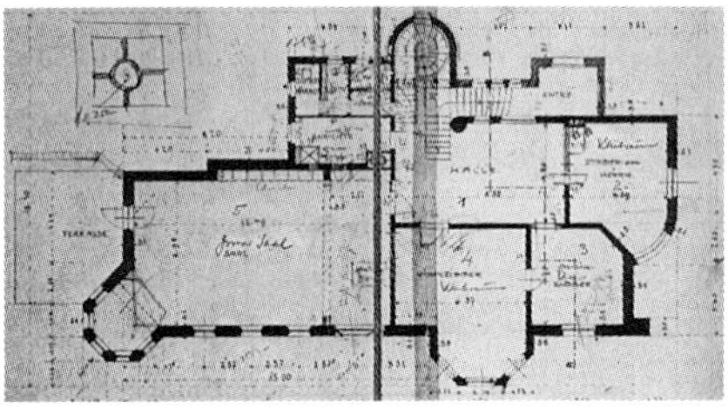

1. Baugesuch, April 1903: Westansicht (oben), Grundriss EG (unten)

Die für den Fabrikanten Friedrich Hauff errichtete Villa liegt in beherrschender Höhenlage an der Spitze eines steil abfallenden Grundstücks. Karl Hengerer, der vor allem mit dem Bau der Arbeitersiedlungen Ostheim (Nr. 153) und Südheim (Nr. 126) hervortrat, entwarf hier ein repräsentatives Gebäude, das mit seinem trutzigen Äußeren an eine mittelalterliche Burg erinnert. Über einem hohen Rustikasockel erhebt sich ein zweigeschossiger Baukörper mit steil aufragendem, zweigeschossigem Satteldach und erkerartigem Vorbau. An der Südseite öffnet sich eine Loggia in romanisierenden Formen über einem auf einer Konsole aufsitzenden Segmentbogen. Die scheinbar beliebige Verwendung mittelalterlicher Architekturformen wie Loggia, Erker, Zwergarkaden oder Schleppgauben betont den Burgcharakter zusätzlich. Durch den vielfach vor- und zurückspringenden Baukörper, häufigen Materialwechsel und die unterschiedlichen Fensterformen wirkt die Fassade sehr lebendig. Dies setzt sich auch im Inneren fort; die einzelnen Räume sind stark individualisiert. Die Grundrissgestaltung steht in der Tradition englischer Landhäuser des späten 19. Jhs. Der Eingangsbereich befindet sich im Souterrain. Das EG nahm die repräsentativen Wohnräume auf, die um eine zentrale Halle angeordnet waren. Im 1. OG lagen die Schlafräume, im 1. DG Gäste- und Personalzimmer. In einem Nebenbau mit ebenfalls burgartigem Charakter war die Chauffeurswohnung untergebracht. 1939 wurde das Gebäude für die SS beschlagnahmt. Seit 1952 dient die ehemalige Villa Hauff als Jugendhaus.

162

Festsaalbau der Freien Waldorfschule Uhlandshöhe
Haußmannstraße 44
1975–77
Johannes Billing, Jens Peters, Nikolaus Ruff

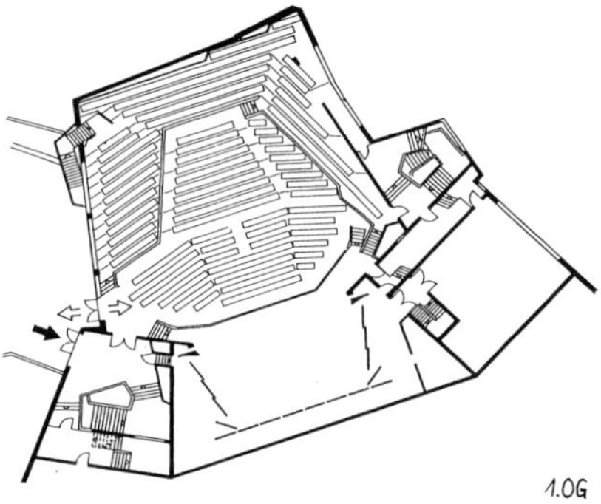

Die anthroposophische Bewegung hat rings um die Uhlandshöhe eines ihrer Zentren. Hier rief Rudolf Steiner 1919 die erste Waldorfschule ins Leben. Heute prägt eine Vielzahl anthroposophischer Gebäude das Stadtquartier – man fühlt sich an das schweizerische Dornach erinnert. Nach der Kriegszerstörung des ersten Schulgebäudes entstand seit den 50er Jahren ein ausgedehnter Schulkomplex. Dessen Mittelpunkt bildet ein Festsaalgebäude, das die Architektengemeinschaft Billing, Peters, Ruff 1975–77 errichtete. Das ungewöhnliche Gebäude lässt das expressive und organische Architekturideal Steiners plastisch werden. Wie ein Fels scheint der mächtige Monolith aus einem Steilhang herauszuwachsen. Der durchweg sichtbar belassene Beton weist zahlreiche kristalline Brechungen und Verschiebungen auf; den in der anthroposophischen Architekturtheorie als „unorganisch" abgelehnten rechten Winkel vermieden die Architekten so weit wie möglich. An der Eingangsfassade tritt der Beton für eine einladende große Glaswand zurück. Der Materialkontrast von Sichtbeton, Holz und Glas bestimmt das Gebäude im Äußeren wie im Inneren, wo die Beton- und Holzflächen z. T. farbig lasiert wurden. Das differenzierte Raumprogramm ist vielschichtig und auf zahlreiche Ebenen verteilt angeordnet. Kern ist ein rund 800 Besucher aufnehmender Festsaal mit bemerkenswert guter Akustik. – Das gegenüberliegende Lehrerseminar wurde 1965–67 von denselben Architekten zusammen mit Rolf Gutbrod und Wolfgang Henning erbaut.

163

Mehrfamilien-Doppelhaus

Stafflenbergstraße 18
1900; 1996–97
Clemens Hummel; Robert Thomsen

Die Stafflenbergstraße ist eine der für Stuttgart typischen Straßen in Halbhöhenlage mit eindrucksvollem Blick über den Talkessel und aufgelockerter, z. T. villenartiger Bebauung. Trotz Kriegszerstörungen und maßstabsprengender Nachkriegsbauten konnte sie ihren Charakter einigermaßen bewahren. Zum erhaltenen Altbaubestand gehört ein gediegenes Doppelwohnhaus, das der später als Erbauer katholischer Kirchen (Nr. 99, 158) bekannt gewordene Clemens Hummel entworfen hat. Das dreigeschossige Gebäude zeichnet sich durch eine Mischung aus neubarocken und Jugendstilelementen aus, wie sie für die Jahre um 1900 mit ihrer Suche nach einem neuen, zeitgemäßen Stil charakteristisch war. Hummel hat der eigentlich nach Symmetrie verlangenden Bauaufgabe eine malerisch asymmetrische und pittoreske Ansicht gegeben. Dafür wurden, vor allem an der mit Sandstein verkleideten Straßenfassade, phantasiereich verschiedene Elemente eingesetzt, kulminierend in dem von einer Zwiebelhaube bekrönten Türmchen. Bei der umfassenden Sanierung in den 90er Jahren durch Robert Thomsen waren die Auflagen des Denkmalschutzes zu beachten, so dass nach außen im wesentlichen nur die Rekonstruktion der alten Fenstergliederungen und die rückseitigen Wintergärten ins Auge fallen. Im Inneren dagegen konnten großzügigere Veränderungen vorgenommen werden, so der Ausbau des Dachgeschosses und – als Kernstück des Umbaus - die Zusammenlegung der Wohnungen im EG und im 1. OG. Dabei dient eine leichte, asymmetrische Treppenkonstruktion unabhängig vom Treppenhaus als funktionale wie optische interne Verbindung dieser beiden Geschosse.

164

Ateliergebäude des Württembergischen Kunstvereins

Im Schellenkönig 56
1966–68
Paul Stohrer

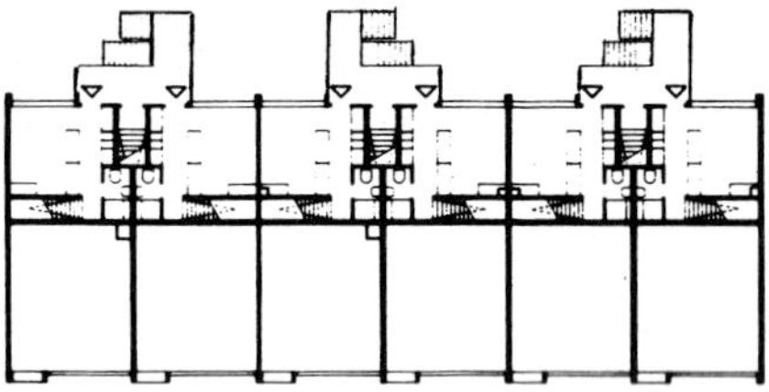

Grundriss EG

Der „Verein Württembergischer Kunstfreunde" ließ sich 1906 von Bernhard Pankok ein Ateliergebäude oberhalb der Stafflenbergstraße errichten. Der vor allem als Maler und Designer tätige Pankok war einer der führenden Jugendstilkünstler. Das Ateliergebäude gestaltete er jedoch in sachlichen Formen mit schmucklosen Putzfassaden, die nur durch große Fensterflächen gegliedert waren. 1944 wurde das Gebäude zerstört. Ein Neubau, z. T. auf den alten Grundmauern, erfolgte 20 Jahre später durch Paul Stohrer. Dieser entwarf ein flach gedecktes, kastenförmiges Gebäude mit einem zurückgesetzten DG. Zwei Klinkermauern rahmen als Giebelwände den Baukörper. Vertikale Klinkerstreifen setzte Stohrer zur Rhythmisierung der Fassaden ein. Die Talseite des Gebäudes ist fast vollständig verglast. Die Fensterflächen der Atelierräume sind durch Holzrahmen in quadratische Felder unterteilt. Auf Balkone verzichtete Stohrer und schuf nur kleine Austritte mit Lochblech-Brüstungen. Hangseitig, wo sich Wohn- und Nebenräume befinden, wechseln geschlossene Wandflächen mit den Fenstern ab. Der helle, lasierte Beton, die dunklen Fensterrahmen und die – für Stohrers Bauten ungewöhnlichen – braunroten Ziegel sind die dominierenden Materialien. Wie schon bei seinem eigenen Haus (Nr. 181) bewies Stohrer, einer der erfolgreichsten Stuttgarter Architekten der Nachkriegszeit, seinen souveränen Umgang mit dem Baustoff Beton.

165

Villa Reitzenstein
Richard-Wagner-Straße 15
1910–13
Hugo Schlösser, Johann Weirether

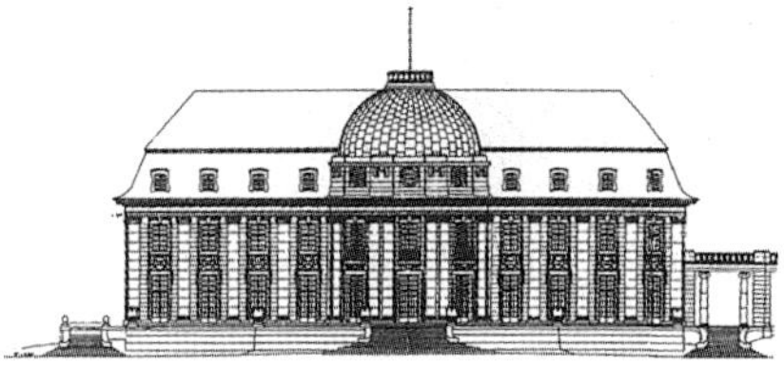

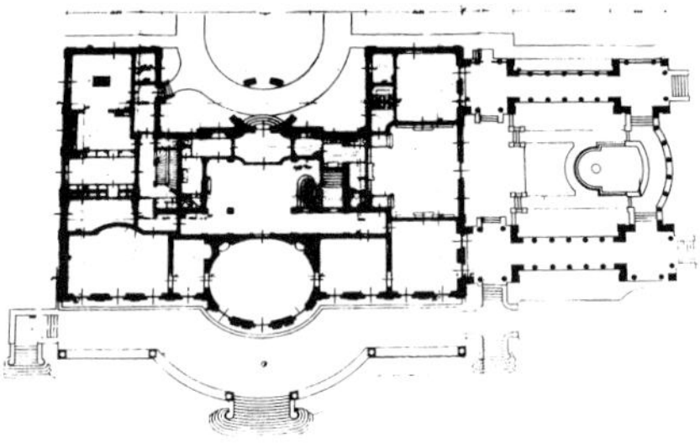

Aufriss der Westfront (oben), Grundriss EG (unten)

Die hochherrschaftliche Villa wurde für die Baronin Helene von Reitzenstein in bevorzugter Villengegend auf der Wagnerhöhe errichtet. Sie ist eines der spätesten und zugleich imponierendsten Beispiele historistischer Architektur in Stuttgart. Als Baustil wählten die Architekten französische Barockformen des 18. Jhs.; das Gebäude ist darin der zeitgleich errichteten Villa Gemmingen (Nr. 120) verwandt. Große stilistische Ähnlichkeiten lassen sich vor allem mit dem Lustschloss „Monrepos" bei Ludwigsburg feststellen, das Philippe de la Guêpière 1760–64 für Herzog Carl Eugen von Württemberg als „Seehaus" errichtet hatte. Die Villa Reitzenstein ist als dreiflügliger, zweigeschossiger Bau angelegt. Dieser wird an der Gartenseite im Westen durch einen gerundeten, mit einer Kuppel versehenen Mittelrisalit bestimmt. Ihm sind, ähnlich wie bei „Monrepos", Säulen ionischer Ordnung vorgestellt, auf denen ein mächtiges Gebälk ruht. Die flächigen Fassaden der mit steilen Mansarddächern gedeckten Flügel werden durch kannelierte Kolossalpilaster sparsam gegliedert. Das Innere der Villa wies ehemals eine prunkvolle Ausstattung auf. Repräsentativer Mittelpunkt des axialen Grundrisses ist die zentrale Kuppelhalle, bei der ein Grundgedanke der italienischen Hochrenaissance aufgegriffen wurde. Die Villa Reitzenstein dient heute als Amtssitz des Ministerpräsidenten von Baden-Württemberg sowie als Sitz des Staatsministeriums. Durch einen nüchternen Anbau an der Stelle der östlichen Wandelhalle wurde der repräsentative Gesamteindruck geschmälert.

166

Haus Kilpper
Pischekstraße 72
1927–28
Richard Döcker

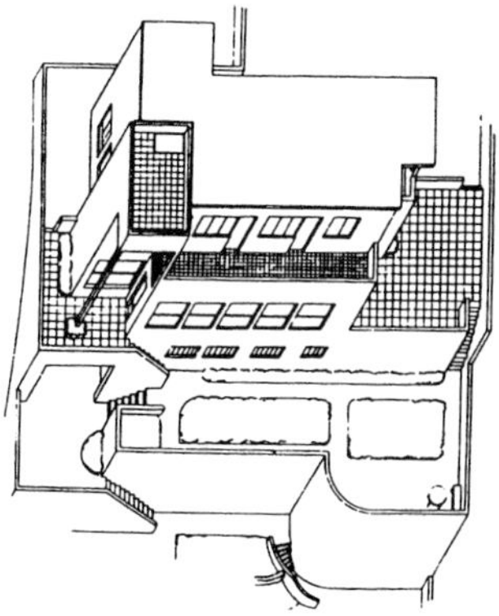

Isometrie

Das repräsentative Einfamilienhaus liegt an einem Steilhang. Wie auch das Haus Vetter (Nr. 186) ist das Haus Kilpper mit seiner dem Südhang folgenden Terrassierung in die Landschaft eingebettet. Beide Gebäude demonstrieren so den von Richard Döcker weiterentwickelten Typ des Terrassenhauses, bei dem er die hügelige Topographie Stuttgarts für eine qualitätvolle, vorbildhafte Architektur nutzte. Das Gebäude sowie der Garten sind durch Terrassen und Plateaus lebhaft gegliedert. Das Grundstücksgefälle und die Abstufung des Baukörpers ermöglichen beispielhaft die Verwirklichung der Forderung nach Licht, Luft und Sonne, dem Credo des Neuen Bauens. Durch großzügige Fensterflächen sowie zahlreiche Ausgänge ins Freie strebte Döcker die Aufhebung der Trennung zwischen Innen und Außen, zwischen Haus und Garten an: „Der Wohnraum begnügt sich nicht mehr mit seinen vier Wänden (…). Das Freie wird einbezogen durch große Fenster, Veranden oder Terrassen – das Leben und Wohnen will ins Freie – Freiheit." (Döcker). Sogar das für das Neue Bauen typische Flachdach wurde als Dachgarten konzipiert. Das Haus ist streng kubisch gestaltet. Auffälligstes Element ist der erhöhte Bauteil im Südwesten, der auf Stützen ruht. Der großzügige Wohnbereich liegt im EG, im OG befinden sich die Schlafräume, denen, wie bei zahlreichen Projekten Döckers, ebenfalls eine Terrasse vorgelagert ist.

167

Galerie Valentien, ehem. Villa Kopp
Gellertstraße 6
1910–11
Paul Bonatz

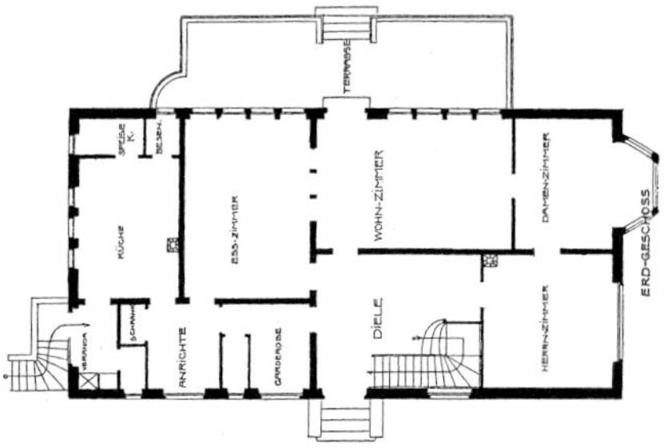

Die Villa Kopp ist ein Hauptwerk von Paul Bonatz; zugleich demonstriert sie vorausgreifend die Architekturauffassung der von Bonatz mitbegründeten Stuttgarter Schule. Wesentliche Merkmale dieser konservativen Architekturströmung (u.a. die Reduktion auf klare Grundformen sowie die Verwendung bewährter Baumaterialien), die in den 20er und 30er Jahren einen großen Einfluss auf den Wohnungsbau ausübte, sind bei diesem Gebäude schon vorgezeichnet. Bonatz entwarf eine großbürgerliche Villa in der Form eines Landhauses. Das zweigeschossige Gebäude besteht aus einem langgestreckten, massig wirkenden Kubus, auf dem ein mächtiges Walmdach ruht. Einziges Schmuckelement der schlichten Fassade ist ein antikisierender Fries in der Form des „laufenden Hundes". Dieser fast völlige Verzicht auf Dekor zu Gunsten einer zurückhaltend-noblen Erscheinung war in der Zeit des ausklingenden Historismus und Jugendstils fortschrittlich; so ist etwa die zeitgleich fertig gestellte Villa Gemmingen (Nr. 120) noch im historistischen Stil des Neobarock gestaltet. Im Unterschied zur streng axialen Gliederung der Fassade war die Grundrissdisposition den Bedürfnissen der Bewohner angepasst. Das EG nahm die repräsentativen Räume sowie die Küche auf. Im OG lag der private Bereich mit den Schlafräumen und einer Einliegerwohnung. Das DG nahm Zimmer für Gäste und Bedienstete auf. 1975 erfolgte eine grundlegende Sanierung sowie der Umbau zur Galerie Valentien mit Ausstellungsräumen im EG, einer großen Wohnung im OG sowie einer Atelierwohnung und Appartements im DG. Die originale Einrichtung des OG blieb erhalten.

168

„Kanonenhäusle"
Gellertstraße 12
1702; 1863
n. bek.; Fritz

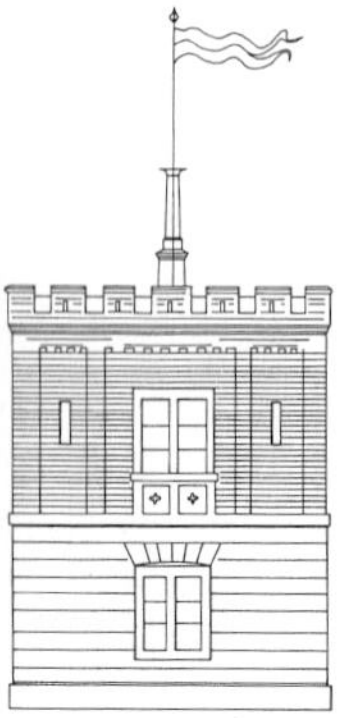

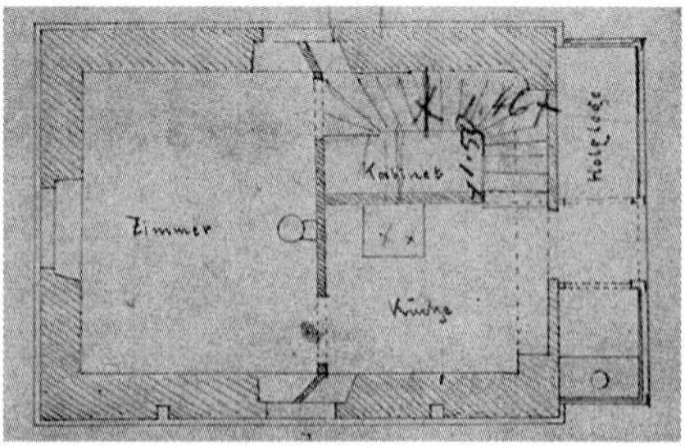

Auf der Höhe der Gänsheide hat ein kulturhistorisch interessantes Gebäude den Lauf der Zeit überdauert: das sog. Kanonenhäusle. Alarmiert durch den verheerenden Stadtbrand Esslingens im Jahr 1702, beschloss die Stadt Stuttgart, das Feuerlöschwesen durch den Bau einer Hochwacht zu verbessern. In dieser wurden zwei „Lärmkanonen" untergebracht, mit deren Hilfe „die Nachbarschaft von der obhabenden Gefahr gewahrschauet und benachrichtigt werden (soll)", weil „das Geläut von Kirchen-Thürmen nicht allezeit von denen umliegenden Dorff- und Nachbarschafften vernommen werden kan", so die Feuerordnung von 1703. Das Gebäude besaß ursprünglich nur ein Geschoss für die Aufstellung der Kanonen. 1863 wurde das Haus durch Stadtbaumeister Fritz um ein Stockwerk in Backsteinbauweise erhöht und eine Wohnung für den Oberfeldwächter eingerichtet. Diese umfasste eine Küche sowie ein Wohnzimmer im EG, im 1. OG zwei weitere Räume. Auf dem Satteldach wurde die auch heute noch dominierende Beobachtungsplattform mit backsteinerner Brüstung errichtet. Ein hölzerner Anbau nahm den Eingang auf. Das Gebäude diente im Dritten Reich zeitweise als NS-Jungvolkheim, nach dem Krieg wurde es von einem Gärtnerehepaar bewohnt. Seit 1974 stand das Häuschen leer und man erwog, es abzureißen. 1980 übernahm der „Verein zur Förderung und Erhaltung historischer Bauten" die Betreuung und den Innenausbau, nachdem die Stadt die Instandsetzung eingeleitet hatte. Das ehemalige Kanonenhäusle dient heute als Künstleratelier.

169

Haus Beck-Erlang
Marquardtstraße 10
1964–66
Wilfried Beck-Erlang

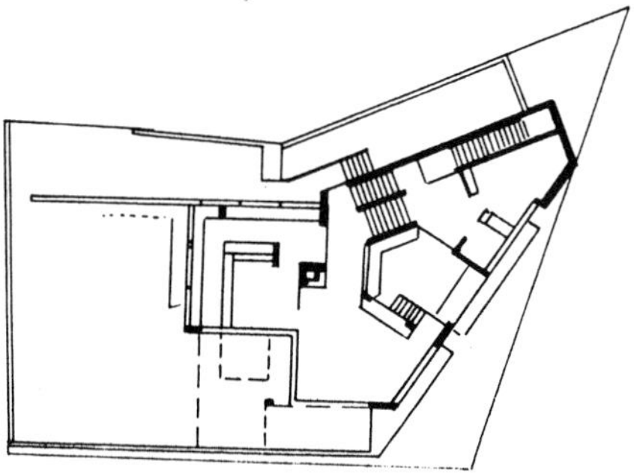

Grundriss Wohngeschoss

Dem Entwurf des eigenen Wohnhauses wird im Oeuvre eines Architekten immer besondere Bedeutung beigemessen, kann dieser doch hier, losgelöst von den Vorgaben fremder Bauherren, am ehesten seine architektonischen Vorstellungen verwirklichen. In diesem Fall wollte Wilfried Beck-Erlang in seinem „Selbstversuch" demonstrieren, dass Wohnen und Arbeiten an einer verkehrsreichen Straße möglich ist. Das Haus liegt auf einem winkelförmigen Hanggrundstück zwischen Planck- und Marquardtstraße. Die Grundstücksform ergab den Leitwinkel für die polygonal angelegte Grundrisskonzeption. Das starke Hanggefälle spiegelt sich in dem gestaffelten Grundriss wider. Die untere Geschossebene nimmt die Arbeitsräume des Architekten auf. Die wechselseitige Ausrichtung des darüber angelegten Wohnbereichs zum Garten nach Südwesten und zum Ausblick ins Neckartal nach Nordosten wird durch die halbgeschossige Stufung unterstützt. Das OG bildet der Schlafbereich, dem Loggia und Sonnenterrasse vorgelagert sind. Das ganze Gebäude ist in Sichtbeton erbaut. Mit der demonstrativen Wahl dieses seit den 60er sJahren zunehmend in Verruf geratenen Baustoffes wollte der Architekt die handwerklichen Möglichkeiten im Umgang mit dem Material aufzeigen. Die kubische Fassade wird durch Öffnungen und Nischen, scharfkantige Vor- und Rücksprünge lebhaft gegliedert und erinnert so an eine Großplastik. Die Brüstungen werden neben ihrer Funktion als Schallschutz ebenfalls zur plastischen Gestaltung der Außenfront eingesetzt.

170

Haus Wu
Diemershaldenstraße 30
2004
Wulf & Partner

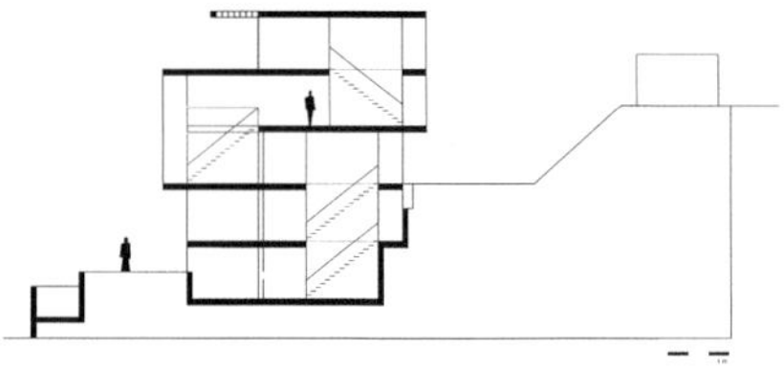

Das Wohnhaus zählt zu den privaten Bauten mit klassisch moderner Formensprache, welche in jüngerer Zeit zunehmend in Stuttgart entstehen (wie bspw. Nr. 116 und 185). Zwei übereinander versetzte Kuben, der untere weitgehend in Sichtbeton ausgeführt, der obere straßenseitig bis auf wenige Tür- und Fensteröffnungen holzverkleidet, scheinen sich zu durchdringen und haften mit fünf Geschossen dem Steilhang eines ehemaligen Weinbergs förmlich an. Von der Straße führt ein schmaler Stahlsteg über den Vorhof des EG zum Eingang im OG. Die Hauptwohnung erstreckt sich über die drei oberen Gebäudeebenen. Diese bilden, den Schlafbereich im DG ausgenommen, ein Raumkontinuum. Der Eindruck von Offenheit wird von der talseitigen, fünfeinhalb Meter hohen Verglasung verstärkt, die einen großartigen Panoramablick auf die Stadtkulisse ermöglicht sowie durch offene, sämtlich in der Längsachse des Gebäudes und teilweise über zwei Stockwerke verlaufende Treppen. Die unteren Geschosse beherbergen Nebenräume und eine Einliegerwohnung. Auf allen Ebenen erweitern Balkone und Terrassen den Wohnraum ins Freie. Auskragende Bauteile verschaffen den Freibereichen teilweise Witterungsschutz und beleben die Fassade zusätzlich. Ein Schwimmbecken mit nur einer Bahn ist den schmalen Weinbergterrassen und deren Stützmauern, wie sie sich früher an dieser Stelle befanden, nachempfunden. Es verläuft parallel zum Hang und markiert den Abschluss des Grundstücks.

171

Robert-Bosch-Haus
Heidehofstraße 31
1910–11; 1985–86
Jakob Früh, Carl Heim; Fritz Auer, Karlheinz Weber

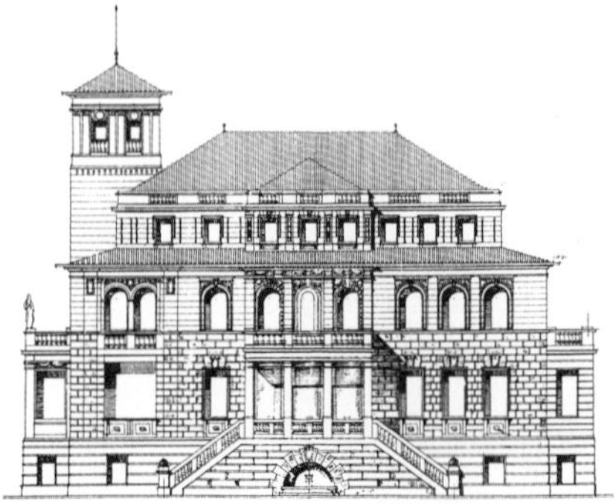

Der ehemalige Wohnsitz des Industriellen Robert Bosch liegt inmitten eines Parks. Er ist einer der letzten hochherrschaftlichen Villenbauten des ausklingenden Historismus in Stuttgart. In dem kubischen Baukörper mit seinem flach geneigten Walmdach lassen sich Einflüsse der auf der italienischen Frührenaissance fußenden Berliner Schinkel-Schule erkennen; deutlich wird dies besonders bei dem angefügten Belvedere-Turm. Die Fassadengestaltung spiegelt den hierarchischen Aufbau einer ländlichen Villa wider; auf einen Sockel aus grob behauenen Sandsteinquadern folgt das Hauptgeschoss, das mit einer feineren Rustikaquaderung versehen ist. Dieses „piano nobile" wird über eine monumentale, zweiläufige Treppenanlage mit Portikus-Motiv erschlossen und nimmt u.a. die durch zwei Geschosse reichende Diele, das Arbeitszimmer sowie das Speisezimmer auf. Das OG besitzt eine einfache Sandsteinverkleidung. In ihm waren die Privaträume der Familie Bosch untergebracht. Ein zurückgesetztes Attika-Geschoss bildet den Abschluss. Die bauplastische Ausschmückung der Villa und des Parks lag bei Franz Boeres. Dieser gestaltete auch das Innere in historistischen Formen mit Jugendstilelementen. Die Ausstattung des Speisezimmers stammt von dem bekannten Berliner Architekten und Designer Bruno Paul. Trotz der 1910 nicht mehr zeitgemäßen klassisch-antiken Fassadengestaltung weist der Bau z. B. in der Verwendung von Eisenbeton (Decken, Treppe) moderne Konstruktionsprinzipien auf. Nach Renovierungs- und Umbaumaßnahmen dient das Gebäude seit 1986 als Sitz der Robert-Bosch-Stiftung.

172

Haus Heidehof der Robert-Bosch Stiftung
Heidehofstraße
2002–04
Peter Kulka

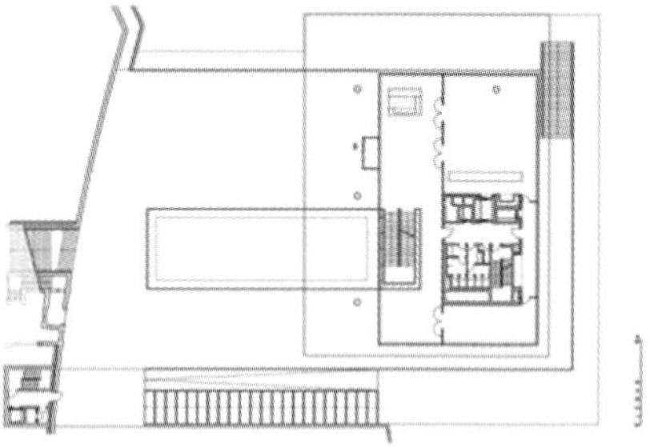

Da der Stammsitz der Robert-Bosch-Stiftung (Nr. 171) den gewachsenen räumlichen und organisatorischen Anforderungen nicht mehr genügte, entschloss man sich zur Errichtung eines Neubaus in unmittelbarer Nähe der denkmalgeschützten neoklassizistischen Villa des Firmengründers. Das 3000 m² große Schulungszentrum Haus Heidehof liegt in dem weitläufigen Park auf einem Plateau zu Füßen des Robert-Bosch-Hauses, mit dem es über zwei Terrassen und eine Freitreppe verbunden ist. Das Gebäude zeigt sich selbstbewusst klassisch-modern in der Tradition Ludwig Mies van der Rohes. Die Fassade besteht aus schwarzem und silbergrauem Stahl sowie großzügigen Glasflächen. Sie öffnen den Blick auf das Panorama Stuttgarts und auf den Altbau, mit dem das Haus Heidehof einen spannungsvollen Dialog eingeht. Das Gebäude ist in drei vertikale Ebenen gegliedert, die zugleich die drei Hauptfunktionen aufnehmen. Erschlossen wird es durch den großzügigen Eingangsbereich im ersten Geschoss, das auch das Kasino beinhaltet. Im Sockelgeschoss, das sich um einen zentralen Innenhof mit Wasserbassin gruppiert, sind Büros untergebracht. Bestimmender Bauteil ist das weit überkragende, etwas wuchtig wirkende OG, das durch raumhohe Schiebeelemente aus Glas bzw. Edelstahlgittern akzentuiert wird. Es nimmt das Weiterbildungszentrum der Stiftung auf. Das Innere des Gebäudes wird durch graugrünen Stein und lackrote Wände im Wechsel mit schwarzen und hölzernen Flächen bestimmt. Bewegliche, transluzente Wandpaneele sorgen im Kasino für abwechslungsreiche Raumsituationen.

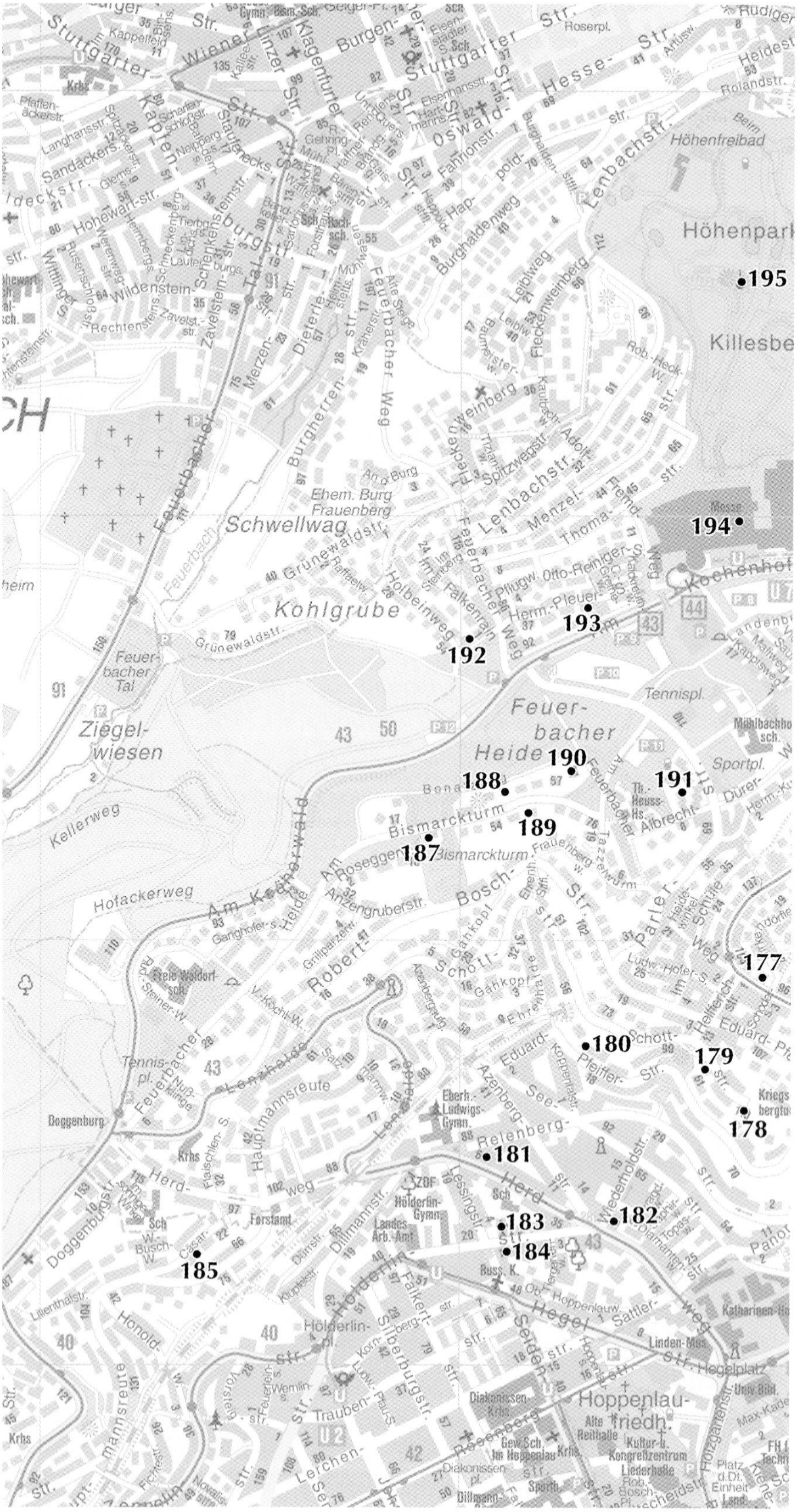
Stuttgarter Str.
Wiener Str.
Klagenfurter Str.
Burgenlandstr.
Stuttgarter Str.
Hessestr.
Roserpl.
Heidestr.
Rolandstr.
Oswald-Hesse-Str.
Lenbachstr.
Höhenfreibad
Höhenpark
195
Killesberg
Kapfenstr.
Sandäckerstr.
Hohewartstr.
Wildensteinstr.
Rechtensteinstr.
Burgstr.
Dieterlestr.
Feuerbacher Weg
Alte Steige
Burghaldenweg
Leibweg
Fleckenweinberg
Rob.-Heck-W.
Burgherrenstr.
Feuerbacher Tal
Schwellwag
Ehem. Burg Frauenberg
Kohlgrube
Grünewaldstr.
Holbeinweg
Im Falkenrain
Feuerbacher Weg
Lenbachstr.
Menzelstr.
Thomastr.
Otto-Reiniger-Str.
Herm.-Pleuer-Str.
Kochenhof
Messe
194
193
192
Feuerbacher Tal
Ziegelwiesen
Feuerbacher Heide
190
188
191
189
187
Bismarckturm
Tennispl.
Sportpl.
Mühlbachhofsch.
Th.-Heuss-Hs.
Albrechtstr.
Dürerstr.
Kellerweg
Hofackerweg
Am Kräherwald
Roseggerstr.
Anzengruberstr.
Boschstr.
Robertstr.
Schottstr.
Gähkopf
Parlerstr.
Heidewinkel
Schule
177
Ludw.-Hofer-S.
Im Helfferichstr.
Eduard-Pfeiffer-Str.
180
179
178
Kriegsbergturm
Freie Waldorfsch.
Rud.-Steiner-W.
V.-Köchl-W.
Tennispl.
Nußklinge
Feuerbacher Weg
Lenzhalde
Hauptmannsreute
Doggenburg
Eberh.-Ludwigs-Gymn.
Relenbergstr.
181
Azenbergstr.
Seestr.
Wiederholdstr.
Herdweg
Krhs
Forstamt
Hölderlin-Gymn.
Landes-Arb.-Amt
Lessingstr.
183
184
182
185
Doggenburgstr.
W.-Busch-W.
Honoldweg
Hauptmannsreute
Hölderlinpl.
Hölderlinstr.
Silberburgstr.
Falkertstr.
Seidenstr.
Hegelstr.
Hoppenlauw.
Sattlerstr.
Linden-Mus.
Katharinen-Hosp.
Hegelplatz
Univ.Bibl.
Hoppenlau-friedh.
Alte Reithalle
Kultur-u. Kongreßzentrum Liederhalle
Diakonissen-Krhs.
Rosenbergstr.
Gew.Sch. im Hoppenlau
Breitscheidstr.
Holzgartenstr.
Traubenstr.
Lerchenstr.
Vogelsangstr.
Russ. K.

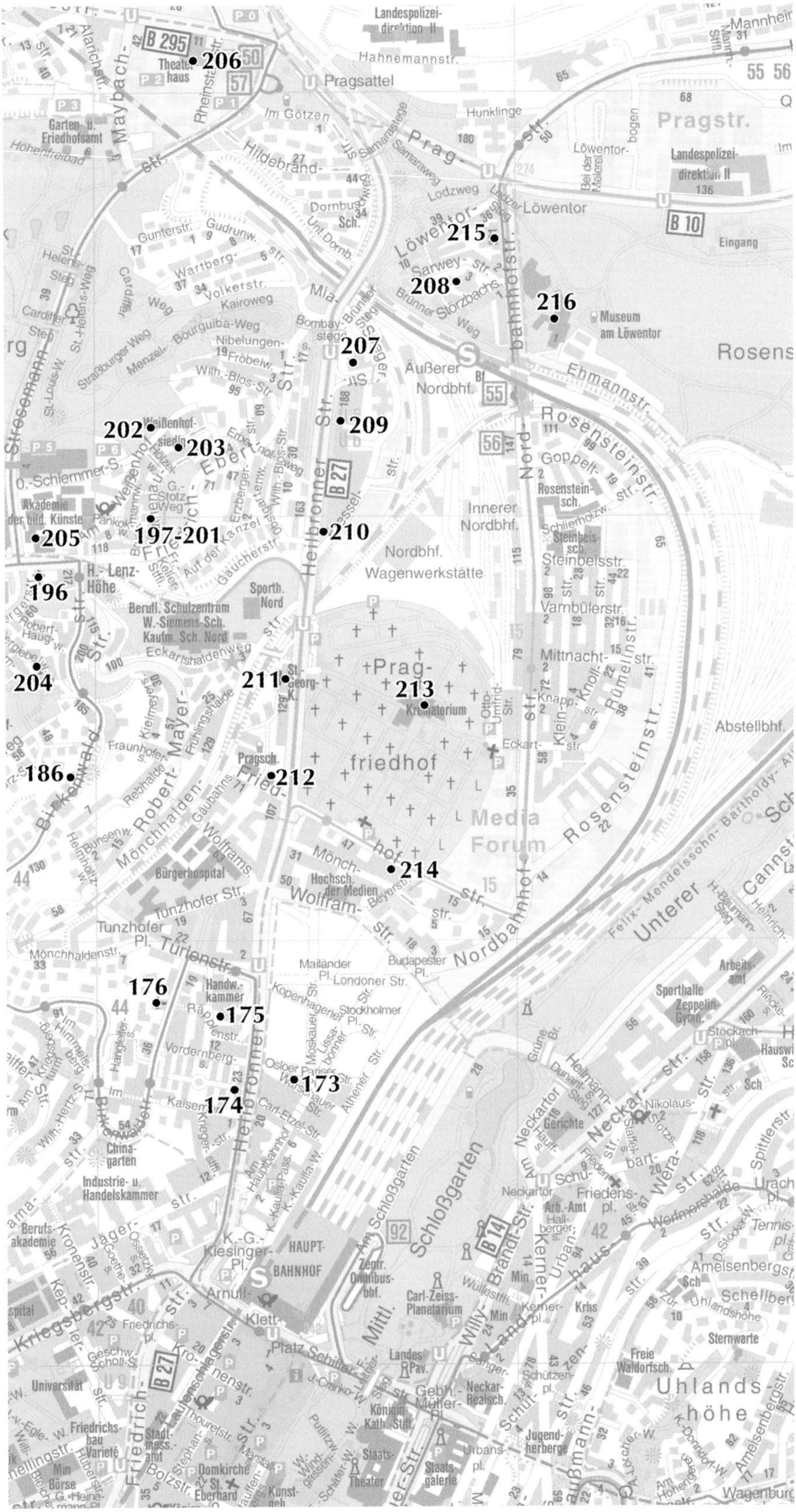
206
Theater haus
B 295
Pragsattel
Hahnemannstr.
Landespolizei-direktion II
Pragstr.
Löwentor
B 10
Eingang
Garten- u. Friedhofsamt
Maybach-str.
Hildebrand-
215
208
216
Museum am Löwentor
Rosens
207
Äußerer Nordbhf.
Ehmannstr.
Rosensteinstr.
202
Weißenhof-siedlg.
203
209
B 27
Heilbronner Str.
Innerer Nordbhf.
Nordbhf. Wagenwerkstätte
205
197-201
210
Akademie der bild. Künste
196
204
Sporth. Nord
Berufl. Schulzentrum W.-Siemens-Sch. Kaufm. Sch. Nord
211
213
Krematorium
Prag-friedhof
186
212
Pragsch.
Media Forum
214
Bürgerhospital
Hochsch. der Medien
Wolfram-str.
Nordbahnhof-str.
Abstellbhf.
Unterer Cannst.
176
175
Handw.-kammer
173
174
China-garten
Industrie- u. Handelskammer
Schloßgarten
HAUPT-BAHNHOF
Carl-Zeiss-Planetarium
B 14
Neckar-str.
Uhlandshöhe
Sternwarte
Berufs-akademie
Universität
Kriegsbergstr.
Friedrichstr.
Staatsgalerie
Staats-Theater
Domkirche St. Eberhard
Friedrichsbau Varieté
Börse
Sportshalle Zeppelin-Gymn.
Arbeitsamt
Gerichte
Krhs
Freie Waldorfsch.
Jugend-herberge

173

Verwaltungssitz der Baden-Württembergischen Bank
Pariser Platz, Carl-Etzel-Straße, Warschauer Straße
2001–04
Wolfram Wöhr, Jörg Mieslinger

Der Verwaltungssitz der Baden-Württembergischen Bank bildet den Auftakt für die lange verzögerte Erweiterung der Innenstadt im Zuge der Planungen für „Stuttgart 21" (vgl. Nr. 1). Auf drei von insgesamt 14 projektierten Baufeldern auf dem ehemaligen Bahnhofsareal entstand im Anschluss an die bereits bestehende BW-Bank (Nr. 3) Raum für rund 2000 Bankangestellte, die bislang an 15 Standorten im Stadtgebiet untergebracht waren. Das Ensemble mit 58.000 m^2 Bruttogeschossfläche besteht aus zwei siebengeschossigen Büroblöcken und einem 18-geschossigen Hochhaus, an das ein U-förmiger, sechsgeschossiger Sockelbau angelagert ist. Eine platzartige Erweiterung, die durch ein großes, teilweise verglastes Flugdach akzentuiert wird, verbindet die beiden Büroriegel miteinander; dadurch soll eine Fußgängerverbindung zwischen dem Hauptbahnhof und den projektierten Kernbereichen von „Stuttgart 21" geschaffen werden. Die kühlen, nüchternen Fassaden an den öffentlichen Straßen – bei der Bauaufgabe Bankgebäude weit verbreitet – bestehen aus Kalkstein, Sichtbeton und weiß glasierten Keramikplatten. Der innere Kern der Baukörper wird durch großzügige begrünte Innenhöfe bestimmt. Städtebaulicher Bezugspunkt und zugleich architektonischer Höhepunkt ist das 60 m hohe, im Grundriss tropfenförmige und vollständig verglaste Hochhaus, das zur Heilbronner Straße in einer markanten Spitze ausläuft. Der bislang höchste Bau der Stuttgarter Innenstadt markiert damit den neuen nördlichen Zugang zur City - wenngleich er für diesen Anspruch um einige Geschosse zu niedrig geraten ist.

174

Siedlung „Postdörfle"
Heilbronner Straße 21–23
1868–72
Georg Morlok

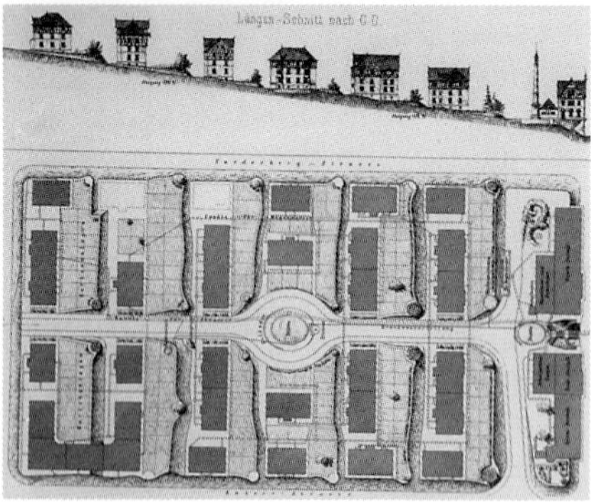

Längsschnitt und Lageplan um 1850

Das „Postdörfle" war die erste größere Arbeitersiedlung Stuttgarts. Die für ca. 1000 Bewohner konzipierte Anlage wurde für Post- und Bahnbedienstete errichtet. Die 37 Wohngebäude mit insgesamt 214 Wohnungen – davon ca. zwei Drittel 3-Zimmer-Wohnungen – wurden auf sieben Terrassen am Hang eines ehemaligen Weinbergs angelegt. Zentrales Erschließungselement war die breite Mittelachse, von der rechtwinklig Wohnwege abgingen. Außergewöhnlich waren die zahlreichen Gemeinschaftseinrichtungen wie Kantine, Bade- und Waschanstalt, Kinderkrippe und Konsumladen; diese sollten dazu beitragen, einen gesunden, leistungsstarken und loyalen Beschäftigtenstamm heranzuziehen. Das Erscheinungsbild der Siedlung gehörte zu einem neuen Typus von Arbeiterquartier; statt der Mitte des 19. Jhs. weit verbreiteten, an englischen Landhäusern orientierten sog. Cottage-Bauweise lehnte sich das „Postdörfle" an den städtischen Mietsetagenbau an. Bis dahin im Arbeiterwohnungsbau unüblich war auch die aufwändige bauplastische Ausschmückung in Renaissance-Formen. Das „Postdörfle" wurde im Zweiten Weltkrieg weitgehend zerstört, nur die beiden Gebäude auf der ersten Terrasse direkt über der Heilbronner Straße, welche Gemeinschaftseinrichtungen aufnahmen, blieben erhalten. Die vorwiegend über den alten Sockelgeschossen errichteten Neubauten der 50er Jahre orientierten sich in ihrer Struktur am zerstörten „Postdörfle". Beim Umbau zu einem Hotel (ab 2005) wurde lediglich die Fassade entlang der Heilbronner Straße erhalten.

175

GENO-Haus

Heilbronner Straße 41

1969–72

Hans Kammerer + Walter Belz

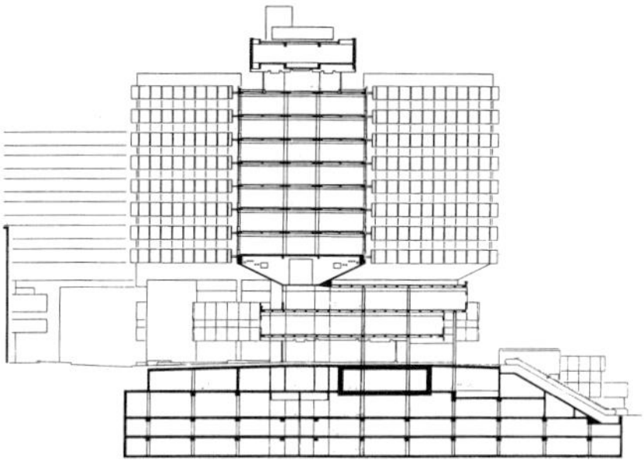

Das Bürogebäude der Genossenschaftlichen Zentralbank, kurz GENO-Haus, erhebt sich weithin sichtbar hoch über dem Bahnhofsgelände. In Fernwirkung und das Stadtbild prägendem Anspruch war es lange Zeit nur mit Harald Deilmanns Allianz-Verwaltungsgebäude an der Karlshöhe (Nr. 112) zu vergleichen. Von diesem Koloss unterscheidet es sich zwar nicht durch größere städtebauliche Sensibilität, wohl aber durch eine zurückhaltendere und fantasievollere Gestaltung der Außenhaut. Basis des Bürohochhauses ist eine massive Sockelzone aus Beton. Von dieser setzt sich der stark auskragende Hauptbaukörper auf annähernd T-förmigem Grundriss deutlich ab. Seine Stahlbetonskelettkonstruktion ist völlig unter einer gläsernen Fassade verborgen. Die Fenster bestehen aus reflektierendem Sonnenschutzglas; die vorspringenden Brüstungsbänder, hinter denen sich Wartungsstege befinden, sind aus Sicherheitsglas. Glas ist hier also, unabhängig von seiner eigentlichen Funktion, als autonomes Gestaltungsmittel eingesetzt. Der riesige Glaskörper spiegelt seine Umgebung wider; je nach Sonnenstand und -licht erscheint er einmal glänzend präsent, einmal fast unsichtbar. Die Verwendung von Glas in seiner ganzen Bandbreite von transparent bis undurchsichtig besaß in der Arbeit des Architekturbüros Kammerer + Belz in den 70er Jahren große Bedeutung, wie auch der Commerzbank-Erweiterungsbau (Nr. 88) und das EnBw-Bürogebäude (Nr. 35) zeigen. Den zurückgesetzten oberen Gebäudeabschluss bildet ein wuchtiger Betonaufsatz; zusammen mit dem Sockel fungiert er als „Klammer" für den gläsernen Hauptbaukörper.

176

Erlöserkirche

Birkenwaldstraße 24

1906–10; 1950–54

Theodor Fischer; Rudolf Lempp

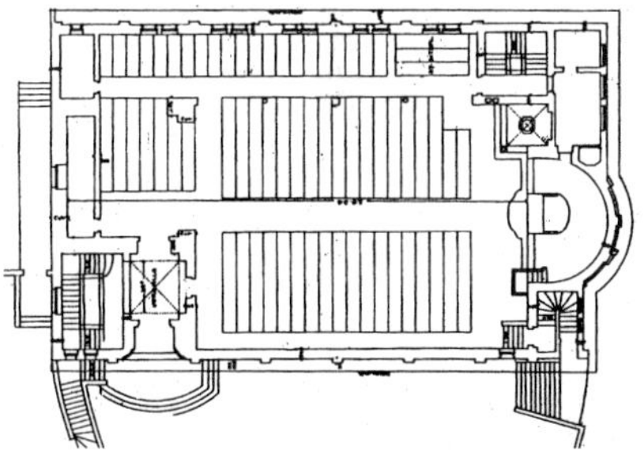

Als für die Bewohner des „Postdörfles" (Nr. 174) eine neue Kirche erbaut werden sollte, wandte sich die Kirchengemeinde an den damals renommiertesten Stuttgarter Architekten, Theodor Fischer. Für den noch inmitten von Weinbergen gelegenen Standort entwarf Fischer ein fast dörflich anmutendes Ensemble aus heimischen Tuffsteinquadern. An der Westseite liegt der Haupteingang, der von einem ausladenden Vordach geschützt wird. Die eingezogene Chorapsis ist der Straße zugewandt. An sie drängen sich malerisch ein Sakristeianbau und ein Türmchen. Den Höhenunterschied zwischen Straße und Chor überbrückt eine eingeschobene Krypta. Der wuchtige, gedrungene Turm mit rundem Helm ist weit in den Hang hineingeschoben. Bis auf die von Fischer entworfene Evangelistenfiguren am Turm bleibt das Äußere der Erlöserkirche schmucklos. Auch der flachgedeckte, durch eine Empore an der Westseite erweiterte Saal kommt, protestantischen Gottesdienst-Vorstellungen entsprechend, fast ohne dekorative Elemente aus. Der vereinfachende Wiederaufbau nach schweren Kriegsschäden erfolgte durch den Fischer-Schüler Rudolf Lempp 1950–54. Trotz ihrer an mittelalterliche Wehrkirchen erinnernden archaisierenden Formen ist die Erlöserkirche kein Bauwerk des Historismus mehr. Sie drückt, in bewusster Abkehr von der eklektizistischen Architektur, Fischers Suche nach einer neuen Formensprache aus, die in der Ulmer Garnisonskirche (1906–10) eine noch konsequentere Antwort finden sollte.

177

Hymnus-Chorheim
Birkenwaldstraße 98
1968–70
Günter Behnisch & Partner

Das Hymnus-Chorheim markiert den Beginn eines neuen Abschnitts in der Arbeit von Günter Behnisch. In den Mittelpunkt trat nun zunehmend die sorgfältige Auseinandersetzung mit den Bedürfnissen der Gebäudenutzer; die Materialien wurden vielfältiger, nachdem zuvor bevorzugt mit industriell vorgefertigten Teilen experimentiert worden war. Das Hymnus-Chorheim wurde zur gleichen Zeit wie die Bauten für die Olympischen Spiele 1972 in München geplant, die den Weltruf des Architekturbüros begründen sollten. Das Gebäude wurde an einem steilen Hang unterhalb der Birkenwaldstraße errichtet. Das umfangreiche Raumprogramm beinhaltet u.a. die Probe- und Studioräume des Hymnus-Knabenchors, einen Veranstaltungssaal für die Gemeinde der evangelischen Erlöserkirche, einen Kindergarten, Hausmeisterwohnungen und – in einem zur Straße vorgeschobenen Anbau – ein Postamt. Sieht man von dem Anbau ab, so bildet ein Kubus die imaginäre Grundform, die jedoch mehrfach aufgebrochen ist. Versetzte, auf verschiedenen Höhen angeordnete Pultdächer fügen sich zu einer lebendigen Dachlandschaft. Auf der Talseite des Gebäudes fallen über Eck geführte Balkone mit markanten grünen Wellblechbrüstungen auf. Metallfenster unterschiedlicher Formate, z. T. zu Fensterbändern oder geneigten Oberlichtern zusammengefasst, gliedern die Fassaden. Charakteristisch für das Hymnus-Chorheim ist die flächendeckende Verkleidung mit Eternitschieferplatten. Mit diesem Verkleidungsmaterial sollte das Büro Behnisch noch jahrelang bevorzugt arbeiten, wie z.B. das evangelische Studienzentrum in Birkach (Nr. 300) zeigt.

178

Wohnhäuser Heinle und Wischer
Schottstraße 110–112
1966–67
Erwin Heinle, Robert Wischer

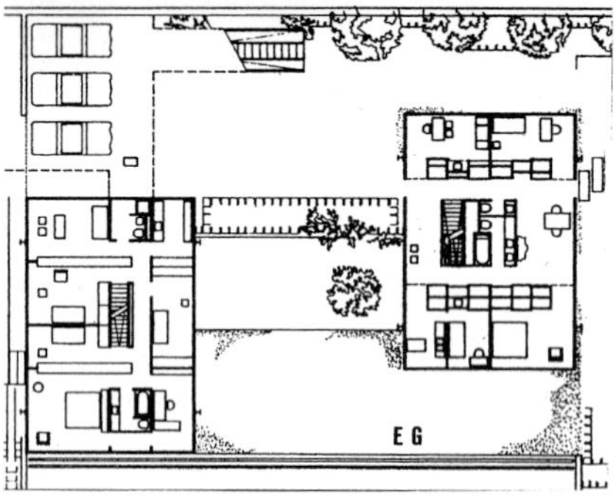

Die Wohnhäuser der beiden Architekten liegen an einem Südhang mit Blick auf den Stuttgarter Talkessel. Die versetzt zueinander angeordneten Gebäudekuben werden durch einen im Hang liegenden rechteckigen Bürotrakt verbunden. Er ist in der Art eines Großraumbüros in verschiedene Bereiche unterteilt und auf einen begrünten Innenhof ausgerichtet. Trotz ihrer Dreiteilung wirkt die gestaffelte Baugruppe als einheitliche Gesamtkomposition von hoher ästhetischer Qualität. Der Komplex basiert auf einer weiß lackierten Stahlskelettkonstruktion mit außen liegenden T-Stützen, die eine flexible Grundrissgestaltung ermöglicht. Charakteristisch ist die Rasterfassade, die aufgrund der geschosshohen Fensterflächen filigran und leicht wirkt; den Fensterfronten wurde eine transparente Brüstung aus Sicherheitsglas vorgelegt. Die übrigen Felder des Stahlskelettrasters sind mit Holzelementen geschlossen. Das Wohnhaus Heinle hat seinen Zugang auf Höhe der Straße im 1. OG. Dieses nimmt eine abteilbare Diele, Essplatz, Küche und einen Wohnraum auf, der sich durch seine verglasten Wände zur weiten Aussicht orientiert; über eine Treppe erreicht man das als Terrasse angelegte Flachdach. Unter dem Wohngeschoss liegt der private Bereich der Familie, der mit dem Garten verbunden ist. Das Haus Wischer öffnet sich im Osten und Süden dem parkartigen Baumbestand. Der Eingang befindet sich im EG, in dessen östlichem Teil die Privaträume liegen. Das OG, das u.a. die Küche, einen Ess- und den großzügigen Wohnbereich enthält, ist durch Schiebetüren und Faltwände variierbar.

179

Villa Rassbach
Schottstraße 98
1925
Paul Schmitthenner

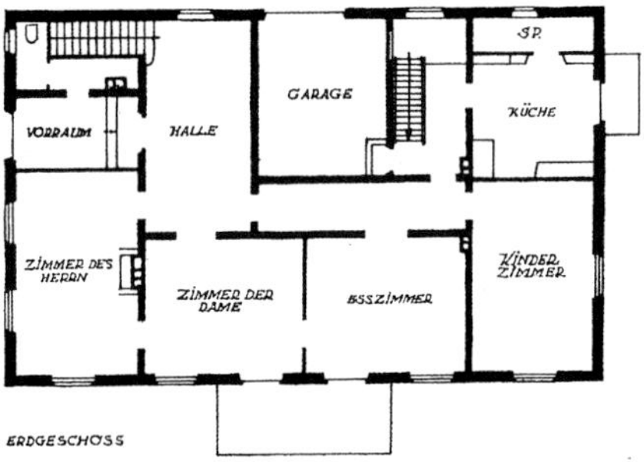

Paul Schmitthenner, von Paul Bonatz 1918 an die Technische Hochschule berufen, war ein Hauptvertreter der konservativen Stuttgarter Architekturschule. Ihr Kennzeichen war neben dem demonstrativen Regionalbezug vor allem die Reduktion auf einfache, funktionale Grundformen, die Verwendung bewährter Baumaterialien sowie eine heftige Ablehnung der modernen Architekturströmung des Neuen Bauens. Ein typisches Beispiel der Stuttgarter Schule ist das stattliche, freistehende Einfamilienhaus, das Schmitthenner für den Fabrikanten Erich Rassbach entwarf. Seine Grundform ist ein rechteckiger Kubus mit einem hohen, beherrschenden Walmdach. Bedingt durch die Hanglage des Grundstücks weist die zum Garten gelegene Seite des Gebäudes drei, die nach Nordosten liegende Seite zwei Geschosse auf. Die Fassade mit den bündig in die Wand eingepassten Fenstern ist symmetrisch zur Mittelachse angelegt. Um einen den Gesamteindruck störenden Anbau zu vermeiden, integrierte Schmitthenner die Garage in den Baukörper. Er legte sie, hinter einem Tor mit Segmentbogenabschluss verborgen, in der Mitte des Hanggeschosses an. Durch die Verwendung von weiß geschlämmten Ziegeln oder von Biberschwänzen für das Dach demonstrierte Schmitthenner seine Verbundenheit mit traditionellen Baumethoden und -materialien. Der schlichte Baukörper sowie dieser deutliche Bezug auf alte handwerkliche Bautraditionen verleihen der Fabrikantenvilla einen bodenständigen Charakter. In einem gewissen Gegensatz dazu steht das repräsentative Raumprogramm, das, wenn auch leicht reduziert, dem einer großbürgerlichen Villa der Jahrhundertwende entsprach.

180

Mehrfamilienhaus
Eduard-Pfeiffer-Straße 29
1960–61
Chen Kuen Lee

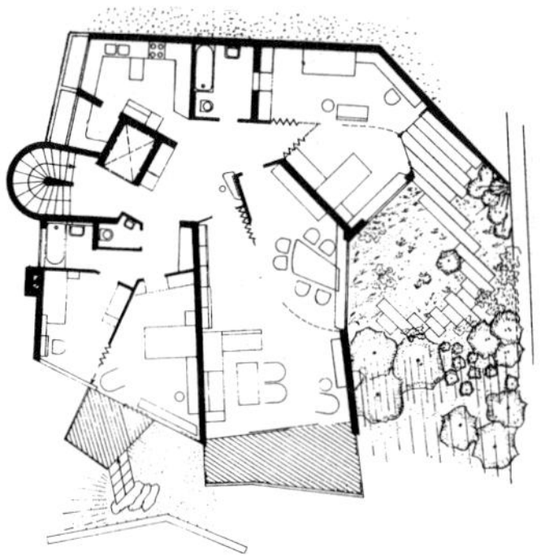

Grundriss EG

Das an einem steilen Hang erbaute Mehrfamilienhaus sorgte wegen seiner unkonventionellen Gestaltung für Aufsehen. Charakteristisch sind die leicht versetzt angeordneten asymmetrischen Balkone mit ihren spitzwinkligen Ecken, die bis zu 4,80 m weit vorkragen. Ein teilweise gewölbtes Dach rundet das fantasievolle Erscheinungsbild ab. Aufgrund der extremen Hangsituation besitzt das Terrassenhaus an der Talseite fünf, an der Hangseite nur eineinhalb Geschosse. Das Gebäude nimmt vier Eigentumswohnungen mit einer jeweiligen Wohnfläche von ca. 150 m^2 auf, wobei die Wohnung im 3. OG auf zwei Ebenen als Maisonette angelegt ist. So eigenwillig wie die Fassade ist das Innere gestaltet. Auch hier wurden rechte Winkel weitgehend vermieden. Die einzelnen Räume gehen ineinander über und schaffen so fließende, spannungsvolle Raumsituationen. In dieser freien, organischen Grundrissform erinnert das Gebäude an Entwürfe des Berliner Architekten Hans Scharoun (vgl. Nr. 201, 236), dessen Mitarbeiter Chen Kuen Lee während mehrerer Jahre war. Die tragenden Wände des Wohnhauses sind, wie die Massivplatten der Decken, aus Stahlbeton und so als räumliches Tragwerk zu verstehen. Den einzelnen Wohnungen ist eine kleine Gartenparzelle zugeordnet, zu der jede Wohnung einen eigenen Zugang besitzt.

181

Bürohaus Stohrer
Herdweg 64
1961
Paul Stohrer

Paul Stohrer verkörperte den Typ des erfolgreichen Architekten der Wirtschaftswunderzeit. Seine Bauten lassen sich nicht auf einen Stil festlegen; Stohrer bediente sich einiger Elemente des Neuen Bauens genauso, wie er architektonischen Modetrends folgte. Zu seinem Schaffen in den 50er-Jahren gehört das Rathaus (Nr. 83). Auch in den 60er und 70er Jahren baute Stohrer im Stil der Zeit; u.a. stammt von ihm der städtebauliche Sündenfall des Iduna-Hauses (Kriegsbergstraße 11). 1961 errichtete Stohrer sein Bürohaus, das sich zwischen gründerzeitlichen Villen und Bauten der 50er Jahre selbstbewusst behauptet. Auf den ersten Blick ein Beton-Kubus mit großen Fensterflächen, zeigt sich das Gebäude bei näherem Hinsehen bemerkenswert vielschichtig und -seitig. Die beiden dem Herdweg zugewandten Seiten öffnen sich mit durchgehenden, geschosshohen Fensterflächen zur Straße. Die der Nachbarvilla zugewandte Ostseite und die Nordseite zur Relenbergstraße hingegen sind bis auf schmale Fensterbänder und markante „Bullaugen" weitgehend geschlossen. Das 2. OG der Hauptfassaden kragt kastenförmig vor. Die Atelierräume im DG des flach gedeckten Gebäudes treten hinter einer Betonmauer zurück. Die virtuose Verbindung der Materialien Beton und Glas, die Plastizität der Fassaden sowie die gleichzeitig strenge und spannungsreiche Form machen aus dem Haus Stohrer eines der besten Stuttgarter Bauwerke der 60er Jahre.

182

Studentenwohnheim
Wiederholdstraße 2–6
1987–89
Drei Architekten (Kai Haag, Sebastian Haffner, Tilman Stroheker)

Das für die Vereinigung Stuttgarter Studentenwohnheime am Rande des alten Universitätsviertels (Nr. 30) erstellte Haus bietet Wohnraum für 148 Studenten. Die dreiflügelige, symmetrische Anlage schließt einen Blockrand auf drei Seiten. Zur Straße hin liegen drei Vollgeschosse und ein zurückgesetztes DG. Kastenförmige Erker gliedern die Fassaden. Einen markanten Akzent setzen die loggienförmig geöffneten Gebäudeecken, die in Kontrast zur sonstigen Geschlossenheit stehen. Zum unter Straßenniveau abgesenkten Innenhof hin erheben sich fünf Vollgeschosse. Die Hoffassaden werden von Laubengängen und von Außentreppen, die an einem filigranen Stahlgerüst aufgehängt sind, bestimmt. Die in den 50er Jahren wegen ihrer geringen Kosten beliebte Erschließung durch Laubengänge wurde hier in fantasiereicher Weise aufgegriffen. Der Mauerwerksbau ist weiß verputzt. Die graublau gestreifte Sockelzone, hellblaue Fensterrahmungen und gelbe Stahlrohrelemente geben dem Gebäude eine dezente, wohl abgewogene Farbigkeit. Die 41 Wohneinheiten besitzen jeweils gemeinsame Küchen, Ess- und Aufenthaltsbereiche, so dass ein wohngemeinschaftsähnliches Zusammenleben möglich ist. Schallisolierte Türen führen zu den Zimmern, die fast alle über einen Erker oder eine Loggia verfügen. Für den Fall rückläufiger Studentenzahlen lassen sich durch Herausnahme einzelner Wände größere Zimmer realisieren. Sowohl durch seine formale Gestaltung, die schöpferisch an die Traditionen des Neuen Bauens und des Rationalismus anknüpft, wie durch seine Erschließungs- und Wohnungsorganisation gehört das Studentenwohnheim zu den qualitätvollsten Beispielen der Architektur der späten 80er Jahre in Stuttgart.

183

Gedächtniskirche
Hölderlinstraße 14
1956–57
Helmut Erdle

Zustand 1991 (oben), 1944 (unten)

Beim Wiederaufbau von Kirchen standen die Architekten in einigen Fällen, so bei der Heilandskirche (Nr. 144), vor der Aufgabe, einen teilweise erhaltenen Turm zu integrieren. Die ungewöhnlichste Lösung entwickelte Helmut Erdle für die Gedächtniskirche. 1943/44 war der neogotische Bau von Robert Reinhard (1896–99) bis auf den Chorseitenturm zerstört worden. Erdle bezog diesen Turm in den Neubau ein, indem er den Schaft mit einem Backsteinkubus ummantelte, aus dem der oktogonale, steinerne Turmhelm herausragt; eine in den Mantel eingesetzte Verglasung gibt den Blick auf das Maßwerk eines alten Spitzbogenfensters frei. Der Backsteinkubus wird durch Betonringe horizontal rhythmisiert, Licht- und Schallöffnungen und ein Balkon für Choralbläser gliedern die Turmfassaden. Das Kirchenschiff wurde an neuer Stelle und ohne Bezüge zum Vorgängerbau errichtet. Der Straßengiebel ist mit Muschelkalk verkleidet; ein Rundfenster und ein Fensterband durchbrechen die glatte Fläche. Der helle, weite Emporensaal erweitert sich zum Altarraum hin. Die Emporen werden über das Turmtreppenhaus und einen verglasten Übergang erschlossen – der losen formalen Anbindung des Turmes ist die funktionale Bindung im Inneren spannungsvoll entgegengesetzt. In Bau und Ausstattung kaum verändert, gehört die Gedächtniskirche zu den qualitätvollsten Kirchenbauten der 50er Jahre.

184

GEDOK-Haus
Hölderlinstraße 17
1953–54
Grit Bauer-Revellio

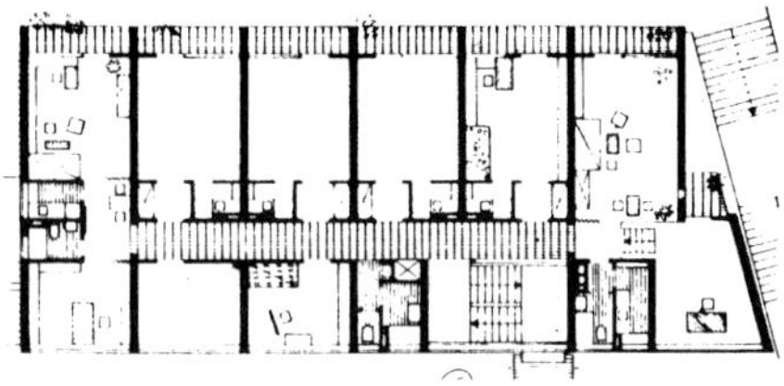

Als die GEDOK, die Gemeinschaft der Künstlerinnen und Kunstfreunde, sich 1953 ein Stuttgarter Domizil bauen lassen wollte, schrieb sie einen Wettbewerb unter den Architektinnen aus, die es damals in Stuttgart gab. Die Wettbewerbssiegerin Grit Bauer-Revellio hatte vorher noch kein Projekt selbstständig ausgeführt. Das GEDOK-Haus sollte Apartments und Atelierräume für Künstlerinnen beherbergen. Diese Doppelfunktion erklärt, neben der Hanglage, die unterschiedlichen Gesichter des Hauses. Die zur Straße gewandte Nordfassade, hinter der die Ateliers liegen, zeigt einen betont flächigen Aufbau. Große Fenster mit blaugrün gestrichenen Rahmen und niedrige Fensterbänder wechseln mit hellen Putzflächen. Das großzügige, als Gemeinschaftsraum konzipierte Treppenhaus öffnet sich durch vier hohe Glasflächen zur Straße; die Treppe mit ihrem blaugrünen Stahlrohrgeländer und den kreisförmigen Leuchtstoffröhren ist von außen deutlich sichtbar. Ein Zugang, überdacht von einer in Metallrahmen hängenden Deckenplatte, führt einladend zur Haustür. In ihrer sachlichen Strenge, klaren Proportionierung und Flächigkeit stellt diese Fassade eine Reminiszenz an das Neue Bauen der 20er Jahre dar. Ganz anders die Talseite des GEDOK-Hauses. Sie ist bienenkastenartig in einzelne Kompartimente aufgelöst und besitzt eine starke Plastizität. Jedes der auf vier Etagen verteilten Apartments verfügt über eine Loggia über die gesamte Zimmerbreite. Im Kontrast zur Straßenfassade setzen die gelbweißen Brüstungen der Loggien einen heiteren Akzent. Die Öffnung der Fassade wurde durch die damals neuartige Schottenbauweise ermöglicht, bei der – wie im Schiffsbau – die Querwände das konstruktive Gerüst bilden.

185

Haus Lotz
Cäsar-Flaischlen-Straße 10
1990–91
Ludger Kilian

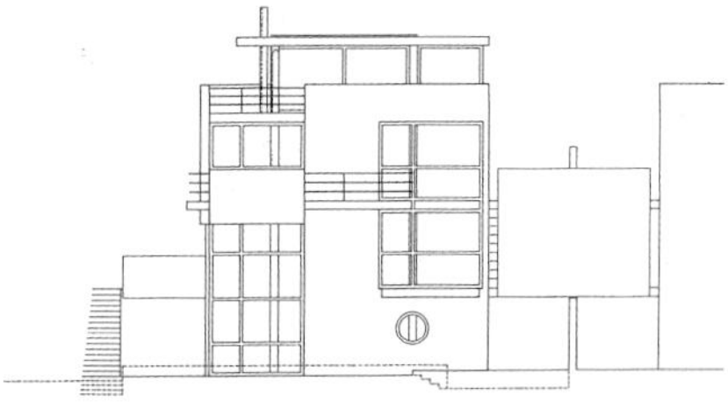

Die moderne Architektur der 20er Jahre ist in Stuttgart deutlich präsent. Zu den Neubauten, die sich auf diese Tradition beziehen, zählt das Einfamilienhaus Lotz. In Zusammenarbeit mit den Bewohnern entwarf Ludger Kilian ein Gebäude, das an den Rationalismus der 20er Jahre und die Wohnbauten Le Corbusiers erinnert. Darüber hinaus ist das Vorbild der amerikanischen Neorationalisten wie Richard Meier unverkennbar. Das Haus Lotz wurde als in einen Hang hineingeschobener Kubus konzipiert, mit talseitig drei, bergseitig zwei Vollgeschossen. Geschlossene, verputzte Wandscheiben kontrastieren mit großen Fensterflächen. Aus der strengen Rechtwinkligkeit bricht nur das zurückgesetzte DG aus. Im Unterschied zum ursprünglichen Entwurf musste aus baurechtlichen Gründen die flache Deckung angeschrägt werden. Das DG sitzt nun wie eine Schirmmütze auf dem nach Süden ausgerichteten Baukörper. Ein besonderes Kennzeichen des Hauses ist die – vom grauen Metalldach abgesehen – ausschließliche Verwendung der Farbe weiß, nicht nur für den Außenanstrich, sondern auch für Fensterrahmungen und Stahlrohrbalkonbrüstungen. Eine Auflockerung der Fassaden bewirken u.a. ein kastenförmiger Erker und kleine Rundfenster. Beherrschender Innenraum ist ein zweigeschossiges Wohnzimmer, in das sich im 1. OG eine geschwungene Galerie schiebt. Im 2. OG befindet sich das Schlafzimmer; das DG dient als Studio. Balkone und Terrassen erweitern den Wohnraum ins Freie.

186

Haus Vetter
Birkenwaldstraße 169
1927–28
Richard Döcker

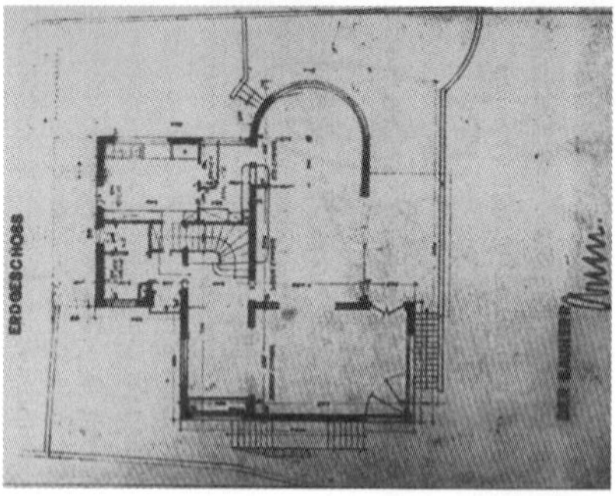

Unweit der Weißenhofsiedlung (Nr. 197) liegt ein weiteres Beispiel des Neuen Bauens, das Haus Vetter von Richard Döcker. Döcker, Mitglied der Architektengruppe „Der Ring", war der herausragende Vertreter des Neuen Bauens in Stuttgart. Von besonderer Bedeutung war Döcker als Pionier auf dem Gebiet des Terrassenhausbaus, zu dem er durch die Lage Stuttgarts angeregt wurde. Ein weiteres Beispiel hierfür ist Haus Kilpper (Nr. 166), das der Architekt zeitgleich errichtet hat. Das großzügige Einfamilienhaus Vetter liegt an einem steilen Südhang. Von der Straße staffeln sich das terrassierte Gelände und der Baukörper nach oben. Das Flachdach der Garage bildet die unterste Terrasse. Eine Außentreppe führt vom UG-Niveau auf das darüber liegende Dach, das gleichzeitig dem EG als teilweise überdachte Terrasse dient. Die Grundrissdisposition des Gebäudes ist lebendig und offen. Das EG nimmt u.a. den weitläufigen Wohnraum auf, der sich zum Herren- und Esszimmer öffnet. Der Speiseraum wird im Südosten durch einen markanten, halbkreisförmigen Wandabschluss begrenzt. Im OG liegen die Schlafräume, Büros sowie ein Mädchenzimmer. Dem elterlichen Schlafzimmer ist nach Süden eine offene Terrasse vorgelagert, das Kinderzimmer hat Zugang zu einer überdeckten, halbkreisförmigen Terrasse im Osten. Der Entwurf besticht durch die Einbeziehung der topographischen Situation: Landschaft und Architektur erscheinen als Einheit. Döcker fand beim Haus Vetter zu einer lebendigen, abwechslungsreichen Formensprache. Zahlreiche Vor- und Rücksprünge sowie die spannungsreiche Kontrastierung geometrischer Elemente wie Rechteck und Kreis verleihen dem Gebäude eine unverwechselbare Gestalt.

187

Bismarckturm
Am Bismarckturm 36
1904
Wilheim Kreis

Wettbewerbsentwurf von Kreis (unten)

Nach der Entlassung des Reichskanzlers Otto von Bismarck 1890 setzte eine breite, vom nationalistischen Bürgertum getragene Bismarck-Denkmalbewegung ein. Initialzündung für die Errichtung von Bismarcksäulen und -türmen war ein 1898 verfasster Aufruf der deutschen Studentenschaft. Auf diese Ausschreibung gingen 317 Entwürfe ein. Das Preisgericht gestand dem Dresdner Architekten Wilhelm Kreis 1899 die ersten drei Preise zu. Nach dem Grundmuster der preisgekrönten Entwürfe entstanden in den folgenden Jahren über 50 nahezu identische Bismarcktürme in ganz Deutschland. Ihnen gemeinsam ist die Lage auf einer Anhöhe; von der Plattform der Bauwerke sollte man weit in das von Bismarck geeinte Deutsche Reich blicken können. Neu war die Ikonographie: Nicht die Person Bismarcks wurde dargestellt, sondern ein abstraktes architektonisches Denkmal sollte an ihn erinnern. Der von der Studentenschaft der Technischen Hochschule in Auftrag gegebene Stuttgarter Bismarckturm wurde auf dem Gähkopf errichtet. In seiner wuchtigen, abweisenden Gestalt erinnert der 20 m hohe Bau an mittelalterliche Wehr- und Burgtürme. So sollte ein Bezug zur Architektur des alten Deutschen Reichs geschaffen werden. Als Material wurde heimischer Stubensandstein gewählt. Der Turm dient seit 1928 als Trinkwasserreservoir, die Aussichtsplattform ist nicht mehr zugänglich.

188

Haus Bonatz
Am Bismarckturm 45
1922
Paul Bonatz

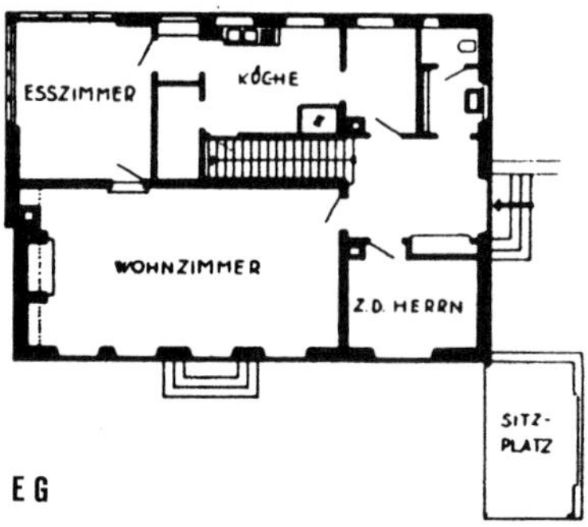

In der Nähe des ebenfalls von ihm entworfenen Landhauses Roser (Nr. 189) errichtete Paul Bonatz sein eigenes Wohnhaus. Im Unterschied zum aufwändig gestalteten, großzügigen Haus des Fabrikanten gibt sich das kleine Gebäude des Architekten betont schlicht und bescheiden; so erfolgt z.B. die Erschließung über die wenig repräsentative Giebelseite. Auch bei diesem Haus lassen sich die typischen Architekturmerkmale der konservativen Stuttgarter Schule, deren Hauptvertreter Bonatz war, feststellen: Gedrungene Bauhöhe, verputzte Wandflächen, tief gelagertes Dach mit breitem Traufüberstand, Dachgauben sowie kleinteilige Sprossenfenster sollten in Verbindung mit der betont handwerklichen Bauweise einen „Heimatstil" versinnbildlichen. Neu für Bonatz war die Innenorganisation. Die einzelnen Räume ordnen sich, anders als beim Landhaus Roser, nicht mehr einem symmetrisch-hierarchischen Prinzip unter, sondern reihen sich funktional aneinander. Diese individuelle Grundrissorganisation machte Bonatz auch erstmals in der Fassade sichtbar, ohne jedoch die Prinzipien des „Heimatstils" aufzugeben; der leicht asymmetrische Baukörper, unterschiedliche Fensterformen und -größen machen verschiedene Nutzungen ablesbar und verweisen so auf Landhäuser des Berliner Architekten Hermann Muthesius, eines Erneuerers des deutschen Villenbaus nach englischen Vorbildern. Das Wohnhaus wurde nach Kriegsbeschädigung 1949–50 durch Bonatz und Erich Fritz wieder hergestellt.

189

Landhaus Roser
Am Bismarckturm 58
1921
Paul Bonatz

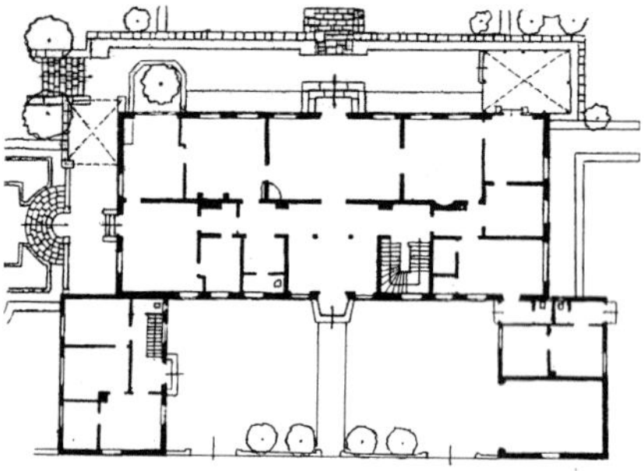

EG

Die Fabrikantenfamilie Roser beauftragte kurz nacheinander die beiden bedeutendsten Vertreter der konservativen Stuttgarter Schule, Paul Bonatz und Paul Schmitthenner, mit dem Bau zweier Villen. Zuerst errichtete Paul Bonatz dieses herrschaftliche Landhaus. Hauptbauteil der repräsentativen, streng symmetrischen Anlage ist ein zweigeschossiger, breit gelagerter Baukörper mit mächtigem Walmdach. Er wird durch einen geschwungenen Ziergiebel akzentuiert. Zwei eingeschossige, ebenfalls durch ein Walmdach gedecke Seitenflügel flankieren den Hauptbau und bilden so eine Art Ehrenhof. Bei der Grundrissdisposition übertrug Bonatz das axialsymmetrische Villenschema des oberitalienischen Renaissancearchitekten Andrea Palladio (1508–80) auf die Anforderungen eines großbürgerlichen Wohnhauses des frühen 20. Jhs. Die Räume sind symmetrisch angeordnet und hierarchisch in Halle, Saal, Zimmer und Kabinette untergliedert. Die jeweiligen Raumnutzungen sind, im Unterschied zu Bonatz' benachbartem eigenen Wohnhaus (Nr. 188), hier im Äußeren noch nicht nachvollziehbar. In der Verwendung von Details des regional verwurzelten „Heimatstils" lassen sich beim Landhaus Roser Gemeinsamkeiten mit der nahe gelegenen Villa (Nr. 190) Schmitthenners feststellen. Das ehemalige Landhaus Roser nimmt heute die „Novalis-Schule für Sprachgestaltung und dramatische Kunst" auf.

190

Villa Roser
Feuerbacher Weg 51
1925–26
Paul Schmitthenner

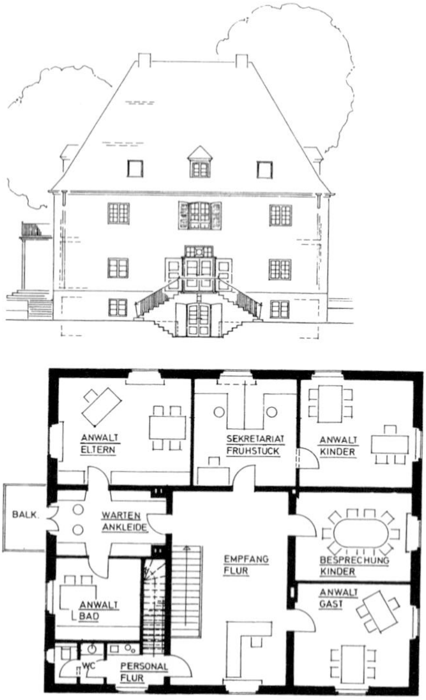

Ansicht von Norden (oben), Grundriss OG (unten)

Wenige Jahre nach einem von Paul Bonatz entworfenen Landhaus (Nr. 189) errichtete Paul Schmitthenner ebenfalls für die Fabrikantenfamilie Roser eine repräsentative, großbürgerliche Villa in den Formen des konservativen „Heimatstils". Die Villa Roser ist ein kubischer Baukörper aus Ziegelmauerwerk, der mit Schlämmputz versehen wurde; gedeckt wird er durch ein hohes, mit Biberschwänzen belegtes Walmdach. Typisch für das Schaffen Schmitthenners ist die blockhafte Geschlossenheit des Baukörpers, das stark reduzierte gestalterische Vokabular sowie das streng axialsymmetrisch aufgebaute Strukturraster, dem sich Fassade und Grundriss unterordnen. Das Haus galt neben der ebenfalls von Schmitthenner entworfenen Villa Rassbach (Nr. 179) als Leitbild für die Wohnkultur des gehobenen konservativen Bürgertums. Die beiden Gebäude wurden als Prototypen des „deutschen Wohnhauses" zum Vorbild für zahlreiche traditionell gestaltete Wohnhäuser. Die Villa Roser spiegelt zusammen mit dem nahe gelegenen Haus Bonatz (Nr. 188) die gestalterische Spannbreite der Stuttgarter Schule wider, der beide Architekten angehörten; im Gegensatz zur Villa Roser lässt sich beim Haus Bonatz jedoch eine gewisse Individualisierung der Grundrisse und Fassaden erkennen. Die Villa Roser, die sich heute im Besitz der katholischen Gesamtkirchengemeinde Stuttgart befindet, wurde 1986 von Grund auf restauriert.

191

Diplomaten-Siedlung

Albrecht-Dürer-Weg 15–21

1955–56

Werner Gabriel

1955–56 ließ die Bundesrepublik Deutschland am Rande der Feuerbacher Heide eine Wohnsiedlung für Beschäftigte des US-Konsulats erstellen. Um die Beeinträchtigung der Landschaft in Grenzen zu halten, wählte der Architekt eine flache, eingeschossige Bauweise. Grünflächen wurden miteinbezogen; zwischen den Gebäuden verlaufen nur Fußwege. So kam Stuttgart in einer Gegend, die durch Villen von Paul Bonatz (Nr. 188) und Paul Schmitthenner (Nr. 190) geprägt ist, zu seiner ersten Bungalowsiedlung. Zwölf Häuser wurden auf zwei Zeilen mit jeweils zwei Häusergruppen aufgeteilt. Sämtliche Bungalows besitzen einen L-förmigen Grundriss: Zwei rechtwinklig zueinander stehende Flügel umschließen auf zwei Seiten eine Terrasse. Ein geräumiges Wohnzimmer öffnet sich über eine Glaswand der Terrasse. Das Äußere der Reihenhäuser ist betont nüchtern. Die aus Hohlblocksteinen gemauerten Wände sind weiß verputzt, oberer und unterer Rand dunkel abgesetzt. Nur der Eingangsbereich ist in kräftigen Farben gehalten. Die Gebäude sind mit überkragenden Stahlbeton-Dachplatten gedeckt. Den einzigen vertikalen Akzent der Anlage setzt der Ziegelkamin der Heizzentrale. Bungalowsiedlungen erfreuten sich gegen Ende der 50er Jahre zunehmender Beliebtheit. Die Häuser wurden in der Regel nicht mehr wie hier gemauert, sondern aus Fertigbauteilen erstellt. Anregungen kamen aus den USA. Dort hatten aus Europa emigrierte Architekten wie Richard Neutra die Vorbilder des Neuen Bauens der 20er Jahre weiterentwickelt.

192

Haus Gabriel und Haus Fahlbusch

Im Falkenrain 1 a, Holbeinweg 53

1954–55; 1980–82

Werner Gabriel

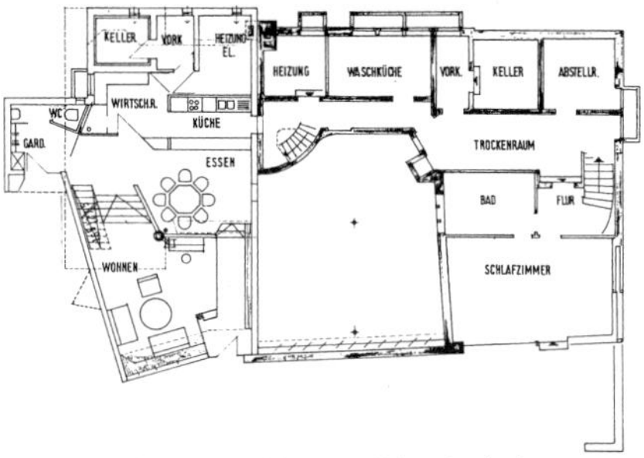

Grundriss UG: Neubau (links) und Altbau (rechts)

Auf dem Hanggrundstück unterhalb des väterlichen Anwesens erbaute Werner Gabriel 1954–55 sein eigenes Haus. Von oben gesehen wirkt das Gebäude wie ein Bungalow mit einem flach geneigten Pultdach. Die Rückwand wird nur durch den vertieften Eingang und ein Oberlichtband gegliedert; sie ist mit Natursteinriemen verkleidet. Die der Gartenpforte zugewandte Seite zeigt einen zeittypischen Materialkontrast von Naturstein, einer großen Putzfläche und Glasbausteinen. Zum Tal hin liegt die zweigeschossige Hauptfassade. Eine sechs Meter breite Glasfläche nimmt fast die ganze Front des OG ein, geschützt von der vorkragenden Dachplatte. Hinter dem Panoramafenster befindet sich der großzügige, auf zwei Ebenen angelegte Wohnraum. Die Einrichtung entwarf der Architekt teilweise selbst. Markant ist die geschwungene Decke aus blau gestrichenem Rillenholz. Im UG befinden sich Schlafräume mit Zugang zum Garten. Ein schmaler, eingeschossiger Wirtschaftstrakt schließt sich rechtwinklig an. Er stellt die Verbindung zum dreigeschossigen Haus der Tochter her, das der Architekt 1980–82 anfügte. Eine Schwenkung der Fassade um rund 15 Grad sorgt für eine Abwendung vom Nachbargrundstück. Darüber hinaus wirkt sie zusammen mit der schrägen Zurückstaffelung als spannungsreiches Moment. Die Talfront ist, wie beim Haus des Architekten, weitgehend verglast. Grüne Fensterrahmungen stehen im Kontrast zu den sichtbar belassenen Betonflächen der Gebäudeseiten. Die offen gestalteten Wohnbereiche sind ganz auf den weiten Blick ausgerichtet, die Funktionsräume befinden sich hangseitig.

193

Kochenhofsiedlung
Am Kochenhof, Otto-Reiniger-Straße, Hermann-Pleuer-Straße
1933
Paul Schmitthenner, Heinrich Wetzel u.a.

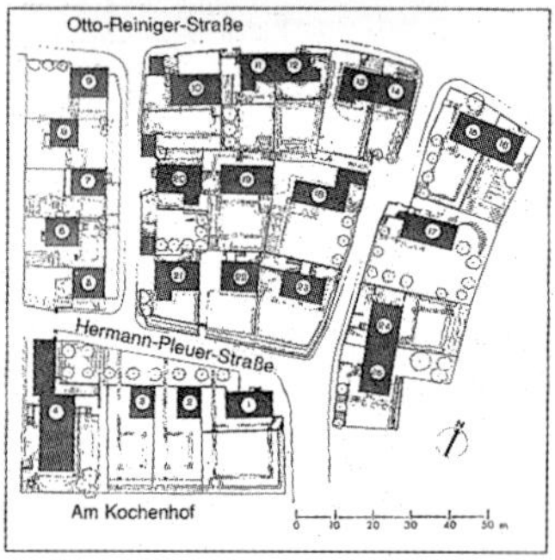

Haus Bonatz, Am Kochenhof 58 (oben)

Bei der Planung der Weißenhofsiedlung (Nr. 197) waren die Baumeister der Stuttgarter Schule nicht zum Zuge gekommen. In der Folge verhärteten sich die Fronten zwischen progressiven und konservativen Architekten. Letzteren bot sich 1933, anlässlich der Bauausstellung „Deutsches Holz für Hausbau und Wohnung", eine Gelegenheit zur „Revanche". Die nationalsozialistische Machtübernahme 1933 veränderte die Rahmenbedingungen für Stadtplanung und Architektur entscheidend. Mit Unterstützung des NS-Bürgermeisters Strölin gelang es Paul Schmitthenner und Heinrich Wetzel, den Planungsauftrag für die Kochenhofsiedlung zu erhalten. Aus der projektierten Versuchssiedlung für Massenwohnungsbau machten Schmitthenner und Wetzel ein biedermeierliches Idyll, das keine Fragen hinsichtlich des modernen großstädtischen Siedlungsbaus beantwortete. Stattdessen wurde Goethes Weimarer Gartenhaus aus dem 17. Jh. zum Vorbild genommen. 23 Architekten entwarfen 25 Hauseinheiten, die die kubische Grundform, das Satteldach, die gediegen-schlichte Gestaltung und die Holzbauweise (in unterschiedlichen Techniken) gemeinsam hatten. Neben Schmitthenner und Paul Bonatz bauten vor allem Angehörige der Folgegeneration der Stuttgarter Schule wie Karl Gonser, Paul Heim und Wilhelm Tiedje. Spätere Veränderungen entstellen den Charakter dieser zweiten großen Bauausstellung in Stuttgart.

194

Messe- und Kongresszentrum Killesberg
Am Kochenhof, Stresemannstraße
seit 1949
Hellmut Weber; Hochbauamt der Stadt Stuttgart; Roland Mayer, Bidlingmaier, Egenhofer, Dübbers u.a.

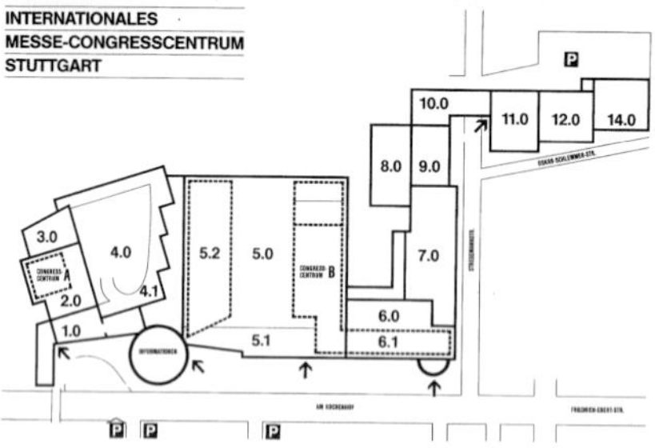

Für die Reichsgartenschau 1939 wurde auf einem Steinbruchgelände der „Höhenpark Killesberg" angelegt. Seit 1941 befand sich auf dem Killesberg das Sammellager für die württembergischen Juden, die von hier aus in die Vernichtungslager deportiert wurden. Im Zweiten Weltkrieg wurde die Anlage zerstört. Für die Bundesgartenschau 1950 entwarf der Landschaftsarchitekt Hermann Mattern einen neuen Park. In den folgenden Jahren entstand am Rande des Erholungsparks ein Ausstellungs- und Veranstaltungszentrum. Architekt der in den 50er Jahrzehnten errichteten Hallen, u.a. einer 10000 m² großen Sheddachhalle, war Hellmut Weber. Ebenfalls nach einem Entwurf Webers entstand 1960–62 das nüchtern-funktionale Verwaltungs- und Tagungsgebäude (Am Kochenhof 16). Für die Bundesgartenschauen 1961 und 1977 wurden Gelände und Bebauung jeweils umgestaltet. In den letzten Jahren erfolgte, z. T. auf Kosten der Parkanlagen, ein Ausbau zum internationalen Messe- und Kongresszentrum. So befindet sich der Killesberg seit 40 Jahren in einem dauernden Veränderungsprozess. Die Internationale Gartenbau-Ausstellung (IGA), die 1993 stattfand, bot den Anlass zu weiteren Um- und Neubauten. Platznot und Verkehrsprobleme machten schließlich eine Verlagerung der expandierenden Messe an den Stadtrand (Nr. 309) unumgänglich. Der Killesberg wird ab 2007 sukzessive eine neue Nutzung erfahren.

195

Aussichtsturm

Höhenpark Killesberg
2001
Schlaich Bergermann und Partner mit Luz und Partner (Landschaftsarchitekten)

Zu Anfang der 50er Jahre erhielt der Höhenpark Killesberg ein neues Gesicht. Rolf Gutbrod baute z. B. eine heute noch existierende Milchbar oberhalb des Flamingosees. Auch entstand ein Turm, der nicht viel mehr war als ein verglaster Aufzugschacht mit Aussichtsplattform und überkragender Dachplatte. Baufällig und nicht mehr dem Zeitgeschmack entsprechend wurde er in den 70er Jahren abgerissen. Das Fehlen eines Turmes, in dieser exponierten Lage sowohl Aussichtspunkt wie Landmarke, erschien bald als gravierender Mangel. So wurde Mitte der 80er Jahre in Vorbereitung der Internationalen Gartenbauausstellung 1993 mit den Planungen für einen neuen Aussichtsturm begonnen, die jedoch von der Stadt Stuttgart aus finanziellen Gründen eingestellt werden mussten. Der Verschönerungsverein gab den Anstoß zu einer Bürgerinitiative, der schließlich – wenn auch mit Verspätung – die Finanzierung gelang. Jede der 350 Stufen (je 175 auf- und abwärts) wurde symbolisch von einem Spender übernommen. Der Aussichtsturm beeindruckt aber nicht nur durch seine bürgerschaftlichem Engagement zu dankende Entstehung. In seiner filigranen, transparenten Gestalt ist er auch ein Beispiel ästhetisch anspruchsvoller Ingenieurbaukunst, entwickelt vom renommierten Brückenbauer Jörg Schlaich. Der zentrale, ca. 40 Meter hohe Mast des Turmes ruht auf einer Edelstahlkugel. Er hält ein vorgespanntes Netz aus 48 Spiralseilen, das dem Turm eine Form gibt, die an eine Fischreuse erinnert. An diesem Seilnetz sind nicht nur vier Plattformen aufgehängt, sondern auch die Stufen der beiden gegenläufigen Treppenwendeln, die nach oben und wieder herunter führen.

196

Brenzkirche

Am Kochenhof 7
1932–33; 1939
Alfred Daiber; Rudolf Lempp

Zustand 1991 (oben), vor 1939 (unten)

Die evangelische Brenzkirche war einer der wenigen Stuttgarter Sakralbauten, der dem Neuen Bauen zuzurechnen ist. Weitere Beispiele finden sich in Hedelfingen mit der Kreuzkirche (Nr. 283) und in Kaltental mit der Antoniuskirche (Hans Herkommer, 1930–32). Alfred Daiber entwarf für die Brenzkirche einen lang gestreckten Baukörper mit einer dynamisch abgerundeten Ecke und einen kürzeren, rechtwinklig angesetzten Flügel für die Nebenräume. Der Glockenturm tritt nur wenig aus der Flucht der Langseite hervor. Alle Bauteile waren flach gedeckt. Durchgehende Fensterbänder in beiden Geschossen sorgten für die Belichtung. Die Fensterfront zur Straße wurde an einer Ecke abgeschrägt; dies unterstrich den durch die Rundung hervorgerufenen dynamischen Eindruck. Lediglich ein schlichtes Kruzifix betonte den asymmetrisch an einer Gebäudeseite platzierten Haupteingang. Weißer Verputz vervollständigte das kompromisslos moderne Bild. 1939, zur Eröffnung der Reichsgartenschau auf dem benachbarten Killesberg-Gelände (Nr. 194), wurde die Brenzkirche umgestaltet. Das Neue Bauen war im Dritten Reich verfemt. Rudolf Lempp, ein Schüler Paul Schmitthenners, besorgte die Anpassung an den herrschenden Geschmack. Er stülpte den Baukörpern Satteldächer über, unterteilte die Fensterbänder, ersetzte die gerundete durch eine rechtwinklige Ecke und nahm im Innern Veränderungen vor. Die Brenzkirche wurde dadurch zu einem Zwitterwesen. Als Geschichtsdokument besitzen die verunstaltenden Eingriffe aber hohe Aussagekraft.

197

Weißenhofsiedlung

Rathenaustraße, Am Weißenhof, Pankokweg, Hölzelweg

1927

Ludwig Mies van der Rohe (1–4), Peter Behrens (31, 32), Victor Bourgeois (10), Richard Döcker (21,22), Walter Gropius (16,17), Josef Frank (26, 27), Ludwig Hilberseimer (18), Le Corbusier, Pierre Jeanneret (13–15), Jacobus Johannes Pieter Oud (5–9), Hans Poelzig (20), Adolf Rading (25), Hans Scharoun (33), Mart Stam (28–30), Adolf G. Schneck (11, 12), Bruno Taut (19), Max Taut (23, 24)

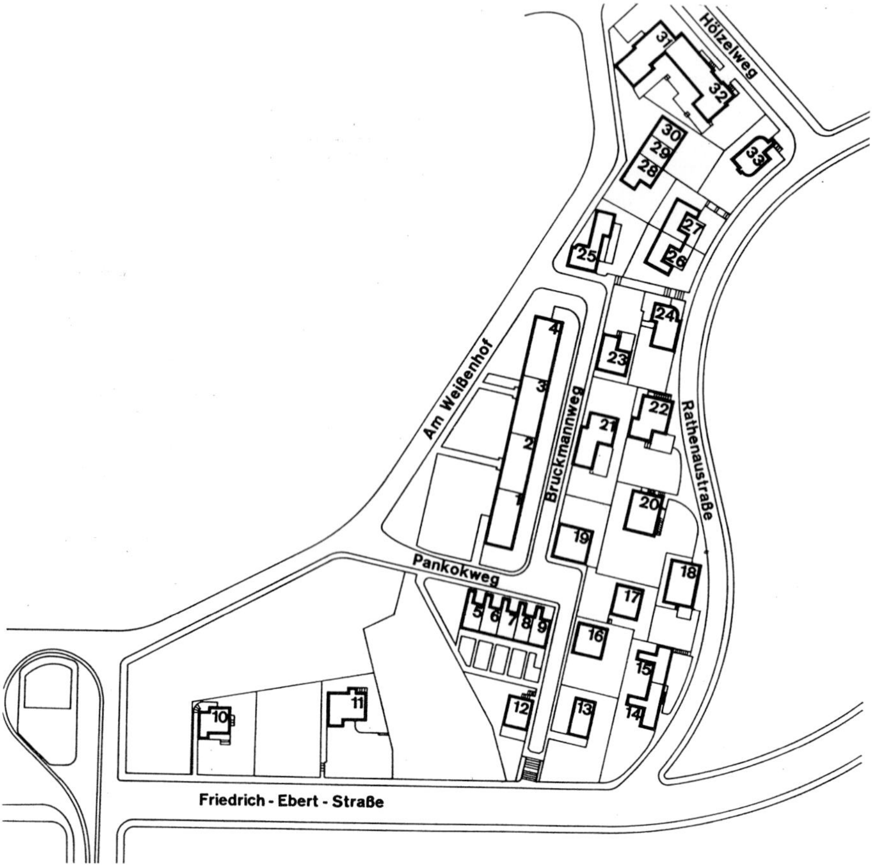

Zwanzig Jahre nach seiner Gründung veranstaltete der Deutsche Werkbund eine Ausstellung zum Thema „Die Wohnung", deren bedeutendster Teil die Weißenhofsiedlung war. Eingeladen waren bis auf wenige Ausnahmen die namhaftesten Vertreter der europäischen Architektenschaft, die im Rahmen eines städtischen Wohnungsbauprogramms auf dem Gelände des Weißenhofs eine Mustersiedlung mit 60 Wohneinheiten erstellten. Nachdem Paul Bonatz eine Bebauung mit traditionellen Satteldächern vorgeschlagen hatte, wurde schließlich der Berliner Architekt Ludwig Mies van der Rohe mit der Ausarbeitung eines Gesamtplans beauftragt. Dies hatte den Rückzug von Bonatz und Paul Schmitthenner zur Folge; die Rivalität zwischen dem Neuen Bauen und der konservativen Stuttgarter Schule kam hier zum ersten Mal deutlich zum Ausdruck. Die Weißenhofsiedlung stellt einen Meilenstein in der Entwicklung der modernen Architektur dar. Das Konzept der Mustersiedlung unterschied sich von dem der meisten anderen Wohnungsbauprojekte der Zeit durch die gezielte Förderung experimenteller Konstruktionsverfahren und moderner Baumaterialien. Erklärte Absicht war es, mit der Vielfalt von Haustypen den unterschiedlichen Bedürfnissen der Bewohner gerecht zu werden. Parallel dazu erfolgte eine breite Diskussion über gesellschaftspolitische, ökonomische und ästhetische Probleme des Wohnungsbaus. Die Weißenhofsiedlung erhebt sich, harmonisch der Topographie angepasst, auf einem terrassierten Hanggrundstück. Die Bebauung wird von den höheren Baumassen der Häuser von Le Corbusier (13–15) und Peter Behrens (31, 32) eingefasst; der lange Wohnblock Mies van der Rohes (1–4) bildet das optische Rückgrat der Siedlung. Durch die offene Formulierung des Programms und Baustils – nur das Flachdach war vorgeschrieben – bot sich jedem Architekten die Mög-

197
(Fortsetzung)

Modellaufnahme 1927 (oben), Blick von Osten 1927 (unten)

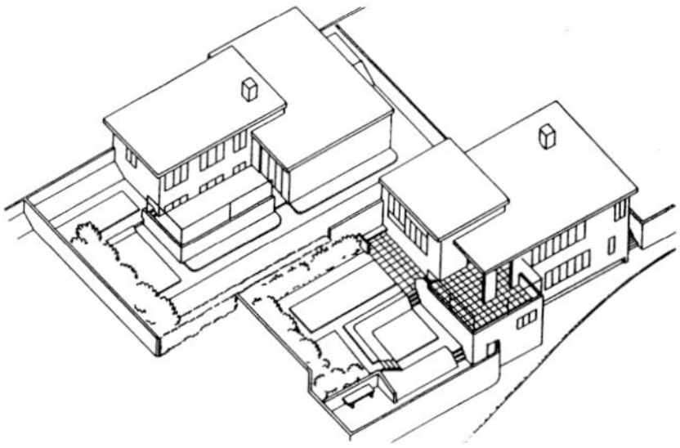

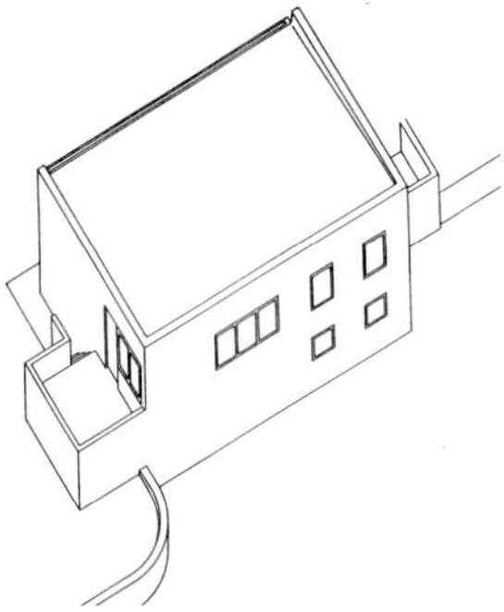

Bauteil Döcker (oben), Bauteil Hilberseimer (unten)

lichkeit, seine Vorstellungen von der modernen Wohnung zu verwirklichen. So entwarf Peter Behrens ein Hochhaus mit terrassenartig ineinander geschobenen Bauteilen, Richard Döcker (21, 22) setzte sich bei seinen Einfamilienhäusern mit der „freiheitlichen Grundrissentwicklung" auseinander. Walter Gropius (16, 17) konzipierte zwei Einfamilienhäuser, an denen neue Möglichkeiten des industriell vorgefertigten Montagebaus erprobt werden sollten. Ludwig Hilberseimer (18) beschäftigte sich bei seinem Einfamilienhaus mit der funktionalen Raumkonzeption, Mies van der Rohe experimentierte mit variablen Grundrissen in mehrgeschossigen Zeilenhäusern. J.J.P. Oud (5–9) widmete sich den Wohnbedürfnissen der unteren Mittelschicht, Hans Poelzig (20) der Rationalisierung des Wohnens. Der Stuttgarter Adolf G. Schneck (11, 12) interessierte sich für ökonomisches Bauen, Max Taut (23, 24) für das Problem der Raumhierarchien und die Schnellbauweise; Mart Stam (28–30) und Bruno Taut (19) entwickelten den Typ eines neuen Arbeiterwohnhauses; das Doppelhaus des Wieners Josef Frank (26, 27) besticht durch eine Atmosphäre gehobener Wohnlichkeit. Trotz der unterschiedlichen Ansätze der 16 Architekten weist die Weißenhofsiedlung ein bemerkenswert homogenes Erscheinungsbild auf. Die Siedlung war schon bei ihrer Planung heftig umstritten; so titulierte Paul Bonatz die überwiegend leuchtend weißen Hauskuben polemisch als „Vorstadt Jerusalems". Die Kritik verschärfte sich nach der Machtübernahme der Nationalsozialisten. Ende der 30er Jahre sollte der „Schandfleck Stuttgarts" sogar abgerissen und an dessen Stelle ein monumentaler, maßstabsloser Baukomplex für das Wehrbereichs-Kommando errichtet werden; der Zweite Weltkrieg verhinderte dies jedoch. Im Krieg wurde die Siedlung stark beschädigt, die Bauten von Gropius, Poelzig, Hilberseimer, Döcker, Rading und den Brüdern Taut völlig zerstört; an ihrer Stelle entstanden in den 50er Jahren fantasielose Neubauten. An der Stelle des zerstörten Wohnhauses von Döcker (Bruckmannweg 10) klafft noch heute eine Baulücke; Stimmen für eine originalgetreue Wiedererrichtung des Gebäudes werden laut. Stilfremde Renovierungen und Vernachlässigung entstellten die meisten erhaltenen Häuser bis zur Unkenntlichkeit. Durch das Engagement des Vereins „Freunde der Weißenhofsiedlung" wurde 1979–86 unter der Regie des Staatlichen Hochbauamts eine gründliche Sanierung, Modernisierung und originalgetreue Restaurierung von elf der ursprünglich 21 Häuser durchgeführt.

198

Weißenhofsiedlung: Reihenhausgruppe
Pankokweg 1–9
1927
Jacobus Johannes Pieter Oud

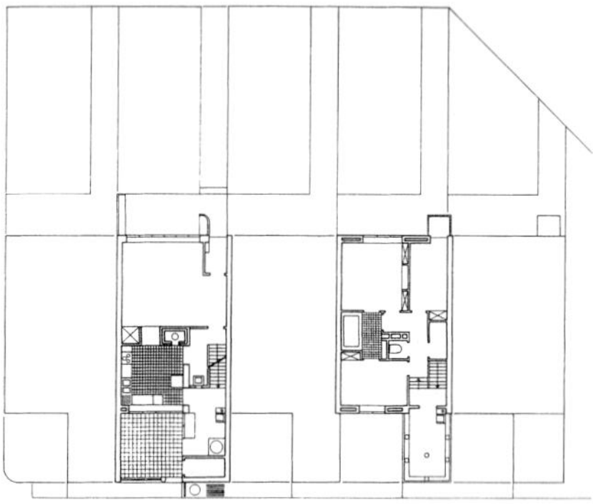

Der Niederländer Jacobus Johannes Pieter Oud, Mitbegründer der Künstlergruppe „De Stijl", hatte bereits Erfahrung in der Errichtung von Siedlungshäusern. Als Stadtbaumeister von Rotterdam konzipierte er große Wohnsiedlungen wie z. B. Oud-Mathenesse (1922–24) oder De Kiefhoek (1925–27). Die geschlossene, schlichte Straßenfront der Reihenhäuser in der Weißenhofsiedlung wird durch kastellartige Vorbauten bestimmt. Diese verleihen der Hausgruppe eine stark plastische Gesamtwirkung und geben jedem Hausteil eine gewisse Individualität. Die durch schmale Fensterbänder akzentuierten Anbauten und die ummauerten Wirtschaftshöfe erinnern an einfache vorstädtische Häuser; dieses Motiv übersetzte Oud hier jedoch souverän in die Sprache der modernen Architektur. Der Wohnbereich im Süden der Häuserzeile, der Gartenparzellen vorgelagert sind, öffnet sich der Sonne. Die fünf Reihenhäuser wurden in Stahlbeton-Massivbauweise erstellt, die Fassaden weiß verputzt; Außentüren und Fenster sind aus dunkelgrau gestrichenem Stahl. Wie auch bei dem benachbarten Einfamilien-Reihenhaus seines Landsmannes Mart Stam (Am Weißenhof 24–28) besticht Ouds Baugruppe durch eine demonstrative Rationalität, die in ihrer sorgfältigen Gestaltung der Details eine hohe ästhetische Qualität besitzt. Der Grundriss der kleinen Reihenhäuser ist durchdacht und an den Wohnbedürfnissen der unteren Mittelschicht ausgerichtet. Besonderes Augenmerk richtete Oud auf eine funktionale Gestaltung der Küche.

199

Weißenhofsiedlung: Mietshausblock
Am Weißenhof 14–16
1927
Ludwig Mies van der Rohe

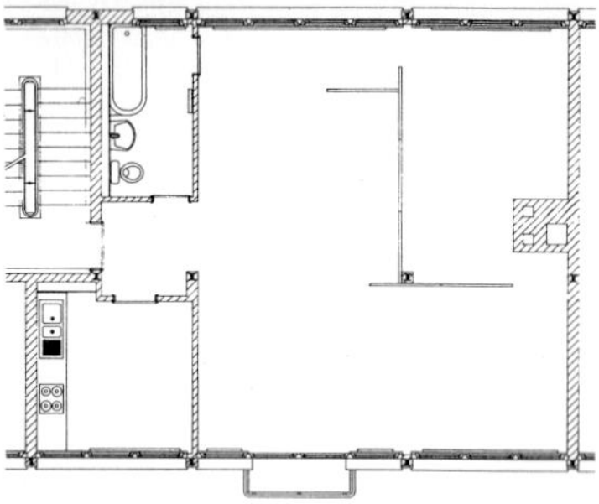

Musterwohnung Haus Nr.16, 2. OG links

Ludwig Mies van der Rohe entwarf einen breit gelagerten Baublock, der innerhalb der Siedlung wohl am klarsten die Philosophie der modernen Architektur zum Ausdruck bringt. Das viergeschossige Mehrfamilienhaus besticht durch seine ausgewogenen, harmonischen Proportionen. Die langgestreckte Straßenfront mit ihren großen, gleichförmigen Fensterflächen wird durch die Geländer der Austritte an den Treppenhäusern sowie die markanten, eingezogenen Dachterrassen sparsam und doch wirkungsvoll akzentuiert. Das Gebäude ist in Stahlskelettbauweise errichtet. Wie z. B. auch Walter Gropius propagierte Mies van der Rohe, ein Hauptvertreter des Rationalismus, dieses vom Fabrikbau übernommene Konstruktionssystem für die rationelle und typisierte Erstellung von Wohnhäusern. Die Stahlskelettbauweise ermöglichte darüber hinaus eine flexible Grundrissdisposition; die Treppenhäuser und die sanitären Einrichtungen waren so angeordnet, dass der verbleibende Raum den Bedürfnissen der Bewohner entsprechend unterteilt werden konnte. So bestand z.B. ein Wohnungstyp aus Küche und Bad sowie einem großen, von Fensterwand zu Fensterwand reichenden Raum, der nur durch eine raumhohe, demontierbare Holzwand gegliedert wurde. Die Einrichtung der einzelnen Wohnungen stammte von namhaften Innenarchitekten sowie von Mies van der Rohe persönlich. Im DG des Wohnhauses wurden im Rahmen der Sanierungsmaßnahmen 1984–86 vier zusätzliche 1-Zimmer-Apartments mit exklusiver Dachterrassennutzung eingerichtet.

200

Weißenhofsiedlung: Zwei Wohnhäuser
Bruckmannweg 2, Rathenaustraße 1–3
1927
Le Corbusier, Pierre Jeanneret

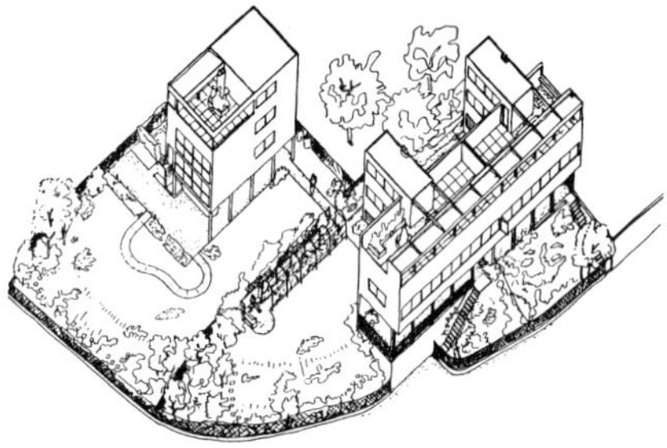

Le Corbusier, einer der einflussreichsten Architekten des 20. Jhs., entwarf zusammen mit seinem Vetter Pierre Jeanneret zwei nebeneinander liegende Häuser. Mit diesen kubischen, weiß verputzten Gebäuden setzte er programmatisch die von ihm formulierten „Fünf Punkte zu einer neuen Architektur" um: Eine freie Grundrissgestaltung, die Emporhebung des EG durch Stützen, die Anlage von Dachterrassen, Fensterbänder sowie eine freie Fassadengestaltung sollten als die wesentlichen Elemente einer neuen, zeitgemäßen Ästhetik gelten. Die Stahlbetonskelettbauten besitzen die interessantesten und zugleich umstrittensten Innenraumkonzeptionen der Siedlung. Beim Einfamilienhaus Bruckmannweg 2 verwirklichte Le Corbusier mit großer Konsequenz die Idee der Wohnung als räumliche Einheit in der Horizontalen wie Vertikalen; die großzügige zweigeschossige Wohnhalle besitzt einen völlig offenen Grundriss; über eine Galerie wird eine Verbindung mit dem Elternschlafzimmer im 2. OG geschaffen. Das Doppelhaus Rathenaustraße 1–3 weist ebenfalls einen großen Wohnraum auf. Durch das Hervorziehen beweglicher Zwischenwände konnte dieser nachts in einzelne „Schlafkabinen" verwandelt werden. Ein kleiner Längskorridor verband sie untereinander und mit Bad, WC und Treppe. In dieser demonstrativ funktionalen, platzsparenden Konzeption hatte der Schlafbereich so Ähnlichkeit mit einem Eisenbahnschlafwagen. Das Doppelhaus wurde restauriert und teilrekonstruiert. Es dient fortan als Museum.

201

Weißenhofsiedlung: Einfamilienhaus
Hölzelweg 1
1927
Hans Scharoun

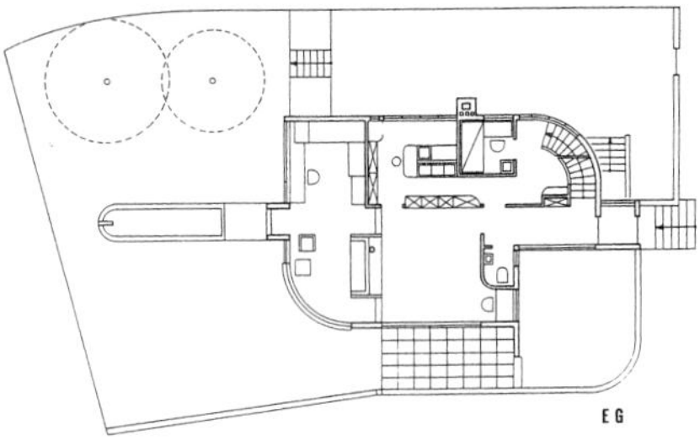

Hans Scharoun errichtete auf dem exponierten Eckgrundstück an der Südseite des Areals ein freistehendes Einfamilienhaus. Es ist das erste bedeutende Werk Scharouns, der zusammen mit Hugo Häring als Hauptvertreter des „organischen Bauens" gilt. Das Haus in der Weißenhofsiedlung stellt so einen Gegenpol zu den hier vor allem von Le Corbusier und Walter Gropius entworfenen, ganz dem Rationalismus verbundenen Gebäuden dar. Die Fassade des in einer Eisenskelettkonstruktion errichteten Einfamilienhauses Scharouns ist bewegt und verzichtet auf Symmetrie. Seine Südseite besteht aus einer Reihe sich rechtwinklig durchdringender Ebenen; charakteristisch ist der gerundete Hausteil, der durch ein Fensterband zusätzlich akzentuiert wird. Im Gegensatz zur transparenten Südseite ist die geschlossene, nordwärts gerichtete Rückseite gestaltet. Sie krümmt sich zum Eingangbereich hin als geschlossene Wandfläche und zeichnet so schwungvoll den Verlauf der ins OG führenden Innentreppe nach. Die abgerundete Ecke der Stützmauer unterstreicht den organisch-dynamischen Gesamteindruck. Die Grundrissdisposition des Wohnhauses ist fantasievoll und doch zweckmäßig; das EG wird durch eine Mittelachse bestimmt, welche, am Eingang beginnend, die gesamte Hausbreite durchzieht. Auf der Nordseite der Achse sind die Wirtschaftsräume angeordnet, an der Südseite die ineinander fließenden Wohnräume. Den Schlafräumen im OG ist eine große Terrasse vorgelagert. Die rekonstruierte Farbakzentuierung des vorwiegend in Weiß gehaltenen Gebäudes – helles Englischrot der Vordach-Unterseite, Hellgrau einer Terrassenwandfläche – erinnert an Farb- und Raumkonzepte der niederländischen „De Stijl"-Bewegung.

202

Wohnanlage „Am Weißenhof"
Oskar-Schlemmer-Straße 8–10, Am Weißenhof 23–27
1992–94
Kopper + Schenkel

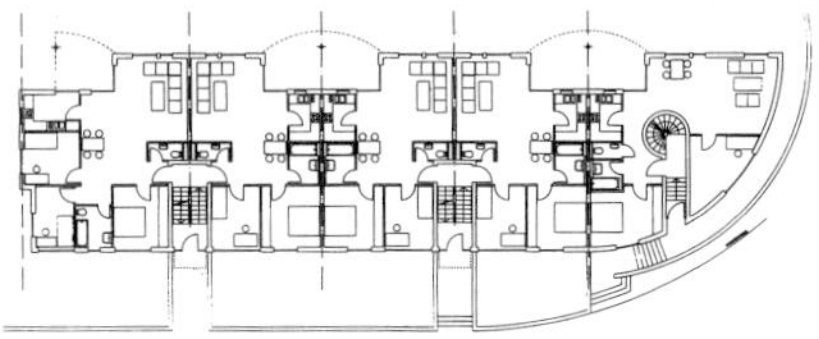

Bauteil Am Weißenhof 23–27 (unten): Grundriß EG

Die Wohnanlage liegt in unmittelbarer Nachbarschaft zu einer Inkunabel des Neuen Bauens, der Weißenhofsiedlung (Nr. 197). Sie besteht aus einem fünfgeschossigen Baukörper als Anbau an das bestehende Gebäude Am Weißenhof 19/21 sowie einem zwei- und einem viergeschossigen Haus, die am Rand des Grundstücks platziert wurden. Entstanden sind insgesamt 32 Einheiten mit 2–4-Zimmer-Wohnungen zwischen 60 und 95 m² Fläche. Der Komplex trägt der sensiblen Lage unmittelbar neben der Weißenhofsiedlung Rechnung: Die schlichten, weiß verputzen Bauten, ihre Höhenstaffelung und die Flachdächer nehmen formal Bezug auf den berühmten Nachbarn. Besonders augenfällig wird dies an dem halbrund abschließenden zweigeschossigen Gebäude Am Weißenhof 23–27, welches das Haus Scharouns (Nr. 201) zitiert. Dennoch präsentiert sich der Komplex selbstbewusst als Architektur der 90er Jahre – zu erkennen etwa an der Begrünung der Dächer oder der Akzentuierung durch Balkone, die teilweise einen segmentbogenförmigem Abschluss mit Glasüberdachung aufweisen. Die in der Weißenhofsiedlung thematisierten Lösungsvorschläge zum Wohnungsbau wurden mit der Anlage „Am Weißenhof" unter dem Projektleiter Klaus Brückerhoff in souveräner Manier für heutige Bedürfnisse weiterentwickelt; hiervon zeugen v.a. die variierenden Wohnungszuschnitte oder Maßnahmen zur Energieeinsparung. Hartmut Kopper war maßgeblich an der in den 80er Jahren durchgeführten Sanierung der Weißenhofsiedlung beteiligt gewesen.

203

Friedrich-Ebert-Wohnhof
Hölzelweg 2–8, Am Weißenhof 34–42
1924–27
Karl Beer

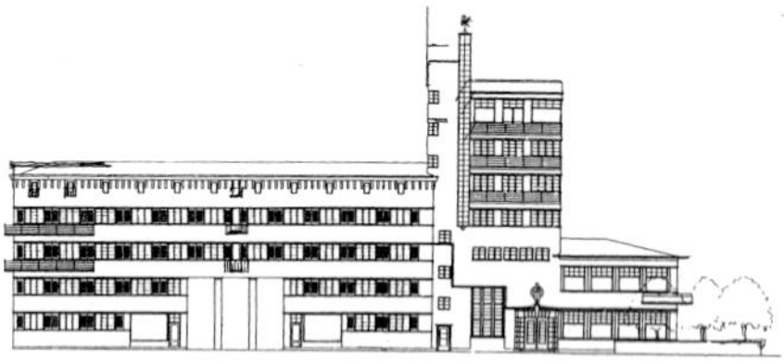

Entwurf 1927 (unten)

Nordöstlich an die Weißenhofsiedlung (Nr. 197) angrenzend, erhebt sich ein weiteres beachtenswertes Beispiel des Neuen Bauens, der Friedrich-Ebert-Wohnhof. Die nach dem Reichspräsidenten benannte Anlage wurde 1927 etwa gleichzeitig mit der Eröffnung der Werkbundausstellung, fertig gestellt. Sie gliedert sich in drei Teile: drei viergeschossige Wohnflügel, ein Turmhaus – eines der ersten Stuttgarter Wohnhochhäuser – und einen zweigeschossigen Restaurant- und Saalbau. Zusammen umschließen diese Bauteile als unregelmäßige Vierflügelanlage einen Hof. Die Konzeption eines Wohnhofs hatte ihr Vorbild in den großen Gemeindewohnbauten, die in den 20er Jahren in Wien entstanden. Der Friedrich-Ebert-Hof nimmt 87 1- bis 4-Zimmer-Wohnungen auf. Die Wohnungen wurden nach modernen haushaltstechnischen Anforderungen eingerichtet; sie besaßen Einbauschränke und -küchen, Müllschlucker und z. T. Zentralheizung. Das Turmhaus ist ein weithin sichtbares Markenzeichen des Neuen Bauens in Stuttgart. Der hoch gestellte kubische Baukörper wird von einer Treppenhausscheibe mit durchgehendem vertikalen Fensterband überragt. Die Dachzone zeigt die bei Flachdachbauten nicht seltene optische „Kopflastigkeit": sie verfügt nur über schmale Fensterschlitze. Die Balkone sind um die Gebäudeecke herumgezogen. Der flache, langgestreckte Gaststättentrakt steht in spannungsvollem Kontrast zum Hochhaus. Die Räume der ehemaligen Ausflugsgaststätte „Schönblick" werden heute von der Industriegewerkschaft Metall genutzt. – Karl Beer errichtete für den Bau- und Heimstättenverein in der Nähe weitere Siedlungsbauten, u.a. in der Wilhelm-Blos-Straße 36–42, 59–71, 85 und in der Nibelungenstraße 1–17 (alle 1925–29).

204

Siedlung Viergiebelweg
Birkenwaldstraße, Saumweg, Viergiebelweg
1922–26
Richard Döcker, Hugo Keuerleber

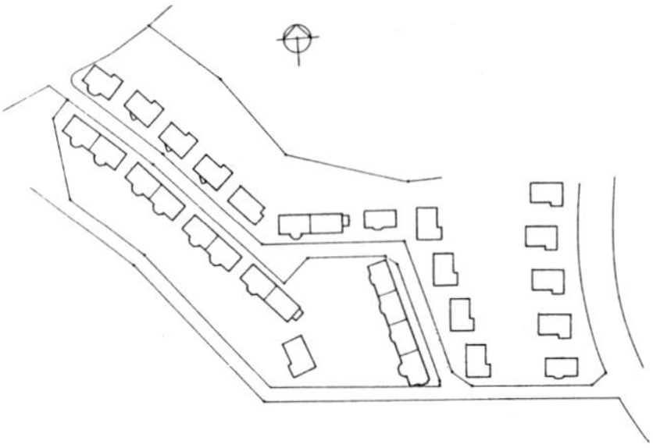

Die Siedlung Viergiebelweg hieß zunächst Weißenhofsiedlung, bevor der Name auf die benachbarte berühmte Werkbund-Siedlung (Nr. 197) überging. Richard Döcker, Organisator der Werkbund-Siedlung, hatte auch die Bebauung oberhalb der Birkenwaldstraße geplant; für die städtebauliche Konzeption war Hugo Keuerleber mitverantwortlich. Der Beamten-Heimstättenbauverein ließ hier 30 Hauseinheiten als Einfamilien-, Zweifamilien- und Reihenhäuser erstellen. Die Anpassung des Siedlungsgrundrisses an die Hanglage war ein Leitmotiv der Architekten; außerdem sollte die Gebäudestaffelung allen Häusern ein Höchstmaß an Licht und Luft bieten. Die verschiedenen Hausformen variieren einen Grundtypus. Die einfachen, schmucklosen Baukörper sind mit Satteldächern gedeckt. Sprossenfenster mit Klappläden gliedern die Fassaden. EG und 1. OG verfügen jeweils über einen von drei Seiten belichteten Wohnraum, der sich mit Veranda oder Balkon ins Freie öffnet. Die Siedlung ist ein Beispiel für die allmähliche Hinentwicklung zur Sachlichkeit in der ersten Hälfte der 20er Jahre. Kubische Grundformen und Schmucklosigkeit weisen schon auf das Neue Bauen hin. Döcker führte diese Entwicklung mit seinen späteren Siedlungen, z. B. in Ostheim (Nr. 153) und Untertürkheim (Nr. 276), konsequent weiter. Satteldächer, Klappläden und Sprossenfenster wirken hingegen noch wie Reminiszenzen an regional- und traditionsverbundene Architektur. Die Siedlung Viergiebelweg hat im Lauf der Jahre einige Veränderungen erfahren. Die Sprossenfenster sind z. T. verschwunden, ebenfalls der ursprünglich einem ausgeklügelten Farbkonzept folgende Außenanstrich.

205

Staatliche Akademie der Bildenden Künste, ehem. Kunstgewerbeschule
Am Weißenhof 1
1912–13; 1964–68; 1987–94
Bernhard Pankok, Eisenlohr und Pfennig; Staatl. Hochbauamt I; Mahler, Gumpp, Schuster

Altbau (oben), Neubau II (unten)

Die Zusammenlegung der Kunstgewerbeschule mit den „Königlichen Lehr- und Versuchswerkstätten" stellte den Abschluss der kunstgewerblichen Reformbestrebungen der Jahrhundertwende in Stuttgart dar. Der Schulbau entstand unter starker Einflussnahme des Architekten, Produktgestalters und Malers Bernhard Pankok, eines bedeutenden Vertreters des Jugendstils. Der Gebäudekomplex ist in einer Betonständerkonstruktion erstellt. An einen symmetrischen, vierflügeligen Kopfbau, in dessen DG die Lehrräume und Ateliers zum Innenhof durch Oberlichtfenster sichtbar gemacht werden, schließt ein Werkhallentrakt an. In der Fassadengestaltung lassen sich trotz der Mitwirkung Pankoks kaum Jugendstilelemente feststellen; deutlich ist jedoch die Abkehr vom Historismus. Die schlichte Hauptfassade wird durch Kolossalhalbsäulen, die das Portal rahmen, sowie eine fensterlose Attikazone mit Kranzgesims sparsam gegliedert. An der Westseite befinden sich Kratzputzreliefs. Die hohen Mansardwalmdächer des Hauptgebäudes kontrastieren zu den flachen Werkhallen und den Treppenhausvorbauten der Werkstatt-Trakte, die mit ihren vertikalen, schmalen Fensterbändern bereits Formen des Neuen Bauens vorwegnehmen. Die Kunstgewerbeschule wurde nach Kriegszerstörungen vereinfacht wiederaufgebaut. Der benachbarte Neubau I aus Sichtbeton entstand 1964–68 nach Plänen des Staatlichen Hochbauamtes I. Der schmale Riegel des 1987–94 durch das Architekturbüro Mahler, Gumpp, Schuster errichteten Neubaus II schließt den Campus nach Osten ab.

206

Theaterhaus Stuttgart
Siemensstraße 11
1923; 1996–2003
Emil Fahrenkamp; plus + bauplanung Hübner – Forster – Hübner, engelhard.eggler.architekten

Nach langwierigen Entscheidungsfindungsprozessen wurde 1996 der Beschluss für den Umzug des Theaterhauses von Wangen auf den Pragsattel gefasst. Der Düsseldorfer Architekt Emil Fahrenkamp hatte dort 1923 mit dem für die Rheinstahl-Handelsgesellschaft errichteten Komplex eines der herausragenden Beispiele moderner Architektur der 20er Jahre in Stuttgart geschaffen. Dominierend ist die von einer Stahl-Dachbinderkonstruktion überspannte ehem. dreischiffige Fabrikhalle an der Rheinstraße. An sie schließt nach Norden ein L-förmiger Trakt mit Eckturm an, der ursprünglich Büros und Wohnräume aufnahm. Die nüchtern und monumental wirkende Front der Halle wird durch einen breit gelagerten Treppengiebel sowie sieben hohe, durch Pfeiler unterteilte Fenster akzentuiert; einen weiteren gestalterischen Akzent setzen übereinander liegende Segmentbogenfenster. Die Verblendung des Ensembles mit rotem Backstein sowie vertikalen spitzen Wandvorlagen zeigen zeittypische expressionistische Elemente; in der betonten Horizontalgliederung der Halle lassen sich aber auch Stilmerkmale des Neuen Bauens festmachen. Nach umfassenden Sanierungs- und Instandsetzungsarbeiten entstand in dem Gerippe der Rheinstahlhalle eine ca. 750 m² große Multifunktionshalle sowie vier unterschiedlich große Theater- und Konzertsäle, dazu diverse Nebenräume. Der ehem. Büro- und Wohntrakt nimmt nun ein Restaurant und die Verwaltung auf. Insgesamt gelungen ist die spannungsreiche Symbiose zwischen denkmalgeschützter Altbausubstanz und einer sehr nüchternen, bewusst modernen Ergänzung und Innenraumgestaltung. Mit dem Theaterhaus Stuttgart hat der mit baulichen Highlights bislang nicht gesegnete Pragstattel ein architektonisches Ausrufezeichen erhalten.

207

Bülow-Turm
Heilbronner Straße 190
1988–92
Kieferle und Partner

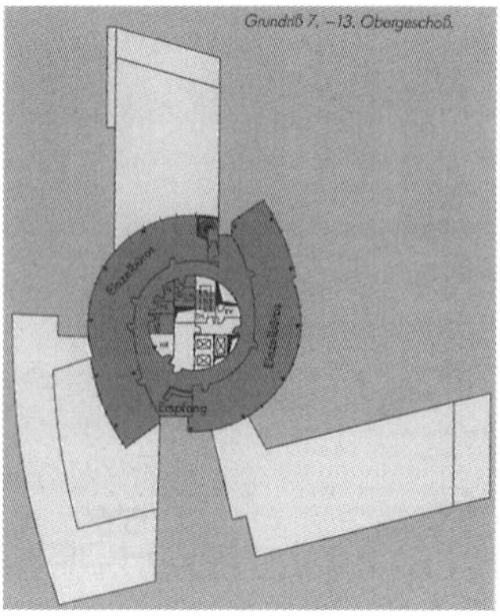

Der Bürokomplex mit 14.000 m² Nutzfläche markiert, vom Pragsattel kommend, das „Eingangstor" zur Stuttgarter City und setzt somit einen wichtigen städtebaulichen Akzent. Den Blickfang des Ensembles bildet ein 15-geschossiger, zylindrischer Baukörper. An ihn schließen sich drei vier- bzw. fünfgeschossige Flügelbauten entlang der Heilbronner Straße und der Presselstraße an. Während diese vorwiegend mit Natursteinplatten verkleidet sind, weist der Turm eine blau getönte verspiegelte Glasfassade auf. Sie wurde zur Energieeinsparung doppelwandig ausgeführt. Der 60 m hohe, durch vertikale Vorsprünge gegliederte Baukörper wird durch ein markantes, 20 m aufragendes, drehbares Stahlsegel akzentuiert. Trotz dieser ansprechenden gestalterischen Details entstand eine etwas sterile Architektur, aus der der Wunsch nach Repräsentativität und Gediegenheit spricht. Ursprünglich war für den Turm eine Höhe von 100 m vorgesehen, die ihm gut angestanden hätte. Diese Planung konnte aufgrund traditioneller Stuttgarter Ressentiments gegen das Hochhaus jedoch nicht verwirklicht werden. Das mithilfe des Mastes auf 80 m gestreckte „Wolkenkratzerle" ist dennoch um 20 m höher als sein berühmter Vorgänger, der Tagblatt-Turm (Nr. 79), geraten.

208

Expo „Wohnen 2000"

Sarweystraße 40–76, Störzbachstraße 11–27
1991–93
Elzbieta Muszynska, Krysztof Muszynski, Lech Baranski; Bidlingmeier, Egenhofer, Dübbers; The ECD Partnership; Johs. Gunnarsberg; Karla Szyszkowitz-Kowalski, Michael Szyszkowitz; HHS Architekten (Hegger, Hegger-Luhnen, Schleif); Jourda et Perraudin Partenaires; Gullichsen Kairanno Vormala Arkkitehditky; Tegnestuen Vandkunsten (Carsten Lorenzen); Dieter Schempp; Nature Housing, Warne Naturhus (Bengt Warne, Jo Glässel); Entwurfsgruppe Stahr; Michael Alder; Mecanoo (Francine Houbon, Erick van Egeraat, Henk Döll, Chris de Weijer)

Geschosswohnungen (oben), Grundriss Sarweystraße 72–76 (unten)

Hausgruppe Szyszkowitz-Kowalski

Der Anspruch dieser experimentellen Wohnanlage war, einen Beitrag zum „verantwortungsbewussten Umgang mit der Natur in der Stadt", dem Leitmotiv der 1993 veranstalteten Internationalen Gartenbauausstellung IGA, zu leisten. Hierzu konzipierten 13 Architekten und -teams aus elf Ländern 100 Mietwohnungen in sieben Mehrfamilienhäusern sowie sechs Eigenheim-Reihenhausgruppen mit drei- bzw. vier Wohnungen. Charakteristisch ist die betont individualisierte Gestaltung der Gebäude. Dies gilt insbesondere für die Reihenhäuser. An der Sarweystr. 46–52 entstanden durch die Architektengemeinschaften Muszynska, Muszynski und Baranski aus Polen sowie Bidlingmaier, Egenhofer und Dübbers schlichte Holzhäuser, die durch halbrunde Treppentürme akzentuiert werden. Wintergärten dienen – wie bei den meisten Gebäuden – als Wärmepuffer und Lärmschutz. The ECD Partnership (London) variiert den in Württemberg traditionellen Typ des giebelständigen Wohnhauses, das hier gewölbte Glasfronten nach Süden aufweist (Nr. 40–44). Der Norweger Gunnarshaug orientierte seine Reihenhausgruppe (Nr. 60–64) nach Norden; die lang gestreckten Wohnungen werden durch großzügig verglaste Dächer von der Mitte aus belichtet. Das Haus Nr. 54–58 (Architekten: Szyszkowitz-Kowalsky, Szyszkowitz aus Graz) ist mit dem tiefgezogenen Tonnendach und seiner expressiven Formensprache der „Paradiesvogel" des Ensembles an der Sarweystraße. Das Gebäude der Architektengemeinschaft HHS (Nr. 72–76) setzt am konsequentesten und aufwändigsten den ökologischen Anspruch um: Drehbare Solarpaddel an der vollständig verglasten Südfront sollen die Innenräume je nach Jahreszeit erwärmen oder von der Sonne abschirmen. Der Entwurf von Jourda und Perraudin aus Lyon (Nr. 66–70) wird durch eine ausladende Dachkonstruktion bestimmt, die sich über einen tonnenförmigen Baukörper stülpt. Im Unterschied zu den Eigenheimen vermittelt der fünfgeschossige Mietshausblock, der eine bestehende Blockrandbebauung ergänzt, einen halbwegs harmonischen Gesamteindruck. Das Gebäude der finnischen Architekten Gullichsen, Kairamo und Vormala an der Störzbachstr. 11 wird an seiner Nordseite durch Wintergärten sparsam akzentuiert. Die von dem Dänen Carsten Lorenzen konzipierte Eckbebauung Nr. 13 weist ein eingeschnittenes, vollverglastes Treppenhaus auf, welches den Baukörper in zwei Bereiche teilt. Das Haus Nr. 15 (Dieter Schempp) wird durch turmartig vorspringende Glasflächen mit Rechteck- bzw. Kreisgrundrissen bestimmt. Das daran anschließende Gebäude Nr. 17 von Bengt Warne und Jo Glässel (Stockholm) besitzt ein zentrales Atrium, um das sich unkonventionell zugeschnittene Wohnungen anordnen. Die Entwurfsgruppe Stahr (Nr. 19) nutzt ein verglastes Atrium im DG zur Akzentuierung seiner Fassade. Das von Michael Alders entworfene Nachbarhaus wird ebenfalls durch verglaste Wintergärten sowie zwei weit vorkragende Dachplatten charakterisiert. Die leicht versetzt zueinander angeordneten Hauswürfel (Nr. 23–27) stammen von der niederländischen Architektengruppe Mecanoo. Das Ziel der Schaffung eines architektonisch qualitätvollen Ensembles wurde mit der „Expo 2000" nur begrenzt in die Tat umgesetzt: Das mangelnde städtebauliche Konzept, der ungünstige Standort mit seiner hohen Lärmbelastung, der nur teilweise eingelöste ökologische Anspruch und nicht zuletzt der hohe Miet- oder Kaufpreis lassen die Experimentalsiedlung nur bedingt als innovativen Beitrag für das Bauen der Zukunft gelten.

209

Landesgeschäftsstelle des Diakonischen Werks Herbert-Keller-Haus
Heilbronner Straße 180
1981–84
Günter Behnisch & Partner

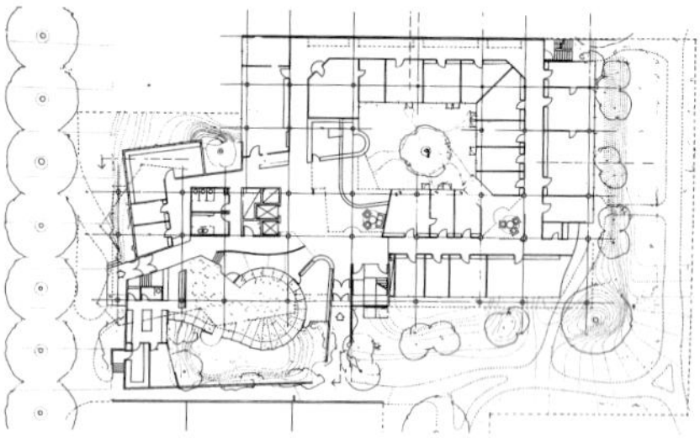

Die Zusammenarbeit zwischen der evangelischen Landeskirche und dem Architekturbüro Behnisch & Partner führte zu einer Reihe bemerkenswerter Ergebnisse, wie z. B. dem Hymnus-Chorheim (Nr. 177) und dem „Haus Birkach" (Nr. 300). Ein weiteres Beispiel ist das Herbert-Keller-Haus, Sitz der Landesgeschäftsstelle des Diakonischen Werks. Die städtebaulichen Rahmenbedingungen sind schwierig: Das Herbert-Keller-Haus wird von seinen Nachbarn, Bürohäusern „von der Stange", geradezu eingezwängt. Der nichtssagenden Glätte dieser Konfektionsarchitektur stellt es schon äußerlich einen Alternativentwurf entgegen: lebhafte, fast unruhige Aluminium-Glas-Fassaden, vorspringende Bauteile, keine hermetische Trennung zwischen innen und außen. Die Hauptaufmerksamkeit richteten die Architekten jedoch nicht auf die Fassadengestaltung, sondern auf eine benutzerfreundliche und kommunikationsfördernde Raumstruktur. Das Gebäude setzt sich aus zwei Großelementen zusammen: Ein senkrecht zur Straße stehender, sechsgeschossiger Riegel und, daran seitlich angeschlossen, ein bis zu dreigeschossiger, U-förmiger Flügel um einen Hof. Dieser als Erholungszone genutzte Atriumhof wird von einem Glasdach geschützt, das geöffnet werden kann. Zahlreiche Details brechen mit den Normen des Bürohausbaus: Verkehrsflächen weiten und verengen sich, immer wieder ergeben sich unerwartete Blickbeziehungen, die Sitzungsräume haben unorthodoxe Grundrisse. So gehört das Herbert-Keller-Haus trotz seiner beengten Lage zu den herausragenden Beispielen Stuttgarter Bürohausarchitektur.

210

Gerling-Haus
Heilbronner Straße 158
1996–97
Gerkan, Marg und Partner (Meinhard von Gerkan mit Nikolaus Goetze)

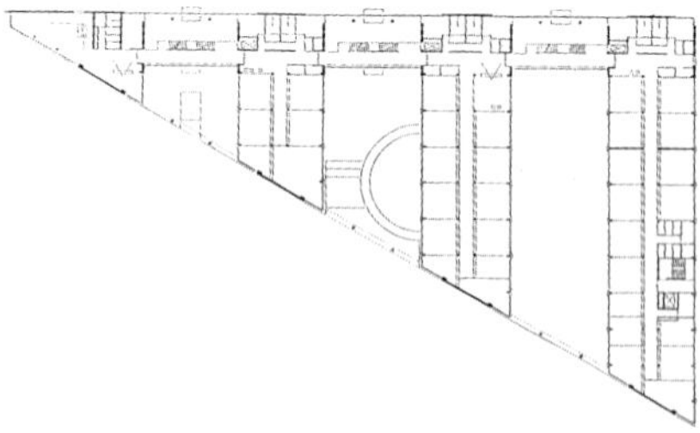

Entlang der Heilbronner Straße, einer Stuttgarter Hauptverkehrsstraße, entstand zwischen Pragfriedhof und Löwentorstraße seit den 80er Jahren ein Bürozentrum, dem keine übergreifende städtebauliche Planung zugrunde liegt. So stehen hier auf engstem Raum heterogene Gebilde, die verschiedene architektonische Moden und Qualitäten reflektieren. Zu den bemerkenswerten Objekten gehört ein Bürokomplex des Gerling-Konzerns, der aus Richtung Stadtmitte den Auftakt des neuen Quartiers bildet. Meinhard von Gerkan, Volkwin Marg und Partner, eines der größten deutschen Architekturbüros, das im Stuttgarter Raum bereits durch das neue Flughafen-Terminal (Nr.308) vertreten ist, planten eine Anlage mit mehr als 10.000 m² Bruttogeschossfläche. Sie zeichnet sich durch ihr kühles, klares und edles, von großen Glasflächen geprägtes Erscheinungsbild genauso aus wie durch ihre sinnvolle Antwort auf die schwierigen Vorgaben des Ortes. Der Grundriss hat, entsprechend des Grundstückszuschnittes, die Form eines rechtwinkligen Dreiecks, dessen Spitze in Richtung Innenstadt zeigt. Zur Heilbronner Straße hin rahmen geschlossene, weiße Wandpartien drei fast quadratische „Mega-Fenster", deren Verglasung als Schallschutz für die dahinter liegenden Treppenhäuser dient. Zusammen bilden sie einen langgestreckten Riegel, an den sich im rechten Winkel drei unterschiedlich lange Bürotrakte anschließen. Wo diese auf die Presselstraße treffen, wirkt der Komplex gegliedert und offen, für die ästhetisch notwendige Zusammenfassung sorgt ein durchlaufender Betonsturz als Horizontalabschluss.

211
Georgskirche
Heilbronner Straße 133
1929–32
Hugo Schlösser

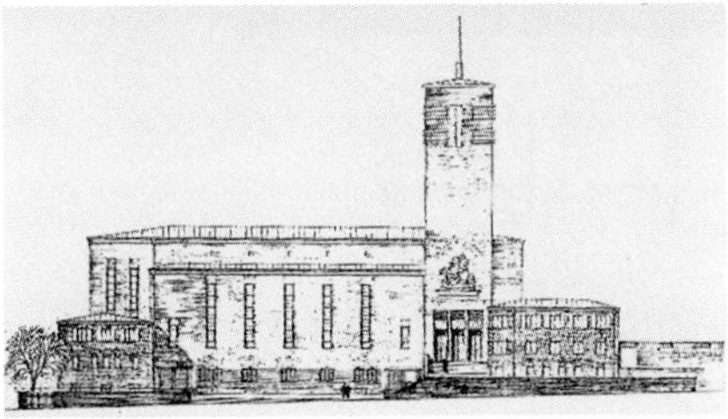

Entwurfszeichnung (unten)

Die katholische Georgskirche gehört, neben der Fideliskirche (Nr. 99), zu Stuttgarts bedeutendsten Sakralbauten der 20er und frühen 30er Jahre. Zusammen mit Pfarr- und Gemeindehaus bildet die Kirche einen parallel zum hinter der Kirche ansteigenden Hang gelagerten, monumentalen Gebäudekomplex. Er umschließt auf drei Seiten den Platz vor der östlichen Langseite der Kirche, der von der Straße her über eine breite Freitreppe zu erreichen ist. Den blockhaften, horizontal ausgerichteten Bauten setzt nur der wuchtige, von einem kleinen Pyramidendach bekrönte Viereckturm einen vertikalen Akzent entgegen. Er wird von einer monumentalen Plastik des Namenspatrons, des hl. Georg, geschmückt, die von Karl Rieber stammt. Die Verwendung von ornamental vermauertem, dunkelrotvioletten Backstein als einzigem Baumaterial gibt der Georgskirche zusammen mit der Komposition aus kubischen Grundformen einen ernsten, strengen Charakter. Die Mischung sachlicher und expressiver Architekturelemente steht sichtlich unter dem Einfluss niederländischer und norddeutscher Backsteinarchitektur der ersten beiden Jahrzehnte des 20. Jhs. Das basilikale Langhaus besitzt ein flach gedecktes Mittelschiff und von Quertonnen überwölbte Seitenschiffe; den erhöhten Chor überfängt ein Tonnengewölbe. Das weiß getünchte Innere strahlt mit seinen einfachen Formen einen nüchternen und gleichzeitig feierlichen Eindruck aus, der – wie häufig in der Sakralarchitektur jener Zeit – an frühchristliche Kirchen erinnert.

212
Prag-Turnhalle
Friedhofstraße 44
1898; 1989
n. bek.; Hochbauamt der Stadt Stuttgart

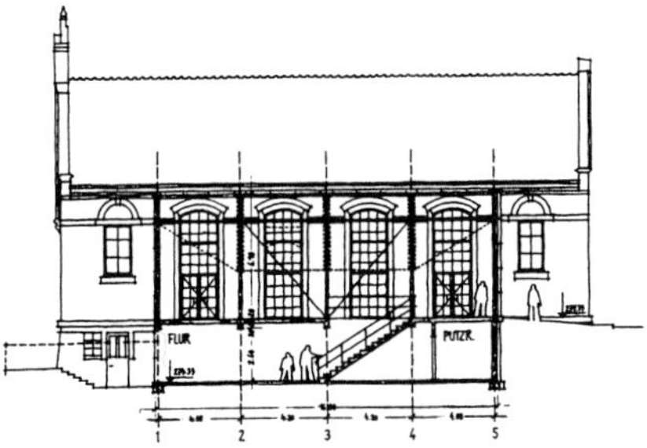

Die Architekten des Städtischen Hochbauamtes standen vor der anspruchsvollen Aufgabe, eine denkmalgeschützte Turnhalle von 1898 technisch und funktionell den heutigen Bedürfnissen anzupassen. Das Gebäude mit bossiertem Natursteinsockel ist aus gelbem Klinkermauerwerk errichtet. Rundbogenfenster gliedern die durch rote Klinkerornamente verzierte Fassade. Auffälliges Schmuckelement ist der barock geschwungene Ziergiebel an der Front zur Heilbronner Straße. Die Turnhalle ist eines der wenigen erhaltenen Zeugnisse der im 19. Jh. auch auf den Schulbereich übergreifenden Turnbewegung und damit ein wichtiges Beispiel für die Geschichte des Sportstättenbaus. Die für heutige Maßstäbe unzureichenden Nebenräume und das weitgehende Fehlen technischer Einrichtungen machten eine grundlegende Sanierung und Ergänzung erforderlich. Hierzu fügte man einen Baukörper aus Stahl und Glas an die Längsseite der Halle an. Er nimmt mit seinen seitlichen Klinkerwandscheiben thematisch Bezug zur Fassade der Turnhalle. Durch seine Transparenz schafft er einen reizvollen Kontrast zur Massigkeit des Altbaus; trotzdem erscheinen Turnhalle und Anbau als Einheit. Geräteräume sind im EG des Anbaus untergebracht, Umkleideräume und Duschen in seinem UG. Im Zuge der Renovierungsmaßnahmen stellte man den 25 x 12 m großen Hallenraum durch Entfernen späterer Einbauten wieder her, das stählerne Decksprengwerk der Dachkonstruktion wurde freigelegt und die Fenstergliederung der Längsseiten rekonstruiert.

213

Krematorium Prag-Friedhof
Friedhofstraße 44
1905–07; 1980–84
Wilhelm Scholter; Max Bächer, Harry G. Lie

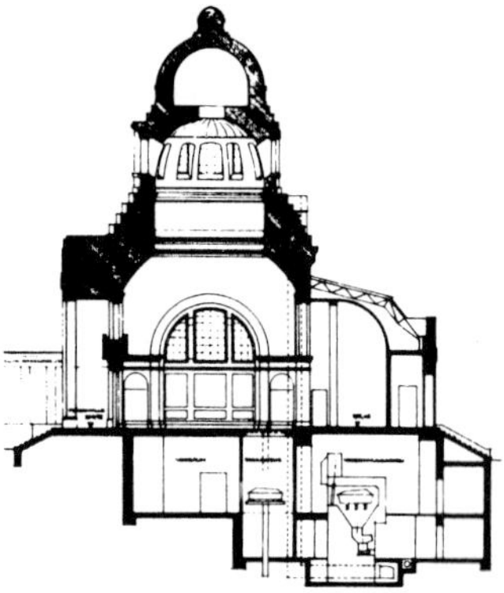

Der Prag-Friedhof wurde 1873 als städtischer Zentralfriedhof eröffnet. Der Ulmer Münsterbaumeister August Beyer hatte die neogotischen Bauten wie Kapelle und Leichenhalle entworfen. Bereits 1906 war eine Erweiterung notwendig. In diesem Zusammenhang entstand das Krematorium. Wilhelm Scholter gab dieser in Deutschland relativ neuen Bauaufgabe – 1878 war in Gotha das erste Krematorium erbaut worden – eine eindrucksvolle, monumentale Form. Zentrum der Anlage ist die überkuppelte Feierhalle. Eine mächtige, fast die gesamte Fassadenfläche einnehmende Rundbogenöffnung führt ins Innere. An die Feierhalle schließen niedrigere, geschwungene Seitenflügel, die Kolumbarien, an. Kolumbarien, deren Name sich von der lateinischen Bezeichnung für Taubenhäuser ableitet, dienen der Beisetzung von Urnen in Wandnischen. Sie münden in pavillonähnlichen Kopfbauten, die als reduzierte Versionen der Feierhalle gestaltet sind. Zahlreiche Details, wie z. B. der skulpturale Schmuck, zeigen Einflüsse des Jugendstils, während die monumentale Gesamtkonzeption noch neobarock anmutet. 1980–83 wurde das Krematorium nach Plänen des Architekturbüros Bächer und Lie erweitert. Sie legten die UG, die u.a. die Verbrennungsanlage aufnehmen, frei und erweiterten sie um eine zweite Feierhalle; seitlich wurden weitere Kolumbarien angefügt. Die Architekten orientierten sich an den plastischen Rustikafassaden des Altbaus und versuchten, sie in die Sprache modernen Betonfertigteilbaus zu übersetzen.

214

Eisenbahner-Wohnhochhäuser
Friedhofstraße 25, Mönchstraße
1954–56
Helmuth Conradi, Bundesbahn-Bauabteilung

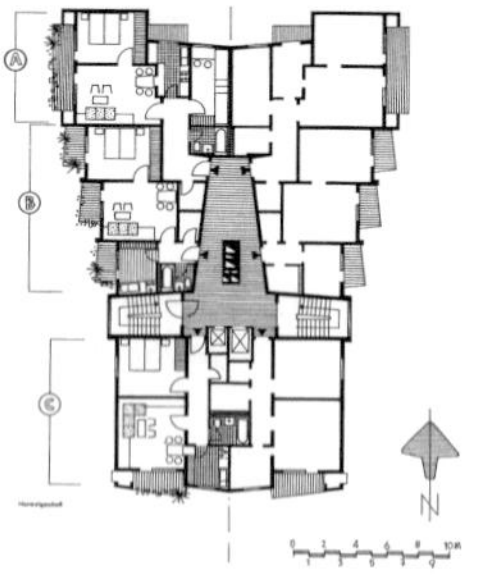

Grundriss Normalgeschoss

Auf einem Gelände zwischen Prag-Friedhof und Güterbahnhof wurden 1954–56 vier Wohnhochhäuser für Bundesbahnbedienstete erstellt. Großform und Grundriss der Bauten sind identisch, sie unterscheiden sich aber in der Höhe und Fassadenverkleidung. Über einem Y-förmigen Grundriss wachsen die in Mantelbeton-Bauweise erstellten 11- bis 15-geschossigen Häuser empor. Die Normalgeschosse sind als Sechsspänner um einen kreuzförmigen Erschließungskern angelegt. Die Gebäude vermitteln einen lebendigen Eindruck. An einen turmartigen Kern scheint ein Flügelpaar angesetzt. Die oberste Gebäudezone ist dreifach in die Höhe gestaffelt. Unterstrichen wird das Flugmotiv durch die Lage auf einem Hang. Die Eingänge befinden sich jeweils an der Nordseite der Gebäude. Ein mächtiger Mittelpfeiler beherrscht die kleine Vorhalle. Vitrinen paarweise angeordneter Ladengeschäfte ragen in den Eingangsbereich. Die Eisenbahner-Häuser stehen in deutlichem Gegensatz zu allen früher oder gleichzeitig errichteten Stuttgarter Hochhäusern, die geprägt sind von kubischen Formen, geschlossenem Umriss, zurückhaltender Farbigkeit und sparsamer Dekoration. Hier hingegen bestimmen die plastische Durchgestaltung der Baukörper, bewegte und dynamische Formen sowie eine breite Farbpalette das Bild. Zahlreiche zeittypische Elemente sind versammelt (nach Renovierung z. T. verändert): Fassadenverkleidung aus Keramikplatten, abwechslungsreich gestaltete Balkon- und Loggienbrüstungen, schräg aus der Fassade vorstoßende Balkone und das Flugmotiv als Leitbild für die Gebäudegroßform.

215

Verwaltungsgebäude der Toto-Lotto-Gesellschaft

Nordbahnhofstraße 201
1988–90
Dieter Beyer, Dieter Weitbrecht, Günther Wolz

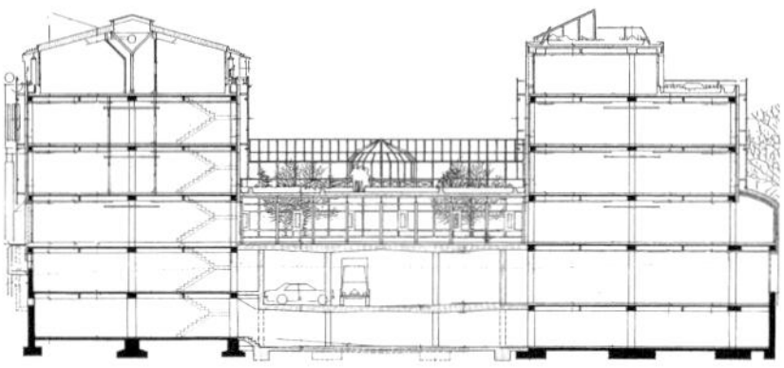

Das Toto-Lotto-Verwaltungsgebäude erscheint auf den ersten Blick als Neubau. Es entstand jedoch durch den Umbau zweier Lagerhäuser aus den 50er Jahren. Die beiden Altbauten, die zuletzt einer Reifenfirma gedient hatten, wurden bis auf die Stahlbetonskelettkonstruktion „ausgebeint". Das Skelett wurde mit hellen, rötlich-grauen Ziegeln ausgefacht. Vor den Fassaden liegt ein filigranes Gitterwerk aus weißen Markisenhalterungen. Im EG befinden sich großflächige, durch weiße Holzrahmen unterteilte Fenster, die beiden OG werden von Reihen dicht aneinander gerückter, hochrechteckiger Fenster gegliedert. Das DG unter dem flachen Walmdach ist leicht zurückgesetzt. Einen Blickfang bildet der aufwändig gestaltete, über zwei Geschosse reichende und weitgehend verglaste Eingangsbereich. Er wird von einem leicht aus der Fassadenflucht vorspringenden Dreieckserker überfangen, der sich auf einen mächtigen Pfeiler stützt. Neben einer Freitreppe führt eine Rampe zum Eingang, halb verborgen hinter einer markanten abstrakten Plastik aus rostigem Stahl, die der Stuttgarter Bildhauer Reinhard Scherer schuf. Ein zweiter Eingang ist in einem gläsernen, vor die Fassade gestellten Treppenturm untergebracht. Die Verbindung zwischen dem vorderen und dem parallel angeordneten rückwärtigen Gebäudeflügel stellen zwei verglaste Übergänge her. Diese zweigeschossigen Verbindungsglieder werden jeweils von einer Kuppel bekrönt. Sieht man von einigen überflüssigen modisch-postmodernen Accessoires ab, stellt der Toto-Lotto-Verwaltungskomplex ein gelungenes Beispiel für die Umnutzung ehemaliger Industriearchitektur dar.

216

Staatliches Museum für Naturkunde am Löwentor

Rosensteinstraße 1, Nordbahnhofstraße 190
1981–85
Siegel, Wonneberg + Partner

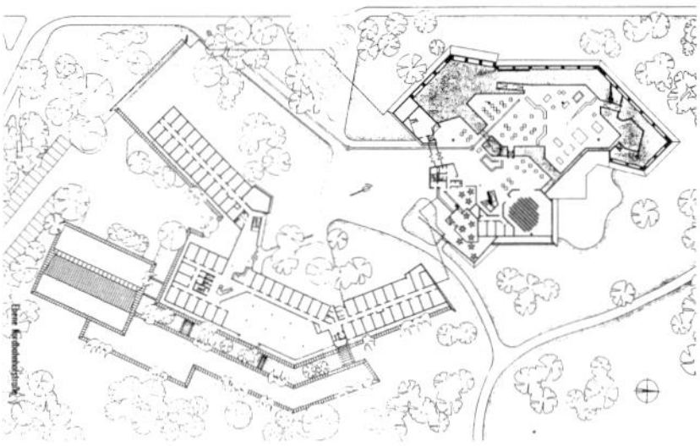

Nachdem das Land Baden-Württemberg 1973 einen Wettbewerb ausgeschrieben hatte, dauerte es noch zwölf Jahre bis zur Eröffnung des neuen Museums. Dieses zeigt die seit der Zerstörung des Württembergischen Naturkundekabinetts 1944 der Öffentlichkeit nicht mehr zugängliche Sammlung zur geologischen Geschichte Baden-Württembergs. Das Naturkundemuseum befindet sich am Rand des Rosensteinparks, eines der bedeutendsten Englischen Landschaftsgärten Süddeutschlands. Der gedrungene Komplex ist in den wertvollen Baumbestand des Parkes integriert und ordnet sich ihm bescheiden unter. Das Museum besteht aus einer Gruppe von mehreren Gebäuden; an der Nordbahnhofstraße liegt, halb in die Erde eingegraben, der Trakt mit der Schausammlung. Der plastische Baukörper wurde als unregelmäßiges Vieleck konzipiert. Der 11 m hohe Ausstellungsraum ist teilweise durch eine Zwischenebene zweigeschossig ausgebildet. Er wird in halber Höhe über die vom Museumshof zugängliche Eingangshalle erschlossen. Über eine großflächige Verglasung an der Nordostseite wird die Parklandschaft einbezogen. Ein Vortragssaal, eine Cafeteria sowie ein Schulmuseum ergänzen die Räumlichkeiten der Schausammlung. Um das Museum fächern sich südlich des Hofes terrassierte Nebengebäude auf, die Verwaltungs- und Arbeitsräume sowie Werkstätten enthalten. Um den Komplex in den Rosensteinpark einzubeziehen, wurden die Terrassen und weite Teile der Dächer begrünt. Zudem sind 40 % der umbauten Fläche unterirdisch angelegt. Unter dem Museumshof liegen die weitläufigen Magazine und der Verbindungstrakt.

Müllerheim
Waldwiesen
Kleines Hüble
Wammesknopf
Holz-
berg
Emerholz
Kallenberg
Häfner
Bei der Eiche
Beim Flecken-acker
Schwilkental
Egerten
Greut
Withau
229
Neuäcker
STAMMHEIM
Pfädles-äcker
Buschberg
KORNTAL-
MÜNCHINGEN
Winter-
halde
Wald-
weinberg
Birkemer
Höhe
Wald-
feldle
Seewald
Korntal
Neuwirtshaus
Alte Halde
231
Gewerbegebiet
Zuffenhausen
Geschnait
Im Birkenwald
Schützen-
wiesen-
wald
Schlot-
wiese
Greutter
Greutterwald
Naturschutzgebiet
Bebenhäuser
Greutterwald
Lemberg
Reisach
Hinter den
Bergen
Maierwald
Hohengarten
Ob der Ditzinger Straße
Im Horn
Bebenhäuser
Buß
IMDORF
Wolfbusch
223
222
226
Föhrich
Banzhalde
Walpen-
reute
FEUERBACH
Rainweg
Schlingenblum
Frauen-
holz
Friedhof
Hohe
Warte
Heimberg
Eichel-
garten
Winterhalde
Mähderklinge
Obere
Stelle
Becken-
häule
Tauschwald
Heukopf
Ziegel-
wiesen

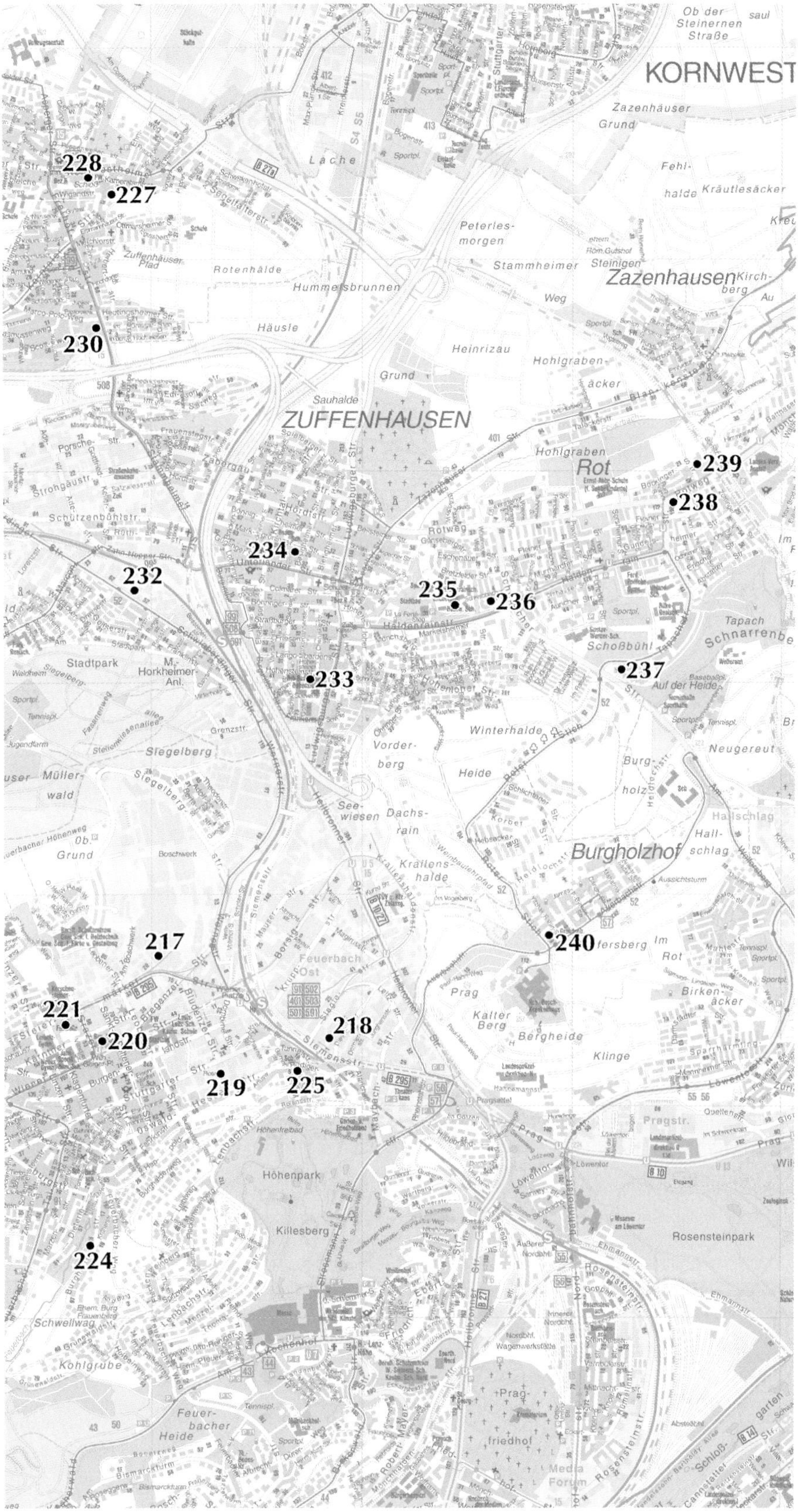
KORNWEST
Zazenhäuser Grund
Fehlhalde
Kräutlesäcker
Peterlesmorgen
Stammheimer Weg
Zazenhausen
Rotenhälde
Hummelsbrunnen
Häusle
Heinrizau
Hohlgrabenäcker
Grund
Sauhalde
ZUFFENHAUSEN
Hohlgraben
Rot
Lache
228
227
230
232
234
235
236
233
239
238
237
Schoßbühl
Tapach
Schnarrenberg
Auf der Heide
Stadtpark
Siegelberg
Müllerwald
Winterhalde
Vorderberg
Heide
Burgholz
Neugereut
Hallschlag
Seewiesen
Dachsrain
Krallenshalde
Burgholzhof
240
217
221
220
219
225
218
Feuerbach Ost
Prag
Kalter Berg
Bergheide
Klinge
Höhenpark
Killesberg
Rosensteinpark
224
Schwellwag
Kohlgrube
Feuerbacher Heide
Pragfriedhof
Media Forum

217

Umstrukturierung und Erweiterung des Werksgeländes der Robert Bosch GmbH

Wernerstraße, Borsigstraße
1994–2004
Zentralabteilung Bauten und Anlagen der Robert Bosch GmbH

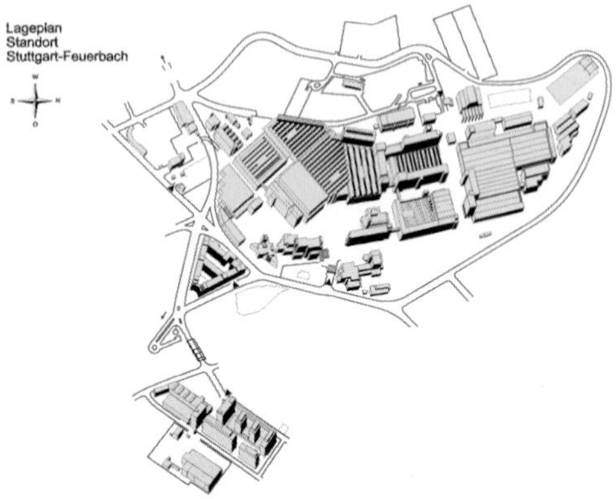

Motorenprüffeld

Die Firma Bosch, seit 1909 in Feuerbach ansässig, hatte maßgeblichen Anteil an der Entwicklung der Stadt zu einem bedeutenden Industriezentrum. Das Werksgelände, nach wie vor der größte Standort des weltweit operierenden Unternehmens, wird kontinuierlich an sich verändernde betriebliche Anforderungen angepasst. Neben diversen Erweiterungen (u. a. Entwicklungs- und Montagegebäude 1977–79, Mehrzweckgebäude 1983-86, Ver- und Entsorgungszentrum 1986–88) sowie umfassenden Gebäudesanierungen wurden seit 1994 v. a. zwei große Bauvorhaben realisiert: Das am nordwestlichen Rand des Werksgeländes errichtete Motorenprüffeld sowie das Bosch Zentrum am Feuerbach. Steigende Anforderungen an die technische Ausrüstung und zunehmende Spezialisierung der Bauaufgaben sind wesentliche Merkmale der jüngsten baulichen Veränderungen.
Das 1994–95 errichtete Motorenprüffeld ist ein dreigeschossiger Stahlbetonskelettbau. Das Gebäude ist ein Beispiel dafür, dass Industriebauten trotz der im Vordergrund stehenden funktionalen Erfordernisse durchaus auch ästhetische Qualitäten besitzen können. Durch die Verkleidung mit Metallplatten in liegenden Rechteckformaten strahlt es eine gewisse technische Eleganz aus. Der durch Höhenstaffelungen und Vor- und Rücksprünge lebendig wirkende Fassadenaufbau orientiert sich streng an den funktionalen Vorgaben. Der Mittelteil des Baus ist zur Vermeidung störender Schwingungen von den seitlichen Anbauten, welche die Messzellen beinhalten, durch eine durchgängige Bauwerksfuge entkoppelt. In dem Gebäude werden Einspritzsysteme für Dieselmotoren geprüft. 2003–04 erfolgte eine Erweiterung, die u. a. den Neubau fünf weiterer Prüfzellen beinhaltete.
1999–2001 wurde im Rahmen der Ausgliederung von Nutzungen ohne direkten Produktionsbezug das Bosch Zentrum am Feuerbach errichtet. Das im nahe gelegenen Quartier Borsig-/Affalter-/Kruppstraße gelegene Ensemble besteht aus dem zur Borsigstraße orientierten Büro- und Weiterbildungstrakt, einem an der Kruppstraße gelegenen Ausbildungsgebäude sowie der Betriebskrankenkasse Ecke Krupp-/Affalterstraße. Im Quartierinnenraum entstand eine vom Verkehrslärm abgeschottete Grünzone, zu der sich die Gebäude mittels großzügiger Fensterfronten öffnen. Zentrales Gestaltungselement des Innenbereichs ist ein geschwungenes Band aus Steinen und Rasenflächen, über das eine breite „Brücke" führt. Dieser „freigelegte Feuerbach" verweist auf den Namensgeber des heutigen Stuttgarter Stadtteils.

218

Werksgebäude der Firma Louis Leitz
Siemensstraße 64
1965; 1970; 1989–91
Georg Heinrichs, Hans C. Müller; Georg Heinrichs, Werner O. Schwarz

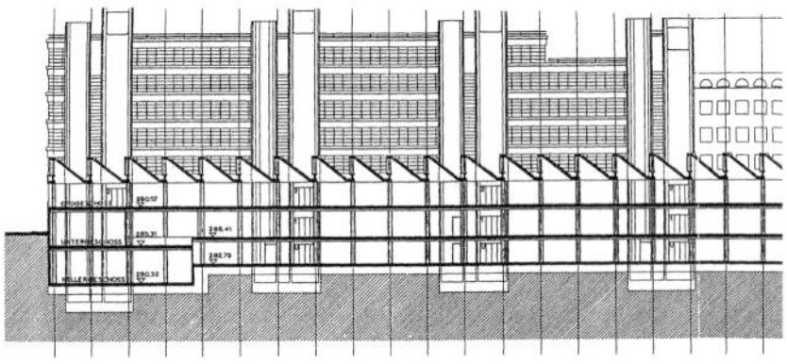

Produktionsgebäude (oben), Längsschnitt (unten)

Die Berliner Architekten Georg Heinrichs und Hans C. Müller, die für die Briefordner- und Bürobedarfsfabrik Louis Leitz schon Werke in Berlin-Lichtenrade (ab 1959) und Uelzen (ab 1962) errichtet hatten, wurden auch mit der Erweiterung des Feuerbacher Stammwerkes betraut. Der Gesamtbebauungsplan sieht insgesamt sieben Bauabschnitte vor. In den ersten beiden Abschnitten, die 1965 und 1970 fertig gestellt wurden, entstand ein sechsgeschossiges Produktionsgebäude. 1990 wurde nach Plänen von Georg Heinrichs gemeinsam mit dem Stuttgarter Architekten Werner O. Schwarz ein dritter Bauabschnitt des Fabrikationsgebäudes vollendet. Die Stahlbetonskelettbauten setzen einen bemerkenswerten gestalterischen Akzent im tristen Feuerbacher Industriegebiet. Charakteristisch sind die Sichtbetontürme, die symmetrisch vor die Fassaden gestellt wurden und sie rhythmisch gliedern. Diese stark plastischen Elemente nehmen Aufzüge und Trep-penanlagen sowie Toiletten auf. Den massigen Betontürmen stehen die breit gelagerten, kleinteiligen Fensterfronten gegenüber. Heinrichs und Schwarz planten auch den 1991 fertig gestellten ersten Bauabschnitt eines neuen Verwaltungskomplexes entlang der Dieselstraße. Der viergeschossige Stahlbetonskelettbau mit zurückgesetztem DG und dynamisch überkragender Dachplatte greift in der Form seiner Treppenhäuser das charakteristische Turmmotiv des Produktionsgebäudes auf. Die denkmalgeschützte historistische Villa des Papierfabrikanten Oehler aus dem Jahr 1891 blieb erhalten und setzt sich als malerisches Versatzstück einer vergangenen Zeit kontrastreich vom Neubau ab.

219

Roser-Areal
Stuttgarter Straße, Oswald-Hesse-Straße
1922; 1996–2004
Paul Bonatz, Friedrich Scholer; Schwarz Architekten

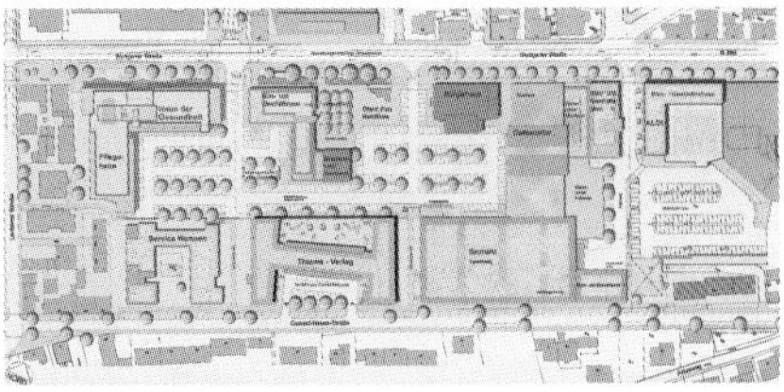

Lageplan (oben), ehem. Verwaltungsgebäude (unten)

1913 siedelte die 1843 gegründete Lederfabrik C. F. Roser von Stuttgart nach Feuerbach um. In der Folgezeit wuchs das Betriebsgelände auf mehr als 5 ha an. 1994 musste das Traditionsunternehmen Konkurs anmelden. Dadurch ergab sich die Gelegenheit zur Revitalisierung der innerstädtischen Industriebrache. Die Gesamtplanung für das ca. 50.000 m² große Grundstück lag bei Schwarz Architekten. Das Feuerbacher Büro konzipierte eine Mischung großflächiger Dienstleistungs-, Büro- und Einkaufsareale in nüchtern-zweckmäßiger Formensprache, das „Haus der Gesundheit" mit angeschlossenem Pflegeheim sowie die „Seniorenresidenz am Feuerbach". Ferner entstand ein Neubau für den Thieme-Verlag. Vom ursprünglichen Baubestand der Lederfabrik sind lediglich zwei Gebäude großteils erhalten, die Paul Bonatz, einer der renommiertesten Architekten seiner Zeit (vgl. u. a. Nr. 1, 129, 189) entworfen hatte. Das ehem. Verwaltungsgebäude (Stuttgarter Str. 15) ist ein schlichter, viergeschossiger Backsteinbau, dessen Schmalseiten durch kleinteilige Stufengiebel betont sind. Heute wird er als Kulturzentrum genutzt. Im Zentrum des Areals liegt das ehem. Maschinenhaus (Stuttgarter Str. 17a), ein eingeschossiger Backsteinbau, dessen Schmalseiten durch einen von Lisenen eingefasste Stufengiebel akzentuiert werden. Nach aufwändiger Sanierung beherbergt er nun eine Brauerei nebst Gaststätte.

220

Bezirksrathaus
Wilhelm-Geiger-Platz 15
1907–09
Eisenlohr und Weigle

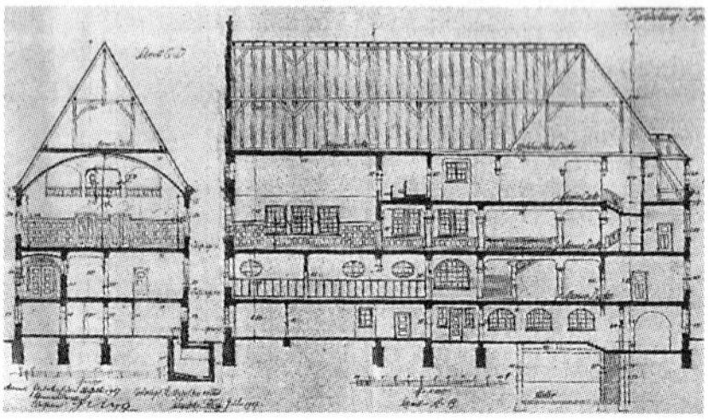

Längs- und Querschnitt durch den Südflügel, Bauantrag 1907 (unten)

Das Weingärtnerdorf Feuerbach erlebte seit den 60er Jahren des 19. Jhs. einen beispiellosen Wandel zu einer der bedeutendsten Industriestädte Württembergs. 1907, im Jahr der Stadterhebung, wurde das renommierte Stuttgarter Architekturbüro Eisenlohr und Weigle mit dem Bau eines neuen Rathauses beauftragt, welches das Selbstbewusstsein der jungen Stadt verkörpern sollte. Das Gebäude besteht aus zwei Flügeln, die im rechten Winkel aufeinander stoßen und so einen Platzraum einfassen. Eine repräsentative Freitreppe am Kopfbau des Südflügels führt zu dem im 1. OG gelegenen Eingang. Der angrenzende Gebäudeteil wird durch einen risalitartigen Vorbau betont, den ein Uhrentürmchen krönt. Die verputzte Fassade ist lebhaft gegliedert; unterschiedliche Giebelformen, reiche Verwendung von Werkstein und plastischer Schmuck in Giebel und Loggia der Eingangsseite sorgen für ein abwechslungsreiches, malerisches Erscheinungsbild. Mit dem Zierbrunnen, der Loggia und der Freitreppe griffen die Architekten Motive des Rathausbaus der deutschen Renaissance auf. Darüber hinaus knüpfte das Feuerbacher Rathaus, etwa mit dem mächtigen Walmdach und einem – heute nicht mehr vorhandenen – Eckerker an regionale Bautraditionen an. Das Gebäude steht so in einer Linie mit den Rathäusern von Hedelfingen (1910, Hornung) und Vaihingen (1905–07, Eisenlohr und Weigle), mit denen es auch die Anlage als Winkelbau gemeinsam hat. Seit der Eingemeindung Feuerbachs nach Stuttgart 1933 dient das Gebäude als Bezirksrathaus. Die umstrittene U-Bahn-Station Wilhelm-Geiger-Platz mit ihrem riesenhaften, die Umgebung dominierenden Stahlgestell wurde 1987–90 vom Büro Zabel und Rümelin erbaut.

221

Festhalle Feuerbach
Kärtner Straße 48
1910–12; 1982
Paul Bonatz, Friedrich Scholer; Kurt Pläcking

Industrieausstellung 1912 (unten)

Die Festhalle wurde anlässlich der Feuerbacher Gewerbe- und Industrieausstellung eingeweiht, bei der sich die Stadt als damals bedeutendster Industriestandort Württembergs präsentierte. Das Gebäude ist, typisch für Paul Bonatz, in regional-bodenständischen Bauformen gestaltet. Es besteht aus einem zweigeschossigen, mit einem hohen Walmdach gedeckten Baukörper; an diesen sind symmetrisch eingeschossige, flach gedeckte Bauteile, welche Nebenräume enthalten, angefügt. Auffällig ist die betont schlichte Fassadengestaltung des verputzten, breit gelagerten Baus. Bonatz verzichtete hier, im Unterschied zur gleichzeitig erbauten Universitätsbibliothek in Tübingen, nahezu vollständig auf bauplastische Verzierung. Einziges schmückendes und zugleich gliederndes Element ist das umlaufende, kräftige Gesims über dem EG; ein weiteres Gesims leitet zum mächtigen, vorkragenden Dach über. Die Eingänge werden durch Putzpilaster mit einfachen Kapitellen akzentuiert. Herzstück des Gebäudes ist der 750 Plätze fassende Festsaal mit Bühne und Empore. Die prunkvolle Holzdecke schmückte Wilhelm Weigle mit ornamentalen Malereien aus. 1982 erfolgte eine grundlegende Renovierung und Umgestaltung, bei der die eingeschossigen Anbauten in den Formen des Altbaus erweitert wurden. Der Festhalle ist ein tiefer liegender Platz zugeordnet. Zwei Eingangspavillons am Platzrand bilden den Auftakt einer Symmetrieachse, die über die Freitreppe zur Eingangsfront des Gebäudes führt. Das malerische Ensemble wird durch ein benachbartes, von denselben Architekten entworfenes Schulgebäude (1912; Klagenfurter Straße 75; heute Leibniz-Gymnasium) komplettiert.

222

Stadtkirche

Walterstraße 11

Ende 15. Jahrhundert; 1789

Innenaufnahme vor 1934 (unten)

Zwei Charakteristika hat die evangelische Stadtkirche in Feuerbach mit den meisten Stuttgarter Vorortkirchen gemeinsam: eine schlichte Form, die die Spuren unterschiedlicher Bauperioden erkennen lässt, sowie eine Geschichte, die weit über den jetzigen Bau zurückreicht. Die erste Kirche an dieser Stelle, auf einem kleinen Hügel im Feuerbacher Ortskern, wurde im 11. Jh. errichtet. Sie war von einer Wehrmauer umgeben, die den Wohnsitz des Ortsherren mit einschloss. Ein Kirchenneubau, der dem hl. Mauritius geweiht war, erfolgte vermutlich gegen Ende des 15. Jhs. Aus dieser Zeit blieb der massige, wehrhafte Turmschaft erhalten. Im untersten Turmgeschoss sieht man noch ein spitzbogiges gotisches Fenster. Um 1790 wurde das zu klein gewordene, baufällige Schiff abgerissen und durch ein einschiffiges Langhaus mit polygonalem Chor ersetzt. Hohe rundbogige Fenster gliedern die Fassaden des in schlichtesten spätbarocken Formen errichteten Saales. Bei diesem Umbau bekam der Turm das achteckige Glockengeschoss mit einer geschweiften Haube aufgesetzt, dessen Silhouette zum Wahrzeichen Feuerbachs wurde. Das Kircheninnere geht auf eine 1934 vorgenommene Umgestaltung zurück. Nach Kriegsschäden wurde der Turmaufbau rekonstruiert. Eine Renovierung erfolgte 1969–70; bis 1973 wurde ein neues Gemeindehaus angebaut. Das benachbarte Pfarrhaus, eines der ältesten erhaltenen Wohnhäuser Feuerbachs, stammt aus dem Jahr 1756.

223

ECA-Siedlung „Am Heimberg“

Langhansstraße 35–61, Triebweg 25–27,
Wiener Straße 203–253

1952–53

Gero Karrer, Max Hauschild

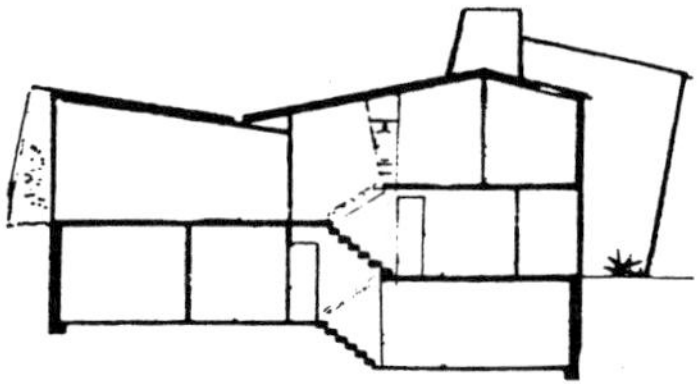

1951 schrieb das Bundeswohnungsbauministerium zusammen mit der Economic Cooperation Administration (ECA) einen Wettbewerb unter Architekten, Bauunternehmen und Wohnungsbauträgern aus. Dieser sollte Pläne für Siedlungen erbringen, die „ein menschenwürdiges, glückliches und gesundes Leben zu finanziell ertragbaren Bedingungen“ möglich machen. Auf Basis der Wettbewerbsergebnisse wurden in 15 Städten Siedlungen erstellt. Die Finanzierung erfolgte aus Mitteln des sog. Marshallplans. Das Stuttgarter Projekt am Rande Feuerbachs umfasst zwei verschiedene Haustypen: viergeschossige, in fünf Zeilen angeordnete Mehrfamilienhäuser und Einfamilien-Reihenhäuser. Während die Mehrfamilienhäuser mit ihrer Kosten sparenden, in den 50er Jahren beliebten Laubengang-Erschließung konventionell sind, verdienen die Reihenhäuser besondere Beachtung. 50 Einheiten zu je 63 m^2 Wohnfläche sind auf sechs in Schottenbauweise erstellte Hauszeilen verteilt. Das Gefälle des Geländes nutzend, wurden die Reihenhäuser eineinhalbgeschossig angelegt; die Südseite zum Garten ist eingeschossig, die nördliche Eingangsseite dagegen zweigeschossig. Dieser Anlage entspricht die Stufung des mit Wellasbest gedeckten Pultdachs: Zwischen die beiden versetzten Dachebenen wurde ein Fensterband eingespannt, das Schlaf- und Badezimmer belichtet. Die Fassaden der Reihenhäuser wurden, ungewöhnlich für Stuttgart, z. T. mit Lärchenholz verschalt – ein Hinweis auf die Orientierung am Schweizer Siedlungsbau. Kaum eine Hauseinheit ist im ursprünglichen Zustand erhalten, vielfache Veränderungen zeugen von gewandelten Bedürfnissen und Standards.

224

Kindertagheim
Burgherrenstraße 40
1983–84
Peter Haas

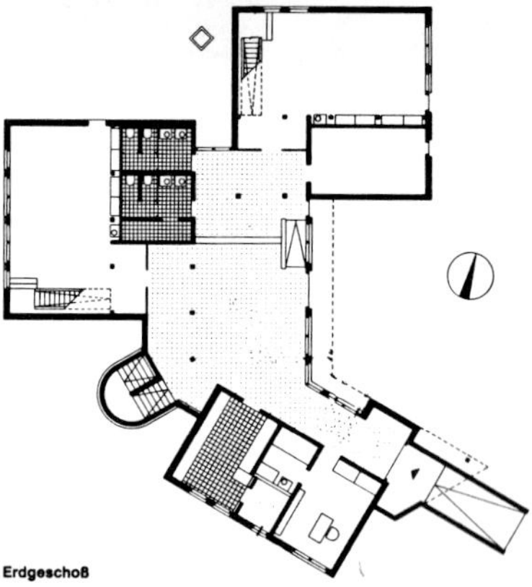

Erdgeschoß

Holz als Baumaterial war bei Gebäuden für Kinder und Jugendliche in den 80er Jahren in Gebrauch gekommen, wie u.a. die Bauten Peter Hübners (Nr. 229, 230, 287) eindrucksvoll demonstrieren. Das von Peter Haas entworfene Feuerbacher Kindertagheim liegt am Rand eines öffentlichen Grünbereiches. Es besteht aus einer Gruppe von drei kleinen, versetzt angeordneten Häusern: Die schlichten, klaren Grundformen der pultgedeckten Gebäudekuben fügen sich zu einem differenzierten, ein- bis zweigeschossigen Ensemble zusammen. Ein markanter, gerundeter Treppenturm an der Rückseite fungiert als „Klammer" für zwei Hausteile. Inneres und Äußeres der Kita werden ganz durch Holz als Konstruktions- und Oberflächenmaterial bestimmt. Die aus Fertigteilen bestehenden Holzständerwände sind außen mit einer vertikalen Brettverschalung verkleidet; im Innern sind sie, ebenso wie die Trennwände und Unterdecken, mit einer Nut- und Federschalung versehen. Die hölzernen Fensterrahmen und Türen sind teilweise farbig lakkiert und sorgen so für einen sparsamen gestalterischen Akzent. Holzroste, die Terrassenüberdachung sowie Spielgeräte setzen das Gestaltungsprinzip im Außenbereich fort. Die Räumlichkeiten strahlen durch das natürliche Baumaterial eine helle und warme Atmosphäre aus. Im Hanggeschoss liegen eine Spielzone sowie diverse Nebenräume. Das EG nimmt zwei Hortgruppen, einen Spielbereich sowie Küche und Büro auf; die zwei Galerien sind den Aufenthaltsräumen zugeordnet.

225

Verlagsgebäude des Georg Thieme Verlags
Rüdigerstraße 14
1979–81
Joachim Friedrich von Berg, Ulrich Klauss

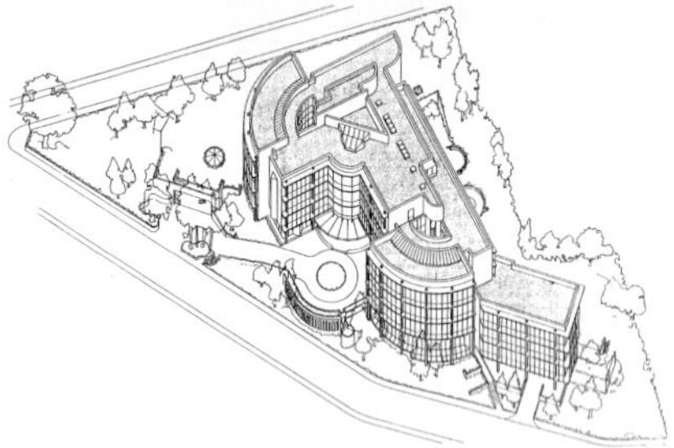

Der Sitz des medizinischen Fachverlags zeigt eine fantasievolle, auf den ersten Blick kaum zu erfassende Kompositon verschiedener Baukörper. Ein ungünstig geschnittenes, spitz zulaufendes Hanggrundstück wurde in mehrfacher Höhenstaffelung drei- bis fünfgeschossig überbaut, wobei zwei Geschosse teilweise im Hang verschwinden. Mehrere längliche Flügel sind mit zwei viertelkreisförmigen Segmentkörpern kombiniert, die dem Gebäude seine unverwechselbare Gestalt geben. Der durch die Hanglage notwendige Sockel ist aus Klinkern gemauert, die in ihrem Braunrot einen interessanten Kontrast zu den kühlen Farben der Fassaden bilden. Diese sind zweischichtig aufgebaut. Vor der inneren Schale aus blau beschichtetem Aluminium und Glas liegt eine Gitterstruktur aus natureloxierten silberfarbenen Wartungsgängen und Sonnenstore-Halterungen. In diese Gitterstruktur integriert sind die mächtigen, freigelegten Stützen. Ein ähnlicher Fassadenaufbau, auch in der Farbkombination Blau-Silber, ist im Bürohausbau der 70er und frühen 80er Jahre nicht selten; als Beispiel sei der Südwestrundfunk (Nr. 145) erwähnt. Die Büroräume besitzen kein Standardmaß, sondern variieren in Größe und Grundriss. In den runden Baukörpern befinden sich die den Büros zugeordneten Archive und Bibliotheken. Ihren Kern bildet jeweils ein kleiner Innenhof mit einem gläsernen Aufzug. Die Kunstsammlertätigkeit des Verlegers zeigt sich u. a. in Plastiken von Thomas Lenk und George Rickey, die auf dem Gelände aufgestellt wurden.

226

Siedlung Wolfbusch
Hubertusplatz, Im Hirschgrund, Im Wolfbusch
1932–35,1937–40
Aldinger, Dürr, Weipert

Die Siedlung am Rande Weilimdorfs ist in erster Linie ein interessantes sozialgeschichtliches Dokument. Mit dem Bau ihres ersten Abschnitts wurde 1932 begonnen. Damals hatten die Weltwirtschaftskrise und die Arbeitslosigkeit ihren Höhepunkt erreicht. Als Notstandsmaßnahmen wurden sog. Nebenerwerbssiedlungen für Arbeitslose und Kurzarbeiter errichtet, für die die Gemeinden das Bauland, die Reichsregierung Zuschüsse zur Verfügung stellten. Die Siedler erstellten ihre einfachen Häuser selbst. Gemüsegärten und Kleintierstallungen sollten der teilweisen Selbstversorgung dienen. Neben der Wolfbuschsiedlung entstanden in Stuttgart etwa gleichzeitig weitere Nebenerwerbssiedlungen: Die Hoffeldsiedlung am Südrand Degerlochs, die Steinhaldenfeldsiedlung nördlich von Bad Cannstatt und Neuwirtshaus bei Zuffenhausen. Alle diese Siedlungen wurden nach der nationalsozialistischen Machtübernahme erweitert. Schlichte, zweigeschossige Einzel- und Doppelhäuser mit Satteldächern, Sprossenfenstern und Klappläden reihen sich in der Wolfbuschsiedlung aneinander. Typus und Erscheinungsbild derartiger Häuser für das Existenzminimum änderten sich vom Anfang des Jahrhunderts bis weit in die 50er Jahre nur unwesentlich. Die Gesamtanlage mit Gärten, angerartig gestalteten Plätzen und Gemeinschaftsbauten lässt den Einfluss der zu Beginn des Jahrhunderts von England ausgehenden Gartenstadtbewegung erkennen. Aus der Wolfbuschsiedlung entwickelte sich ein kleiner Stadtteil, der nach dem Zweiten Weltkrieg über 2000 Bewohner hatte.

227

Johanneskirche
Korntaler Straße 4
um 1487–1522; 1953–54
n. bek.; Walter Zoller

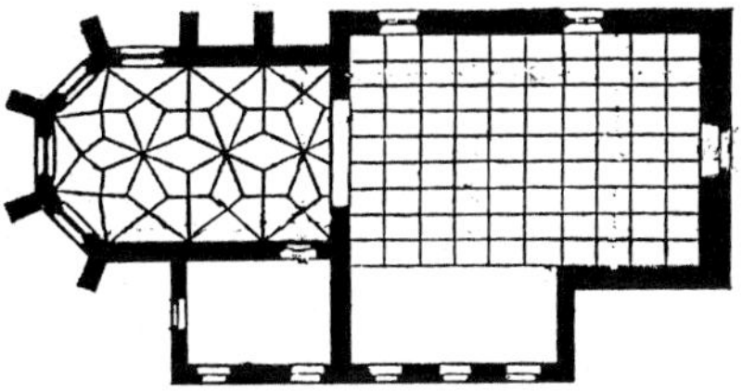

Grundriss Altbau (unten)

Als erster Bauabschnitt der Stammheimer Johanneskirche wurde bis 1487 ein spätgotischer Polygonalchor errichtet. Er besitzt ein aufwändiges Netzgewölbe mit drei achtstrahligen Sternen. Die skulpierten Schlusssteine zeigen u.a. das Wappen der Stifter der Kirche, der Herren von Stammheim. Wertvolle Ausstattungsstücke aus der Erbauungszeit sind der Taufstein und das Sakramentshaus. Wesentlich bescheidener als der hoch aufragende Chor fiel das bis 1522 errichtete Langhaus mit seinem Dachreiter aus. Die Kirche bot so über Jahrhunderte ein etwas ungefüges Bild. 1945 wurde sie schwer beschädigt und verfiel in den folgenden Jahren zusehends. Schließlich war nur noch der Chor zu erhalten; das Langhaus musste 1953 abgerissen werden. Walter Zoller fügte an den wiederhergestellten Chor eine Halle mit flach gewölbter Holzkassettendecke und Emporen an. Ein steiles Satteldach deckt das Kirchenschiff. Dem Chor zur Seite stellte Zoller einen viergeschossigen Turm über quadratischem Grundriss mit einer spitzen Dachpyramide. Weder Schiff noch Turm lassen auf den ersten Blick an einen Neubau denken; der Architekt versuchte, die Formen und Proportionen einer spätmittelalterlichen Dorfkirche nachzuempfinden. Im Kirchenvorhof fanden acht Grabplatten des 14. und 15. Jhs. einen neuen Platz; sie waren zuvor im Chorboden eingelassen. – Bis 1956 baute Walter Zoller auch die Johanneskirche im benachbarten Zuffenhausen (Marbacher Straße 13), eine Chorturmkirche des 13. Jhs., in vereinfachten Formen wieder auf.

228

Schloss Stammheim
Kornwestheimer Straße 21
1579–81
Heinrich Schickhardt

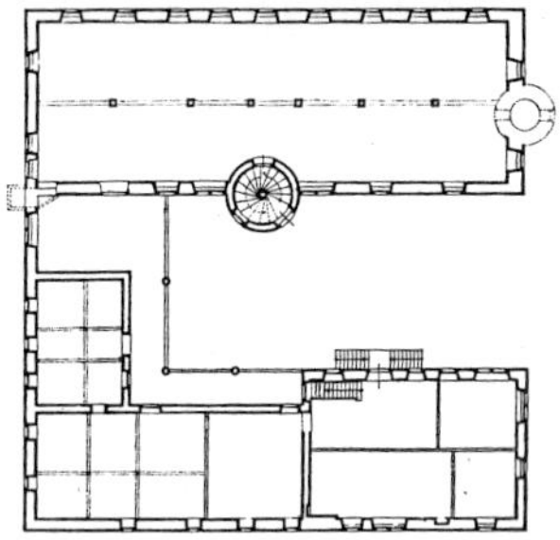

Grundriss EG vor 1885

Der berühmte Renaissance-Baumeister Heinrich Schickhardt erhielt von dem Junker Hans Wolf von Stammheim den Auftrag, an der Stelle einer Burg aus dem 12. Jh. ein kleines Schloss zu errichten. Dieses gilt als das früheste Werk des damals 21-jährigen Schickhardt. Er entwarf eine zweigeschossige, schlichte Dreiflügelanlage, die ursprünglich von einem Wassergraben umgeben war. 1579 wurden der Süd- und Westflügel errichtet, anschließend der Hauptbau im Norden, an dessen rundem Treppenturm die Jahreszahl 1581 angebracht ist. Ein weiteres Rundtürmchen an der Giebelseite wurde 1885 abgerissen. Die Außenwände des Schlösschens bestehen aus Bruchsteinwerk, das OG aus einer verputzten Fachwerkkonstruktion. Süd- und Westflügel besaßen ehemals auf der Hofseite eine von Steinsäulen gestützte offene Laube. Das EG des Hauptbaus bestand aus einem einzigen großen Raum, dessen Deckengebälk von mächtigen Eichensäulen getragen wurde; eine dieser Säulen ist im heutigen Speisesaal noch erhalten. 1737 wurde das Schloss an Württemberg verkauft, 1858 ging es in Privathand über. Seit 1885 dient das Schloss sozialen Zwecken. 1976–78 wurden durch Gerhard Fetzer und Christian Eberlein grundlegende Sanierungs- und Umbaumaßnahmen durchgeführt; hierbei legte man u.a. das Sichtfachwerk der beiden Giebel frei. In dem Schloss ist heute ein Alten- und Pflegeheim der „Evangelischen Altenheimat" sowie eine Begegnungsstätte untergebracht.

229

Grundschulpavillon Stammheim Nord
Fliegenweg
1989
Peter Hübner

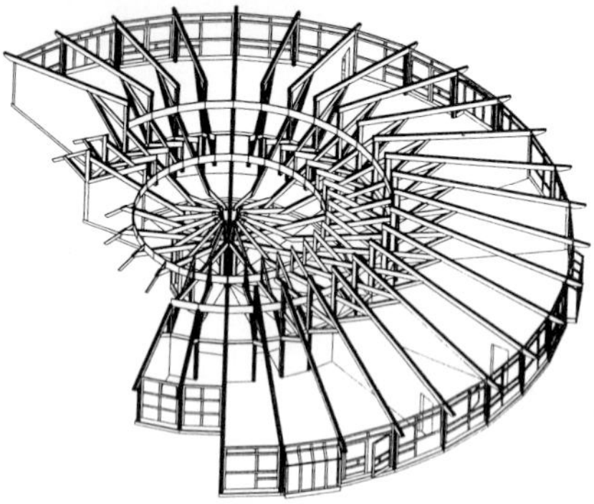

Schemazeichnung der Holzkonstruktion

Der Grundschulpavillon in Stammheim ist sowohl formal wie auch hinsichtlich seiner Entstehungsgeschichte einer der ungewöhnlichsten Stuttgarter Schulbauten. Als sich die Notwendigkeit einer eigenen Schule für das neu erschlossene Wohngebiet Stammheim Nord stellte, wollte das Schulverwaltungsamt dieses Problem pragmatisch lösen. Ein andernorts leer stehender Container sollte hierher umgesetzt werden. Proteste der Eltern, die ein fantasievolleres, nicht normiertes Schulhaus wünschten, waren die Folge. Mit Peter Hübner fand sich ein Architekt, der eine preiswerte und schnell zu realisierende Alternative bot. Die Behörde ließ sich nach einigem Widerstand auf die unkonventionelle Lösung ein. Der Schulpavillon basiert auf der Grundform eines Kreises, aus dem ein Sektor von ca. 130 Grad herausgeschnitten wurde. Im Kern liegt der kreisrunde, z. T. offene Eingangsbereich, der gleichzeitig als Gemeinschaftsraum dient. Seine Mittelstütze markiert das Zentrum des ganzen Gebäudes. Um diesen Mittelpunkt gruppieren sich vier Klassenräume. Dazwischen sind als kleinere Kreissektoren die Nebenräume eingeschoben. Der Schulpavillon ist als wohldurchdachte und daher kostengünstige Holzkonstruktion ausgeführt. Außer Nägeln und Schrauben bedurfte es keiner Stahlverbindungsteile; lediglich zwei Holzbalkenquerschnitte wurden verwandt. Auch die Außenwände bestehen weitgehend aus Holz, nur die inneren Trennwände sind aus Kalksandstein. Besondere Sorgfalt widmete der Architekt der Gestaltung der Deckenzone, in der die Holzkonstruktion frei liegt.

230

Jugendhaus Stammheim
Marco-Polo-Weg 2 a
1988–90
Peter Hübner

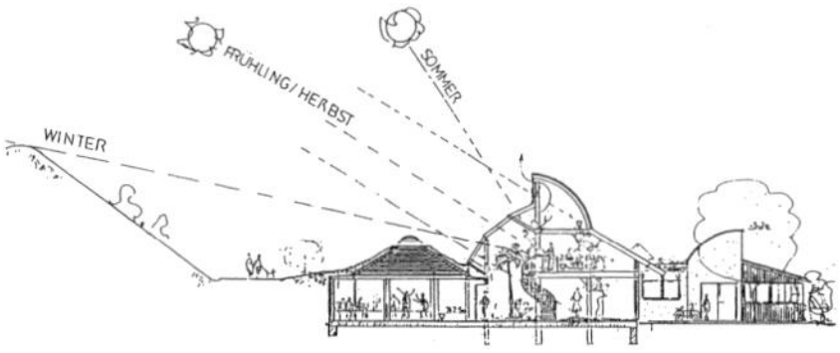

Nach jahrelangem Engagement Stammheimer Bürger beschloss der Stuttgarter Gemeinderat 1988 schließlich den Bau eines eigenen Jugendhauses für diesen Stadtteil. Konzipiert wurde die Anlage durch Peter Hübner, der Ideen und Wünsche von Stammheimer Jugendlichen in ein abwechslungsreiches, maßgeschneidertes Raumprogramm umsetzte. Ziel des Architekten, der u.a. auch das viel beachtete Jugendhaus in Wangen (Nr. 287) geplant hatte, war die Identifikation der Nutzer mit „ihrem" Haus. Hierzu erfolgte eine Beteiligung der Jugendlichen in allen Bereichen der Planung und ihre Einbeziehung in den Bauprozess. Errichtet wurde der Komplex mit einer Grundfläche von 628 m² durch Arbeitslose, Schüler und Architekturstudenten unter fachkundiger Anleitung. Das Resultat ist ein vielgesichtiges und fantasievolles Gebilde, das in Holzleichtbauweise und Mauerwerk erstellt wurde. Unmittelbar an einem Lärmschutzwall, teilweise in ihn eingegraben, legte man eine Discothek, das sog. Keltengrab, an. Sie ist, ähnlich einem der in Stammheim gefundenen Keltengräber, als runde, mit Gras bewachsene Erdkuppel gestaltet. Daran anschließend liegt die mit einem hohen Glasdach gedeckte „Oase", deren Innenhof mit Grünpflanzen bewachsen ist. Ihre Holzkonstruktion wird durch einen stilisierten Wald gestützt – ein regelrechtes „Stamm-Heim". Rund um diesen Mittelpunkt ordnen sich Gruppen- und Werkräume sowie ein Café; dieses ist einem imposanten Saurier nachempfunden, der durch dicke Holzstämme gestützt und mit Holzschindeln verkleidet wird; er fungiert zugleich als Eingangsbereich.

231

Porsche-Museum
Porscheplatz
2005–07
Delugan Meissl Associated Architects

Der Porscheplatz, lange Jahre ein Kreisverkehr beträchtlichen Ausmaßes inmitten einer weitgehend brachliegenden Freifläche des unwirtlichen Industriegebietes, wird an seinen Rändern seit Ende der 90er Jahre schrittweise bebaut. Zunächst errichtete das Architekturbüro Cepezed b.v. 1999–2000 in unmittelbarer Nähe der Porsche-Hauptverwaltung und des Stammwerks, im Zwickel zwischen Schwieberdinger und Otto-Dürr-Straße, das Porsche-Zentrum. Edelstahl und Glas charakterisieren den geschwungenen Bau, hinter dessen abweisender Fassade sich Kundendienst-Werkstatt, Teilelager und ein Ausstellungsbereich verbergen. Jüngstes Bauwerk und Glanzlicht am Platze ist das neue Museum des Sportwagenherstellers, das dem Servicezentrum als Pendant gegenüber gestellt wird und das bisherige Werksmuseum von 1976 ersetzt. Der Entwurf sieht eine expressive, monolithische Skulptur vor, die der spitzwinkligen Grundstücksform angepaßt ist und wie vom Erdboden losgelöst erscheint. Über einem Sockel, in dem sich Foyer, Verwaltung und Archiv befinden, ist der Ausstellungsbereich aufgeständert. Dessen Ebenen sind durch flach geneigte, lange Rampen und Treppenfluchten miteinander verbunden, wodurch sie sich wie fließend spiralförmig um einen im Inneren des Gebäudes entstehenden Platz erheben. Das Gebäude wird Fahrzeuge und weitere Exponate zur Nachkriegs-Unternehmensgeschichte sowie einen Museumsshop, diverse Gastronomiebetriebe und Veranstaltungsräume beherbergen. Die überwiegend blickdichte Aussenhaut gewährt Ausblicke einzig auf das Porsche-Zentrum. Sie verleiht dem Bau einen introvertierten Charakter. Städtebaulich ergänzt der innovative und spektakuläre Neubau die Platzrandbebauung kontrapunktisch selbstbewußt und dynamisch. Neben den zeitgenössischen Bauten der Firma Porsche sind die Reste der Büro- und Fabrikgebäude in der Moritz-Horkheimer-Straße 25 (Werk II, Bau 1) von Rolf Gutbrod (1951–53) sehenswert.

232

Ehem. Verwaltungsgebäude der Kunstbaumwollspinnerei Horkheimer
Schwieberdinger Straße 58
1906
n. bek.

Das mit einem Mansarddach gedeckte, zweigeschossige Gebäude wurde als Verwaltungssitz der seit 1898 in Zuffenhausen angesiedelten Kunstbaumwollspinnerei Horkheimer errichtet. Der hohe Backsteinbau mit reichem Werksteinschmuck wird durch Pilaster in Kolossalordnung vertikal gegliedert. Seine aufwändige Fassadengestaltung mit ihrem Bilder- und Symbolreichtum in Jugendstilformen macht das Gebäude zu einem der bedeutendsten Industriebaudenkmäler auf Stuttgarter Boden. Ein geschweifter Blendgiebel setzt an der Schwieberdinger Straße einen dekorativen Akzent. Die Schaufront wurde auch als Werbeträger genutzt; das Relief einer Spinne mit Netz in der Spitze des Giebelfeldes verweist, wie auch weiterer bauplastischer Schmuck, im Sinne einer „sprechenden Architektur" auf die Funktion des Gebäudes. Ein weiteres Beispiel hierfür ist die an der Frontseite auf einer Konsole angebrachte Plastik einer weiblichen Person, der als produktionsbezogene Attribute Spinnrocken, Spindel und Spinnrad beigegeben wurden. Der ehemalige Verwaltungsbau dient heute als Bürohaus. Die Fabrikgebäude der Kunstbaumwollspinnerei wurden abgerissen.

233

Hohenstein- und Robert-Bosch-Schule
Hohensteinstraße 25
1929–30
Paul Schmitthenner

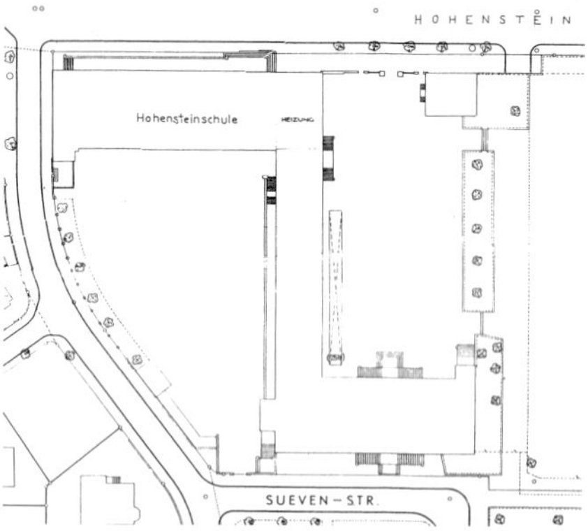

Die Sammelschule am Südrand Zuffenhausens gehört zu den wenigen Schulen, die zwischen den Weltkriegen in Stuttgart errichtet wurden. Im Werk Paul Schmitthenners nimmt sie eine Sonderstellung ein. Bei seinen anderen Bauten bediente sich der Protagonist der Stuttgarter Schule einer traditionellen, konservativen Formensprache. Die Sammelschule zeigt unverkennbar den Einfluss des Neuen Bauens, das Schmitthenner ansonsten schärfstens bekämpfte. Der mächtige, viergeschossige Backsteinkomplex erhebt sich als dreiflügelige Anlage auf rechtwinklig Z-förmiger Grundfläche. Reihen dicht gedrängter Sprossenfenster gliedern die glatten Fassaden; sie stoßen mit der Oberkante an horizontale Betonstreifen, die als durchlaufende Fensterstürze fungieren. Wuchtige Treppentürme treten aus den Fassadenfluchten hervor. Die Dachform stellt einen Kompromiss zwischen traditionellem Steildach und modernem Flachdach dar: Schmitthenner wählte ein flaches Walmdach, das aus der Untersicht mit einem Flachdach zu verwechseln ist. Eine deutliche Absage an das Neue Bauen ist die Oberflächenbearbeitung. Schmitthenner versah das Gebäude nicht mit neutralisierendem hellen Verputz, sondern beließ den Backstein sichtbar – eine Parallele zum Zeppelinbau (Nr. 42), dessen sachliche Formen Paul Bonatz mit Naturstein verkleidete. Auch weitere Details lassen erkennen, dass die Sammelschule letztendlich nicht dem Neuen Bauen zuzurechnen ist, so z. B. kugelförmige Firstaufsätze oder steinerne Fensterrahmungen.

234

Altenwohnanlage St. Antonius

Besigheimer Straße 19
1998–2001
Arno Lederer, Jórunn Ragnarsdóttir, Marc Oei

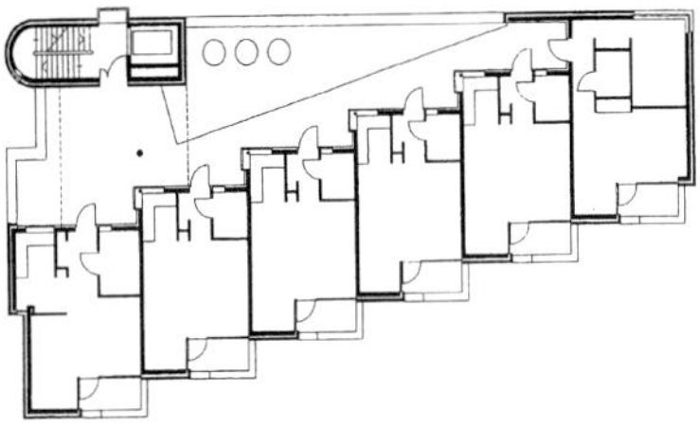

Die 1902 nach Plänen Ulrich Pohlwangers erbaute katholische St. Antoniuskirche ist ein typischer vorstädtischer Sakralbau des Späthistorismus. Die einfachen neoromanischen Formen aus Backstein erlaubten eine kostengünstige Realisierung, wie sie der kleinen katholischen Gemeinde im damals noch selbstständigen Zuffenhausen angemessen war. St. Antonius ist ein Orientierungspunkt in der kleinteiligen, bescheidenen Bebauung des 19. Jahrhunderts, die in Zuffenhausen noch viele bäuerlich-vorstädtische Elemente bewahrt. Südlich der Kirche wichen Ende der 90er Jahre einige baufällige Häuser einem bemerkenswerten Neubau, der u.a. zwölf Altenwohnungen, Sozialstation und Gemeindesaal aufnimmt. Das in seiner Großform kubische, flachgedeckte Gebäude findet die heikle Balance zwischen zurückhaltender Einpassung in die Umgebung und selbstbewusster Eigenständigkeit. Dass aus letzterer keine Unnahbarkeit wird, liegt an einigen bemerkenswerten Kunstgriffen der Architekten. So wird, wenn auch in anderem Farbton, die Backsteinverkleidung der Kirche aufgenommen, und eine Eckrundung verweist auf die Apsis. Die rahmende Straßenfront wird durch die schräg angeordneten Laubengänge der Appartements aufgebrochen. Zum Blockinneren hin dominieren die großen Balkons der über einer durchgehenden, verglasten Erdgeschosszone versetzt angeordneten Wohnungen. Hier mutet das Gebäude in seiner formalen Disziplin geradezu skandinavisch an. Das Stuttgarter und Karlsruher Architekturbüro hat hier wieder einmal seine Meisterschaft im sparsamen Einsatz von Formen, Farben und Materialien unter Beweis gestellt. Dass Lederer, Ragnarsdóttir und Oei keine Standardlösungen parat haben, die nur geringfügig modifiziert werden, zeigt ein Blick zum Südrand Stuttgarts: dort, an der Hohenheimer Paracelsusstraße, wurde 1996–99 von ihnen die ganz anders gestaltete Erweiterung der Katholischen Diözesanakademie errichtet.

235

Silcher- und Haldenrainschule

Schwabbacher Straße 25
1952–54
Günter Wilhelm

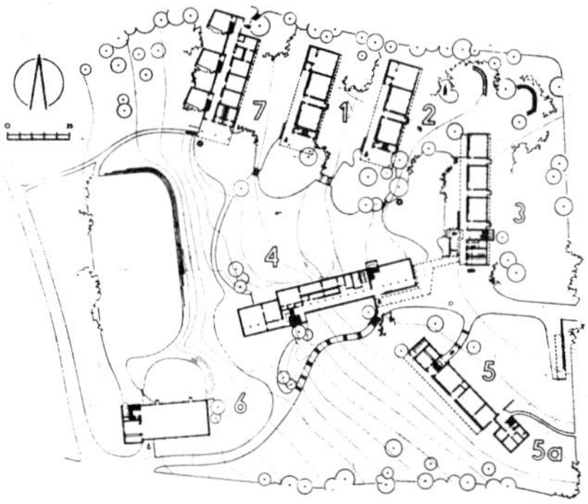

Eine zentrale Bauaufgabe der 50er Jahre war der Schulbau. Die Entwicklung von Alternativen zur traditionellen „Schulkaserne" wurde dabei nicht nur als architektonische, sondern vor allem als pädagogische und politische Notwendigkeit angesehen. Zu einem weit über Stuttgart hinaus wirkenden Vorbild wurde das Schulzentrum, das der am Rande Zuffenhausens seit 1949 neu entstehende Stadtteil Rot erhielt. Der Architekt Günter Wilhelm war ein Pionier des modernen Schulbaus. Er verteilte das Raumprogramm auf verschiedene Bauten, die er dem hügeligen, parkartigen Gelände einpasste: ein zwei- bis viergeschossiger Hauptbau für Verwaltung und Fachklassenzimmer, zwei zweigeschossige und zwei eingeschossige Klassentrakte, ein kammförmiger Pavillon für die Sonderschule sowie eine Turnhalle. Diese Gliederung spiegelt nicht nur pädagogische Forderungen nach einer altersgemäßen Unterbringung der verschiedenen Klassenstufen wider; sie ist auch in Analogie zur sog. organischen Stadtplanung mit ihrer differenzierten Wohnbebauung in parkartiger Landschaft zu sehen. Der Kontrast von hellem Beton des konstruktiven Skeletts, roten Backsteinwänden, grau verputzten Giebelfeldern und gräulichen Eternit-Dächern prägt das Gesicht der Anlage. Große Fenster und zwischen die versetzten Dachebenen eingepasste Oberlichtbänder sorgen für eine gute Belichtung der Klassenräume. Auf einen Pausenhof im herkömmlichen Sinn wurde verzichtet, seine Aufgaben übernehmen die Grünflächen sowie gedeckte Pausenplätze.

236

Wohnhochhäuser „Romeo und Julia"
Schozacher Straße 40, Schwabbacher Straße 15
1955–59
Hans Scharoun, Wilhelm Frank

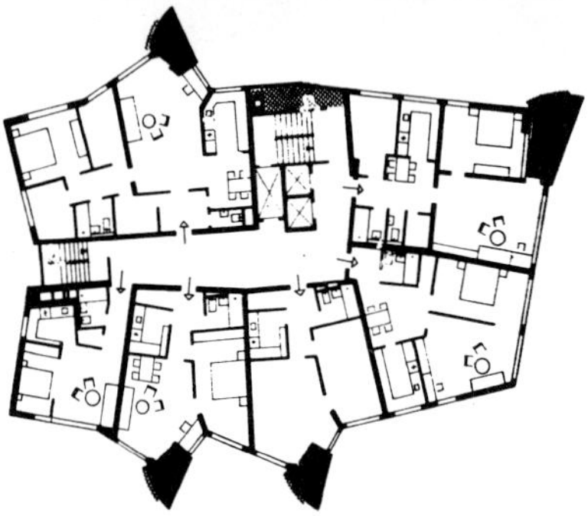

Grundriss Normalgeschoss „Romeo"

Die ab 1949 errichtete Siedlung Rot verkörpert exemplarisch den tristen Sozialen Wohnungsbau der Nachkriegszeit; sie wird geprägt durch die Addition fantasieloser Zeilenbauten. Ausgerechnet am Rande dieses Wohngebiets entstand eine Bautengruppe, die zu den herausragenden Beispielen der Architektur der 50er Jahre zählt. Der Entwurf für die beiden Wohnhochhäuser stammt von Hans Scharoun und Wilhelm Frank. Scharoun war seit den 20er Jahren einer der bedeutendsten Architekten Deutschlands und ein Hauptvertreter des sog. organischen Bauens, das in Gegensatz zum strengen Rationalismus eines Ludwig Mies van der Rohe oder Walter Gropius stand. Ein frühes, stärker dem Neuen Bauen verpflichtetes Werk Scharouns in Stuttgart war ein Einfamilienhaus (Nr. 201) für die Werkbundausstellung 1927. Die Hochhausgruppe in Rot, ein Musterbeispiel organischer Architektur, besteht aus dem neunzehngeschossigen Turmhochhaus „Romeo" und dem Laubenganghaus „Julia", welches sich auf hufeisenförmigem Grundriss bis zu zwölf Geschosse in die Höhe staffelt. Der volkstümliche Name spielt auf die unterschiedliche Gestalt des Hochhauspaares an. Fantasievolle, unkonventionelle Grund- und Umrisse, pfeilförmig vorstoßende Balkone und eine differenzierte Farbgebung zeichnen „Romeo und Julia" aus. Wie die Baukörper insgesamt, so zeigen auch die einzelnen Wohnungen (105 im „Romeo", 82 in der „Julia") zahlreiche Abweichungen von einem streng rechtwinkligen Zuschnitt. Die differenziert gestalteten DG nehmen Atelierwohnungen mit vorgelagerten Terrassen auf. In einem flachen Verbindungsteil befinden sich Läden, Restaurants und Garagen.

237

Wohnanlage Tapachstraße
Tapachstraße 75–97
1969–71
Peter Faller, Hermann Schröder

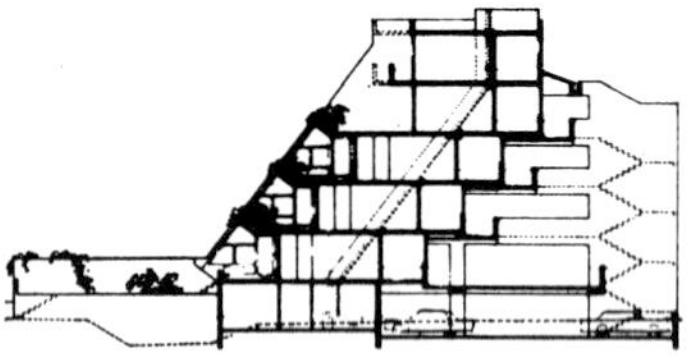

„Hügelhäuser" wurden zu einem Markenzeichen der Architektengemeinschaft Faller und Schröder. Schon seit Ende der 50er Jahre experimentierten sie mit diesem Bautypus, der erstmals mit dem „Wohnhügel" in Marl (1966–67) breitere Beachtung fand. Bei der Wohnanlage am Rande des Neubaugebiets Zuffenhausen-Rot halbierten die Architekten einen Hügel zum Terrassenhaus. Die langgestreckte, in sich versetzte Zeile kombinierten sie mit Atriumhäusern in eingeschossiger Flachdachbauweise, die der terrassierten Südfront vorgelagert wurden. Um die Innenhöfe der Atriumhäuser vor Einblicken von den oberen Geschossen des Terrassenhauses zu schützen, wurden sie z. T. mit Holzpergolen überdeckt. Im EG des Terrassenhauses befinden sich Gartenhofwohnungen, es folgen zwei Geschosse mit Etagenwohnungen, die beiden obersten Geschosse sind zu großzügigen Maisonettewohnungen zusammengefasst. Auf der terrassierten Südseite sind zwischen schmalen, vertikal zusammenhängenden Wandfeldern Loggien eingeschnitten. Die Erschließung der Hauszeile erfolgt über Laubengänge an der Nordseite, die sich in unverhülltem Betonbrutalismus kompromisslos abweisend präsentiert. Die Fertigteilbauweise aus Betonelementen ist nicht kaschiert. Die Wohnanlage Tapachstraße ist ein typisches Produkt der späten 60er Jahre, als eine – aus heutiger Sicht – provozierende und abweisende Hässlichkeit in Kauf genommen wurde und rücksichtsvolle Bezugnahme auf die Umgebung kein Thema war. – Die Architekten Faller und Schröder entwickelten ihren Terrassenhaustypus weiter und gelangten wenige Jahre später mit der Wohnanlage „Schnitz" in Neugereut (Nr. 250) zu einer städtebaulich und ästhetisch wesentlich überzeugenderen Lösung.

238

Auferstehungskirche
Haldenrainstraße 200
1956
Erwin Rohrberg

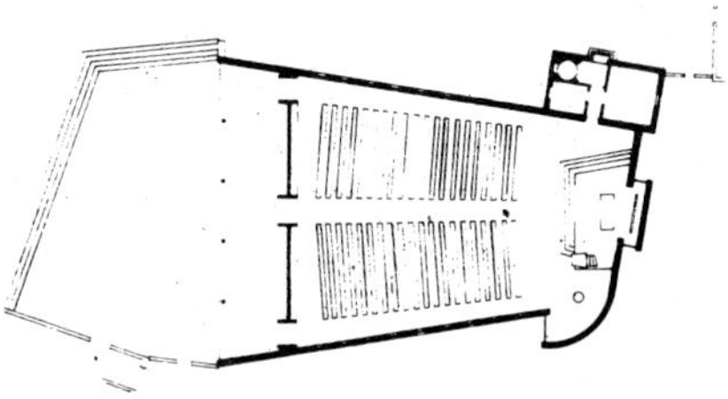

In den ersten Nachkriegsjahren dominierte im Stuttgarter Kirchenbau eine konservative, historisierende Formensprache unter Anknüpfung an kriegszerstörte Vorgängerbauten. Ihre Entstehungszeit lassen diese Sakralbauten, wie z. B. der Paul-Gerhardt-Hof (Nr. 102) oder die Johanneskirche (Nr. 227), kaum erkennen. Mitte der 50er Jahre setzte eine Wende ein. Statt zeitloser, unauffälliger Kirchen wünschte man sich zunehmend Bauten, die das Einzigartige der Bauaufgabe Kirche auch in unvergleichlichen, zeitgemäßen Formen symbolisieren sollten. Für Stuttgart ist diese Wende mit dem Namen Erwin Rohrberg verknüpft. Die von ihm geplante evangelische Auferstehungskirche in Rot setzte ein unübersehbares Zeichen. Der Sakralbau erhebt sich über unregelmäßigem, trapezförmigem Grundriss, der sich von der Eingangsfront zum Altarraum hin verengt. Dieser Bewegung entgegengesetzt steigt die Raumhöhe zum Altar hin steil an. Zwischen die gegenläufigen Pultdächer, die an der Grenze von Gemeinde- und Altarraum aufeinander treffen, wurde ein Oberlichtband geschoben und seitlich bis zum Boden heruntergezogen. So entstand eine Lichtführung vom dunklen Eingangsbereich zu immer größerer Helligkeit. Für zusätzliche Beleuchtung sorgen zahlreiche in die Längswände eingelassene runde Buntglasfenster. Rundfenster überziehen auch den Turm, der dem Altarraum zur Seite gestellt wurde. Im Glockengeschoss konzentrieren sie sich zu einem dichten Muster von Schallöffnungen. Die Suche nach außergewöhnlichem Ausdruck paarte sich bei der Auferstehungskirche mit Motiven, die zum modischen Repertoire der Architektur der 50er Jahre gehörten wie Lochmuster, Pultdach oder betonte Asymmetrie.

239

Ortsvermittlungsstelle der Deutschen Post AG
Böckinger Straße 31
1986–90
Arno Lederer, Jórunn Ragnarsdóttir

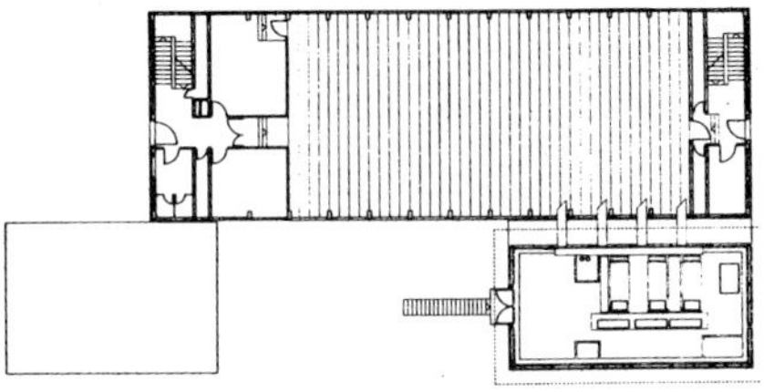

Grundriss OG

Die Telefon-Ortsvermittlungsstelle (OVST) musste wegen der Digitalisierung der Schalttechnik eine Lüftungsanlage und ein Notstromaggregat erhalten. Hierfür entwarfen Arno Lederer und Jórunn Ragnarsdóttir neben dem langgestreckten, flachen Altbau ein separates Gebäude. Den Dieselmotor für das Stromaggregat platzierten sie wegen der hohen Geräuschentwicklung in einer Betonkiste. Dem Betonsockel ist ein Stahlgerüst vorgestellt, das sich im OG fortsetzt. Hier ist die sichtbar belassene Stahlkonstruktion mit naturfarbenen Holzleisten als Sichtschutz verkleidet. Der Bau wird durch ein flaches, überkragendes Dach abgeschlossen; der markante Dachvorsprung dient als Witterungsschutz für das Holzgitter. Eine vor das Haus geschobene Betontreppe führt zur Lüftungsanlage im OG; die leuchtend grün gestrichene Tür sorgt für einen farblichen Akzent. Große Lüftungsrohre verbinden das neue mit dem alten Gebäude, das im Rahmen der Baumaßnahmen gestalterisch aufgewertet wurde. Dessen zum Neubau weisende Fronten wurden nach einer Betonsanierung mit Wellaluminium verkleidet, die restlichen Wände erhielten einen grauen Anstrich. Die Ortsvermittlungsstelle ist ein sorgfältig durchgestaltetes Gebäude, das durch seine Schlichtheit und spröde Eleganz besticht. Sie ist ein Beispiel dafür, wie auch rein funktionale Bauaufgaben architektonisch anspruchsvoll gelöst werden können.

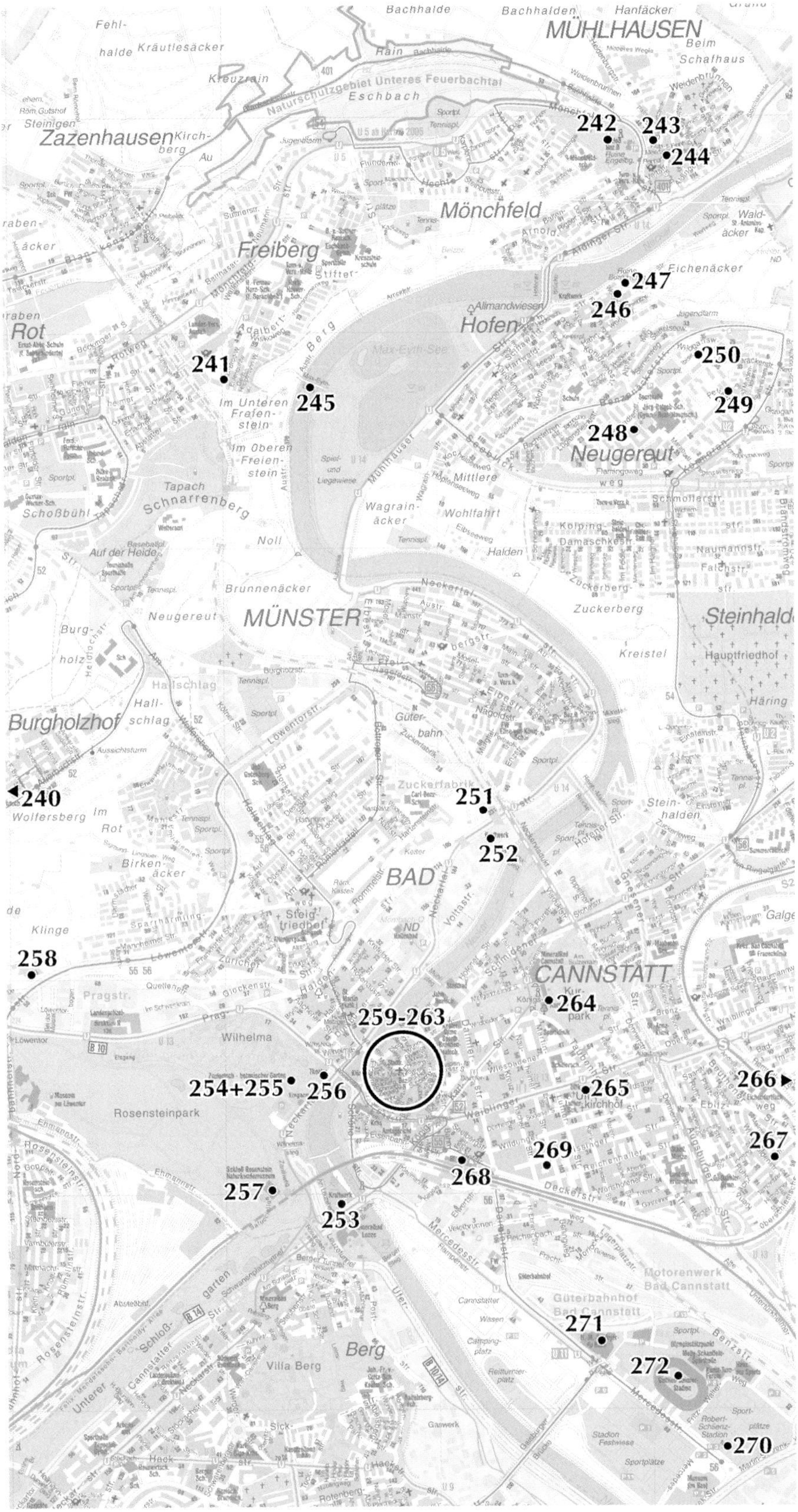
MÜHLHAUSEN
Zazenhausen
Mönchfeld
Freiberg
Hofen
Rot
Neugereut
MÜNSTER
Steinhalde
Burgholzhof
BAD
CANNSTATT
Rosensteinpark
Wilhelma
Berg
Villa Berg
Max-Eyth-See
Hauptfriedhof
Güterbahnhof Bad Cannstatt
Motorenwerk Bad Cannstatt
242
243
244
241
245
246
247
248
249
250
240
251
252
258
259-263
264
265
266
267
268
269
254+255
256
257
253
271
272
270

240

Personalwohnungen des Robert-Bosch-Krankenhauses
Roter Stich, Yitzak-Rabin-Straße
1997–99
Joachim Schürmann & Partner

Der Stadtteil Burgholzhof, auf einer Höhe zwischen Cannstatt, Feuerbach und Zuffenhausen gelegen, war jahrzehntelang durch militärische Nutzung geprägt. In den 20er Jahren wurde ein Truppenübungsplatz angelegt, 1933–35 eine Kaserne. Nach dem 2. Weltkrieg übernahm die US-Army das Gelände, das dann mit militärischen Funktionsbauten, Wohnungen und einem Einkaufszentrum für Armeeangehörige ausgebaut wurde. Für die deutsche Bevölkerung waren die Robinson Barracks – neben den Patch Barracks in Vaihingen der zweite große US-Stützpunkt in Stuttgart – unzugänglich. Ein kleineres Sperrgebiet ist nach dem teilweisen Abzug der Armee geblieben, das Areal um das ehemalige Einkaufszentrum wurde hingegen beräumt und Mitte der 90er Jahre zur Neubebauung frei gegeben. Hier entstand eine ausgedehnte, von verschiedenen Architekten geplante Siedung, die unterschiedliche Haustypen und –größen vereint. Dabei mischen sich gelungene Beispiele sozialen Wohnungsbaus mit weniger überzeugenden. Eine besondere Erwähnung verdienen Personalwohnungen, die für das nahe gelegene Robert-Bosch-Krankenhaus errichtet wurden. Nach Plänen des renommierten Kölner Architekturbüros Schürmann, das 1996 einen Wettbewerb gewonnen hatte, entstanden 93 Wohnungen mit ein bis vier Zimmern. An einem Hang am Südrand des Areals gelegen, setzen die Häuser mit ihrer markanten Holzverkleidung und ihren skulpturalen Qualitäten einen Akzent. Flach geneigte Dächer, Loggien, Laubengänge und Freitreppen sorgen für ein einheitliches und doch vielfältiges Erscheinungsbild und verankern die Häuser in der durch Weinberge geprägten Umgebung. Zu jeder Wohnung gehört ein eigener Freiraum, Treppen und Laubengänge erlauben individuelle Erschließung. Die Bauten wurden als Niedrigenergiehäuser konzipiert.

241

Wohnhochhaus „Apollo“
Max-Brod-Weg
1967–69
Architektengemeinschaft Jäger, Pabst, Oelssner

Die Trabantenstadt Freiberg wurde 1964–72 nach einem Rahmenentwurf des Stadtplanungsamts zwischen Rot und Mönchfeld errichtet. Freiberg ist für Stuttgart, was für Berlin das „Märkische Viertel“ ist – das architektonisch, städtebaulich und sozial fragwürdige Beispiel für Siedlungsbau großen Maßstabs „auf der grünen Wiese“. In Freiberg entstanden u.a. neun Hochhäuser mit bis zu 23 Geschossen, dazu zahlreiche Zeilenbauten, Reihen- und Einfamilienhäuser. Die architektonisch außergewöhnlichste Gebäudegruppe ist die Wohnanlage „Apollo“. Sie ragt in beherrschender Lage hoch über dem Neckartal auf. Die Konzeption der Anlage lässt jeglichen Bezug zur Umgebung vermissen; charakteristisch für die Architektur der 60er und 70er Jahre posiert sie als narzistischer Monolith. Farbe und Struktur der unkaschierten Betonplatten prägen das Bild. Der Komplex setzt sich aus zwei unterschiedlichen Hälften zusammen. Der eine Teil besteht aus einem höhengestaffelten, bis zu neungeschossigen „Hügelhaus“. Daran schließen sich mehrere, ebenfalls gestaffelte und leicht versetzte Hochhausscheiben an. Sie verjüngen sich über einer breiteren „Basis“ in den oberen Geschossen, so dass ein „Mischtypus“ aus Terrassenhaus und gewöhnlichem Scheibenhochhaus entsteht. Jede Wohnung öffnet sich über ihre ganze Fassadenbreite zu einer Loggia. Die gestalterischen Ambitionen beschränkten sich offensichtlich auf die Herausarbeitung einer markanten, unverwechselbaren Großform; eine sorgfältige Detailausarbeitung vermisst man bei dieser „Wohnmaschine“.

242

Palmsches Schloss
Mönchfeldstraße 35
1813–14; 1895–96; 1988–90
n. bek.; Karl Maisenbacher; Lamm, Weber, Donath

Aufriss des Altbaus und des Zwischentrakts von Osten

Das Schloss geht auf ein gegen Ende des 16. Jhs. errichtetes Herrenhaus zurück. Es war der Sitz der Freiherren von Palm, die zwischen 1728 und 1806 Ortsherren von Mühlhausen waren. Jonathan Freiherr von Palm ließ im Jahre 1813 das baufällige Gebäude abreißen und auf dessen Fundamenten ein klassizistisches zweigeschossiges Schlösschen errichten. Von diesem verputzten Fachwerkbau blieb der durch ein Mäanderfries akzentuierte Giebel mit dem dreigeteilten Palladio-Fenster erhalten. Das Bauwerk wurde 1896 unter Ernst Theodor von Palm in malerischen Fachwerkformen aufgestockt und mit vier Erkertürmchen versehen. Zugleich entstand ein hoher, massiver Neubau, der mit dem Altbau durch einen Zwischentrakt verbunden wurde. Zur Fassadengestaltung wählte man einen romanisierenden Stil, wie z. B. die Rundbogenfenster oder die Säulen und Kapitelle des angefügten trutzigen Rundturms zeigen. Im Zweiten Weltkrieg wurde ein Seitenflügel des Komplexes beschädigt. Bei seinem vereinfachten Wiederaufbau 1950–51 gingen wichtige architektonische Details wie Dachtürmchen, Staffelgiebel und ein Erker verloren. Nachdem lange Zeit der Abriss des Schlösschens zugunsten eines Verwaltungsneubaus im Gespräch war, erfolgte schließlich 1988–90 eine umfassende Sanierung und Restaurierung. Bei den Umbaumaßnahmen wurde u.a. ein gläserner Aufzugturm an der Parkseite des romanisierenden Bauteils angefügt. Seitdem nimmt das Palmsche Schloss das Mühlhausener Bezirksamt auf. In dem weiträumigen Park sind noch ein 1734 errichtetes Brunnenhaus sowie ein Gartenpavillon erhalten.

243

Ehem. Walpurgiskirche
Walpurgisstraße 20
um 1390; um 1490; 1783
n. bek.

Über dem alten Ortskern von Mühlhausen erhebt sich die imposante Ruine der ehem. Walpurgiskirche. Sie liegt inmitten der Anlage der sog. Heidenburg, einer der einst vier Mühlhauser Burgen, die 1312 von Truppen der Reichsstadt Esslingen zerstört wurde. Teile der mächtigen Burgmauern und die Keller haben sich erhalten. Gegen Ende des 14. Jhs. dürften die Überreste einer romanischen Burgkapelle in gotischen Formen umgebaut worden sein. Ein weiterer Umbau erfolgte gegen Ende des 15. Jhs., 1783 wurde das einschiffige Langhaus vergrößert und barock ausgestattet. Die blockhafte Form des Turmes, der aus einem quadratischen Schaft in ein achteckiges Glockengeschoss übergeht, lässt vermuten, dass der Bergfried der Heidenburg in seinen Bau einbezogen wurde. 1943 brannte die Walpurgiskirche aus. Nur der massive Turm überstand den Krieg bis auf den Verlust seines Daches ohne größere Schäden. Die Kirche wurde nicht wieder aufgebaut und Teile der Mauern noch 1972/73 abgebrochen. Als pittoreske, gegen Einsturz gesicherte Ruine blieben der Turm und Reste von zwei Langhauswänden erhalten. Das EG des Turmes dient als Jugendraum. Die Ruine wurde in den Neubau eines Gemeindezentrums eingebunden, das sich als unauffälliger, mehrfach gestaffelter Betonbau dem Hang anpasst. Die Mauerreste der Walpurgiskirche bilden zusammen mit dem Neubau im Bezirk des ehemaligen Kirchenschiffes einen idyllischen grünen Innenhof.

244

Veitskapelle
Meierberg 16
um 1380–85
n. bek.

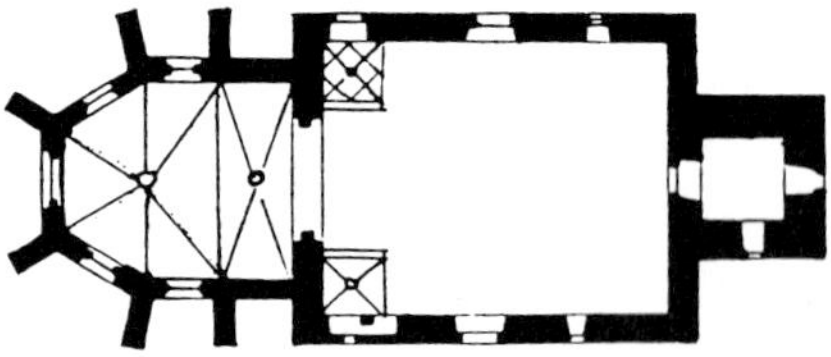

Die im Kern von Mühlhausen gelegene Veitskapelle, heute evangelische Pfarrkirche, ist ein herausragendes Beispiel eines spätmittelalterlichen Sakralbaus, das den Namen „Gesamtkunstwerk" verdient. Ihre Entstehung verdankte die Kapelle einer Stiftung der am kaiserlichen Hof in Prag lebenden Brüder Reinhard und Eberhard von Mühlhausen. So dürfte die Veitskapelle ein Werk von Meistern der Prager Dombauhütte aus dem Umkreis der Parler – einer im 14. und 15. Jh. einflussreichen Baumeister- und Bildhauerfamilie – sein. Der gotische Bau besteht aus einem Westturm, einem einschiffigen, flach gedeckten Langhaus und einem rippengewölbten Polygonalchor. Der äußeren Bescheidenheit steht im Inneren eine beeindruckende Farbigkeit und ein überwältigender Bilderreichtum gegenüber. Aus der Erbauungszeit stammen die wohl ebenfalls von Prager Künstlern ausgeführten Fresken im Kirchenschiff. Sie geben in quadratischen Feldern Darstellungen aus dem Alten und Neuen Testament wieder. Den Triumphbogen, der das Schiff vom Chor scheidet, schmücken Szenen des Jüngsten Gerichts. Die Wandgemälde im Chor zeigen verschiedene Heilige sowie Episoden aus dem Leben des Kirchenpatrons, des hl. Veit. Die Stelle des ehem. Hochaltars, der sich in der Stuttgarter Staatsgalerie befindet, nimmt ein Flügelaltar vom Anfang des 16. Jhs. ein, der dem hl. Veit (Mittelfigur im Schrein) gewidmet ist. Zwei Schnitzaltäre unter den Ziborien vervollständigen die Ausstattung. Die bemalte Balkendecke des Langhauses und die Empore sind Einbauten von 1488. Von Bilderstürmerei, Kriegsschäden oder Umbauten verschont geblieben, ist die Veitskapelle einer der bedeutendsten Sakralbauten im Großraum Stuttgart.

245

Max-Eyth-Steg
Arnoldstraße
1987–89
Schlaich Bergermann und Partner

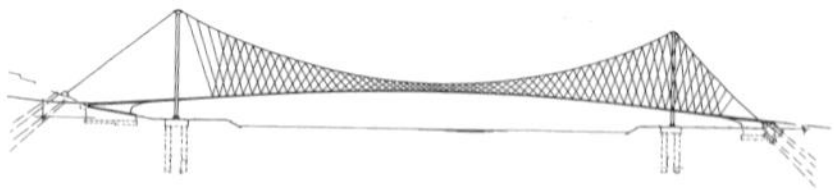

In Stuttgart wird seit dem Bau der Schlossgartenbrücke von Fritz Leonhardt und Wolfhardt Andrae (Nr. 51) auf die qualitätvolle Gestaltung von Brücken und Stegen Wert gelegt. Auch die nach dem schwäbischen Ingenieur und Schriftsteller Max Eyth (1836–1906) benannte Fußgängerbrücke steht in dieser Tradition. In Rücksichtnahme auf die malerische, weitgehend unverbaute Landschaft entschieden sich die Ingenieure für einen leichten, filigranen Baukörper, ähnlich dem ebenfalls von ihnen konstruierten Rosensteinsteg (1976–77) im Unteren Schlossgarten. Die sanft geschwungene Hängebrücke aus Stahlbetonplattenträgern verbindet den Stadtteil Freiberg mit dem Naherholungsgebiet Max-Eyth-See. Im Unterschied zu einer einseitig aufgehängten Schrägkabelkonstruktion, wie sie etwa beim Steg über die Schillerstraße angewandt worden war, wurde der Max-Eyth-Steg als rückverankerte Hängekonstruktion konzipiert; die 114 m weit gespannte Brücke ist beidseitig an Masten aufgehängt, deren Tragseile den Fluss symmetrisch überspannen. Auf der Seite zum Max-Eyth-See steht der Mast in der Brückenachse zwischen der gegabelten Abgangsrampe, auf der Bergseite wird die Betonplatte einseitig an ihm vorbei in das Widerlager geführt. Die Hängeseile sind hier schräg zur Platte angeordnet, so dass am Mast ein Dreieck offen bleibt; dadurch bietet sich dem Fußgänger ein ungestörter Blick auf die bemerkenswerte ästhetische Qualität des Bauwerks. Bis zum gegenüberliegenden Widerlager sind die Hänger netzartig verkreuzt, was eine günstige Versteifung der dünnen Platte bewirkt. Mit dem „Steg am Kochenhof" (1990) am Messegelände Killesberg (Nr. 194) realisierten Schlaich Bergermann und Partner ein weiteres Beispiel ihrer Ingenieurbaukunst.

246

Barbarakirche
Wolfgangstraße 6
1783–84
Johann Michael Bader

Hofen war bis 1803 einer der wenigen katholischen Orte in Württemberg, die Barbarakirche die einzige nicht reformierte Kirche im Stuttgarter Raum. Die Gottesdienste wurden auch von Katholiken aus dem Umland besucht, so dass schließlich der Ersatz der kleinen Dorfkirche nötig schien. Über die Finanzierung gab es jahrelange Streitigkeiten zwischen Herzog Carl Eugen als Ortsherrn und dem Konstanzer Domkapitel als zuständiger kirchlicher Institution. Schließlich wurde 1783–84 nach Plänen Johann Michael Baders ein schlichter Neubau errichtet: eine langgestreckte Saalkirche mit eingezogenem Polygonalchor, die glatten, hellen Putzwände werden nur durch hohe Rundbogenfenster unterbrochen. In den Winkel zwischen Langhaus und Chor ist der rechteckige, im Glockengeschoss achteckige Turm eingestellt. Der Kirchenraum war spartanisch gestaltet und wurde zunächst mit den Ausstattungsstücken der alten Kirche eingerichtet. Die drei Barockaltäre (um 1780) kamen nach 1810 aus der Öffinger Franziskanerkirche. Erst 1931 erfolgte eine behutsame Barockisierung des Inneren: Die zurückhaltende Stuckierung, die Farbigkeit und die flach gewölbten Putzdecken gehen auf die Renovierung durch Hugo Schlösser zurück. Seit 1954 besteht (offiziell) eine Wallfahrt zur Barbarakirche, die der „Stuttgarter Madonna" gilt. Die Madonna, eine Plastik in der Tradition der Ulmer Schule (um 1500), war bis zur Reformation in der Stiftskirche (Nr. 89) aufgestellt.

247

Burgruine Hofen
Wolfgangstraße 8
12. Jahrhundert
n. bek.

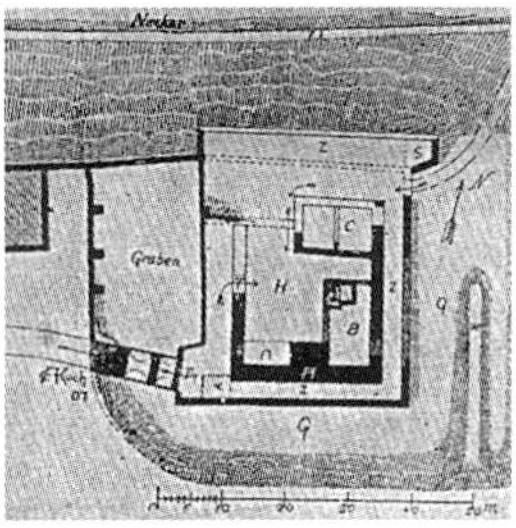

Grundriss, Zustand 1911 (unten)

Die Burgruine liegt in beherrschender Lage hoch über dem Neckar. Sie war bis 1639 Sitz der Herren von Hofen, dann der Edelfreien von Neuhausen. Die Anlage wurde wahrscheinlich um 1300 zerstört, anschließend jedoch wiederaufgebaut. Im 30-jährigen Krieg brannten schwedische Truppen den Ort und die Burg nieder, die seitdem eine Ruine ist. 1753 kaufte Herzog Carl Eugen Hofen und die Burg. 1783 ließ er den einstigen Bergfried, den mächtigen Hauptturm der Burganlage, abbrechen und mit dessen Steinen die nahe gelegene Barbarakirche (Nr. 246) errichten. Trotz dieses weiteren Verlusts an Bausubstanz ist die Hofener Anlage heute die am besten erhaltene Burg auf Stuttgarter Gebiet, wo u.a. noch geringe Reste der Burgen oberhalb Feuerbachs (Frauenburg), Weil-imdorfs (Dischingen), in Rohr und in Mühlhausen (Engelsburg, Heidenburg), vorhanden sind. Besonders die 20 m hohe, 24 m lange und fast 3 m dicke Schildmauer, die der potenziellen Angriffsseite zugewandt war, gibt einen imposanten Eindruck von der einstigen Wehrhaftigkeit. Der rechteckige Baukomplex ist auf drei Seiten von einem – heute noch weitgehend vorhandenen – Graben umgeben. Der Zugang zur Burg liegt auf der Westseite und führt über den Zwinger, den Geländestreifen zwischen Vor- und Hauptmauer, in den Burghof. Rechts von der Brükke sind Reste eines kleinen Wachhäuschens zu sehen. An beiden Seiten der Schildmauer schließen sich mehrere bis zu 15 m hohe und 3,20 m dicke Mauerreste an. Auch sind noch Teile des Burgkellers vorhanden. Hingegen fehlen sämtliche Mauern der Neckarfront. Die einsturzgefährdete Burgruine wurde 1963 gesichert und renoviert. Das Gelände ist nicht öffentlich zugänglich.

248

Altenwohnanlage St. Monika
Seeadlerstraße 7–11
1981–84
Rainer Zinsmeister, Giselher Scheffler

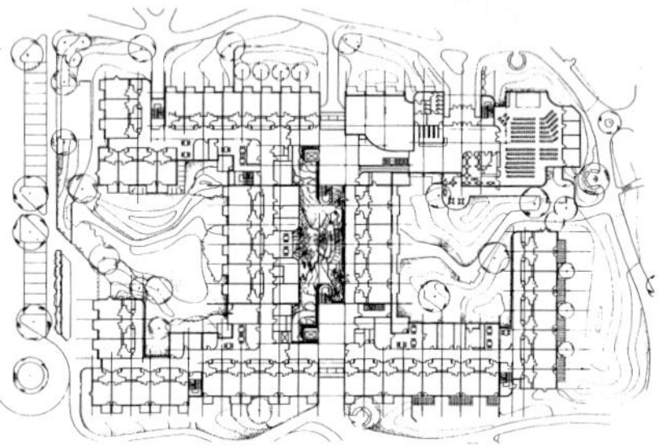

Im Zentrum des Stadtteils Neugereut, der seit Beginn der 70er Jahre „auf der grünen Wiese" neu entstand, ließ der Caritasverband eine Altenwohnanlage erstellen. Sie umfasst rund 260 Altenheim- und Altenpflegeplätze. Dazu kommen mehr als 50 Personalwohnungen. Zum Angebot an Dienstleistungs- und Gemeinschaftseinrichtungen zählen u.a. ein Café, ein Friseurgeschäft, Therapieräume, eine Hauskapelle und eine Tagespflegestation. Für dieses umfangreiche Programm entwarf das Architekturbüro Zinsmeister und Scheffler einen kompakten, das Grundstück intensiv nutzenden Komplex; die Höhe wurde auf maximal vier Geschosse begrenzt. Die Anlage umschließt zwei Innenhöfe, die von außen zugänglich sind. Eine Querspange fungiert als zentraler Bauteil und dient der Erschließung. Ihren Mittelteil bildet eine mit gläsernen Tonnen gedeckte Halle, die an ein Gewächshaus erinnert. Sie wurde mit tropischen Gewächsen bepflanzt und mit einem kleinen Gewässer belebt. Die OG, die die Wohn- und Pflegestationen aufnehmen, öffnen sich zu dieser Halle. Die Fassaden der Altenwohnanlage wurden mit dem Material verkleidet, das durch seine weite Verbreitung geradezu ein Erkennungszeichen des Stadtteils Neugereut ist: hellgraue Eternitschindeln. Naturholzfenster kennzeichnen die Wohnbereiche, farbig gestrichene Aluminiumfenster die Gemeinschaftsräume. Ein wichtiges Gliederungselement sind vor die Fassaden gehängte Balkone aus farbigen Metallgestängen. Die Unterbringung des Raumprogramms in städtebaulich akzeptabler Weise ist erfreulich und lässt über etwas zu auffällig-modische Details wie Dreieckserker, Glastonnen, Lampen usw. hinwegsehen.

249

Evangelischer Kindergarten
Pelikanstraße 26
1977
Günter Behnisch & Partner

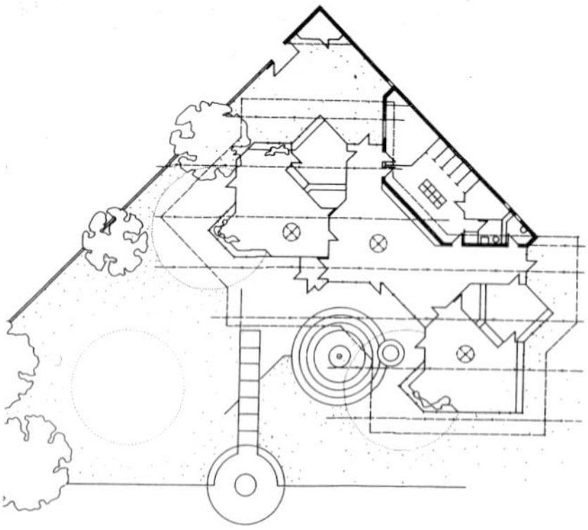

Erst auf den zweiten Blick entdeckt man den hinter Gebüschen verborgenen, zurückhaltend gestalteten Kindergarten, eine Oase in der offensichtlich wenig kinderfreundlichen Trabantenstadt Neugereut. Auf einem ungünstig geschnittenen Grundstückszwickel liegt er zwischen Hochhausgebirgen und schmukken Einfamilienhäusern. Mit der gebauten Umgebung kann und will sich diese Anlage nicht vergleichen lassen, weder gestalterisch noch hinsichtlich der Baumasse. hier wurde versucht, eine in Maßstab, Gestaltung und Materialwahl benutzergerecht funktionale Architektur zu entwickeln – zu einer Zeit, als das noch nicht üblich war. Der eingeschossige Kindergarten wurde als vielgliedrige Holzkettenkonstruktion über einem unregelmäßigen, kleinteilig strukturierten Grundriss entwickelt. Diesem liegt die Form eines rechtwinkligen Dreiecks als Raster zugrunde, worin sich der Grundstückszuschnitt widerspiegelt. Das Holzgerüst ist sichtbar belassen und mit Holztafeln und großen Glasflächen ausgefacht. Der enge Bezug zwischen Innen- und Außenraum wird durch das pergolaähnlich weit auskragende Flachdach unterstrichen. Mehr als zehn Jahre nach dem Bau des Neugereuter Kindergartens kamen Behnisch & Partner bei der Planung des Kindergartens in Luginsland (Nr. 277) wieder zu einer ungewöhnlichen, jedoch formal andersartigen Lösung, wobei erneut Holz als dominierendes Baumaterial eingesetzt wurde.

250

Wohnanlage „Schnitz“
Ibisweg 17–19
1973–74
Peter Faller, Hermann Schröder

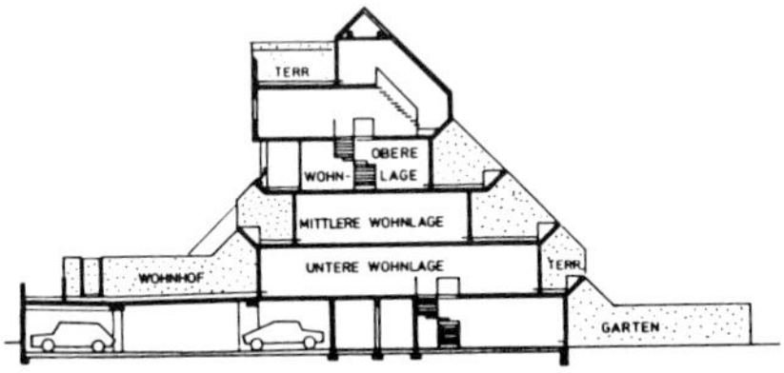

Unter den Bauten der Großsiedlung Neugereut ist die Terrassenwohnanlage „Schnitz“ von besonderem architektonischen wie soziologischen Interesse. Schon vor Planungsbeginn hatte sich eine Bauherrengemeinschaft zusammengefunden, der u. a. die Architekten angehörten. Jedes Mitglied besaß Mitspracherechte im gesamten Planungsprozess, erbrachte aber auch Eigenleistungen beim Bau. Zunächst war eine konventionelle Reihenhauszeile konzipiert; daraus leitet sich auch der Name „Schnitz“ ab, süddeutsch für ein aus der Frucht herausgeschnittenes Stück. Im Verlauf der Planung kristallisierte sich dann ein komplexes, vielschichtiges Gebäude heraus. Die achtachsige Anlage nimmt auf sechs Ebenen insgesamt 21 Wohneinheiten auf. Die einzelnen Wohnungen sind zwischen 38 und 153 m² groß. In der unteren und der oberen Etage liegen Maisonetten, in der mittleren eingeschossige Wohnungen. Jede verfügt entweder über einen Gartenanteil oder eine Terrasse. Der Individualbereich wird ergänzt durch ein außergewöhnlich umfangreiches Programm an Gemeinschaftsräumen und -flächen. Die Hauszeile wurde in Schottenbauweise erstellt, d.h. mit tragenden Trennwänden zwischen den acht Achsen. Die Erschließung erfolgt durch zwei Treppenhäuser, Innen- und Außengänge. Die Nordwestseite wurde zum Ausgleich für die schlechtere Besonnung terrassiert. Nahezu das gesamte Gebäude ist mit Eternit-Schindeln verkleidet, so dass sich die Assoziation eines bis zum Boden reichenden Daches, wie z. B. bei Schwarzwälder Bauernhöfen, einstellt.

251

Ehem. Vierkranhalle der Firma Adolf Lauster
Neckartalstraße 223
1936–38
n. bek.

Nordost-Ansicht (oben), Innen-Ansicht vor der Auffüllung 1990 (unten)

Das Gelände des Steinbruch- und Natursteinbetriebs Lauster stellt – obwohl einige Gebäude abgerissen wurden – ein bedeutendes Denkmal der Industrie- und Technikgeschichte dar. Das Ensemble umfasste neben der Fabrikantenvilla u.a. Bürogebäude sowie mehrere Fabrikationshallen. Sämtliche Gebäude wurden, quasi als gebaute „Visitenkarte“, aus hier abgebautem Travertin errichtet. Beherrschender Baukörper des Areals ist die 120 m lange und 18 m hohe Vierkranhalle. Ihr 25 m breiter Innenraum, den ursprünglich vier mächtige Laufkräne bestimmten, wird an der westlichen Längswand durch große Rundbogenarkaden gegliedert. Aneinander gereihte Rundbogennischen, die an Seitenkapellen erinnern, unterteilen die östliche Längsseite. Darüberliegende Blendbögen und gekuppelte Vierblendfenster an der Außenseite der westlichen Längswand wecken, wie auch die Fensterrosen an den Schmalseiten, Assoziationen an Sakralbauten. Die wuchtige Fassade der Halle mit ihrem Rustikamauerwerk und dem von einem Kranzgesims bekrönten Giebel erinnert an Staatsbauten des Dritten Reiches. Die Firma Lauster ging 1974 in Konkurs. 1990 wurde die Vierkranhalle in denkmalpflegerisch unverantwortlicher Weise bis auf ihr vorderes Drittel neun Meter hoch mit Erde aufgefüllt, wodurch ihre einzigartige Wirkung verloren ging; Schäden an der Bausubstanz sind vorprogrammiert. Vor dem Areal sind entlang der Neckartalstraße 14 Travertinsäulen aufgereiht, die in der NS-Zeit ursprünglich für ein Monument des geplanten Mussoliniplatzes in Berlin bestimmt waren.

252

Rauchgasentschwefelungsanlage
Voltastraße 45
1986–89
Hanspeter Klein, Wolf-Dieter Breucha

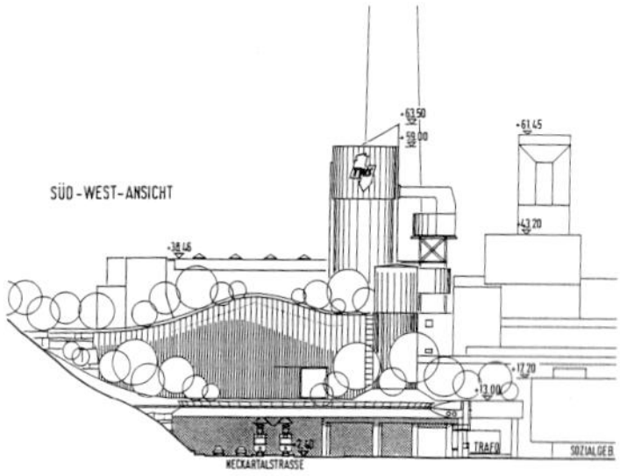

Bauten für den Umweltschutz kommt eine immer größere Bedeutung zu. So sahen sich die damaligen Technischen Werke der Stadt Stuttgart (TWS) veranlasst, eine Anlage für die Reinigung der Abgase des Kohlekraftwerks Münster in Auftrag zu geben. Die Rauchgasentschwefelungsanlage (REA) schuf einen neuen städtebaulichen Bezugspunkt inmitten der chaotischen Industrielandschaft um den Koloss des bestehenden Kraftwerks. Die Architekten spannten etwa 10 m über der Neckartalstraße eine Brückenplatte, auf der sie die gesamte Anlage errichteten. Der über der Platte aufsteigende mächtige Baukörper wird durch Abstufung der Baumassen optisch reduziert. Weich modellierte, geschwungene Fassadenflächen aus Metall, welche die Bewegung der Hanglinien aufnehmen, umhüllen sein Äußeres. Die Fassade wurde mit Rankgerüsten versehen, die Begrünung nordöstlich bis zum Kamin des Kraftwerks weitergeführt. Sie verdeckt die dort bestehenden Silobauten und verleiht dem Kraftwerkskomplex zur Straße hin ein einheitliches Bild. Auch die Brückenplatte wurde an ihren Rändern bepflanzt. Das kräftige Blau und Rot der Fassadenbrüstung sorgt für einen farbigen Akzent. In der landschaftsschonenden Bauweise sowie der – für ein Bauwerk dieser Größenordnung und Funktion – ansprechenden Architektur besitzt die REA Vorbildcharakter. Als weitere der Umweltentlastung dienende Gebäude befinden sich in unmittelbarer Nachbarschaft von denselben Architekten eine Rauchgaswaschanlage für die Müllverbrennung, ein neuer Müllverbrennungskessel sowie ein Müllbunker.

253

Staustufe Bad Cannstatt
Bei der König-Karls-Brücke
1927–30
Paul Bonatz, Neckarbaudirektion

Zustand um 1930 (unten)

Im Rahmen des Ausbaus des Neckars zur Großschifffahrtsstraße wurden ab 1926 im Neckartal zahlreiche Staustufen zur Flussregulierung errichtet. Paul Bonatz fungierte beim Bau der Strombauwerke, Wehre, Schleusen und Kraftwerksbauten als architektonischer und künstlerischer Berater. Wie z. B. auch bei den Staustufen nahe Esslingen oder in Stuttgart-Hofen fällt die betont sachliche Gestaltung des Bauwerks auf. In seiner kubischen Form, dem Verzicht auf jegliche Ornamentik, der Anlage von Fensterbändern und dem Flachdach lehnt sich die Gestaltung der Staustufe an den Baustil der Neuen Sachlichkeit an. Diese Formensprache ist für Bonatz, einen Hauptvertreter der konservativen Stuttgarter Schule, unüblich; er wandte sie fast nur bei technischen Bauwerken an, wie u. a. die Brükken, die er im Rahmen seiner Beratertätigkeit beim Bau der Reichsautobahnen während des Dritten Reichs entwarf, zeigen. Für andere Aufgaben lehnte Bonatz – bis auf wenige Ausnahmen – die Architektur des Neuen Bauens ab und bekämpfte sie vehement; dies verdeutlicht seine ablehnende Haltung zu einer Inkunabel dieser Archi-tekturrichtung, der Weißenhofsiedlung (Nr. 197). Für Wohnbauten, etwa sein eigenes Haus (Nr. 188), bevorzugte Bonatz eine traditionalistische Gestaltungsweise.

254
Wilhelma
Wilhelma 1–8
1842–64
Karl Ludwig Zanth

Gesamtansicht 1855 (oben), Maurische Villa um 1938 (unten)

Damaszenerhalle um 1938 (oben), Kuppelsaal um 1930 (unten)

Die Wilhelma wurde unter König Wilhelm I. am Rande des Rosensteinparks errichtet. Von der Öffentlichkeit durch eine mit Dekorkeramik verzierte Mauer abgeschirmt, entstanden ein Landsitz, Gewächshäuser, Säulengänge und Pavillons. Das malerische Ensemble wurde in eine kunstvolle Parklandschaft mit Terrassen, Wasserbecken und Springbrunnen eingebettet. Für die Gestaltung der Bauten gab der König den „maurischen Stil" vor, den Karl Ludwig Zanth mit Elementen der griechischen Architekturlehre verband. Orientalisierende Bauwerke waren seit dem Barock in zahlreichen „Chinoiserien" und „Turquerien" als Sinnbild aufgeklärten Herrschertums und religiöser Toleranz sowie zur Befriedigung romantischer Abenteuerlust entstanden. Mittelpunkt der Anlage war das Lustschloss, welches „die morgenländischen Wunder der Alhambra in das Zauberthal des Neckars versetzt", so ein zeitgenössischer Orientalist. Über eine Vorhalle gelangte man in einen zweigeschossigen, glasgedeckten Innenhof mit Brunnen. Zentraler Bauteil des „maurischen Landhauses" war der mächtige Kuppelsaal. Er setzte sich aus einer Fülle von Elementen verschiedener islamischer Bauwerke zusammen, die hier fantasievoll miteinander kombiniert wurden. Seine märchenhafte Wirkung erhielt der Saal durch die aufwändige Ornamentik, welche farbenprächtig sämtliche Oberflächen überzog. Nach außen hin war die Villa mit den flankierenden Gewächshäusern streng symmetrisch angeordnet. Die Anlage eines durch eine Kuppel betonten Mittelbaus, der von Seitenflügeln und Eckpavillons eingerahmt wird, entspricht dem Grundrissschema barocker Schlösser. Auch die Verbindung von Wohnräumen und Pflanzenhäusern war bei den Orangerien des 18. Jhs. verbreitet. Die Architekturdetails wie die zinnenförmige Dachverzierung, die Streifung der Fassade aus rötlichen und gelben Natursteinen oder die Hufeisenbögen hatten islamische Vorbilder. Beim Bau der lang gestreckten Gewächshausflügel und ihrer Eckpavillons verwendete Zanth – vom König ausdrücklich als symbolisches Bekenntnis zum industriellen Fortschritt gewünscht – vorgefertigte, standardisierte Eisengusselemente, die er mit sparsamen orientalischen Formen verzierte. Am Fuße des Hanges, in der Mittelachse der Anlage, lag der pompöse Festsaal (1844–51). Auf diese Mittelachse waren auch alle späteren Bauten bezogen, wie z. B. das „Belvedere", die gusseisernen Wandelgänge und Kioske oder die nach dem Tode Zanths 1863–64 durch Wilhelm Baeumer erbaute „Damaszenerhalle". Die einstige Pracht der Anlage ist heute nur schwer nachvollziehbar. Im Zweiten Weltkrieg wurden fast alle Bauten zerstört oder beschädigt, von ihrer kostbaren Innenraumgestaltung ist kaum noch etwas vorhanden. 1918 legte man auf dem Gelände einen Botanischen Garten an. 1950 wurde dieser zum Zoologischen Garten ausgebaut, dessen Haupteingang sich im historischen Teil der Anlage befindet. Die Wilhelma zählt, nicht zuletzt wegen der Bauten Zanths, zu den schönsten Zoologischen Gärten Europas.

255

Großvolière und Amazonienhaus der Wilhelma
Neckartalstraße, Pragstraße
1988–93; 1999–2000
Auer + Weber + Partner

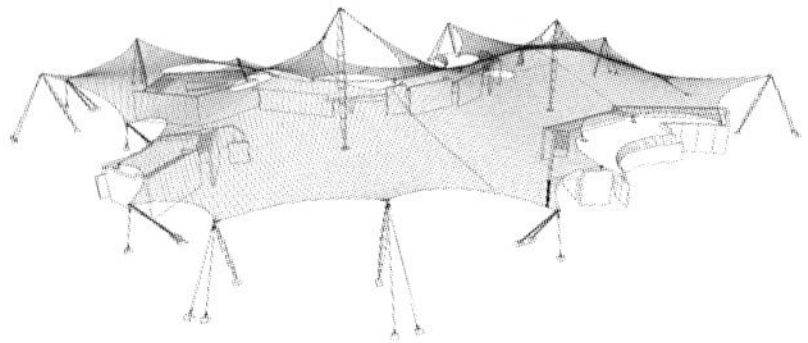

Amazonienhaus, Innenansicht; Großvolière, Isometrie (unten)

In den letzten Jahrzehnten wurde die Wilhelma immer wieder um Gebäude erweitert, die dem aktuellen Stand der Tierhaltung entsprechen und zugleich dem Bedürfnis der Besucher nach einem möglichst authentischen Erlebnis exotischer Fauna und Flora Rechnung tragen. Ein prägnantes Beispiel hierfür ist die 1993 eröffnete Großvolière, ein Areal von 3000 m^2 Schaufläche mit diversen Quartier- und Nebengebäuden. Der Komplex, der von einem filigranen, geschwungenen Seil-Drahtnetz überspannt wird, beinhaltet zwölf Einzelgehege für verschiedene mit einander verträgliche Vogelfamilien. Die Konstruktion besteht aus einer Tragstruktur mit einer Maschenweite von 40 x 40 cm, auf die ein Feinnetz aufgelegt ist, das auch die Abgrenzung zwischen den Einzelvolièren bildet. Die Netzrandseile sind in ein System von Stahlrohrmasten und -böcken eingespannt; Erdanker und die Betonwände der Quartiershäuser nehmen die Zugkräfte auf. Der Weg durch die Großvolière ist so angelegt, dass das Publikum möglichst ohne störende Begrenzungen den Vögeln begegnen kann. Ebenfalls von Auer + Weber + Partner stammt das 2000 eröffnete Amazonienhaus. Eine hohe, ziegelverkleidete Wand – zugleich Referenz an die historische Terrakottamauer entlang der Eingangsfront - schirmt das Gebäude zur stark befahrenen Pragstraße hin ab. Zum Gelände der Wilhelma öffnet sich das Gebäude mit einer transparenten, bogenförmigen Glashülle. Im Innern des überdimensionalen Gewächshauses wird das Publikum auf einen „Erlebnisweg" mit Wasserfällen, Teichen, Tiergehegen und einem Aquarium geleitet, der die Tier- und Pflanzenwelt des tropischen Regenwalds Amazoniens möglichst wirklichkeitsnah vermitteln soll.

256

Wilhelmatheater
Neckartalstraße 9
1838–40
Karl Ludwig Zanth

Wie der Kursaal (Nr. 264) war auch das Wilhelmatheater Ausdruck der Bemühungen König Wilhelm I., Cannstatt zu einem renommierten Kurort auszubauen. Wegen seiner peripheren Lage wurde das Hof- und Kurtheater jedoch nur wenige Jahrzehnte bespielt. Das Gebäude mit seiner an Renaissanceformen orientierten Fassade setzt sich aus zwei rechtwinklig ineinander geschobenen Baukörpern zusammen. Über einem geschosshohen Natursteinsockel erhebt sich der verputzte Oberbau aus Ziegelmauerwerk, der durch Ecklisenen eingefasst wird. Die zum Neckar gewandte Schauseite besitzt einen dreiachsigen, durch Rundbogenfenster gegliederten Mittelrisalit, der von Ädikulen mit eingestellten Skulpturen gerahmt ist. Dem EG ist eine ebenfalls dreiachsige Rundbogenhalle vorgestellt. Der intime Zuschauersaal besitzt ein amphitheatralisch ansteigendes Parkett sowie zwei umlaufende Ränge. Nachdem das Theater jahrzehntelang leer gestanden hatte und sogar sein Abriss erwogen wurde, fand 1985–87 unter Leitung des Staatlichen Hochbauamts eine grundlegende Modernisierung und Restaurierung statt. Hierbei wurden u.a. die 1903–09 seitlich angebrachten Treppenhaustürme entfernt. Die farbenfrohe Ausmalung in antikisierendem „pompeianischen Stil" wurde wiederhergestellt. Im Zuge der Modernisierung fügte man an die Theaterrückseite einen Pavillon in Hightech-Design an. Das nun 325 Plätze fassende Theater dient heute der Hochschule für Musik und Darstellende Kunst als Übungs- und Spielstätte.

257

Schloss Rosenstein, Staatliches Museum für Naturkunde
Rosenstein 14
1824–29
Giovanni Salucci

Zustand um 1938 (oben)

Das klassizistische Schloss erhebt sich in beherrschender Lage über dem Neckar inmitten eines englischen Landschaftsgartens. Es wurde von König Wilhelm I. von Württemberg als Sommerresidenz für seine Familie in Auftrag gegeben. Giovanni Salucci entwarf einen langgestreckten, eingeschossigen Baukörper mit hohem Sockel und Attika. An diesen fügte er Gebäudeflügel an, die um zwei Innenhöfe angelegt wurden. Der erhöhte Mittelbau besitzt einen mächtigen Portikus mit sechs Säulen ionischer Ordnung, der von einem Dreiecksgiebel abgeschlossen wird; die repräsentativen Reliefs der Giebelfronten zeigen Darstellungen von Apoll und Luna. Kleinere, ebenfalls mit Dreiecksgiebeln versehene Eckrisalite akzentuieren die Enden der Garten- und der Neckarfront. Schloss Rosenstein steht mit seiner horizontalen, nur von den Portiken unterbrochenen Ausrichtung ganz in der Tradition des englischen Palladianismus, der sich in Württemberg bereits 1784 im Schlösschen Scharnhausen auf den Fildern (Architekt: Reinhard Ferdinand Heinrich Fischer) manifestiert hatte. Zentraler Innenraum von Schloss Rosenstein ist der tonnenüberwölbte Festsaal, der durch umlaufende Kolonnaden gegliedert wird. Im Zweiten Weltkrieg brannte das Gebäude aus. Beim anschließenden Wiederaufbau wurden die meisten Innenräume verändert. Seitdem ist das Schloss Sitz der Zoologischen Abteilung des Naturkundemuseums. Heute sind nur noch der Fest- sowie der Speisesaal in ihrer ursprünglichen Architektur erhalten. 1990–93 wurden im Rahmen einer Sanierung u.a. die Lichthöfe überdacht. Außerdem erfolgte eine Neuordnung der Sammlung.

258

Bürogebäude der Sparkassen-Versicherung
Löwentorstraße 65
1972–74
Rolf Gutbrod, Hermann Kiess, Willi Duder

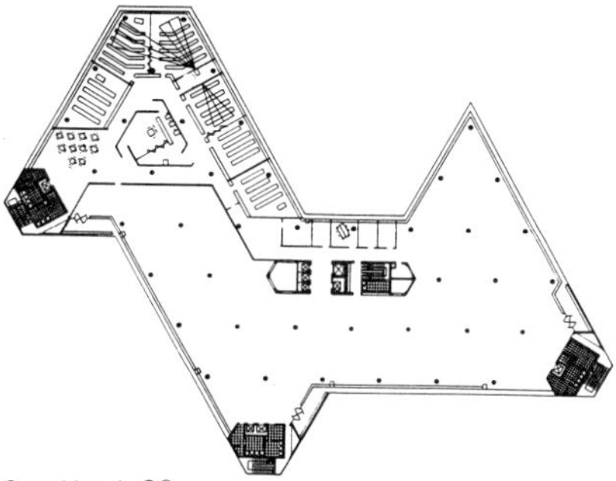

Grundriss 4. OG

Am Fuß eines Weinberges erhebt sich als „Vorposten" des Cannstatter Gewerbegebiets das Bürogebäude der Sparkassen-Versicherung. Wie viele Verwaltungsbauten der 60er und 70er Jahre irritiert auch dieser zunächst durch selbstbewusst demonstrierte Größe und kompromisslose Form. Er ruft die Assoziation eines Kastells hervor; drei wuchtige Beton-Erschließungstürme mit gläsernen Erkern erscheinen als zinnenlose Wehrtürme. Zwischen sie eingespannt sind Aluminium-Fassaden mit außen angebrachtem Sonnenschutz und Wartungsstegen. Hinter dieser nüchternen Außenhaut verbirgt sich eine Stahlbetonskelettkonstruktion. Zum Tal hin zeigt das sechsgeschossige Gebäude eine mehrfach geknickte, aber geschlossene Front. Auf seiner Rückseite öffnet es sich in einen Hof, der von zwei vorgeschobenen Flügeln flankiert wird. Die Innenkonzeption ist eine typische sog. Bürolandschaft. Diese Form der Büroorganisation löste seit den späten 60er Jahren zunehmend die Großraumbüros ab. Zum Sicht- und Lärmschutz wurden die Büroflächen durch Stellwände flexibel unterteilt. Die Erschließung erfolgt über einen zentralen Kern sowie die Treppentürme. Ein System von „Haupt- und Nebenverkehrswegen" verbindet Arbeitsplätze und -gruppen, Konferenzzimmer und kommunikationstechnische Einrichtungen. Ein Vergleich mit dem Haus der Holzberufsgenossenschaft (Nr. 64) zeigt die Spannbreite im Werk des Architekten Rolf Gutbrod und illustriert zugleich die Entwicklung im Bürohausbau zwischen 1950 und den 70er Jahren. – Ein Erweiterungstrakt wurde 1988–90 erstellt, weitere Ergänzungen sind geplant.

259

„Klösterle"
Marktstraße 71
1463; 1982–84
n. bek.

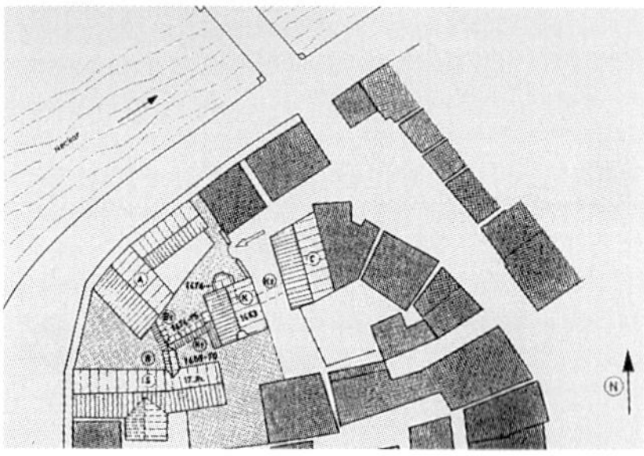

Zustand um 1960 (oben), Lageplan 17. Jh. (unten)

Das dendrochronologisch auf 1463 datierte gotische Fachwerkhaus gilt als das älteste erhaltene Wohngebäude Stuttgarts. Am Rande der Cannstatter Altstadt gelegen, war es der Mittelpunkt einer Häusergruppe, die durch drei hölzerne Brückenbauten im OG verbunden war. Das „Klösterle" diente vor der Reformation als Wohnhaus für in klösterlicher Gemeinschaft lebende ledige Frauen, sog. Beginen. Als Besonderheit besitzt es im 1. OG eine Hauskapelle mit polygonalem Abschluss, die 1576 ein stuckiertes Netzgewölbe erhielt. Heute steht das Gebäude, nach einer Quartiersanierung weitgehend seiner historischen Umgebung beraubt, isoliert zwischen Neubauten der letzten Jahrzehnte. Vom endgültigen Verfall und Abriss bedroht, konnte das Kulturdenkmal mit Hilfe von privaten Spenden und öffentlichen Zuschüssen 1982–84 grundlegend saniert und restauriert werden. Hierbei wurden zahlreiche im Laufe der Jahrhunderte hinzugekommene Anbauten wieder entfernt und das Gebäude auf den baulichen Zustand des späten 16. Jhs. zurückgeführt. Im Rahmen dieser Restaurierungsmaßnahmen legte man Fresken aus dem 15. Jh. frei. Das „Klösterle" nimmt heute im EG eine Weinstube auf; im OG und im 2. DG befindet sich ein Architekturbüro. Im 1. DG liegt die Kapelle sowie ein Besprechungsraum. Nach dem Wiederaufbau einer benachbarten Scheuer aus dem 17. Jh. und einer verbindenden hölzernen Brücke, die zum Bau einer Tiefgarage abgetragen worden waren, ist nun die mittelalterliche Situation wieder ablesbar. In der ehemaligen Scheune ist seit 1988 das Cannstatter Stadtmuseum untergebracht.

260

Kron-Apotheke
Marktstraße 59
1977
Werner Luz

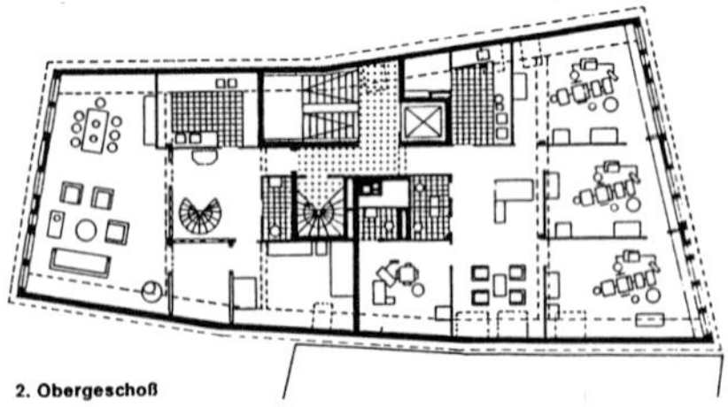

Einer der wenigen bemerkenswerten Nachkriegsbauten der Cannstatter Altstadt wurde an städtebaulich besonders sensibler Stelle direkt gegenüber der Stadtkirche (Nr. 261) errichtet. Zwischen einem klassizistischen und einem spätmittelalterlichen Bürgerhaus ersetzte der Neubau auf einem schiefwinkligen Grundstück ein baufälliges barockes Gebäude. Die giebelständige Einpassung in die Gebäudeflucht, die Traufhöhe, der Dachumriss und die einem Fachwerkbau nachempfundenen geschossweisen Vorkragungen stellen den Bezug zur Umgebung her und sorgen dafür, dass das Haus inmitten seiner historischen Nachbarschaft nicht als Fremdkörper empfunden wird. Trotzdem verleugnet das Gebäude seine Entstehungszeit keineswegs. Die Fassade wurde als Skelett aus sichtbar belassenem Beton ausgeführt – eine Anspielung auf die in den Nebenstraßen zu findenden Fachwerkhäuser. Das Betongerippe bildet ein unregelmäßiges Fassadenraster mit unterschiedlich großen Abständen zwischen den Stützen. Die meisten Zwischenfelder wurden vollständig verglast. Ebenfalls großzügig verglast wurde die EG-Zone, in der sich eine Apotheke befindet. In den Geschossen darüber sind Arztpraxen untergebracht, in den DG Wohnungen. Auch wenn man die inzwischen strenger gewordenen Maßstäbe für das „Bauen im historischen Kontext" anlegt, so stellt das Gebäude der Kron-Apotheke eine qualitätvolle und feinfühlige Lösung dieser schwierigen Aufgabe dar.

261

Stadtkirche Cannstatt
Marktplatz 1
1471–1506; 1612–13
Aberlin Jörg; Heinrich Schickhardt

In der zweiten Hälfte des 15. Jhs. entstanden Stuttgarts große spätgotische Kirchenbauten: die Langhäuser der Stiftskirche (Nr. 89) und der Leonhardskirche (Nr. 71) sowie die Hospitalkirche (Nr. 24). Verantwortlich dafür zeichnete der gräfliche Baumeister Aberlin Jörg. Er leitete auch den Bau der Cannstatter Stadtkirche. An deren Stelle hatte sich ein den Heiligen Cosmas und Damian geweihter, spätromanischer Vorgängerbau befunden. Die Stadtkirche ist ein für Aberlin Jörg typischer Bau. Die drei Schiffe der breit gelagerten Hallenkirche sind unter einem mächtigen Dach zusammengefasst. Die weit auseinander stehenden, schlanken Stützen des vierjochigen Langhauses tragen ein Netzgewölbe. Dieses Gewölbe wurde 1788 durch Blitzschlag zerstört und im 19. Jh. erneuert. Erhalten blieb hingegen das feingliedrige Netzgewölbe des eingezogenen Chores. Vier Strebepfeiler geben der flächigen Westfassade, die ansonsten von einem Radfenster und spitzbogigen Fenstern sparsam gegliedert wird, einen vertikalen Akzent. Der die Cannstatter Altstadt überragende Chorflankenturm wurde erst 1612–13 vom bedeutendsten württembergischen Renaissancebaumeister, Heinrich Schickhardt, vollendet und mit einem markanten OG und Helm versehen. Die Beseitigung der Kriegsschäden – die geringer waren als an Jörgs Kirchen in der Stuttgarter Innenstadt – dauerte bis Mitte der 60er Jahre. Von der ursprünglichen Ausstattung hat sich kaum etwas erhalten.

262

Bezirksrathaus
Marktplatz 2
1491; 1875
n. bek.

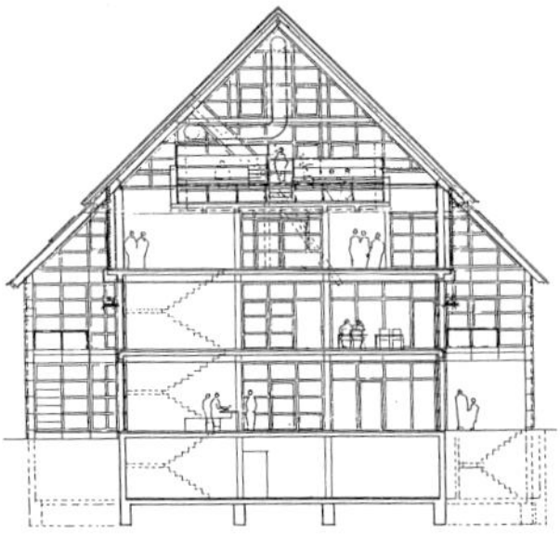

Querschnitt durch den Erweiterungsbau (unten)

Bad Cannstatt, auf eine Römersiedlung zurückgehend und um 700 erstmals urkundlich erwähnt, wurde 1905 mit Stuttgart vereinigt. Der einstmals bekannte Bade- und Industrieort bildet heute den größten Stuttgarter Stadtbezirk. Trotz beträchtlicher Zerstörungen im Zweiten Weltkrieg blieben weite Teile der malerischen mittelalterlichen Altstadt erhalten, deren Mittelpunkt der Marktplatz mit der Stadtkirche (Nr. 261) und dem heutigen Bezirksrathaus ist. Das kastenförmige, dreigeschossige Gebäude mit dem hohen Satteldach ist in seinem Kern ein spätgotischer Fachwerkbau. Die stufenweise Vorkragung der Geschosse im Giebel, ein typisches Merkmal des schwäbisch-alemannischen Fachwerkbaus, deutet noch auf die Fachwerkkonstruktion hin. Ursprünglich besaß das Rathaus eine offene Laube im EG. In späterer Zeit erfuhr der Bau zahlreiche Umbauten, die seinen ursprünglichen Charakter veränderten; so wurde u.a. ein Eckerker entfernt. Sein heutiges Aussehen erhielt das Rathaus im Jahr 1875, als man es grundlegend renovierte und umgestaltete. Hierbei wurde auch das EG neu verkleidet und das Eingangsportal mit aufwändigem Dekor in spätgotischen Formen versehen. Der markante spitze Dachreiter auf dem Giebel nimmt zwei Glokken aus den Jahren 1285 und 1505 auf. Der Erweiterungsbau am Marktplatz 10 wurde 1987–88 von Werner Luz errichtet. Dem nüchternen Stahlbetonskelettbau wurde eine Leichtmetallfassade vorgehängt.

263

Ehem. Weingärtnerhaus
Spreuergasse 10
1689
n. bek.

Die Zerstörungen des Zweiten Weltkriegs trafen die Cannstatter Altstadt weit weniger als die Stuttgarter Innenstadt. So findet sich dort heute noch eine stattliche Zahl spätmittelalterlicher Gebäude, die an Cannstatts Vergangenheit erinnern. Das vermutlich älteste von ihnen ist das 1463 erbaute „Klösterle" (Nr. 259). Zahlreiche jahrhundertealte Wohnhäuser stehen vor allem in der Marktstraße (u. a. Nr. 19, ein Weingärtnerhaus aus dem 16.–17. Jh., und Nr. 38, ein Bürgerhaus vom Ende des 16. Jhs.) und einigen ihrer Nebenstraßen. Auch in der Spreuergasse, unterhalb der im 19. Jh. geschleiften Stadtmauer, finden sich noch bemerkenswerte Wohnbauten. Das Haus Spreuergasse 10 wurde 1689 erbaut; gleichwohl mutet es spätmittelalterlich an – eine stilgeschichtliche Zuordnung zum Barock wäre nicht angebracht. Es handelt sich um ein typisches Haus einer einfachen „Wengerterfamilie". Das EG des giebelständigen Baus besteht aus massivem, teilweise nur grob behauenem Werkstein. Über Steinkonsolen kragt das Fachwerk-OG aus. Das steile Satteldach ist durch spätere Ausbauten und aufgesetzte Gauben z. T. verändert. Bei dem der Spreuergasse zugewandten vorderen Bereich des Hauses, der eine Weinstube beherbergt, ist die Fachwerkkonstruktion unter Putz verborgen. Zum Hof hin wurde das Fachwerk freigelegt. – Das Nachbarhaus Spreuergasse 6 ist ein vermutlich aus dem 16. Jh. stammender Fachwerkbau, der vollständig verputzt ist.

264

Kursaal Cannstatt
Königsplatz 1
1825–39; 1907–09; 1978
Nikolaus Thouret; Albert Eitel; Hochbauamt der Stadt Stuttgart

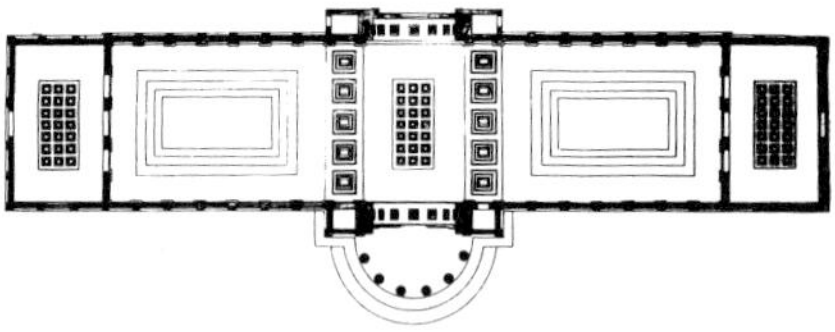

Zustand um 1938 (oben)

Cannstatt erlebte im 19. Jh. eine Blüte als Kurort, berühmt durch seine Mineralquellen. Unter König Wilhelm I. von Württemberg begann man, den noch mittelalterlich strukturierten Ort zu einer modernen, klassizistisch geprägten Badestadt umzugestalten. Das von Hofbaumeister Thouret entwickelte städtebauliche Konzept lässt sich vor allem in der Anlage der prächtigen Kursaal-Allee oder der von zwei Sternplätzen unterbrochenen Achse in der Verlängerung der heutigen König-Karls-Brücke beobachten. Thouret entwarf auch das obligatorische Zentrum eines Badeortes, den Kursaal. Bauherr des noblen, in den Kurpark eingebetteten Gebäudes in klassizistischen Stilformen war der 1821 vom König ins Leben gerufene Cannstatter Brunnenverein. Thouret konzipierte zunächst den langgestreckten, eingeschossigen Mitteltrakt, der durch einen Dreiecksgiebel in der Mittelachse gegliedert wird. Dem Giebel ist an der Parkseite eine halbrunde dorische Säulenhalle mit einem mächtigen Architrav vorgelagert. Die Seitenflügel und das Brunnenhaus des Kursaales wurden ebenfalls durch Thouret entworfen. Ein einheitlich umlaufendes antikisierendes Triglyphenfries fasst die verschiedenen Bauabschnitte zusammen. Zu Beginn des 20. Jhs. errichtete Albert Eitel südlich des Altbaus den sog. Kleinen Kursaal, der ein Restaurant und einen Tanzsaal aufnimmt. Beide Gebäudetrakte wurden 1978 durch einen modernen Bauteil verbunden. Das vor dem Gebäude aufgestellte Reiterstandbild von König Wilhelm I. führte Johannes Halbig 1875 aus. Am Rande des Kurparks liegt das Daimlersche Gewächshaus, die Tüftlerwerkstatt des berühmten Automobilpioniers. – Neben dem Kursaal an der Sulzerrainstraße entstand 1991–94 nach Plänen von Wilfried Beck-Erlang das neue Mineralbad Cannstatt.

265

Uffkirche
Waiblinger Straße 66
1494–1500
n. bek.

Etwa gleichzeitig mit der Cannstatter Stadtkirche (Nr. 261) erfolgte der Neubau der Uffkirche. Diese ist ein strebepfeilerloser Saalbau mit flacher Decke, der von einem Satteldach abgeschlossen wird. Den massigen quadratischen Chorturm bekrönt ein Pyramidendach. Nur die spitzbogigen Maßwerkfenster sind ein Hinweis auf die spätgotische Erbauungszeit, die eine Jahreszahl über der Südpforte mit 1494 angibt. Der schlichte, schmucklose Gesamteindruck lässt eher an eine romanische Dorfkirche denken als an gotische Architektur. Tatsächlich wurden im Mauerwerk Teile einer frühromanischen Kirche verarbeitet. Dieser Vorgängerbau war die Pfarrkirche einer später in Cannstatt aufgegangenen Siedlung Uffkirchen. Als vermutlich älteste Kirche auf Stuttgarter Gebiet östlich des Neckars war sie Mutterkirche u.a. für die Pfarreien Hofen, Untertürkheim und Obertürkheim. Von dieser einstigen Bedeutung ist nichts mehr zu erkennen. Nach Kriegsschäden wiederhergestellt, dient die Uffkirche heute als Friedhofskapelle. In ihren Wänden sind Epitaphien des 17. und 18. Jhs. eingemauert. Auf dem Friedhof befinden sich die Gräber der Automobilkonstrukteure Gottlieb Daimler und Wilhelm Maybach sowie des Dichters Ferdinand Freiligrath. – Neben der Uffkirche rahmen zwei historistische Sakralbauten den Uffkirchhof ein: Die 1895–1900 von Richard Böklen und Karl Feil erbaute evangelische Lutherkirche (Waiblinger Straße 50) und die 1907–09 von Joseph Cades errichtete katholische Liebfrauenkirche (Wildunger Straße 57).

266

Haus Majerle
Lorcher Straße 26
1985
Günter Schäffler

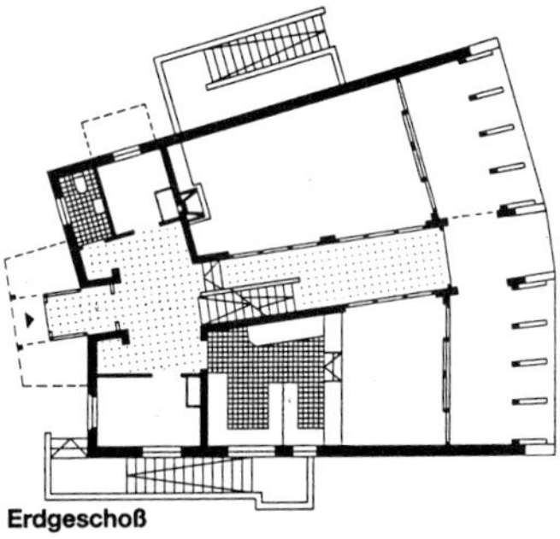

Erdgeschoß

Das dreigeschossige Haus ist ein beachtenswertes Beispiel für energiebewusstes und dazu fantasievolles Bauen. Außergewöhnlich ist seine äußere Form. Das Gebäude erhebt sich über einem fächerförmig aufgespreizten Grundriss. Es ist vollständig nach Süden orientiert und öffnet sich über eine ganzseitige markante Schrägverglasung der Sonne. Vor dem EG wurden Terrassen angelegt, den restlichen Geschossen sind Wintergärten vorgelagert. Im Gegensatz zur transparenten Südseite weisen die übrigen Hausfronten geschlossene Wandflächen mit sparsamen Fensteröffnungen auf. Diese unterschiedliche Fassadengestaltung ist durch die aufwändige Energiekonzeption bestimmt. Das Gebäude ist mit zwei unterschiedlichen Systemen zur Energieeinsparung ausgestattet. Beim passiven Solarsystem werden die Wintergärten über variable Öffnungen und Sonnenschutzeinrichtungen zur Regelung des Wärme- und Kältehaushaltes genutzt. Als aktives Solarsystem dient eine Absorberanlage, die zur Warmwasseraufbereitung und zur Heizung des Schwimmbades im UG verwandt wird. Das dicke Mauerwerk im Norden, Westen und Osten hat die Aufgabe, zu dämmen und zu speichern. Das streng axial gegliederte Innere des Gebäudes bietet für eine fünfköpfige Familie großzügigen Platz; im UG ist zusätzlich eine Einliegerwohnung untergebracht. Zentrales Element der Grundrisskonzeption ist der verglaste Treppenhausbereich, der das gesamte Gebäude durchzieht und sich überhöht an der Straßenseite abzeichnet; er kann bei Bedarf im EG über Türen in den Wohn- und Essbereich integriert werden.

267

Siedlung „Vatikan“
Kienbach-, Winterhaldenstraße
1906–08
W. Schuh

Zu den bemerkenswerten Siedlungen aus der Zeit zwischen Jahrhundertwende und Erstem Weltkrieg gehört der „Vatikan“ nahe der Stadtgrenze zu Fellbach. Die Anlage wurde kurz nach der 1905 erfolgten Vereinigung Cannstatts mit Stuttgart erbaut, als die Ausdehnung Cannstatts neue Impulse bekam. Ihren ungewöhnlichen Namen bekam die Siedlung vom überdurchschnittlich hohen Anteil katholischer Bewohner. Bauherr war der „Bau- und Sparverein der Eisenbahn- u. Dampfschiffahrtsbeamten“ (später umbenannt in Baugenossenschaft Bad Cannstatt). Für Angehörige dieser Berufe wurden im „Vatikan“ 170 Wohnungen in viergeschossigen Häusern erstellt (1929–30 kamen weitere Wohnungen dazu). Die Anlage ist als Blockrandbebauung in Form eines unregelmäßigen Rechtecks angelegt. Sie umschließt einen außergewöhnlich weiträumigen, begrünten Innenhof. Im Unterschied zu den bescheidenen, unauffälligen Straßenfassaden zeigen die Hoffassaden eine überraschende Formenvielfalt. Das Zusammenspiel von verputzten Mauerflächen und sichtbar belassenem Fachwerk bei Erkern und Treppenhäusern ergibt interessante grafische Effekte. Mit den vielgestaltigen Dachformen, Erkern, Vorbauten und Tordurchgängen verbinden sich Assoziationen an mittelalterliche Stadt- und Burganlagen. Diese malerische, romantisierende Gestaltung mit Anklängen an das deutsche Mittelalter war nicht ungewöhnlich für den Mietshausbau der Jahrhundertwende. Parallelen finden sich z. B. bei der kurz zuvor vom „Verein für das Wohl der arbeitenden Klassen“ errichteten Siedlung Südheim (Nr. 126).

268

Bahnhof Cannstatt
Bahnhofstraße
1914–15
Martin Mayer

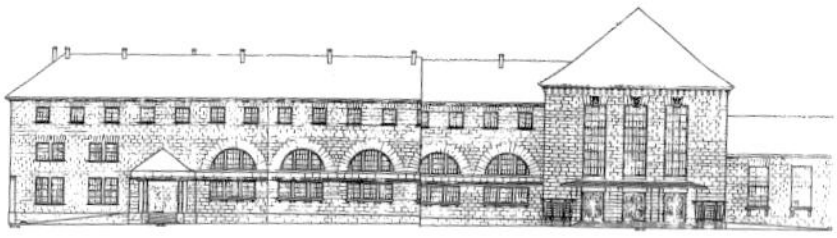

Vorderansicht aus dem Bauantrag (unten)

Kurz bevor Stuttgart durch den Bau des Rosensteintunnels an das Schienennetz angeschlossen wurde, fuhr im Oktober 1845 die erste Eisenbahn Württembergs von Cannstatt nach Untertürkheim. In Cannstatt erbauten 1844–45 Karl Etzel, der wenig später auch den Stuttgarter Bahnhof (Nr. 40) errichtete, und Michael Knoll das erste württembergische Bahnhofsgebäude. Der einstöckige Pavillonbau wurde zum Vorbild vieler Eisenbahnstationen. Im Zuge der Umorganisation des Stuttgarter Bahnwesens seit 1912 wurde auch in Cannstatt ein Neubau notwendig. Das Bahnhofsgebäude ist dreiflügelig angelegt. Der überhöhte kubische Mittelteil wird von einem Walmdach gedeckt. Seine Hauptfassade ist streng symmetrisch gegliedert. Drei hohe rechteckige Sprossenfenster setzen die von den Eingangstüren vorgegebenen Achsen fort. Ein zahnschnittförmiges Dachgesims und skulpierte Fensterschlusssteine bilden den sparsamen Fassadenschmuck. Ein zwei- und ein eingeschossiger Seitenflügel flankieren den Mittelbau. Dreigeteilte Rundbogenfenster prägen den höheren Flügel, der u. a. die Bahnhofsverwaltung aufnimmt. Wie der Stuttgarter Hauptbahnhof (Nr. 1) zeigt auch der Cannstatter Bahnhof die zeittypische Abkehr von historisierender und die Hinwendung zu sachlich-monumentaler Architektur. Der Bahnhofsvorplatz, einst von luxuriösen Hotels gesäumt, verlor mit dem Niedergang Cannstatts als weltberühmtes Kurbad seinen Glanz. Bei einer Neugestaltung des Platzes 1985 wurde die Großplastik „Schienenhaufen“ von Karl-Heinz Franke aufgestellt. – Der Architekt des Cannstatter Bahnhofs, Martin Mayer, errichtete 1911–22 auch die stilistisch traditionellere Reichsbahndirektion an der Heilbronner Straße beim Hauptbahnhof.

269

Verwaltungszentrum der Deutschen Telekom
Kissinger-, Nauheimer Straße
1984–87
Kammerer + Belz, Kucher und Partner

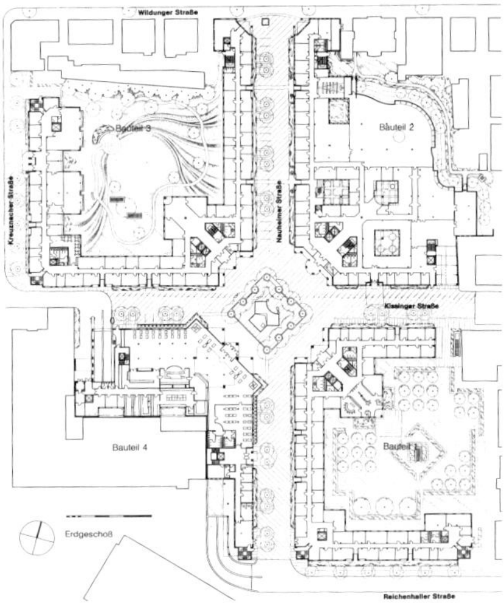

In den letzten Jahrzehnten stellten viele der Unternehmen, die seit Mitte des 19. Jhs. Gesicht und Entwicklung Cannstatts als Industriestandort geprägt hatten, den Betrieb ein oder verlagerten die Produktion. Dadurch entstanden „Industriebrachen", deren neue Nutzung ein stadtplanerisches Problem darstellt. Die Bundespost erwarb ein ausgedehntes Areal in Bahnhofsnähe und ließ die Fabrikgebäude abbrechen; hier erhielt die zuvor in der Lautenschlagerstraße beheimatete Oberpostdirektion (Nr. 43) ihren neuen Sitz. Den ersten, östlichen Abschnitt des umfangreichen Bauvorhabens plante das Büro Kammerer + Belz, Kucher und Partner. An der Gesamtkonzeption zeigt sich der Wandel städtebaulicher Leitbilder: Wären in den 70er Jahren noch Solitärbauten ohne Bezug zur Umgebung entstanden, war nun Anpassung an die Struktur des benachbarten gründerzeitlichen Wohnviertels oberstes Gebot. Zwei orthogonal verlaufende Achsen in Verlängerung der Kissinger und Nauheimer Straße erschließen den Verwaltungskomplex. Der Treffpunkt der Achsen erweitert sich als Zentrum der Anlage zu einem Platz. Die als Blockrandbebauung angelegten Bürohäuser orientieren sich in Höhenentwicklung, Fassadengliederung und Materialwahl an den Wohnbauten der Nachbarschaft, ohne jedoch historisierende Kopien darzustellen. Die Lochfassaden wurden mit hellgelben Klinkern verkleidet, die gestuften, mansardähnlichen Dächer mit Zinnblech gedeckt.

270

Clubzentrum des VfB Stuttgart
Mercedesstraße 109
1978–81
Wilfried Beck-Erlang

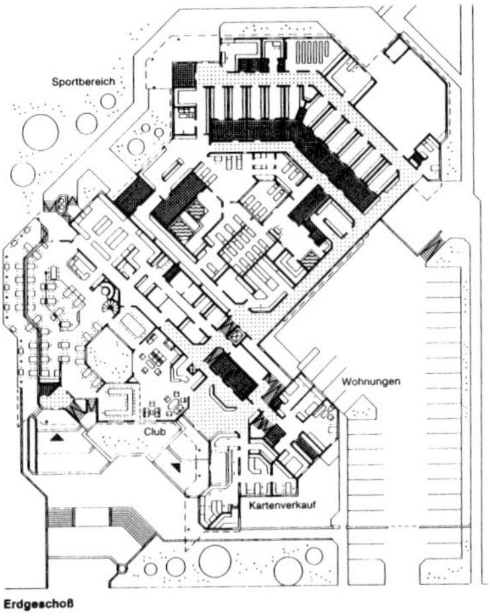

Erdgeschoß

Das Clubzentrum des VfB Stuttgart liegt in unmittelbarer Nähe einer Hauptwirkungsstätte des renommierten Vereins, des Gottlieb-Daimler-Stadions (Nr. 272). Der Architekt stand bei der Planung vor der Aufgabe, unterschiedlichste Einrichtungen unter einem Dach zu vereinigen. Der zweigeschossige Baukomplex ist um zwei kleine Innenhöfe gruppiert; die pavillonartige Anlage spiegelt das reichhaltige Raumprogramm wider, das in Deutschland bei Clubheimen bis dahin ohne Vorbild war. Neben den voneinander getrennten Bereichen für Amateursportler und Profifußballer nimmt das Zentrum gastronomische Einrichtungen sowie Verwaltung, Clubräume und Personalwohnungen auf. Im EG liegen u.a. eine Gaststätte und Räume der Geschäftsstelle des Vereins. Im UG sind ein Bierkeller und eine Kegelbahn eingerichtet. Im OG befinden sich Büros der Vereinsführung, Sitzungszimmer sowie Wohnungen. Wilfried Beck-Erlang entwarf mit dem VfB-Clubzentrum ein architektonisch zurückhaltendes Gebäude, das vor allem durch seine Funktionalität überzeugt. Die Bezugnahme auf die Vereinsfarben Rot-Weiß in den weißen, grob verputzten Außenwänden und den rot beschichteten Aluminiumblechen der Pultdächer soll für eine Identifikation des Clubs mit seinem Heim sorgen. Für 2006 ist in der Nachbarschaft der Bau eines „Event-Centers" geplant, das u. a. das Kundenzentrum und die Jugendakademie des Vereins, eine Veranstaltungshalle und ein Hotel umfassen soll.

271

Hanns-Martin-Schleyer-Halle

Mercedesstraße 69
1980–83
Siegel, Wonneberg + Partner

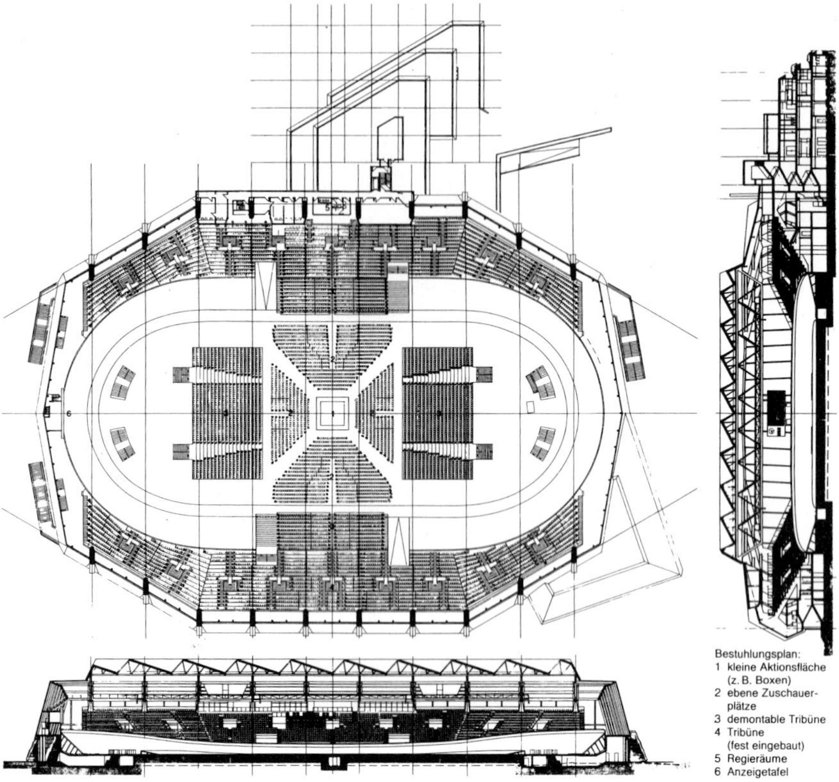

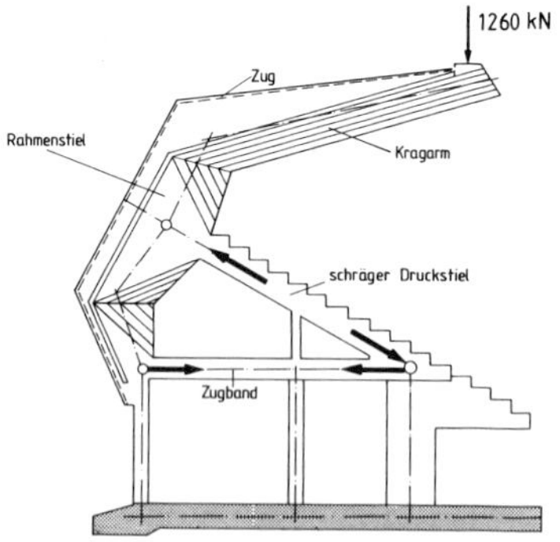

Grundrissebene 4, Längs- und Querschnitt (oben); Systemschnitt (unten), Haupttragwirkung des Spannbetonrahmens (M 1:500)

Die größte Mehrzweckhalle Baden-Württembergs liegt auf einem dreieckigen Grundstück an der Mercedesstraße, in Nachbarschaft zum Gottlieb-Daimler-Stadion (Nr. 272). Die Form der 6950 m² großen Arena wird durch das Oval der fest eingebauten Radrennbahn bestimmt. An den beiden Längsseiten der Bahn sind fest installierte Tribünen für 5000 Zuschauer angelegt. Erschlossen werden die Tribünen durch einen ca. 4,50 m über dem Arena-Niveau gelegenen Zuschauerumgang. Bis zu 5000 zusätzliche Sitzplätze können auf den Geraden und im Innenraum der Radrennbahn aufgebaut werden. Die gesamte Dachfläche ist mit Shedkonstruktionen versehen, die wegen der gewünschten Nordorientierung diagonal zur Hallenlängsachse verlaufen. Sie sorgen so für eine gleichmäßig helle und blendungsfreie Ausleuchtung des Innenraums. Die durch Kragarme mit eingehängten Stahlrohrfachwerkträgern überspannte stützenfreie Fläche beträgt etwa 12.000 m². Das Tragwerk ist sichtbar belassen und verleiht dem Innern einen nüchternen, funktionalen Charakter. Die vielkantige Außenhaut der Halle besteht aus silbrig glänzenden, fensterlosen Aluminiumprofilbahnen. Sie geben zusammen mit den gezackten Spitzen der Sheds dem ansonsten eher farblosen, wuchtigen Gebäude seine charakteristische Gestalt. Mit der Hanns-Martin-Schleyer-Halle erhielt die Landeshauptstadt wieder einen Ort zur Durchführung von Großveranstaltungen; auf sie musste seit der Kriegszerstörung der in den 20er Jahren von Hugo Keuerleber an der Neckarstraße erbauten Stadthalle verzichtet werden. 1989 errichteten Siegel, Wonneberg + Partner einen 2000 m² großen Anbau, der sich in Form und Fassadengestaltung der Schleyer-Halle anpasst.

272
Gottlieb-Daimler-Stadion
Mercedesstraße 87
1931–33; 1938; 1972–73; 2004–06
Paul Bonatz, Friedrich Scholer; Hochbauamt der Stadt Stuttgart; Siegel, Wonneberg + Partner; Arat, Siegel + Partner

Zustand 1991

Blick auf die Dachkonstruktion (1991)

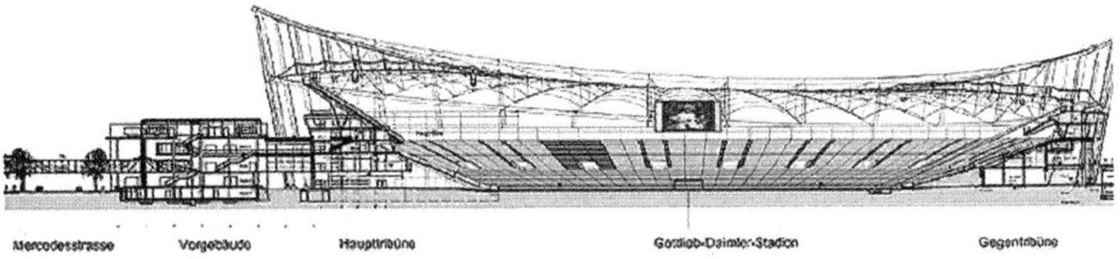

Das zunächst 35.000 Zuschauer fassende Stadion wurde von Paul Bonatz und Friedrich Scholer für das 15. Deutsche Turnfest 1933 errichtet; die Haupttribüne entwarf das städtische Hochbauamt. Die Anlage wurde erst nach der Machtübernahme der Nationalsozialisten fertig gestellt und „Adolf-Hitler-Kampfbahn" genannt. Sie erwies sich bald „sowohl für Veranstaltungen der Partei als auch für die Abhaltung sportlicher Veranstaltungen" (Oberbürgermeister Strölin) als zu klein. Das Fassungsvermögen sollte deshalb auf 71.000 Plätze erhöht, das Äußere den monumentalen Architekturvorstellungen des NS-Staates angepasst werden. Die „Kampfbahn" erhielt eine mächtige, mit einer Säulenhalle versehene Haupttribüne sowie einen Pfeilerumgang. Das Stadion war somit nach 1945 der einzige zumindest teilweise erhaltene nationalsozialistische Großbau in Stuttgart. 1951–56 erfolgten Erweiterungs- und Sanierungsmaßnahmen. Für die Fußball-Weltmeisterschaft 1974 wurde das Neckarstadion grundlegend modernisiert. Hierbei versah man u. a. die Gegengerade mit einer Überdachung, die Haupttribüne wurde in Sichtbeton neu errichtet. Die mächtigen, schräg gestellten Zug- und Druckstützen an ihrer Außenfront dienen der Verankerung der weit auskragenden, über 12.200 Plätzen „schwebenden" Dachkonstruktion mit ihrem kühnen 30-Grad-Knick. Charakteristisch sind auch die 20 „Bullaugen" mit den schräg gestellten Konen, die als Sonnenblenden fungieren. Die Bemalung der Außenfront stammte von Lothar Schall. Für die Leichtathletikweltmeisterschaft 1993 erfolgte ein weiterer Umbau, u. a. mit einer zusätzlichen aufwändigen Überdachung. Für die Fußball-Weltmeisterschaft 2006, zu deren Spielorten Stuttgart gehörte, erfolgte eine erneute Modernisierung.
Die Gegentribüne wurde, um einen Rang erhöht, neu errichtet. Zugänge, Gastronomiebereich und sanitäre Anlagen wurden erneuert sowie zahlreiche technische Details optimiert. Architekten der Baumaßnahmen, nach denen das Stadion 57.000 Besucher aufnehmen kann, sind die Arat, Siegel + Partner.

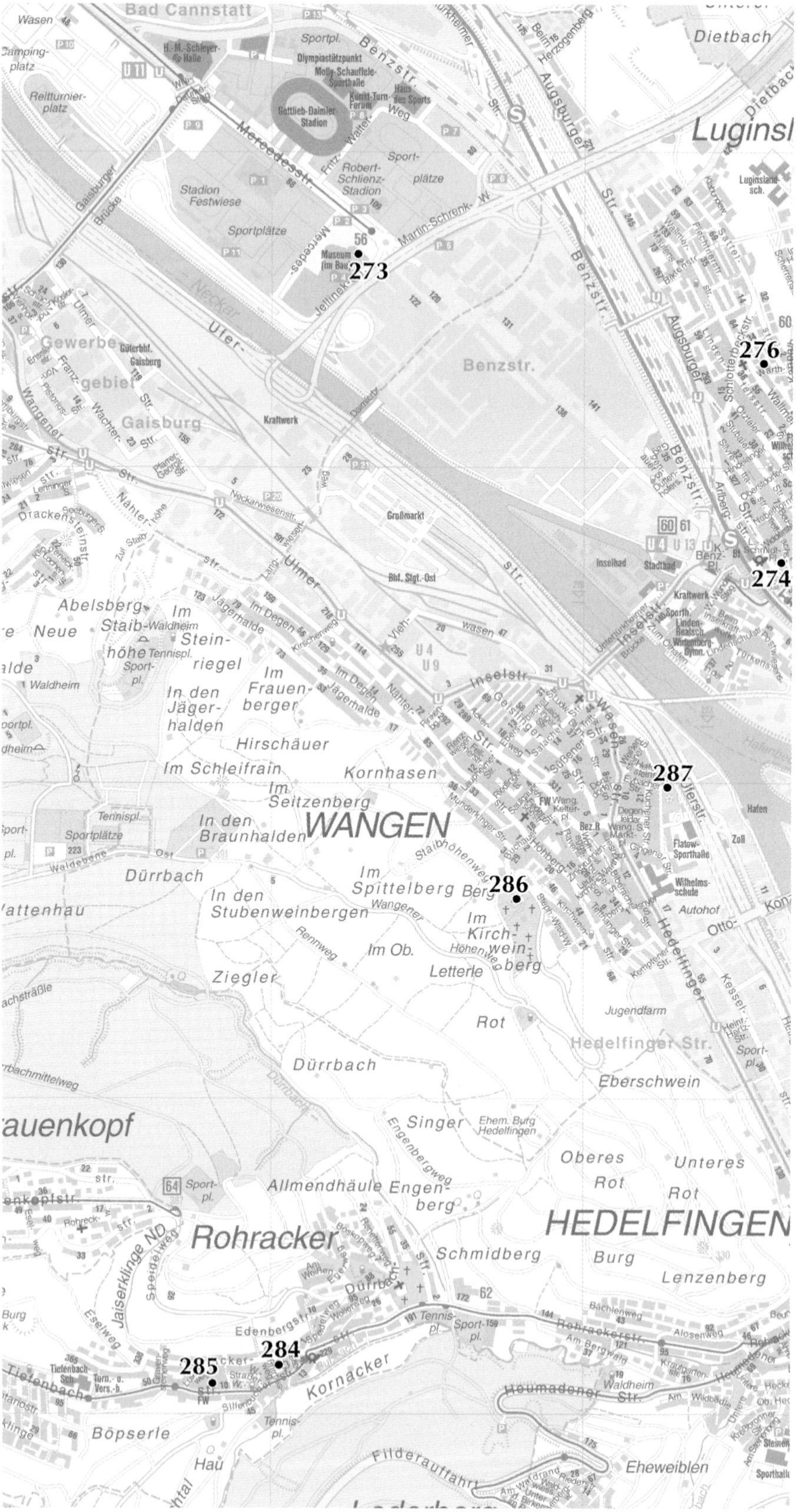

Bad Cannstatt
Dietbach
Luginsl
Benzstr.
Mercedesstr.
Augsburger Str.
Gottlieb-Daimler Stadion
Sportpl.
Stadion Festwiese
Sportplätze
Robert-Schlienz-Stadion
Martin-Schrenk-W.
Museum (im Bau)
273
276
274
Neckar
Ufer-
Gewerbegebiet
Gaisburg
Kraftwerk
Großmarkt
Bhf. Stgt.-Ost
Inselbad
Ulmer
Inselstr.
Wasen-
Abelsberg
Neue Staib-höhe
Steinriegel
Im Jägerhalde
In den Jägerhalden
Im Frauenberger
Hirschäuer
Im Schleifrain
Kornhasen
Im Seitzenberg
In den Braunhalden
WANGEN
287
286
Im Spittelberg
Dürrbach
In den Stubenweinbergen
Im Kirchweinberg
Im Ob.
Letterle
Ziegler
Rot
Hedelfinger Str.
Jugendfarm
Eberschwein
Singer
Ehem. Burg Hedelfingen
Oberes Rot
Unteres Rot
Allmendhäule
Engenberg
Rohracker
Schmidberg
HEDELFINGEN
Burg
Lenzenberg
Rohrackerstr.
Heumadener Str.
284
285
Kornacker
Böpserle
Hau
Filderauffahrt
Eheweiblen
Dürrbach

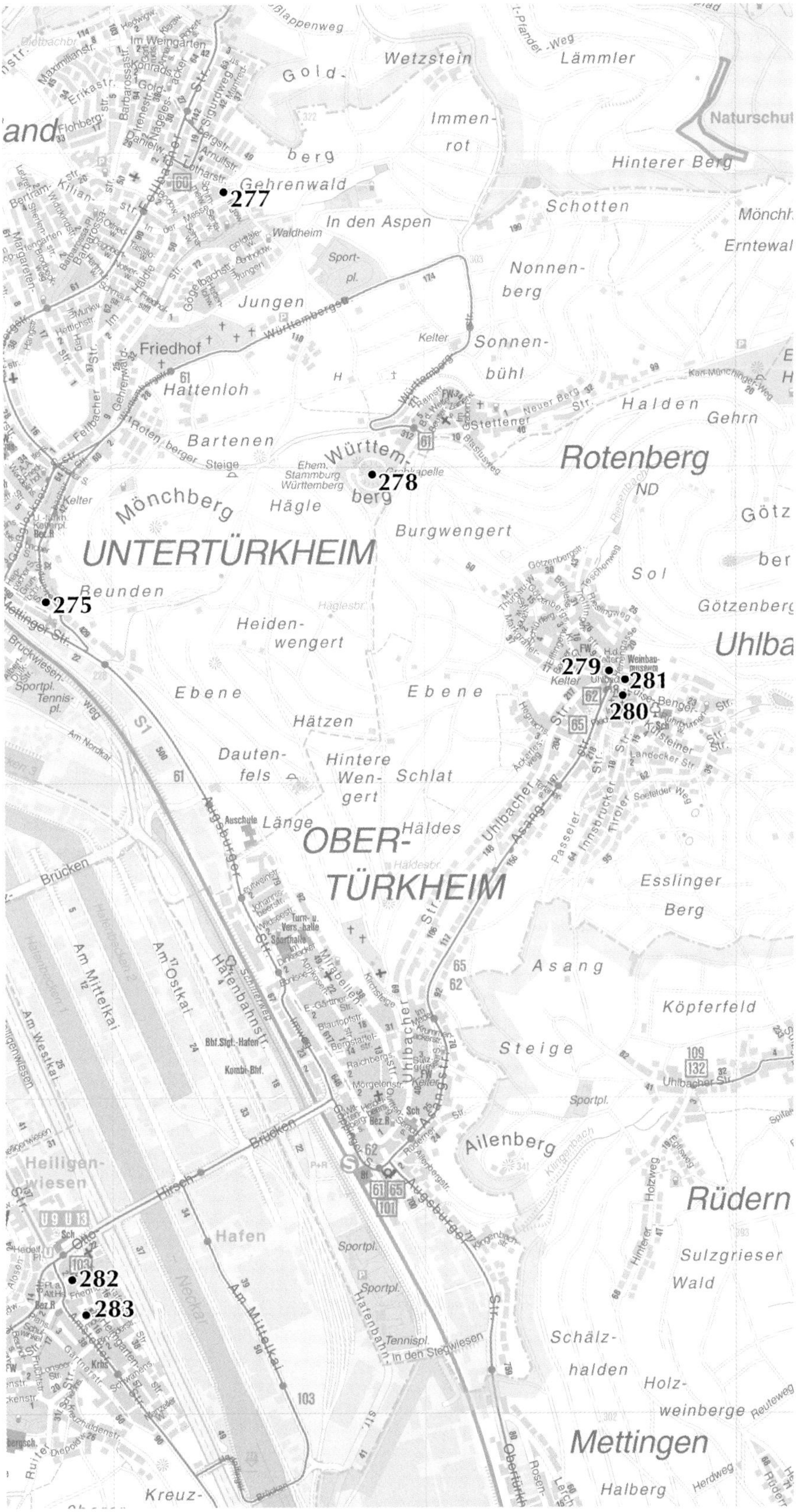

UNTERTÜRKHEIM
OBER-TÜRKHEIM
Rotenberg
Uhlba
Rüdern
Mettingen
277
278
275
279
280
281
282
283
Wetzstein
Lämmler
Gold-berg
Immen-rot
Hinterer Berg
Gehrenwald
Schotten
In den Aspen
Nonnen-berg
Jungen
Friedhof
Sonnen-bühl
Hattenloh
Bartenen
Württem-berg
Ehem. Stammburg Württemberg
Mönchberg
Hägle
Burgwengert
Halden
Gehrn
Reunden
Heiden-wengert
Sol
Götzenberg
Ebene
Ebene
Hätzen
Dauten-fels
Hintere Wen-gert
Schlat
Länge
Häldes
Esslinger Berg
Asang
Köpferfeld
Steige
Ailenberg
Sulzgrieser Wald
Schälz-halden
Holz-weinberge
Halberg
Hafen
Neckar
Heiligen-wiesen
Am Mittelkai
Am Ostkai
Am Westkai
Augsburger Str.
Uhlbacher Str.
Württemberger Str.
Mettinger Str.
Kreuz-

273

„Mercedes-Benz Welt“
Mercedesstraße 100
2003–06
UN Studio van Berkel & Bos, Christoph Kohlbecker

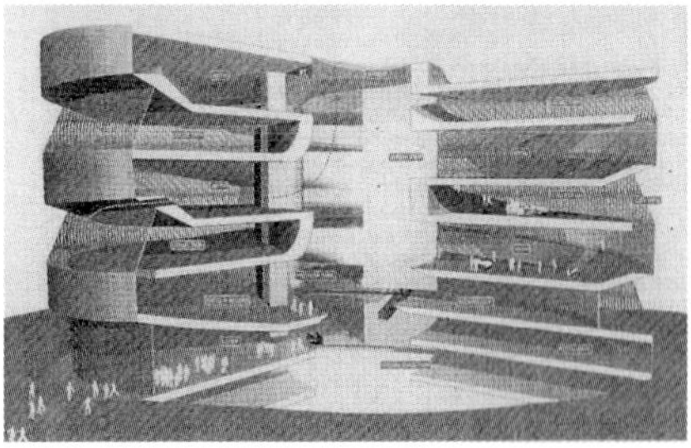

Ansicht Mercedes-Benz Museum, Animation (oben)
Schnitt durch das Mercedes-Benz Museum (unten links)
Ansicht Mercedes Benz Center, Animation (unten rechts)

Die „Mercedes-Benz Welt“ befindet sich auf einem rund 53.000 m² großen Areal vor den Toren des Untertürkheimer Stammwerks des Automobilkonzerns. Das Ensemble umfasst das neue Mercedes-Benz Museum, das Mercedes-Benz Center Stuttgart, eine Verbindungsachse zwischen den beiden Gebäuden sowie eine für Veranstaltungen nutzbare Landschaftsebene mit Freiluftarena. Wahrzeichen und zugleich fulminanter architektonischer Höhepunkt ist das Museumsgebäude der Amsterdamer Architekten Ben van Berkel und Caroline Bos. Der mehr als 47 m hohe Bau mit seiner Fassade aus Aluminium und Glas erhebt sich auf dem künstlichen Plateau der Landschaftsebene. Seine Grundstruktur ist der Mikrobiologie entlehnt: In ein gleichschenkliges Dreieck mit abgerundeten Ecken ist in Anlehnung an den organischen Aufbau der DNA-Stränge eine so genannte Doppelhelix-Struktur eingeschrieben. Auf 17.000 m² Ausstellungsfläche wird die weltweit größte Automobilsammlung einer Marke präsentiert. Zwei Rundgänge, die sich spiralförmig von oben nach unten winden, erschließen insgesamt neun abwechslungsreich gestaltete Ausstellungsebenen. Während die Route "Mythosräume" chronologisch die Epochen und Meilensteine des Unternehmens präsentiert, stellt die Route "Collectionen" thematisch geordnet berühmte Mercedes-Benz-Fahrzeuge aus der 120jährigen Geschichte der Firma vor, deren Gründer Gottlieb Daimler gemeinsam mit Wilhelm Maybach 1886 das weltweit erste Automobil konstruierte. Der Gebäudekomplex ersetzt das bisherige, in der Mercedesstraße 137 beheimatete Automobilmuseum (1956–61; Architekten: Rolf Gutbier, Hans Kammerer, Walter Belz). Das benachbarte „Mercedes-Benz Center Stuttgart“ wurde von Christoph Kohlbecker entworfen. In seiner kubischen Grundform und durch großzügige Glasflächen stellt er einen gestalterischen Kontrapunkt zum Museumsbau dar. Eine Ecke des Gebäudes wird durch einen teilweise verglasten Baukörper in der Form eines um die Spitze gekappten schiefen Kreiskegels, der durch die überkragende Dachkante stößt, akzentuiert. Das viergeschossige Autohaus mit 10.000 m² Ausstellungsfläche dient der Vorführung aktueller Neuwagen, darüber hinaus beinhaltet es u.a. Flächen für wechselnde Präsentationen und einen Pkw-Servicestützpunkt. Eine 80 m lange Passage stellt die Verbindung zwischen der „Mercedes-Benz Welt“ und dem „Mercedes-Benz Center“ her. Sie nimmt Gastronomie, Kinderbereich, Shops und Eventflächen auf. Im Zuge der Baumaßnahmen wurde eine verkehrstechnische Neuordnung des Gebiets vorgenommen, die u.a. die Unterbauung der Hochstraße B 14 mit zwei Parkhäusern beinhaltet. Mit der „Mercedes-Benz Welt“ ist eine spektakuläre Kommunikationsplattform der Marke Mercedes-Benz entstanden, die zugleich ein augenfälliges Bekenntnis zum Traditionsstandort des Konzerns DaimlerChrysler darstellt.

274
Stadtkirche St. Germanus
Augsburger Straße 379
um 1478; um 1654; 1803–28; 1968–72
n. bek.; Ellsässer und Keller

Versteckt im Gewirr der Gassen des Ortskerns von Untertürkheim liegt die evangelische Stadtkirche. Von den Vorgängerbauten aus dem 11. und 13. Jh., die ebenfalls dem hl. Germanus geweiht waren, ist nichts erhalten. Um 1478 erfolgte ein Neubau, von dem noch der Turmschaft aus unregelmäßigen, grob behauenen Quadern zeugt. Die 1602 erweiterte Germanuskirche wurde im 30-jährigen Krieg 1634 niedergebrannt. Erst 1654 hatte die Gemeinde Geld für einen Neubau. Der Turm erhielt ein achteckiges Glockengeschoss und einen geschweiften Helm mit Laterne. Anfang des 19. Jhs. war die schlichte Dorfkirche wieder baufällig. Bei den von 1803 bis 1828 dauernden Arbeiten wurde der Chor durch einen rechteckigen Anbau in der Flucht des einschiffigen Langhauses ersetzt. Ein erneuter Umbau erfolgte 1968–72 durch das Architekturbüro Ellsässer und Keller. Eine Orgelempore und eine flache Holzdecke wurden eingezogen, die Kirche erhielt eine neue Ausstattung. Gravierendste Veränderung war die Teilung des Kirchenschiffs in einen Gottesdienstraum und einen Gemeindesaal. Die Schiebewand, die beide Räume trennt, wurde mit 36 Bildern zur alttestamentlichen Josephslegende geschmückt. HAP Grieshaber schuf diese Linolschnittfolge 1969–71. Bei der Restaurierung wurden barocke Wandmalereien aus der Zeit um 1660 freigelegt. In derbem, farbenfrohen Stil zeigen sie u. a. die Apostel und Personifikationen der sieben Tugenden.

275
Ehem. Weingärtnerhaus
Strümpfelbacher Straße 7–9
um 1550
n. bek.

Untertürkheim wurde im 30-jährigen Krieg 1634 durch kaiserliche Truppen gebrandschatzt. So blieben in dem erstmals um das Jahr 1100 urkundlich erwähnten Weingärtnerdorf nur wenige Bauten erhalten, die älteren Datums sind. In der am früheren Ortsrand gelegenen Bachstraße (heute Strümpfelbacher Straße) überlebte das Weingärtnerhaus Nr. 7–9, das aus der Zeit um 1550 stammt. Es zeigt den üblichen Aufbau dieses Haustyps, wie er sich aus späteren Jahrhunderten noch häufiger in Untertürkheim findet. Über einen tiefen Keller, der der Weinlagerung diente, wurde ein massives, steinernes EG gesetzt. Darauf erheben sich drei in Fachwerk ausgeführte OG. Das mächtige Satteldach reicht bis zur Decke des 1. OG herab. Während der Hauptbau giebelständig der Straße zugewandt ist, wurde ein kleinerer Anbau traufständig angefügt. Wie alle Untertürkheimer Fachwerkbauten wurde auch dieses Weingärtnerhaus – möglicherweise erst im 19. Jahrhundert – verputzt. Bei einer Renovierung des nach dem Zweiten Weltkrieg stark heruntergekommenen Anwesens entdeckte man das gut erhaltene Fachwerk unter dem Verputz. Auf Anregung des Denkmalamtes wurde es im Rahmen einer umfassenden Restaurierung bis 1981 freigelegt. Im Unterschied zum ehemaligen Uhlbacher Rathaus (Nr. 279), einem Musterbeispiel alemannischen Fachwerkbaus, zeigt dieses Gebäude keine aufwändige Konstruktion. Das einfache Fachwerk weist vielmehr Unregelmäßigkeiten auf, bezeichnend für einen ohne repräsentativen Anspruch ausgeführten Bau. Nach seiner Restaurierung ist das Gebäude ein beredter Beleg für die Architekturgeschichte der Weingärtnerdörfer rund um Stuttgart.

276

Wallmersiedlung
Fiechtner-, Sattel-, Wallmerstraße
1929–30
Architektenkollektiv des BDA (Richard Döcker u.a.)

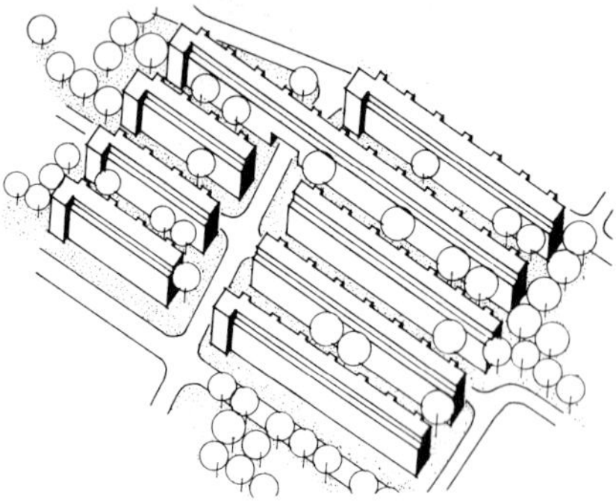

Die Wallmersiedlung ist das kompromissloseste Beispiel moderner, dem Neuen Bauen verpflichteter Siedlungsarchitektur in Stuttgart. Wie bei der gleichzeitig entstandenen Schönbühlsiedlung (Nr. 154) vergab die Stadt Stuttgart die Planung an den Landesbezirk des Bundes Deutscher Architekten. Bei der vom BDA als Gemeinschaftswerk eines Kollektivs konzipierten Anlage tat sich ein federführender, an seiner Handschrift klar erkennbarer Architekt hervor: Richard Döcker, Protagonist des Neuen Bauens in Stuttgart. Die Wallmersiedlung zeigt eine konsequente Zeilenbauweise in Nordwest-Südost-Ausrichtung. Die kubischen Bauten besitzen jeweils drei Vollgeschosse und ein auf einer Seite zurückgesetztes, als Trockenboden dienendes DG. Viergeschossige, vorspringende Kopfbauten bilden den Auftakt jeder Zeile. Paarweise zusammengefasste Balkone gliedern die Fassaden. Die Rückseiten der Hauszeilen werden nur durch die treppenturmartig vortretenden Treppenhäuser rhythmisiert. Darin zeigt sich deutlich das Vorbild Berliner Großsiedlungen der 20er Jahre, besonders von Bruno Tauts Hufeisen-Siedlung in Britz (1925–27). Eine geplante Erweiterung der Anlage durch sieben- bis achtgeschossige Hochhäuser kam nicht zustande. Nach Außen- und Innenmodernisierung der anfänglich einfach (z. B. ohne Bad) ausgestatteten Häuser ist der ursprüngliche Eindruck teilweise verloren gegangen. Auch die heutige Farbgebung entspricht nicht mehr Döckers puristischen, auf die Farbe Weiß beschränkten Intentionen.

277

Kindergarten Luginsland
Lotharstraße
1989–90
Günter Behnisch & Partner

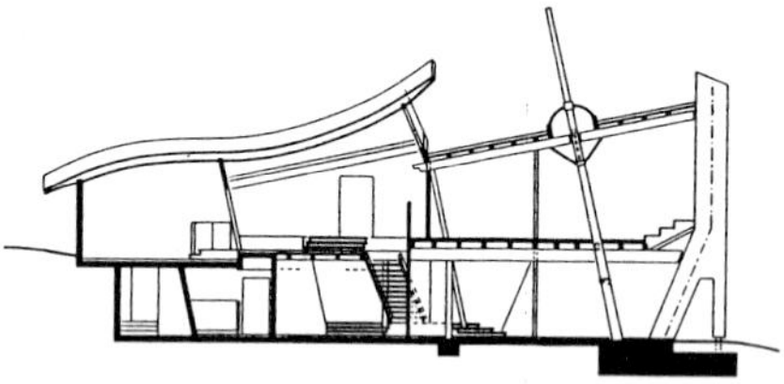

Mit dem Vaihinger Hysolar-Institut (Nr. 334) plante das Architekturbüro Behnisch & Partner das erste „dekonstruktivistische" Gebäude Stuttgarts. Dasselbe Büro realisierte wenig später einen weiteren Bau, der ebenfalls durch überraschende Brüche, schiefe Ebenen, Ignorierung des rechten Winkels und unorthodoxe Materialwahl frappiert. Der Kindergarten Luginsland lässt an einen Abenteuerspielplatz denken. An einem Hang in einer gutbürgerlichen Wohngegend scheint ein Schiff vor Anker gegangen zu sein. Einen Kindergarten in Schiffsform hatte das Büro Behnisch schon zehn Jahre zuvor für Neugereut erwogen, konnte ihn damals aber nicht in der geplanten Weise ausführen. Anlehnungen an den Schiffsbau sind spätestens seit dem Neuen Bauen der 20er Jahre nicht mehr ungewöhnlich. So ließen sich Architekten wie Le Corbusier oder Hans Scharoun von nautischen Formen inspirieren. Beim Luginslander Kindergarten wurden jedoch nicht nur einzelne Details zitathaft übernommen, sondern auch Grund- und Aufriss einem Schiff nachempfunden. Zunächst sollte das Gebäude aus Stahlbeton erstellt werden; aus Kostengründen entschied man sich jedoch für eine Holzskelettkonstruktion mit Holzständerwänden. Die Außenverkleidung besteht aus den Materialien Holz und Wellblech, die in spannungsreichem Kontrast zueinander stehen. Bullaugen, Masten, Gangway und zahlreiche weitere Details stammen aus dem Schiffsbau. Der skurrile äußere Anblick lässt kaum vermuten, dass sich im Inneren ein funktionsfähiger, zweigeschossiger Kindergarten mit zwei Hallen, Gruppen- und Nebenräumen befindet.

278

Grabkapelle auf dem Württemberg
Württembergstraße 350
1820–24
Giovanni Salucci

Auf dem Württemberg oder Wirtemberg hatte sich seit 1083 die Stammburg der gleichnamigen Dynastie erhoben. König Wilhelm I. ließ nach dem Tod seiner Gemahlin Katharina 1819 die noch gut erhaltene Burg schleifen. An ihrer Stelle errichtete Giovanni Salucci eine die Bergkuppe krönende Grabkapelle. Der Hofbaumeister, der auch das Wilhelmspalais (Nr. 59) und Schloss Rosenstein (Nr. 257) baute, entwarf einen Zentralbau im Stil des Klassizismus. Als Vorbild dienten das römische Pantheon sowie Andrea Palladios Villa Rotonda bei Vicenza (ca. 1566–80). Dem runden Baukörper sind an drei Stellen ionische Säulenportiken vorgelagert; an der Ostseite befindet sich eine formal den Portiken angepasste, geschlossene Apsis. Zum Eingang an der Westseite führt eine dreiteilige Freitreppe. Der Innenraum wird von einer Kuppel mit stuckierter Kassettendecke überfangen. Korinthische Säulen gliedern die Wände. Den plastischen Schmuck, Statuen der vier Evangelisten, schufen Johann Heinrich Dannecker (hl. Johannes) und Bertel Thorvaldsen. Ein im Innern angebrachter Weihestein mit der Jahreszahl 1083 ist das einzige Zeugnis der abgetragenen Burg. Durch eine Fußbodenöffnung blickt man in die schlicht ausgestattete Gruft. Hier ruhen in einem Doppelsarkophag Wilhelm und Katharina, in einem weiteren Sarkophag ihre Tochter Marie von Neippberg. Gemäß der Glaubenszugehörigkeit der russischen Zarentochter Katharina findet in der Grabkapelle alljährlich an Pfingsten ein russisch-orthodoxer Gottesdienst statt.

279

Altes Rathaus Uhlbach
Uhlbacher Platz 2
1612
n. bek.

Undatierte Zeichnung (unten)

Das giebelständige Rathaus ist ein bedeutendes Zeugnis schwäbisch-alemannischen Fachwerkbaus, dessen berühmtestes Vorbild in der näheren Umgebung das Alte Rathaus in Esslingen (um 1430) darstellt. Über einer offenen EG-Vorhalle liegt das Hauptgeschoss. In ihm war der Ratssaal untergebracht. Darüber erhebt sich ein mächtiges, dreigeschossiges Satteldach. Typisch für die Fachwerkbauweise dieser Gegend ist die Auskragung der Giebelzone von etwa einer Balkenbreite pro Geschoss. Über dem doppelten Rahm, dem horizontal das Geschoss abschließenden Balken, sind die Balkenköpfe der Decken sichtbar belassen. Die Balken sind mit den Ständern durch sog. Knaggen verbunden; diese verhindern eine Verschiebung des Deckenbalkens. Die weit gestellten Ständer werden durch Kopf- und Fußbänder – schräg angeordnete, kurze Aussteifungshölzer zwischen Ständer und Rähm – gegen seitliches Ausweichen gesichert. Die bekannteste Verstrebungsform ist der „Schwäbische Mann“, bei dem die Kopf- und Fußbänder angeblattet werden. Die Verblattung ist die typische Form der Holzverbindung im schwäbisch-alemannischen Raum; dabei werden, wie hier deutlich zu sehen ist, die Holzteile in entsprechende, schwalbenschwanzförmige Aussparungen eingepasst und zusätzlich durch Holznägel gesichert. Das ehemalige Rathaus nimmt heute städtische Dienststellen auf.

280

Andreaskirche
Luise-Benger-Straße 2
um 1490–1500; 1895
n. bek.; Heinrich Dolmetsch

Eine 1386 erwähnte Kapelle im Uhlbacher Ortskern wurde 1490 zur Pfarrkirche erhoben. Im gleichen Jahr begann die Gemeinde mit dem Neubau einer Kirche, der sich bis nach 1500 hinzog. Die Saalkirche mit eingezogenem kreuzrippengewölbten Chor wurde von einem mächtigen, wehrhaften Chorturm überragt, der das Ortsbild beherrschte. 1895 erfolgte eine Umgestaltung durch Heinrich Dolmetsch; vom gotischen Bau blieb nur wenig erhalten. Die augenfälligste Veränderung im Äußeren betraf den Turm. Auf den Unterbau setzte Dolmetsch ein achteckiges Fachwerk-Glockengeschoss und krönte es mit einem spitzen Turmhelm, der durch ornamental verlegte, farbig lasierte Ziegel sein reizvolles Aussehen erhält. Auch der Friedhof wurde in die Neugestaltung mit einbezogen und erhielt eine mit Zinnen bewehrte Umfassungsmauer. Aus dem bescheidenen Innenraum machte Dolmetsch in Zusammenarbeit mit Malern und Holzschnitzern ein „Gesamtkunstwerk“, für das er sich Anregungen aus verschiedenen Stilrichtungen holte. Das hölzerne Tonnengewölbe und die Holzemporen bestimmen den Raumeindruck. Sie sind mit Schnitzereien und aufwändigen Malereien geschmückt. Außergewöhnlich ist der von einem Baldachin überfangene „Kirchenstuhl“, den sich der Förderer des Kirchenumbaus, der Textilfabrikant Benger, errichten ließ. 1982–89 wurde die evangelische Andreaskirche restauriert; dabei konnten die übertünchten Wandmalereien freigelegt werden. Nach dieser Restaurierung stellt die Uhlbacher Kirche neben der Markuskirche (Nr. 137) das prägnanteste Zeugnis für das Werk von Dolmetsch dar, der einer der bedeutendsten schwäbischen Kirchenbaumeister um 1900 war.

281

Weinbaumuseum
Uhlbacher Platz 4
1907; 1979
R. Wenger; Helmut Mögel

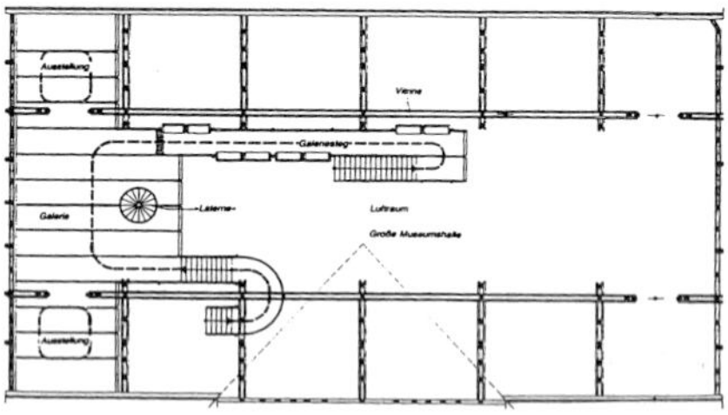

Um die Tradition des Weinbaus im Stuttgarter Raum zu dokumentieren, beschloss der Gemeinderat 1978 die Neueinrichtung eines Weinbaumuseums, das sich bis zur Zerstörung 1944 in der innerstädtischen Schmale Straße 11–13 befunden hatte. Als Standort wählte man die ehemalige Gemeindekelter von Uhlbach. Der malerische Ort wird durch zahlreiche Weinbauernhöfe aus dem 17. und 18. Jh. geprägt. Diese verweisen auf den Weinanbau als jahrhundertelangen Haupterwerbszweig; der Uhlbacher Wein ist noch heute weit über die Grenzen Stuttgarts hinaus geschätzt. Das imposante eingeschossige Gebäude der Kelter mit einem Sokkel aus Mauerwerk wurde als Fachwerkkonstruktion errichtet. Sein mächtiges zweigeschossiges Dach wird von einem kleinen Dachreiter bekrönt. Das Weinbaumuseum konnte nach gründlicher Sanierung und aufwändigen Umbaumaßnahmen 1979 eingeweiht werden. Charakteristisch für die Konzeption ist der reizvolle Kontrast zwischen alter Bausubstanz und modernen Einbauten. Am augenscheinlichsten wird dies in der Galerie, die sich in ihrer Materialwahl demonstrativ von der Holzkonstruktion des Altbaus abhebt. Die Ausstellung umfasst Objekte der Weinkultur von der Römerzeit bis in die Gegenwart. In einer Probierstube werden lokale Weine ausgeschenkt. Weitere eindrucksvolle bauliche Zeugnisse des Weinbaus auf Stuttgarter Gebiet sind die Keltern von Untertürkheim (Strümpfelbacher Straße; 1902–04), Obertürkheim (Uhlbacher Straße; 1585, 1896 erweitert) oder Feuerbach (Rudolf-Gehring-Platz; 1789, 1946 instand gesetzt). Die vor dem Weinbaumuseum aufgestellte Bronzeplastik „Der Gast“ stammt von Guido Messer (1981).

282

Alte Kirche (Friedhofskirche)
Amstetter Straße 7
13. Jahrhundert; um 1450–68
n. bek.

Die Alte Hedelfinger Kirche gehört, wie die Cannstatter Uffkirche (Nr. 265), zu den romanischen Dorfkirchen rings um Stuttgart, die in spätgotischer Zeit umgebaut und erweitert wurden. Das einstige Patrozinium des Sakralbaus im Weingärtnerort Hedelfingen ist nicht gesichert. In ihren ältesten Teilen, die sich im Mauerwerk des Langhauses finden, geht die Hedelfinger Kirche auf das 13. Jh. zurück. Um 1450 wurde das Schiff umgebaut, spitzbogige Fenster eingebrochen und eine flache Decke eingezogen. Der kreuzrippengewölbte Polygonalchor mit seinen schlichten Maßwerkfenstern wurde 1468 angefügt. Von außen ist der Chor durch Strebepfeiler und das steilere Dach vom breiteren Langhaus abgesetzt. An der Langhaus-Südseite ist die von einem Krüppelwalmdach gedeckte Sakristei angebaut. Statt eines Turmes besitzt die Hedelfinger Kirche einen holzverkleideten Dachreiter. Nach Schäden im Zweiten Weltkrieg erfolgte bis 1959 die Wiederherstellung durch Walter Zoller unter weitgehender Wahrung der gotischen Formen. Erst bei einer Restaurierung 1966 wurde entdeckt, dass Malereien aus der zweiten Hälfte des 15. Jhs. sämtliche Wände von Langhaus und Chor sowie das Chorgewölbe bedecken. Der Erhaltungszustand der Secco-Malereien ist allerdings relativ schlecht. Dargestellt sind u.a. im Schiff Szenen aus dem Johannes-Evangelium, das Jüngste Gericht und die Zehn Gebote, im Chor Apostel, Propheten und Kirchenväter.

283

Kreuzkirche (Neue Kirche)
Amstetter Straße 25
1929–30
Paul Trüdinger, Hans Volkart

Nachdem Hedelfingen sich allmählich von einem kleinen Dorf zu einem aufstrebenden Industrievorort entwickelt hatte, wurde eine Vergrößerung der mittelalterlichen evangelischen Pfarrkirche (Nr. 282) unumgänglich. Über Jahrzehnte gab es Umbauplanungen, die schließlich gegen Ende der 20er Jahre mit einem Entwurf der jungen Architekten Paul Trüdinger und Hans Volkart zu einem Abschluss zu finden schienen. Durch Zufall konnte die Kirchengemeinde aber gerade dann einen nahe gelegenen Bauplatz erwerben, so dass ein Neubau geplant wurde. Ein erstes, konventionelles Projekt von Volkart und Trüdinger scheiterte aus finanziellen Gründen. Nicht zuletzt der enge Finanzrahmen führte schließlich dazu, dass der zweite, realisierte Entwurf auf einem Stahlskelett basierte, das mit Bimsbetonhohlblocksteinen ausgemauert wurde. Doch nicht nur die Konstruktion war modern, sondern auch die Gestaltung, die auf die einfachen, kubischen Formen des Neuen Bauens zurückgriff. Das äußere Bild der Kirche wird geprägt von einem massigen, blockhaften Turm, der in seinen unteren Geschossen Gemeinderäume aufnimmt und von einem Kruzifix überragt wird. An das Kirchenschiff, das basilikalen Querschnitt besitzt, schieben sich die Kuben des Gemeindesaales und Lesezimmers. Der stützenlose Kirchenraum endet in einer halbrunden, markanten Apsis. Deren elegante Gliederung mit schmalen Fensterschlitzen dient jedoch nicht der Beleuchtung des Altares, sondern lediglich von Nebenräumen. Die auffälligste, dem Geiste des Neuen Bauens entsprechende Lichtquelle des Kirchenraumes ist ein unter dem Dach umlaufendes niedriges Oberlichtband. Die Ausstattung entspricht im wesentlichen dem Zustand von 1930, die rötliche Farbe des Putzes wurde 2003 dem Originalzustand entsprechend wieder hergestellt. Neben der Brenzkirche (Nr. 196), der Heslacher Kreuzkirche und der Kaltentaler Antoniuskirche ist die Neue Hedelfinger Kirche (so ihr Name bis 1980) das beste Beispiel für das Neue Bauen im Stuttgarter Sakralbau. Während Paul Trüdinger 1933 in die Schweiz übersiedelte, wurde Hans Volkart zu einem der bedeutendsten Stuttgarter Architekten der Nachkriegszeit.

284

Bernhardskirche
Geißhirtlesweg
um 1447; um 1699
n. bek.

Rohracker, 1282 erstmals erwähnt, entstand im Schutz der heute verschwundenen Burg Rohreck. 1441 wurde der Weingärtnerort im Tiefenbachtal Pfarrgemeinde; 1447 konnte die Bernhardskirche eingeweiht werden, eine bescheidene spätgotische Dorfkirche mit Westturm, einschiffigem Langhaus und eingezogenem, sternengewölbtem Chor. An die Chorsüdseite schließt eine kleine Sakristei an. Ihre Gewölberippen ruhen auf Konsolen, die mit Fratzenköpfen verziert sind. Die Bernhardskirche wurde am Ende des 17. Jhs. umgestaltet. Das flach gedeckte Langhaus erhielt eine schlichte barocke Ausgestaltung; ein ovales Fenster wurde eingebrochen, eine neue Kanzel aufgestellt. Eine auffällige, für Kirchen im Stuttgarter Raum ungewöhnliche Veränderung erfuhr der einfache gotische Turm, der sich über quadratischem Grundriss erhebt. Er erhielt ein malerisches Fachwerk-Glockengeschoss aufgesetzt, bekrönt von einem Krüppelwalmdach. Bei einer Renovierung 1964–66 wurde, damaligem Denkmalschutzverständnis entsprechend, im Inneren der spätgotische Zustand sofern möglich wiederhergestellt. Mit dem Kirchhof und einigen stattlichen ehemaligen Bauernhäusern in der Nachbarschaft bildet die Bernhardskirche heute ein idyllisches, ländlich anmutendes Ensemble. – Im oberhalb Rohrackers gelegenen Heumaden hat sich ein weiterer kleiner Sakralbau des 15. Jhs. erhalten. Wie bei der Bernhardskirche veränderten auch bei der Blasiuskirche (Schwendestraße 1) spätere Umbauten das Aussehen mehrfach.

285

Wohnanlage Nudelfabrik
Tiefenbachstraße 14
1985–86
Architekten Cooperative (Haith, Heyl, Vöhringer)

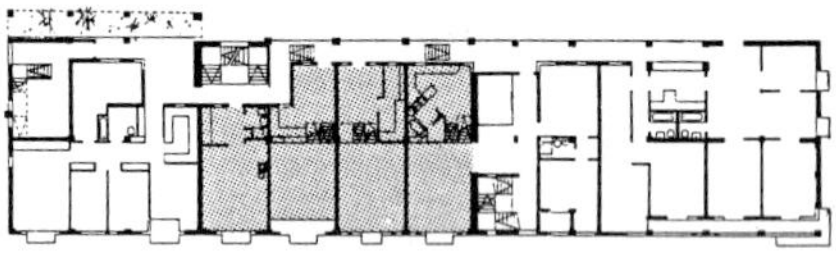

Die Eiernudelfabrik Funck war lange Zeit der einzige größere Gewerbebetrieb Rohrackers. Das über Jahrzehnte immer wieder erweiterte Fabrikgebäude schob sich wie eine Staumauer quer in das schmale Tiefenbachtal, in dem der einstige Weinbauernort liegt. Nach Stilllegung der Teigwarenproduktion 1980 diente das Gebäude als Lagerraum. Eine Gruppe jüngerer Leute, unter ihnen Architekten, überwand baurechtliche und -technische Probleme und wandelte den Gewerbebau in ein Wohnhaus mit 22 Eigentumswohnungen um. Die einzelnen Mitglieder der „Privaten Wohnbauinitiative – Ehemalige Nudelfabrik Stuttgart-Rohracker" hatten nicht nur weitgehende Mitsprache bei der Grundrissgestaltung der z. T. mehrgeschossigen, unterschiedlich großen Wohnungen, sondern auch bei der Konzeption der Gesamtanlage. Dem kollektiven Planungsprozess entsprechend kam der Einrichtung von Gemeinschaftsräumen und -flächen große Bedeutung zu. Im EG wurden u.a. Werkstatt- und Praxisräume, Kindergarten, Sauna und ein Café untergebracht. Laubengänge, Spielflure und Sitzplätze im Erschließungsbereich bieten sich als weitere Kommunikationsorte an. Mehrere Baumaßnahmen sorgten für eine bessere Einpassung des einstmals wie ein Fremdkörper wirkenden, überdimensionierten Komplexes in seine Umgebung. Ein Gebäudeteil wurde abgerissen und dadurch die Länge vermindert; tiefe Einschnitte im Satteldach unterteilten die Baumasse und ermöglichten darüber hinaus die Anlage von Loggien und Terrassen; Balkone, Rankgitter und größere Fenster sorgten für eine bessere Gliederung der monotonen Fassaden. Die ehemalige Nudelfabrik ist im Stuttgarter Raum ein bemerkenswertes Beispiel für die Umnutzung eines ehemaligen Gewerbebaus für Wohnzwecke.

286

Michaelskirche
Kirchweinberg 1
um 1250; 17. Jahrhundert; 1903
n. bek.

Zeichnung 19. Jh. (unten)

In beherrschender, aussichtsreicher Hanglage über dem Neckartal, zwischen Obstgärten und Weinbergen, liegt die evangelische Wangener Michaelskirche. Wie die anderen mittelalterlichen Kirchen entlang von Neckar, Feuerbach und Nesenbach wurde auch sie als Filialkirche der heute verschwundenen Martinskirche auf der Cannstatter Altenburg gegründet. Die kleine Wangener Kirche dürfte um 1250, am Übergang von der Romanik zur Gotik, erbaut worden sein. Lediglich der Chorturm hat noch teilweise das ursprüngliche Aussehen bewahrt. Aus seiner wehrhaften Form mit Schießscharten und aus der noch z. T. erhaltenen Ummauerung des Kirchhofs kann man schließen, dass es sich einst um eine Wehrkirche handelte. Die Fenster des zweiten Turm-OG zeigen romanische und frühgotische Details. Das oberste Turmgeschoss mit den großen Schallöffnungen und der Turmhelm stammen aus dem 17. Jh. Das Kirchenschiff, ursprünglich ein einfacher Saal, wurde im Laufe seiner Geschichte mehrfach verändert. So bekam es im 17. Jh. einen seitenschiffähnlichen Südanbau. Sein heutiges Aussehen erhielt das Kircheninnere bei einem Umbau im Jahre 1903. Aus dieser Zeit datieren u.a. Fenster, Emporen und Balkendecke. Auch das Gewölbe des Turmchores ist ein Werk des Historismus, wenn auch auf romanischen Konsolen ruhend. Die Ausmalung des Chores mischt historistische mit Jugendstilelementen. Von der früheren Ausstattung sind nur noch ein in die Chorwand eingelassenes spätgotisches Sakramentshäuschen und der Taufstein erhalten, den der spätere Konstanzer Dombaumeister Stephan Waid 1497 schuf.

287

Jugendhaus Wangen
Eybacher Straße 19
1983–84
Peter Hübner

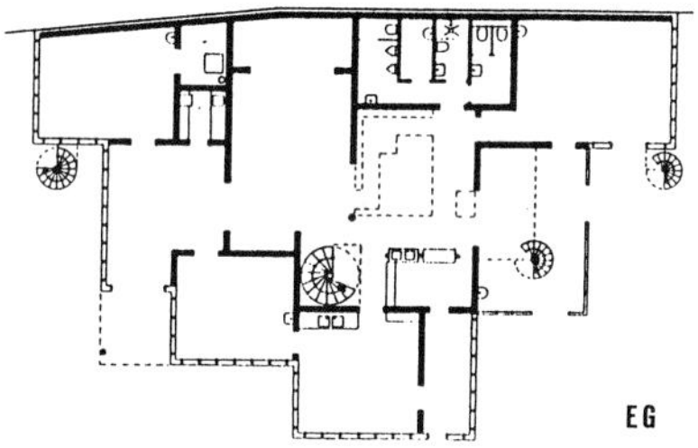

Das Jugendhaus liegt auf einem schiefwinkligen Gelände direkt an einer Schnellstraße. Trotz dieser schlechten Rahmenbedingungen entstand ein in mehrerlei Hinsicht beachtenswertes Gebäude. Der Entwurf ging aus einer Projektarbeit am Lehrstuhl 1 des Instituts für Baukonstruktion der Universität Stuttgart unter der Leitung von Peter Hübner hervor. Erbaut wurde das Jugendhaus, betreut von Institutsmitarbeitern und einem Maurerpolier, durch arbeitslose Jugendliche sowie Architekturstudenten. Außer den Dachrand- und Installationsarbeiten wurden sämtliche Baumaßnahmen in Selbsthilfe erbracht und ausschließlich durch Spenden finanziert. Der Baukörper setzt sich aus mehreren Teilen zusammen, die für einen lebendigen Gesamteindruck sorgen. Charakteristisch sind die begrünten Pultdächer. Im Süden ist dem Gebäude ein zweigeschossiges Gewächshaus vorgelagert, das u.a. der passiven Solarenergienutzung dient. Die Innenwände bestehen aus ausbetonierten Montagesteinen; Außenwände, Geschossdecken und Dachstühle sind als Holzkonstruktion ausgeführt. Das Innere nimmt auf rund 400 m² die für ein Jugendhaus typischen Einrichtungen wie Discothek, Werkstätten und Gruppenräume auf. Beachtenswert ist die Integration älterer Mitbürger; um einer Gettosituation vorzubeugen, wurde ein Teil des OG Senioren zur Verfügung gestellt. Planung und Anlage des Außenbereichs sowie die Ausschmückung der Innenwände wurden von den Jugendlichen durchgeführt, angeleitet durch einen Architekten und eine Sozialpädagogin. Das Wangener Jugendhaus ist ein gelungenes Beispiel einer unkonventionellen, lebendigen Architektur, die durch engagierte Beteiligung der Nutzer möglich wurde.

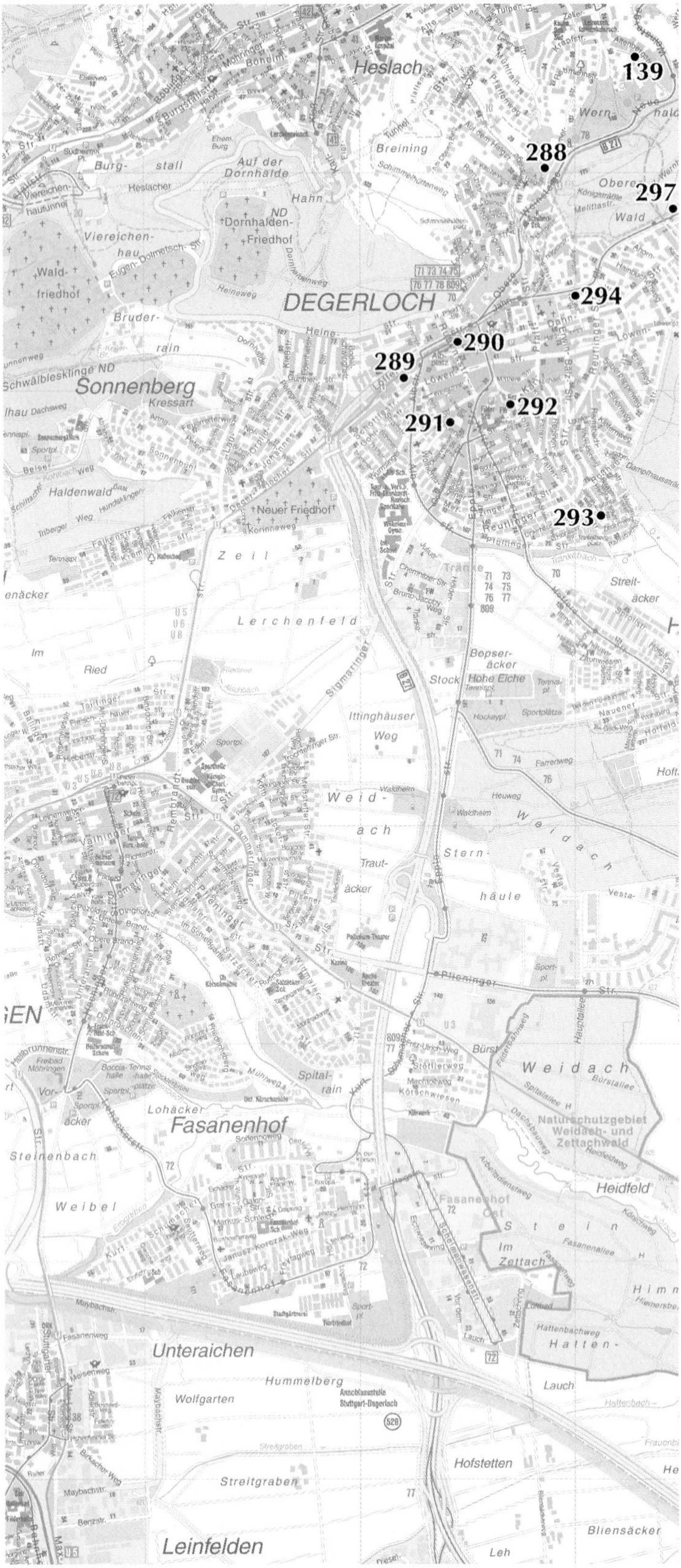
139
288
297
294
290
289
292
291
293
Heslach
Breining
Auf der Dornhalde
Hahn
Dornhalden-Friedhof
Viereichen-hau
Wald-friedhof
DEGERLOCH
Bruder-rain
Sonnenberg
Kressart
Haldenwald
Neuer Friedhof
Zeil
Lerchenfeld
Ried
Bopser-äcker
Stock
Hohe Eiche
Ittinghäuser Weg
Weid-ach
Trautäcker
Sternhäule
Weidach
Streit-äcker
Lohäcker
Fasanenhof
Spital-rain
Steinenbach
Weibel
Naturschutzgebiet Weidach- und Zettachwald
Heidfeld
Stein
Im Zettach
Unteraichen
Hummelberg
Wolfgarten
Lauch
Hofstetten
Streitgraben
Leinfelden
Bliensäcker
Leh

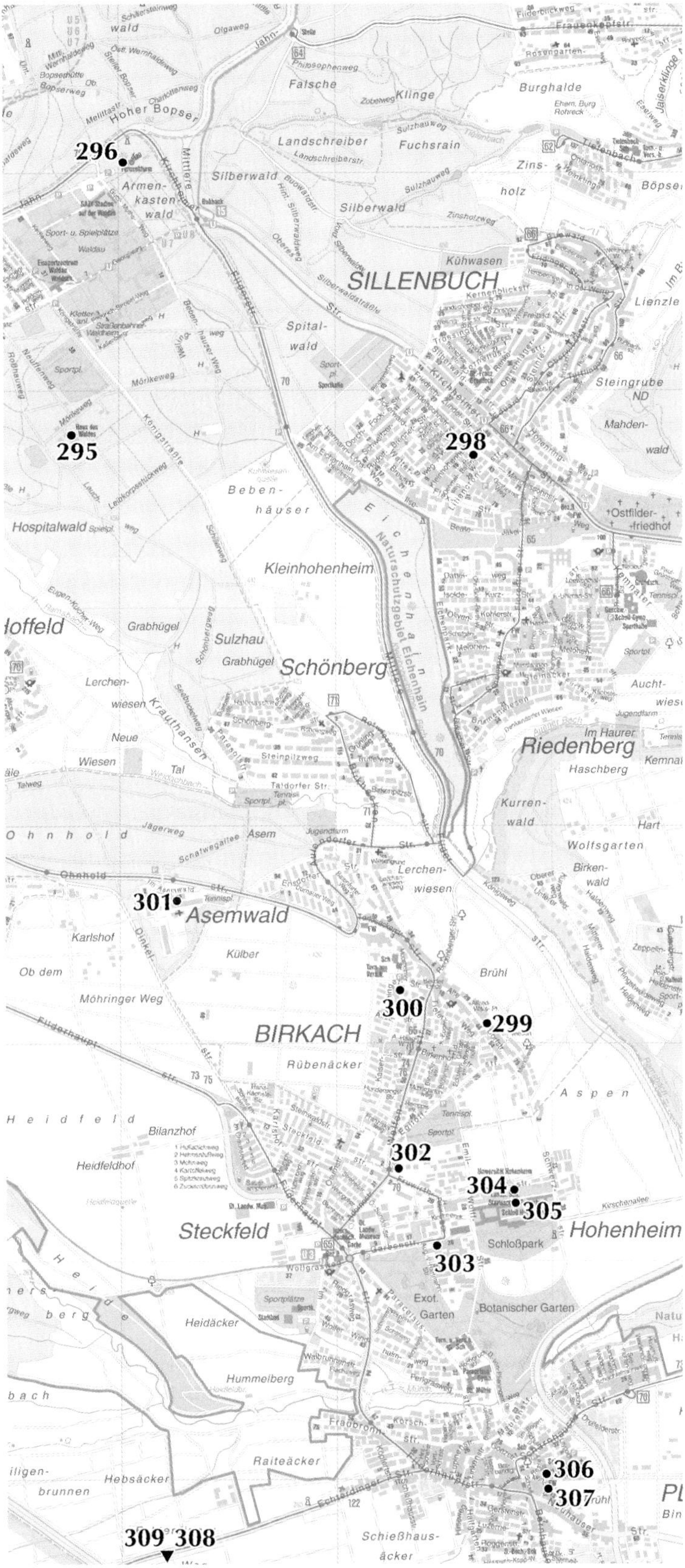

296
295
298
301
300
299
302
304
305
303
306
307
309 308
SILLENBUCH
BIRKACH
Asemwald
Steckfeld
Hohenheim
Riedenberg
Schönberg
Kleinhohenheim
Hoher Bopser
Silberwald
Landschreiber
Fuchsrain
Burghalde
Zinsholz
Kühwasen
Lienzle
Steingrube
Mahdenwald
Spitalwald
Hospitalwald
Sulzhau
Ohnhold
Kurrenwald
Wolfsgarten
Birkenwald
Karlshof
Heidfeld
Bilanzhof
Heidfeldhof
Heidäcker
Hummelberg
Raiteäcker
Hebsäcker
Schießhausäcker
Schloßpark
Exot. Garten
Botanischer Garten
Ostfilderfriedhof
Naturschutzgebiet Eichenhain
Rübenäcker
Brühl
Aspen
Kirschenallee
Armenkastenwald
Falsche
Klinge
Lerchenwiesen
Neue Wiesen
Krauthansen
Haschberg

288

Wohnhaus S.
Römerstr. 128
1999–2000
Werner Sobek Ingenieure

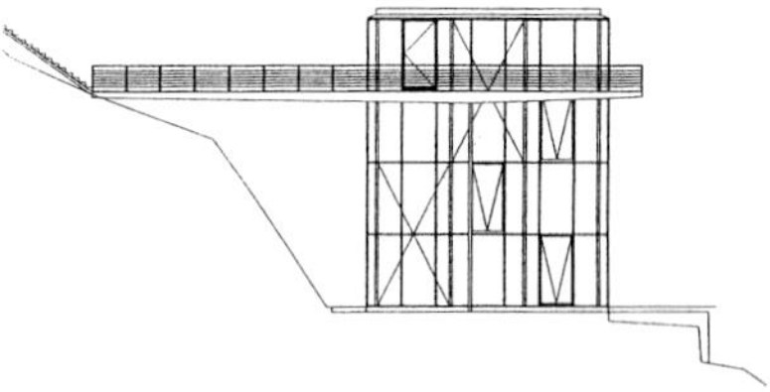

An den Hängen, die den Stuttgarter Talkessel begrenzen, sind in den letzten Jahren einige bemerkenswerte Wohnhäuser entstanden, die einem gestalterischen Minimalismus auf hohem ästhetischen Niveau huldigen und sich als monolithische Kuben über dem Tal erheben. Während sie ihren Bewohnern freie Sicht gewähren, verbergen sie sich vor den Blicken neugieriger Passanten. Am radikalsten in ästhetischer wie in funktionaler Hinsicht ist das Einfamilienhaus, das der Besitzer eines großen Ingenieurbüros (und als Universitätsprofessor Nachfolger des legendären Frei Otto) unterhalb der Neuen Weinsteige selbst entwarf. Das Haus ist ein vollkommen transparenter, gläserner Kubus ohne jeglichen Sichtschutz. Es bietet den unverstellten Blick auf die Stadt, über der es wie ein Gebilde aus einer anderen Welt zu schweben scheint. Möglich wurde dies auch durch ein neu entwickeltes Glas mit optimaler Wärmeisolierung, die nicht auf Kosten der Durchsichtigkeit geht. Gegen alle (oftmals begründeten) Vorurteile, gläserne Kisten seien besonders energie- und kostenintensiv, ist dieses Haus ein Gegenbeispiel. Mit anspruchsvoller Energieproduktions- und Speicherungstechnik versehen, wird der Verbrauch externer Energie minimiert. Zur „Philosophie" des Bauherrn gehörte die Nachhaltigkeit, die auch eine (zumindest theoretische) vollständige Wiederverwertbarkeit aller Elemente und Baustoffe umfasst. Geradezu avantgardistisch mutet die ausgefeilte Steuerungstechnik an, die viele Handgriffe des „normalen" Lebens ersetzt und aus dem Haus eine High-tech-Maschine macht. Diesem hohen technischen Standard entsprechend ist die brillante unterkühlte Ästhetik, die an Ludwig Mies van der Rohes Nachkriegswerk in den USA denken lässt.

289

Büro- und Wohnbebauung
Alb-, Löffel-, Schöttlestraße
1991–95
Horst Reichl, Joachim Sassenscheidt

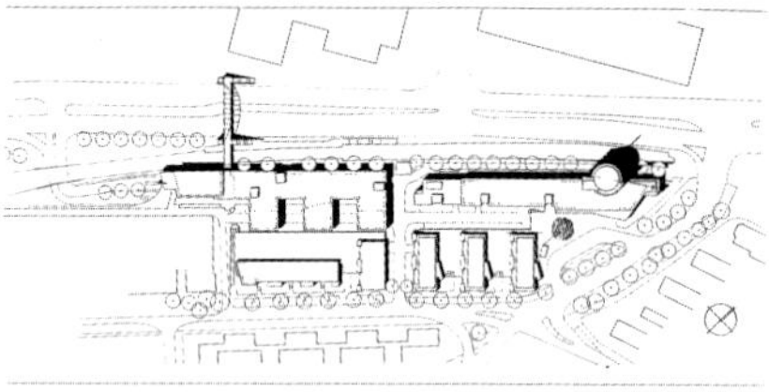

An kaum einer anderen Stelle lässt sich der Unterschied zwischen missglückter und im Großen und Ganzen gelungener zeitgenössischer Bürohausarchitektur so eindrucksvoll besichtigen wie an der Einfahrt der B 27 nach Degerloch. Linker Hand stehen dort die nichts sagenden goldeloxierten Container eines Computerherstellers, die eine Datierung in die 70er Jahre nahe legen. Rechter Hand dagegen findet man wesentlich ideenreichere Architektur. Ein rund 300 Meter langer, zweigeteilter Riegel mit lapidaren, hell verputzten Lochfassaden, die zweimal von gläsernen Vorhangfassaden aufgebrochen werden, begleitet die letzte Staustrecke der B 27. Naheliegend, dass bald von der Degerlocher „Stadtmauer" gesprochen wurde, die den Stadtteil zwar nicht vor dem Verkehr schützen, aber immerhin Lärm abhalten kann. Kurz bevor der Riegel mit einer etwas zu spektakulär geratenen Geste (ein überdimensionales Bullauge im angeschrägten und aufgeständerten „Kopf") nach Degerloch hinein weist, wächst aus ihm der Höhepunkt des Komplexes empor: ein zwölfgeschossiges, rundes Turmhochhaus mit einer feingliedrigen, wohlproportionierten Stahl-Glas-Fassade und einer kleinen stählernen Krone. Dieser Turm wirkt geradezu als Antwort auf die Stuttgarter Hochhaus-Debatte, denn eindrucksvoller könnte man kaum demonstrieren, wie sinnvoll, ja notwendig ein an der richtigen Stelle platziertes Hochhaus ist. Er könnte, neben dem Fernsehturm (Nr. 296), zum zweiten Wahrzeichen Degerlochs werden, und er gibt der Verkehrswüste des Albplatzes einen optischen Blickfang. Auf der lärmgeschützten rückwärtigen Seite, zur Schoettlestraße hin, wurden rund 100 Eigentums-, Miet- und Seniorenwohnungen erstellt.

290
Verkehrsknotenpunkt Albplatz
Albplatz
1988–91
Rainer Zinsmeister, Giselher Scheffler; Bertsch – Friedrich – Kalcher

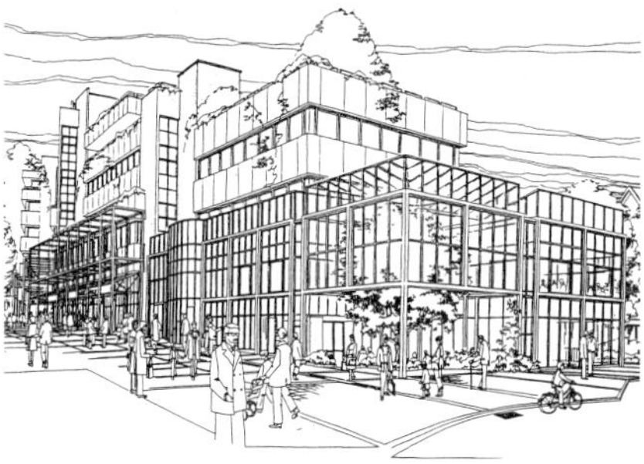

Umgestaltung Berolina-Haus, Entwurf (unten)

Der Degerlocher Albplatz ist das „Stadttor" für den aus Richtung Süden kommenden Verkehr. Dieser wichtigen Funktion völlig unangemessen, stellte er ein chaotisches Konglomerat aus abbruchreifen Altbauten, farblosen Neubauten und einem Straßenbahndepot dar. Die Verlängerung der Stadtbahnlinie nach Degerloch bot den Anlass, die Nachbesserung des Platzes in Angriff zu nehmen. Das Architekturbüro Zinsmeister und Scheffler entwarf die Stadtbahnhaltestelle und das Betriebsgebäude für den Busbahnhof. Charakteristisch ist der Materialkontrast von Sandsteinplatten als Wandverkleidung und Stahl-Glas-Konstruktionen für Überdachungen. Eine lichte, großzügige Gestaltung der U-Haltestelle versucht, beengende Kelleratmosphäre zu vermeiden. – Auch der Eigentümer des Berolina-Hauses, eines Betonklotzes aus den 70er Jahren, sollte seinen Beitrag zur Neugestaltung des Albplatzes leisten und ein städtebauliches Ärgernis wenigstens abmildern. Das Architekturbüro Bertsch – Friedrich – Kalcher übernahm die heikle Aufgabe einer „Fassadenkosmetik". Zunächst erhielt das Gebäude einen Anstrich in zarten Violett-, Lila- und Rosétönen. Der Ladenzone wurde eine Stahl-Glas-Arkade vorgeblendet, der Gebäudeschmalseite ein zweigeschossiger, kubischer Glasvorbau. Ob die kosmetischen Bemühungen in allen Einzelheiten gelungen sind, sei dahingestellt – jedenfalls könnte das Berolina-Haus ein Modellfall sein für eine sicher noch bedeutsamer werdende Bauaufgabe: die Aufwertung von Fassaden der 60er und 70er Jahre. Einen neuen Akzent erhielt der Albplatz inzwischen durch den Neubau der Stuttgarter Straßenbahn AG an der Löffelstraße (Nr. 289).

291
Neuapostolische Kirche
Leinfeldener Straße 21
1995–96
Dasch, Zürn, von Scholley

Ein 1914 erbautes Wohnhaus mit Krüppelwalmdach, das heute Nebenräume des Sakralbaus beherbergt, wird an seiner südwestlichen Seite durch eine gläserne Fuge mit dem neu geschaffenen, eingeschossigen Kirchenraum verbunden. Das Glas bewirkt gleichzeitig eine klare optische und stilistische Trennung der beiden Bauteile und gesteht ihnen somit ihre jeweilige Identität zu: Der Altbau wird mit seiner Lochfassade in Einfachheit belassen, während dem annähernd quaderförmigen Anbau, der sich maßstäblich in die umgebende Wohnbebauung einfügt, kontrastiv eine schlicht moderne, aber dennoch würdige Ausstrahlung zuteil wird. Diese wird durch ein unregelmäßiges Wechselspiel von geschlossenen Wandflächen aus Sichtbeton und transparenten Glasflächen erzeugt, welche teilweise aus Bleiverglasung bestehen. Eine Besonderheit dieser Kirche ist der kleine, etwa zwanzig Sitzplätze umfassende Bereich, der durch eine Vollverglasung vom Kirchenhauptraum abgetrennt ist und sich im rückwärtigem Teil mit Blickrichtung zum Altar befindet. Er ist für Eltern mit Kindern gedacht und soll gleichzeitig Kirchgängern eine ungestörte, besinnliche Andacht und Familien die Teilnahme am Gottesdienst ermöglichen. Nicht zuletzt wird das Ensemble durch eine dezente, zweckmäßige Gestaltung der Freiflächen symbolisch zusammengehalten. So wurde die Breite der Fassade als Erweiterung des sich zwischen den Gebäudeteilen befindlichen Eingangsbereichs genutzt, indem die Fläche vor dem leicht zurückgesetzten Neubau als Rampe ausgebildet wurde. Diese zweigt fast unmerklich vom Gehweg ab, verläuft parallel zwischen Kirche und Strasse und mündet schließlich im Eingang des Gotteshauses.

292
Michaelskirche
Große Falterstraße 12
1889–90; 1961–62
Christian Friedrich Leins, Heinrich Dolmetsch; Hans Seytter

Vorgängerbau (unten)

Auf dem Platz der Degerlocher Michaelskirche hatte bereits eine mittelalterliche Kapelle gestanden, die 1468 gotisch umgebaut und zur Pfarrkirche erhoben wurde. 1621 erfolgte eine Erweiterung vermutlich nach Plänen Heinrich Schickhardts. Mitte des 19. Jhs. war die Kirche für die stark gewachsene evangelische Gemeinde wieder zu klein geworden, so dass man sich zum Abbruch entschloss. Den Neubau entwarfen Christian Friedrich Leins und sein Schüler Heinrich Dolmetsch. Die Einweihung der z. T. auf den Grundmauern des Vorgängerbaus errichteten Kirche erfolgte 1890. Der in neoromanischem Stil gehaltene Sakralbau besitzt ein schmales Langhaus mit eingezogenem, apsidial geschlossenem Chor. Auffälligster Bauteil ist das im Vergleich zum Schiff ungewöhnlich mächtige Querhaus. Dessen nördliche, dem Bezirksrathaus zugewandte Giebelseite bildet die eigentliche Schaufassade der Kirche. Rundbogige Fenster, im OG zu einer Dreiergruppe zusammengefasst, und ein kleines überdachtes Portal gliedern die Fassade. In den quadratischen Westturm wurde der Unterbau des gotischen Turms miteinbezogen. Ein steinernes, polygonales Pyramidendach, flankiert von vier kleinen Pyramiden, bekrönt ihn. 1961–62 baute Hans Seytter die im Zweiten Weltkrieg nicht beschädigte Michaelskirche um und fügte Nebenräume an. Die einst den Raumeindruck prägenden Malereien im nazarenischen Stil, einer schwärmerisch-religiösen Kunstrichtung des 19. Jhs., und die Holzverkleidung wurden entfernt. Heute besitzt die Kirche einen nüchternen, hellen Innenraum.

293
Siedlung Falterau
Große Falterstraße, In der Falterau, Zedernweg
1911–14
Werner Klatte, Richard Weigle

Die Siedlung Falterau in Degerloch entstand als eine der ersten genossenschaftlichen Wohnanlagen Stuttgarts etwa gleichzeitig mit der Gartenstadt Luginsland bei Untertürkheim (ab 1912). In den Genossenschaften erhielt der bis dahin von gemeinnützigen Gesellschaften wie dem „Verein für das Wohl der arbeitenden Klassen" geförderte Arbeiterwohnungsbau ein zweites Standbein; Werkswohnungsbau in größerem Umfang gab es in Stuttgart nicht. Arbeiter und Angestellte aus verschiedenen Betrieben gründeten 1910 die „Gemeinnützige Baugenossenschaft für Eigenheimbau Stuttgart". Am Rande des kurz zuvor, 1908, nach Stuttgart eingemeindeten Villenvororts Degerloch baute die Genossenschaft zunächst 55 Doppel- und Reihenhäuser. Mittelpunkt der Siedlung ist ein quadratischer, mit einem Brunnen geschmückter Platz, zu dem sich die Hadäckerstraße erweitert. Reihenhäuser fassen diesen kleinen „Dorfplatz" ein. Die Siedlungshäuser wurden eingeschossig mit voll genutztem DG im steilen Sattel- oder Walmdach errichtet. Hohe, z. T. geschwungene Zwerchgiebel geben der Falterau ihr charakteristisches Gepräge. Die hellen Putzfassaden sind durch zweiflügelige Sprossenfenster mit Klappläden gegliedert. Die Siedlung wurde mehrfach erweitert, zum ersten Mal 1928–30 entlang des Zedernwegs und der Großen Falterstraße durch den bekannten Architekten Karl Beer, außerdem 1938–39 und 1949–51. Die Lage am Rande eines bevorzugten Stuttgarter Wohngebiets in unmittelbarer Nähe zum Wald und die relativ großzügige Anlage verleihen der Siedlung Falterau einen hohen Wohnwert.

294

Verwaltungsgebäude der Landesärztekammer
Jahnstraße 38 a
1987–89
Aldinger & Aldinger

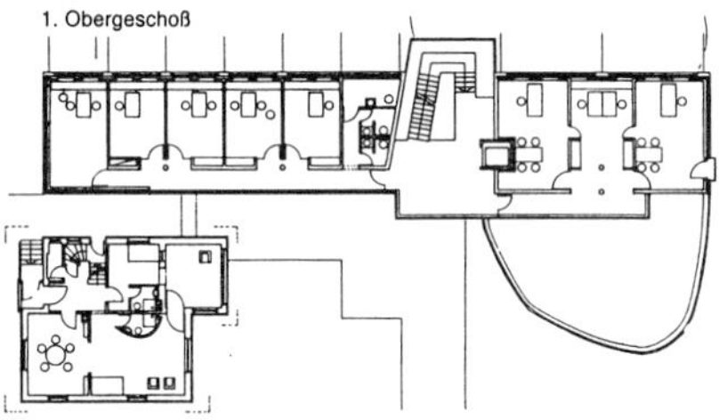

Der Verwaltungsbau wurde auf einem parkähnlichen Grundstück errichtet. Neben dem Erhalt des alten Baumbestandes war die Einbeziehung einer denkmalgeschützten Gründerzeitvilla von Ludwig Eisenlohr gefordert. Die Wendlinger Architektengemeinschaft Aldinger & Aldinger entwarf ein sorgfältig durchgestaltetes, qualitätvolles Gebäude, das sich einfühlsam mit den örtlichen Gegebenheiten auseinander setzt. Es besteht aus einem dreigeschossigen, lang gestreckten Baukörper, dem im Südwesten ein Saal vorgelagert ist. Mit seiner Schmalseite reicht der Komplex bis fast an die Jahnstraße heran und nimmt die Gebäudeflucht des Altbaus auf, mit dem er im 2. OG durch einen schmalen Steg verbunden ist. Auch in der Gestaltung der Fassade bezieht sich der Neubau auf das Gebäude Eisenlohrs, ohne jedoch auf Eigenständigkeit zu verzichten. Dem in Beton errichteten Verwaltungsbau ist eine mit geometrischen Mustern verzierte Klinkerfassade vorgeblendet, die in Korrespondenz zum roten und gelben Ziegelmauerwerk der Villa steht. An verschiedenen Stellen wurden Sichtbetonquader eingefügt, die auf die Gewändesteine des Altbaus verweisen. Im Westen bildet sich durch den langgestreckten Hauptbaukörper, den herausgeschobenen Sitzungssaal und die alte Villa eine spannungsvolle Eingangssituation. Die Westfassade des Verwaltungsgebäudes ist überwiegend in Glas aufgelöst. Der Sitzungssaal mit seinem unregelmäßigen, organischen Grundriss besitzt ein umlaufendes Oberlichtband sowie drei kleine Rundfenster in Augenhöhe. Ein vorspringendes, verglastes Treppenhaus gliedert die lang gestreckte, blockhafte Ostfassade. Bis 1996 wurde auf der anderen Seite der

295

Haus des Waldes
Königsträßle 74
1995–97
Michael Jockers

Das Haus des Waldes, das im Auftrag des Landes Baden-Württemberg gebaut wurde, befindet sich unweit des Fernsehturms inmitten des Stadtwaldes. Als Bildungsstätte für die gesamte Bevölkerung konzipiert, soll es mit Ausstellungen und Möglichkeiten spielerischen Forschens und Experimentierens praktische wie theoretische Naturerfahrung bieten. Das Anliegen, die Bedeutung des Ökosystems „Wald" bewusst zu machen, offenbart sich nicht nur im Standort des Gebäudes. Auch die transparente Hülle des etwa baumhohen Ausstellungspavillons zielt darauf ab: Große Glasflächen zwischen bogenförmigen Trägern aus Brettschichtholz schaffen eine adäquate visuelle Verbindung zwischen Ausstellungsinhalt und Umgebung. Gewissenhafte Rohstoffnutzung demonstrieren ein minimaler Eingriff in den Waldbestand sowie die Tatsache, dass der gesamte Holzbau aus nachwachsendem Baustoff (Douglasie aus Baden-Württemberg) errichtet wurde. Letztgenannter Aspekt führt darüberhinaus vor, wie erneuerbare Ressourcen vielfältig verwendet werden können. Nicht zuletzt soll das Gebäude auch einer verantwortungsvollen Energieverwendung gerecht werden. Die Funktionsräume (Seminar, Technik, Werkstatt) mit ihrer geringen Höhe sind kompakt, nämlich zweigeschossig, im stark wärmegedämmten, nördlich gelegenen Trakt angeordnet. Massive Gebäudeteile und geschlossene Innenwandteile erhöhen die Speichermasse des Holzhauses. Diese Maßnahmen tragen in Kombination mit einer aktiven und passiven Nutzung von Solarenergie dazu bei, dass der Verbrauch externer Energie so niedrig wie möglich gehalten werden kann. Die Assoziation mit einer Waldlichtung, welche der Anblick der Architektur geradezu hervorruft, spricht für eine gelungene Integration des Gebäudes in die Umgebung.

296

Fernsehturm
Jahnstraße 120
1954–56
Fritz Leonhardt, Erwin Heinle

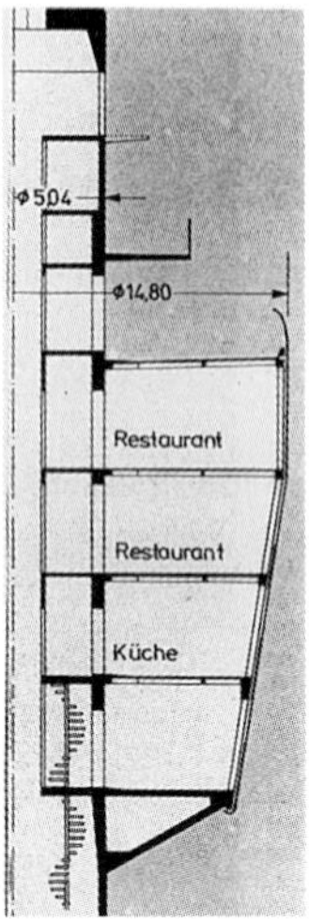

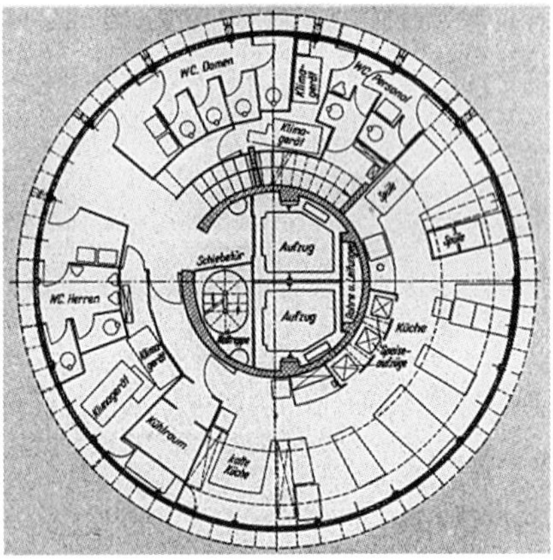

Längsschnitt durch eine Korbhälfte (oben), Grundriss des Küchengeschosses (unten)

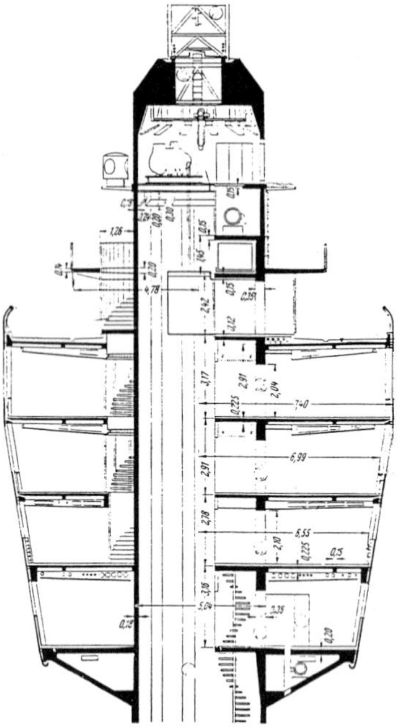

Längsschnitt durch den Korb

Über den Höhen Degerlochs erhebt sich weithin sichtbar die unverwechselbare Silhouette des Stuttgarter Fernsehturms. Obwohl – ähnlich dem Pariser Eiffelturm – bei Baubeginn heftig umstritten, wurde er schon bald nach seiner Fertigstellung zum weltbekannten Wahrzeichen Stuttgarts und zur viel besuchten Touristenattraktion. Aus einem neuartigen Kegelschalen-Ringfundament steigt ein Betonschaft unmittelbar aus dem Boden, der sich nach oben hin von 10,80 m auf 5,04 m verjüngt. Auf ihm erhebt sich in 150 m Höhe ein viergeschossiger, zylindrischer Korb. Hinter dessen silbrig glänzender Aluminium-Vorhangfassade sind ein Technikgeschoss, eine Küchenetage sowie zwei Restaurantgeschosse untergebracht; darüber liegen zwei Aussichtsplattformen. Bekrönt wird der 217 m hohe Fernsehturm durch eine nadelförmige Gitterantenne. Das Bauwerk besticht vor allem durch die gelungene Synthese von technischer Aufgabe und architektonischer Form. Voraussetzung hierfür war die enge Verzahnung der Disziplinen des Ingenieurs und des Architekten. Dies geschah in fruchtbarer Zusammenarbeit zwischen Fritz Leonhardt, der für Entwurf und Statik verantwortlich zeichnete, und Erwin Heinle, der die technische und künstlerische Leitung innehatte. Der Stuttgarter Fernsehturm, der erste der Welt in Spannbeton, wurde zum Vorbild zahlreicher Beton-Sendetürme. Den für Funktürme neuartigen Baustoff Beton wählte man wegen seiner Kostengünstigkeit gegenüber Stahl sowie wegen seiner größeren Steifheit. Die Turmform ergab sich aus rationalen Überlegungen: Ein kreisrunder Querschnitt bietet den geringsten Luftwiderstand. Die konstruktiv-technisch bedingte Form wurde jedoch künstlerisch verfeinert. Eine besondere Rolle spielt die leichte parabelförmige Schwingung in der Verjüngung der Schaftwände, die antiken Säulen nachempfunden ist. Ebenso dient die leichte Abschrägung der unteren drei Ebenen des Kopfes dazu, dem Bauwerk seine charakteristische Leichtigkeit zu verleihen. In der Einfachheit der Formen und den ausgewogenen Proportionen ist der Fernsehturm, wenngleich höhenmäßig von zahlreichen Nachfolgern übertrumpft, von zeitloser Schönheit. Von der eleganten Inneneinrichtung des Restaurants im Stil der 50er Jahre, die von Herta-Maria Witzemann stammte, ist nach diversen Umbau- und Renovierungsmaßnahmen nur wenig erhalten geblieben.

297

Wasserturm
Jahnstraße 85
1911–12
Hochbauamt der Stadt Stuttgart

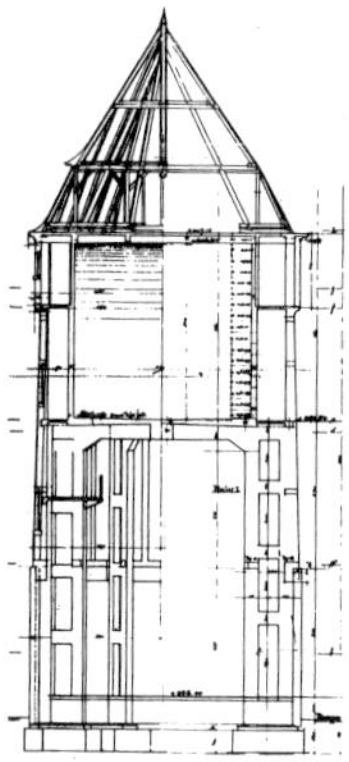

Schnitt, um 1911

Degerloch, durch die 1884 in Betrieb genommene Zahnradbahn (Nr. 136) mit Stuttgart verbunden, entwickelte sich Ende des 19. Jhs. in kurzer Zeit zu einem vornehmen Villenort. Zur besseren Wasserversorgung errichtete die damals noch selbstständige Gemeinde 1898 einen Wasserturm nach Entwürfen des „Königlichen Bauamts für das öffentliche Wasserversorgungswesen" unter der Leitung von Baurat Ehmann. Der 13,20 m hohe Turm besaß einen schmiedeeisernen Behälter mit einem Nutzinhalt von 70 m^3, der auf einer Mauerwerkskonstruktion auflag. Bald zeigte sich jedoch, dass der Turm den Wasserdruckmangel in den höher gelegenen Gebieten nicht beheben konnte. Nachdem Degerloch 1908 nach Stuttgart eingemeindet worden war, plante das Städtische Wasserwerk den Bau eines größeren und höheren Wasserturms. Diesen errichtete man 1911–12 neben dem alten Turm, der anschließend abgerissen wurde. Der 31 m hohe Stahlbetonskelettbau wurde auf achteckigem Grundriss erbaut. Die Fassade des wuchtigen Bauwerks ist in drei Zonen gegliedert. Auf einen Sockelbereich folgt eine langgestreckte Mittelzone, die durch das sichtbar belassene, mit Klinkern ausgefachte Betonskelett vertikal betont wird. Den Wasserturm bekrönt ein mächtiges, geknicktes Zeltdach. Hinter der an mittelalterliche Stadttürme erinnernden Fassade liegt der einkammrige Zylinder des Wasserbehälters verborgen, der einen Durchmesser von 8 m und einen Nutzinhalt von 400 m^3 aufweist. Eine entscheidende Verbesserung der Degerlocher Wasserversorgung trat erst 1958 mit der Inbetriebnahme der Bodensee-Wasserversorgung ein.

298

Michaelskirche
Kleinhohenheimer Straße 11
1952–53
Hans Herkommer

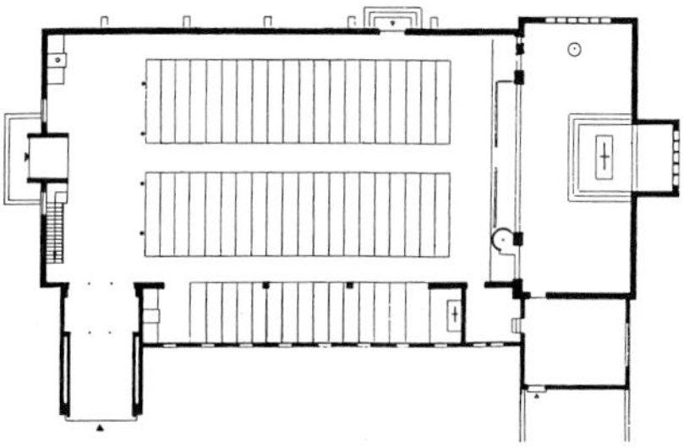

Hans Herkommer gehörte schon seit Ende der 20er Jahre zu den bedeutenden Kirchenbaumeistern Süddeutschlands. Die katholische Michaelskirche im Villenvorort Sillenbuch knüpft an Herkommers Bauten der Vorkriegszeit an. Ihre nüchterne Sachlichkeit, ja Kargheit zeugt vom Einfluss des Neuen Bauens, obwohl Herkommer dieser Richtung nicht generell zugerechnet werden kann. Aber auch die Anregung durch frühmittel-alterliche Sakralbauten ist erkennbar, wie sie für den katholischen Kirchenbau der Weimarer Republik, z. B. die Herz-Jesu-Kirche (Nr. 158), typisch war. Ein flaches Satteldach deckt das breite Schiff. Nur ein kleiner, von einem Vordach geschützter Eingang durchbricht die Fläche der sonst ungegliederten nordöstlichen Giebelwand. Dem Langhaus zur Seite steht ein Turm auf rechteckigem Grund-riss, der von einem flach geneigten Pultdach abgeschlossen wird. Die Chorpartie wird geprägt von den großen, durch Streben in Schlitze unterteilten Fenstern in der apsisartigen Tabernakelnische und der straßenseitigen Wand. Zusammen mit den bandartig zusammengefassten Fenstern der Langhauswände sorgen sie für einen hellen Innenraum. Nur ein niedriges Seitenschiff flankiert das Langhaus, der Chor ist kaum vom Gemeinderaum geschieden. Hier ist schon die Tendenz zum vereinheitlichten Innenraum erkennbar, wie er sich seit den 60er Jahren durchsetzte. Bedeutende Künstler besorgten die Ausgestaltung der Michaelskirche: Der Glasmaler Wilhelm Geyer entwarf die Fenster, der Bildhauer Otto Herbert Hajek u. a. Taufstein und Tabernakel.

299

Birkacher Kirche
Alte Dorfstraße 49
1779–80
Reinhard Ferdinand Heinrich Fischer

Herzog Carl Eugen ließ für seine das benachbarte Schloss Hohenheim (Nr. 305) bewohnende Mätresse und spätere Gattin, die Protestantin Franziska von Leutrum, im Dorf Birkach eine evangelische Kirche errichten. Dies verkündet eine Inschrift über dem Portal: „TEMPLUM A CAROLUM STRUCTUM DIE CAROLI CONSECRATUM 1780". Auch im Kircheninnenraum und auf der Turmspitze ließ der Bauherr seine Initialen anbringen. Architekt war Hofbaumeister Reinhard Ferdinand Heinrich Fischer, ein Schüler Philippe de la Guêpières. Der nüchterne Sakralbau erhebt sich über rechteckigem Grundriss. Der Haupteingang liegt in der Mitte der zur Straße gewandten Südfassade, die ansonsten nur durch schmale, hochrechteckige Fenster gegliedert wird. Vor die östliche Schmalseite ist ein quadratischer Turm gestellt, den umlaufende Gesimse in drei Geschosse unterteilen. Ein Pyramidendach deckt den Turm, ein Satteldach das Kirchenschiff. Das zweigeschossige Pfarrhaus wurde in direkter Verlängerung des Kirchenschiffs 1781–82 angebaut und mit diesem unter einem Dach zusammengefasst. Im Innern zeigt sich die Birkacher Kirche als schmuckloser protestantischer Predigtraum, gestaltet in frühklassizistischen Formen. Emporen umgeben den Saal auf drei Seiten. Eine kleine, durch Fenster abgeschlossene Empore im Altarraum, der sog. Franziska-Stuhl, war Franziska von Leutrum vorbehalten. Als Kuriosum führt eine Tür direkt vom Arbeitszimmer des Pfarrers auf die Kanzel.

300

Evangelisches Studienzentrum „Haus Birkach"
Grüningerstraße 25
1977–79
Günter Behnisch & Partner

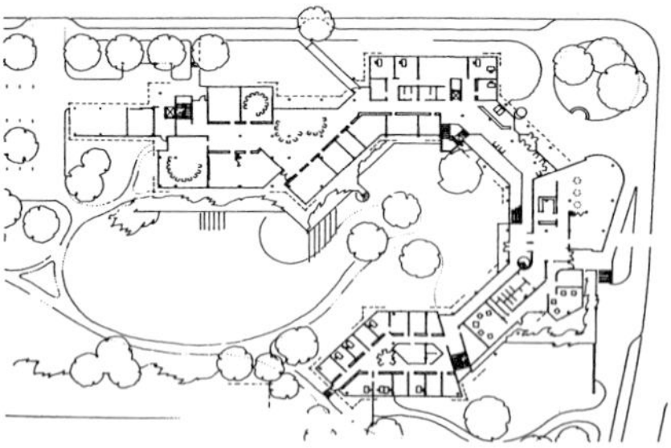

Das „Haus Birkach" dient als Ausbildungsstätte für Pfarrer und Religionslehrer der Evangelischen Landeskirche. Dieser Aufgabe entspricht ein umfangreicher Raumbedarf: Zimmer für 95 Lehrgangsteilnehmer, Gruppen- und Unterrichtsräume, Dozentenbüros, Bibliothek, Cafeteria, Kapelle. Trotzdem entstand, ganz in der Tradition des Büros Behnisch, keine die Umgebung erdrückende Betonkiste. Während das Gebäude zum abgesenkten, hakenförmig umschlossenen Gartenhof fünfgeschossig ist, zeigt es zur Straße nur zwei bis vier Geschosse. Der Baukörper weist zahlreiche Brechungen auf; Erker, unterschiedlich große Fensterflächen, pfeilförmig vorstoßende Balkone, gläserne Pavillons und Höhenstaffelung sorgen für ein abwechslungsreiches, markantes Äußeres. Graue Eternitschindeln, Beton und blau eingefärbtes Aluminium lassen nur eine reduzierte, kühle Farbigkeit zu. Hinter den Dreieckserkern liegen die Zimmer der Lehrgangsteilnehmer. Zum Garten hin, der von den Landschaftsarchitekten Luz + Partner angelegt wurde, sind die beiden unteren, Gemeinschaftsräume aufnehmenden Geschosse fast völlig verglast; auf diese Weise entstanden transparente Übergangszonen zwischen Innen und Außen. Mit ihrer großzügigen Struktur stehen die Gartengeschosse in Kontrast zu den kleinteiligeren OG. In der Konzeption der Innenräume kann man Grundsätze organischer Architektur wiederentdecken. Besondere Bedeutung für das Gesamtgefüge kommt der Kapelle im Gartenhof zu. Der schneckenhausförmige „Betoniglu" vermittelt, im Gegensatz zur sonst vorherrschenden Leichtigkeit, Abgeschlossenheit und Konzentration.

301

Wohnstadt Asemwald
Im Asemwald
1968–72
Otto Jäger, Werner Müller

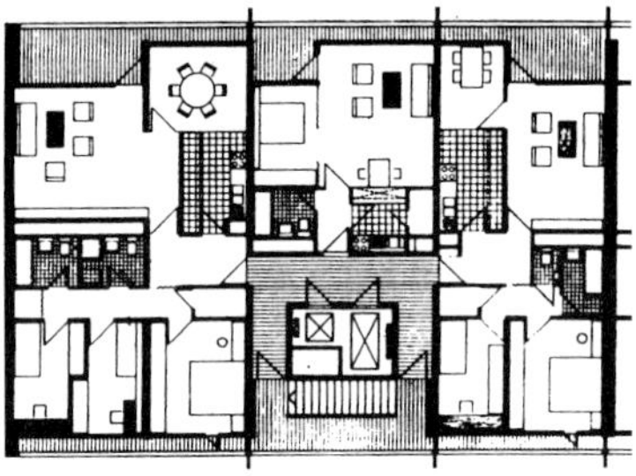

Nur wenige Stuttgarter Bauprojekte der Nachkriegszeit waren so lange und so heftig umstritten wie die sog. Wohnstadt Asemwald, oft auch als „Hannibal" bezeichnet. Die ersten Entwürfe gehen auf die späten 50er Jahre zurück; sie sahen eine 650 m lange Hochhausscheibe vor. Heftige Bürgerproteste führten zur Aufteilung dieses Giganten in drei Einzelbauten von immer noch beeindruckenden Ausmaßen. Die Wohnanlage wurde ohne Anbindung an eine bestehende Siedlung in einem Waldgebiet zwischen Birkach und Degerloch realisiert. Bauträger des Komplexes mit Eigentumswohnungen für rund 2000 Bewohner war die „Neue Heimat"; für deren auf die Errichtung riesiger Trabantensiedlungen ausgerichtete Baupolitik in den 60er und 70er Jahren ist der „Hannibal" ein typisches Beispiel. Zwei der jeweils 22-geschossigen Hochhausscheiben sind leicht versetzt hintereinander angeordnet, die dritte steht im rechten Winkel dazu. Die aus sichtbar belassenen Betonfertigteilen in Schottenbauweise erstellten Gebäude zeigen sich als eine Auf- und Aneinanderstapelung von Wohnungen – drei gigantische „Wohnregale". Vorbild waren die „Wohnmaschinen" („Unités d'habitation") Le Corbusiers, z. B. in Marseille, Berlin und Nantes (50er und 60er Jahre). So ist auch – gemäß den Forderungen Le Corbusiers – die Wohnstadt Asemwald mit Läden, Bank, Restaurant, Schwimmbad und Kindergarten überdurchschnittlich gut versorgt. Einem Vergleich mit der gestalterischen Qualität von Le Corbusiers Großskulpturen halten die Betonkisten im Asemwald jedoch nicht stand. Die Beliebtheit als Wohnadresse dürfte neben der guten Infrastruktur vor allem in der ruhigen Stadtrandlage und in dem eindrucksvollen Blick liegen, der sich aus vielen Wohnungen bietet.

302

Studentenwohnheim Hohenheim
Fruwirth-, Welfenstraße
1984–85
Horst Schmitges

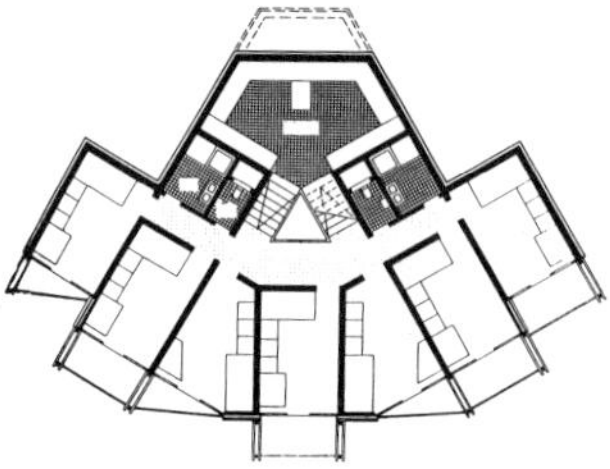

Das Studentenwohnheim mit seinen 158 Plätzen beschritt in mancher Hinsicht neue Wege. Die Finanzierung erfolgte in Kooperation eines privaten Bauherrn mit öffentlichen Geldgebern nach dem Modell des Sozialen Wohnungsbaus. Eine Grundforderung war die Minimierung der Bau- wie der Unterhaltskosten. So entschloss man sich primär aus ökonomischen und erst in zweiter Linie aus ökologischen Gründen für den Bau von sog. Erdhügelhäusern. Die sechs zu Zweiergruppen zusammengefassten Hauseinheiten, in Schottenbauweise aus Sichtmauerwerk erstellt, verschwinden fast unter bepflanzten Erdwällen. Nur die Südseiten wenden sich mit großen Fensterflächen in den Holzfassaden der Sonne zu. Teiche beleben die Anlage und dienen als Wärmespeicher zur Verringerung der Differenz zwischen Tages- und Nachttemperatur. Bepflanzte Rankgerüste sollen eine klimatische Pufferzone bilden. Die Grundrisskonzeption, nach der alle Zimmer zur Südseite ausgerichtet sind, brachte es mit sich, dass Treppen, Küchen und Sanitärräume im „Hügelinnern" liegen. Oberlichte in Form gläserner Pyramiden über den Treppenhäusern, Lichtleitsysteme mittels Spiegeln und Glastüren zu den Apartments sollen dazu beitragen, den Stromverbrauch im Gemeinschaftsbereich zu senken. Gerade an diesem Punkt hat das Energiesparkonzept aber Schwächen. Gläserne Apartmenttüren beeinträchtigen die Privatsphäre; die offenen Treppenhaus-Küchen-Bereiche haben hinsichtlich der Lärm- und Geruchsbelästigung Nachteile. Trotz dieser Probleme kann das Gesamtkonzept überzeugen. Ökologie, finanzielle Interessen des Investors und eine ästhetisch ansprechende Gestaltung sind eine nachahmenswerte Verbindung eingegangen.

303

Ökologiezentrum der Universität Hohenheim

Garbenstraße 28

1993–2003

Dieter Faller

Von den sieben Baukörpern, die für die fachbereichsübergreifende Einrichtung des Ökologiezentrums geplant sind, und die um den massiven Gebäudekomplex der Biologiefakultät aus den 1970er Jahren situiert werden sollen, wurde bislang lediglich ein Teil realisiert. Zum einen entstand an der Hauptachse des Universitätscampus', der Garbenstraße, zwischen Exotischem Garten und Schloßpark, das zylindrische Hörsaalgebäude. Dessen weiß verputzter, fensterloser Baukörper vermittelt zwischen dem bestehenden klobigen Biologie-Kubus und den niedrigen, filigranen neuen Institutsflügeln. Seine zwei Hörsäle und das ihm vorgelagerte transparente Foyer sind durch geschlossene Verbindungsstege mit dem Altbau und den neuen Trakten verbunden. Der unmittelbar westlich anschließende Institutsblock ist von der Straße zurückgesetzt. Der dadurch gebildete Vorplatz und ein weit über ihn auskragendes Dach markieren das Entrée des Ensembles. Entlang der August-von-Hartmann-Straße reihen sich zwischenzeitlich drei Institutsgebäude. Sie werden ebenfalls durch das System verglaster Stege erschlossen und beherbergen flexibel nutzbare Labore und Büros. Glatt verputzte Stahlbetonteile, Flucht- und Wartungsbalkone sowie bündig eingesetzte Fenster aus Stahl, vor den Fassaden liegende Vordächer und offen präsentierte Technik sprechen deutlich eine technizistisch-moderne Architektursprache. Die Konstellation aus klaren geometrischen Gebäudeformen ergibt hofartige, zum Park hin offene Zwischenräume, die nicht zuletzt mit ihrer Begrünung dazu beitragen, dass sich die moderne Architektur behutsam in die Umgebung des Schloßareals einfügt.

304

Instituts-und Seminargebäude

Fruwirthstraße 46–49

1988–89

Drei Architekten + Partner (Haag, Haffner, Stroheker und Grossmann)

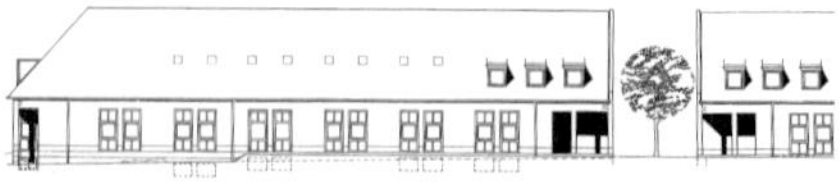

Zur Anlage von Schloss Hohenheim (Nr. 305) gehörten auch 16 Unterkunftsgebäude für Offiziere und Soldaten. Die meisten dieser ab 1784 errichteten, militärisch nüchternen Spätbarockbauten wurden im Lauf der Zeit wieder abgerissen. Drei überlebten in desolatem Zustand. Sie mussten für die Aufnahme von Büro- und Seminarräumen der Universität Hohenheim von Grund auf renoviert und weitgehend entkernt werden. Mit einem Neubau wurden sie zu einer symmetrischen Gebäudegruppe vor der Rückfront des Schlosses ergänzt. Auflagen des Denkmalschutzes folgend, lehnen sich die vier Gebäude an die historischen Dimensionen und Proportionen an. Die langgestreckten, eingeschossigen Zeilenbauten ruhen auf Sockeln, die mit Sandsteinplatten verkleidet sind. Paarweise zusammengefasste, hochrechteckige Sprossenfenster gliedern die hellen Putzfassaden; darüber erheben sich voll ausgebaute hohe Walmdächer. Die Details zeigen kaum historischen Bezug: Stahlrahmen ersetzen die Sandstein-Fenstergewände, die Fenster weisen eine moderne Unterteilung auf, statt kleiner Holzgauben erhielten die Dächer große Doppelgauben in Stahlrahmenkonstruktion. Die Grundrisse der vier Gebäude entsprechen sich weitgehend. Im EG und DG befinden sich auf der straßenabgewandten Seite Büroräume, in einem Kopfteil jeweils ein Seminarraum. Eine einläufige Stahltreppe führt zur Galerie im OG. Das lang gestreckte Treppenhaus wird von einer abgehängten Gipskartondecke überwölbt. Als Reminiszenz an für barocke Innenräume charakteristische Deckengemälde wurden diese Decken von jungen Künstlern (Thea Obergfell, Karin Sander, Heido Kucher, Walter Schüler) in Freskotechnik ausgemalt.

305

Schloss Hohenheim
Schlosshof 1
1785–93
Reinhard Ferdinand Heinrich Fischer

Ansicht des Schlosskomplexes um 1859 von E. Schnür (oben), „Englisches Dörfle": „Wirtshaus zur Stadt Rom" (1777, unten)

Hauptbau des Schlosses (1991)

Das Schloss Hohenheim ist die weitläufigste und letzte Schlossanlage Herzog Carl Eugens von Württemberg; er ließ es für Franziska von Hohenheim, seine zweite Frau, bauen. R. F. H. Fischer errichtete im Anschluss an einen Gutshof einen großzügigen Schlosskomplex; er entwarf diesen um einen rechteckigen Binnenhof, an den sich beidseitig ebenfalls um Höfe angelegte Flügelbauten anschließen. Die Konzeption ist dem Barock verpflichtet. Während die Seitenflügel in ihrer Fassadengestaltung barocke Formen aufweisen, ist der Hauptbau in Formen des Frühklassizismus gehalten. Den kuppelüberwölbten, überhöhten Mittelrisalit, dem ein Portikus vorgestellt ist, rahmen zweigeschossige Seitenflügel ein. Die flächige Fassade wird durch den Sockel sowie Ecklisenen sparsam gegliedert. Im Unterschied zu dem schlichten Äußeren waren die Innenräume von außergewöhnlichem Prunk. Die Stuckaturen stammten von Antonio Isopi, das Treppenhausgemälde entwarf Nicolas Guibal. Die Innenausstattung wurde ab 1796 von Nikolaus Thouret weitergeführt. Von besonderer Bedeutung war die Parkanlage, die späte Form eines Rokoko-Gartens. Das sog. Englische Dörfle sollte mit seinen beinahe 100 Einzelbauten eine zerfallene römische Stadt darstellen, ergänzt von zwei gotischen Kirchen und einer Moschee. Reste dieses skurrilen „Dörfles", wie das „Wirtshaus zur Stadt Rom" (1777–81) und das „Spielhaus" (1788–89; heute Universitätsmuseum) finden sich noch im Botanischen Garten. 1818 wurde der Schlosskomplex zum Sitz der „Landwirtschaftlichen Unterrichts-, Versuchs- und Musteranstalt", aus der 1904 die Landwirtschaftliche Hochschule hervorging. Im Zweiten Weltkrieg trug die Anlage beträchtliche Schäden davon. Die Flügelbauten wurden auf altem Grundriss neu aufgebaut. Das Schloss nimmt seit 1967 die Universität Hohenheim auf. Der Mittelbau sowie der östlich anschließende, heute als Universitätsbibliothek genutzte Flügel wurden zwischen 1967 und 1985 wiederhergestellt. Im Laufe der Zeit bebaute man weite Bereiche des Schlossgeländes mit universitären Einrichtungen. Zu den interessantesten Neubauten der 90er Jahre zählt das „Euroforum" (Universitätsbauamt, Ralf Kosche).

306

Pfarrkirche St. Martin
Mönchhof 5
12. Jahrhundert; 1493–1517
n. bek.

Im Ortskern Plieningens erhebt sich die evangelische Martinskirche, eines der bedeutendsten Zeugnisse mittelalterlicher Kunst auf Stuttgarter Boden. Ihr ältester Bauteil, das romanische Langhaus, stammt aus der zweiten Hälfte des 12. Jhs. Erst in spätgotischer Zeit, 1493 bis 1517, fügte man Turm, Treppenhäuser und Sakristei an und brach im Langhaus spitzbogige Maßwerkfenster ein; der einfache romanische Chor wurde durch einen netzgewölbten Polygonalchor ersetzt. Im 18. Jh. erhielt der wuchtige Westturm ein hohes, achteckiges Zeltdach. Das barock umgestaltete Schiff wurde von Heinrich Dolmetsch Ende des 19. Jhs. regotisiert. Für den Stuttgarter Raum einzigartig ist der plastische Schmuck der Langhausaußenwände. Zierliche Halbsäulen tragen Rundbogenfriese, geschmückt mit Menschen- und Tierköpfen. Am Dachgesims befindet sich ein Zyklus von zwölf Reliefdarstellungen, die aus der Erbauungszeit stammen dürften. Die archaisch anmutenden Figuren entziehen sich z. T. einer eindeutigen Entschlüsselung. Neben Menschen finden sich Löwen, ein Kentaur und ein Riesenvogel. Der überzeugendste Deutungsversuch geht von vier thematischen Gruppen aus: jeweils vier alttestamentliche und mythologische Szenen, zwei Sinnbilder kosmischer Mächte und zwei Darstellungen zur Kirche und ihrem Namenspatron. Die beiden letzteren, jeweils westlich an den Langhauswänden, zeigen den hl. Martin mit dem Bettler und vermutlich den Stiftern der Kirche sowie einen Steinmetz und ein Winkeleisen.

307

Bürgerzentrum Zehntscheuer
Mönchhof 7
1536; 1988–90
n. bek.: Heinz Blume

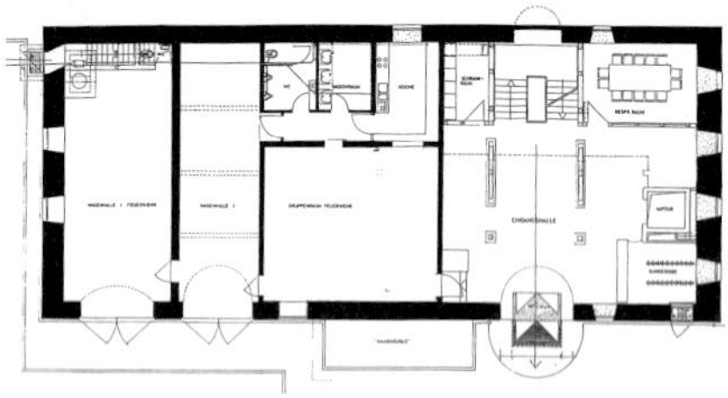

Grundriss EG

Die ehemalige Zehntscheuer bildet zusammen mit der Kirche (Nr. 306), dem Pfarrhaus und dem alten Rathaus das Zentrum des Ortes. Der imposante Mauerwerksbau mit seinem mächtigen zweigeschossigen Walmdach wurde 1536 begonnen, wie eine dendrochronologische Holz-Untersuchung ergab. Der Fachwerkgiebel im Süden stammt vom Ende des vergangenen Jahrhunderts, als bei Umbaumaßnahmen der gemauerte Giebel und die Südwestecke des Gebäudes einstürzten. Eine Hälfte des EG der ehemaligen Scheuer dient der Plieninger Feuerwehr. Die restlichen Räumlichkeiten baute Heinz Blume zu einem Bürgerzentrum um. Hierzu erfolgte eine Erneuerung des in seiner ursprünglichen Substanz weitgehend erhaltenen Gebäudes. Innerhalb der 1,20 m starken Grundmauern wurden ein UG ausgehoben und Nebenräume eingebaut. Durch das große rundbogige Tor gelangt man in die zweigeschossige Eingangshalle, die durch kräftige Eichenstützen sowie das freigelegte Bruchsteinmauerwerk bestimmt wird. Das transparente Treppenhaus führt über ein Galeriegeschoss in das Foyer im DG. Hier befindet sich das Herzstück des Bürgerzentrums, der beinahe die gesamte Länge des Baukörpers einnehmende Saal mit Bühne. Das eindrucksvolle, originalgetreu rekonstruierte Dachgebälk wurde als Gestaltungselement für Saal und Foyer genutzt und geht mit der modernen Bühnentechnik und Beleuchtung einen reizvollen Dialog ein. Die Plieninger Zehntscheuer ist ein beachtenswertes Beispiel behutsamer Rekonstruktion alter Bausubstanz in Verbindung mit einer sinnvollen Umnutzung.

308

Flughafen Stuttgart-Echterdingen
Flughafenrandstraße
1936–38; 1986–91
Ernst Sagebiel; Von Gerkan, Marg und Partner

Abfertigungsgebäude 1949 (oben), Querschnitt durch den Neubau (unten)

Der südlich von Stuttgart auf den Fildern gelegene Flughafen wurde im Zuge der nationalsozialistischen Verkehrsplanungen errichtet. Aus dieser Zeit stammt das Empfangsgebäude, das Ernst Sagebiel, der Erbauer des Berliner Flughafens Tempelhof (1936–41), entworfen hatte. Das massige, mit Naturstein verkleidete Gebäude ist eines der wenigen teilweise erhaltenen Beispiele aus der ersten Aufschwungphase des zivilen Luftverkehrs. Das Pathos der zentralen, mehrgeschossigen Halle, in der der Reisende über eine breite, monumentale Freitreppe geführt wurde, ist heute kaum noch spürbar. Auch verlor das Gebäude durch die Entfernung des bekrönenden gläsernen Kontrollturmes sowie durch diverse Vor- und Anbauten an Aussagekraft und Wirkung. – 1980 wurde ein Wettbewerb für die Erweiterung des Mittelstreckenflughafens ausgeschrieben. Den ersten Preis gewann das Hamburger Architekturbüro Von Gerkan, Marg und Partner, das sich im Flughafenbau schon durch den Berliner Flughafen Tegel (1969–71) einen Namen gemacht hatte. Nach Bürgerprotesten kam eine reduzierte Fassung des Wettbewerbsentwurfs mit einem verkleinerten Terminal zur Ausführung. Dessen Baumassen wurden in zwei elementare geometrische Formen gegliedert, die eine ordnende Dominante innerhalb der heterogenen Bebauung des Flughafengeländes bilden. Die Architekten platzierten quer zum bisherigen Abfertigungskomplex einen 140 m langen, dreigeschossigen Riegel. Dieser mit Naturstein verkleidete, etwas klobig wirkende Längstrakt fungiert als Lärmschutzwall zwischen dem Rollfeld und der Vorfahrt.

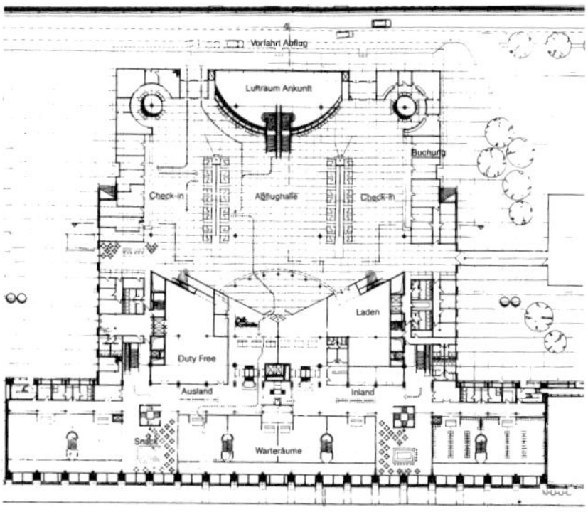

Grundriss Abflugebene (EG)

Durch die vertieft und senkrecht in der schrägen Ebene liegenden Fensteröffnungen entsteht eine stark plastische Wirkung. Über den deichartigen Querschnitt des Riegels stülpt sich der schräg gestellte Kubus der Abflughalle. Deren Wandflächen sind völlig in Glas aufgelöst; in ihrer Transparenz und Leichtigkeit schafft sie so einen reizvollen Kontrast zum monolithischen Sockel. Der großzügige Hallenraum wird durch die Konstruktion des Daches geprägt; die vertikale Lastabtragung erfolgt über ein filigranes Traggerüst, das einem Baum nachempfunden ist. Die Last wird über ein enges Stützenraster mit 45 m Spannweite in „Zweige" übertragen, von denen jeweils vier von einem „Ast" gestützt werden. Zehn „Äste" aus Rohrprofilen werden zu einem „Stamm" vereinigt, der in ein Fundament eingespannt ist. Über ein Oberlicht in der Mitte der „Baumstützen" wird das Sonnenlicht mittels eines Spiegelsystems auf die „Bäume" gelenkt und diese werden so von unten angestrahlt; die Tragstruktur wird dadurch nach außen sichtbar gemacht. Das Terminal ist übersichtlich angeordnet und räumlich lebendig gestaltet. Der Sockelbau ist im Halleninnern in Terrassen aufgelöst; im EG der Abfertigungshalle liegt die Ankunftsebene, darüber befindet sich der Abflugbereich. Die dritte Ebene nimmt Läden, Restaurants und Tagungsräume auf. Sie wird durch einen halbrunden Terrassenvorbau bestimmt, der sich in das Halleninnere schiebt. Auf dem Dach des Riegels ist eine Aussichtsterrasse angelegt. Um weitere Abfertigungsmöglichkeiten zu schaffen, errichtete man zwischen Alt- und Neubau einen zusätzlichen Abfertigungstrakt. Zu den bemerkenswerten Neubauten auf dem Flughafenareal zählen die Parkhäuser P2 und P4 (1998; Arat, Siegel + Partner).

309

Neue Messe Stuttgart

2004–07
Wulf & Partner

Lageplan (oben)
Innenansicht der Hochhalle (unten)

Kongresshalle mit Messeplatz, Animation (oben)
Modell Parkhaus (unten)

Das beengte innerstädtische Gelände auf dem Killesberg (Nr. 194) hatte seit längerem nicht mehr den Erfordernissen an einen modernen Messestandort genügt. Deshalb wurde bereits 1993 der Plan gefasst, die Messe auf die Fildern vor die Tore Stuttgarts zu verlagern. Streitigkeiten mit den ortsansässigen Bauern – Produzenten des berühmten Filderkrauts – um den Verkauf der benötigten Flächen verzögerten den Baubeginn jedoch immer wieder. Die Fläche der Neuen Messe Stuttgart umfasst ein Areal von 100.000 m² Bruttohallenfläche in unmittelbarer Nähe des Flughafens (Nr. 308). Das Gelände ist durch drei Höhenstufen gekennzeichnet, welche die Messe in Ost-West-Richtung gliedern. Zentraler Erschließungspunkt und zugleich städtebauliche Drehscheibe ist der Messeplatz im Osten des Geländes, wo sich der Haupteingang befindet. Hier liegt auch das 10.000 m² umfassende Kongresszentrum. Es beinhaltet eine Großhalle für kongressbegleitende Ausstellungen und Events, mehrere Seminarräume, eine Messehalle sowie ein Restaurant. Optischer Anziehungspunkt ist der zum Messeplatz hin verglaste Kubus des Kongresszentrums mit seinem weit ausladenden Vordach, das wie ein Flügel auf den Platz hineinragt. Das Pendant zum Kongresszentrum ist eine 25.000 m² umfassende, großzügig verglaste Hochhalle auf quadratischem Grundriss, die auch für Sport- und Kulturveranstaltungen nutzbar ist. Ihr geschwungenes Hängedach erinnert an ein Zirkuszelt. Westlich daran schließen sich beidseitig des Parks, der die einzelnen Messebereiche verbindet und zugleich das Gelände gliedert, sieben identisch gestaltete, jeweils 10.000 m² große Messehallen an. Sie besitzen zeichenhaft geschwungene Hängedächer aus Flachstahl-Spannbändern: Die Zugkräfte werden über die längs der Hallen liegenden Fachwerkträger aufgenommen und über Stützkonstruktionen in den Untergrund abgeführt. Den östlichen Abschluss des Geländes bildet in Verlängerung des Messeparks das spektakuläre, zweifingrige Parkhaus mit 4000 Stellplätzen. Das Tragwerk der „Landschaftsbrücke" mit ihrem begrünten, begehbaren Dach besteht aus sechs geschosshohen Fachwerkträgern, die sich 100 m frei über die Autobahn und die im Rahmen des Projekts „Stuttgart 21" (vgl. Nr. 1) geplante ICE-Bahntrasse spannen.

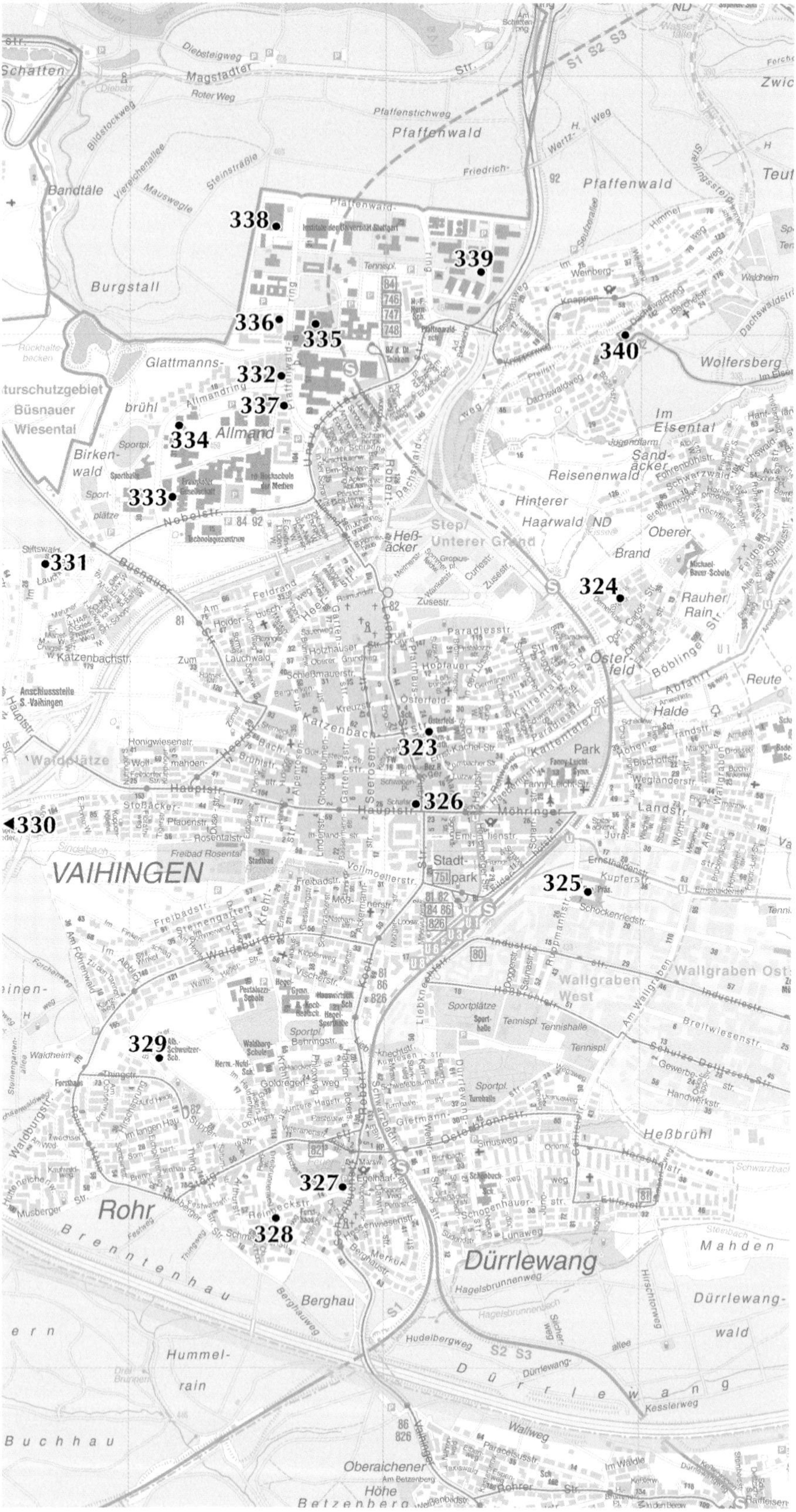
338
339
336
335
340
332
337
334
333
331
324
323
326
330
325
329
327
328
Pfaffenwald
Burgstall
Bandtäle
Glattmanns-
brühl
Allmand
Büsnauer
Wiesental
Birken-
wald
Wolfersberg
Im
Eisental
Reisenenwald
Hinterer
Haarwald
Oberer
Brand
Rauher
Rain
Österfeld
Reute
Halde
Heß-
äcker
Unterer Grund
VAIHINGEN
Stadt-
park
Wallgraben
West
Wallgraben Ost
Heßbrühl
Rohr
Dürrlewang
Mahden
Dürrlewang-
wald
Berghau
Hummel-
rain
Buchhau
Oberaichener
Höhe
Betzenberg
Brenntenhau
Magstadter Str.
Möhringer
Park

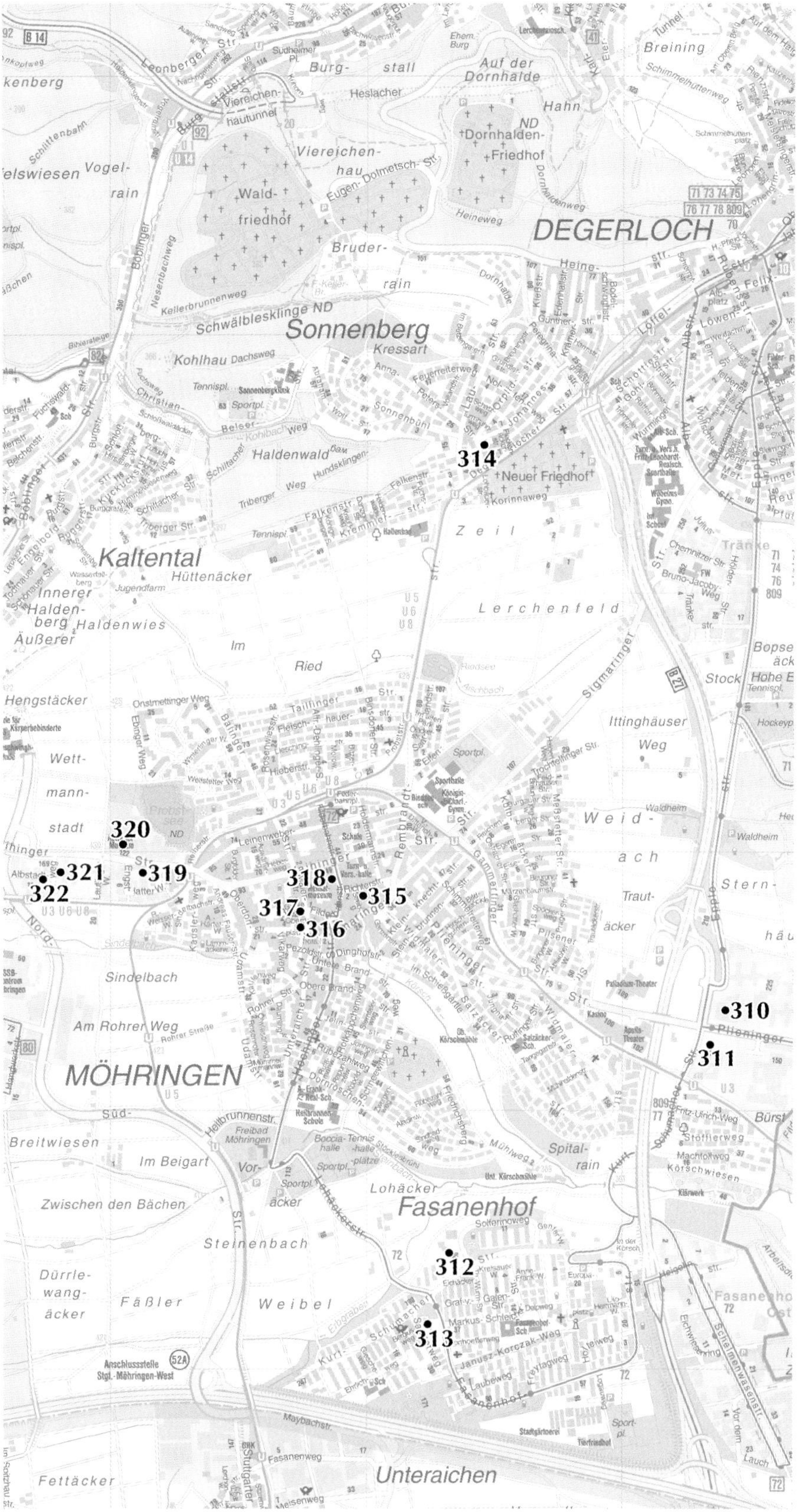
DEGERLOCH
Sonnenberg
Kaltental
MÖHRINGEN
Fasanenhof
Unteraichen
Wald-friedhof
Neuer Friedhof
Viereichen-hau
Dornhalden-Friedhof
Burgstall
Auf der Dornhalde
Haldenwald
Lerchenfeld
Zeil
Im Ried
Hengstäcker
Wettmannstadt
Weidach
Trautäcker
Sindelbach
Am Rohrer Weg
Breitwiesen
Im Beigart
Zwischen den Bächen
Steinenbach
Dürrlewangäcker
Fäßler
Weibel
Fettäcker
Lohäcker
Spitalrain
Ittinghäuser Weg
Innerer Haldenberg
Äußerer Haldenwies
Hüttenäcker
Kohlhau
Kressart
Bruderrain
Breining
Sternhäu
Vogelrain
Anschlussstelle Stgt.-Möhringen-West
310
311
312
313
314
315
316
317
318
319
320
321
322

310

Konzernzentrale der Daimler Chrysler AG
Epplestraße 225
1986–90
Beucker, Haider, Langhammer, Maschlanka (BHLM)

Nachdem sich die Tätigkeitsbereiche der damaligen Daimler-Benz AG wesentlich ausgeweitet hatten, entschloss sich das Unternehmen zu einer räumlichen Zusammenfassung der Hauptverwaltung sowie von Teilen des Unternehmensbereiches Mercedes-Benz, dessen Hauptverwaltung zuvor in Untertürkheim (Nr. 273) untergebracht war. Die Düsseldorfer Architektengemeinschaft BHLM, 4. Preisträger eines 1982 ausgeschriebenen Wettbewerbes, erhielt nach einer Überarbeitungsphase den Zuschlag zum Bau der Konzernzentrale. Die Architekten entwarfen auf dem 12 ha großen Areal eine kleine, nach außen abgeschlossene „Stadt", die auf ca. 50.000 m² Bürofläche 3250 Arbeitsplätze bietet. Optischer Bezugspunkt ist ein 60 m hohes Punkthochhaus, in dessen oberster Etage die Vorstandsspitze residiert. Neben ihm liegt der funktionale Mittelpunkt des Komplexes, eine zweigeschossige, mit einer Glaskuppel überdachte Halle, die u. a. zu einem Café, einem Restaurant sowie zu zahlreichen Konferenzräumen führt. Vor der Halle erstreckt sich ein geräumiger Platz, um den sich zehn drei- bis fünfgeschossige Bürohäuser gruppieren. Sämtliche Büroräume sind 26 m² groß und weitgehend identisch ausgestattet. Die schlichten, mit hellem Naturstein verkleideten Fassaden werden durch kleinteilige Fenster gegliedert. In dem Bemühen um eine zeitlose Gestaltung und menschlichen Maßstab entstand eine etwas farblose, austauschbare Architektur. Ein wenig mehr gestalterischen Mut und Selbstbewusstsein hätte man dem Weltkonzern bei der Planung seiner Hauptverwaltung gewünscht! Auf dem Gelände fanden mehrere Plastiken renommierter zeitgenössischer Künstler wie Max Bill und Heinz Mack Aufstellung.

311

Ehem. IBM-Verwaltungsgebäude
Plieninger Straße 140
1980–82
Hans Kammerer, Walter Belz und Partner

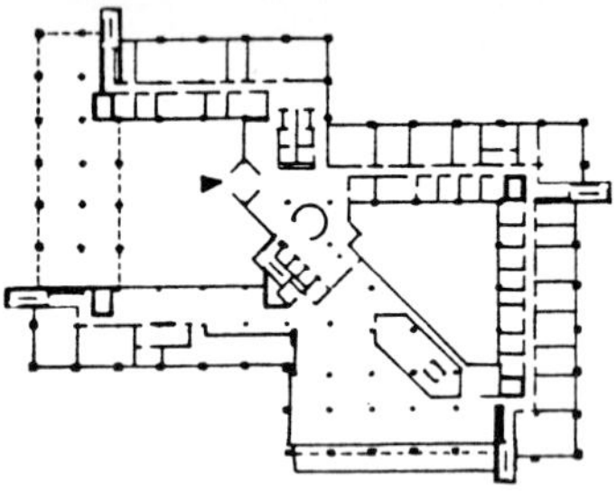

Unter städtebaulichen Aspekten kann man dem Gewerbegebiet „Landhauskreuzung" mit seinem Wildwuchs heterogener Bauten wenig Positives abgewinnen. Was diesen Standort aber für Firmen interessant macht, ist seine verkehrsgünstige Lage an Flughafen und Autobahn. Die IBM erstellte hier einen Bürokomplex für rund 1000 Mitarbeiter, deren Arbeitsplätze vorher im Stadtgebiet verteilt waren. Zwei Baukörper auf quadratischer Grundfläche wurden über Eck ineinander geschoben. Sie umschließen jeweils einen begrünten Innenhof. Das Motiv der quadratischen „Vierflügelanlage" findet sich schon bei der Vaihinger IBM-Hauptverwaltung von Egon Eiermann (Nr. 330). Bei einer Höhe von fünf bis sechs Geschossen wirken die Gebäude inmitten einer z. T. deutlich höheren Nachbarbebauung fast zierlich. Sorgfältige architektonische Durchgestaltung, Materialwahl und Farbgebung sorgten jedoch dafür, dass sie sich behaupten können. Die gliedernd vor die Fassaden gezogenen profilierten Stützen und die schlanken Treppentürme sind mit Backsteinen verkleidet. Zwischen die Stützen gespannt sind Vorhangfassaden aus Aluminium und Glas. Hinter den Brüstungsvorsprüngen verbergen sich die Sonnenschutzvorrichtungen. Das Grau der Brüstungsbänder harmoniert mit dem Rot der Backsteine. Einer der beiden Innenhöfe dient als Eingangshof. Die Tür wird durch ein schirmartiges gläsernes Vordach markiert. Eine offene, in die Nahtstelle der beiden Baukörper gestellte Wendeltreppe dient der Erschließung und ist zugleich ein wesentliches Gestaltungselement des Inneren. Einzelbüroräume sind zu den Höfen orientiert, während Sitzungsräume nach außen liegen. Der Bau wird inzwischen von anderen Firmen genutzt.

312

Wohnhochhaus „Fasan I"
Solferinoweg 20
1961–64
Josef Lehmbrock, Wilhelm Tiedje

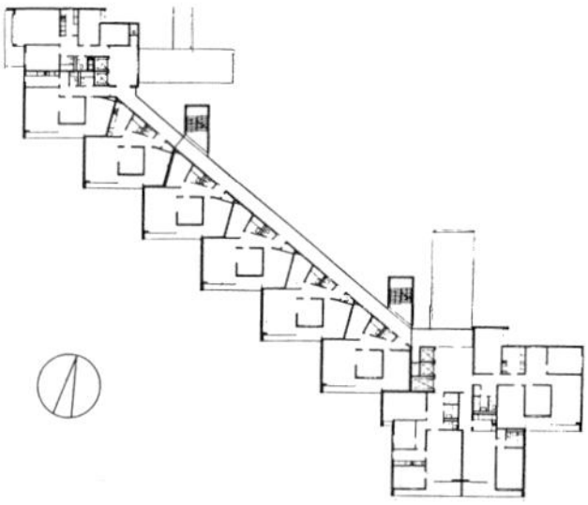

Grundriss Normalgeschoss

Der Name Fasanenhof leitet sich von einer herzoglichen Fasanerie ab, die hier zusammen mit einem längst verschwundenen Lustschlösschen um 1730 angelegt wurde. 1942 wurde das Gelände nach Stuttgart eingemeindet. Nationalsozialistische Stadtplaner sahen hier eine Siedlung für 10.000 Bewohner vor. Doch erst 1960 wurde tatsächlich mit dem Bau von Wohnungen für 10.000 Menschen begonnen. Der Fasanenhof war Stuttgarts erste Trabantenstadt. 28 Baugesellschaften erstellten, hauptsächlich im Rahmen des Sozialen Wohnungsbaus, die unterschiedlichsten Haustypen, vom Einfamilienhaus bis zum Wohnhochhaus. Fasan I, von der Neuen Heimat erbaut, ist eines der drei den Stadtteil dominierenden Hochhäuser. Eigentumswohnungen von zwei- bis fünfeinhalb Zimmern wurden in dem 20-geschossigen Laubenganghaus untergebracht. Das Hochhaus zeigt zwei völlig unterschiedliche Seiten: Die der Erschließung dienende Nordseite mit ihren Aufzugstürmen und den überdimensionierten Betonbrüstungen der Laubengänge wirkt abschreckend und beängstigend. Die Südfront erscheint demgegenüber ästhetisch ansprechender. Sie ist völlig in Loggien aufgelöst, die jeweils die ganze Breite einer Wohnung einnehmen. Zumindest aus der Fernsicht bietet das Muster der metallenen, weißgestrichenen Brüstungen ein ansprechendes Bild. Bei näherer Betrachtung allerdings trösten abstrakte grafische Qualitäten kaum über die Banalität der Betonplattenbauweise und die Monotonie endloser Reihung und Stapelung hinweg.

313

Wohnhochhaus „Salute"
Sautterweg 5
1961–63
Hans Scharoun, Wilhelm Frank

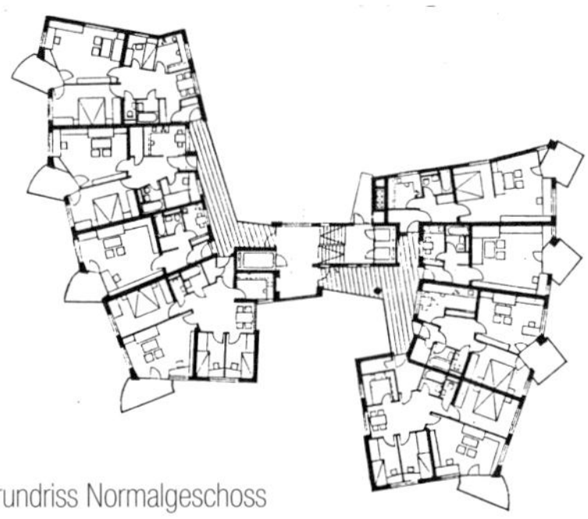

Grundriss Normalgeschoss

In Zuffenhausen-Rot hatte Hans Scharoun die viel beachtete Hochhausgruppe „Romeo und Julia" (Nr. 236) errichtet. Auch auf dem Fasanenhof setzte Scharoun mit dem Wohnhochhaus „Salute" einen markanten Akzent. Dass zwischen „Romeo und Julia" und „Salute" rund ein halbes Jahrzehnt liegt, fällt kaum ins Gewicht. Scharoun hielt an seinen gestalterischen Prinzipien fest und spielte routiniert mit seinem Formenrepertoire. Das 21-geschossige Laubenganghaus mit der verwirrend vielseitigen Hülle gibt seine Grundstruktur nicht auf den ersten Blick preis. Zwei parallel, aber versetzt zueinander angeordnete Scheiben mit konvex gewölbter Außenfläche sind durch einen gelenkartigen Zwischenbau verbunden, der Aufzüge und Treppenhaus aufnimmt. Von hier aus erschließen kurze Laubengänge die Scheiben. Dieses Schema hatte Scharoun bereits in der Berliner Siedlung Charlottenburg-Nord (1957–60) angewandt. Das äußere Bild ist durch vielfältige Brechungen, Vor- und Rücksprünge geprägt. Balkone, deren Grundriss einem Kreissegment angenähert ist, ragen kühn aus den Fassadenfluchten hervor. Zur unverwechselbaren Silhouette trägt die vielfach gegliederte und gestufte Dachzone bei, in der Atelierwohnungen untergebracht sind. Wie bei „Romeo und Julia" entsprechen dem komplexen Äußeren auch bei „Salute" Wohnungen mit unorthodoxen Grundrissen. Die architektonisch banale Nachbarschaft lässt die außergewöhnliche ästhetische Qualität von Scharouns Hochhaus umso deutlicher hervortreten.

314

Gemeindezentrum Sonnenberg
Fleckenäckerstraße 2
1964–66
Ernst Gisel

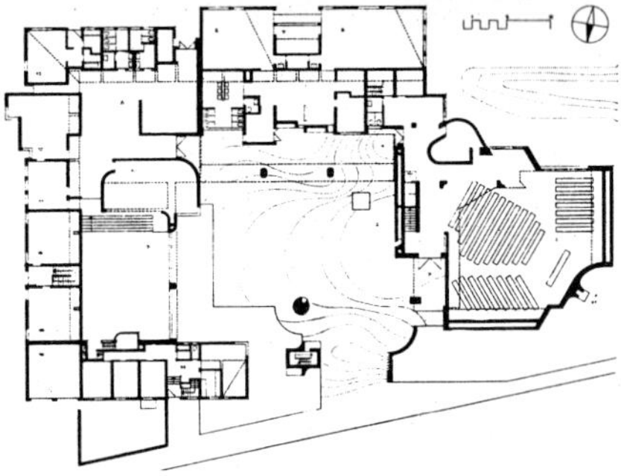

Das evangelische Gemeindezentrum im Villenvorort Sonnenberg, geplant von dem renommierten Züricher Architekten Ernst Gisel, ist ein Musterbeispiel für den Sakralbau der 60er Jahre. Nicht mehr das dominierende Kirchenschiff mit beigeordneten Nebenräumen war gefragt: Der Gottesdienstraum sollte in ein vielfältiges Raumprogramm integriert werden, das Veranstaltungsräume, Kindergarten, Wohnungen umfasst. Die Bauaufgabe Gemeindezentrum löste in den 60er Jahren zunehmend die Bauaufgabe Kirche ab, wie z. B. auch St. Josef in Heslach (Nr. 128) oder das Gemeindezentrum Fasanenhof (Fasanenhofstraße 118) von Eberhard Holstein und Carl-Herbert Frowein zeigen. Konzeption der Gesamtanlage, Formensprache und Materialwahl sind bei vielen Sakralbauten dieser Jahre zum Verwechseln ähnlich. Das Gemeindezentrum Sonnenberg ist keine Addition von Einzelbauten, es wirkt vielmehr als eine einheitlich komponierte und durchgebildete Großplastik aus Beton. Die skulpturale Qualität der Baukörper ist wichtiger als die Ablesbarkeit ihrer Funktion. Das Spätwerk Le Corbusiers, dessen Hauptthema die plastische Gestaltung von Beton war, wirkte offensichtlich inspirierend. Die miteinander verbundenen Gebäude sind um einen Hof gruppiert. Ihre durch mannigfaltige schräge und ebene Flächen geprägte Dachlandschaft wird von dem schlanken, kantigen Schaft eines Glockenturms überragt. Der nüchterne Kirchenraum erhält seine Beleuchtung hauptsächlich durch Oberlichter. Drei Sitzreihen führen amphitheatralisch auf den tiefer gelegenen Altar zu. Eine Orgelempore ragt weit in den Raum.

315

Gewerbegebiet „Im Richter"
Sigmaringer Straße, Richterstraße
ab 1845; 1986–89
n. bek.; Eberhard Schönthaler, Volker Schmid

Richterstraße 1991 (oben), Brauerei um 1895 (unten)

Das Areal zwischen Streibgasse, Sigmaringer- und Richterstraße zeigt noch heute, trotz beträchtlicher Kriegszerstörungen, das typische Gesicht eines im Verlauf von Jahrzehnten gewachsenen Industrie- und Gewerbegebiets. Johann Carl Widmaier errichtete 1845 in der Richterstraße 128 eine Bierbrauerei. Im Laufe der Zeit erweiterte er das Brauereiareal durch den Ankauf von umliegenden Häusern und Grundstücken; es umfasste neben Wohnhäusern sowie Büro- und Magazingebäuden u. a. Sudhaus, Dampfkesselhaus und Mälzerei. Um 1890 war die Brauerei Widmaier eine der größten in Stuttgart und Umgebung. 1912 wurde der Betrieb stillgelegt. Im Laufe der Zeit passte man das Gebiet ständig neuen Nutzungen an. Im 1882 erbauten Haus Richterstraße 16 wurde 1928 die Milchverwertungsgenossenschaft eingerichtet. 1923 ließ sich eine Fabrik zur Verarbeitung des Filderkrautes im Richterschen Gewerbegebiet nieder; sie wurde 1981 stillgelegt. Die noch heute produzierende Seifenfabrik Walter Rau stockte die ehemalige Mälzerei an der Sigmaringer Straße in den 60er Jahren auf und gestaltete sie in einen funktionalistischen, nüchternen Zweckbau um. 1986–89 ließ die Möhringer Bank die Gebäude Richterstraße 14 und 16 um- und ausbauen; sie beherbergen nun Büros, Praxen und Wohnungen. Eine Besonderheit ist die Nutzbarmachung von zwei Gewölben des weit verzweigten ehemaligen Bierkellers, dessen 35 Räume bis zu 2 1/2 Stockwerke in die Tiefe reichen; sie werden als Veranstaltungsräume genutzt.

316

Martinskirche

Oberdorfplatz 1
um 1465; 1852–55; 1948–49
Hans Böblinger, Stephan Waid; Christian Friedrich Leins; Hans Seytter

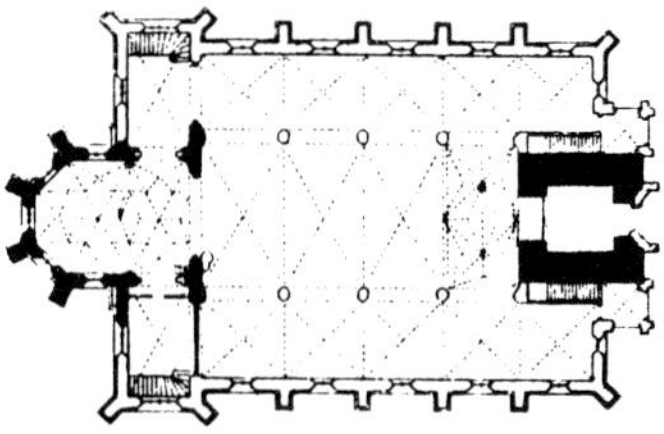

Die Vorgängerbauten der Möhringer Martinskirche reichen bis in romanische Zeit zurück. Mitte des 15. Jhs. entstand unter Leitung von Hans Böblinger, ab 1440 Baumeister der Esslinger Frauenkirche, eine spätgotische Wehrkirche mit mächtigem Westturm und schmalem, einschiffigem Langhaus; wenig später fügte Stephan Waid den Chor an. Als der Turm im 19. Jh. einsturzgefährdet und die Kirche zu klein geworden war, entschloss man sich zum Teilabriss. Lediglich der Chor und die unteren Turmgeschosse wurden in den Neubau von Christian Friedrich Leins einbezogen. An den zierlichen, netzgewölbten Polygonalchor fügte Leins, bedeutendster Stuttgarter Architekt des Historismus, eine breit gelagerte, dreischiffige Pfeilerbasilika. Fialenbekrönte Strebepfeiler rhythmisieren die Außenseiten. Dazwischen gespannt sind jeweils zwei spitzbogige Fenster. Der Obergaden erhält sein Licht durch Rundfenster. Die Martinskirche überragte mit ihren 63 m Turmhöhe die dörfliche Umgebung beträchtlich; die imposanten Ausmaße brachten ihr den volkstümlichen Namen „Filderdom“ ein. Schon bald nach der Einweihung zeigten sich Baumängel, die schließlich 1935 eine Generalüberholung notwendig machten. 1944 wurde die Martinskirche stark beschädigt. Der Wiederaufbau erfolgte 1948–49 durch Hans Seytter. Der Turmhelm wurde vereinfacht, die Fialen am Schiff nur teilweise rekonstruiert; das Innere des Langhauses wurde schlicht und ohne Gewölbe wiederhergestellt. Nur der Chor erhielt annähernd die alte Gestalt.

317

Bezirksrathaus

Maierstraße 1
1836–37
Adam Friedrich Groß, Wilhelm Zaiser

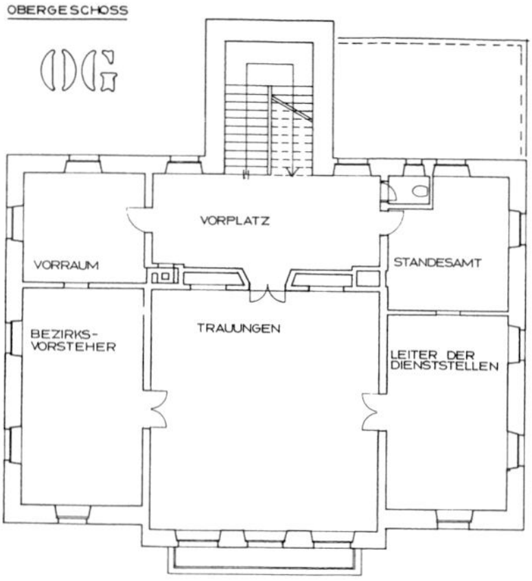

Das auf der Filderebene südlich von Stuttgart gelegene Möhringen besitzt eine bis ins 12. Jh. zurückreichende Geschichte. Die Ortschaft wurde 1295 durch den Pfalzgrafen Gottfried von Tübingen größtenteils an das Katharinenspital der Reichsstadt Esslingen verkauft, in dessen Besitz der Ort bis 1802 blieb. Das Spital ließ im 17. Jh. das alte Rathaus in der Oberndorfer Straße 5 erbauen. 1836–37 errichtete der Stuttgarter Baurat Groß als Ersatz für das zu klein gewordene alte Rathaus in unmittelbarer Nähe der Martinskirche (Nr. 316) einen Neubau. Das Gebäude ist in Fachwerkkonstruktion über einem steinernen Unterbau errichtet. Bemerkenswert ist die sorgfältige Gestaltung in klassizistischen Formen; es wurde deshalb in der Oberamtsbeschreibung von 1851 als das schönste Rathaus im ganzen Oberamtsbezirk bezeichnet. Der zweigeschossige, verputzte Baukörper ist symmetrisch aufgebaut. Die Fassade wird durch einen überhöhten Mittelrisalit bestimmt, der das mit einem Rundbogen versehene Eingangsportal aufnimmt. Ein breiter Balkon sowie drei hohe, rundbogige Fenster akzentuieren das OG. Bekrönt wird das Rathaus durch ein Türmchen, das von einem Kegeldach gedeckt wird. Seit der 1942 erfolgten Eingemeindung nach Stuttgart ist in dem Gebäude das Bezirksamt untergebracht. Das alte Rathaus ist heute ein einfaches Wohnhaus, dem man seine einstige Funktion nicht mehr ansieht.

318

Spitalhof
Filderbahnstraße 29
1469; 1589; 1959–61
Matthias Zimmermann
n. bek.; Hochbauamt der Stadt Stuttgart

Lithographie von C. Votteler, 1860

Das Katharinenspital der Reichsstadt Esslingen ließ 1469 durch Matthias Zimmermann den Spitalhof als Verwaltungssitz errichten. Von dem ursprünglichen Aussehen des ehemals zweigeschossigen Fachwerkbaus ist nach umfangreichen Erweiterungsmaßnahmen in späterer Zeit nur wenig erhalten geblieben. Der Spitalhof war von einer Mauer umgeben, deren Reste zwischen dem Wohnhaus und dem Torbau erhalten sind. Das aufwändig gestaltete Torgebäude stammt aus dem Jahre 1589. Es besteht aus einem steinernen Unterbau, der eine große rundbogige Tordurchfahrt sowie eine Tür mit gestuften Steingewänden aufweist. Darüber folgt das durch ein Walmdach gedeckte Fachwerkgeschoss, aus dem ein hölzerner Turmaufsatz emporragt. Die beiden romanischen Säulen, welche die Durchfahrt rahmen, stammen wahrscheinlich von einem Vorgängerbau der Martinskirche, wie auch der Dreipassstein über der Nebenpforte, der die hl. Katharina, die Schutzpatronin des Esslinger Spitals, zeigt. Seit 1928 im Besitz der Gemeinde, wurde im Spitalhof 1935 das Möhringer Heimatmuseum eingerichtet. Der Komplex wurde im Zweiten Weltkrieg stark beschädigt und 1959–61 durch das Hochbauamt der Stadt Stuttgart wiederhergestellt. Neben dem Museum ist im Spitalhof seither eine Außenstelle der Stadtbücherei untergebracht.

319

Atlanta Business Center
Vaihinger Straße 131
1988–92
Kammerer + Belz, Kucher und Partner

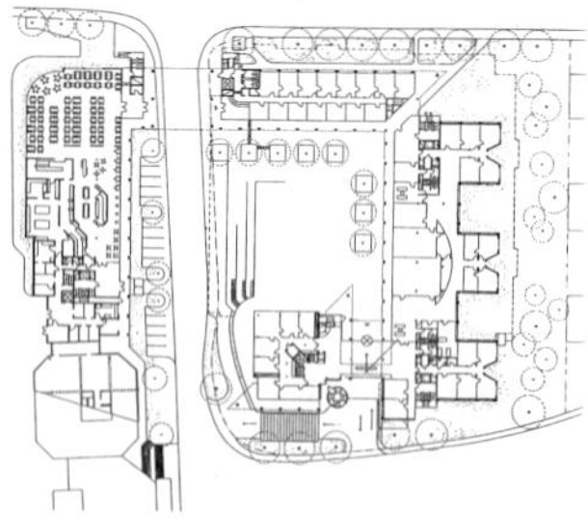

Das Gewerbegebiet zwischen Möhringen und Vaihingen gehört zu den Wachstumszonen Stuttgarts. Kammerer + Belz, Kucher und Partner schufen hier zum zweiten Mal – nach dem ärztlichen Verwaltungszentrum (Nr. 322) – in einem begrenzten Bereich städtebauliche Ordnung. Sie entwarfen für den Investor Häussler ein Bürozentrum, dessen Hauptmieter der Geschäftsbereich Nutzfahrzeuge der Mercedes-Benz AG ist. Das Grundstück liegt an der Nahtstelle zwischen dem Gewerbegebiet und einer Wohnsiedlung, und die Architekten versuchten, eine beiden Nachbarschaften angemessene Verbindung zu schaffen. Folglich stellt sich das Bürozentrum typologisch und stilistisch erstaunlich vielgestaltig dar. Einen markanten, großstädtischen Akzent setzt ein weit sichtbares, 17-geschossiges Turmhochhaus, das aus zwei ineinander geschobenen Dreiecken zu bestehen scheint. Eine Seite besitzt eine Glasfassade mit feiner Stahlprofilierung, während die andere Seite von Brüstungsbändern aus Wellaluminium geprägt wird. Zu Füßen des Hochhauses umfassen viergeschossige Flügel einen Innenhof; mit weißem Verputz, scharf eingeschnittenen, großflächigen Fenstern und dem Verzicht auf jeglichen Zierrat könnte man sie als Verweis auf den klassischen Rationalismus interpretieren. Zur Wohnbebauung leiten drei kammartig angeordnete, niedrigere Baukörper über, die von Halbtonnen gedeckt sind. Diese Flügelbauten sind formal akzeptabel, aber in ihrer funktionalen Uneindeutigkeit wirken sie fast als Anbiederung an die benachbarten Wohnhäuser.

320

Kunden- und Vertriebszentrum der Firma Gottlob Auwärter
Vaihinger Straße 118
1986–87
Herbert Gergs

Blick ins Foyer (unten)

Das Kunden- und Vertriebszentrum des Omnibusherstellers bildet den ersten Abschnitt einer umfassenden baulichen und betriebstechnischen Umstrukturierung des Werksgeländes. Der langgestreckte Neubau fungiert hierbei als Bindeglied zwischen dem Neoplan-Hochhaus und den Nachbargebäuden, mit denen er durch Brücken im 1. OG verbunden ist. Für Aufsehen sorgt die futuristisch gestaltete Fassade seiner Kopfseite: Über dem leicht zurückgesetzten, verglasten EG erhebt sich eine konkav geschwungene, rahmenlose Fassade aus dunklen Spiegelreflexglasscheiben. Die Glaselemente wurden hierbei nicht wie üblich mittels Halterungen befestigt, sondern geklebt; durch die reflektierende Beschichtung bleiben die Sicherungselemente der Gläser unsichtbar. Die durchgängige Glasfläche, die an Fassaden amerikanischer Wolkenkratzer erinnert, wird nur durch die schmalen Schattenfugen zwischen den Glaselementen sowie den Firmenschriftzug unterbrochen. Das großzügige Foyer wird durch den gläsernen Lift sowie die sechseckigen, verglasten sog. Besprechungsgondeln, die im Galeriegeschoss zu schweben scheinen, bestimmt. Kernstück des Gebäudes ist die ganz in Weiß gehaltene, weitläufige Ausstellungs- und Verkaufshalle, die sich rückwärtig an das Foyer anschließt. Den größten Teil des 1. OG nehmen die Kantine und ein Gäste-Kasino ein, im Zentrum liegt ein kleiner Gartenhof. Im 2. OG wurden Büroräume, ein Konferenzsaal, ein Studio sowie Wohnungen für Fahrer und Notdienst untergebracht.

321

Verwaltungsgebäude der Züblin AG
Albstadtweg 3
1982–84
Gottfried Böhm

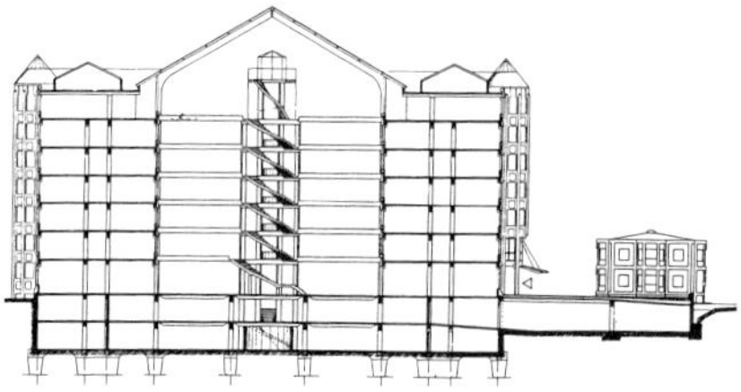

Als die Baufirma Züblin Anfang der 80er Jahre ein neues Bürogebäude an der Peripherie Stuttgarts errichten wollte, bestand eine wesentliche Vorgabe: Um Qualität und Vielseitigkeit des in Verruf geratenen Baustoffs Beton zu demonstrieren, sollten im eigenen Werk vorgefertigte Betonteile verwandt werden. Als Architekten wählte die Züblin AG den Kölner Gottfried Böhm, der mit der Wallfahrtskirche von Neviges und dem Bensberger Rathaus in den 60er Jahren den Ruf errungen hatte, ein Meister der plastischen Gestaltung von Beton zu sein. In Möhringen musste sich Böhm allerdings nicht nur erstmals mit der Bauaufgabe Bürogebäude auseinander setzen, sondern auch mit dem engen Korsett der Fertigteilbauweise. Er entwarf zwei parallel gestellte Büroflügel, deren tragende Fassaden aus rötlich eingefärbten Betonfertigteilen bestehen. Seine besondere Qualität gewinnt das Züblin-Haus durch die zwischen beide Flügel gespannte, bis zu 33 m hohe gläserne Halle. Drei Treppentürme sind in die Mittelachse der Halle gestellt und erschließen bzw. verbinden über Stege auf jeder Etage die Büroräume. Bäume, Wasser-Rinnsale, Caféhaus-Bestuhlung, Podeste und vom Architekten entworfene Einlegebilder verleihen der Halle den Charakter einer Piazza. Diesen urbanen, ansprechenden Raum wünschte man sich in der City und nicht in einem unstrukturierten Neubaugebiet! Die in den USA übliche Aufwertung von Verwaltungsbauten mit großzügigen, glasbedeckten Foyers oder Innenhöfen kam mit dem Züblin-Haus erstmals nach Deutschland. Im Unterschied zur Energie fressenden Vollklimatisierung dort kommt die hiesige Halle jedoch ohne jede Heizung oder Kühlung aus.

322

Verwaltungszentrum der Ärzte und Zahnärzte
Albstadtweg 9
1977–81
Hans Kammerer, Walter Belz und Partner

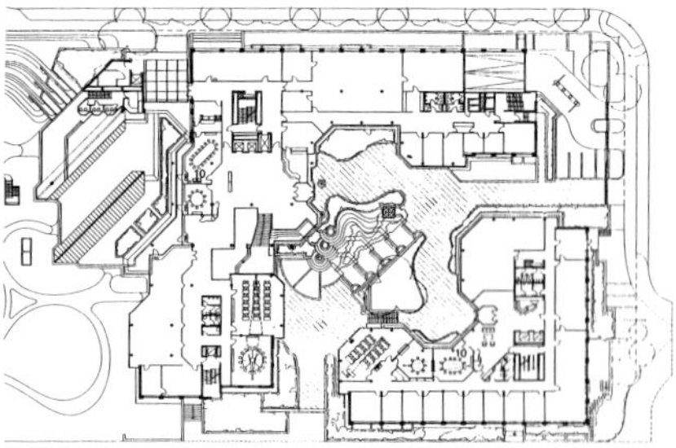

Grundriss EG

Seit Jahren ist eine zunehmende Verlagerung von Arbeitsplätzen aus der Innenstadt an die Peripherie Stuttgarts zu beobachten. Dort entstehen dann oft fantasielose Zweckbauten inmitten eines unstrukturierten, gesichtslosen Umfelds. Bei dem Verwaltungszentrum der Ärzte und Zahnärzte wollten die Architekten diese negativen Begleiterscheinungen einer Verlagerung vermeiden. Der schlicht gestaltete Gebäudekomplex fügt sich klar in den Straßenraum ein. Er besteht aus zwei gegeneinander versetzten Baukörpern, die einen in der Höhe gestaffelten Innenhof umschließen. Dieser wird durch zwei diagonal gegenüberliegende Zugänge erschlossen. Die Fassaden der Stahlbetonskelettbauten wurden entlang der Straße mit dunkelroten Klinkern verkleidet. Im Gegensatz dazu öffnen sich die Bauten durch eine transparente, mehrfach gebrochene Vorhangfassade aus Glas und Metall dem ruhigen Innenhof mit künstlichem Wasserlauf und kleinem See. Der Hofbereich mit seinen organisch geschwungenen, abgestuften Terrassen schafft einen reizvollen Kontrast zu den nüchternen, geometrischen Formen der beiden Verwaltungsgebäude. Einen weiteren spannungsvollen Akzent setzt der Mehrzwecksaal, der sich als kristalliner Körper vom Ärztebau abgrenzt, mit dem er durch ein großzügiges zweigeschossiges Foyer verbunden ist. Der Saal weist eine Grundfläche von 750 m^2 auf und ist in drei Bereiche unterteilbar; er besitzt eine sichtbar belassene Dachkonstruktion aus Stahlrohr mit Shedverglasung.

323

Stadtkirche
Pfarrhausstraße 14
1. Hälfte 15. Jahrhundert; um 1590; 1858–60
n. bek.; Christian Friedrich Leins

Altbau um 1848 (unten)

Die Geschichte der evangelischen Vaihinger Stadtkirche reicht bis ins 13. Jh. zurück. Aus dieser Zeit stammen noch Mauerteile im Turm. In der ersten Hälfte des 15. Jhs. erhielt die Kirche einen neuen, sternrippengewölbten Polygonalchor und eine Sakristei. Um das Jahr 1590 wurde zwischen Turm und Chor ein schlichtes, einschiffiges Langhaus eingefügt. Bereits Anfang des 17. Jhs. war die Kirche zu klein für die wachsende Gemeinde. Erst Mitte des 19. Jhs wurde der Beschluss zu einem teilweisen Neubau gefasst. Man wandte sich an Christian Friedrich Leins, den damals renommiertesten Stuttgarter Architekten, der kurz zuvor die Martinskirche (Nr. 316) im benachbarten Möhringen erneuert hatte. Wie in Möhringen ließ Leins auch in Vaihingen das Langhaus abreißen; an seiner Stelle fügte er eine dreischiffige, im neogotischen Stil gestaltete Halle ein. Die alten Bauteile, Chor, Sakristei und Turm, wurden dem Neubau angepasst. Der Turm erhielt eine Vorhalle, Maßwerkfenster, ein Glockengeschoss und einen Helm in gotischen Formen. So bildet das Bauwerk eine interessante Mischung aus gotischen und neogotischen Elementen. Im Zweiten Weltkrieg blieb die Vaihinger Kirche im Unterschied zu ihrem Möhringer Pendant weitgehend verschont. Bei einer Dachstuhlerneuerung in den 1960er Jahren wurden die Fialen an Langhaus und Turm abgeschlagen. Seither bietet der Außenbau ein etwas kahles, unharmonisches Bild. Eine Innenrenovierung fand 1972 statt.

324

Wohnhaus
Stellaweg 3
1986
Arno Lederer, Jórunn Ragnarsdóttir

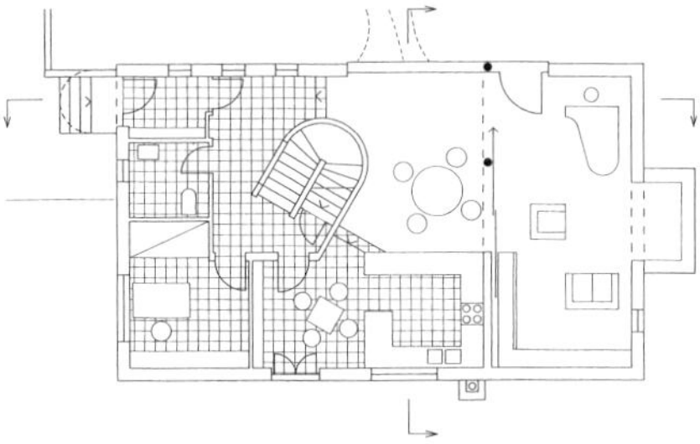

Grundriss EG

Das zweigeschossige Gebäude ist als einfacher, rechteckiger Kubus gestaltet. Nur ein erkerartiger Vorbau im EG-Bereich an der Ostseite sowie ein kleiner halbrunder Balkon im 1. OG der Eingangsfront im Westen durchbrechen die strenge Form der weiß verputzten „Kiste". Charakteristisches Merkmal des Einfamilienhauses ist das weit vorkragende flache Dach. Der demonstrativen Schlichtheit des Baukörpers steht eine differenzierte Grundrissgestaltung gegenüber, die sich durch die unterschiedlich großen Fensteröffnungen an der Fassade ablesen lässt. Die Lebendigkeit wird durch die schräg gestellte Treppe, die sichtbar belassene hölzerne Dachkonstruktion sowie unterschiedliche Raumhöhen bewirkt. Die innere Organisation ergab sich aus dem Wunsch der Bauherren, die Räume für kleine Konzerte in privatem Kreis nutzen zu können. Zentraler Bereich ist der doppelgeschossige Essraum, nach außen hin durch das große Südfenster mit graublauem Stahlrahmen sichtbar gemacht. Der Wohnraum im EG kann durch Schiebewände dem Essraum zugeschaltet werden; der Wohnbereich wird so zu einer kleinen Bühne, während im Essraum, auf der Treppe oder der Galerie die Zuhörer den musikalischen Darbietungen folgen können. Im UG des Hauses ist eine Einliegerwohnung untergebracht.

325

Bürozentrum „Pallas"
Schockenried-, Ruppmann-, Kupferstraße
1989–94
Murphy/Jahn (Helmut Jahn)

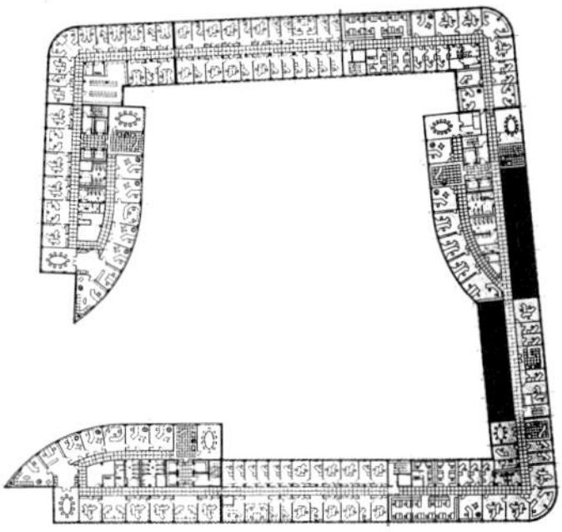

Eigentlich hätte der aus Nürnberg stammende Chicagoer Architekt Helmut Jahn in Stuttgart ein wesentlich größeres, das Stadtbild prägende Projekt entwickeln sollen: ein Bürohochhaus in der Nähe des Hoppenlaufriedhofs. Die Stuttgarter Aversion gegen Hochhäuser verhinderte dies jedoch. Der im chaotischen Vaihinger Gewerbegebiet realisierte Bürokomplex wirkt fast zurückhaltend und weist eine für Jahn untypische Höhe von lediglich fünf bis sechs Geschossen auf. Der Grundton ist hier nicht greller postmoderner Überschwang, sondern – trotz theatralischer Effekte und modischer Details – Seriosität, so dass das Regierungspräsidium Nordwürttemberg als Hauptmieter gewonnen werden konnte. Die Gesamtkonzeption von „Pallas" ist konventionell: Die vierflügelige Anlage besetzt die Ränder eines Blocks und schafft so einen von der lauten, unattraktiven Umgebung abgeschirmten großzügigen Innenbereich, in dem sich auch die Haupteingänge befinden. Die unterkühlte Eleganz ausstrahlenden Straßenfronten – oberhalb des 1. OG einfache Lochfassaden mit quadratischen, zweigeteilten Fenstern – sind mit horizontal alternierenden weißen und grauen Natursteinplatten verkleidet. Die beiden leicht zurückspringenden untersten Geschosse werden durch Stützen und z. T. durch Verglasung zusammengefasst. Markante Akzente setzen schwarze Wandscheiben, die an drei Stellen die Gebäuderiegel durchschneiden und sowohl vertikale als auch horizontale Überstände zeigen. Mit dem „Pallas"-Bürokomplex wurde Stuttgart zwar nicht um herausragende Architektur bereichert, aber immerhin um ein Gebäude, das sich vor vielen Neubauten an der Peripherie nicht zu verstecken braucht – und es hat nun „seinen Jahn".

326

Schwabengalerie
Hauptstraße, Vaihinger Markt
2002–04
Léon Wohlhage Wernik; KBK Architekten Belz Kucher Lutz

Über ein Jahrhundert lang hatte eine Brauerei Wohl und Stadtbild Vaihingens bestimmt. Seit jedoch Schwabenbräu 1997 den Standort aufgab, war das Zentrum Vaihingens durch eine unansehnliche Industrieruine besetzt. Eine Neuordnung des Areals war überfällig – eine Aufgabe wie zugeschnitten auf den Vaihinger Großinvestor Rudi Häussler, der ein Modell für Projekte in ganz Deutschland schaffen wollte. Es entstand keine abgehobene Megastruktur und auch nicht, wie zunächst geplant, eine typische Shopping Mall nach US-Vorbild. Die Vielfalt an Baukörpern reflektiert die Vielfalt der Nutzungen. Südlich der Hauptstraße wurde nach Plänen des Stuttgarter Büros KBK das Fortbildungszentrum von Daimler Chrysler errichtet. Vollverglaste Fassaden prägen den Komplex, der sich zur Hauptstraße viergeschossig erhebt und über ein gebäudehohes Atrium erschlossen wird, während sich zur Ackermannstraße ein eingeschossiger gezackter Riegel erstreckt. Anschließend sind sog. Stadtvillen vorgesehen. Daimler Chrysler ist mit einem Gästehaus auch nördlich der Hauptstraße vertreten. Die dort von dem Berliner Büro Léon Wohlhage Wernik entwickelte Anlage ist eine vielfältige Stadtlandschaft auf mehreren Etagen. Auch wenn der Branchenmix sich kaum von dem anderer Einkaufszentren unterscheidet, so zeichnet sich die Schwabengalerie durch eine überdurchschnittliche Gestaltung aus. Die unterschiedlichen Baukörper, die mit diversen Materialien (Glas, Naturstein, Putz) verkleidet sind, umschließen öffentliche Räume und bilden eine neue Stadtteilmitte. Kernstück der Anlage ist ein mehrgeschossiges verglastes Atrium, das dafür sorgt, dass Tageslicht in alle Ebenen fällt. Erwähnenswert ist das „Bürgerforum“, das durch ein gezacktes Dach und eine frei hängende Glasfassade auffällt und u.a. einen Saal für 500 Personen aufnimmt.

327

Laurentiuskirche und Gemeindezentrum
Reinbeckstraße 8
1979–81
Rainer Zinsmeister, Giselher Scheffler

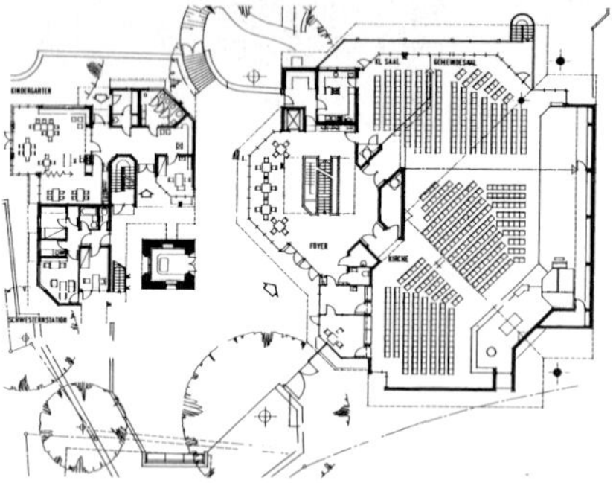

Grundriss EG

Auf einem Bergrücken über dem Rohrer Feuersee wurden seit dem Mittelalter nacheinander mehrere Kirchen errichtet. Einen aus dem 18. Jh. stammenden Chorturm mit Fachwerkaufsatz ergänzte Martin Elsaesser 1926 durch ein kleines Schiff. Als dieses wegen Bauschäden abgerissen werden musste, war nicht nur ein neuer Gottesdienstraum zu schaffen: Die evangelische Gemeinde wünschte ein vielfältig nutzbares Zentrum. Der erhaltene Turm sollte in den Neubau einbezogen und die parkartige Umgebung berücksichtigt werden. Die Architekten machten den Turm zum Zentrum des Komplexes. Ein winkelförmiges Gebäude mit steilen Pultdächern umfasst ihn auf zwei Seiten; die Verbindung stellt eine hölzerne Galerie her. In diesem Gebäude befinden sich Wohnungen, Kindergarten und Sozialstation. Weit heruntergezogene, mehrfach versetzte Dachschrägen sind ein Charakteristikum des Hauptbaus, der sich über einem vieleckigen Grundriss erhebt. Neben der biberschwanzgedeckten Dachlandschaft bestimmen helle Putzflächen und konstruktive Holzelemente die Fassaden. Über dem Gottesdienstraum öffnet sich die hölzerne Dachkonstruktion. Wird eine Rollwand geöffnet, können die rund 300 Plätze durch weitere 200 im Gemeindesaal ergänzt werden. Ein großzügiges Foyer sowie Clubräume ergänzen das Raumprogramm. Vergleicht man das Rohrer Gemeindezentrum mit der Heslacher Josefskirche (Nr. 128), bei der dieselben Architekten sechs Jahre zuvor bei vergleichbarer Aufgabenstellung eine brutalistische Betonlandschaft geschaffen hatten, so zeigt sich eindrucksvoll die architektonische Neuorientierung im Verlauf der 70er Jahre.

328

Haus Irion
Reinbeckstraße 31
1966
Wolf Irion

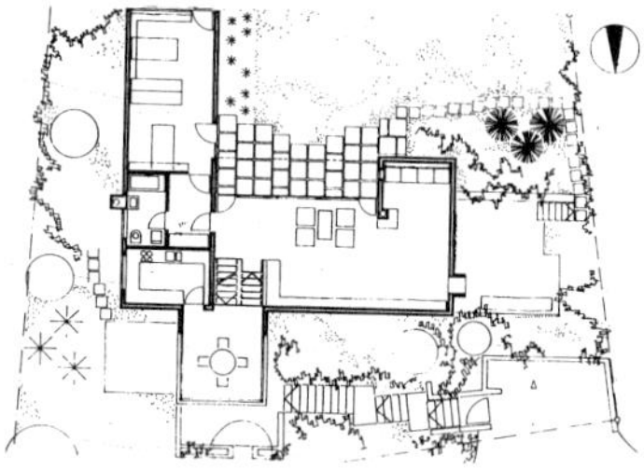

Grundriss OG

Wie z. B. das Haus Beck-Erlang (Nr. 169) oder das Haus Gabriel (Nr. 192) zeigen, hat die Konzeption des eigenen Wohnhauses für Architekten eine besondere Bedeutung. Das an einem steilen Nordhang errichtete Haus Wolf Irions besitzt ein lebendiges Äußeres. Dies ergibt sich aus seiner inneren Organisation; die höhenmäßige Staffelung der Räume in verschiedene Ebenen und die sich dabei ergebenden vorspringenden Bauteile verleihen dem Gebäude ein vielschichtiges Antlitz. Charakteristisch ist der Wechsel zwischen großen Fenster- und geschlossenen Wandflächen. Die Nordseite des Hauses wird durch einen turmartig vorspringenden Bauteil mit auffälligem Pultdach bestimmt. Dieser nimmt im EG die Eingangshalle auf; im OG liegt der Ess-platz, darüber das Studio, jeweils ein halbes Ge-schoss zu den beiden Wohnebenen versetzt. Ungewöhnlich ist das Dach des Wohnhauses, das sozusagen die Negativform des herkömmlichen Dachgiebels darstellt: Es hat seinen tiefsten Punkt über der Fensterwand des Wohnzimmers und steigt von dort nach beiden Seiten an. Zur Dachdeckung verwandte man Welleternit, mit dem auch Teile der Fassade verkleidet sind. Das Gebäude ist in grobem Beton erbaut, der auch bei einem Teil der Innenwände sichtbar belassen wurde. Das Innere bildet vom Eingangsbereich über den Essplatz und das Wohnzimmer bis hinauf zum Studio einen durchgehenden Raumzusammenhang. Von diesem offenen Raumgefüge sind nur der Schlafbereich, die unteren Wohnräume, die auch als Einliegerwohnung genutzt werden können, und die Küche durch Türen abtrennbar.

329

Albert-Schweitzer-Schule der Paulinenpflege, ehem. Heim der Hitler-Jugend
Thingstraße 50
1937–38
Erwin Rohrberg, Eberhard Holstein

Die Formung der Jugend war ein wesentliches Ziel der NS-Politik. Der Hitler-Jugend kam eine zentrale Rolle als nationalsozialistische Erziehungsinstanz zu, was sich u. a. in der Errichtung zahlreicher HJ-Heime äußerte. Das ehemalige HJ-Heim in Rohr ist einer der wenigen nationalsozialistischen Bauten in Stuttgart, der nahezu unverändert erhalten ist und an dem sich beispielhaft das Architekturverständnis des Dritten Reiches ablesen lässt. Der NS-Staat besaß zu keiner Zeit einen homogenen Baustil, er benutzte für seine Selbstdarstellung vielmehr unterschiedliche traditionelle Städtebau- und Architekturprogramme. Der massige, breit gelagerte Natursteinbau mit seinem mächtigen Satteldach erhebt sich in beherrschender Lage auf der Rohrer Höhe. Seine bauliche Gestaltung wurde auch als erzieherisches Mittel eingesetzt; das trutzige Äußere sowie die imposante Mittelhalle sollten eine disziplinierende Wirkung auf die Kinder ausüben. Stilistisch lässt sich das Gebäude dem sog. Heimatschutzstil zuordnen, der für kommunale Bauaufgaben, die „Bauten des Volkes", bevorzugt wurde. Im Gegensatz zu den in vergröbertem Klassizismus gestalteten monumentalen und repräsentativen Staatsbauten sollten diese dazu dienen, nationalsozialistisches Gemeinschaftsleben zu propagieren. Der sog. Heimatschutzstil knüpfte deshalb an die bodenständige, heimatverbundene Architektur konservativer Baumeister wie z. B. Paul Schmitthenner an. Das Gebäude wird heute als Schule genutzt und ist Teil eines heilpädagogischen Zentrums.

330

Hauptverwaltung der IBM Deutschland
Pascalstraße 100
1967–72; 1983–84
Egon Eiermann; Kammerer + Belz, Kucher und Partner

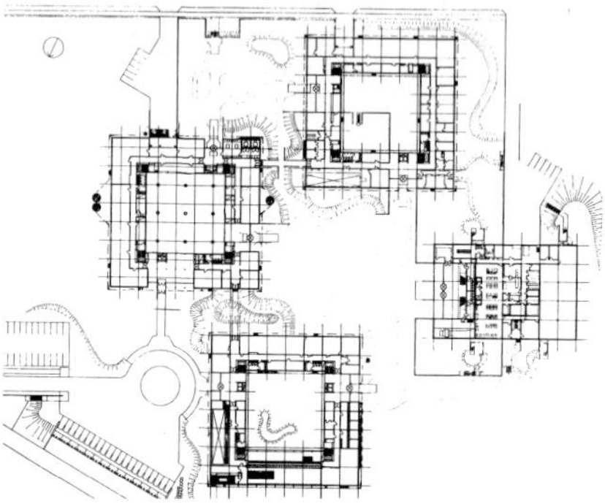

Bauteil Eiermann: Grundriss EG (unten)

Egon Eiermann war in den 50er und 60er Jahren einer der einflussreichsten Architekten in der Bundesrepublik. Mit Bauten wie dem Versandhaus Neckermann in Frankfurt/M. (1958–61), der Berliner Kaiser-Wilhelm-Gedächtniskirche (1959–63) oder dem Hochhaus des Deutschen Bundestages in Bonn (1965–69) setzte er wichtige Akzente in der Nachkriegs-Architektur. Für die IBM entwarf Eiermann 1967 eine Gruppe aus drei verschieden hohen, quadratischen Pavillons mit Atriumhöfen, die durch filigrane verglaste Brücken miteinander verbunden werden; komplettiert wird die Baugruppe durch ein niedriges Cafeteria-Gebäude. Der Komplex, der 1650 Arbeitsplätze aufnimmt, ist harmonisch in die bewaldete Landschaft am Autobahnkreuz Stuttgart-Vaihingen eingebettet. Mit der Pavillonbauweise griff Eiermann die Konzeption seiner Bauten für die Brüsseler Weltausstellung (1958; mit Sep Ruf) auf, mit denen er international bekannt wurde. Die Pavillons sind in Stahlskelettbauweise errichtet. In der klaren Form, der leichten Eleganz und den sorgfältig durchgestalteten Details zeigen sie die charakteristische Handschrift Eiermanns. Die dunkelgrauen Stahlelemente stehen in reizvollem Kontrast zu dem Weiß der Lamellenstores und der Gestänge an den Umgängen. Im Rahmen einer Erweiterung, die bei der Gesamtkonzeption Eiermanns schon eingeplant war, errichtete das Architekturbüro Kammerer + Belz, Kucher und Partner 1983–84 östlich anschließend einen weiteren Pavillon. Hierbei orientierte es sich weitgehend an der Grundidee Eiermanns, ohne jedoch auf eine eigenständige Gestaltung zu verzichten.

331

Wohnbebauung Lauchhau
Im Lauchhau, Stiftswaldstraße
1968–70
Wolf Irion

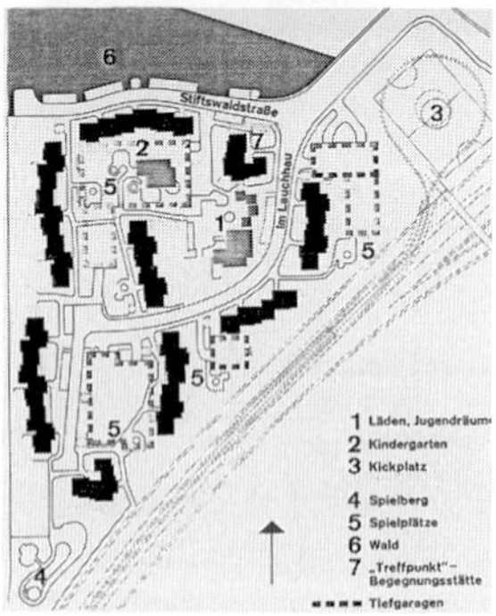

Am südwestlichen Rand Stuttgarts, zwischen Vaihingen und Büsnau, wurde 1968–70 die Wohnbebauung Lauchhau errichtet. Die Siedlung liegt versteckt in einem Waldstück. Sie umfasst 440 Wohneinheiten mit zwei bis sechs Zimmern; 391 wurden von der Stuttgarter Wohnungs- und Siedlungsgesellschaft im Rahmen des Sozialen Wohnungsbaus erstellt, der Rest sind Eigentumswohnungen. Die Lauchhau-Siedlung ist ein typisches Beispiel für den sog. verdichteten Wohnungsbau, der sich Ende der 60er Jahre zunehmend durchsetzte. Auf einem rund 5,3 ha großen Areal erheben sich neun Gebäude mit einer Höhe zwischen vier und 22 Geschossen. Die Gestaltung des Raumes unter städtebaulichen Gesichtspunkten war das primäre Anliegen des Architekten Wolf Irion. Starke Höhenstaffelung und Konzentration auf engem Raum bestimmen den Gesamteindruck. Monotonie wie bei der Addition gleichförmiger Zeilen wird auf diese Weise vermieden. Setzt sich die Gesamtanlage aus unterschiedlich hohen, fantasievoll gruppierten Gebäuden zusammen, so ordnen sich auch die kubischen Einzelbauten in ihrem Aufbau diesem Prinzip unter. Auch die Details sprechen eine schnörkellose, reduzierte Architektursprache. Die Fugen der vorgefertigten Betonteile bleiben am Außenbau sichtbar und verweisen auf Großplatten-Bauweise. Zur Infrastruktur der Siedlung gehören ein Kindergarten, Spiel- und Sportplätze, ein Laden und ein teilüberdachter kleiner Platz, der als Siedlungsmittelpunkt fungieren soll. Spätere Bauten haben das ursprüngliche Konzept z. T. verwässert.

332
Universitätsgelände am Pfaffenwald
Pfaffenwaldring, Allmandring
ab 1957

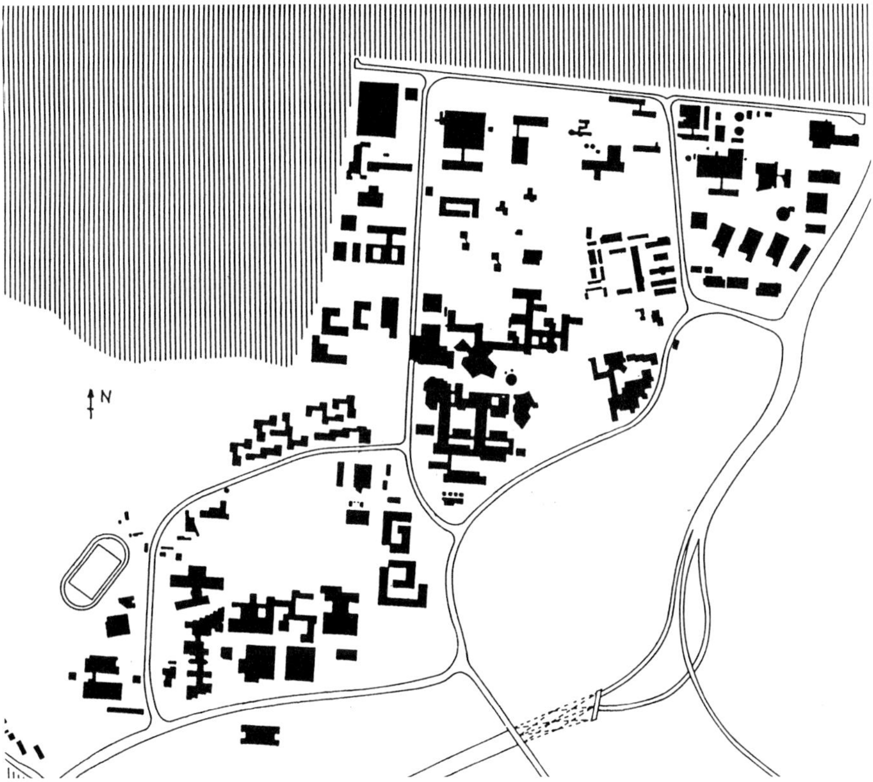

Die Gebäude der ehemaligen Technischen Hochschule am Stadtgarten (Nr. 30) waren im Zweiten Weltkrieg zu 70 % zerstört worden. Im Rahmen des Wiederaufbaus der Hochschule wurde auch deren Verlegung diskutiert. 1955 beschlossen Stadt und Landesregierung nach langen, kontroversen Debatten eine teilweise Auslagerung der Universität in den Pfaffenwald bei Vaihingen; die wichtigsten Institute sollten jedoch am angestammten Platz im Stadtgarten verbleiben. Die wachsende Raumnot bei ständig steigenden Grundstückspreisen im Stadtgebiet bewogen die Planer 1960, von dem bisher konzipierten schwerpunktmäßigen Ausbau der Universität im Innenstadtbereich abzurücken. 80 % der Institute sollten nun in der neuen „Hochschulstadt“ im Pfaffenwald zusammengefasst werden. So wurde, wie bei zahlreichen anderen Universitäten, die Möglichkeit einer ungehinderten Ausdehnung auf preiswertem Gelände geschaffen, was freilich die Gefahr einer Gettoisierung der Studierenden durch deren fehlende Integration ins städtische Leben beinhaltet. Das Zentrum des Hochschulgebiets bildet ein bandartiges Forum, die „Lernstraße“, an der zentrale Einrichtungen wie Bibliotheken und Hörsäle, Mensa und Cafeteria liegen. Im Gegensatz zu der dicht bebauten Kernzone der Lehrinstitute sind die Forschungseinrichtungen in locker aneinander gereihten, individuell gestalteten Einzelbauten untergebracht. Mit dem S-Bahn-Anschluss 1983 wurde eine engere verkehrsmäßige Anbindung des Geländes an die City geschaffen; zugleich wurde damit die erste Ausbauphase abgeschlossen. Die Endkapazität des 170 ha großen Geländes umfasst rund 20.000 Studienplätze. Nach wie vor werden auf dem Universitätsgelände neue Bauten errichtet. Mehrere Studentenwohnheime sorgen für eine Belebung des Campus. An den Rändern haben sich selbstständige Forschungsinstitute angesiedelt.

Lageplan (oben), Studentenwohnheim in Selbstbau

333

Institutsgebäude der Fraunhofer-Gesellschaft

Nobelstraße 12
1986–88
Werkgemeinschaft Nürtingen (Weinbrenner, Kuby, Rehm, Maier)

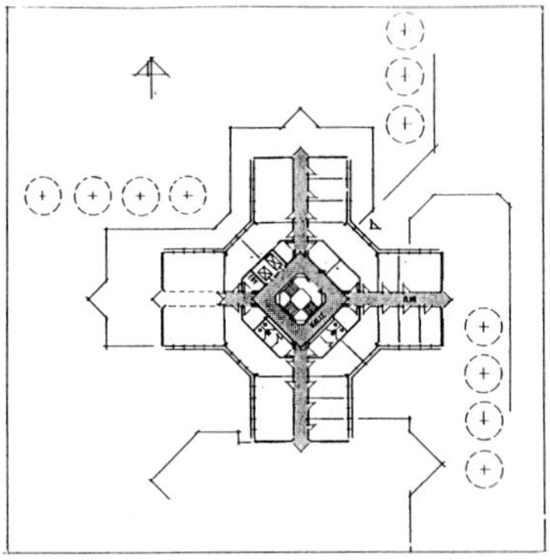

Grundriss 1.-3. OG

Am südlichen Rand des Universitätsviertels Pfaffenwald entsteht ein umfangreiches Forschungs- und Entwicklungszentrum der Fraunhofer-Gesellschaft. In einem ersten Bauabschnitt wurde ein Forschungskomplex für das Institut für Arbeitswirtschaft und Organisation errichtet. Um den vielfältigen funktionalen und räumlichen Anforderungen gerecht zu werden, entwickelte die Nürtinger Architektengruppe in Zusammenarbeit mit dem Bauherrn sowie dem Bundesministerium für Forschung und Technologie einen möglichst flexiblen, für Erweiterungen offenen Gebäudetyp. Der sechsgeschossige „Forschungsturm" erhebt sich auf einem kreuzförmigen Grundriss; in den unteren Geschossen sind zwei der Kreuzarme verlängert und verbreitert. Hier befinden sich Großlabors und Versuchsräume. Zentrum des Gebäudes ist eine von oben belichtete Erschließungshalle. Von diesem Kern aus führen stirnseitig durch Dreieckserker belichtete Flure in die vier Gebäudeflügel. Eine reihenhausartige Gruppe dreigeschossiger Bauten mit zurückgesetzten DG vervollständigt die Anlage. Das Äußere der Stahlbetonskelettkonstruktionen ist mit weiß lackierten Leichtmetallplatten verkleidet. Vor die Fassaden montierte blaue Markisenhalterungen setzen dem blendenden Weiß einen kräftigen Farbton entgegen. Die streng und klar gestalteten Gebäude stellen eine Absage an Verspieltheit, Zitierfreudigkeit und pathetische Formensprache dar, wie sie in den 1980er Jahren beliebt waren. Der erste Institutskomplex wurde durch weitere zu einer größeren Baugruppe ergänzt.

334

HYSOLAR Forschungs- und Institutsgebäude

Allmandring 19
1986–87
Günter Behnisch & Partner

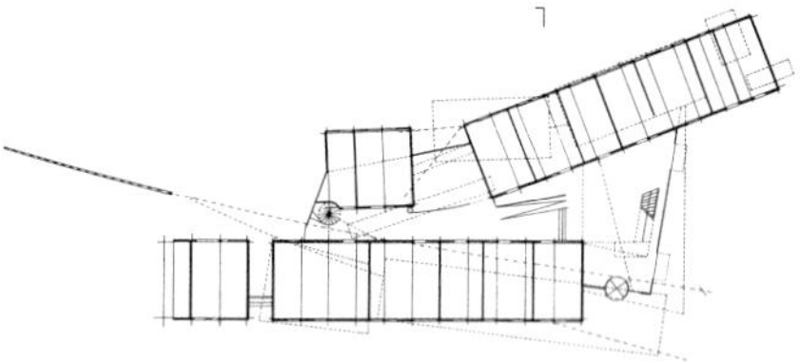

Mit dem deutsch-saudiarabischen Gemeinschaftsprojekt HYSOLAR (HYdrogen from SOLAR energy) wird die Erzeugung und Nutzung von solarem Wasserstoff erforscht. In dem Gebäude sind zwei Institute untergebracht, die Deutsche Forschungs- und Versuchsanstalt für Luft- und Raumfahrt und das Institut für Physikalische Elektrotechnik. Die Bauaufgabe scheint den Entwurf geprägt zu haben: Das bizarre, eher provisorisch wirkende Institutsgebäude hat das Experimentieren der Wissenschaftler in ein architektonisches Bild übersetzt. Zwei in spitzem Winkel gegeneinander stehende Reihen von zweigeschossig übereinandergestapelten Blechcontainern, die an den auskragenden Enden von Stahlträgern unterstützt werden, umschließen das Dreieck einer Halle. Überdacht wird diese durch eine kristalline Konstruktion aus Stahl und Glas. Die aufgetreppten Sonnenzellen, die als Generator dienen, stehen aus technischen Gründen wie eine provisorische Installation neben dem Gebäude. Die einzelnen, z. T. auffällig farbig gestalteten Architektur- und Technikelemente aus Glas, Metall und Kunststoff sind collagenhaft zusammengefügt. Trotz der willkürlich, ja beinahe anarchisch erscheinenden Gestalt, bei der jegliche geometrische Angleichung strikt vermieden wurde, sind die Bauteile nach erfassbaren Prinzipien geordnet. Mit dem HYSOLAR-Institut hatte die kurzlebige Architekturströmung des Dekonstruktivismus ihren Einzug in Stuttgart gehalten.

335

Elektrotechnische Institute II
Pfaffenwaldring 47
1994–96
Universitätsbauamt Stuttgart und Hohenheim

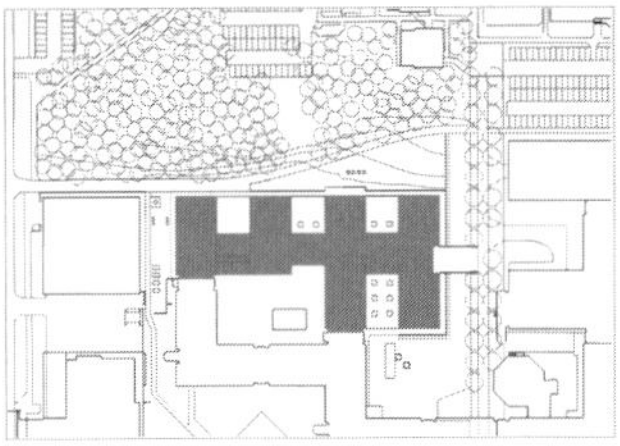

Um die gesamte Fakultät Elektrotechnik der Universität Stuttgart mit ihren sechs Instituten erstmals unter einem Dach zu vereinen - Teile davon hatten ihr Quartier zuvor noch unter beengten Verhältnissen in der Innenstadt -, wurde das Gebäude der Elektrotechnik I aus den 70/80er Jahren um das ETI II erweitert. Für den Bau mit seinen rund 8300 m² Nutzfläche stand auf dem Campus eine Baulücke zwischen einem kleinen Wald und bestehenden Instituten zur Verfügung. Er wird mittig von einem Weg erschlossen, der den nördlichen Campusbereich mit dem Zentrum verbindet. Die Grundstruktur der neu angefügten Labors, Seminarräume und Büros war vorgegeben und entspricht derjenigen des Altbaus. Ein Baukastensystem standardisierter, gitterartiger Grundrisse, das durch modulartiges Aneinanderfügen einzelner Bauteile flexibel ist und dadurch unterschiedliche äußerliche Gestaltungen ermöglicht, wurde hier in immer gleich angeordnete Arbeitsbereiche und technische Versorgungsschächte umgesetzt. Das kammförmige Baugefüge mit seinen vier Riegeln und Innenhöfen und die aus wenigen Elementen gestaltete Fassade zeugen nicht nur von funktionaler Klarheit, sondern bieten auch eine angenehm offene, lichtdurchflutete Atmosphäre. Diese ist dem bemerkenswerten Lichtkonzept zu verdanken: Oberlichter, hochglänzende Oberflächen und Treppenhäuser aus Glasbaustein lassen Tageslicht und Farben reflektieren, changieren und oszillieren und mildern die Strenge roh belassenen Stahlbetons und metallener Werkstoffe. Mit nicht minder klaren Fassaden präsentieren sich zwei nahe gelegene, vom selben Universitätsbauamt geplante Bauten: Das zeitlos elegant wirkende Institut für Informatik in der Universitätsstraße 38 und die jeglichen Einblick verwehrende, strenge VEGAS-Halle (Versuchseinrichtung für Grundwasser- und Altlastensanierung am Institut für Wasserbau) am Pfaffenwaldring 61.

336

Studentenwohnheim Pfaffenhof
Pfaffenwaldring 42–48
1972–74
Atelier 5

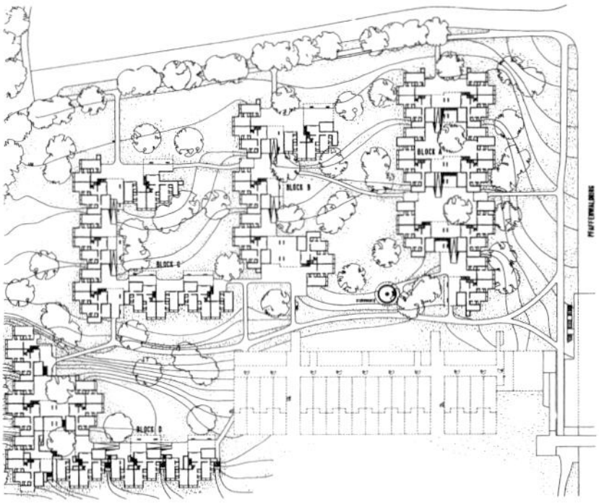

Auf dem Universitätscampus befinden sich mehrere bemerkenswerte Studentenwohnheime, so z. B. von einer Studentengruppe unter Anleitung von Peter Hübner und Peter Sulzer im Eigenbau errichtete fantasievolle Holzhäuser (1981–83; Allmandring) und eine dorfähnliche Anlage von Peter Faller und Christian Muschalek (1984; Straußäcker). Das Berner Architekturbüro Atelier 5 entwarf ein Wohnheim für 610 Bewohner. Um einer allzu großen Massierung entgegenzuwirken, wurden die 492 Zimmer und 118 Apartments auf vier Blöcke aufgeteilt. Darüber hinaus sind die kubischen Baukörper stark differenziert und gestaffelt. Rankgewächse überwuchern inzwischen teilweise die Sichtbetonfassaden, so dass sich der Komplex zunehmend besser in das parkähnliche Gelände einfügt. Die Stirnseiten der Bauten zeigen ein orthogonales Betongerüst, das mit weiß gestrichenen Holzelementen ausgefacht ist. Jeder dieser „Schubkästen" nimmt ein Zimmer auf. Die Innenseite der Holzplatten dient rationellerweise als Rückwand für Schreibtisch und Kleiderschrank. Während die jeweils zwei versetzt angeordneten Fenster pro Zimmer in die Umgebung blicken, sind die Gemeinschaftsbereiche wie Flur und Küche zu den Innenhöfen ausgerichtet. Jeweils 12 Zimmern ist ein Gemeinschaftsbereich zugeordnet. Wie manche Bauten der 60er und frühen 70er Jahre besticht auch die Wohnanlage Pfaffenhof durch ihre plastische Durchgestaltung. Die Wohnlichkeit tritt jedoch hinter der skulpturalen Qualität zurück – man fühlt sich an Container erinnert. Nach Plänen der selben Architektengruppe entstand die mit dem Wohnheim-gelände durch eine Straßenüberbauung verbundene Universitätsmensa (1973–76).

337

Internationales Zentrum der Universität Stuttgart

Pfaffenwaldring 60
2003–05
Dasch, Zürn, von Scholley

Ausländische Studierende und Studierende mit Auslandsplänen wurden bislang in verstreuten Räumlichkeiten der Universität betreut. Der Neubau des Internationalen Zentrums ermöglicht es nun, verschiedene internationale Aktivitäten unter einem Dach zu konzentrieren. Es dient als Treffpunkt und Aushängeschild der Hochschule und soll Weltoffenheit und Gastfreundschaft signalisieren. Die Großform des Gebäudes wird durch ein Band aus Decken- und Wandflächen geprägt, das wie in vertikale Falten gelegt erscheint. Diese Faltung aus naturbelassenem Sichtbeton bildet drei Ebenen mit insgesamt rund 1500 m² Nutzfläche. Das unterste Niveau ist ebenerdig mit dem großen davorliegenden Platz verbunden. Es umfasst den öffentlichen Bereich mit Begegnungsräumen, einer Cafeteria und einer geräumigen Eingangshalle, die auch als Veranstaltungsort genutzt werden kann. Eine großzügige Treppe durchmisst von hier aus das Haus in Längsrichtung und schafft eine Verbindung zur mittleren Ebene, welche von einem weiteren, höher gelegenen Platz aus erschlossen wird. Auf ihr befindet sich der Bereich „Interkultureller Unterricht" mit Sprachlaboren, Unterrichtsräumen und Verwaltung. Auf der obersten Ebene sind die Auslandsstudienberatung, die Leitung der Stabstelle für Internationale Angelegenheiten, Besprechungsräume sowie eine Bibliothek untergebracht. Die Verwendung weniger unterschiedlicher Materialien trägt zu einer klaren Gestaltung bei. Der Sichtbeton der Grundkonstruktion bezieht sich auf umgebende Bauten, wie etwa die schräg gegenüber liegende Mensa und Universitätsbibliothek, und bewirkt gleichzeitig, dass sich das Zentrum ihnen gegenüber behaupten kann. Die besonders im Inneren vorherrschenden, frischen Farben und durchgehend verglaste Geschosse schaffen Klarheit und Transparenz. Sie transportieren darüber hinaus die Idee der Institution: internationale Öffnung. Das unmittelbar benachbarte Gastdozentenhaus im Pfaffenwaldring Nr. 54 von Kohlhoff & Kohlhoff verdient ebenfalls Beachtung.

338

Komponentenprüfhalle II der Staatlichen Materialprüfungsanstalt

Pfaffenwaldring 32
1987–89
Friedrich Wagner

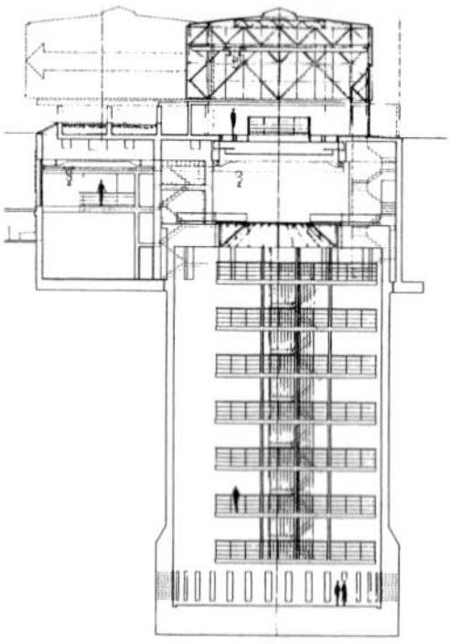

In dem Gebäude werden Prüfungen und Belastungsversuche an verschiedenartigen Objekten vorgenommen. Der größte Teil der Komponentenprüfhalle ist aus Sicherheits- und Platzgründen unterirdisch angelegt. Über einem zylindrischen, 30 m tiefen Prüfschacht mit Arbeitsräumen liegt als sichtbarer Bauteil der einfache Kubus einer Halle. Sie besteht aus einer Stahlgitterkonstruktion, auf die selbsttragende Glastafeln montiert wurden; die Glasflächen spiegeln die umliegende Waldlandschaft wider und bieten einen Einblick in das technische Innenleben der Prüfhalle. Dem Quader sind vier symmetrische, kastellartige Baukörper vorgelagert; hinter ihnen verbergen sich Treppenhäuser sowie Lüftungsklappen, die überschüssige Druckluft aus dem Schacht ableiten. Die Glashalle erfüllt zwei Funktionen. Zum einen soll sie den Prüfbereich mit Tageslicht versorgen; durch weitere interne Verglasungen werden alle Räume in der Tiefe, mit Ausnahme der Technikbereiche, vom Tageslicht direkt oder indirekt belichtet. Zum anderen dient die Halle als wettergeschützter Lagerraum für große Versuchsobjekte. Zu diesem Zweck „gleitet" die Glashaube auf zwei Schienen zur Seite, ein Kran hebt die Objekte in den Prüfschacht. Trotz der engen funktionsbedingten Vorgaben entstand eine harmonische und ästhetisch ansprechende Architektur. Auf dem Universitätscampus am Pfaffenwaldring befindet sich ein weiteres von Friedrich Wagner errichtetes Bauwerk, welches dessen qualitätvolle Handschrift besitzt; es ist die 1979 errichtete, mit glänzenden Aluminiumpaneelen verkleidete Prüfstelle für Heizungs-, Lüftungs- und Klimatechnik.

339

Institut für leichte Flächentragwerke
Pfaffenwaldring 14
1967–68
Frei Otto

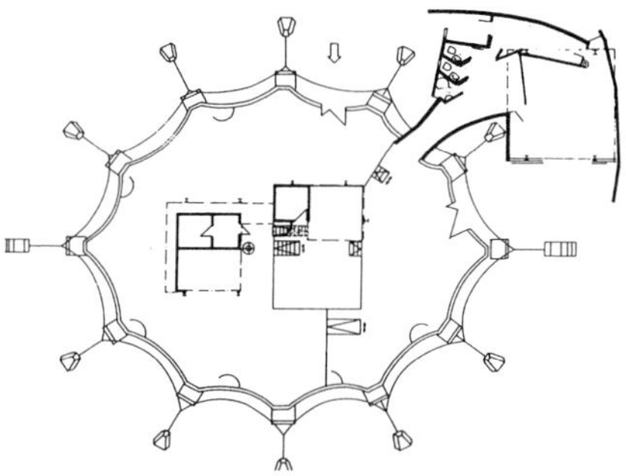

Im Rahmen der Planung des deutschen Pavillons (mit Rolf Gutbrod) für die Weltausstellung Expo 67 in Montreal errichtete Frei Otto 1966 einen offenen Versuchspavillon. Diesen versetzte man anschließend an seinen heutigen Standort und baute ihn zum Institutsgebäude aus. Weitere dauerhafte Zeltkonstruktionen entwarf Otto, der Pionier auf dem Gebiet der leichten Flächentragwerke, u. a. für die Olympiaanlagen in München (1972; mit Günter Behnisch) und die Multihalle der Bundesgartenschau in Mannheim (1975; mit Carlfried Mutschler). Allen Entwürfen gemeinsam ist das Konstruktionsprinzip des Zelts als Prototyp einer anpassungsfähigen Leichtbauweise. Das elegant geschwungene, steil emporragende Dach des Institutsgebäudes besteht aus einer vorgefertigten, gekrümmten Netzkonstruktion aus verzinkten Stahlseilen, die von einem schiefen Stahlmast in die Höhe gestemmt wird; die Außenränder des Netzes sind an zwölf Punkten im Boden verankert. Die Haut des Zeltes ist holzverschalt und außen mit Eternitschindeln gedeckt. Der ovale Innenraum ist durch Terrasseneinbauten aus Stahlelementen gegliedert, die eine flexible Nutzung der verschiedenen Arbeitsbereiche ermöglichen. Belichtet wird der 460 m² große und bis zu 17 m hohe Innenraum durch eine linsenförmige Acrylglasfläche an der Außenhaut sowie ein umlaufendes, geschwungenes Fensterband unterhalb des Daches. Das Institut für leichte Flächentragwerke ist als gebautes Manifest von Ottos Zeltbautheorie einer der wichtigsten Beiträge zur modernen Architektur auf Stuttgarter Gebiet.

340

Terrassenhaus
Dachswaldweg 124
1969–70
Heinz Blume

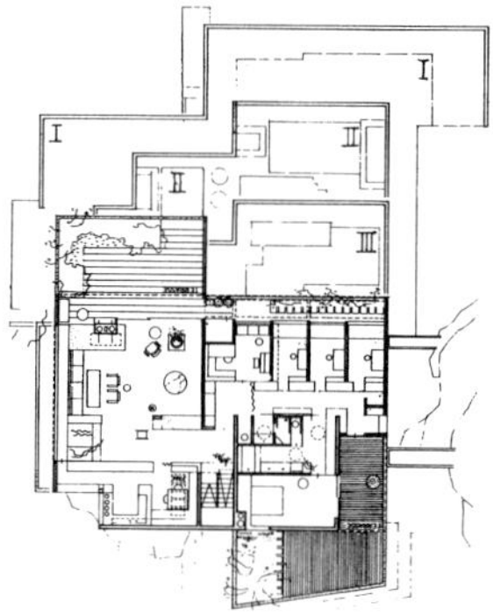

Grundriss 4. Terrassengeschoss

Das Terrassenhaus liegt an einem nach Norden ansteigenden Hanggrundstück, woraus sich seine Konzeption ergab. Das breit gelagerte, kubische Gebäude besitzt eine gestaffelte Sichtbetonfassade, die zu dem Grün der bepflanzten Terrassen in reizvollem Kontrast steht. Außergewöhnlich ist die Erschließung des Hauses mittels eines überdachten Treppenzugs, der zwischen den Wohnungen verläuft. Dieses Konzept bietet erhebliche Vorteile gegenüber einer herkömmlichen Außenerschließung; neben einem wettergeschützten Zugang zu allen Wohnungen entstehen einblickfreie Garten- und Terrassenbereiche an den Seiten des Gebäudes, die üblicherweise für Erschließungswege und Treppen benötigt werden. Das Haus nimmt acht unterschiedlich große Eigentumswohnungen auf, die sich durch einen hohen Wohnkomfort auszeichnen. Im 4. OG liegt die Wohnung des Architekten. Das hier endende Treppenhaus fungiert als Verbindung zwischen dem Schlafbereich der Familie und dem großzügigen Wohnraum, der sich über eine Vollverglasung nach Süden öffnet. Das Terrassenhaus ist ein gelungenes Beispiel für die Verbindung von größtmöglicher Wohnindividualität mit den Kontaktmöglichkeiten eines Mehrfamilienhauses. – Vom Architekten stammen einige bemerkenswerte Restaurierungen, so u. a. der Kreuzkirche in der Heslacher Benkendorffstraße (1931, Rudolf Behr; Rest. 1981).

Glossar

Achse imaginäre vertikale oder horizontale Orientierungsgerade. Bei Fassaden bilden senkrecht übereinanderliegende Fenster (Fenster-)Achsen
Ädikula rahmender architektonischer Aufbau um Portale, Fenster, Nischen, vollplastische Figuren, Reliefs oder Gemälde
Akroterion bekrönendes Element auf der Spitze und an den Ecken des Giebeldreiecks
Altan unterbauter, balkonartiger Austritt der oberen Etagen
Apsis halbkreisförmig oder polygonal geschlossener Raumteil, meist Abschluß eines (Kirchen-)>Chors
Kalotte gekrümmte Fläche eines Kugelabschnitts
Aquädukt römisch-antike Wasserleitung, Pfeiler-Bogen-Konstruktion
Architrav horizontaler, den Oberbau tragender Steinbalken über Säulen oder Stützen
Arkade Bogenreihe auf Stützen
Atrium umgrenzter Innenhof eines Gebäudes, ursprünglich von Säulen umgeben
Attika Brüstung über dem Abschlußgesims, die Dachsteigung verdeckend
Ausfachung Wandfüllung zwischen tragenden Teilen einer Skelettkonstruktion
Baldachin Prunkhimmel aus Stoff, Stein oder Holz
Basilika dreischiffiges Gebäude (zumeist Kirche), dessen mittlerer Teil überhöht und gesondert belichtet ist
Bauwich vorgeschriebener Abstand eines Bauwerks zur Grundstücksgrenze bzw. zum Nachbarbauwerk
Beletage Hauptgeschoß eines Gebäudes, Repräsentationsräume
Bergfried innerer Hauptturm einer mittelalterlichen Burg
Bering Ringmauer einer Burg
Binder Stein im Mauerverband, dessen Schmalseite nach außen zeigt
Blendarkade der Wand vorgesetzte, blinde, dekorative >Arkade
Bruchsteinmauerwerk Mauer aus unbehauenem Stein
Campanile freistehender Glockenturm
Chor Hochaltarraum einer Kirche
Chorschranke bauliche Trennung zwischen Chor- und Laienraum
Corps de logis Mittelbau einer Schloßanlage
Cour d'honneur von Gebäudeflügeln umschlossener Ehrenhof
Gaube kleiner Dachausbau mit senkrecht stehenden Fenstern
Dachreiter dem Dach aufgesetzter kleiner Turm
Diamantquaderung in Form geschliffener Diamanten behauene Steine
Dienst (in der Gotik) Wand oder >Pfeilern vorgelegte dünne Halbsäule, die sich nach oben in der Gewölberippe fortsetzt
Dorica älteste, einfachste griechische Säulenordnung: kanneliert, nach oben verjüngt mit schmucklosem >Kapitell
Eckquaderung Werksteine an Gebäudeecken mit abwechselnder Überlagerung der Breit- und Längsseiten
Entresol niedriges Zwischengeschoß
Erker ein- oder mehrgeschossiger vorspringender Anbau, meist ohne Verbindung mit dem Erdboden
Exedra halbkreisförmiger Raum
Feston mit Blumen und Früchten verzierte Girlande
Fiale spitzes, schlankes gotisches Zierwerk, oft als Bekrönung von >Strebepfeilern
Flugdach weit vorkragende, meist stützenlose Dachfläche
Flügel an einen Hauptbau anschließende Baukörper
Fries horizontaler Schmuckstreifen
Fußbüge den >Ständer unten schräg stützende Streben (Fachwerk)
Galerie einseitig offener Laufgang
geböscht schräg ansteigende Mauer
gebundenes System vom Maß des Vierungsquadrats ausgehendes Grundrißschema
Kehle ausgehöhlte Rinne
gekuppelt zu Gruppen zusammengefaßte Bauelemente
Gesims horizontales, plastisches Bauelement; gliedert den Baukörper
Gewände schräge Einschnittfläche seitlich eines Portals oder Fensters
Giebelfeld unter dem Giebel befindliche Wandfläche
giebelständig mit der Giebelseite zur Straße stehendes Gebäude
Gurtbogen quer über das Kirchenschiff reichender Bogen, markiert die >Jocheinteilung
Gurtgesims zwischen den Geschossen liegendes >Gesims
Hallenkirche aus mehreren gleichhohen Schiffen bestehender Bau
Haustein regelmäßig behauener Naturstein
Helm steiles Turmdach
Interkolumnium Säulenabstand, gemessen jeweils zwischen den Säulenachsen
Ionica zweite antike Säulenordnung: schlanker, kannelierter Schaft mit symmetrischem Volutenkapitell
Itinerarium Straßen- und Stationenverzeichnis (der röm. Kaiserzeit) mit Angaben über Wegstrekken u. a.
Joch durch Gurte und Stützen abgegrenzter Gewölbeabschnitt
Kapitell Kopf eines >Pfeilers, >Pilasters oder einer Säule
Karyatide weibliche Stützfigur
Kaskade (künstlicher) stufenförmiger Wasserfall

Kassettendecke durch vertiefte Felder gegliederte Decke
Kegelhaube Turmdach mit kreisförmigem Grundriß
Knaggenverriegelung aus der Wand vorspringende Holzkonsole (Fachwerk)
Kolonnade Säulengang mit waagerechtem Gebälk
Kolossalordnung Säulen- oder Pilasterordnung, die über mehrere Stockwerke greift
Konsole aus der Mauer vorspringender Tragstein
Kordongesimse >Gurtgesims
korinthisch dritte Säulenordnung der Antike: kannelierter Schaft, >Kapitell mit Akanthus
Krabbe in der Gotik Kriechblume an den Kanten von Fialen, Wimpergen u.a.
Kragstein Konsole
Kranzgesims weitausladender, horizontaler Fassadenabschluß (auch Hauptgesims)
Kreuzrippengewölbe gotische Gewölbeform, bei der die Last von den Rippen getragen und auf die 4 Stützen abgeleitet wird
Krüppelwalmdach >Walmdach, bei dem nur der obere Teil der Giebel abgewalmt ist
Laibung zur Wand rechtwinklige Einschnittfläche seitlich eines Portals oder Fensters
Langhaus langgestreckter Teil einer Kirche zwischen Fassade und >Chor
Laterne durchfensterter Aufsatz über einer Decken- bzw. Gewölbeöffnung (meist über der Scheitelöffnung einer Kuppel)
Laubengang überdeckter (Bogen-)Gang, Loggia
Läufer Stein im Mauerverband, dessen Längsseite nach außen zeigt
Lettner Scheidewand zwischen >Chor und Laienraum in Kirchen
Lichtgaden durchfensterter oberer Teil des Mittelschiffs einer >Basilika
Lisene senkrechter, flacher Mauerstreifen
Loggia offene (Bogen-)Halle in oder vor einem Gebäude
Mannverstrebung Gerüstfachwerkform, gebildet aus dreiviertelhohen Fußstreben und Kopfwinkelhölzern
Mansardendach geknicktes Dach mit steiler Neigung im unteren Bereich
Maßwerk durchbrochene (geometrische) Bauornamentik der Gotik
Mausoleum architektonisches Grabmal
Mezzanin Zwischen- oder Halbgeschoß, außen durch kleinere Fenster ablesbar
Monopteros Rundtempel ohne Innenraum
Obergaden durchfensterter oberer Teil des Mittelschiffs einer >Basilika
oblong rechteckig
Ochsenauge rundes oder ovales Fenster
Okulus Rundfenster
Orangerie ursprünglich großes steinernes Gewächshaus zur Zucht von Orangen
Palas Wohn- bzw. Saalbau der Burg
Palmette symmetrisches Blätterornament
Paradies Vorhof einer Kirche, >Atrium
Patio geschlossener Innenhof
Pavillon kleiner, freistehender Bau
Pechnase bei mittelalterlichen Burgen kleiner, unten offener Mauervorsprung zum Ausgießen von heißer Flüssigkeit
Pfeiler architektonisches Stützglied
Pfette horizontaler Längsbalken in der Dachkonstruktion
Pilaster flacher Wandpfeiler mit Basis und >Kapitell
Pilote Stütze oder >Pfeiler, die anstelle eines Erdgeschosses ein Bauwerk tragen
Point de vue Blick- und Endpunkt einer Straßen- oder Gartenachse
Polygon Vieleck
Portikus von Säulen oder Pfeilern getragene Vorhalle
Pultdach Dach, bestehend aus nur einer schräg ansteigenden Dachfläche
Punkthochhaus Hochhaus über einem dem Quadrat angenäherten Grundriß, meist mit zentralem Erschließungskern
Querschiff quer zum Langhaus liegendes Kirchenschiff (Querhaus)
Querstock auch: Querholz (Kämpfer). Waagerechtes Element zur Unterteilung der Fensterfläche, bildet zusammen mit dem senkrechten Fensterpfosten das Fensterkreuz
Rabitz Decke oder Wand aus verputztem Drahtgewebe
Rähmbau Fachwerkgebäude, dessen oberer Wandabschluß durch auf Ständern aufliegendes Rähmholz gebildet wird
Rasterfassade regelmäßig gegliederte Fassade einer >Skelettbaukonstruktion
Ravelin halbkreisförmige Vorlagerung am Hauptwall einer Befestigungsanlage
Remise Wagenschuppen
Retabel Altaraufsatz über der Mensa
Rippengewölbe Gewölbeform (der Gotik) über gemauerten, tragenden Rippen
Risalit vor die Flucht des Hauptbaukörpers vorspringender Bauteil, oft mit eigenem Giebel
Rollschicht Mauerverband aus parallelen, hochkant gesetzten Bindern
Rosette (Architektur-)Ornament in stilisierter Blumenform
Rotunde Rundbau
Rundbogenfries Ornamentband aus aneinandergereihten Bogen
Rustika grobbehauene Quadersteine
Saalkirche einschiffiger, meist stützenloser Kirchenraum
Satteldach zweiseitig abgeschrägtes Dach; Giebeldach
Schallarkade bogenförmige Schallöffnung im Glockengeschoß eines Turmes
Scheibenbau schmales, langgestrecktes, mehrstöckiges Haus
Schiff Bezeichnung langgezogener Räume, meist in Kirchen
Schlußstein Keilstein im Scheitel eines Bogens oder besonders geformter Stein im Schnittpunkt von Gewölberippen
Schweifgiebel geschwungene Giebelform
Segmentbogen Bogenform, gebildet durch einen Teil des Kreises

Serliana-Fenster dreigegliederte, palladianische Fensterform
Sgraffito Kratzputz
Sheddach auch Sägedach, parallel gereihte Pultdächer, deren senkrechte Flächen verglast sind
Sichtbeton Beton, der weder geglättet, gestrichen noch verputzt ist
Skelettbau Bauweise aus einem tragenden Gerippe von Holz, Stein, Stahl oder Stahlbeton
Sohlbank Fensterbank
Sohlbankgesims Fensterbankgesims
Spannbeton Stahlbeton, der zur Erhöhung der Zugfestigkeit mit Hilfe von gespannten Stahldrahteinlagen im unbelasteten Zustand vorgespannt wird; der Querschnitt der Bauteile kann dadurch beträchtlich reduziert werden
Sparrendach Satteldach mit schräg in der Fallinie des Daches sitzenden tragenden Balken
Splitlevel-Haus Gebäude mit ineinander verschobenen Etagen
Sprenggiebel Giebelform mit ungeschlossener Mitte
Staffelgeschoß oberes Geschoß eines Gebäudes, dessen Wände im Verhältnis zu den Gebäudekanten des übrigen Baues zurückgesetzt sind
Staffelgiebel getreppte Giebelform
Stahlbeton Verbundkörper aus Beton und einer Stahlbewehrung
Ständer meist durch mehrere Geschosse reichende Stütze beim Fachwerkbau
Stichkappe Gewölbe das quer zur Achse des Haupttonnengewölbes verläuft, in dieses einschneidet und so eine Stichkappe bildet, meist über Fensteröffnungen
Strebepfeiler (in der gotischen Architektur) den Mauern vorgelagerte >Pfeiler, die Gewicht und Seitenschub des Gewölbes aufnehmen
Stuck Werkstoff aus Gips, vor allem für plastischen Schmuck
Stylobat oberste, die Säulen tragende Stufe des Tempelunterbaus
Supraporte dekorativ gestaltete und gerahmte Fläche über dem Türsturz
Tambour zylindrischer Unterbau einer Kuppel, oft durchfenstert
Tartan wetterfester Belag aus Kunstharz
Tholos Rundtempel
Tonnendach Dachform mit Tonnenquerschnitt
Toskanische Ordnung vereinfachte Variante der dorischen Säulenordnung ohne Kanneluren mit Basis
Traufe unterer (längsseitiger) Dachrand, über den das Regenwasser abfließt
traufständig mit der Traufseite zur Straße zeigendes Gebäude
Travertin gelblicher italienischer Kalkstein
Triglyphen hochrechteckige Zierplatte mit drei durch Stege voneinander abgesetzten senkrechten Rinnen
Triumphbogen römischer Bau zur Erinnerung an einen Triumph; Bogen, der das Kirchenschiff vom >Chor- oder Querhaus trennt
Tympanon dreieckiges >Giebelfeld oder halbrundes oder eckiges Feld über dem Kirchenportal
Verkröpfung horizontales Herumführen eines >Gesimses oder Profils um vorstehende Bauteile, Pfeiler, Pilaster usw.
Vestibül Vorhalle, Vorraum
Walmdach Dach mit vier schrägen Dachflächen ohne Giebel
Werkstein sorgfältig behauener Naturstein (Haustein)
Wimperg reichverzierter gotischer Ziergiebel über Portalen und Fenstern
Zahnschnitt die Balkenköpfe des archaischen Holzbaus imitierender Fries, Klötzchenfries
Zeltdach Dach in Form einer Pyramide
Ziergiebel der Dekoration dienender Giebel
Zweispänner Gebäude mit zwei Wohnungen je Etage, die von einem Treppenhaus abgehen
Zwerggalerie in der Romanik niedriger, äußerer, in Säulenarkaden geöffneter Laufgang, meist unterhalb der Dachkante
Zwerchhaus Dachhäuschen das quer zur Längsrichtung des Daches aus diesem hervortritt
Zyklopenmauerwerk Mauerwerk aus sehr großen, unbehauenen Natursteinen

Architektenregister

A

Abel, Adolf
Kultur- und Kongresszentrum Liederhalle **25**
Alder, Michael
Expo „Wohnen 2000" **208**
Aldinger, Jörg (Aldinger & Aldinger)
Verwaltungsgebäude der Landesärztekammer **294**
Aldinger, Ludwig
Siedlung Wolfbusch **226**
Andrae, Wolfhart
Fußgängersteg über die Schillerstraße **51**
Apel, Otto
Generalkonsulat der USA **58**
AP Plan
Bank- und Verwaltungszentrum der Südwest LB **3**
Büro- und Geschäftshaus der Degussa **80**
Schickhardt-Sporthalle **123**
Arat, Siegel + Partner
Gottlieb-Daimler-Stadion **272**
Architekten Cooperative
Wohnanlage Ehemalige Nudelfabrik **285**
Architektenkollektiv des BDA
Schönbühlsiedlung **154**
Wallmersiedlung **276**
Argos
Bohnenviertel **68**
ASPLAN
Bohnenviertel **68**
Atelier **5**
Studentenwohnheim Pfaffenhof **336**
Auer, Fritz (Auer + Weber + Partner)
Zeppelin Carré **42**
Kronen Carré **44**
Robert-Bosch-Haus **171**
Großvolière und Amazonienhaus der Wilhelma **255**

B

Bächer, Max
Haus Windstoßer **140**
Krematorium Prag-Friedhof **213**
Bader, Johann Michael
Barbarakirche Hofen **246**
Baranski, Lech (Muszynska, Muszynski, Baranski)
Expo „Wohnen 2000" **208**
Barth, Elisabeth und Fritz
Künstlerateliershäuser **146**
Barth, Gottlob Georg
Stockgebäude **12**
Staatsgalerie (Altbau) **50**
Bauabteilung der Oberfinanzdirektion
Ministerium für Wirtschaft, Mittelstand und Technologie **22**
Baubüro der Firma Breuninger
Parkhaus Breuninger **70**
Kaufhaus Breuninger **84**
Bauer-Revellio, Grit
GEDOK-Haus **184**
Beck-Erlang, Wilfried
Haus der Zürich-Vita-Versicherung **16**
Planetarium **45**
Haus Beck-Erlang **169**
Clubzentrum des VfB Stuttgart **270**
Beer, Georg
Ruine des Neuen Lusthauses **46**
Beer, Karl
Wohnanlage des Bau- und Heimstättenvereins **159**
Friedrich-Ebert-Wohnhof **203**
Behnisch, Günter (Behnisch & Partner)
„Haus der Dienstleistungen" der BW-Bank **19**
Vogelsangschule **104**
Hymnus-Chorheim **177**
Landesgeschäftsstelle des Diakonischen Werks
Herbert-Keller-Haus **209**
Evangelischer Kindergarten Neugereut **249**
Kindergarten Luginsland **277**
Evangelisches Studienzentrum „Haus Birkach" **300**
HYSOLAR Forschungs- und Institutsgebäude **334**
Behrens, Peter
Weißenhofsiedlung **197**
Beisbarth, Carl Friedrich
Villa Bohnenberger **63**
Belz, Walter
(Hans Kammerer, Walter Belz und Partner)
Calwer-Passage und Bürogebäude der Allgemeinen Rentenanstalt **20**
Hauptverwaltung der EnBW **35**
Erweiterungsbau der Commerzbank **88**
Siedlung Aspen **115**
GENO-Haus **175**
Ehem. IBM-Verwaltungsgebäude **311**
Verwaltungszentrum der Ärzte und Zahnärzte **322**
(Kammerer + Belz, Kucher und Partner)
Technisches Zentrum der Dresdner Bank **39**
Ministeriumskomplex und Hotel Meridien **47**
Kaufhaus Breuninger mit „Karlspassage" **84**
Verwaltungszentrum der Deutschen Telekom **269**
Atlanta Business Center **319**
Hauptverwaltung der IBM Deutschland **330**
(KBK Architekten Belz Kucher Lutz)
Schwabengalerie Vaihingen **326**
Berg, Joachim Friedrich von
Verlagsgebäude des Georg Thieme Verlags **225**
Bergermann, Rudolf (Schlaich Bergermann und Partner)
Aussichtsturm Killesberg **194**
Max-Eyth-Steg **245**
Bertsch, Bernd (Bertsch-Friedrich-Kalcher)
Haus der Diakonie **34**
Verkehrsknotenpunkt Albplatz **290**
Berwart, Blasius
Altes Schloss **92**
Berwart, Silvester
Alte Kanzlei **93**

Besenfelder, Ottmar
Ehem. Büro- und Geschäftshaus der Süddeutschen Holzberufsgenossenschaft **64**
Beucker, Thomas (BHLM)
Konzernzentrale der Daimler Chrysler AG **310**
Beyer, Dieter
Verwaltungsgebäude der Toto-Lotto-Gesellschaft **215**
BHLM
Konzernzentrale der Daimler Chrysler AG **310**
Bidlingmaier, Horst (Bidlingmaier, Egenhofer, Dübbers)
Messe- und Kongresszentrum Killesberg **194**
Expo „Wohnen 2000" **208**
Bielenberg, Richard
Hindenburgbau **2**
Billing, Johannes
Festsaalbau der Freien Waldorfschule Uhlandshöhe **162**
Blume, Heinz
Bürgerzentrum Zehntscheuer **307**
Terrassenhaus **340**
Böblinger, Hans
Martinskirche Möhringen **316**
Böhm, Gottfried
Theaterpavillon **54**
Verwaltungsgebäude der Züblin AG **321**
Bonatz, Paul
Hauptbahnhof **1**
Kunstgebäude **7**
Zeppelinbau **42**
Lerchenrainschule **129**
Wohnkolonie Ostenau **156**
Galerie Valentien, ehem. Villa Kopp **167**
Haus Bonatz **188**
Landhaus Roser **189**
Roser-Areal **219**
Festhalle Feuerbach **221**
Staustufe Bad Cannstatt **253**
Neckarstadion **272**
Bos, Caroline (UN Studio van Berkel + Bos)
„Mercedes-Benz Welt" **273**
Bourgeois, Victor
Weißenhofsiedlung **197**
Braunwald, L. W.
Gebäude der Internationalen Bach-Akademie, ehem. Verlagshaus Enke **107**
Brenner, Alexander
Wohnhaus **116**
Brenner, Georg
Mietshaus Rosenstraße **69**
Brenner, Jürgen
Katharinenhospital **29**
Breucha, Wolf-Dieter
Rauchgasentschwefelungsanlage **252**
Breuninger, Friedbert
Büro- und Wohngebäude der Württembergischen Feuerversicherung **97**
Brüllmann, Hans
Deutsche Verlags-Anstalt **48**
Brümmendorf, Franz
Bürogebäude der Allianz-Versicherung **62**
Marienhospital **134**
Brunnert, Hans-Georg (AP Plan)
Verwaltungszentrum der Südwest LB **3**
Büro- und Geschäftshaus der Degussa **80**
Schickhardt-Sporthalle **123**
Bundesbahn-Baudirektion
Eisenbahner-Wohnhochhäuser **214**

C

Cades, Joseph
Elisabethenkirche **105**
Cloos, Franz
Stadtbad Heslach **125**
Conradi, Helmuth
Eisenbahner-Wohnhochhäuser **214**
Czermak, Rainer R.
Kaufhaus Breuninger **84**

D

Daiber, Alfred
Raitelsbergsiedlung **151**
Brenzkirche **196**
Darbourne, J. W. (Darbourne and Dark)
Bohnenviertel **68**
Dark, G. J. (Darbourne and Dark)
Bohnenviertel **68**
Dasch, Zürn, von Scholley
Neuapostolische Kirche Degerloch **291**
Internationales Zentrum der Universität **337**
Deilmann, Harald
Bürogebäude der Allianz-Versicherung **112**
Delugan, Roman; Delugan-Meissl, Elke (Delugan Meissl Associated Architects)
Porsche-Museum **231**
Djordjevic-Müller, Maja und Siegfried Müller
Landeskreditbank **38**
Döcker, Richard
Katharinenhospital **29**
Vogelsangsiedlung **103**
Schönbühlsiedlung **154**
Haus Klipper **166**
Haus Vetter **186**
Siedlung Viergiebelweg **204**
Weißenhofsiedlung **197**
Wallmersiedlung **276**
Dolmetsch, Heinrich
Furtbachhaus **119**
Markuskirche **137**
Andreaskirche Uhlbach **280**
Michaelskirche Degerloch **292**
Drei Architekten + Partner
Studentenwohnheim **182**
Instituts- und Seminargebäude der Universität Hohenheim **304**
Dübbers, Karl (Bidlingmaier, Egenhofer, Dübbers)
Messe- und Kongresszentrum Killesberg **194**
Expo „Wohnen 2000" **208**
Duder, Willi
Bürogebäude der Sparkassen-Versicherung **258**
Dürr, Max
Siedlung Wolfbusch **226**

E

ECD Partnership
Expo „Wohnen 2000" **208**
Egenhofer, Heinz (Bidlingmaier, Egenhofer, Dübbers)
Messe- und Kongresszentrum Killesberg **194**
Expo „Wohnen 2000" **208**
Egle, Josef
Villa Knosp **109**
Marienkirche **118**
Ehrmann, Karl
Wasserwerk Hasenberg **124**
Eiermann, Egon
Kaufhaus Horten **78**
Hauptverwaltung der IBM Deutschland **330**
Eisenlohr, Ludwig
(Eisenlohr und Pfennig)
Mittnachtbau **13**
Katharinenhospital **29**
Kaufhaus Breuninger **84**
Vogelsangsiedlung **103**
Heilandskirche **144**
Staatliche Akademie der Bildenden Künste, ehem. Kunstgewerbeschule **205**
(Eisenlohr und Weigle)
Marquardtbau **5**
Russische Kirche St. Nikolai **100**
Wohnhausgruppe „Privatstraße Knospstraße" **110**
Bürogebäude der Allianz-Versicherung **112**
Bezirksrathaus Feuerbach **220**
Eitel, Albert
Hindenburgbau **2**
Altes Schauspielhaus **15**
Vogelsangsiedlung **103**
Villa Gemmingen **120**
Kursaal Cannstatt **264**
Eitel, Hans
Vogelsangsiedlung **103**
Elsässer und Keller
St. Germanus Untertürkheim **274**
Elsaesser, Martin
Gustav-Siegle-Haus **72**
Markthalle **86**
Gaisburger Kirche **157**
Wagenburg-Gymnasium **160**
Engelhard.Eggler.Architekten
Theaterhaus **206**
Entwurfsgruppe Stahr
Expo „Wohnen 2000" **208**
Erdle, Helmut
Gedächtniskirche **183**
Eser, Georg
Linden-Museum, Staatliches Museum für Völkerkunde **28**
Etzel, Karl
Palast-Kino, ehem. Alter Hauptbahnhof **40**

F

Fahr, Carl (Fahr-Henning-Röper)
Haus der Wirtschaft, ehem. Württembergisches Landesgewerbemuseum **23**
Fahrenkamp, Emil
Theaterhaus (ehem. Rheinstahl-Werke) **206**
Faller, Dieter
Ökologiezentrum der Universität Hohenheim **303**
Faller, Peter
Wohnanlage Tapachstraße **237**
Wohnanlage „Schnitz" **250**
Fischer, Reinhard Ferdinand Heinrich
Neues Schloss **8**
Ehem. Waisenhaus **94**
Birkacher Kirche **299**
Schloss Hohenheim **305**
Fischer, Theodor
Kunstgebäude **7**
Gustav-Siegle-Haus **72**
Heusteigschule **138**
Erlöserkirche **176**
Fischle, Friedrich
Stadtbad Heslach **125**
Flach, Hans
Schellenturm **66**
Frank, Josef
Weißenhofsiedlung **197**
Frank, Wilhelm
Wohnhochhäuser „Romeo und Julia" **236**
Wohnhochhaus „Salute" **313**
Freie Planungsgruppe **7**
Marienplatz **135**
Friedrich, Günter (Bertsch-Friedrich-Kalcher)
Haus der Diakonie **34**
Verkehrsknotenpunkt Albplatz **290**
Fritz
„Kanonenhäusle" **168**
Früh, Jacob
Ehem. Bosch-Areal **26**
Robert-Bosch-Haus **171**

G

Gaab, Ludwig
Rotebühlbau **17**
Berger Kirche **148**
Gabriel, Werner
Leo-Vetter-Bad **155**
Diplomaten-Siedlung **191**
Haus Gabriel und Haus Fahlbusch **192**
Gebhardt, Friedrich
Kolonie Ostheim **153**
Geier, Ingeborg und Rudolf (Geier + Geier)
Mineralbad Leuze **147**
Gergs, Herbert
Kunden- und Vertriebszentrum der Firma Auwärter **320**
Gerkan, Meinhard von (von Gerkan, Marg und Partner)
Gerling-Haus **210**
Flughafen Stuttgart **308**
Gisel, Ernst
Gemeindezentrum Sonnenberg **314**
Goetze, Nikolaus
Gerling-Haus **210**
Gonser, Karl
Städtisches Bürogebäude „König von England" **87**
Vogelsangsiedlung **103**

Gropius, Walter
Weißenhofsiedlung **197**
Groß, Adam Friedrich
Stockgebäude **12**
Bezirksrathaus Möhringen **317**
Grossmann, Reinhardt (Drei Architekten + Partner)
Instituts- und Seminargebäude der Universität Hohenheim **304**
Guêpière, Philippe de la
Neues Schloss **8**
Schloss Solitude **117**
Guggenberger, Götz
Zeppelin Carré **42**
Kronen Carré **44**
Guggenheimer, Ernst
Synagoge **21**
Guibal, Nicolas
Schloss Solitude **117**
Gullichsen Kairamo Vormala Arkkitehditky
Expo „Wohnen 2000" **208**
Gutbier, Rolf
Ehem. Geschäftshaus Speiser **10**
Kollegiengebäude I und II der Universität Stuttgart **33**
Gutbrod, Rolf
Kultur- und Kongresszentrum Liederhalle **25**
Ehem. Hahn-Hochhaus **37**
Ehem. Büro- und Geschäftshaus der Süddt. Holzberufsgenossenschaft **64**
Funkhaus des SWR **145**
Bürogebäude der Sparkassen-Versicherung **258**

H

Haag, Horst
Treffpunkt Rotebühlplatz **18**
Bohnenviertel **68**
Haag, Kai (Drei Architekten + Partner)
Generationenhaus Heslach **132**
Studentenwohnheim **182**
Instituts- und Seminargebäude der Universität Hohenheim **304**
Haas, Peter
Wohnhausgruppe Altenbergstraße **139**
Kindertagheim Feuerbach **6224**
Haffner, Sebastian (Drei Architekten + Partner)
Generationenhaus Heslach **132**
Studentenwohnheim **182**
Instituts- und Seminargebäude der Universität Hohenheim **304**
Haider, Jochen (BHLM)
Konzernzentrale der Daimler Chrysler AG **310**
Haith, Dimo (Architekten Cooperative)
Wohnanlage ehem. Nudelfabrik **285**
Hanow, Eduard W.
Ehem. Selbstbedienungsladen **65**
Hascher, Rainer (Hascher + Jehle)
Kunstmuseum **11**
Haueisen, Eugen
Wohnhaus Reinsburgstraße **113**
Hauschild, Max
ECA-Siedlung „Am Heimberg" **223**
Heim, Carl
Bosch-Areal **26**
Robert-Bosch-Haus **171**
Heim, Johann Ulrich
Ehem. Waisenhaus **94**
Heim, Paul
Paul-Gerhardt-Hof **102**
Vogelsangsiedlung **103**
Heinle, Erwin
Landtag von Baden-Württemberg **56**
Fernsehturm **296**
(Heinle, Wischer und Partner)
Bosch-Areal **26**
Katharinenhospital **29**
Gebäude der Internationalen Bach-Akademie **107**
Haus Heinle und Wischer **178**
Heinrichs, Georg
Werksgebäude der Firma Louis Leitz **218**
Henes, Heinrich
Teehaus und Marmorsaal der Villa Weißenburg **141**
Hengerer, Erich
Königin-Olga-Bau (Dresdner Bank) **6**
Hengerer, Karl
Graf-Eberhard-Bau **76**
Kolonie Südheim **126**
Haus der Schützengilde **127**
Kolonie Ostheim **153**
Wohnkolonie Ostenau **156**
Jugendhaus Ost, ehem. Villa Hauff **161**
Henning, Wolfgang
Kultur- und Kongresszentrum Liederhalle **25**
(Fahr-Henning-Röper)
Haus der Wirtschaft, ehem. Württembergisches Landesgewerbemuseum **23**
Herkommer, Hans
Michaelskirche Sillenbuch **298**
Hermann, Günter
Wohnhausgruppe Altenbergstraße **139**
Hertel, August
Haus der Wirtschaft, ehem. Württembergisches Landesgewerbemuseum **23**
Heyl, Marlies (Architekten Cooperative)
Wohnanlage Nudelfabrik **285**
HHS Architekten (Hegger, Hegger-Luhnen, Schleif)
Expo „Wohnen 2000" **208**
Hilberseimer, Ludwig
Weißenhofsiedlung **197**
Hirche, Bernhard
Stiftskirche **89**
Hochbauamt der Stadt Stuttgart
Ehem. Verwaltungsgebäude der TWS **41**
Hegel-Haus **77**
Fußgängerzone Schulstraße **85**
Siedlung „Eiernest" **130**
Zeppelin-Sporthalle **143**
Raitelsbergsiedlung **151**
Messe- und Kongresszentrum Killesberg **194**
Prag-Turnhalle **212**
Kursaal Cannstatt **264**
Gottlieb-Daimler-Stadion **272**
Wasserturm Degerloch **297**
Spitalhof Möhringen **318**
Hofacker, Gottlieb
Mehrfamilienhaus Hermannstraße **111**
Holch, Julius
„Kulturpark Berg", ehem. Militärlazarett **150**

Holstein, Erwin
Albert-Schweitzer-Schule, ehem. Heim der Hitler-Jugend 329
Hübner, Eberhard
Heilandskirche **144**
Hübner, Peter
Grundschulpavillon Stammheim Nord **229**
Jugendhaus Stammheim **230**
Jugendhaus Wangen **287**
(plus + bauplanung Hübner-Forster-Hübner)
Theaterhaus **206**
Expo „Wohnen 2000" **208**
Hüfftlein-Otto, Ursula
BW-Bank, Filiale Kronprinzenbau **14**
Hummel, Clemens
Fideliskirche **99**
Mehrfamilienhaus Stafflenbergstraße **163**
Herz-Jesu-Kirche **158**

I

Irion, Wolf
Haus Irion **328**
Wohnbebauung Lauchhau **331**

J

Jäger, Otto
Wohnhochhaus „Apollo" **241**
Wohnstadt Asemwald **301**
Jahn, Helmut (Murphy / Jahn)
Bürozentrum „Pallas" **325**
Jeanneret, Pierre
Zwei Wohnhäuser in der Weißenhofsiedlung **200**
Jehle, Sebastian (Hascher + Jehle)
Kunstmuseum **11**
Jenisch, Philipp Joseph
Ehem. Waisenhaus **94**
Jockers, Michael
Haus des Waldes **295**
Jörg, Aberlin
Hospitalkirche **24**
Leonhardskirche **71**
Stiftskirche **89**
Stadtkirche Cannstatt **261**
Jörg, Hänslin
Stiftskirche **89**
Jourdau et Perraudin Partenaires
Expo „Wohnen 2000" **208**
Jung, Werner
Ehem. Hahn-Hochhaus **37**

K

Kalcher, Helmut (Bertsch-Friedrich-Kalcher)
Haus der Diakonie **34**
Verkehrsknotenpunkt Albplatz **290**
Kammerer, Hans
(Hans Kammerer, Walter Belz und Partner)
Calwer-Passage und Bürogebäude der Allgemeinen Rentenanstalt **20**
Hauptverwaltung der EnBW **35**
Erweiterungsbau der Commerzbank **88**
Siedlung Aspen **115**
GENO-Haus **175**
Ehem. IBM-Verwaltungsgebäude **311**
Verwaltungszentrum der Ärzte und Zahnärzte **322**
(Kammerer + Belz, Kucher und Partner)
Technisches Zentrum der Dresdner Bank **39**
Ministeriumskomplex und Hotel Meridien **47**
Kaufhaus Breuninger mit „Karlspassage" **84**
Verwaltungszentrum der Deutschen Telekom **269**
Atlanta Business Center **319**
Hauptverwaltung der IBM Deutschland **330**
Karn, Emil
Mietshausgruppe Schickhardtstraße **121**
Karn, Paul
Mietshausgruppe Schickhardtstraße **121**
Karrer, Gero
Ehem. Büro- und Geschäftshaus der Süddeutschen Holzberufsgenossenschaft **64**
ECA-Siedlung „Am Heimberg" **223**
Kasimir, Georg
Kaufhaus Horten **78**
Katz, Richard
Jugendhaus Ost, ehem. Villa Hauff **161**
KBK Architekten Belz Kucher Lutz
Schwabengalerie Vaihingen **326**
Keuerleber, Hugo
Siedlung Viergiebelweg **204**
Kieferle, Georg
(Rödl und Kieferle)
Schwabenzentrum **75**
Hochschulgelände am Pfaffenwald **332**
(Kieferle und Partner)
Bülow-Turm **207**
Kiess, Hermann
Ehem. Hahn-Hochhaus **37**
Funkhaus des Südwestrundfunks **145**
Kilian, Ludger
Haus Lotz **185**
Kilpper, Martin
Schwabenzentrum **75**
Klatte, Werner
Siedlung Falterau **293**
Klauss, Ulrich
Bibliothek der Universität Stuttgart **32**
Verlagsgebäude des Georg Thieme Verlags **225**
Klein, Hanspeter
Rauchgasentschwefelungsanlage der TWS **252**
Knapp, Johann Michael
Königsbau **9**
Kölle, Karl
Schwabtunnel **106**
Kohlbecker, Christoph
Mercedes Benz Center **273**
Kohlhoff, Sven (Kohlhoff + Kohlhoff Architekten)
Generationenhaus West **98**
Kopper, Hartmut (Kopper + Schenkel)
Wohnanlage „Am Weißenhof" **202**
Kreis, Wilhelm
Bismarckturm **187**
Kresse, Ludwig H.
Max-Kade-Studentenwohnheim **31**

Kuby, Hellmut (Werkgemeinschaft Nürtingen)
Haus der Diakonie **34**
Institutsgebäude der Fraunhofer-Gesellschaft **333**
Kucher, Klaus
(Kammerer + Belz, Kucher und Partner:)
Technisches Zentrum der Dresdner Bank **39**
Ministeriumskomplex und Hotel Meridien **47**
Kaufhaus Breuninger mit „Karlspassage" **84**
Verwaltungszentrum der Deutschen Telekom **269**
Atlanta Business Center **319**
Hauptverwaltung der IBM Deutschland **330**
(KBK Architekten Belz Kucher Lutz)
Schwabengalerie Vaihingen **326**
Kulka, Peter
Haus Heidehof **172**
Kull, Otto
Fruchtkasten **90**

L

Lambart, Bruno
Vogelsangschule **104**
Lambert, André
Alter Zahnradbahnhof **136**
Lamm, Weber, Donath
Villa Weißenburg **141**
Palmsches Schloss **242**
Landauer, Theodor Wilhelm
Pönitentiarhaus **96**
Langhammer, Eberhard (BHLM)
Konzernzentrale der DaimlerChrysler AG **310**
Le Corbusier (Charles-Edouard Jeanneret)
Zwei Wohnhäuser in der Weißenhofsiedlung **200**
Lederer, Arno
Ortsvermittlungsstelle der Deutschen Post AG **239**
Wohnhaus Stellaweg **324**
(Lederer Ragnarsdóttir Oei)
Erweiterung der Hauptverwaltung der EnBW **35**
Altenwohnanlage St. Antonius **234**
Lee, Chen Kuen
Mehrfamilienhaus Eduard-Pfeiffer-Straße **180**
Leins, Christian Friedrich
Königsbau **9**
Johanneskirche **95**
Villa Berg **149**
Michaelskirche Degerloch **292**
Martinskirche Möhringen **316**
Stadtkirche Vaihingen **323**
Lehmbrock, Josef
Wohnhochhaus „Fasan I" **312**
Lempp, Rudolf
Hospitalkirche **24**
Leonhardskirche **71**
Erlöserkirche **176**
Brenzkirche **196**
Léon, Hilde (Léon Wohlhage Wernik)
Schwabengalerie Vaihingen **326**
Leonhardt, Fritz
Fußgängersteg Schillerstraße **51**
Fernsehturm **296**
Lie, Harry G.
Krematorium Prag-Friedhof **213**
Linde, Horst
Landtag von Baden-Württemberg **56**
Linder, Otto
Königin-Olga-Bau (Dresdner Bank) **6**
Littmann, Max
Großes Haus der Staatstheater **55**
Luz, Max
Postamt I, ehem. Oberpostdirektion **43**
Luz, Werner
Kron-Apotheke **260**

M

Mahler, Gumpp, Schuster
Staatl. Akademie der Bildenden Künste **205**
Maier, Robert (Werkgemeinschaft Nürtingen)
Haus der Diakonie **34**
Institutsgebäude der Fraunhofer-Gesellschaft **333**
Maisenbacher, Karl
Palmsches Schloss **242**
Marg, Volkwin (von Gerkan, Marg und Partner)
Gerling-Haus **210**
Flughafen Stuttgart **308**
Maschlanka, Rolf (BHLM)
Konzernzentrale der DaimlerChryler AG **310**
Mayer, Emil
Gemeinwesenzentrum „Altes Feuerwehrhaus" **131**
Mayer, Martin
Bahnhof Cannstatt **268**
Mayer, Roland
Messe- und Kongresszentrum Killesberg **194**
Mecanoo (Francine Houbon, Erik v. Egeraat, Henk Döll, Chris de Weijer)
Expo „Wohnen 2000" **208**
Mehlin, H.
Graf-Eberhard-Bau **76**
Meister Marx
Stiftskirche **89**
Meister Walther
Stiftskirche **89**
Mertz, Eugen
Marquardtbau **5**
Michel + Wolf + Partner
Zeppelin Carré **42**
Mies van der Rohe, Ludwig
Mietshausblock in der Weißenhofsiedlung **199**
Mieslinger, Jörg
Verwaltungssitz der BW-Bank **173**
Mögel, Helmut
Weinbaumuseum Uhlbach **281**
Morlok, Georg
Alter Hauptbahnhof **40**
Siedlung „Postdörfle" **174**
Mory, Hasso (AP Plan)
Bank- und Verwaltungszentrum der Südwest LB **3**
Büro- und Geschäftshaus der Degussa **80**
Schickhardt-Sporthalle **123**
Müller, Hans C.
Werksgelände der Firma Louis Leitz **218**
Müller, Otmar
Bürogebäude der Allianz-Versicherung **62**
Marienhospital **134**

Müller, Otto Karl
Katharinenhospital **29**
Müller, Siegfried und Maja Djordjevic-Müller
Landeskreditbank **38**
Müller, Werner
Wohnstadt Asemwald **301**
Murphy / Jahn
Bürozentrum „Pallas“ **325**
Murr, Helmut
Bürogebäude der Allianz-Versicherung **62**
Marienhospital **134**
Muszynska, Elzbieta und Krysztof Muszynski
Expo „Wohnen 2000“ **208**

N

Nature Housing, Warne Naturhus (Bengt Warne, Jo Glässel)
Expo „Wohnen 2000“ **208**
Neckarbaudirektion
Staustufe Bad Cannstatt **253**
Neckelmann, Skjold
Haus der Wirtschaft, ehem. Württembergisches Landesgewerbemuseum **23**
Nette, Johann Friedrich
Prinzenbau **91**

O

Oei, Marc (Lederer, Ragnarsdóttir, Oei)
Erweiterung der Hauptverwaltung der EnBW **35**
Altenwohnanlage St. Antonius **234**
Oelssner, Ulrich (Architektengemeinschaft Jäger, Pabst, Oelssner)
Wohnhochhaus „Apollo“ **241**
Oßwald, Ernst Otto
Tagblatt-Turm **79**
Ostertag, Roland
Altes Schauspielhaus **15**
Bosch-Areal **26**
Osterwalder, Wolfgang (AP Plan)
Bank- und Verwaltungszentrum der Südwest LB **3**
Büro- und Geschäftshaus der Degussa **80**
Schickhardt-Sporthalle **123**
Otto, Frei
Institut für leichte Flächentragwerke **339**
Otto, Maximilian
BW-Bank, Filiale Kronprinzbau **14**
Büro- und Wohngebäude der Württembergischen Feuerversicherung **97**
Oud, Jacobus Johannes Pieter
Reihenhausgruppe in der Weißenhofsiedlung **198**

P

Pabst, Helmut (Architektengemeinschaft Jäger, Pabst, Oelssner)
Wohnhochhaus „Apollo“ **241**
Pankok, Bernhard
Staatliche Akademie der Bildenden Künste, ehem. Kunstgewerbeschule **205**
Perlia, Bert
Kleines Haus der Württembergischen Staatstheater **53**
(Perlia, Schliebitz, Schwarz)
Gemeinwesenzentrum „Altes Feuerwehrhaus“ **131**
Peters, Georg
Postamt 1, ehem. Oberpostdirektion **43**
Peters, Jens
Festsaalbau der Freien Waldorfschule Uhlandshöhe **162**
Pfennig, Oskar (Eisenlohr und Pfennig)
Mittnachtbau **13**
Kaufhaus Breuninger **84**
Vogelsangsiedlung **103**
Heilandskirche **144**
Staatliche Akademie der Bildenden Künste, ehem. Kunstgewerbeschule **205**
Pläcking, Kurt
Kleines Haus der Württembergischen Staatstheater **53**
Festhalle Feuerbach **221**
plus + bauplanung Hübner-Forster-Hübner
Theaterhaus **206**
Poelzig, Hans
Weißenhofsiedlung **187**

R

Rading, Adolf
Weißenhofsiedlung **197**
Ragnarsdóttir, Jórunn
Ortsvermittlungsstelle der Deutschen Post AG **239**
Wohnhaus Stellaweg **324**
(Lederer, Ragnarsdóttir, Oei)
Erweiterung der Hauptverwaltung der EnBW **35**
Altenwohnanlage St. Antonius **234**
Rehm, Martin (Werkgemeinschaft Nürtingen)
Haus der Diakoni **34**
Institutsgebäude der Fraunhofer-Gesellschaft **333**
Reichl, Horst (Reichl & Sassenscheidt)
Büro- und Wohnbebauung Albstraße **289**
Reichmann, Rolf
Bürogebäude der Allianz-Versicherung **62**
Marienhospital **134**
Reinhardt, Robert
Alte Reithalle **27**
Marienhospital **134**
Retti, Leopoldo
Neues Schloss **8**
Rist, Walter
Gasarbeitersiedlung **152**
Ritter von Graf, Wilhelm
Ehem. Tankstelle **114**
Rödl, Karl-Otto (Rödl und Kieferle)
Schwabenzentrum **75**
Rohrberg, Erwin
Auferstehungskirche **238**
Albert-Schweitzer-Schule, ehem. Haus der Hitler-Jugend **329**
Röper, Hans-Martin (Fahr-Henning-Röper)
Haus der Wirtschaft, ehem. Württembergisches Landesgewerbemuseum **23**
Ruft, Nikolaus
Festsaalbau der Freien Waldorfschule Uhlandshöhe **162**

Rutschmann + Partner
Erweiterungsbau der Allianz-Versicherung 60

S

Sagebiel, Ernst
Flughafen Stuttgart **308**
Salucci, Giovanni
Wilhelmspalais **59**
Schloss Rosenstein, Staatliches Museum für Naturkunde **257**
Grabkapelle auf dem Württemberg **278**
Sassenscheidt, Joachim (Reichl & Sassenscheidt)
Büro- und Wohnbebauung Albstraße **289**
Schäffler, Günter
Haus Majerle **266**
Scharoun, Hans
Einfamilienhaus in der Weißenhofsiedlung **201**
Wohnhochhäuser „Romeo und Julia" **236**
Wohnhochhaus „Salute" **313**
Scheffler, Giselher
Haus der Abgeordneten **52**
Josefskirche Heslach **128**
Altenwohnanlage St. Monika **248**
Verkehrsknotenpunkt Albplatz **290**
Laurentiuskirche und Gemeindezentrum **327**
Schempp, Dieter
Expo „Wohnen 2000" **208**
Schenkel (Klopper + Schenkel)
Wohnanlage „Am Weißenhof" **202**
Schickhardt, Heinrich
Fruchtkasten **90**
Prinzenbau **91**
Schloss Stammheim **228**
Stadtkirche Cannstatt **261**
Schieber und Schweizer
Mietshausgruppe Schwabstraße **101**
Schiller, Albert
Mörikehof **122**
Schlaich, Jörg (Schlaich Bergermann und Partner)
Aussichtsturm Killesberg **194**
Max-Eyth-Steg **245**
Schier, A.
Alter Zahnradbahnhof **136**
Schliebitz, Hans-Werner
Siedlung Aspen **115**
(Perlia, Schliebitz, Schwarz)
Gemeinwesenzentrum „Altes Feuerwehrhaus" **131**
Schlösser, Hugo
Eberhardskirche **4**
Villa Reitzenstein **165**
Georgskirche **211**
Schmid, Volker
Gewerbegebiet „Im Richter" **315**
Schmitges, Horst
Studentenwohnheim Hohenheim **302**
Schmitt, Herbert
Kaufhaus Horten **78**
Schmitthenner, Paul
Königin-Olga-Bau (Dresdner Bank) **6**
Altes Schloss **92**
Ehem. Waisenhaus **94**
Villa Rassbach **179**
Villa Roser **190**
Kochenhofsiedlung **193**
Hohenstein- und Robert-Bosch-Schule **233**
Schmohl, Paul
Hindenburgbau **2**
Rathaus **83**
Schneck, Adolf G.
Weißenhofsiedlung **197**
Schneeweiß, Gerhard
Hospitalkirche **24**
Leonhardskirche **71**
Scholer, Friedrich
Hauptbahnhof **1**
Zeppelinbau **42**
Roser-Areal **219**
Festhalle Feuerbach **221**
Gottlieb-Daimler-Stadion **272**
Schotter, Wilhelm
Krematorium Prag-Friedhof **213**
Schönthaler, Eberhard
Gewerbegebiet „Im Richter" **315**
Schröder, Hermann
Wohnanlage Tapachstraße **237**
Wohnanlage „Schnitz" **250**
Schürmann, Joachim & Partner
Personalwohnungen Robert-Bosch-Krankenhaus **240**
Schuh, W.
Siedlung „Vatikan" **267**
Schwaderer, Karl
Königsbau **9**
Ministerium für Wirtschaft, Mittelstand und Technologie **22**
Schwarz Architekten
Roser-Areal **219**
Schwarz, Jürgen (Perlia, Schliebitz, Schwarz)
Gemeinwesenzentrum „Altes Feuerwehrhaus" **131**
Schwarz, Werner O.
Werksgebäude der Firma Louis Leitz **218**
Seytter, Hans
Stiftskirche **89**
Michaelskirche Degerloch **292**
Martinskirche Möhringen **316**
Siegel, Curt
Kollegiengebäude I und II der Universität Stuttgart **33**
(Siegel, Wonneberg + Partner)
Staatliches Museum für Naturkunde am Löwentor **216**
Hanns-Martin-Schleyer-Halle **271**
Gottlieb-Daimler-Stadion **272**
Skidmore, Owings & Merril (SOM)
Ehem. Generalkonsulat der USA **58**
Sobek, Werner
Haus S. **288**
Sorg, Walter
Graf-Eberhard-Bau **76**
Staatliches Hochbauamt I
Linden-Museum, Staatliches Museum für Völkerkunde **28**
Württembergische Landesbibliothek **57**
Justizgebäude **61**
Fruchtkasten **90**
Staatl. Akademie der Bildenden Künste **205**
Staehelin, Georg
Hindenburgbau **2**

Stahl, Georg
Alter Zahnradbahnhof **136**
Raitelsbergsiedlung **151**
Stahl, Louis (Wittmann und Stahl)
Eduard-Pfeiffer-Haus **81**
Mörikehof **122**
Stam, Mart
Weißenhofsiedlung **197**
Steib, Wilfried und Katharina
Graphische Sammlungen der Staatsgalerie **50**
Steigleder, Eugen
Altes Schauspielhaus **15**
Stirling, James (Stirling, Wilford and Associates)
Kammertheater, Staatliche Hochschule für Musik und Darstellende Kunst und Haus der Geschichte **49**
Staatsgalerie **50**
Stohrer, Paul
Rathaus **83**
Ateliergebäude des Württembergischen Kunstvereins **164**
Bürohaus Stohrer **181**
Stroheker, Tilman (Drei Architekten + Partner)
Generationenhaus Heslach **132**
Studentenwohnheim Wiederholdstraße **182**
Instituts- und Seminargebäude der Universität Hohenheim **304**
Stübler, Wolfgang
Post- und Wohngebäude **67**
Szyszkowitz, Michael und Karla Szyszkowitz-Kowalski
Expo „Wohnen 2000" **208**

T

Taut, Bruno
Weißenhofsiedlung **197**
Taut, Max
Weißenhofsiedlung **197**
Tegnestuden, Vandkunsten (Carsten Lorenzen)
Expo „Wohnen 2000" **208**
Thomsen, Robert
Geschäftsstelle des Heimatbundes **74**
Mehrfamilienhaus Stafflenbergstraße **163**
Thouret, Nikolaus
Neues Schloss **8**
Kursaal Cannstatt **264**
Tiedje, Wilhelm
Max-Kade-Studentenwohnheim **31**
Wilhelmpalais **59**
Wohnhochhaus „Fasan I" **312**
Tretsch, Aberlin
Altes Schloss **92**
Alte Kanzlei **93**
Trüdinger, Paul
Kreuzkirche Hedelfingen **283**

U

Universitätsbauamt Stuttgart und Hohenheim
Elektrotechnische Institute II **335**
UN Studio Van Berkel & Bos
„Mercedes-Benz-Welt" **273**

V

Van Berkel, Ben (UN Studio Van Berkel & Bos)
„Mercedes-Benz-Welt" **273**
Vielmo, Manfred (AP Plan)
Bank- und Verwaltungszentrum der Südwest LB **3**
Büro- und Geschäftshaus der Degussa **80**
Schickhardt-Sporthalle **123**
Viertel, Kurt
Landtag von Baden-Württemberg **56**
Vogel, Johann Kaspar
Rotebühlbau **17**
Vöhringer, Gerd (Architekten Cooperative)
Wohnanlage Nudelfabrik **285**
Volkart, Hans
Bibliothek der Universität Stuttgart **32**
Ehem. Bürogebäude der Schwäbischen Treuhand AG (SCHITAG) **36**
Kleines Haus der Württembergischen Staatstheater **53**
Vogelsangsiedlung **103**
Kreuzkirche Hedelfingen **283**
Vornholt, Johannes
Bosch-Areal **26**

W

Wagner, Ernst
Schönbühlsiedlung **154**
Wagner, Friedrich
Komponentenprüfhalle II der Staatlichen Materialprüfungsanstalt **338**
Walser, Peter
Haus Herschlein **142**
Weber, Hellmut
Mineralbad Leuze **147**
Messe- und Kongresszentrum Killesberg **194**
Weber, Karlheinz (Auer + Weber + Partner)
Zeppelin Carré **42**
Kronen Carré **44**
Robert-Bosch-Haus **171**
Großvolière und Amazonienhaus der Wilhelma **255**
Weber, Paul
Bürogebäude der Hamburg-Mannheimer-Versicherung **114**
Weber, Ulfert
Bohnenviertel **68**
Weigle, Carl (Eisenlohr und Weigle)
Marquardtbau **5**
Russische Kirche St. Nikolai **100**
Wohnhausgruppe „Privatstraße Knospstraße" **110**
Bürogebäude der Allianz-Versicherung **112**
Bezirksrathaus Feuerbach **220**
Weigle, Richard
Siedlung Falterau **293**
Weinbrenner, Eberhard (Werkgemeinschaft Nürtingen)
Haus der Diakonie **34**
Institutsgebäude der Fraunhofer-Gesellschaft **333**
Weindel, Michael
Haus der Architekten **82**
Weipert
Siedlung Wolfbusch **226**
Weiretter, Johann
Villa Reitzenstein **165**

Weiss, Josef
Büro- und Wohngebäude der Württembergischen Feuerversicherung **97**
Weiß, Matthias
Prinzenbau **91**
Weithrecht, Dieter
Verwaltungsgebäude der Toto-Lotto-Gesellschaft **215**
Wenger, R.
Weinbaumuseum Uhlbach **281**
Werkgemeinschaft Nürtingen
Haus der Diakonie **34**
Institutsgebäude der Fraunhofer-Gesellschaft **333**
Wernik, Siegfried (Léon Wohlhage Wernik)
Schwabengalerie Vaihingen **326**
Wetzel, Heinrich
Kochenhofsiedlung **193**
Weyhing, Johann Friedrich
Schloss Solitude **117**
Wiegand, Gerd
Parkhaus Breuninger **70**
Wilford, Michael (Stirling, Wilford and Associates)
Kammertheater, Staatliche Hochschule für Musik und Darstellende Kunst und Haus der Geschichte **49**
Staatsgalerie **50**
Wilhelm, Günter
Kunstgebäude **7**
Kollegiengebäude I und II der Universität Stuttgart **33**
Silcher- und Haldenrainschule **235**
Wischer, Robert (Heinle, Wischer und Partner)
Katharinenhospital **29**
Gebäude der Internationalen Bach-Akademie **107**
Haus Heinle und Wischer **178**
Wittmann, Ludwig (Wittmann und Stahl)
Eduard-Pfeiffer-Haus **81**
Mörikehof **122**
Wöhrl, Wolfram
Verwaltung der BW-Bank **173**
Wohlhage, Konrad (Léon Wohlhage Wernik)
Schwabengalerie Vaihingen **326**
Wolff, Adolf
Alter Hauptbahnhof **40**
Matthäuskirche **133**
Wolz, Günther
Verwaltungsgebäude der Toto-Lotto-Gesellschaft **215**
Wonneberg, Rudolf (Siegel, Wonneberg + Partner)
Staatliches Museum für Naturkunde am Löwentor **216**
Hanns-Martin-Schleyer-Halle **271**
Gottlieb-Daimler-Stadion **272**
Wulf & Partner
Haus Wu **170**
Neue Messe **309**

Z

Zabel, Klaus-Jürgen
Bibliothek der Universität Stuttgart **32**
Zaiser, Wilhelm
Bezirksrathaus Möhringen **317**
Zanth, Karl Ludwig
Wilhelma **254**
Wilhelmatheater **256**
Zentralabteilung der Robert Bosch GmbH
Werksgebäude der Robert Bosch GmbH **217**
Zimmermann, Christa und Walter
Mörikehof **122**
Zimmermann, G.
Mörikehof **122**
Zimmermann, Matthias
Spitalhof Möhringen **318**
Zinsmeister, Rainer
Haus der Abgeordneten **52**
Josefskirche Heslach **128**
Altenwohnanlage St. Monika **248**
Verkehrsknotenpunkt Albplatz **290**
Laurentiuskirche und Gemeindezentrum **327**
Zobel, Hermann
Wasserwerk Hasenberg **124**
Zoller, Walter
Johanneskirche Stammheim **227**

Baugattungsregister

Bauten der öffentlichen Verwaltung und Versorgung

Verwaltungsbauten
Alte Kanzlei **93**
Altes Rathaus Uhlbach **279**
Bezirksrathaus Bad Cannstatt **262**
Bezirksrathaus Feuerbach **220**
Bezirksrathaus Möhringen **317**
Generalkonsulat der USA, ehem. **58**
Graf-Eberhard-Bau **76**
Haus der Abgeordneten **52**
Justizgebäude **61**
Landtag von Baden-Württemberg **56**
Ministerium für Wirtschaft, Mittelstand und Technologie **22**
Ministeriumskomplex **47**
Neues Schloss **8**
Palmsches Schloss **242**
Prinzenbau **91**
Rathaus **83**
Rotebühlbau **17**
Städtisches Bürogebäude „König von England" **87**
Verwaltungsgebäude der EnBW **35**
Verwaltungsgebäude der TWS, ehem. **41**
Verwaltungszentrum der Deutschen Telekom **269**
Villa Reitzenstein **165**

Versorgungsbauten
Bismarckturm **187**
Fernsehturm **296**
Funkhaus des Südwest **168**
Ortsvermittlungsstelle der Deutschen Post AG **239**
Postamt 1, ehem. Oberpostdirektion **43**
Post- und Wohngebäude **67**
Rauchgasentschwefelungsanlage der TWS **252**
Villa Berg **149**
Wasserturm **297**
Wasserwerk Hasenberg **124**

Bauten für den Verkehr

Alter Hauptbahnhof **40**
Alter Zahnradbahnhof **136**
Bahnhof Bad Cannstatt **268**
Flughafen Stuttgart **308**
Fußgängersteg über die Schillerstraße **51**
Hauptbahnhof **1**
Marienplatz **135**
Max-Eyth-Steg **245**
Parkhaus Breuninger **70**
Schwabtunnel **106**
Staustufe Bad Cannstatt **253**
Verkehrsknotenpunkt Albplatz **290**

Bauten für Forschung, Bildung und Erziehung

Bibliotheken
Bibliothek der Universität Stuttgart **32**
Stadtbücherei Wilhelmspalais **59**
Württembergische Landesbibliothek **57**

Kindergärten
Kindergarten Luginsland **277**
Kindergarten Neugereut **249**
Kindertagheim Feuerbach **224**

Universitäre Bauten
Bibliothek der Universität Stuttgart **32**
Elektrotechnische Institute II **335**
Hochschulgelände am Stadtgarten **30**
HYSOLAR Forschungs- und Institutsgebäude **334**
Institut für leichte Flächentragwerke **339**
Institutsgebäude der Fraunhofer-Gesellschaft **333**
Instituts- und Seminargebäude der Universität Hohenheim **304**
Internationales Zentrum **337**
Kollegiengebäude I und II der Universität Stuttgart **33**
Komponentenprüfhalle II der Staatlichen Materialprüfunganstalt **338**
Ökologiezentrum Hohenheim **303**
Schloss Hohenheim **305**
Staatliche Akademie der Bildenden Künste, ehem. Kunstgewerbeschule **205**
Staatliche Hochschule für Musik und Darstellende Kunst **49**
Universitätsgelände am Pfaffenwald **332**

Schulen
Albert-Schweitzer-Schule, ehem. Heim der Hitler-Jugend **329**
Festsaalbau der Freien Waldorfschule Uhlandshöhe **162**
Grundschulpavillon Stammheim-Süd **229**
Heusteigschule **138**
Hohenstein- und Robert-Bosch-Schule **233**
Lerchenrainschule **129**
Silcher- und Haldenrainschule **235**
Vogelsangschule **104**
Wagenburg-Gymnasium **160**

Bauten für Gesundheit und Sport

Bauten für den Sport
Clubzentrum des VfB Stuttgart **270**
Hanns-Martin-Schleyer-Halle **271**
Leo-Vetter-Bad **155**
Mineralbad Leuze **147**
Gottlieb-Daimler-Stadion **272**
Prag-Turnhalle **212**
Schickhardt-Sporthalle **123**
Stadtbad Heslach **125**
Zeppelin-Sporthalle 143

Krankenhäuser
Furtbachhaus **119**
Katharinenhospital **29**
Marienhospital **134**
Militärlazarett Berg, ehem. **150**

Bauten für Kunst und Kultur

Kultur- und Bürgerzentren, Jugendhäuser
Bürgerzentrum Zehntscheuer **307**
Gemeinwesenzentrum „Altes Feuerwehrhaus" **131**
Generationenhaus Heslach **132**
Generationenhaus West **98**
Gustav-Siegle-Haus **72**
Jugendhaus Ost, ehem. Villa Hauff **161**
Jugendhaus Stammheim **230**
Jugendhaus Wangen **287**
„Kulturpark Berg" **150**
„Treffpunkt Rotebühlplatz" **18**

Museen, Ausstellungs- und Ateliergebäude
Altes Schloss **92**
Ateliergebäude des Württembergischen Kunstvereins **164**
Fruchtkasten **90**
GEDOK-Haus **184**
Großvolière und Amazonienhaus **255**
Haus der Geschichte Baden-Württemberg **49**
Haus der Wirtschaft, ehem. Württembergisches Landesgewerbemuseum **23**
Haus des Waldes **295**
Hegel-Haus **77**
Künstlerateliehäuser **146**
Kunstgebäude **7**
Linden-Museum, Staatliches Museum für Völkerkunde **28**
„Mercedes-Benz-Welt" **273**
Messe- und Kongresszentrum Killesberg **194**
Neue Messe Stuttgart **309**
Porsche-Museum **231**
Schloss Rosenstein, Staatliches Museum für Naturkunde **257**
Spitalhof Möhringen **318**
Staatliches Museum für Naturkunde am Löwentor **216**
Staatsgalerie Stuttgart **50**
Weinbaumuseum Uhlbach **281**
Wilhelma **254**

Schlösser und Burgen
Altes Schloss **92**
Burgruine Hofen **247**
Neues Schloss **8**
Palmsches Schloss **242**
Ruine des Neuen Lusthauses **46**
Schellenturm **66**
Schloss Hohenheim **305**
Schloss Rosenstein **257**
Schloss Solitude **117**
Schloss Stammheim **228**
Wilhelma **254**
Wilhelmspalais **59**

Theater und Veranstaltungssäle
Alte Reithalle **27**
Altes Schauspielhaus **15**
Festhalle Feuerbach **221**
Festsaalbau der Freien Waldorfschule Uhlandshöhe **162**
Großes Haus der Württembergischen Staatstheater **55**
Haus der Schützengilde **127**
Internationale Bach-Akademie **107**
Kammertheater der Württembergischen Staatstheater **49**
Kleines Haus der Württembergischen Staatstheater **53**
Kultur- und Kongresszentrum Liederhalle **25**
Kursaal Cannstatt **264**
Messe- und Kongresszentrum Killesberg **194**
Palast-Kino **40**
Planetarium **45**
Theaterhaus **206**
Theaterpavillon **54**
Wilhelmatheater **256**

Büro-, Geschäfts- und Verwaltungsbauten

Albplatz **290**
Atlanta Business Center **319**
Bank- und Verwaltungszentrum der Südwest LB **3**
Bülow-Turm **207**
Bürogebäude der Allianz-Versicherung **62, 112**
Bürogebäude der Hamburg-Mannheimer-Versicherung **114**
Bürogebäude der Schwäbischen Treuhand AG (SCHITAG), ehem. **36**
Bürogebäude der Sparkassen-Versicherung **258**
Bürohaus Stohrer **181**
Büro- und Geschäftshaus der Degussa **80**
Büro- und Geschäftshaus der Süddeutschen Holzberufsgenossenschaft, ehem. **64**
Büro- und Wohnbebauung Albstraße **289**
Büro- und Wohngebäude der Württembergischen Feuerversicherung **97**
Bürozentrum „Pallas" **325**
BW-Bank Kronprinzbau **14**
Calwer-Passage und Bürogebäude der Allgemeinen Rentenanstalt **20**
Deutsche Verlags-Anstalt **48**
Erweiterungsbau der Allianz-Versicherung **60**
Erweiterungsbau der Commerzbank **88**
Fußgängerzone Schulstraße **85**
Gebäude der Internationalen Bach-Akademie **107**
GENO-Haus **175**
Gerling-Haus **210**
Geschäftshaus Speiser, ehem. **10**
Geschäftsstelle des Heimatbundes **74**
Hahn-Hochhaus, ehem. **37**
Hauptverwaltung der IBM Deutschland **330**
Haus der Architekten **82**
„Haus der Dienstleistungen" der LBBW **19**
Hindenburgbau **2**
Hotel Meridien **47**
IBM-Verwaltungsgebäude, ehem. **311**
Kaufhaus Breuninger mit „Karlspassage" **84**
Kaufhaus Horten **78**
Königin-Olga-Bau (Dresdner Bank) **6**
Königsbau **9**
Konzernzentrale der DaimlerChrysler AG **310**

Kron-Apotheke **260**
Kronen Carré **44**
Kunden- und Vertriebszentrum der Firma Auwärter **320**
Landeskreditbank **38**
Markthalle **86**
Marquardtbau 5
„Mercedes-Benz-Welt" **273**
Mittnachtbau **13**
Mörikehof **122**
Robert-Bosch-Haus **171**
Roser-Areal **219**
Schwabengalerie **326**
Schwabenzentrum **75**
Selbstbedienungsladen, ehem. **65**
„Stockgebäude" **12**
Tagblatt-Turm **79**
Technisches Zentrum der Dresdner Bank **39**
Verwaltung der BW-Bank **173**
Verwaltungsgebäude der Kunstbaumwollspinnerei Horkheimer, ehem. **232**
Verwaltungsgebäude der Landesärztekammer **294**
Verwaltungsgebäude der Toto-Lotto-Gesellschaft **215**
Verwaltungsgebäude der Züblin AG **321**
Verwaltungsgebäude des Georg Thieme Verlags **225**
Verwaltungszentrum der Ärzte und Zahnärzte **322**
Zeppelinbau **42**
Zürich-Vita-Versicherung **16**

Industriebauten

Bosch-Areal, ehem. **26**
Brauerei Bartner, ehem. **108**
Gewerbegebiet „Im Richter" **315**
Mörikehof **122**
Roser-Areal **219**
Vierkranhalle der Firma Adolf Lauster, ehem. **251**
Werksgebäude der Firma Louis Leitz **218**
Werksgebäude der Robert Bosch GmbH **217**
Werksgebäude der Lederfabrik C.F. Rose **201**

Kirchen und kirchliche Bauten

Kirchen und Gemeindezentren

Alte Kirche (Friedhofskirche) Hedelfingen **282**
Andreaskirche Uhlbach **280**
Auferstehungskirche Rot **238**
Barbarakirche Hofen **246**
Berger Kirche **148**
Bernhardskirche Rohracker **284**
Birkacher Kirche **299**
Brenzkirche **196**
Eberhardskirche **64**
Elisabethenkirche **105**
Erlöserkirche **176**
Fideliskirche **99**
Gaisburger Kirche **157**
Gedächtniskirche **183**
Gemeindezentrum Sonnenberg **314**
Georgskirche **211**
Grabkapelle auf dem Württemberg **278**
Herz-Jesu-Kirch **158**
Heilandskirche **144**
Hospitalkirche **24**
Johanneskirche Stammheim **227**
Johanneskirche West **95**
Josefskirche Heslach **128**
Kreuzkirche Hedelfingen **283**
Laurentiuskirche und Gemeindezentrum Rohr **327**
Leonhardskirche **71**
Marienkirche **118**
Markuskirche **137**
Martinskirche Möhringen **316**
Martinskirche Plieningen **306**
Matthäuskirche **133**
Michaelskirche Degerloch **292**
Michaelskirche Sillenbuch **298**
Michaelskirche Wangen **286**
Neuapostolische Kirche Degerloch **291**
Paul-Gerhardt-Hof **102**
Russische Kirche St. Nikolai **100**
Stadtkirche Cannstatt **261**
Stadtkirche Feuerbach **222**
Stadtkirche Vaihingen **323**
Stadtkirche St. Germanus Untertürkheim **274**
Stiftskirche **89**
Synagoge **21**
Uffkirche Cannstatt **265**
Veitskapelle Mühlhausen **244**
Walpurgiskapelle Mühlhausen, ehem. **243**

Kirchliche Bauten

Altenheim Schloss Stammheim **228**
Altenwohnanlage St. Monika **248**
Evangelischer Kindergarten Neugereut **249**
Evangelisches Studienzentrum „Haus Birkach" **300**
Haus der Diakonie **34**
Hymnus-Chorheim **177**
Krematorium Prag-Friedhof **213**
Landesgeschäftsstelle des Diakonischen Werkes Herbert-Keller-Haus **209**

Wohngebäude

Einfamilienhäuser und Villen

Einfamilienhäuser in der Weißenhofsiedlung **200. 201**
Haus Beck-Erlang **169**
Haus Bonatz **188**
Haus Gabriel und Haus Fahlbusch **192**
Haus Heinle und Wischer **178**
Haus Herschlein **142**
Haus Irion **328**
Haus Kilpper **166**
Haus Lotz **185**
Haus Majerle **266**
Haus S. **288**
Haus Vetter **186**
Haus Windstoßer **140**
Haus Wu **170**
„Kanonenhäusle" **168**
Landhaus Roser **189**
Robert-Bosch-Haus **171**
Teehaus und Marmorsaal der Villa Weißenburg **141**
Villa Berg **149**
Villa Bohnenberger **63**

Villa Gemmingen **120**
Villa Hauff **161**
Villa Kopp **167**
Villa Knosp **109**
Villa Rassbach **179**
Villa Reitzenstein **165**
Villa Roser **190**
Weingärtnerhaus Cannstatt **263**
Ehem. Weingärtnerhaus Untertürkheim **275**
Wohnhaus Botnang **116**
Wohnhaus Vaihingen **324**

Mehrfamilienhäuser
Friedrich-Ebert-Wohnhof **203**
Handwerkerhaus Leonhardstraße **73**
„Klösterle" **259**
Mehrfamilienhaus Eduard-Pfeiffer-Straße **180**
Mehrfamilienhaus Hermannstraße **111**
Mehrfamilienhaus Stafflenbergstraße **163**
Mietshausblock in der Weißenhofsiedlung **199**
Mietshaus Rosenstraße **69**
Mietshausgruppe Forst- / Schwabstraße **101**
Mietshausgruppe Schickhardtstraße **121**
Reihenhausgruppe in der Weißenhofsiedlung **198**
Terrassenhaus Dachswald **340**
Wohnanlage Nudelfabrik **285**
Wohnhaus Reinsburgstraße **113**
Wohnhausgruppe Altenbergstraße **139**
Wohnhausgruppe „Privatstraße Knospstraße" **110**
Wohnhochhaus „Apollo" **241**
Wohnhochhaus „Fasan I" **312**
Wohnhochhaus „Salute" **313**
Wohnhochhäuser „Romeo und Julia" **236**

Wohnheime
Altenheim Schloss Stammheim **228**
Altenwohnanlage St. Antonius **234**
Altenwohnanlage St. Monika **248**
Eduard-Pfeiffer-Haus **81**
GEDOK-Haus **184**
Max-Kade-Studentenwohnheim **31**
Studentenwohnheim Herdweg **182**
Studentenwohnheim Hohenheim **302**
Studentenwohnheim Pfaffenhof **336**

Siedlungen
Bohnenviertel **68**
ECA-Siedlung „Am Heimberg" **223**
Eisenbahner-Wohnhochhäuser **214**
Expo „Wohnen 2000" **208**
Gasarbeitersiedlung **152**
Kochenhofsiedlung **193**
Kolonie Ostheim **153**
Kolonie Südhei **126**
Personalwohnungen des Robert-Bosch-Krankenhauses **240**
Raitelsbergsiedlung **151**
Schönbühlsiedlung **154**
Siedlung Aspen **115**
Siedlung „Eiernest" **130**
Siedlung Falterau **293**
Siedlung „Postdörfle" **174**
Siedlung „Vatikan" **267**
Siedlung Viergiebelweg **204**
Siedlung Wolfbusch **226**
Vogelsangsiedlung **103**
Wallmersiedlung **276**
Weißenhofsiedlung **197**
Wohnanlage „Am Weißenhof" **202**
Wohnanlage des Bau- und Heimstättenvereins **159**
Wohnanlage „Schnitz" **250**
Wohnanlage Tapachstraße **237**
Wohnbebauung Lauchhau **331**
Wohnkolonie Ostenau **156**
Wohnstadt Asemwald **301**

Straßenregister

In den Registern verwendete Abkürzungen:

Bi = Birkach, Bo = Botnang, Ca = Bad Cannstatt, De = Degerloch, Fe = Feuerbach, He = Hedelfingen, Le = Leinfelden-Echterdingen, M = Mitte, Mö = Möhringen, Mü = Mühlhausen, N = Nord, O = Ost, Ot = Obertürkheim, Pl = Plieningen, S = Süd, Si = Sillenbuch, St = Stammheim, Ut = Untertürkheim, Va = Vaihingen, W = West, Wa = Wangen, We = Weilimdorf, Zu = Zuffenhausen.

Adlerstraße (S) **122**
Albplatz (De) **290**
Albstraße (De) **289**
Albrecht-Dürer-Weg (N) **191**
Albstadtweg (Mö) **321, 322**
Allmandring (Va) **332, 334**
Alte Dorfstraße (Bi) **299**
Altenbergstraße (S) **139**
Am Bismarckturm (N) **187, 188, 189**
Am Bopserweg (S) **142**
Am Fruchtkasten (M) **88**
Am Kochenhof (N) **193, 194, 196**
Am Leuzebad (O) **147**
Amstetter Straße (He) **282, 283**
Am Weißenhof (N) **197, 199, 202, 203, 205**
Arnoldstraße (Mü) **245**
Arnulf-Klett-Platz (M) **1, 2, 42**
Augsburger Straße (Ut) **274**

Bahnhofstraße (Ca) **268**
Bebelstraße (W) **103**
Bei der König-Karls-Brücke (Ca) **253**
Berliner Platz (M) 25Besigheimer Straße (Zu) **234**
Birkenwaldstraße (N) **176, 177, 186, 204**
Blumenstraße (M) **67**
Böblinger Straße (S) **126**
Böckinger Straße (Zu) **239**
Böheimstraße (S) **134**
Böhmisreuteweg (S) **128**
Bolzstraße (M) **5, 40**
Borsigstraße (Fe) **217**
Breitscheidstraße (M) **26**
Bruckmannweg (N) **200**
Büchsenstraße (M) **34**
Burgherrenstraße (Fe) **224**
Burgstallstraße (S) **126, 127**

Calwer Straße (M) **20**
Cäsar-Flaischlen-Straße (N) **185**
Carl-Etzel-Straße (N) **173**
Chamissostraße (W) 103
Charlottenplatz (M) **94**
Charlottenstraße (M) **60, 62, 64, 68**

Dachswaldweg (Va) **340**
Danneckerstraße (M) **82**
Diemershaldenstraße (O) **170**
Dorotheenstraße (M) **86, 87**

Eberhardstraße (M) **75, 76, 77, 78, 79**
Eduard-Pfeiffer-Straße (N) **180**
Eierstraße (S) **130**
Elisabethenstraße (W) **105**
Epplestraße (Mö) **310**
Esslinger Straße (M) **68, 70**
Eugenstraße (M) **49**
Eybacher Straße (Wa) **287**

Faberstraße (O) **157**
Feuerbacher Weg (N) **190**
Fiechtnerstraße (Ut) **276**
Filderbahnstraße (Mö) **318**
Filderstraße (S) **136, 137**
Fleckenäckerstraße (Mö) **314**
Fliegenweg (St) **229**
Flughafen (Le) **308**
Forststraße (M) **26, 27**
Forststraße (W) **101**
Friedhofstraße (N) **212, 213, 214**
Friedrichstraße (M) **37, 38, 39, 42, 44**
Fritz-Elsas-Straße (M) **19**
Fruwirthstraße (Pl) **302, 304**
Furtbachstraße (S) **119**

Gänßleweg (Bo) **115**
Garbenstraße (Pl) **303**
Gebrüder-Schmid-Weg (S) **132**
Gellertstraße (O) **167, 168**
Gerokstraße (M) **65**
Gerokstraße (O) **161**
Große Falterstraße (De) **292, 293**
Grüninger Straße (Bi) **300**
Gutenbergstraße (W) **95**

Hackstraße (O) **152**
Haldenrainstraße (Zu) **238**
Hasenbergstraße (W) **108, 124**
Hauptstätter Straße (M) **75, 80**
Hauptstraße (Va) **326**
Haußmannstraße (O) **153, 162**
Hegelplatz (M) **28**
Heidehofstraße (O) **171, 172**
Heilbronner Straße (N) **3, 174, 175, 207, 209, 210, 211**
Herdweg (N) **181**
Hermannstraße (W) **111**
Hermann-Pleuer-Straße (N) **193**
Heusteigstraße (M) **81**
Heusteigstraße (S) **138**
Höhenpark Killesberg (N) **194**
Hohensteinstraße (Zu) **233**

Holbeinweg (N) **192**
Hölderlinstraße (N) **183, 184**
Hölzelweg (N) **197, 201, 203**
Holzgartenstraße (M) **30, 31, 32**
Hospitalstraße (M) **21, 24**
Hubertusplatz (We) **226**

Ibisweg (Mü) **250**
Im Asemwald (Pl) **301**
Im Falkenrain (N) **192**
Im Hirschgrund (We) **226**
Im Lauchhau (Va) **331**
Im Schellenkönig (O) **164**
Im Wolfbusch (We) **226**
In der Falterau (De) **293**

Jägerstraße (M) **36**
Jahnstraße (De) **294, 296, 297**
Johann-Sebastian-Bach-Platz (W) **107**

Kanzleistraße (M) **23**
Karlstraße (M) **84**
Kärntner Straße (Fe) **221**
Katharinenstraße (M) **66**
Kelterstraße (S) **129**
Keplerstraße (M) **30, 33**
Kernerplatz (M) **47**
Kienbachstraße (Ca) **267**
Kirchweinberg (Wa) **286**
Kissinger Straße (Ca) **269**
Kleine Königstraße (M) **15**
Kleiner Schlossplatz (M) **11**
Kleinhohenheimerstraße (Si) **298**
Klingenstraße (O) **154, 159**
Klotzstraße (O) **148**
Knospstraße (W) **110**
Königsplatz (Ca) **264**
Königsträßle (De) **295**
Königstraße (M) **4, 5, 6, 9, 10, 12, 13**
Konrad-Adenauer-Straße (M) **49, 50, 52, 56, 57, 59**
Kornbergstraße (W) **100**
Korntaler Straße (St) **227**
Kornwestheimer Straße (St) **228**
Kriegsbergstraße (M) **29, 35, 44**
Kronenstraße **42, 44**
Kronprinzstraße (M) **14**
Kupferstraße (Va) **325**

Landhausstraße (O) **155, 156**
Langhansstraße (Fe) **223**
Lautenschlagerstraße (M) **41, 42, 43**
Lehmgrubenstraße (O) **156**
Leinfeldener Straße (De) **291**
Lenaustraße (W) **103**
Leonhardsplatz (M) **71, 72**
Leonhardstraße (M) **73**
Leuschnerstraße (W) **19**
Liebigstraße (S) **130**
Lichtensteinstraße (O) **153**
Löffelstraße (De) **289**
Lorcher Straße (Ca) **266**
Lotharstraße (Ut) **277**
Löwentorstraße (Ca) **258**
Ludwigstraße (W) **97, 98**
Luise-Benger-Straße (Ot) **280**
Luisenplatz (O) **156**

Maierstraße (Mö) **317**
Marco-Polo-Weg (St) **230**
Marienplatz (S) **135**
Marienstraße (W) **114**
Marktplatz (Ca) **261, 262**
Marktplatz (M) **83**
Marktstraße (Ca) **259, 260**
Marktstraße (M) **84**
Marquardstraße (O) **169**
Max-Brod-Weg (Mü) **241**
Meierberg (Mü) **244**
Mercedesstraße (Ca, Ut) **270, 271, 272, 273**
Mittlerer Bauernwaldweg (Bo) **116**
Möhringer Straße (S) **131, 133**
Mönchfeldstraße (Mü) **242**
Mönchhof (Pl) **306, 307**
Mönchstraße (N) **214**
Mörikestraße (S) **120, 125**

Nauheimer Straße (Ca) **269**
Neckarstraße (M) **45, 47, 48**
Neckarstraße (O) **143, 145**
Neckartalstraße (Ca) **251, 255, 256**
Neue Weinsteige (S) **140**
Nobelstraße (Va) **333**
Nordbahnhofstraße (N) **215**
Nüblingweg (O) **152**

Oberdorfplatz (Mö) **316**
Oberer Schlossgarten (M) **53, 54, 55**
Olgastraße (M) **62, 63, 68**
Oskar-Schlemmer-Straße (N) **202**
Ossietzkystraße (M) **35**
Ostendstraße (O) **154**
Oswald-Hesse-Straße (Fe) **219**
Otto-Reiniger-Straße (N) **193**

Pankokweg (N) **197, 198**
Parkstraße (O) **151**
Pascalstraße (Va) **330**
Pater-Rupert-Mayer-Platz (S) **118**
Paulinenstraße (M) **16**
Paulusstraße (W) **104**
Pelikanstraße (Mü) **249**
Pfaffenwaldring (Va) **332, 335, 336, 337, 338, 339**
Pfarrhausstraße (Va) **323**
Pfarrstraße (M) **68**
Pischekstraße (O) **166**
Plieninger Straße (Mö) **311**
Porscheplatz (Zu) **231**
Pragstraße (Ca) **255**

Rathenaustraße (N) **197, 200**
Reinbeckstraße (Va) **327, 328**
Reinsburgstraße (W) **112, 113**
Reitzensteinstraße (O) **146**
Richard-Wagner-Straße (O) **165**
Richterstraße (Mö) **315**
Richtstraße (M) **74**
Robert-Bosch-Platz (M) **26**
Rohreckweg (He) **284**

Römerstraße (De) **288**
Röntgenstraße (O) **151**
Rosenbergstraße (W) **102**
Rosenstein (Ca) **257**
Rosensteinstraße (N) **216**
Rosenstraße (N) **69**
Rotebühlplatz (M) **17, 18, 20**
Rotebühlstraße (W) **109, 110**
Rotenbergstraße (O) **153**
Roter Stich (Ca) **240**
Rüdigerstraße (Fe) **225**
Ruppmannstraße (Va) **325**

Sarweystraße (N) **208**
Sattelstraße (Ut) **276**
Saumweg (N) **204**
Sautterweg (Mö) **313**
Schellingstraße (M) **38**
Schickhardtstraße (S) **121, 123**
Schillerplatz (M) **90, 91, 92, 93**
Schillerstraße (M) **51**
Schlosshof (Pl) **305**
Schlossplatz (M) **7, 8, 11**
Schockenriedstraße (Va) **325**
Schönbühlstraße (O) **154**
Schoettlestraße (De) **289**
Schottstraße (N) **178, 179**
Schozacher Straße (Zu) **236**
Schreiberstraße (S) **130**
Schulstraße (M) **85**
Schurwaldstraße (O) **158**
Schwabbacher Straße (Zu) **235, 236**
Schwabstraße (W) **101, 106**
Schwieberdinger Straße (Zu) **232**
Seeadlerstraße (Mü) **248**
Seidenstraße (W) **26, 99**
Seilbahnstraße (S) **126**
Senefelderstraße (W) **96**
Sickstraße (O) **144, 151**
Siemensstraße (N, Fe) **206, 218**
Sigmaringer Straße (Mö) **315**
Silberburgstraße (W) **112**
Solferinoweg (Mö) **312**
Solitude (W) **117**
Spreuergasse (Ca) **263**
Stafflenbergstraße (O) **163**
Steiermärker Straße (Fe) **217**
Stellaweg (Va) **324**
Stiftstraße (M) **89**
Stiftswaldstraße (Va) **331**
Stirnbrandstraße (W) **103**
Störzbachstraße (N) **208**
Stresemannstraße (N) **194**
Strümpfelbacher Straße (Ut) **275**
Stuttgarter Straße (Fe) **219**
Südheimer Platz (S) **126**

Tapachstraße (Zu) **237**
Teckstraße (O) **150**
Theodor-Heuss-Straße (M) **22**
Thingstraße (Va) **329**
Tiefenbachstraße (He) **285**
Triebweg (Fe) **223**
Tübinger Straße (W) **118**

Uhlandstraße (M) **62**
Uhlbacher Platz (Ot) **279, 281**
Umgelterweg (Bo) **115**
Urbanstraße (M) **49, 50, 58**

Vaihinger Landstraße (Bo) **115**
Vaihinger Markt (Va) **326**
Vaihinger Straße (Va) **319, 320**
Versandstraße (M) **3**
Viergiebelweg (N) **204**
Villa Berg (O) **149**
Voltastraße (Ca) **252**

Wagenburgstraße (O) **159, 160**
Waiblinger Straße (Ca) **265**
Wallmerstraße (Ut) **276**
Walterstraße (Fe) **222**
Warschauer Straße (N) **173**
Weberstraße (M) **74**
Weißenburgpark (S) **141**
Welfenstraße (Pl) **302**
Wenzelstraße (Mü) **243**
Wernerstraße (Fe) **217**
Wiederholdstraße (N) **182**
Wiener Straße (Fe) **223**
Wiesentalstraße (De) **293**
Wilhelm-Geiger-Platz (Fe) **220**
Winterhaldenstraße (Ca) **267**
Wolfgangstraße (Mü) **246, 247**
Württembergstraße (Ut) **278**

Yitzak-Rabin-Straße (Ca) **240**

Zechweg (S) **130**

Fotografenregister

Aichele, A. **125a**
Archiv AP Plan **123**
Archiv Beyer Weitbrecht Wolz **215**
Archiv Blume **340**
Archiv Brümmendorf, Müller, Murr, Reichmann **134b**
Archiv Faller und Schröder **237, 250**
Archiv Gergs **320**
Archiv Haag **18**
Archiv Haas, Hermann **139, 224**
Archiv Hägele **8b, 92b, 117a, 254b+c, 257, 264**
Archiv Heinle, Wischer und Partner **29, 107, 178**
Archiv Heinrichs **218**
Archiv Hübner **229, 287**
Archiv Kammerer + Belz, Kucher und Partner **20**
Archiv Kilian **185**
Archiv Lederer, Ragnarsdóttir **239, 324**
Archiv Lupfer **5b, 183b, 188, 196**
Archiv Perlia, Schliebitz, Schwarz **131**
Archiv Schäffler **266**
Archiv Schwarz Architekten **219**
Archiv Siegel, Wonneberg + Partner **216**
Archiv Wagner **338**
Archiv Werkgemeinschaft Nürtingen **333**
Archiv Wörner **1, 134, 140, 197, 222**
Archiv Zimmermann **122a**
Broc, Al **116**
Brodtmann, Sandra **251**
DaimlerChrysler AG **273, 310**
Deutsche Bahn AG **1**
Elsäßer Luftbild **194**
Flughafen AG **308a**
Frübis, Hilla **144a**
Gericke, Wolf-Dieter **182, 304, 322**
Götz, Marianne **307**
IBM Deutschland GmbH **311, 330**
Jockers, Michael **295**
Kleinbach, Frank **115**
Lupfer, Gilbert **5, 6, 22, 31, 41, 45, 64b, 66a, 70, 73, 81, 85, 101, 102, 104, 110, 111, 113, 114, 144b, 148a, 149–156, 158, 159, 160, 164, 167, 168, 181, 183a, 184, 187, 191, 192, 193, 204, 214, 223, 225, 226, 243b, 244, 246a, 248, 249, 262, 263, 265a, 267, 268, 269, 274–278a, 279–282a, 284, 285, 286, 292, 293, 298, 306, 327**
Planck, Gottfried **328**
Porsche AG **231**
Robert Bosch GmbH **172, 217**
Schenkirz, Richard **123**
Schlenker, Joachim **197**
Schlüter, Dirk **157**
Schmidt-Contag, Ute **76, 83**
Schüttle, Ines **202**
Schulz, Ute **2, 3, 4, 7, 8a, 9a, 10, 11, 12, 13b, 14, 15–19, 21b, 23–28, 34-40, 42c, 43, 44, 46–57, 58–63, 64a, 65, 67–69, 71, 72, 75, 77, 78a, 79a, 80, 82, 84, 86–96, 98, 99, 100, 103, 105, 106b, 108, 112, 118, 119a, 121, 124, 126–133, 135–138, 141a, 143, 144a, 145, 146, 162, 163, 169, 170, 173–177, 179, 180, 186, 189, 195, 196a, 198–201, 203, 205–213, 219, 230, 235, 240, 253a, 256, 257b, 258–261a, 272, 279, 283, 288–291, 294, 296, 299a, 300–303, 312–314, 319, 321, 325, 326, 331, 332, 334, 335, 337, 339**
Staatsgalerie Stuttgart **50a**
Stadtarchiv Stuttgart **8c, 9b, 13a, 17a, 21a, 27b, 66b, 78b, 106b, 117b, 119b, 120, 125b, 127b, 141b, 148b, 221b, 253b, 254a+d, 259a, 261b, 265b, 278b, 282b, 299b**
Thomsen, Robert **74, 163**
Walser, Peter **142, 252**
Wilhelma **255**
Wörner, Martin **32, 33, 58, 79b+c, 96, 97, 109, 122c, 166, 196a, 201b, 217a, 219b, 220, 221, 227, 228, 232a+b, 233, 236, 238, 241a+b, 242, 245, 246b, 247, 249, 270, 296, 297, 315–318, 323, 329a+b**
Wulf & Partner **309**

Weiterführende Literatur

(Eine Auswahl. Auf die Nennung von Titeln zu einzelnen Architekten oder Bauwerken wurde verzichtet)

Borst, Otto: Stuttgart. Die Geschichte der Stadt. Stuttgart 3. Aufl. 1986

Breig, Christine: Der Villen- und Landhausbau in Stuttgart 1830 bis 1930. Stuttgart und Leipzig 2004

Brunner, Herbert / Reitzenstein, Alexander von: Reclams Kunstführer Deutschland: Baden-Württemberg. Stuttgart 8. Aufl. 1985

Brunold, Andreas / Sterra, Bernhard: Stuttgart – Von der Residenz zur modernen Großstadt. Stuttgart und Tübingen 1994

Bund Deutscher Architekten Landesverband Baden-Württemberg (Hg.): Architektur in Baden-Württemberg. Stuttgart 1987 ff. (erscheint dreijährlich)

Cramer, Jürgen / Gutschow, Niels: Bauausstellungen. Eine Architekturgeschichte des 20. Jahrhunderts. Stuttgart 1984

Decker-Hauff, Hansmartin: Geschichte der Stadt Stuttgart Bd.3. Stuttgart 1995

Dehio, Georg: Handbuch der deutschen Kunstdenkmäler: Baden-Württemberg I. München und Berlin 1993

Franke-Höltzermann, Carola: Architektur neues Stuttgart. Stuttgarter Baukultur 1996 bis 2006. Berlin 2005

Heißenbüttel, Helmut: Stuttgarter Kunst im 20. Jahrhundert. Stuttgart 1979

Hoffmann, Kurt und Gretl: Architekturführer Stuttgart und Umgebung. Stuttgart 3. Aufl. 1983

Jaeger, Falk: Bauen in Deutschland. Ein Führer durch die Architektur des 20. Jahrhunderts. Stuttgart 1985

Jaeger, Falk / Iffert, Heike: 100 Bauwerke in Stuttgart. München 2. Aufl. 1997

Joedicke, Jürgen: Die Weißenhofsiedlung. Stuttgart 1989

Kirsch, Karin: Die Weißenhofsiedlung Stuttgart. Stuttgart 1987

Kohlhaas, Wilhelm: Stuttgart ehemals, gestern und heute. Stuttgart 1976

Kreuzberger, Gabriele: Fabrikbauten in Stuttgart. Ihre Entstehung von der Mitte des 19. Jahrhunderts bis zum Ersten Weltkrieg. Stuttgart 1993

Landesdenkmalamt Baden-Württemberg (Hg.): Inventur. Stuttgarter Wohnbauten 1865 bis 1915. Stuttgart 1975

Landeshauptstadt Stuttgart (Hg.): Gemeinnütziger Wohnungsbau im Stuttgarter Osten von 1890 bis 1930. Stuttgart 1988

Landeshauptstadt Stuttgart (Hg.): Stuttgarter Villen im 19. Jahrhundert. Stuttgart 1987

Lupfer, Gilbert: Architektur der fünfziger Jahre in Stuttgart. Tübingen und Stuttgart 1997

Markelin, Antero / Müller, Rainer: Stadtbaugeschichte Stuttgart. Stuttgart 2. Aufl. 1991

Sauer, Paul: Das Werden einer Großstadt: Stuttgart zwischen Reichsgründung und Erstem Weltkrieg. Stuttgart 1988

Schleuning, Hans (Hg.): Stuttgart-Handbuch. Stuttgart 1985

Schmitt, Karl Wilhelm (Hg.): Architektur in Baden-Württemberg nach 1945. Stuttgart 1990

Schukraft, Harald: Stuttgarter Straßen-Geschichte(n). Stuttgart 3. Aufl. 1986

Schukraft, Harald: Wie Stuttgart wurde was es ist. Tübingen 1999

Simon, Christine (Hg.): WohnOrte: 50 Wohnquartiere in Stuttgart von 1890 bis 2002. Stuttgart 2004

Skrentny, Werner u.a. (Hg.): Stuttgart zu Fuß. Tübingen 2. Aufl. 2005

Sterra, Bernhard: Das Stuttgarter Stadtzentrum im Aufbau. Architektur und Stadtplanung 1945 bis 1960. Stuttgart 1991

Wais, Gustav: Alt-Stuttgarts Bauten im Bild. Stuttgart 1951 (Nachdruck Würzburg 1984)

Wais, Gustav: Stuttgart im 19. Jahrhundert. Stuttgart 1955

Werner, Frank: Alte Stadt mit neuem Leben. Architekturkritische Gänge durch Stuttgart. Stuttgart 1976